U0626855

大清十二帝

中华传世藏书

【图文珍藏版】

马博 主编

第三册

大清

綫装書局

目录

雍正帝胤禛

乾隆帝弘历

大清十二帝

雍正帝胤禛

綫裝書局

名人档案

雍　　正：名爱新觉罗·胤禛。康熙第四子。属马。性格严酷。康熙病死后即位。在位13年，传说被侠女吕四娘报家仇而暗杀，终年58岁。

生卒时间：公元1678年～公元1735年

安葬之地：葬于泰陵（今河北易县西50里泰宁镇永宁山）。谥号敬天昌运建中表正文武英明宽仁信毅睿圣大孝至诚宪皇帝，庙号世宗，史称雍正皇帝。

历史功过：整顿吏治，建立密折制度，设立军机处，进一步巩固了皇权；实施改土归流和摊丁入亩制度，废除贱籍，促进了生产发展；加强对蒙古准噶尔部、青海、西藏的控制；大兴文字狱，文化统治残酷。

名家评点：知政要，尚严明，其治可比于汉之文景。

争夺储位

（一）康熙子多

在中国历代皇帝中，康熙帝的子女是最多的，共有35子、20女。

康熙35个皇子中，颇有几个非凡人物。这其中最有威望的当属二阿哥皇太子允礽、大阿哥允禔、三阿哥允祉、四阿哥胤禛（雍正）、八阿哥允禩和十四阿哥允禵等。康熙两次废立太子，这几个皇子都有问鼎皇位的可能，直接导致了中国历史上最复杂的储位之争。

雍正

二阿哥允礽是正宫孝诚仁皇后所生，在两岁的时候即以嫡长子的身份被立为太子。允礽聪明伶俐，起初颇受康熙喜爱。

大阿哥允禔是惠妃所生，虽年长于允礽，因不是嫡子，所以未被立为太子，但他曾随康熙远征噶尔丹，立下了赫赫战功，所以取胜机会也是很大的。

三阿哥允祉是个饱览群书的博学之士，厚道安静，一直颇受康熙赏识，康熙“每有余暇，常去三阿哥府上走动”。

八阿哥允禩素有心计，精明干练。特别是他能以仁爱自励，善于笼络人才，收买人心，因此有礼贤下士的美名，受到朝野内外许多人的拥护。

十四阿哥允禵是雍正的同母兄弟，聪明骁勇，擅长领兵打仗，性格耿直，颇有大将之才。康熙晚年曾非常重视允禵。

二阿哥允礽生于康熙十三年，因为是嫡长子，所以两岁的时候，康熙正式册立他为皇太子。康熙特别关心皇太子的成长，从他幼小的时候就开始悉心教导，随着太子的长大，让多位大学士辅导他并亲自向他传授治国之道。允礽天资聪颖，学业进步很快，文武双全，8岁时武能左右开弓，文能背诵四书。太子20岁刚过，就能代父皇处理朝政。

由于允礽是皇位的未来继承人，致使许多大臣趋附到身边，结成太子党，积极帮助他谋取帝位。但太子身份逐渐助长了允礽骄傲任性，受到其他兄弟的嫉妒与排挤。允礽原来聪明勇武，其聪明才智为众兄弟所不及。因此，康熙曾最宠爱这个儿子。但正是康熙的溺爱，逐渐滋长了允礽骄傲自大、飞扬跋扈的习气。由于太子的身份地位，允礽并不把众兄弟放在眼里，时日一久，就遭到了众兄弟的敌视和反对。而允礽非但不知悔改，反而变本加厉，与众兄弟作对。这些导致他最终被孤立了起来，成为众人攻击的目标。众皇子每每向康熙进言，攻讦指责允礽，无疑会影响康熙对他的看法，产生了极坏的印象。

允礽又狂悖无礼，目无尊长，出言行事极是乖张狂妄、刚愎任性。这是康熙最不能容忍的。同时，康熙在位时间比较长，到第一次废太子的时候，允礽已经等待了三十三年。允礽周围的人，包括允礽自己都急于抢班夺权。允礽就曾说过："古今天下，岂有四十年太子乎?"

康熙在亲征噶尔丹时，因日理万机积劳成疾，在途中生重病。当时他非常惦记在京理政的太子允礽，派人传旨太子急往前方探视。当时，允礽见到重病的康熙，面无忧色。康熙见到允礽这般情状，非常失望伤心。

康熙痛恨太子，却先期把太子的狂悖归结到一向亲近太子的诸大臣身上，以"结党妄行，议论国事"的罪名把其首领大学士索额图收监候审，囚死在狱中。索额图曾出任大学士，后改任领侍卫大臣，此人系满洲人氏，又是允礽的生母孝诚仁皇后的叔叔，当时权倾朝野。康熙处死索额图的意思就是想削弱太子党，让太子汲取必要的教训。

太子非但没有吸取教训，反而更加激烈地进行活动，到了康熙四十七年（公元1708年），康熙在忍无可忍的情况下，在木兰围场的布尔哈苏台行宫，召集诸大臣和诸皇子一起，郑重宣布废黜皇太子。康熙对允礽说了4句话17个字："不法祖德，不遵朕训，惟肆恶虐众，暴戾淫乱。"史书记载康熙在当众宣布他这个谕旨的时候"且谕且泣"，就是一边宣谕，一边哭。

康熙朝时沿用汉族朝廷的皇位由嫡长子继承的制度，所以虽然废除了允礽，但因为他是嫡长子，又考虑到诸皇子争夺储位的斗争愈加严重等多方原因，又勉强将其复立为太子。后来，康熙仍然忍受不了允礽的恶劣品行，意识到了如果让允礽继承皇位，必然会导致江山不稳、群臣攻之的局面。于是他痛下决心，于康熙五十一年将允礽永久废除。

在太子允礽被废后，诸阿哥为了夺储而非常激烈，以大阿哥允禔、八阿哥允禩为首的众皇子纷纷登台亮相。他们一方面攻讦诋毁允礽，另一方面又公开培植党羽，积极谋取太子位，以至于发展到手足相残的程度。

八阿哥允禩在兄弟们中堪称才智第一，特别是他礼贤下士、谦恭仁慈的作风，颇受朝中诸大臣的拥护，因此他的势力非常庞大。允禩虽然颇有作为，但其生母却是辛者库贱籍。所谓辛者库，亦即奴隶的意思。在等级森严的封建社会里，允禩的这种出身无疑会给他争夺皇位带来极坏的影响。由于他是允禔的生母惠妃一手带大的，两人兄弟情深。他起初采取了支持大阿哥允禔的策略。

有了八阿哥允禩这个强有力的支持者，大阿哥允禔便越发明目张胆起来。急于求成的允禔一方面捉拿了太子允礽的手下，严刑逼供，企图迫使他们承认允礽有篡位的居心；另一方面又向康熙进密言，声称假如父皇想处死允礽又怕落不慈之名，他可以替康熙下手。

当时允禔曾向康熙进言说："今欲诛允礽，不必父皇亲自出手，儿臣可代劳也。"康熙听罢大为震惊，为之不寒而栗，指斥允禔："似此不谙君臣大义，不念父子至情之人，实为乱臣贼子，天理国法皆不能容也！"三阿哥允祉就在这个节骨眼儿上揭发大阿哥与蒙古喇嘛巴汉格隆相勾结，企图利用邪术咒死允礽一事，康熙听后派人追查，巴汉格隆果然招认了与允禔相勾结的事实，同时还交出了十几个身上扎满银针、背后写有允礽名字的小木人。人赃俱获，康熙革去允禔王爵并将其终身监禁。

当时与以索额图为首的太子党公开作对的是大阿哥的舅舅、大学士明珠。明珠联络了户部尚书佛伦、刑部尚书徐乾学和大学士余国柱等人结成阿哥党。他们的命运因之更惨，康熙同样罢免了这些人的官职，并处以重罪。

大阿哥允禔失宠后转而开始支持允禩。他说："相面人张明德曾相允禩日后必有大贵。"希望借命运说打动康熙。不想这句话引起了康熙的疑虑。一查之下，发现了允禩等人的阴谋。震怒之下的康熙凌迟处死了张明德，并以"知情不报，妄蓄大志"的罪名，革除了允禩的爵位，同时还给九阿哥允禟、十四阿哥允禵以相应的惩戒。

康熙之所以这么做，主要是因为任何一个阿哥结党，都会危及他的皇权。在君权至高无上的封建社会里，帝王只能是一统天下。允礽最大的不智，也就是不应该与父皇康熙争权夺势。

康熙废黜允礽之后大病一场，身体更加虚弱。为后事计划，康熙想重新立一个太子，于是召集满朝文武商议："朕躬近来虽照常安适，但渐觉虚弱。人生难料，托付无人，倘有不虞，此基业非朕所建立，关系甚大，因踌躇无代朕听理之人，乃至心气不宁，精神恍惚……尔等皆朕所信任，荐擢大臣，行阵之间，尔等尚能听命，今令尔等与满汉大臣等会同详议，于诸阿哥中举奏一人。大阿哥所行甚谬，虐戾不堪，除他之外，于诸阿哥中众议属准，朕即从之。若议时互相瞻顾，别有探听，俱属不可。"

在这样的情况下，八阿哥允禩及其党羽没有及时收敛，反而变本加厉，暗中串联，公然悖逆康熙的指示。允禩的死党阿灵阿、鄂伦岱、揆叙、王鸿绪等私相密议，并与诸大臣暗通消息，在手心里写"八"字互相传看。至此，所有的大臣就尽皆公推允禩为皇太子了。

物极必反，太聪明了就是傻。八阿哥允禩的确有过人之处，那就是他善于笼络人心。他不但结交了朝中一大部分文武官员，而且还与九阿哥允禟、十四阿哥允禵、大阿哥允禔等人结成了死党。表面上他们这一帮人气势极大，但骨子里却犯了一个最大的错误。在废太子事件后，康熙已清醒地看到了皇子拉帮结派所产生的恶果。康熙看到众人皆推举允禩，当时非常震惊，他没想到在太子允礽之外，八阿哥允禩居然有这么庞大的势力。而皇子结党，必然会对他的皇权造成威胁。允禩的积极营求储位，恰恰触动了康熙的龙须，招致康熙的抵触情绪。因此，允禩是聪明反被聪明误了。

另外，饱读诗书、为人宽仁的三皇子允祉，因其许多思想和政见与康熙较为相近，也深得康熙的宠爱，康熙经常邀允祉一起读书谈话。而且允祉也不太喜欢搞党派，争夺储位也表现得不很积极，这反而让康熙非常赏识。但是后来，康熙发现允祉对手下人管教不力，没有威慑力，手下人甚至瞒着他去外面索要钱财，因而康熙对于允祉也失去了信心。

胤禛在众多的皇子中并不是最具有实力的一个，然而，在胤禛却这场谁也无法预料结果的夺储大战中成为最后的赢家，那是因为胤禛在这系列皇子争储的事件中能够高瞻远瞩，凡事从全盘考虑，既不踌躇不前，又能把握住一个度字，做到适可而止，最终以其超凡的智慧夺得了皇位。

（二）坐看虎斗

在这一系列争夺事件中，胤禛一直在冷静观察形势，在认真分析允礽、允禩、允祉、允禔的失败原因之后，他找到了其中的真谛，那就是要将自己伪装起来，外表显示无争，内在却要猛挣。因此，他在皇帝、皇兄及自己亲信面前都掩饰得很好，仿佛他是对皇位无所谓的人。

当允礽被废时，胤禛并没像大阿哥允禔、八阿哥允禩一样急于跳出来争夺储位。因为在当时的情况下，大阿哥允禔夺储呼声高涨，此后八阿哥允禩离储位也似乎只有一步之遥。在这样的情况下，胤禛既没做牵制老大、老八的势力的事，也不对允礽落井下石。他知道自己既没有大阿哥那样多的支持者，也没有八阿哥那样高的声望。假如他跳出来与老大、老八争衡，无异于以卵击石。

正所谓大智若愚，大贤若怯。与八阿哥允禩的锋芒毕露不同，胤禛表现出一副与世无争的样子，终日里大谈禅定虚无。从这次斗争中，胤禛发现储位虽贵，但不是可以硬抢的，因为父皇康熙过于精明，稍有风吹草动，必会疑心大起。允禔和允禩的教训深刻。既然不能霸王硬上弓，那只有攻心为上。胤禛主要的策略是以退为进、韬光养晦。

受封雍亲王的时候，胤禛就向康熙禀奏说，“我现在的爵位已经很高，现在又封亲王，可是弟弟允禟、允禵他们都还只是个贝子。同是兄弟，这样厚此薄彼，恐怕会有人说闲话。还是请父皇降低我的爵位和赏赐，分给兄弟们，以提高他们的地位，我的心里会好受一些。”

康熙本来正被储位的事情弄得焦头烂额，后来大病一场，看到儿子们仍然明争暗抢，心里正不是滋味。而胤禛这番话，无疑是针对康熙心病的一剂良药，正符合康熙的心意。所以康熙表扬了他一番，不但没有把胤禛的爵位降低，反而更加重用他了。

胤禛的这种策略，不但麻痹了康熙，同时还避免了其他皇子的攻击诋毁。由此看来，韬光养晦之术有时比锋芒毕露更高一筹。正如古人所讲，刚则易折，柔则长存。在韬光养晦的日子里，胤禛一方面写着像《园居》《山居偶成》《一世歌》和《题布袋和尚》，或陶情沉性、或愤世嫉俗、或嬉笑怒骂的文章，一方面却在悄悄培植着羽翼。

其间，《园居》写道：

“懒问沉浮事，间娱花柳朝。
吴儿掉风曲，越女按鸾箫。
道许山僧访，棋将野叟招。
漆园非所慕，适志即逍遥。”

好个“懒问沉浮事”“适志即逍遥”！从这首诗里，谁又能发现胤禛的雄心大志呢？倒像是一个没有志向、贪图享乐的人。隐藏了他的目的，众人就不会把他当竞争对手来打击和落井下石了。

其《山居偶成》则颇有陶潜诗风格：

山居且喜远纷华，俯仰乾坤野兴赊。
千载勋名身外影，百年荣辱镜中花。
金樽潦倒春将暮，蕙径葳蕤日又斜。
闻道五湖烟景好，何缘蓑笠钓汀沙。

世事洞明，人情练达，既然千秋功名都如身外影，百年荣辱都像镜中花，那世间还有什么更值得追求的呢？恬淡自然、与世无争的心境也在里面表达得十分明白。谁也不会猜想到他也是在深思熟虑谋取皇位，却更技高一筹的人。

胤禛与众皇子的争夺中，一直都是暗争而不明夺，也就是采取中立立场。其实，胤禛不仅在动，而且八方活动，左右逢源，一方面哪派都不介入，一方面谁也不得罪，另一方面又假装替他们考虑，处处关心他们，使得他们觉得这位四阿哥既不是对手，又对自己非常有利，所以谁都没在乎他。这样就为他的争储斗争创造了有利的条件。那么，胤禛又是如何处理这一系列关系的呢？

首先，对家人至亲至孝。康熙是父皇，对他的亲孝能赢得康熙对自己的好感。康熙在亲征噶尔丹取胜之后，因为疲劳过度而伤风感冒，到五台山去疗养。胤禛正好跟在身边，对康熙照顾有加，让康熙非常感动。

在太子允礽被废后，诸王的争斗非常激烈，以至于发展到手足相残的程度。当时，康熙面对这种情形，急痛攻心，一病不起。据史料记载："康熙病倒后，拒不服药，唯求速死。"这时，胤禛和三阿哥允祉再次表现出他们的过人之处。两人来到康熙的病榻前，苦苦相劝："父皇圣容如此清减，不令医人诊视，进用药饵，待自勉强耽延，万国何所依赖。"之后两人又进一步说："臣等虽不知医理，愿冒死择医，令其日加调治。"这句话就带有强制性的意思了，意思是说我们虽然不通医术，却愿意冒着被杀的危险要请求您看病，这病你看也得看，不看也得看！当然，这种强制是康熙最乐于接受的，因为他从中看到了胤禛、允祉的一番孝心。康熙病好后，立即为胤禛和允祉加官晋爵，并当着满朝文武表扬了他们。胤禛不仅对康熙亲孝，对尊长和兄弟也是如此。他对皇太后和母亲懿皇后也特别好，也就博得太后和皇后的喜欢，也等于给自己撑了腰。对兄弟，他明处不落井下石，还极力打抱不平，为兄弟求情，赢得了康熙的首肯，认为他念及手足亲情，可褒可嘉。

第二，胤禛能不计前嫌，暗中帮助皇太子允礽。允礽第一次被废时，大阿哥允禔、八阿哥允禩是夺储实力派人物。在当时的情况下，胤禛根本无力与老大、老八抗衡。同时，假如老大、老八中任何一人被立为太子，对胤禛都是不利的。因为他们一旦被立为太子后，就再难被扳倒了。因此，胤禛暗中采取了支持允礽的立场。支持允礽有两方面的好处：一是康熙是在盛怒之下废除允礽的。因此，废除允礽不久，康熙就有了反悔之意。胤禛摸透了康熙的心思，采取了支持允礽的策略。这样，他就再次不露痕迹地获得了康熙的好感。二是胤禛支持允礽，必然会使允礽感激倍至。如果允礽今后再被立为太子的话，对胤禛就会有绝对的好处。所以事情真相没出来之前千万别把事情做得太绝。

康熙在囚禁允礽之后，开始着手起草"废太子告天文书"，并将告天文书给被拘禁的允礽观看。允礽看后说："我的太子位是父皇给的，父皇要废，何必告天?"此时，大阿哥允禔、九阿哥允禟以及雍正负责看押允礽，急于夺取储位的允禔当即就把允礽的话回报了康熙，致使康熙大怒，并传口谕："做皇帝乃是受天之命，如此大事，岂不有告天之理。允礽悖逆，以后他的话不必奏闻了。"于是，允禔将康熙谕旨传达给允礽，允礽担心被诸兄弟陷害，因此再三求告："父皇若说我别样不是，事事皆有；惟弑君一事，我实无此心，须代我奏明。"众皇子对允礽的求告多半无动于衷，唯独胤禛力排众议，极力坚持替允礽回奏。而康熙听了回奏，非但没怪罪胤禛，反而认为他这样做是顾念父子手足亲情，因此对胤禛加深了一层好感。

第三，不得罪众兄弟，立场持中。这样，他既不攻击对方，也不会遭到对方的攻击，还有，众兄弟都想拉拢他，因而对他都有好感，想方设法让胤禛对自己有所帮助，这就是胤禛采取此措施的目的所在，他巴不得有这样的结果。而且，胤禛明里持中立立场，暗地里却算计对方，这都是阴谋者的通略。

胤禛的过人之处，就在于他既不像大阿哥允禔、八阿哥允禩那样公然地谋取储位，同时也不像三阿哥允祉那样釜底抽薪拆老大、老八的台。相反，他表面上曾一度向大阿哥、八阿哥集团靠拢，另外，他也知道八阿哥允禩等人企图行刺太子之事，但他并没向康熙揭发这个阴谋。胤禛不揭露老八允禩的阴谋，就被允禩等人看做了友善。而老三允祉虽然因揭发自己的兄弟而取得了康熙的信任，同时却在兄弟中间树立了强敌。

由此看来，雍正这种不愠不火的持中立场，远胜于老大、老八的急于求成，更为老谋深算。正所谓螳螂捕蝉，黄雀在后。胤禛的这种持中立场，使他能够居高临下，坐山观虎斗，达到了不战而屈人之兵、坐收渔翁之利的目的。

胤禛非但不揭露老大、老八的阴谋，相反，在老大、老八事发后，他还极力在康熙面前替他们求情。在当时诸子争位互不相让的气氛中，胤禛的这种大度作风，再次让康熙感觉到雍正是个深明大义、性量过人、注重手足亲情的皇子。在人情关系上，胤禛欺骗了父亲康熙和所有兄弟，他的阴谋一直没有泄露。既骗取了康熙的信任“惟四阿哥性量过人，深肖朕躬，似此居心行事，洵称伟人”，在兄弟方面，他一个也不得罪，私下是跟每位兄弟套近乎，减少了竞争对手，瞒过了众人的耳目。

胤禛在众皇子中地位不是很高，应当说处于弱势处境，但胤禛能韬光养晦，能在纷繁复杂的太子之争中，处变不惊、慎重行事，不趋利而行，不争风吃醋，而是采取以退为进、以静制动的策略，从而赢得了康熙的赏识。在众皇子中，只有胤禛做到了这一点，所以胤禛也就当之无愧地成为后来的皇帝。

（三）暗中使劲

胤禛认为“若非深知灼见，不可草率行事”，就是凡是做事都应深思熟虑，而不应草率行之。在力量和条件有限时，不轻举妄动，而是暗寻途径，借机而动。因此，胤禛能表面上容忍允礽、允祉、允禩，内中却在密谋行事，暗中使劲。

太子允礽被废除之后，便引起新一轮的太子争夺战。比较有影响力的有八阿哥允禩、三阿哥允祉、十四阿哥允禵和四阿哥胤禛。允禩为八皇子，其人性情豁达，好施舍，广结人缘，因而有一个人数众多的党派支持他，朝廷内外的许多官员都向康熙皇帝保举允禩，有的甚至还向皇帝施压。

康熙看到允禩的身后竟然有如此庞大的集团，他感到了威胁，不但没有让允禩为太子，还将其革去爵位，令其反省。由此也可看出，康熙是非常敏感的，他意识到了皇储之争的可怕性，并不断告诫皇子们不许结党营私，说道：“诸阿哥中如有钻营谋为皇太子者，即国之贼，法断不容。”

看到皇八子允禩如此的下场，雍正十分冷静，认为只有韬光养晦、脚踏实地，才能有取胜的把握，风光太足反而会败落得越快。因此，胤禛处处注意自己的言行，谨小慎微，以不肯表露出有争储之心，即使是他身边的人，他也对其隐藏自己的心事。

胤禛亲眼目睹允禩聚集了众多党羽，非常难斗，而且势力遍布各处。但允禩太明目张胆，他广交朋友，笼络人心，四处贿赂，正好犯了康熙的大忌。且允禩的目标也过于明确，其最后的结果是欲速而不达。在当时众皇子争夺储位中，胤禛明白不能硬夺，只能智取。因为众皇子都非常有作为，而且有些人比他有优势，先跳出来的必定会首先遭到打击。雍正是个城府很深的人，他很少做表面文章，更不会像八阿哥允禩那样轻易暴露自己的实力。因为他明白，父皇康熙是个睿智的君主，稍有不慎，露出破绽，就有可能招致康熙的打击。所以他采用了“暗度陈仓，巧中取胜”的策略，外表柔和，内里却暗自动作。胤禛的这种暗度陈仓的智谋，在他与心腹戴铎的通信中便可见一斑。戴铎在信中这样写道：

当此君臣利害之关，终身荣辱之际，奴才虽一言而死，亦可少报知遇于万一也。谨据奴才之见，为我主子陈之：

皇上有天纵之资，诚为不世出之主；诸王当未定之日，各有不并立之心。论者谓处庸从之父子易，处英明之父子难；处孤寡之手足易，处众多之手足难。何也？处英明之父子也，不露其长，恐其见弃；过露其长，恐其见疑，此其所以为难。处众多之手足也，此有好竽，彼有好瑟；此有所争，彼有所胜，此其所以为难。而不知孝以事之，诚以格之，和以结之，忍以容之，而父子兄弟之间，无不相得者。我主子天性仁孝，皇上前毫无所疵，其诸王阿哥之中，俱当以大度包容，使有才者不为忌，无才者以为靠。昔者东宫未事之秋，侧目者有云：“此人为君，皇族无噍类矣！”此虽草野之谤，未必不受此二语之大害也。奈何以一时之小愤而忘终身之大害乎？

至于左右近御之人，俱求主子破格优礼也。一言之誉，未必得福之速，一言之谗，即可伏祸之根。主子敬老尊贤，声名实所久著，更求刻意留心，逢人加意，素为皇上之亲信者。不必论，即汉官宦侍之流，主子似应于见面之际，俱加温语数句，奖语数言，在主子不用金帛之赐，而彼已感激无地矣。贤声日久日盛，日盛日彰，臣民之公论谁得而逾之。至于各部各处闲事，似不必多于闻也。

本门之人，受主子隆恩相待，自难报答，寻事出力者甚多。兴言及此，奴才亦觉自愧。不知天下事，有一利必有一害，有一益必有一损，受利受益者未必以为恩，受害受损者则以为怨矣。古人云：不贪子女玉帛，天下可反掌而定。况主子以四海为家，岂在些许之为利乎！

至于本门之人，岂无一二才智之士，但玉在椟中，珠沉海底，即有微长，何由表现！顷闻奉主子金谕，许令本门人借银捐纳，仰见主子提拔人才之至意。恳求主子加意作养，终始栽培，于未知者时为亲试，于已知者恩上加恩，使本门人由微而显，由小而大，俾在外者为督抚提镇，在内者为阁部九卿，仰籍天颜，愈当奋勉，虽未必人人得救，而或得二三人才，未尝非东南之半臂也。

以上数条，万祈主子采纳。奴才身受深恩，日夜焚祝。我主子宿根深重，学问渊宏，何事不知，何事不彻，岂容奴才犬马之人菖荛之见。奴才今奉差往湖广，来往似需岁月。当此紧要之时，诚不容一刻放松也！否则稍为懈怠，倘高才捷足者先主子而得之。我主子之才智德学素俱，高人万倍，人之妒念一起，毒念即生，至势难中立之秋，悔无及矣。

胤禛在给戴铎的回信中却写道："语言虽则金石，与我分中无用。我若有此心，断不如此行履也。"

事实上，胤禛对于戴铎的话是非常首肯而愿意接受的，但是由于他的戒备之心，使他故意如此回复戴铎。因为此时的他，只有处处隐忍，不露风头，夹住尾巴，才不会被击败。

在众多强大的竞争对手之中，胤禛的优势并不明显，允祉以其年长，有学识，深得康熙的重视和宠爱；十四阿哥允禵身居要职，握有兵权，并且曾立下大功。因此胤禛从不敢胆大妄想，认为康熙会将皇位传给他。当他听到外面流传说皇位将可能传给八阿哥允禩、十四阿哥允禵时，心中有说不出的苦恼与不快，但他终究不敢明斗。他所采取的是另一种手段，即外松内紧的策略。

从表面上看，胤禛在激烈的争储中处于超脱的位置，他经常与僧衲往来，建设寺宇，把自己打扮成"天下第一闲人"，并写了《悦心集》一书，书中尽述其愿与僧侣为伍，过一种清静无争的恬淡生活。例如书中的《隐居词》《知足歌》等等，都是一些向往田野生活，教人与世无争之词。胤禛在此时所写的这些诗词，一方面起到了蒙蔽对手及皇帝的作用，标榜自己的清纯，使别人不对自己起疑心，另一方面也是其在权力争夺中失意的表现。

而实质上，胤禛是决不会甘于寂寞，放弃争储的大好机会的。

戴铎曾对雍正说过，做英明的父亲的儿子难，因为"过露其长，恐其见疑；不露其长，恐其见弃"。就是露长也不是，不露长也不是。那怎么办呢？胤禛根据自己的理念，根据兄弟之间争夺皇位斗争的教训，根据幕僚们对他参谋的意见，实施多种方法，扩大自己的力量，赢得更多的机会。这主要有如下几点：

一、要想方设法取得康熙的宠爱。取得皇帝的宠爱是争夺储君至关重要的一步。胤禛深知此中利害，并且他对康熙的性格脾气摸得极熟，即不能太显露自己的争储之心，更不可操之过急，只能慢慢地建立自己的形象。因此胤禛在康熙面前总是非常小心，从不露出任何急躁、争权的痕迹。

二、谨慎地处理好与其他皇兄弟之间的关系。在其他的皇兄皇弟面前，胤禛从不显露自己，虽然大家心中也都是十分清楚谁都有夺位的欲望，但是胤禛却处处表现出自己的亲切和善，以便麻痹他们。例如，当皇位的强有力竞争对手允禩在康熙五十三年遭到皇帝谴责时，胤禛多次上奏折，为允禩说好话，希望康熙不要追究允禩的过错。康熙五十五年时，允禩得病，此时胤禛正陪同康熙在外巡视，但是他却向皇帝请示，要求回京探视允禩。

对于以前的皇太子允礽，雍正也是一样表示极其拥戴和尊敬，甚至被认为是太子党，当允礽再次被废时，胤禛也曾上奏请求皇帝复立允礽为太子。

胤禛在兄弟面前的种种假象，起到了很好地隐藏作用，为自己赢得了时间，扩大了自身的实力。

三、加强联络文武百官，无论其权位高低都进行笼络，以便在朝野内，造成一种舆论，胤禛是首选皇储；同时又大力培养自身的党羽，并将这些人安放在各个职位上，为其夺取皇权打好基础。

暗中培植党羽，是其中最厉害的。胤禛就是按照这个策略做的。比如年羹尧，此前曾是胤禛府邸的下人，因胤禛的举荐而步步高升。到戴铎写上面那封信时，年羹尧已位至晋川陕三省总督，手握重兵。再比如戴铎，原是胤禛府中的一个奴才，因得胤禛的赏识而成为福建知府。此后，胤禛又进一步鼓励他："将来位至督抚，方可扬眉吐气，若在人宁下，岂能如意乎？"

胤禛这种暗中许官的做法，恰到好处地利用了人类的贪婪心理，将戴铎更加牢固地拴在自己这驾夺储的马车上。戴铎在几年之后荣升四川布政使，其兄戴锦则位至河南开封道台。他手下的另外几个得力干将，如沈廷正升为兰州知府，哈尔齐哈任清江理事同知、博尔多官至内阁中书侍郎……

胤禛在这一系列的斗争中，做的最重要、最关键的一件事便是培养心腹，控制人才。在胤禛身边有个小集团，这帮人不仅帮他出谋划策，还四处为他卖命。控制这么一个小集团，不仅表现出雍正善于识人用人，更重要的是这些人控制了从中央到地方的政权和兵权，为他的夺储奠定了坚实的实力基础，而这是其他皇子所不具备的。

胤禛按照戴铎在信里提出的暗中培植党羽的策略，为自己的亲信出钱捐官，使他们占据国家要职。更重要的是，这些人是由胤禛一手栽培出来的，因此他们多对胤禛忠心耿耿。而胤禛无疑基本认同戴铎所说，但他站得更高，在施行这些手腕时，表面上丝毫不露声色。雍正在多年经营下，到康熙末年，已经形成了一个自己的小集团。其主要成员有：

年羹尧，汉军旗人，胤禛旗下，康熙十八年生，康熙三十九年进士，康熙四十八年出任四川巡抚，五十七年升任四川总督，康熙末年又升任川陕总督，深受康熙信任；年羹尧的妹妹嫁给了胤禛，是胤禛的侧福晋，所以雍正和年羹尧既是郎舅关系，还有主仆之义。

隆科多，太子允礽第二次被废的时候，担任步军统领，后来又兼任理藩院尚书，掌管北京城内外九门，统率八旗步兵。虽然官品不是很高，但是职位重要，在胤禛看来，自然大有利用的价值。本来隆科多是允禔的党羽，允禔党瓦解后，他一度失意，转而投靠允禩。到了康熙末年，看到允禩前途渺茫，又转而投奔胤禛。两人一拍即合，暗中勾结，胤禛看中了隆科多的职权，隆科多也把未来赌注压在了胤禛的身上。

允祥，康熙第十三子。在第一次废太子的事件中遭到打击，但和胤禛关系密切。后来胤禛继位以后，允祥成为兄弟中他最亲信的一个。

魏经国，康熙末年出任湖广总督；常赉，任官副都统；博尔多，举人出身，后任职内阁中书；傅鼐，藩邸亲信……

胤禛为了能多拉拢一些官员，经常邀请官员上府套近乎，并让手下人帮他一起积极与官员们联系，唯恐漏过一个。有一次，雍正想拉拢礼部侍郎蔡珽，就派手下人去请他来自己府上。蔡珽是一个极其小心谨慎的人，担心卷入夺位战争中，并且康熙也曾下过命令，不许结党营私。于是蔡珽便以自己身份不便与王府来往为理由回绝了。

过了一段时间，胤禛又派年羹尧去邀请蔡珽，可是蔡珽仍然十分固执地不接受。雍正在几次碰壁之后，仍然不放弃，继续寻找机会见蔡珽。终于，在一次蔡珽去热河行宫向皇帝辞行的机会中，雍正见到了蔡珽。他与蔡珽交谈时，推心置腹，并热情地将左副都御史李绂介绍给他。从此蔡珽便成为雍正的心腹，为其争储立下了汗马功劳。

在雍正周围，他精心挑选人才，形成了一个小集团。集团内的成员虽不多，但是个个精明能干。例如总督年羹尧、布政使戴铎，以及步军统领隆科多都是雍正的死党。

以隆科多为例，隆科多是雍正养母即孝懿仁皇后的弟弟。他先前与允禔亲近，允禔倒台后，他转而投靠强大的允禩集团，后来他发现允禩不被皇帝看中，感到前途渺茫，在康熙末年时，他才选择了胤禛，并立即获取了胤禛的信任和重视。胤禛也是看中了隆科多的步军统领职位，认为他大有可用之处，而隆科多也将赌注压在雍正的身上，一旦胤禛当上皇帝，自然有他升官发财的一日。

从后来的情况看，胤禛与隆科多的结合，确实都达到了双方的目的，胤禛在隆科多的暗中帮助下，获取了胜利。隆科多在雍正当上皇帝之初，也确实得到了重用。

就这样，神不知鬼不觉地，胤禛将自己的心腹手下逐渐安插到政府各部门，使他们窃居了国家要职，成为雍正最终夺取皇位的中坚力量。

胤禛这步棋走对了。他广结羽翼，既不像允禩那样明目张胆，也不像允祉那样约束不严。他能知人善任，发挥每个人的特长，还不时恩宠有加，关心备至，许诺厚禄让他们为自己死心塌地地卖命；同时又用国家大法和严肃的家法来统驭他们，使他们完全听命于自己的指挥。

出其不意，攻其不备，这既是兵法中的原则，也是政治斗争的原则。允礽被废后，雍正在韬光养晦的同时，已经悄悄开始动作了。只不过他并不像其他皇子那样大张旗鼓，只是积极而秘密地为自己做着种种准备。因为只有这样才不会被康熙觉察，只有这样才能够保全自己，不为兄弟们攻击。

皇太子允礽被废，大阿哥允禔因为密谋杀害皇太子也同样倒台，八阿哥允禩本来非常看好，但因为搞朋党和耍阴谋犯了康熙的大忌。而胤禛就不同，胤禛暗中拉帮结派，其手下的人也完全服从他的命令。胤禛虽然也向人施恩，但同时他还懂得如何对手下人施威。这样，在胤禛身边，才聚集起一个以他为核心的小集体，而这样的小集体才是最有凝聚力的。胤禛的手下戴铎曾拿胤禛与允禩做了个比较，称："允禩柔弱无为，不及雍正聪明天纵，才德兼全，恩威并进，大有作为。"从事实上看，戴铎这番话还是客观的。

纵观当时的争位情形，八阿哥允禩原本是占尽先机的。首先，朝野上下一致看好允禩，其次，康熙也认为允禩堪当重任，在允礽被废后，立即命允禩署理内务府事务。由此可见，康熙当时曾对允禩寄予厚望。允禩错就错在太明目张胆和急功近利了，被胤禛利用朋党和迷信之事扳倒。算命先生张明德揣度出允禩的心意，说允禩大富大贵，日后必能位至极尊。也正因为如此，大阿哥允禔才在康熙面前提到八阿哥允禩是大富大贵命，不想引起康熙的疑虑，震怒之下的康熙凌迟处死了张明德，并以"知情不报，妄蓄大志"的罪名，革除了允禩的爵位，同时还给允禟、允禵以相应的惩戒。而允禩刚刚接管内务府，就急着为自己网罗人才，大肆收买人心——当时，前内务府总管凌普案发，康熙严令允禩查处凌普。

凌普乃是太子允礽乳母的丈夫，他借助太子的势力，贪婪不法。允礽为了收买人心，竟然包庇昔日的冤家对头，草草了结了此案。康熙得知这件事后大为恼火，直斥允禩是"到处妄博虚名，凡朕所宽宥及所施恩处，俱归功于己，人皆称之"。康熙由此看到了允禩比二阿哥允礽更危险，即："二阿哥悖逆，屡失人心，此人之险恶处，百倍于二阿哥也。”

随着时间的流逝，大阿哥允禔、太子允礽、八阿哥允禩在激烈的夺储斗争中相继落败，三阿哥允祉成为胤禛的又一个强劲对手。

与大阿哥允禔、太子允礽、八阿哥允禩相比，允祉不仅有年长的优势，而且为人颇为老成持重，自始至终没被康熙抓住过把柄，因此颇受康熙喜爱。而且允祉喜欢读书和钻研学问，学识非常渊博。同时，在储位斗争中，他又能表现得相对中立，因此被封为诚亲王。众所周知，康熙是个非常有作为的皇帝，学识也非常广博，又极力主张仁政爱民，因此，他与三阿哥允祉在许多方面见解相似，这就使父子之间关系较为融洽。

特别是到了康熙晚年，众阿哥争取储位的斗争把康熙搞得焦头烂额，他与众阿哥之间的关系自然非常紧张。在这样的情况下，渐至老迈的康熙便自然而然地把目光投向允祉了，而允祉恰恰能投其所好。他多次请康熙到诚亲王府做客，使年老的康熙有幸享受到父慈子孝的天伦之乐。时间一久，允祉与康熙的关系就更加亲密无间了。至此，康熙开始委允祉以重任，每次巡游，都将允祉带在身边。于是，允祉的大红大紫成了胤禛的又一威胁。那么，胤禛又是怎样击败允祉的呢？

允礽被废太子后，想争取大将一职表现自己，以求重新夺回太子位，岂料他弄巧成拙，被康熙发现这一企图，于是所有参与此事的人都一律被治罪，而揭发这件事的人是三阿哥允祉。允祉的好处是得到了康熙的信任，但也成为其他兄弟的众矢之的。胤禛虽然没有出面活动，但他怂恿允祉去做，以此把事情搞浑、搞大、搞砸，最后对双方当事人都不利，而胤禛却没有受到打击。

同时允祉有他不可避免的性格缺陷。那就是，允祉虽以和善博学著称，但他却缺乏驭下的能力，不能保证他手下的心腹不犯错误。而胤禛则不同，他不但可以严格要求自己，而且也能从严约束自己的部下。因此，虽然当时胤禛身边已形成了一个以年羹尧、隆科多为首的小集团，但这个小集团的活动却非常缜密，而且已暗中控制住了京城内外的兵权。

在与允祉斗法的这段时期里，胤禛一方面勤于政务，将康熙分派给他的任务处理得头头是道。另一方面，他也开始注意学习三阿哥允祉的怀柔政策，不断请康熙去王府里做客，以使康熙尽享天伦之乐。

为了取悦康熙，胤禛还抛出了一张王牌——爱子弘历。弘历也就是后来的乾隆皇帝。这张牌在历史中的分量，没有人能够估得清。

弘历生于康熙五十年，自幼聪颖过人，而且颇有勇谋，人又俊逸。老人总是喜欢孩子的，康熙也不例外。当他第一次见到弘历时，就喜欢上了。祖孙二人颇为投缘。同时，弘历的聪明灵异也使康熙感到后继有人，于是大悦，随即带弘历入宫，随侍左右，以享天伦之乐。此后，有一次康熙带弘历去打猎，祖孙二人当场射杀了一头狗熊。当时，康熙要弘历再补一枪，枪响之后，倒地的黑熊突然跃起，向弘历扑来，在这种危险的场面下，少年弘历却不慌不惧，灵活地躲开了狗熊的致命一击。这件事发生后，康熙更加喜欢这个孙子了，并在公开场合讲，弘历比他福气大。这张皇孙牌，打得非常高妙，不但借此拉近了与康熙的关系，同时还等于向康熙暗示了大清王朝后继有人。也就是说，只要胤禛能继承皇位，那么，弘历有一天也会坐上宝座。

后来胤禛果然当上了皇帝，有人说是康熙看中了弘历才这么决定的，这只是一种臆测，真实情况不得而知。但从中可以看到胤禛的绝妙心机，让康熙看好弘历，也必然会看好自己。“抛玉引玉”，胤禛这张“王牌”打得极其到位正确，是一智招。

在这场惊心动魄的夺储大战中，胤禛的胜利正是因为其能够在变化多端的局面中，分清主次，把握住重心，外弛内张，以柔克刚，使得他面面俱到，八面玲珑。事实果真如胤禛所想的那样，太子允礽、大阿哥允禔、三阿哥允祉、八阿哥允禩一个个倒台，剩下就是他和十四阿弟允禵了。既保证了自己不受打击，又扩大增强了实力，在这场斗争中胤禛稳稳地把住了自己的舵，以逸待劳，非常轻松地就使对方自行削弱。

（四）雍正登基

胤禛在众阿哥纷纷倒台之后，才算遭遇到十四弟允禵这个真正的强手。允禵排行十四，比雍正小 10 岁。他与雍正是一母所生。两人虽是同胞兄弟，但允禵却与允禔、允禩和允禟保持着非常密切的交往。

允禵曾极力保奏八阿哥允禩，结果遭到康熙的怒斥。但康熙其实很欣赏允禵那种直率的性格，兼至允禵天生神勇，尤其喜欢研究兵法。因此，西北战事一起，他就把注意力集中到这个儿子身上，预备授予“大将军”衔。允禵在很多方面甚至比雍正的优势更大，他曾立下许多战功让康熙对其十分喜爱，一段时间，就有传言说康熙决定将允禵立为太子。

允禵要获得这个位置的关键就在于，如何击败允礽，战胜胤禛。允禵首先利用允禩的势力，以向康熙告密的形式揭穿了允礽的阴谋，致使允礽案发后而一败涂地。随后，允禵又在允禩、允禟等人的帮助下，积极联络朝中大臣，以扩大他们的影响和声势，并借此与雍正抗衡。

1715年，策妄阿拉布坦公然派兵抢掠新疆哈密。次年又派遣大将策凌敦多布率领一支6000人的部队奇袭西藏，击败了清朝支持的西藏军队，占领了拉萨，屠城3日，然后扶植傀儡政权，控制了西藏政局。拉萨失陷的消息传到京城，康熙决定使用武力彻底解决西北问题。他曾一度考虑再次亲征，但无奈年岁不饶人，他不能再亲自指挥千军万马。所以康熙一直在考虑从诸皇子中选择一个文武兼备的阿哥替自己挂帅出征，平定策妄阿拉布坦的叛乱，为大清江山打下一个牢固的基础。

胤禛虽然也积极向康熙献计献策，谋取大将军这一职——因为在这最后的节骨眼上夺取大将军之位也就意味着离储位不远了。但行军打仗毕竟不是儿戏，需要真正能够通晓兵法而又极富韬略的将才。虽然康熙对胤禛的见解表示赞同，但仍然对他的军事才能表示怀疑。在这一点上，允禵恰恰高出胤禛一筹。因此，康熙五十七年（1718年）十月，允禵被正式任命为抚远大将军。十二月，康熙授允禵为大将军王，命他率师西征。后来，康熙又降下一道圣旨，称："大将军王乃朕皇子，确系良将，朕深知其能，故命其掌生杀重任，尔等或军务、或正细事项，均应谨遵大将军王指示……"

允禵到达前线后，果然没辜负康熙的重托。他一方面开始整顿军务，加强战备，另一方面则积极策划对敌方针。此后，在允禵的率领下，清军分两路出兵西藏，重新夺回了拉萨。接着又挥师北上，采取步步为营的打法，逐渐控制了新疆的局势。允禵的节节胜利，对胤禛无疑是个巨大的打击。至此，夺储战线成了双雄对峙之势。

胤禛在这场争夺大将军的较量中输给了允糯，使胤禛夺储的希望变得越来越渺茫了。此后的几年间，胤禛一直没有改变被动的局面。允禵的崛起曾使胤禛一度心灰意冷，甚至产生了消极退避的情绪。

允禵在出任大将军一职之后，在战场上取得了节节胜利。但允禵并未因此而自满。相反，他明白自己势单力薄，比不上其他几个兄长多年来结党众多。所以，他一方面要借助允禩、允禟等人的势力，另一方面则加紧培植自己的党羽，积极招揽人才，大力收买人心，并派人到京城去拉拢党羽。同时，他还知道自己以武见长，因此非常注意结交文士，以取长补短。在这段时期里，允题一度尝试拉拢康熙手下的宠臣、理学名家李光地，结果遭到拒绝。此后，他又想方设法结交李光地的门人，并将其门人陈万策拉到自己门下。他对陈毕恭毕敬，见面总要称先生。

允禵的积极活动，取得了不小的收获，他一时间声名鹊起。加上他在西北战场上取得的一系列胜利，康熙对十四皇子更加刮目相看了。允禵后来者居上，又是封王又是领兵，以至于当时朝野内外一致盛传允禵将被立为皇太子。可以想见，当时的胤禛已陷入进退维谷的境地。进，有崛起的允禵挡道；退，此前所有的努力必将灰飞烟灭！这种两难的选择才是最艰难的。而最艰难的时刻也往往最能考验一个人的信心和毅力。此时此境，两强相逼，勇者胜。

当胤禛的手下多因渺茫的前途而悲观颓废之际，胤禛却重新振作了起来。当时，在福建为官的戴铎曾写密信给胤禛，劝他考虑退路，并称台湾远在海洋中，土地肥沃，政治也安定，是个可以割据为王的好地方。因此，戴铎请求胤禛帮他活动，以谋求台湾道台一职，以便使雍正万一在夺储失败之后，可以退身自保。从表面上看，戴铎的这一建议不失为高明。但胤禛比他看得更高，他知道一山不容二虎，一国不容二主的道理。他还知道在当时的情况下，后退只能是一条绝路。因此，他只能下定破釜沉舟、背水一战的决心，即：不是鱼死，就是网破。

允糯离开京师远征西北边疆，对胤禛来说，既是不幸又是万幸。当时最看好的皇位继承人只剩下他和允禵了，而且康熙也非常看重允禵，夺得大将军之位也就意味着继承皇位有望，所以胤禛为此感到惋惜。但不幸中的万幸是他掌握了京师局势，以此坐镇京师，并控制了京内外的军队，还有一大帮心腹在帮他秘密行事，这就是他的最大优势。而胤禛正好掌握了这个优势，利用对手远征的机会掌握了主动权。

胤禛的最佳表现是在与十四弟允禵争夺西北用兵主帅挫败后的策划。此后，雍正独辟蹊径，来了一计瞒天过海的暗招。这就是：利用隆科多控制京城，利用年羹尧控制西北局势，阻碍允禵与京师联系，恰恰只有他一个人在京城有实力，可以随时发动政变，夺取皇位。

首先，在胤禛的操纵下，隆科多在康熙病重后，统率八骑营约两万名官兵，顺利地控制了京城的治安和局势，使其他阿哥不能发动政变。隆科多是雍正养母孝懿仁皇后的弟弟，时任步军统领兼理藩院尚书、步军统领一职，掌管着北京城内外九门关防，因此胤禛笼络住隆科多就等于控制住了京城的军队。

此外，为了防止允禵回归、兴兵作乱，川陕总督年羹尧控制住了重镇西安，扼断了允禵与内地的联系，使允禵的部队难于进入关中，更不要说兴兵侵犯北京了。年羹尧是胤禛的另一个亲信，胤禛为了笼络年羹尧，娶了他的妹妹做侧福晋。在争夺皇位的过程中，年羹尧起了至关重要的作用。因为当时的他手握晋川陕三省大军兵权，能够有效地抵制其他皇子的阴谋叛乱。

而戴铎则立即向巡抚蔡珽表示，如果允禵闹事，四川应该出兵丁钱粮支持胤禛。蔡珽在听到这个建议后，立即向胤禛上书，表示绝对忠于雍正。

这样一来，京中诸皇子被束缚住了手脚，手握重兵的允禵又被扼断了归路，致使他不敢妄自兴兵。因此，胤禛才通过或合法或不合法的手段顺顺当当做了皇帝。

雍正的一生充满着神秘色彩，他的继位及死亡都是清代历史上著名的宫廷疑案。雍正是通过夺储斗争而登台的，至死也未能消除世间对其登基合法性的怀疑和猜测。

关于康熙之死和雍正继位的真相，历来有许多说法。其一，被雍正进参汤毒死的；其二，被雍正扼死的；其三，被雍正气死的。如此等等，不一而足。关于雍正继位真相，也有许多说法。其一，隆科多将“传位十四阿哥”中的“十”字加了一横，下面挂一钩，就成了“传位于四阿哥”了，此说显然属伪，因为过去用“於”而不是今天的“于”字。其二，据说允禵原名胤祯，隆科多将“传位于十四子胤祯”改为传位于四子胤禛（即雍正）。其三，有人说康熙病重后，雍正趁进参汤之机，暗下毒药，康熙觉察后，将一串佛珠掷向雍正，之后七窍流血而死。而雍正则以佛珠为信物，声称康熙已传位于他了。

无论雍正的继位符不符合封建社会的传统道德，都无损于他的一世英名。因为，立嫡长子为储君或由皇帝指派某位皇子继位，都不符合现代人的观念。而且，从历史上看能够用非法手段夺取帝位的，一般来说都是有能力有作为的君主。假如雍正是以阴谋取得帝位的，恰恰能证明他的英武决绝。而事实上，雍正也的确是凭自己的实力得到这个位置的。此后的十三年中，他又以同样的实力向世界和历史证明了他的确堪当皇帝这个重任。

康熙六十一年十一月十三日（1722 年 12 月 20 日），康熙病逝，终年 69 岁，庙号圣祖，谥号“合天弘运文武睿哲恭俭宽裕孝敬诚信功德大成仁皇帝”。七日之后，45 岁的胤禛正式登基，年号雍正。

胤禛取胜了。这是他智谋的取胜，是他审时度势，巧借时机，反意而行，瞒天过海的胜利。打蛇打七寸，而胤禛就是在最危险的时刻，凭着他过人的胆识和智慧，抓住了对手的要害，从而化被动为主动，一举击溃貌似强大的允禵。

清除异己

康熙四十一年（1702），四阿哥胤禛和太子胤礽，还有十三阿哥胤祥跟着父亲去朝圣中国佛教的第一名山——五台山。胤禛后来崇信佛教，很有可能就是和这次去五台山朝圣有关系。

到太子胤礽已经被废除了之后，这些兄弟之间更是尔虞我诈，相互倾轧。在这样的一个非常敏感的时期，胤禛却是八面玲珑。他既不去攻击其他的那些兄弟，也不拉帮结派，更不会去做落井下石的事情，甚至他还去帮助那些兄弟们，为兄弟们去说情，在大家眼里表现出不得罪任何人的憨厚模样。当胤禛被御封当了贝勒，但是九阿哥、十四阿哥这些人却封了贝子的时候，他还因为这件事去向自己的父亲启奏，他说大家都是一样的兄弟，为什么九阿哥他们这些人的爵位却是比较低的，他和父亲说愿意自己降低世爵来提高兄弟们的爵位，这样一来使得他在兄弟们当中的地位就相当了。之后他还干过不少这样的事情，他总是处处替自己的兄弟们说好话，维护兄弟们，在别人有需要的时候就马上给予支持。所以这样，那些正激烈争夺储位、相互敌视的兄弟却对他都怀有这样那样的好感，反正至少没待他当作是自己的对手。雍正虽然也对皇位是非常热切地渴求着，但是他的手段却使用得十分高明。他凭借着自己韬光养晦的战术，渐渐地在众兄弟间提高了他的身份和地位，也在众人中表现出他不凡的政治活动才能。那些皇子纷纷跳出来争夺储位，就好像《红楼梦》里说的那样，“乱哄哄，你方唱罢我登场”。

雍正当时的表现有的人说他这是一直在韬光养晦，这是在效仿刘皇叔防备曹操时自己在菜园子里种白菜一样，属于深藏不露，这种说法也是不无道理的。他为了谋取太子的地位的野心，是在第一次废除了皇太子事件之后才慢慢滋生的。到第二次他才渐渐开始去积极经营了，可是当时的情况对于他而言是并不有利的。无论是人气还是声望，八阿哥都比他要好得多；如果要论和康熙帝关系的亲近，三阿哥也比他强；要是讲才干和受父亲的宠信，十四阿哥就比他厉害多了。但他做事审慎，他比较注重方针策略，所以在这么多兄弟的嗣位角逐中，才能异军突起，来了一招后发制人。

四阿哥也就是雍正坐上了皇帝的龙椅之后，有许多的人不服气，尤其是和他争夺过皇帝位的那些兄弟。雍正对这些兄弟还有他们的党羽进行了严厉打击，这都是他开始巩固自己的政权地位、树立自己君权和绝对统治威力所采取的一系列措施。

（一）接二连三的大清扫

雍正对自己的胞弟十四阿哥采取了重点打击的手段。对九阿哥也是不讲情面的，因为九阿哥是八阿哥最忠实的追随者，所以雍正决定用打击九阿哥的方法来孤立八阿哥。

九阿哥在父亲还活着的时候得到康熙皇帝的批准，抄了权臣明珠的家没收了数百万家产，他的贴身太监何玉柱也被派去关东私自挖人参来贩卖，还在天津开办了一个木行。所以在这么多皇子当中，九阿哥是最富有。可是，九阿哥是一个“好酒色，图受用”之徒，他两次派自己的心腹太监去苏州物色美女，以供自己荒淫享乐。康熙帝也从来看不上这样一个花花太岁的儿子。所以在康熙王朝的后期，九阿哥自己也明白皇位自己是得不到的，所以他就选择走实际的路线，他决定支持八阿哥。他和八阿哥是邻居，有一日他来到八阿哥府上，一通八皇兄长八皇兄短的，不断地讨好着八阿哥。他奉承地说：“八皇兄才华出众，定是皇阿玛储位之最佳人选，恭喜皇兄，贺喜皇兄啊！”八阿哥不经意地冷笑了一下，淡淡地看着他。其实八阿哥心里很清楚自己的九皇弟是怎样的一个人。他就是因为自己知道反正是得不到皇位的，但是为了自己将来可以继续他的淫逸生活而需要依靠更大的权势。八阿哥也正是利用九阿哥家里的钱多，可以支持他活动。因此，九阿哥成了八阿哥的重要活动经费来源。

后来，胤禛当上了皇帝之后，九阿哥感到非常失望，他对胤禛情绪上的不满和抗拒最后甚至到了不顾礼仪的程度，对于这一点他比八阿哥表现得更为明显。根据《清世宗实录》一书中记载：康熙皇帝驾崩的时候，胤禛当时正在很哀痛地哭泣着，九阿哥就突然跑到胤禛的面前，非常不守礼节地端坐在康熙的尸体前面，连做臣子的礼节一点都不顾。大家都在灵堂举行哀悼的时候，九阿哥却是一滴眼泪都没有流，一点难过的神色都没有。那时候胤禛就责问他了：“九皇弟，父皇正值仙逝，你却到这里来看热闹？成何体统，你这种忤逆之子！”九阿哥公然与雍正争辩道：“我是一点悲伤也没有，也强过某些人，猫哭耗子假慈悲！”正是因为九阿哥的这桩桩件件无礼的行为招致了雍正皇帝对他的憎恶。

另外，九阿哥的生母宜妃，胤禛一向也是很讨厌的。在康熙驾崩的时候，宜妃当时也正生着病，听到康熙去世的消息，她由于平时深受康熙的宠爱，所以毫无顾忌就闯进了灵堂，抢在了雍正生母德妃的前头，这一举动引起胤禛对她极度的厌恶。毕竟，那个时候四阿哥胤禛是已经受了遗诏的新的皇帝雍正，虽然以前自己的额娘地位也不高，可是母凭子贵，德妃现在的地位早就今非昔比了！当时雍正心里虽然很不高兴，但转念一想也没有将此作为一件事来理论。可是更让雍正生气的是，宜妃见到雍正的时候，还非常不识时务地摆出自己一副母妃的姿态，高高在上，连雍正已经是当今的皇上了也没有顾及上。雍正深知九阿哥没有八阿哥那样的号召力，也知道九阿哥也就是江湖商人脾气，成不了什么大气候。所以对九阿哥的亲娘采取打击的态度。可是，要直接打击宜妃，也不是那么方便，所以雍正当下决定从打击她的下人入手，来了个杀鸡儆猴。康熙六十一年（1722）十二月雍正以宜妃的亲信太监在外面做生意这样的口实，马上就下令让这个太监去土尔鲁耕种土地。雍正的命令里还说到，如果他不愿意去，那么马上赐给白绫，让他吊死。之后，把他的骨头也要送到发配的地方去。由这些可以知道，雍正对宜妃是真的不客气了，这也是给九阿哥一个下马威。

雍正打击完了九阿哥的母亲的太监，接着打击的就是九阿哥自己的亲信太监。就在处理完宜妃那个太监的同一个月，雍正又将九阿哥的太监李尽忠发配去了云南，还有一个叫何玉柱的太监就被发配去了黑龙江给穷披甲人当奴才。但是雍正并没有没收他们的所有家产。秦道然是九阿哥家里料理家务的，雍正说他狗仗人势，为非作歹，在自己的家里私藏了很多非法之财，逼他拿出十万两白银送到甘肃去当军饷。其实雍正这样做，是想先废了九阿哥的手脚，才能好好制服他。

果然，过了没多久，雍正就把矛头直直地指向九阿哥本人了。雍正元年（1723）四月，他以“十四阿哥胤禵从前线回来、军队中需要人才”这样的名义，命令九阿哥前去帮助十四阿哥胤禵，为国效力。九阿哥怎么会不知道那是雍正想借这样的名义发配他呢？他就跑去向雍正求情，说等到父皇的百日忌日过后再走。雍正当即答应了他。可是等过了康熙百日忌日，九阿哥又向雍正说想要等到送父皇到了陵寝之后，再启程前往。这次，雍正当然是没有答应，他命令九阿哥不得有任何延误，一点都不留情面地命令他马上走。九阿哥被迫无奈，只能上路，前往前线了。其实九阿哥成不了什么大气候，雍正只是想发配九阿哥来分离心怀嫉妒的八阿哥那群人，使八阿哥没有经济支柱，也能防止他们之间交往得过密！

当九阿哥到达西大通之后。雍正又下旨，让当地所有的居民都搬出去，还派了兵日夜监管九阿哥的行踪，实际上也等于是囚禁了九阿哥。

九阿哥在西大通一直在奏请雍正想回到朝中，但是雍正不理不睬，就是不允许他回京城。九阿哥作为一个皇子，岂会不知道自己被流放，被监禁呢？他心里自然是非常气愤、恼恨，他并不甘心如此下去，那无异于等死。所以他采取了自己的行动，和八阿哥偷偷地通信。同时他还暗中招兵买马，趁机来扩张自己的势力。他的这些秘密活动怎能逃得过雍正的眼睛？所以不但没有起到作用，反而被雍正抓到了把柄，有了治他罪的有力证据。其实雍正早就安排好了的，早就指示好了自己的人随时注意到士兵的最新动态，稳定军心不要被九阿哥收买去。

对于八阿哥和九阿哥两人，雍正采取了很有针对性的手段：一个是极力地去拉拢，一个却是沉重地打击。九阿哥其实只是一只给猴子看的鸡，惩治九阿哥其实就是给八阿哥看的，雍正真正的目的就是为了瓦解他们俩组成的一个对自己极度不利的强劲联盟。

雍正为了巩固自己的地位对参与过竞争的其他兄弟，也是根据他们各自不同的情况去区别对待，有的贬有的捧。当时十阿哥也是八阿哥集团的支持者，他也是极力反对雍正上台的，所以雍正对他也采取了强硬的措施。而且用了一个非常奇特的办法去惩治十阿哥。雍正命令十阿哥去护送哲布丹巴的灵柩，可是十阿哥不愿意前往，想出了诸多理由推辞，而且一再说他穷得无法过日子了，要变卖家当。雍正哪儿会不知道他家里有的是钱，所以直接戳穿不给他装穷的机会。十阿哥无奈只有上路，但走到张家口就不肯走了，拒不从命。十阿哥哪里受过这般的饥寒之苦啊。雍正明知八阿哥和十阿哥是蛇鼠一窝，所以特意让八阿哥去处理这件事情。八阿哥上张家口之后回来即启奏革掉十阿哥的爵位。雍正一直在等十阿哥的臣服请罪，不想等来的是对方的不理不睬、拒不从命。就这样，雍正以此为由命令八阿哥革掉十阿哥的王爵，把他召回到京城，抄家之后永远拘禁。

在处理十阿哥事件上，雍正聪明之处在于借了八阿哥的手去惩治了十阿哥。而且让所有人都认为十阿哥的获罪全是八阿哥决定的，与此同时又给了八阿哥一个下马威。所以八阿哥、十四阿哥集团中的核心人物，也整日里战战兢兢不知盲从下去将何去何从，自此大大分散了各集团的势力。

雍正为了彻底地孤立自己的主要劲敌，接下来，他又迅速剥夺了负责正白与镶黄两旗军务的十二阿哥和负责正蓝军务的七阿哥的兵权。他在这件事上采用的是一个打一个拉，相互离间的手段。十二阿哥也是不知感激，雍正觉得他是扶不上墙的烂泥，所以就趁机革掉了他的王爵。七阿哥本是个聪明的人，自知大势已去，所以明确表示与八阿哥和十四阿哥脱离关系，雍正知道七阿哥已悔改，所以称赞了他，随后还封他为亲王。

八阿哥这个人一直都没有停止过他的阴谋，就算是雍正已经登基了之后，他还是利用了他职务的便利，给雍正制造了这样那样的棘手的事情。但是因为雍正考虑到八阿哥的党羽非常多，处理起来比较麻烦，所以对他并没有采取极端的手段，他步步为营，慢慢地解决完了八阿哥的那些所谓的心腹之后，才向八阿哥集团发动猛烈的进攻。对于严重威胁到自己皇位的政敌，也就是八阿哥那一伙人，雍正最先用的策略是让各个有分化，让八阿哥的党羽都自动解散，他这样做巧妙地抑制了一场皇族内乱的发生。

雍正四年（1727）正月初，雍正皇帝发动强大的舆论攻势打击八阿哥。他将所有有关康熙帝在位时候对于八阿哥的谕旨，包括康熙帝曾经讲过说和八阿哥断绝父子关系这样的谕旨全部都公布了出来。雍正借机下令去掉了八阿哥的黄带子，还把他在宗族中除了名赶了出去。后来八阿哥被宗人府囚禁，过了没多久，雍正又派了两名太监随身伺候，其实就是把他囚禁在高墙之内。同一年的三月份，八阿哥自己上书请求雍正让自己改了一个不太雅的名字，叫“阿其那”。

一直到雍正觉得自己的皇位已经坐得稳稳当当的时候，他才改变了自己清除政敌的策略。

雍正其实不像传闻中那样不顾手足之情的，他采取打击的打击、捧的捧之政策，也就是封建君王那“顺我者昌，逆我者亡”的集权主义思想的表现。其实历史上每个皇帝都是如此，如果不是张弛有道，既仁慈又严厉怎能稳定得住军心民心，怎能坐稳江山呢！

雍正在《大义觉迷录》中写过一段话能很好地说明：

朕即位时，念手足之情，心实不忍，只因诸弟中如阿其那等，心怀叵测，固结党援，往往借端生事，煽惑人心，朕意欲将此辈徐徐化导，消除妄念，安静守法，则将来二阿哥亦可释其禁锢，厚加禄赐，为朕世外兄弟，此朕素志也。所以数年以来，时时遣人赉予服食之类，皆不令称御赐，不欲其行君臣之礼也。二阿哥常问云：“此出自皇上所赐乎？我当谢恩领受。”

而内侍遵朕旨，总不言其所自。及雍正二年冬间，二阿哥抱病，朕命护守咸安宫之大臣等，于太医院拣择良医数人，听二阿哥自行选用。二阿哥素知医理，自与医家商订方药。迨至病势渐重，朕遣大臣往视，二阿哥感朕深恩，涕泣称谢云：“我本有罪之人，得终其天年，皆皇上保全之恩也。”

又谓其子弘晳云："我受皇上深恩，今生不能仰报，汝当竭心尽力，以继我未尽之志。"及二阿哥病益危笃，朕令备仪卫移于五龙亭。伊见黄舆，感激朕恩，以手加额，口诵佛号。以上情事，咸安宫宫人、内监百余人，皆所目睹者。及病故之后，追封亲王，一切礼仪有加，且亲往哭奠，以展悲恸。其丧葬之费，动支库帑，悉从丰厚，命大臣等尽心办理，封其二子以王公之爵，优加赐赉。今逆贼加朕以弑兄之名，此朕梦寐中不意有人诬谤及此者也。又如逆贼加朕以屠弟之名，当日阿其那以二阿哥获罪废黜，妄希非分，包藏祸心，与塞思黑、允禵、允禟结为死党，而阿其那之阴险诡谲，实为罪魁，塞思黑之狡诈奸顽，亦与相等。允禵狂悖糊涂，允禟卑污庸恶，皆受其笼络，遂至胶固而不解，于是结交匪类，蛊惑人心，而行险侥幸之辈，皆乐为之用，私相推戴，竟忘君臣之大义。以致皇考忧愤震怒，圣躬时为不豫，其切责阿其那也则有"父子之情已绝"之旨。其他忿激之语，皆为臣子者所不忍听闻。朕以君父高年，忧怀郁结，百计为伊等调停解释，以宽慰圣心，其事不可枚举。及皇考升遐之日，朕在哀痛之时，塞思黑突至朕前，箕踞对坐，傲慢无礼，其意大不可测，若非朕镇定隐忍，必至激成事端。朕即位以后，将伊等罪恶，俱行宽宥，时时教训，望其改悔前愆，又加特恩，将阿其那封为亲王，令其辅政，深加任用。盖伊等平日原以阿其那为趋向，若阿其那果有感悔之心，则群小自然解散。岂料阿其那逆意坚定，以未遂平日之大愿，恚恨益深，且自知从前所为，及获罪于皇考之处万无可赦之理，因而以毒忍之心肆其桀骜之行，扰乱国政，颠倒纪纲，甚至在大庭广众之前诅朕躬，及于宗社。此廷臣所共见，人人无不发指者。

雍正皇帝瞄准的第一个目标人选就是八阿哥——胤禩，雍正心里很明白：八阿哥不但有心机、有才识，而且还善于笼络人才收买人心。雍正帝觉得八阿哥是威胁自己皇位的最核心也是最危险的人物。

在康熙皇帝驾崩之后的第二天，雍正就任命了八阿哥胤禩这些人当总理事务大臣。雍正不但对胤禩出奇地好，还优待他的那些跟随者，同时更优待他的所有亲属。胤禩的儿子就被封为贝勒，这是在这么多皇侄中获得荣誉最高的，那是除了二阿哥的儿子弘晳外唯一的一个。胤禩的舅舅噶达浑本来是很贫贱的籍贯，但是雍正却将他改成一般旗民，而且赏给他们可以世袭的佐领官衔。替胤禩卖命的手下人也得以加官晋爵，比如说，佛格和阿灵阿的儿子阿尔松阿都被任命为当时的刑部尚书，佟吉图则提升为山东按察使，苏努则晋爵为贝勒此类，等等。

胤禩确实是个掌握了很大权力的人，很多时候他对于雍正交给他办的事情，好的就归自己，不好的就归结到皇帝头上，所以博得了宽大这样的美名，他故意让雍正去承受苛刻的罪名。很多时候他故意把事情办错，甚至写奏折时字迹潦草得看不清楚来激怒雍正。雍正一生气肯定要杀人，用杀戮来显示自己的卓著，要不然就会众心离散。

可以说雍正对八阿哥胤禩是做到了先礼后兵的，本来是想笼络他的，却修不成正果，软的不行那就只有来硬的。雍正对不肯信服自己的人，反击起来从来都不会手软。

刚刚即位的时候，雍正把八阿哥胤禩抬得很高，这可能就是他给糖吃后打脸的斗争策略，也可能是他刚刚登基不久也不便于实施什么强硬的手段和采取过激的措施，但是不管他是处于哪种情况，从这些事情都可以看出雍正政治韬略的高明之处。

（二）一干亲骨肉收拾干净

从雍正继承这个皇位那天开始，就意味着要面临诸兄弟们的不满和他们的挑战。康熙皇帝仙逝的噩耗一传出，京城的九门就要关闭六天，所有的王公大臣如果没有得到指令全部都不允许到大内中的。箭在弦上，形势非常紧张。那个时候年纪已经过了二十岁的皇子有十五个人，就是即雍正的大哥胤禔、二哥胤礽、三哥胤祉、五弟胤祺、七弟胤祐、八弟胤禩、九弟胤禟、十弟胤䄉、十二弟胤祹、十三弟胤祥、十四弟胤禵、十五弟胤禑、十六弟胤禄和十七弟胤礼。我们来看看，雍正继位后，在这些阿哥们身上到底发生了什么事情？

大阿哥胤禔，早在太子废立的时候得罪他的皇父康熙皇帝，已经被剥夺了封赏和爵位，幽禁在他的府里。康熙帝还派一个叫延寿的贝勒等人轮番监守，还下了严谕说：“疏忽者，当族诛。”胤禔已经成了一只连天日都不见的死老虎。在雍正十二年（1734）的时候死了，雍正用贝子的礼节将他殡葬了。

二阿哥就是被废了的太子胤礽，被囚禁在咸安宫内。但是雍正还是很不放心，一边就封其他当了理郡王，另一边又下了命令在山西的祁县一个叫郑家庄的地方造房子驻扎兵将，后来把胤礽移到那边去幽禁了。雍正二年（1724），胤礽在幽禁中死去。

三阿哥胤祉，本来就不太热心皇储，他只是一门心思编书。雍正当上了皇帝以后，就用了“胤祉与太子素亲睦”这样一个借口，下命令让“胤祉守护景陵”，就这样把他发配到遵化去为康熙皇帝守陵了。胤祉心里自然是十分不高兴，所以就免不了私底下郁闷地发些牢骚。但这些全部都被雍正知道了，雍正就干脆剥夺了胤祉的爵位，把他幽禁在了景山永安亭。雍正十年（1732），胤祉抑郁地死了。

五阿哥胤祺，康熙皇帝亲自去打噶尔丹的时候，他就曾经带领正黄旗的大营去打仗了，回来之后被封为恒亲王。五阿哥胤祺没有勾结党羽，对争夺皇太子的地位一点也不感兴趣。可是雍正当了皇帝之后，还是找了一个借口剥夺了他的封爵。雍正十年(1732)，胤祺也死了。

雍正的六弟胤祚、七弟胤祐，雍正八年（1730）相继地死了。

八阿哥胤禩，是雍正这么多兄弟中最为优秀、也是最有才能的一位。但是，“皇太子之废也，胤禩谋继立，世宗深憾之”。雍正当了皇帝之后，就把胤禩还有他的党羽看成是自己的眼中钉、肉中刺。胤禩心里怎么会不明白呢，所以就经常怏怏不快。雍正继位，他耍了一个两面派的手段：起先雍正先封胤禩为亲王——他的福晋对来祝贺的人说：“何贺为？虑不免首领耳！”这话很快就传到雍正的耳朵里，就下令把他的福晋赶回了娘家。又过了没多久，随便找了个借口命令胤禩在太庙前跪了一天一夜。之后就下令削去了胤禩的王爵，高墙圈禁。胤禩受尽折磨，终被害死。

九阿哥胤禟，因为伙同胤禩结党，也是雍正看不入眼的。胤禟心里很明白，私下里他就表示：“我行将出家离世！”雍正怎么能允许胤禟去当和尚呢！所以找借口把胤禟的黄带子革去了，削了他的宗籍，抓起来关押。改了胤禟名叫“塞思黑”。在不久之后，雍正就给胤禟定二十八条罪状，把他送去保定，还戴上枷锁，命令直隶总督李绂把他幽禁起来。胤禟在保定的监狱里受尽了折磨，据记载以“腹疾卒于幽所”，但传说他是被毒死的。

十阿哥胤䄉，因为党附胤禩，也是雍正所恨的。雍正元年，哲布尊丹巴胡图克图来京城，可是生病死了，但是要送灵龛回去喀尔喀也就是今天的蒙古国，雍正命令胤䄉印册赐奠。可是他说了很多理由搪塞不去，后来到了张家口也不往前走了。就是同一年雍正就借故把他的爵位也剥夺了，抓回京城关了起来。一直到乾隆皇帝登基的第二年才被放出来。

十二弟胤裪，康熙末年任镶黄旗满洲都统，很受重用，也很有权，但没有结党谋位。雍正刚即位，封胤裪为履郡王。不久，借故将其降为“在固山贝子上行走”，就是从郡王降为比贝勒还低的贝子，且不给实爵，仅享受贝子待遇。不久，又将其降为镇国公。乾隆即位后被晋封为履亲王。胤裪一直活到乾隆二十八年（1763），享年七十八岁。

十四阿哥胤禵，虽然和雍正是同胞兄弟，但是也因为他和胤禩一伙，但因皇位之争两个人就这样结下了不共戴天的仇恨，成了一对冤家兄弟。雍正坐了龙椅后，最初是不允许抚远大将军胤禵进入城内吊丧，还命他在遵化看守皇父的陵寝景陵，还把他们父子两个幽禁在景山寿皇殿边上。乾隆登基之后，才释放出来。

十五弟胤禑，康熙皇帝驾崩了之后，雍正上台，他就命令十五阿哥去为康熙帝守景陵了。最后结局比较好的只剩下三个人，就是十三阿哥胤祥、十六阿哥胤禄和十七阿哥胤礼。胤祥，也是曾经被康熙皇帝幽禁起来过的，具体是因为什么却是不清楚了。雍正当上了皇帝之后，马上封了胤祥当怡亲王，而且还是格外信用、器重。胤禄，从小就过继给庄亲王博果铎当儿子，他就世袭了博果铎的爵位当了庄亲王。胤礼，雍正上台之后被封为果郡王，之后再次晋封为亲王，先是掌管理藩院的事情的，后来就全宗人当了府宗令，而且还管户部。其实胤祥和胤礼很明显早就加入胤禛的集团，只是康熙还活着的时候，他们都干得十分隐秘，没有暴露出来而已。

（三）曾静投书案

曾静（1679~1736），湖南永兴人，号蒲谭先生，他原来是一个县学生员，因考试成绩太差所以被辞退了。所以，他放弃了科举考试而留下来教书，这些事情的失意加上生活的无聊，致使他经常散乱地记载一些他自己道听途说来的东西，他对吕留良宁可剃了光头做和尚也不去考清朝的科举感到非常地佩服和敬仰。在他自己写的《知几录》和《知新录》中有很多抒发自己感到气愤不公平的、用当时的话说就是“悖逆”的文字。例如，“皇帝合该是吾学中儒者做，不该把世路上英雄做。周末局变，在位多不知学，尽是世路中英雄，甚至老奸巨猾，即谚所谓光棍也。”他认为，合格做皇帝的，春秋里应是孔子，战国时应是孟子，秦以后为程、朱，“明末皇帝该吕子做”。

吕留良到底何许人也？吕留良（1629~1683），号晚村，浙江石门人，顺治十年（1653）中秀才，后思想大变，悔恨自己猎取清朝功名。康熙五年（1666）弃青衿，操选政，名气很大，被人尊称为“东海夫子”。他在著述中教人站稳华夏的民族立场，不能效忠于夷狄政权。他借历史道出自己对清朝的看法：“德祐之后，天地大变，亘古未经，于今复见。”康熙十八年（1679）开博学鸿词科时，官员推荐他，他誓死不就。康熙十九年（1680），地方官又以山林隐逸推荐他，他也坚辞不赴。后来就削发为僧。他的立场，他的学术声望，让他名播四方，影响甚大。

其弟子严鸿逵也是秉承师说，拒不承认清朝，希望建立汉人的天朝。雍正即位第五年，也就是1728年，曾静本就仰慕吕留良所以就派了自己一个叫张熙的学生去吕留良的家乡拜访，谁知那个时候吕留良已经死了。张熙不知道从哪儿的小道消息听说到手握三省重兵的川陕都督岳钟琪已经上了奏出去指责雍正皇帝了。张熙将此事向曾静说了之后，曾静非常兴奋，他一直希望的事情终于有了感觉了。所以他暗暗下了决定，把岳钟琪定作谋划反雍正的对象。以为岳钟琪是忠义爱民的、反对皇帝暴政的人，对他寄予希望。

曾静将岳钟琪选择作为反清下书的对象，是有其根据的。

岳钟琪（1686~1754）是民族英雄岳飞的第二十一世嫡孙、岳飞三子岳霖后裔。字东美，号容斋。四川成都人。岳钟琪自幼熟读经史、博览群书、说剑论兵、天文地理、习武学射，样样精通。

康熙五十年（1711），由捐纳同知改武职，任四川松潘镇中军游击。康熙五十七年（1718），任四川永宁协副将。康熙五十八年（1719），准噶尔扰西藏，次年，岳钟琪奉命率军随定西将军噶尔弼入藏，直抵拉萨，击败准噶尔兵。康熙六十年（1721）升四川提督。

年羹尧

雍正元年（1723），三十八岁的岳钟琪又奉命抚定青海。当时的抚远大将军年羹尧奏请皇上，要求岳钟琪随军参赞军事。岳钟琪率6000精兵，经过了雪域行军，克服了高原严重缺氧的不适应，一路西行，抚定上寺东策卜、下寺东策卜、南川塞外郭密九等诸番部，随年羹尧平定罗卜藏丹津叛乱。

雍正二年（1724），雍正便授岳钟琪为“奋威将军”，继续进军青海，出师十五天，收复了被叛军占领的青海地区六七十万平方公里的全部领土。青海事平，雍正授岳钟琪三等功，赐黄带及御制五言律诗二首：

其一

岷峨称重镇，专阃赖干城。

旧著宁边略，新闻奏凯声。

风霆严步伐，云日耀麾旌。

三捷成功速，欢腾细柳营。

其二

一扫搀枪净，师旋蜀道中。
锦成休战马，玉寒集飞鸿。
智勇原无敌，忠诚实可风。
丹书褒伟绩，还与锡彤弓。

雍正还赐给岳钟琪金扇一柄，书御制诗一首：

星驰露布自遥荒，青海西头武烈扬。
帷幄由来操胜算，风烟早已靖殊方。
远宜王化金汤固，丕振军威壁垒张。
风送铙歌声载路，鼎钟应勒姓名香。

岳钟琪以三十八岁的年龄占尽了人间风华。雍正三年（1725），雍正又命岳钟琪兼甘肃巡抚、署川陕总督。奏请于河州、松潘及丹噶尔寺为互市所，以便各族人民进行交易。雍正五年（1726），在陕甘两省推行摊丁入地。又对四川乌蒙等土司实行改土归流。

作为清朝著名军事将领、川陕总督的岳钟琪，可谓是一生戎马，平西藏、定青海、抗击新疆准噶尔部的分裂反叛、镇戍边疆，功勋卓著，为维护国家统一、稳定西部、开拓西部做出了重大贡献，历经康熙、雍正、乾隆三朝。康熙皇帝曾赐予匾联“太平时节本无战，上将功勋在止戈”。后来，乾隆皇帝御制怀旧诗列五功臣中，称其为“三朝武臣巨擘”。

岳钟琪为人亦是沉毅多智略，对手下士卒相当严厉，而与之同甘苦，士卒们都乐意为他以死效劳。终清之世，汉族大臣拜大将军，满洲士卒隶麾下受节制，唯他一人。

雍正六年（1729）九月，曾静与张熙写好了谋划反清政府的信，派遣张熙带着他的书信和《生员应诏书》赴陕西送给岳钟琪，想策动岳造反。

一个傍晚，张熙走在陕西西安的一条大街上，拦住了正要回府的岳钟琪。他拦路跪在轿子前，两个小兵即刻上前，道：“来者何人，竟敢当街拦岳大人的轿子!”

张熙道：“小人乃找岳大人有要事商议，还请军爷行个方便!”

“去，去，我们岳大人公务繁忙，没有时间和你这种人胡咧咧，走，走!”说完还欲用军棍打张熙。

张熙仍旧是跪地不起，大声喊道：“岳大人，小人张熙，却有要事相商，烦请岳大人见小人一面!”岳钟琪撩开轿帘子，看了一眼张熙，对身边的随轿耳语了几句。随轿的人若有所思地点点头，随即走到张熙面前。说："岳大人吩咐，张公子有要事相商可入府，为何在大街上拦住去路，成何体统，你赶紧起来，随轿一起!"张熙听完，麻溜地从地上站了起来，尾随在岳钟琪的轿子后面进了府。

岳钟琪入府，换了衣服来到客堂。看张熙正端坐着，悠闲地喝着茶，心中便有几分不快。

岳钟琪开口道："你找我有什么事儿?"岳钟琪说话的时候带着威严，还微微皱着眉头。张熙赶紧放下手中的茶碗，从怀中掏出一封信递给了岳钟琪。岳钟琪接过这书函一看，见封面上写的收件人是"天吏元帅"，写信的署名是南海无主游民（即不承认清朝政府）夏靓遣徒张倬（夏靓、张倬应是曾静、张熙两师徒的化名）上书。这封信的内容，都是诋毁对天朝，对雍正皇帝是把能想得到的、能用得上的骂人的话全部都用上了。信中又说岳钟琪其实是岳飞将军的后人，讲了岳飞如何精忠爱国，英勇抗击金兵。主要的目的是想激励今握重兵、居要地的岳钟琪，乘时反叛，劝服他调转枪头去对付金人的后代也就是当下的统治者满洲人。让岳钟琪为宋朝和明朝两个朝代复仇，替汉人雪耻。

岳钟琪本是雍正皇帝破了先祖的例而重用的汉族大臣。在朝廷中一向就遭到很多满族贵族的猜疑嫉恨。但是雍正皇帝一直对他格外的信任，岳钟琪更懂得感恩图报。

所以，岳钟琪见信，当即想找时任陕西巡抚的满人西琳同审张熙，可不想，西琳有事未到，由按察史、满人硕色于暗室同听，岳钟琪问张熙他的师父（也就是夏靓）是谁，张熙拷打至昏绝也不回答。只是告诉岳钟琪他们的势力已经散布两湖两广、江西、云南、贵州等省，说这些地方传檄可定。岳钟琪见动刑无效，改为以礼相待，假意装作被他们的行为感动了，对张熙说他愿意招那个叫"夏靓"的一起来这里辅佐他，共同谋划反雍正的大事，并且做出痛哭流涕、满心诚意的样子。张熙以为岳钟琪真的被信和他们的行为打动了，所以将事情的真相一五一十地讲了出来。

然而，岳钟琪表面上是答应了张熙等人一起密谋造反，可是私下里却偷偷地把这封信奏报给雍正看了。雍正看了之后自然心里生气得不得了，但他却先极力抚慰岳钟琪，称赞他的忠诚，还说他自己朝夕焚香，祝福岳钟琪"多福多寿多男子"，并说他之前给岳的谕旨都是真心诚意的，"少有口心相异处，天祖必殛之"。就像当年对年羹尧起誓一样表示对岳钟琪的绝对信任，以稳住岳。随后再以大手段与大精力投入到处理曾静投书案中。雍正派遣刑部侍郎杭奕禄、正白旗副都统罗海兰到湖南，会同湖南巡抚王国栋彻底追查和这件事情所有相关的人员。审问中曾静供出他的思想是受浙江吕

留良思想的影响，最崇敬的是吕留良，张熙也承认见过吕留良的弟子严鸿逵，还有再传弟子沈再宽等人，还随身携带有吕的诗册。就这样，广泛株连。因此案涉及人多，地域广，为了加速查办速度，将曾静等一干人等被集体押送到北京来审问。

雍正对此案的对策，从一开始就定下来了，他在雍正六年（1728）十月十七日给岳钟琪的奏折上写道：

朕览逆书，惊讶坠泪。览之，梦中亦未料天下有人如此论朕也，亦未料其逆情如此之大也。此等逆物，如此自首，非天何为？朕实感天祖之恩，昊天罔极矣。此书一无可隐讳处，事情明白后，朕另有谕。

从雍正八年（1731）十二月份开始一直到雍正十年（1733）的十二月份历时两年时间，雍正皇帝连连下达旨意说，曾静和张熙因为认罪的态度非常好，所以免了他们的罪并释放了他们。但是，对于因为曾静而牵连出来的与吕留良有关的这个案子的所有人却是全部杀无赦。其时，那个时候吕留良和他的大儿子吕葆中已经就去世了，但是雍正还是下令把他们从坟墓里挖出来鞭尸，然后割下头颅挂起来示众，吕留良的第二个儿子吕毅中斩立决，家里所有的孙子辈的男男女女全部送去宁古塔给披甲人当奴仆。吕留良的爷爷、父亲、子孙、兄弟和叔伯兄弟的孩子，男的满十六岁以上了全部都拉出去斩首，十五岁以下的男孩子和所有家里的女人都送给功臣家里做奴隶。吕家财产没官。吕留良的徒弟严鸿逵的也被处以凌迟的酷刑。沈在宽斩立决。刻书人车鼎臣、车鼎贲、与吕留良有交往的孙克用、收藏过吕留良书籍的周敬舆均应斩，秋后立决。吕门人房明畴、金子尚革去生员，金妻流三千里；陈祖陶、沈允怀等11人革去教谕、举人、监生、秀才，杖一百……但凡曾经给吕留良刻录过书本、收藏了他的书、给他立过碑、建过祠堂的人，全部都革职的革职，流放的流放。只要是和他有丝毫关系的，尽数无一幸免。就连吕留良的同乡朱振基因景仰吕留良的为人，在任广东连州知州时供奉了吕留良的牌位，也被雍正革职严审，使其死于狱中。吕留良写先来的所有的文集、诗集、日记还有刊印出来、抄录出来的书本全部都搜出统统烧掉了。

曾静和张熙这个案子中牵涉到很多关于雍正的负面说法，其中最触目惊心的是曾静说雍正谋害了自己的爹，逼迫了自己的娘，流放了自己的哥哥，杀害了自己的弟弟；还说雍正很贪财（说雍正使人从四川收米到江南苏州发卖），滥杀无辜，还酗酒，整天荒淫无度（即说雍正收了废太子的妃嫔），诛杀忠诚（即说其杀了年羹尧、隆科多），任性妄为如此之多的罪状，这些罪状几乎涵盖了雍正继位及其继位后六年内发生的所有重大政治事件。曾静对雍正的做法都持否定态度，说雍正是一个十足失德的暴君。

曾静相信雍正毒死康熙、逼死母亲、弑兄之说。如果按照常理说，雍正应该杀了曾静他们，而且对这类案子也应该是严格保密的，可是雍正不但释放了曾静、张熙等人，还于雍正七年（1729）年九月，下令编辑了这两年来论述有关这个案件所有的《上谕》，还附录了曾静提供的口供及曾静写的忏悔书《归仁录》，合写成了一本叫《大义觉迷录》的书，昭告天下。《大义觉迷录》刊印了之后，雍正下令颁发全国各府州县学，使读书士子览知悉。如果读书士子不知此书，一经发现，就将该省的学政、该县的教官从重治罪。更绝妙的是，雍正还命令曾静去江宁、苏州和杭州等地方，张熙去陕西各个地方宣传这本奇书。雍正敢公开这个案件的全部细枝末节，还敢于公开大批判大辩论，敢发行这本奇书。并让犯了弥天大罪的曾静和张熙当反面宣传员，还让读书考功名的人各个都来讨论发表对这件事情的看法，这些正是雍正奇怪出招的地方。这其实是为世宗嗣位及其初政做宣传的最好的举措。书附录中曾静口供和《归仁录》中，就说清世宗至孝纯仁，受位于康熙，兼得传子、传贤二意；又说雍正朝乾夕惕，惩贪婪，减浮粮，勤政爱民。完全推翻了自已举事前的一切观点立场。

下面是选择《大义觉迷录》的一部分原文，我们从中也能看出雍正做出“曾轻吕重”的结案处置的用意：

朕到底是不是谋父、逼母、弑兄、屠弟、贪财、好杀、酗酒、淫色、诛忠、好谀、奸佞的皇帝？

上谕：朕荷上天眷祐，受圣祖仁皇帝付托之重，君临天下。自御极以来，夙夜孜孜，勤求治理，虽不敢比于古之圣君哲后，然爱护百姓之心，无一时不切于寤寐，无一事不竭其周详。抚育诚求，如保赤子，不惜劳一身以安天下之民，不惜殚一心以慰黎庶之愿，各期登之衽席，而无一夫不得其所。宵旰忧勤，不遑寝食，意谓天下之人，庶几知朕之心，念朕之劳，谅朕之苦，各安生业，共敦实行，人心渐底于善良，风俗胥归于醇厚，朕虽至劳至苦。而此心可大慰矣。岂意有逆贼曾静，遣其徒张熙投书于总督岳钟琪，劝其谋反，将朕躬肆为诬谤之词，而于我朝极尽悖逆之语。廷臣见者，皆疾首痛心，有不共戴天之恨，似此影响全无之事，朕梦寐中亦无此幻境，实如犬吠狼嗥，何足与辩？既而思之，逆贼所言，朕若有几微愧歉于中，则当回护隐忍，暗中寝息其事，今以全无影无声之谈，加之于朕，朕之心可以对上天。可以对皇考，可以共白于天下之亿万臣民。而逆贼之敢于肆行诬谤者，必更有大奸大恶之徒，捏造流言，摇众心而惑众听，若不就其所言，明目张胆宣示播告，则魑魅魍魉，不公然狂肆于光天化日之下乎？如逆书加朕以谋父之名，朕幼蒙皇考慈爱教育，四十余年以来，朕养志承欢，至诚至敬，屡蒙皇考恩谕。诸昆弟中，独谓朕诚孝，此朕之兄弟及大小臣工所共知者。朕在藩邸时，仰托皇考福庇，安富尊荣，循理守分，不交结一人，不与闻一事，于问安视膳之外，一无沽名妄冀之心。此亦朕之兄弟及大小臣工所共知者。

在查办曾静投书案不久，雍正就此事在宠臣田文镜的奏折上批示道："遇此种怪物，不得不有一番出奇料理，倾耳以听可也。"对鄂尔泰也做了同样内容的朱批。

确实，雍正并不是一个荒淫无度，杀人不眨眼的昏君。当时他还没有当上皇帝的时候，有一次到杭州游玩，路过涌金门的时候看到一个卖字的书生，这个人不但字写得很好，谈吐也是非常的不凡，才华横溢。雍正就让他写一副对联，书生一下子就写好了，但是对联中的一个秋天的秋字，火却是在左边的。雍正说："这个秋字写错了！"书生就拿出一个名家的帖子，指给雍正看："您看，没有写错吧！"雍正莞尔一笑，就问道："你已经是秀才了，为什么不去考取功名，而在这里摆了个摊子卖字呢？"秀才看了看雍正，也不知是什么来历，就照实说了："我家里很穷，又要养活孩子老婆，所以才在这里卖字才好维持一家生计不是！"雍正听了他这么说，马上就命令随从拿出一百两黄金给了这个书生。书生却是个见过大世面的，也不惊慌。雍正对着秀才说："我是个做生意的，刚赚了些钱，你拿去考功名吧！不知道够不够了呀？"书生接过钱，非常好奇也非常惊讶，为何此人素相识却如此慷慨解囊，连声道谢，说："够用了，够用了！敢问公子高姓大名，日后如有幸中举，必将登门拜谢！"雍正站了起来哈哈笑着对秀才说："如果你考取了状元郎，可是千万不要忘记我呀！"说完就上车走了。

这个秀才得到了这么一大笔资助，一心学习求取功名，雍正果然是慧眼，他连考连中，一直到了翰林。雍正当上了皇帝之后，有一天看到了这个秀才的名字，就想起了当日的事情，心里非常开心，没想到这个秀才果然是腹内有才之人啊，没有辜负朕的一番期望，值得，值得啊！雍正即刻叫人把这个昔日的穷秀才找来，这个秀才上了大殿之后，雍正皇帝写了一个口字在左边的和字，问那书生认不认识那个字，书生开口说："启奏皇上，这个字乃写错了，和字的口应该是在右边才对！"雍正皇帝笑嘻嘻地却是不说话，就让他走了。秀才百思不得其解。第二天，雍正就下了命令让他到浙江巡抚那里报道。浙江巡抚看了一遍圣旨，上面写着让秀才去涌金门那里摆摊卖字三年才能来这里府上就任。费解的书生终于恍然大悟了。后来这个书生对雍正是忠心不二，恪尽职守，最终做出了一番大成就。

雍正元年的时候，他在圣祖书里发现了一道谕旨，谕旨里大力地称赞明太祖，而且去找明太祖的后人，根据才能给他们职位。雍正皇帝看了之后，大有所感，马上就下旨让人去明察暗访，两年之后才找到一个叫朱之琏的人，雍正看了看这个人，觉得他果然是很不平凡的一个人，所以马上就授给他一等侯的爵位，让他入到正白旗下，还下令他的职位可以世袭，这样一来对缓和民族矛盾起了一定的作用。

（四）年羹尧的下场

年羹尧（1679~1726），康熙、雍正年间人，一个富有传奇色彩而被人们津津乐道的历史人物。字完工，号双峰，原籍安徽怀远，汉族，后改隶汉军镶黄旗。据安徽怀远县年氏宗谱记载，其原籍安徽怀远火庙北年家庄牛王殿，明末迁安徽怀远西南胡疃寺就是今天的胡疃寺，清朝顺治年间又移安徽凤阳年家岗，后来又迁徙到盛京今沈阳广宁县定居，入了汉军镶黄旗。镶黄旗为满清上三旗镶黄旗、正黄旗、正白旗之一。至于他是哪年生的还真不知道，有的人说他生在康熙十八年，也就是1679年。其父官拜工部侍郎、湖北巡抚等职位，他的哥哥年希尧曾经也担任过工部侍郎。他的妹妹是四阿哥胤禛的侧福晋，四阿哥当了雍正皇帝之后封为贵妃。在康熙五十四年（1715）生下一女，雍正元年又生下皇子福惠。年羹尧的妻子是宗室辅国公苏燕的女儿。还有一个老婆是纳兰容若的女儿，纳兰就是他老丈人。

虽然年羹尧后来在沙场屡建奇功，以武功了得著称，可是他却也是自幼读书，是一个非常有才识的人。他早在康熙三十九年也就是1700年的时候就考中了进士，之后就授职在翰林院检讨。翰林院号称是“玉堂清望之地”，庶吉士和院中的大臣一向是由汉族士子中的佼佼者在那里做主的，年羹尧可以跻身在他们当中，真的已经很不错了。年羹尧十八岁就开始了军旅生涯，在战场上冲锋陷阵，凭他的智慧与勇武，屡建奇功，二十二岁时，已经升任到四品顶戴，做了游击将军。可谓年少得志。他的功绩还远远不止这些，康熙南巡，要不是有他护驾，说不定也就“糠稀”了，功高莫过救驾，康熙也没有亏待他。康熙皇帝四十八年也就是1709年的时候，年羹尧去内阁当了学士，之后年羹尧任四川巡抚，成为一名封疆的大吏。可谓仕途通达。根据清人所写的《永宪录》记载，那个时候的年羹尧还不到三十岁呢。

对于康熙皇帝的格外赏识和破格提拔，年羹尧是非常感激的，在奏折中一再地表示自己“以一介庸愚，三世受恩”，一定要“竭力图报”。到了四川之后，年羹尧很快就熟悉了四川整个省的大概情况，提出了很多兴利除弊的好措施。他自己当然是做了带头表率的作用，他自己拒收节礼，“甘心淡泊，以绝徇庇”。因为康熙皇帝对他寄予了厚望，希望他一直“始终固守，做一好官”。

后来，年羹尧在打准噶尔部的首领策妄阿拉布坦入侵西藏的战争中，为保障清军的后勤军需的供给，他再一次的显示出自己卓越的才干。康熙五十七年，他被授为四川总督，还一起兼管巡抚的事情，统领军政和民事。康熙六十年，年羹尧进京觐见康熙皇帝，康熙御赐给他弓矢，而且升了他做川陕总督，就这样他成了西陲的重臣要员。同年九月份，青海郭罗克地方有叛乱，年羹尧又利用当地部落土司之间的矛盾和正面进攻的同时，用上了“以番攻番”的策略，很快就平息了这场叛乱。康熙六十一年（1722）的十一月份，任抚远大将军的贝子胤禵被康熙召回了京城，年羹尧同时受命和管理抚远大将军大印的延信一起来管理军中事务。

雍正当上了皇帝之后，年羹尧更加受到了器重。他和隆科多一起能称得上是雍正的左右手。隆科多是四阿哥胤禛的亲娘舅，在雍正继位以前已经为他卖了很多年的力，所以他们俩的亲密程度自然是不用别人说的。雍正元年五月，他发出了以道上谕：“若有调遣军兵、动用粮饷之处，著边防办饷大臣及川陕、云南督抚提镇等，俱照年羹尧办理。”就是这样，年羹尧就一个人全部包揽了西部一切事务，实际上他就是成了雍正在西陲前线的亲信代理人，他的权利和势利地位远远要超过当时的抚远大将军和其他一干人等。雍正还亲自告诫云、贵、川的那些地方官员要听令于年羹尧。同一年的十月份，青海发生罗卜藏丹津叛乱。青海的局势一下子全乱套了，西陲再一次的烽火四起。雍正命令年羹尧马上接任了抚远大将军，让他去驻西宁去那边平息叛乱。

雍正二年（1724）的年初，战争已经到了最终的阶段，年羹尧随即下令给其他的将领说“分道深入，捣其巢穴”。所以各路兵马就顶着风冒着雪、日夜兼程，以迅猛的速度去扫清了敌军的残留部队。在这样突如其来的猛烈攻击下，那些叛军很快就土崩瓦解了。

罗卜藏丹津只带着两百多个人仓皇而逃，清军追击他到了乌兰伯克的地方，把罗卜藏丹津之母和另一叛军头目吹拉克诺木齐一起抓了回来，获得了他们全部的人和畜。罗卜藏丹津本人却是化装成一个妇女逃走了，他去投奔了策妄阿拉布坦。打这次仗才花了15天时间，也就是从二月八日至二十二日，这短短的15天内清军纵横千里，以迅雷不及掩耳的势利和速度横扫了敌人的部队，犁庭扫穴，取得了全面的胜利。年羹尧“年大将军”的威名也是从那个时候开始在西陲远播，朝中上下无人不知无人不晓。

对于青海的战争胜利，雍正真的是非常的开心，所以对年羹尧更是破格地恩赐赏识。在这件事以前，年羹尧因为平定西藏和平定郭罗克的叛乱也立下很大的战功，已经先后被雍正封为三等公和二等公。此次又因为他的计划周密、出奇制胜，所以他又被晋升为一等公。除了这个意外，雍正还赏给了他一个子爵，就让他的儿子年斌来承袭；其的老爹年遐龄也被封了一等公，还另外加上了太傅这一个头衔。那个时候的年羹尧在西北可是威名远播，无人不晓的，还可以参加云南政事的商议决策，所以他就成了雍正在外省的主要心腹大臣。

年羹尧不光是在涉及西部的所有问题上有独裁的话语权，而且他还一直奉雍正之命直接参与朝中的政事。他有权利去雍正那里打小报告，比如把那些内外官员做得不好的事情、有关国家的官吏整治和应该怎么去经营民生的利弊兴革等事，他随时随地都可以上奏给雍正的。他还常常参与朝中大事的磋商和定夺。比如说“耗羡归公”这样的政策的推行，最早是在康熙还活着的时候就有官员上书建议过的，年羹尧以前也是提出过的，但因为康熙皇帝的斥责所以没有实施。到了雍正当皇帝之后，山西巡抚诺岷那些人又上奏请求雍正去实行，朝廷上下一时间那是议论纷纭。在这样的情况下，雍正却特地向年羹尧征询意见，他说：“此事朕不洞彻，难定是非，和你商量。你意如何?”还把律例馆修订好的律例，雍正自己看了之后发给年羹尧，说是让他看了之后提出一些修改意见。

雍正二年的冬天，年羹尧到京城要觐见雍正之前，雍正知道他要回来，就下了命令让各个省的地方大员都赶到北京来集会，四川巡抚蔡珽就提出了不同的看法。雍正就询问年羹尧，问他的意见是怎样的。让年羹尧的行动来阻止其他督抚的行动，从这些事情可以看出来雍正把年羹尧的地方远远放在了所有督抚的上面，可以让他的政治意见有了决定性的作用。

在一些重要官员的任免以及人事安排上，雍正更是频频的私下询问年羹尧的意见，并给予他很大的权力。在年羹尧所管辖的区域内，大大小小文武官员的任用一律要听从年羹尧的意见。元年四月，雍正命令范时捷署理陕西巡抚，不久以后想要改为实授，把原任的巡抚调为兵部侍郎，雍正还特地找到年羹尧跟他商讨这项任命。还有一次雍正在安排武职官员时“二意不决”，就来征询年羹尧的意见，问他如果将陕西官员调往他省升用“你舍得舍不得”，要他“据实情奏来，朕依尔所请敕行”。四川陕西以外的官员的使用，雍正也会经常征求年羹尧的意见。有一次河南开归道这一职位空缺，雍正一时“再想不起个人来”可以任用，就与年羹尧商量合适的人选。还有一次，雍正听到大臣们对京口将军何天培的为人有不同的意见，就问年羹尧是否也有所耳闻，并希望他据实上奏，并以此来决定何天培的去留。年羹尧密密参奏署直隶巡抚赵之垣庸劣纨绔，不能担当巡抚重任，雍正马上就将赵革职。江西南赣总兵缺出，朝廷拟用宋可进，年羹尧奏称他不能胜任，请以黄起宪补授，雍正便依从了年羹尧的意见。

青海平定之后，雍正在给年羹尧奏折的朱批中写道："尔之真情朕实鉴之，朕亦甚想你，亦有些朝事和你商量。"年羹尧进京的那段时间，他就和总理事务大臣马齐、隆科多一起处理军国的大政。雍正还因为他"能宣朕言"，命令他去"传达旨意，书写上谕"。年羹尧就是一个像模像样的总理事务大臣。

雍正跟年羹尧的私底下的交情也是非常好的，雍正还给了他特殊的荣宠。雍正认为有年羹尧这样的封疆好官是自己的幸运自己的福气，如果有十来个像年羹尧这样的人帮助自己的话，就根本不用犯愁国家治理不好。平定青海的叛乱以后，雍正非常兴奋，甚至还把年羹尧看作是自己的"恩人"，虽然他深知这样说有失自己身为皇上的体统，但他还是情不自禁地说了出来。

为了把对年羹尧的评价流传得更加久远，雍正还下令要求世世代代都要牢记年羹尧所立下的汗马功劳。他是这样说的："不但朕心倚眷嘉奖，朕世世子孙及天下臣民当共倾心感悦。若稍有负心，便非朕之子孙也；稍有异心，便非我朝臣民也。"

到此为止，雍正对年羹尧的宠信可以说已经到了没话可说的地步了。年羹尧所受到的皇帝的宠信，没有人能够与之媲美的。雍正二年（1724）的十月份，年羹尧进京觐见雍正皇帝，就曾获得雍正赐给他双眼孔雀翎、四团龙补服、黄带、紫辔及金币等非同寻常物品。年羹尧自己和他的老爹年遐龄，还有他的一个儿子年斌继续受到封官加爵，同年的十一月，年羹尧平定卓子山叛乱再立新功，雍正还特赏加了一个一等男爵的职位，让年羹尧的第二个儿子年富来承袭。

在生活上，雍正对年羹尧及其家人更是非常的关心。在年羹尧的手腕、臂膀有伤以及年羹尧的妻子得病的时候，雍正都会再三询问病情，还派宫中御医前去诊治并赐送一些很珍贵的药品。对年羹尧的父亲——年遐龄在京城的情况，还有年羹尧的妹妹年贵妃以及她所生的皇子福惠的身体状况，雍正也经常手谕告知年羹尧。至于奇宝珍玩、珍馐美味的赏赐更是家常便饭。有一次赐给年羹尧荔枝，为了保证鲜美，雍正命令驿站 6 天之内把荔枝从京师运送到西安，这种赏赐可以与当年唐明皇向杨贵妃送荔枝相比了。

雍正对年羹尧宠信已经到了非常优渥的程度了，而且雍正希望他能和自己做出千古君臣知遇的榜样。他对年羹尧这样说："朕不为出色的皇帝，不能酬赏尔之待朕；尔不为超群之大臣，不能答应朕之知遇。……在念做千古榜样人物也。"

那个时候的年羹尧，志得意满，完全处于自我陶醉中飘飘然的样子，从而做出了很多超越了自己本分的事情而自己不知道，最后就招来了雍正皇帝对他的警觉和忌恨，最后搞得家破人亡。

年羹尧的失宠和继而被整是以雍正二年（1724）十月第二次进京陛见为导火线的。在前往京城的途中，他命令都统范时捷、直隶总督李维钧等人跪道迎送。到达京城时，黄缰紫骝，郊迎的王公以下官员跪接，年羹尧却安然坐在马上行过，看都不看一眼。王公大臣下马向他问候，他也只是点点头而已。更加离谱的是，他在雍正面前，态度竟也十分骄横，“无人臣礼”。年羹尧进京不久，雍正奖赏军功，京城中传言说这是雍正接受了年羹尧的请求。又说整治阿灵阿（皇八子胤禩集团的成员）等人，也是听了年羹尧的话。这些话深深地刺痛了雍正的自尊心。

雍正二年（1724）冬初，雍正在一封奏折上批道：“近日年羹尧陈奏数事，朕甚疑其居心不纯，大有舞智弄巧潜蓄揽权之意。”年羹尧结束陛见回任以后，就接到了雍正的谕旨，上面有一段论述功臣保全名节的话：“凡人臣图功易，成功难；成功易，守功难；守功易，终功难。……若倚功造过，必致反恩为仇，此从来人情常有者。”在这个朱谕中，实际已经明白清楚地告诉年羹尧，他不能“保恩”，“全恩”而就要“反恩为仇”了。雍正改变了以往的嘉奖称赞的语调，警告年羹尧要慎重自持，从此以后年羹尧的处境便急转直下。

年羹尧之所以失去宠爱，最后还获罪，就是下面三点原因造成的：

首先，他自己认为自己功劳很大，骄横跋扈一天比一天厉害，甚至恨不得横着走。他太作威作福了。功高盖主老实厚道尚可，到了近乎欺主的地步就无法立足了。

其次，他在官员的任用上，要自己说了算，但凡是他推荐的文武官员，吏部和兵部是要一律优先录用的。他把自己的人都用到了重要的岗位，把排斥自己的人统统都踢掉，他就用陕西、甘肃、四川那边的官做他的骨干，还有其他一些地方的小官小吏，以他自己为首领成了一个小的势力集团。

第三，无处不贪，也是一个致命因素。而恰好雍正刚登位的时候，俗话说新官上任三把火，雍正这个新皇帝上位了，也是一样的。他对整顿官吏，惩罚治理贪赃枉法的人，是一项非常重要的改革措施。年羹尧正好撞在这个枪口上，雍正正好拿他开刀。

雍正的聪明之处总是在于不是直白地去打击某个人。他最先去和年羹尧有联系的官员们，打了预防针。雍正先对自己的亲信们说，我要整治年羹尧了，你们要是不怕被牵连的话，你们就继续和他来往吧，要是想我不一块儿惩罚你们，你们就和他划清界限，然后站出来指证他的种种劣迹恶行，争取自己保住性命。

然后雍正又去和年羹尧的对头说，我要开始整治年羹尧了，你们最好站稳立场，不要动摇。还有就是平时小心翼翼和年羹尧相处的，雍正让他们保持清醒的头脑，最好离年羹尧远一点，来明哲保身，要不然城门失火殃及池鱼就晚了，队伍是千万不能站错了的。他做的这些全部是为了公开的去惩治年羹尧打好的铺垫。

接下来，雍正的动作就开始把矛头指向了年羹尧本人了，他下令把年羹尧从他的老巢（也就是西安）调离。到了雍正三年（1725）的正月里，雍正对年羹尧不满的态度渐渐地表露了出来。有一天，年羹尧指使陕西巡抚胡期恒在上朝的时候，奏请雍正："皇上，臣有事启奏！"

雍正道："胡爱卿，有何事奏啊？"

胡期恒行了一个礼，说："皇上，就是之前向皇上奏请过陕西驿道金南瑛一事！"

雍正说道："噢，就是这件事。我让吏部尚书派人去彻查此事了！,'雍正说只说了半句，咳嗽了几声，胡期恒战战兢兢地抬头看了看雍正的表情，顿时吓得直打哆嗦。他已感觉到不妙了。果然雍正又厉色道："调查的结果却是让朕万分的伤心啊，这是年爱卿，不顾朕而任用自己的私人，还乱结党羽，这样的做法，朕如何准奏？"

胡期恒连忙跪了下来："是，是，皇上！臣罪该万死！"

雍正正了正颜色道："万死就不必了，朕还舍不得你这个良臣，起来吧！"

胡期恒一脑门的冷汗："谢主隆恩！"随后哆哆嗦嗦地站了起来，垂头站到了原来的位置，之后无话。

在以后的日子里，年羹尧参奏弹劾过四川巡抚蔡珽，年羹尧其实就是想把自己的人一个叫王景灏的出任四川省的巡抚。年羹尧正洋洋得意的时候，哪儿晓得雍正已经暗自下了决心要处置他。蔡珽押到北京后，雍正不但没有把蔡珽关起来，而且升他做了左都御史，成了雍正对付年羹尧的一把利剑。

雍正登基后第三年的三月间，出现了一个祥瑞，说是"日月合璧，五星联珠"，所有的王公大臣都上贺表来歌颂雍正。年羹尧不知是有意还是疏忽，把"朝乾夕惕"误写为"夕惕朝乾"，雍正借此大做文章，道："年羹尧平日非粗心办事之人，直不欲以'朝乾夕惕'四字归于朕耳！观此，年羹尧自恃已功，显露不臣之迹，其乖谬之处，断非无心！"其实'朝乾夕惕'的意思就是终日勤勉，没有一丝怠慢懈怠。所谓欲加之罪，何患无辞！接下来雍正换掉了四川和山西的官员，还将甘肃巡抚，就是之前上奏的胡期恒革职，四川提督纳泰也调回到了京城，这样一来雍正把年羹尧的左膀右臂都砍掉了，四月份，雍正解除了年羹尧的川陕总督的职位，还让他交出来抚远大将军的印章，调到杭州当将军。年羹尧具折谢恩，雍正朱批冷嘲道："朕早就听说有谣言'帝出三江口，嘉湖作战场'。朕今天就用你此任！况你也奏过浙省观象之论。朕想你若自称帝号，乃天定数也，朕亦难免。若你自不肯为，有你统朕此数千兵，你断不容三江口令人称帝也……上苍在上，朕若负你，天诛地灭，你若负朕，不知上苍如何发落你也！"

这些事情做完以后，雍正下一步的计划就是让年羹尧自行了断。年羹尧调到了杭州之后，很多官员就落井下石，觉得年羹尧已无力呼风唤雨就纷纷的去雍正哪里揭发他的罪状，雍正也正好借为了所有大臣的愿望请命的借口，将年羹尧的职务全部都革掉了。六月，雍正下令革年羹尧杭州将军，将其降为闲散章京。同一年的九月份下命令把年羹尧抓回来京城会审。十一月年羹尧械系至京。十二月十一日，年羹尧狱成。雍正定年羹尧九十二款大罪，分别是大逆罪、欺罔罪、僭越罪、狂悖罪、专擅罪、忌刻罪、残忍罪、贪婪罪、侵蚀罪……雍正还诏告群臣说，这九十二条罪名中，犯了死罪的，应该斩立决的就有三十多条，但是年羹尧功劳还是不可以忘记的，年大将军的名声也是全国人民都知道的，如果对他行刑的话，恐怕天下人会有不服气的，雍正自己就要被老百姓骂心狠手辣，杀掉有功之臣。所以他思虑再三，表示自己开恩不杀他了，让年羹尧自己在牢房里自尽。年羹尧的所有家里父兄一族有当官的全部革职，自己的嫡亲子孙就发配到遥远的边疆去充军，还抄了他的家，所有的家产全部都充公。就这样一位叱咤风云，驰骋疆场，立下汗马功劳的年大将军，最后落得个身败名裂、家破人亡的下场。

年羹尧性格上也有着致命的弱点，那就是：他太自信。自信自己的力量与军权，太相信自己与雍正的旧情，弱点在于他不明白自己的力量、军权包括生命都是皇帝给的，皇帝随时都可以收回！年羹尧最后似乎明白了一点，向雍正奏道："臣今日已经知道自己的十恶不赦了，若是主子开恩，怜臣知罪，求主子饶了臣。臣年纪还不老，留下给主子效犬马之劳。若是主子必欲执法，臣的罪过不论哪一条，都是死有余辜啊！除了竭诚恳求主子，臣再无一线生路。伏地哀鸣，望主子开恩，臣实不胜呜咽。"但是，没用了。雍正只在命年羹尧自尽时，做了一番长长的解释，说看到年羹尧罪行时"不禁坠泪"，末尾道："即使你苟活人世，自己想想看，负恩悖逆至此，还有脸见世人吗？今宽宥你殊死之罪，令你自裁，又赦免你的父兄伯叔子孙死罪，此皆朕委屈矜全，莫大之恩，你非草木，虽死亦当感涕也。"

雍正并非在安慰年羹尧，而是在安慰自己——必须灭口。但是为什么雍正要杀了年羹尧灭口呢？我们来分析一下，下面的几种说法：

有一种观点认为，年羹尧的死是因为自己想做皇帝了，所以让雍正实在是忍受不了，所以逃不过一死的命运。

在那样的封建社会，名分和身份是最重要的，君就是君，臣就是臣，君主必须集权！如果违背了就会触怒皇帝，做臣子的要明白自己就是臣子要恪守做大臣的准则，如果做了超过本分的事情，那就有可能是杀身之祸。

年羹尧本来就位高权重，所谓树大招风，他的横行霸道的确引起了雍正的极度不满，伴随着种种猜疑就来了。他自以为自己战功赫赫，就可以不准守法规制度，可以不守着为臣子之道，招来其他大臣和雍正的猜疑那是不可避免的事情，年羹尧这样一做雍正反倒是被人说受年羹尧的支配了，这个对于雍正这个爱表现自己，自尊心极强的主来说怎么能容忍呢？所以这是雍正最痛恨的地方。雍正一点都不怕年羹尧，他就是步步为营的去惩治他，让年羹尧明白自己就是一个臣子，清楚自己的身份。年羹尧臣子终归是臣子也只能俯首就范，反抗和防卫的能力一点也没有，只有整天幻想着雍正能念着他的功劳，念着旧情会放他一马。可是他怎会知道雍正给他罗列图谋不轨的罪名还来不及呢，怎会放掉他，真是太天真了。

还有一种说法就是年羹尧参与了雍正的夺皇位，用年羹尧的兵威慑住了皇十四子，使他不能来夺位，雍正刚登基的时候对年羹尧大加恩赏，其实就是让年羹尧自己洋洋得意地飘起来，等到时机成熟的时候，就给他罗列罪名，然后杀人灭口。只要处死了这个他夺位的知情人，其他的人就不会知道内情是怎样的了。

我们先不说雍正一心要杀死年羹尧的真正原因，但从年羹尧自己的身上看来，他的确给自己找了很多麻烦。他自认为自己功劳高过天了，一点也不知道要谦逊些，免得招惹到灾祸，还做出了许多超过臣子本分之事，结党营私，贪赃枉法，触犯了皇帝还触犯了众怒，所以才不得善终。

（五）隆科多的下场

隆科多的爷爷佟图赖入关以后曾多次去出征山东、山西、河南、湖广这些地方，军功非常的卓著，还曾经当过定南将军、礼部侍郎，晋爵至三等子，死了之后又特别赠他为一等公，主要原因是“父以女贵”，他是皇太后的爹。

隆科多

隆科多的爹佟国维又是康熙的舅舅，也是康熙的老丈人，地位自然是十分的尊崇。他还三次跟着康熙亲征噶尔丹，立下很多汗马功劳。因此，佟国维也是仕途一路畅达，当过侍卫、内大臣，还有领侍卫内大臣，加官晋爵成了一等公。佟国维还有一个女儿做了康熙皇帝的贵妃。

隆科多的姑姑、佟图赖的女儿，也就是顺治皇帝的孝康章皇后。孝康章皇后为顺治皇帝生下来的阿哥就是未来的康熙皇帝。

隆科多自己还有一个姐姐和一个妹妹也嫁给了康熙皇帝，她们一个成了康熙的皇后，一个成了康熙的贵妃。

除了这些佟氏家族还有多人官至高位，当时有“佟半朝”之称。隆科多出生在这样的家庭，上天注定了他这辈子位居极品，才能成为康熙、雍正两朝的关键性人物。

隆科多因为他爷爷和爹的缘故，与康熙皇帝也就有着两层的亲戚关系，他既是康熙皇帝的表弟，也是康熙皇帝的小舅子，所受到重用就很正常了。

历史上所记载的隆科多是在1688年——也就是康熙二十七年崛起的。这一年，他开始去担任康熙皇帝的一等侍卫。

但是，在这个以前隆科多做了什么，他出生于哪一年，小的时候又干过什么事情？

这一切，我们就都不得而知了。但是据说金庸先生写的小说《鹿鼎记》中韦小宝的原型就是我们现在讲的隆科多。那么，从这里可以看出来、隆科多还应该康熙皇帝训练出来的一个少年摔跤手，在擒拿鳌拜这场重头戏当中还立下过汗马功劳。

隆科多担任一等侍卫之后没有多久就被提拔当了銮仪使兼正蓝旗的蒙古副都统。

1705年，康熙皇帝因为所跟着的人违法妄行，所以下谕责怪隆科多不实心地去办事，随即革去了他副都统、銮仪使这些职位，只保留着一等侍卫行走。但到了1711年，科隆多又重新受到康熙的重用，还担任了步军统领这样的重要职务。

步军统领，就是我们所知道的九门提督，是负责维持京城防卫和治安工作的，还统帅八旗的步军及巡捕营这些部门，权力和责任都是非常重大的，总是由皇帝亲自挑选的满足亲信大臣来兼任的。从这里可以看出康熙皇帝对隆科多的亲信程度。

康熙皇帝为什么要提拔隆科多来当这个步军统领的职务呢？这个还是要从隆科多

的前任就是之前的九门提督托合齐下台开始说起。

托合齐，自从1702年就开始担任步军统领这个职务，一直到1711年离职。在此期间，凭借着康熙皇帝对他的宠信，做了很多欺罔不法的事情，比如说，出门的时候必须要用亲王仪仗等。托合齐的很多不法的行为引起众臣的参劾，康熙皇帝却一直采取宽容的态度，始终没有深究他的过错。但是这样的情况到了1711年就慢慢开始发生变化了。那一年，康熙再一次和皇太子胤礽发生矛盾，康熙公开谴责太子，然后开始着手处理太子那些党羽，托合齐就这样慢慢地浮出水面。

原来，1709年的冬天，多罗安郡王仙逝，托合齐在他的丧事期间，纠集一部分满族的官员多次聚集在都统鄂善家吃吃喝喝，后来被人告发。这类的吃喝康熙帝本来就是禁止，但是康熙皇帝只是认为宴饮所以就宽恕了他们。可是参加这次宴饮人员除步军统领托合齐之外，还有刑部尚书齐世武、兵部尚书耿额和八旗的部分军官。这些人掌握的全都是军事权力，尤其是步军统领这个职务，直接负责保卫皇帝安危的。这样一来就引起了康熙皇帝的警觉了。康熙皇帝认为托合齐这群人聚集在一起是为太子笼络人的。这非常有可能。皇太子早就厌烦这好几十年等啊等的日子，还多次向别人抱怨说自己的老爹怎么还不死呢。就算是太子自己没有什么其他的想法，谁能保证他的那伙人不会怂恿他去那么干呢？经过调查，康熙皇帝是越来越相信自己判断的没错，托合齐这些人很有可能不惜用武力来逼迫自己把龙椅交接给皇太子，让他自己当太上皇。康熙皇帝非常生气，他愤怒地指责托合齐这些人是"乱臣贼子"。

托合齐离职的时候，因为"会饮"这个案子还正在调查中，所以把他罢官理由就是"以病乞假"。可是随着案情的越发清晰化，康熙就怒不可遏地下令逮捕托合齐。1713年，托合齐在监狱里病死了，康熙知道他死了之后，没有安葬，却是采取了颇为极端的处罚手段：他下令将其"锉尸扬灰"，还不允许收葬。康熙还下令将牵涉这个案子的所有八旗军官全部都革职。对于齐世武，康熙在1712年的时候指责他"谄事"于太子，所以用铁钉把他钉在墙上，他痛苦地喊叫了很多天才慢慢死掉的。康熙对待大臣很少用这样的酷刑，比如对鳌拜，仅仅也是圈禁起来而已，虽然对索额图的处置算是比较重的，可是也没有施以极刑啊。鳌拜和索额图虽已经威胁到了皇权，可毕竟山高皇帝远，不易发难。可是步军统领托合齐他就不一样了，他就在皇帝身边啊，如果刀兵相向的话，任凭康熙再有本事，也是抵挡不住的。托合齐这些人的行为康熙可能认为他们达到了极其严重的程度，让他觉得自己的生命都受到了威胁，所以才要这样的重惩他们。根据亲历康熙二次废太子现场的意大利传教士马国贤的记载，康熙废掉太子的最大理由就是他有谋反的嫌疑。这肯定和那次一起聚众吃喝有关，毫无疑问。

隆科多被雍正皇帝公开叫作“隆科多舅舅”。隆科多是在康熙皇帝晚年的各位皇子之间扑朔迷离、明争暗斗的皇位继承人之战中占的地位很不一般，是康熙、雍正两朝皇权交替的时候最为关键的核心人物。这和他在雍正当了皇帝之后飞黄腾达、显赫一时有着直接关系；可是他最终因为雍正皇帝的猜忌，而遭受屡遭打击，一直到被圈禁起来自尽而死，实际上所有的因果关系全都在这里。

康熙皇帝处治托合齐，这个我们可以理解。可是他为什么要提拔隆科多来接任这个步军统领的职务呢。康熙为什么让曾经被他骂“不实心办事”的隆科多来接替这么一个重要的一个职务呢?

1711年，隆科多的突然之间的升迁、再受重用，据说是康熙皇帝看到自己的儿子为了皇位你争我斗、弄得头破血流，局势相当的混乱，康熙为了保证自己死后皇位平稳的交接，国家不至于出现很大的动荡，就预先培养提拔起了隆科多作为关键时刻稳定大局的人。把康熙末年的政局联系起来，还有佟佳氏家族和清朝皇室多代联姻的特殊地位，康熙皇帝做出这样的人事安排也是合乎情理的。可是说说康熙皇帝栽培隆科多，是为扶持皇四子胤禛登位那样似乎并不是正确的观点。

隆科多当了步军统领之后，康熙通过朱批，语重心长地告诫隆科多说：“你只需行为端正，勤谨为之。此任得到好名声难，得坏名声易。你的兄弟子侄及家人之言，断不可取。”

“这些人初次靠办一两件好事，换取你的信任，之后必定对你欺诈哄骗。先前的步军统领，比如说费扬古、凯音步、托合齐等，都曾为此所累，玷辱声名。须时刻防范。慎之！勉之!”从这些自语行间透出很多康熙对隆科多的关爱之情。可是康熙也皇帝也同样指出，隆科多必须要和自己的家人还有朋友保持一定的距离，不要参与结党营私才可以保住他现在的这个位子。朱批中告诫的话让隆科多如头上“达摩克利斯之剑”高悬一样，做事情的时候小心谨慎。

隆科多的谨慎行事得到了回报。1720年，康熙皇帝提拔隆科多“擢理藩院尚书，仍管步军统领事”。在步军统领的职责之外，康熙皇帝还交给他秘密的任务，不仅专门委派他秘密监视被圈禁的废太子和大阿哥，随时密奏二人的有关消息，还让他秘密监视京师内的宗室王公和部院重臣的动向。这个时候的隆科多尽职尽责，表现出色，康熙皇帝生前曾多加赞赏。

正是因为康熙皇帝如此信任隆科多，再加上隆科多办事也是非常精明，在康熙皇帝快死之前，隆科多是除了皇子以外唯一陪在康熙皇帝身边的大臣，所以他才在皇位继承的时候起了这么关键的作用。

但是在康熙皇帝死了以后，那可就不一样了。隆科多正好在康熙皇帝逝世后才真正地发挥他步军统领这个职务的关键作用，他没按照康熙皇帝可能存在的遗愿拥立新的皇帝，而是从他自己的荣华富贵利益出发，他当机立断，就近就拥立了皇四子胤禛登基做了新皇帝，之后才成为雍正刚刚上台的时候，政坛上风云显赫的人物。

隆科多他利用自己步军统领的关键身份，来假传了康熙帝的遗诏，拥护四皇子也就是之后的雍正即位。隆科多成功之后雍正对他极为尊重，亲口叫他为“隆科多舅舅”，称赞他是“当代第一超群拔类之稀有大臣”。雍正其实并不是隆科多的姐姐生的，只是有舅舅这个称呼而已，皇帝承不承认那是另一回事。但是雍正这样公众的叫隆科多，对隆科多来说自然是一种极大了的优待。不仅这样雍正还给隆科多和他的儿子加官晋爵。

可是隆科多选错了主子，雍正皇帝是中国历史上最为猜忌多疑的皇帝之一。那是历史学家公认的，雍正这个人善于耍两面派，在你这里说他不好，在别人那里说你不好，他的性格很强硬，但是心胸很狭隘，更是不定喜怒。在这样的主子那里讨日子过，如果还和年羹尧一样以功高来定位自己的话，那也必定是死路一条！果不其然，还不到两年，隆科多的好日子就到头了，那个时候雍正的皇位已经是坐得稳稳当当的了。

刚开始，雍正对他自然是非常信任，在处理很多事情的时候都去问问他的意见，看上去君臣非常的和睦，相扶相持的景象，非常和谐。但是雍正登基快两年之后的一个下半年，雍正已经开始对隆科多有些责难了，雍正开始设计好步骤和方法要开始打击隆科多了，这么短的时间，雍正态度变化如此之快，到底是为了什么呢?

其实原因也是很简单的，无外乎和年羹尧是一样的。隆科多也是自己认为自己的功劳不得了，勾结自己的党羽，雍正岂会让你们勾结起来动摇他的皇位，他一旦觉得你对他造成了一定的威胁，他势必要找出罪名将你灭口。他总是把自己比喻得很高，还把自己比喻成诸葛亮，在之后的日子里还时不时地流露出相同的话，最主要的是隆科多还说自己的是步军统领，地位多么多么高，权力多么多么大，还说自己只要下一声命令就能召集两万兵马。这些话多多少少暴露出隆科多是帮助着雍正即位的，那肯定是犯了雍正的大忌讳了。这些话雍正都记在了心里，成了隆科多以后的罪状之一。

其实隆科多就是和年羹尧是一模一样的例子，他们犯了同样的错误。不该做的全都做齐全了，雍正岂有不杀之理。

隆科多也是不是傻子，雍正对自己的猜疑怎么会不知道呢。他早就留好了退路，他在年底主动提出要辞职，不做步军统领了。这一来雍正是巴不得呀，其实他早就想把隆科多的这个职务除去了，苦于无从下手，现在他主动提出来，正是中了雍正的下怀。雍正马上指派了和隆科多不怎么亲密的巩泰来顶替了隆科多的职务。雍正同意隆科多辞职只是刚好是一个机缘，是雍正打击隆科多的开始。

又是之后两年的夏天，雍正派隆科多、图理琛这些人代表清政府去和俄罗斯谈判。其实，隆科多的地位虽然已经摇摇欲坠，可是他还是很仔细地去调查，很坚决的要俄国归还侵占的土地，虽然隆科多带有讨好雍正的意思，但是他维护国家利益这样的行为是可以肯定的。但是雍正那个时候早就不相信他了，雍正因别的问题把隆科多抓了回来，也正因为隆科多回来了才签订了不平等条约《布连斯奇条约》，连俄国人都说签订这个条约是因为隆科多被抓回来。签订条约的时候，隆科多已经身负 11 条罪，被判为死刑了。

最后经过所有的王公大臣商议竟然给隆科多定了 41 条大罪之多。当然包括之前所说的 11 条大罪了。奇怪的是，还给他罗列了很多稀奇古怪的罪状。比如说勾结年羹尧这样的罪名。其实他俩的撮合还是雍正一手策划的。罗列这样的罪名，无非是年羹尧已经倒台了，趁着这样把奸贼党羽这样的噩梦加在隆科多身上而已。反正雍正是皇帝，欲加之罪，何患无辞呢！

还有一条也是很稀奇的罪状，说是隆科多结交了阿灵阿和揆叙。他们俩很早就死掉了，而且和雍正并不是一个朝代的人，真是关公战秦叔宝了，此罪从哪里说起呢？其实，雍正那里是乱扯啊，他是在翻陈年旧账了。

在康熙帝还在位的时候，一大群臣子在推举皇太子人选的时候，阿灵阿和揆叙这两个人是极力推荐八阿哥的，推荐八阿哥的集团势力其实他俩是核心人物。那个时候的隆科多什么力量也没有，只是一个一等的侍卫。其实隆科多本来是大阿哥的人。话说起来就要说到隆科多的老爹佟国维了，那个时候已经退休了的佟国维上奏提醒康熙对立皇太子的事情要考虑妥当，也就是告诉大家他这个当国舅也是国丈的人不同意再次立废掉的胤礽，他支持八阿哥当选皇太子。康熙当时也查过，也知道是佟国维带的头，但只是骂了他几句，并没有重罚他。雍正看在佟国维毕竟是自己的亲戚，连自己的父亲也没有给他罪名，自己也就不好多说什么了。但是对阿灵阿和揆叙，就连他们死了雍正也不放过他们，骂他们不忠不孝的阴险小人，是清朝最无耻的臣子，雍正也就坡下驴的用这个名义开始清除胤禩勾结的那一群人。

这么久的陈年旧账雍正都翻出来了，而且能看出来妒恨是深得不得了，恰恰刻画出雍正是一个多么刻薄阴险之人啊。雍正已经赐死了年羹尧，怕落下滥杀有功之人的话柄，所以没有下令杀了隆科多，虽然免除了正法，但是雍正在畅春园的外面造了三间房子，用对其他几个皇兄弟的方法把隆科多给永远地囚禁了起来。囚禁隆科多的地方真的是非常的讽刺，或许对于隆科多来说也特别有意义，他是从这个地方开始平步青云、位极人臣，也是在这个地方身败名裂，要被囚禁死于此地。真是一个天大的笑话啊。他的家也被抄缴，获得所谓赃款十万两，他的大儿子也革去了职务，二儿子玉柱被发配到黑龙江去当差去了。1728 年的夏天，被囚禁的隆科多在幽愤中死去。

督治天下

（一）整顿吏制

由于康熙在位时间长达 61 年，作为一个老皇帝，康熙十分欣赏汉文帝施惠于民、尽量不扰民的统治方针。于是，像一般的老人一样，晚年的康熙不免要有利泽天下，以求博得为政宽仁美名的想法。

但社会的发展不容于个人的美好想法，一味地宽容，对社会并没有多大的好处，相反，在此指引下，康熙末年的社会积弊十分多：

社会吏治日益松弛，官吏贪污成风；在不借白不借的心理支配之下，政府高官们、皇子们大肆从国库中借支，造成国家钱粮空虚，国库告急；地方绅衿鱼肉百姓，贫者愈贫，富者愈富；从战略角度考虑，按照康熙末年的财政状况，如若国家再有大灾难，或者是边疆告急引发战争的话，那么国家财政必然捉襟见肘，国库空虚到无银用兵赈灾的地步，用雍正的话就是“关系非浅”了，后果十分严重。

此外，地方绅衿势力的扩张，对欲集中皇权的雍正来说，无疑是眼中之钉。

种种忧患，雍正都十分明白，他只是在等待机会。

雍正掌权后的一个月，就给户部下达了全面清查钱粮亏空的总动员令，并且不怕麻烦，具体部署了各地清查的方针，政策和注意事项：

“各省督抚将所属钱粮严行稽查，凡有亏空，无论已经参出及未参出者，三年之内务期如数补足，毋得苛派民间，毋得借端遮饰，如限期不完，定行从重治罪。三年补完之后，若再有亏空，决不宽贷……”

即是说：你们各省的总督、巡抚回去严格检查辖区内的钱粮亏空问题。如果发现亏空，不管是已经向中央报告过的还是没有报告的，都必须在三年之内，把亏空的数目补齐。

——在补亏过程中，不得以补亏为理由，再向民间增加苛捐杂税。比如山东省，以前查明亏空数十万两，虽然现在名义上使用官员的俸禄补足了，其实我已经知道这中间有不少巧取豪夺，乱收费乱摊派的事情。山东如此，其他省份可想而知。

——另外，也不得乘机掩饰亏空，或者寻找借口不全力执行。如果你们有谁在限定的时间之内，不补完亏空的，我一定会严加处罚。在三年补完亏空以后，如果再发生亏空的事，我也不会饶恕你们。

雍正还规定了如果地方官员贪污挪移钱粮，而督府为其包庇隐瞒，即将督抚一并治罪的“连坐”之法。

雍正说，假如有谁在清查中徇私舞弊，包庇纵容，万一被我查访到或被监察官员举报后证实的，将连同该省的总督，巡抚一起加重治罪。

雍正这狠招使诸官心惊肉跳，再也不敢怠慢。

雍正即位时已是45岁。面临着一个难以收拾的烂摊子局面：吏治腐败、税收短缺、国库空虚。

对这些，雍正是有着清醒认识的。在即位之后雍正说：“历年户部库银亏空数百万两，朕在藩邸，知之甚悉。”

意思是说，当我还是皇子的时候，就知道到历年中央的户部银两亏空达到数百万之多，底下的府厅州县亏欠的数量就更不知有多少了。我对这些都已十分清楚，你们就别再想办法来骗我了。

这些亏空哪里去了？

雍正进行了分析——

各地出现亏空钱粮问题的，必然是受到上司勒索，不得不从国库中拿来上供，要不就是自己贪污侵渔、中饱私囊了。无论什么情况，都是非法的；

先前父皇康熙在位的时候，施政宽宏大量，对你们手下留情，没能将那些贪官污吏尽行革除。尽管后来严令限期把亏空的数目补齐，但也不过是光打雷不下雨。采取的一些追亏补空的办法，也都走了形式，你们也就对付过去了。亏空现象因此依然如故，甚至有增无减；

长此下去，国库越来越空虚。万一地方上出事，继续开支，拿什么去应付呢？此事非同小可，因此我决心彻底地清查！

长期当太子辅助执政的生活，使雍正积累了充分的行政经验。加上即位前就曾协助康熙在户部清理亏空，遭遇许多麻烦。因此对中央及地方的财政十分清楚；对下面官僚的种种贪污手法，心理状况也一清二楚。

正是因为对下情极为熟悉，所以，雍正诸项改革措施出台大都能一针见血，击到贪污官僚的痛处。

可谓对症下猛药！

看来，雍正早已经是居安思危，认识到亏空问题不仅是个经济问题，也是个关系到长治久安的吏治问题，是关乎根本的政治问题。于是他决心进行一个大手术。

“新官上任三把火”。雍正上台，第一着就向吏治开刀，实在是因为吏治腐败是康熙晚年最大的弊政之一。而清查亏空正是整顿吏治的最好突破口。

全国大小官吏那么多，对于新君还十分陌生。雍正除了隆科多、年羹尧等几个可信任的人外，无所依靠。正好可以通过清查亏空这个运动，撒下大网，借势观人，激浊扬清，杀一儆百。也就是说，通过这个运动，可以光明正大地打击异己势力、树立威权。正如前述，康熙末年的储位之争十分激烈，雍正的登基即位又是诡秘难辨，以致人心不服，基础不稳。雍正发动清查，正可以借机名正言顺地打击诸王的朋党势力，巩固自己的地位和权利。

清查亏空的第三个好处是有助于摸清家底，真正掌握财政状况。

雍正是励精图治之主，想干的事情十分多，青海正在打仗，异己还没有铲除，但干大事要花大钱，只有摸清家底，改善了财政，才能身上有钱，心里不慌。

雍正尽管未必懂得“从数目字上管理国家”的道理，但他知道“一旦地方有事，急需开支，拿什么去应付”的道理。

明主治吏不治民，从贪官污吏身上要钱，不但不会引起民怨，还能博得好名声。

这样来看，清查亏空这一着，真乃“一举三得”之策。

直接受命于最高决策者的特派员制度，往往是特别时期的特别手段，因为事关重大，又对现有的官僚体系不抱希望，不得已而为之。

雍正在清查亏空过程中，不时派遣特派员来解决一些棘手问题。

雍正四年，大规模清查江西省的钱粮亏空。当时的巡抚裴𢤷度明明知道各府州县仓谷亏空很多，但却隐瞒不报，对下面的贪污官员也是极力包庇。长期这样下去，亏空局面难以改变。雍正对此十分恼火。

雍正命把已调任的裴徫度留于任所，将前任布政使张楷、陈安策发往江西审讯。

雍正又觉得现任巡抚都立，无论做人还是当官都太软弱，只是喜欢沽名钓誉，不能完成清查亏空这么重大的任务。因此决定特派吏部侍郎迈柱到江西，真正检查全省钱粮多年的亏空问题。

与此同时，雍正命令从别的州县挑选出几十名官吏，火速奔赴江西。

发现有亏空问题的官员，立即查办，让候补官员做好顶替的准备。

迈柱到任后，积极认真清查，但是受到江西按察使积善的反对，雍正明确支持迈柱，称赞他“到任以来，不避嫌怨，为地方生民计，实心效力”。

清理的结果出来以后，雍正马上命令裴徫度及历任藩司补偿仓谷的亏空。

特派官员异地清查亏空情况，让他们互相监督，这是雍正惯于使用的一着狠招，十分灵验。

雍正五年，福建布政使沈延玉报告说，福建省的仓谷出现亏空。雍正认为一定是巡抚毛文铨瞒上欺下所导致。马上特派广东巡抚杨文乾和许容为钦差大臣前往清查。

上次清查江西钱粮，雍正调动了大批的候补官员，让他们时刻准备上岗。这次清查福建的仓谷亏空，与候补官员调动同时进行的，是舆论的准备。

雍正发布上谕告诫福建的老百姓：因为清查马上就要进行，有些贪官们可能已听到风声，会临时借调有钱人家的粮食来充实库存。如果你们有人把粮食出借给他们的话，那出借的粮食就成了官府所有的了，发觉后也不再归还。

上谕还说：我已经挑选了一批候补府州县官员随同钦差一起到福建，如果“现任府州县内之钱粮稍有不清者，即令更换”。

把候补官员摆在那里，查出问题马上换人，这破釜沉舟的姿态，表明了雍正彻底清查的决心。

地方的清查亏空责任到总督巡抚，时限三年，已如前述。中央北京乃盘根错节之地，清查工作就更难展开，因此更应注重清查技巧，加大清查力度。

这样，雍正元年（公元1723年）年正月十四日，雍正下令设立了一个独立的清查机构——会考府，主要稽查核实中央各部、院的钱粮奏销（就是各省每年将钱粮征收解拨的实数报部奏闻）工作。

本来，各部院的收入支出、钱粮运用，都是由各部院自行奏销，因此账目混乱、官员营私舞弊的现象十分多。

为了从制度上堵塞这个漏洞，雍正规定会考府负责稽查审计各部的收支，凡是钱粮的奏销，不管出自那个部门，都应该由新设立的会考府清厘“出入之数”，这样就把奏销大权由原先的各部院收归中央。

这样一来，官员即使想做手脚也不容易了，政府也有希望能把奏销这个大窟窿补上。

雍正说，当日康熙也深知其中的弊端，只不过不欲深究罢了，“朕今不能如皇考宽容”——我决不会像父皇那样宽容——雍正总是不断强调这点。

雍正对下情显然十分了解，他说，钱粮奏销中弊病很大，主要是看有无“部费”（即所谓好处），假如没有，就是正常开支，计算也清楚，但户部也就不准奏销。但万一有浪费的话，即便是浪费百万的也可以奏销。

为了提高会考府的权力，雍正委任他的兄弟怡亲王允祥、舅舅隆科多、大学士白潢、尚书朱轼等四人共同负责，并谕令允祥说：你如果不能清查，我会再派大臣，大臣再不能干，我会亲自出马。可见雍正决心很大。

会考府成立了两年多，办理了各部院奏销事件550余件，其中被驳回的就有96件，成效显著。

清查中关系到贵族和高级官僚，也不宽贷。

其实，在这一次清查亏空的行动，一大批达官显贵，王公贵族被牵连进去。比如雍正的十二弟履郡王允祹因为曾主管过内务府事务，在追索亏空中被迫将家中的器物当街变卖。

雍正的十弟允䄉也因此赔银数万两，还不够数，最后被雍正抄家罚没。

其中户部库存白银查出亏空250万两，雍正责令户部历任的尚书、侍郎、郎中、主事等官吏均摊赔偿共150万两，另外100万两由户部逐年偿还。

让前任官僚们把口中的肉，包括已经是消化多年的肉重新吐出来，这在中国历史上恐怕少见！以往的此类情况往往发生在因为政治形势变化，处境发生重大改变的失宠官员身上。

古语云：水至清则无鱼。意思是说水太清了太纯了，鱼就没法活了。

官场从来就不是一潭清水。康熙皇帝恐怕也是知道官场这潭“混水”而不愿意深究吧！

雍正却大胆踩进了这潭“混水”，可是，他并不能从根本上革除腐败，但是会考府的工作成效还是值得肯定的，而这与他雷厉风行的作风是密不可分的。

挪移，是指因公挪用，因为常常有迫不得已的情况，比如紧急救灾、临时招待等等；侵欺则是贪污。两种情况，都可能造成亏空。

但是二者性质有所不同，所以处分上也会区别对待。一般来说，挪移是轻罪，侵欺是重罪。

按常理，清查亏空，应当先抓贪污腐败，然后解决挪移问题。而雍正帝却反其道而行之。他规定在清查中，无论是侵欺还是挪移都要据实清查，而在追补赔偿之中，则不管是侵欺发生在前，还是挪移发生在前，都将挪移的亏空先补足，再赔偿侵欺的部分。

雍正此计，看似不合情理，实则高明。

因为他早看到从前清查亏空的种种舞弊现象，他揭露这些贪官说：借挪移的名，来掩盖贪污的事实，这种把戏，我太清楚了。

——一是想图谋侥幸过关，二来想即使再也掩盖不了贪污罪时，也可巧立名目，把贪污进自己腰包的钱先说成是挪移暂用；或者贪污数额小的才承认贪污，贪污数额大的就千方百计说成挪移，以想拖延时间弥补亏空，为自己的重罪开脱。

——类似现象几十年来沿袭成风，以至贪者无所畏惧，不知收敛，肆意搜刮。因为估计自己即便暴露，会被参劾时，也不过以挪移的名义结案了事，逃脱重罚，只要命在，接着再干，以至于亏空的事情一天比一天严重。

正因为雍正对这些把戏十分熟悉，所以挪移之罚，先于侵欺的办法一出，把许多贪官打了个措手不及。把贪官的后路一下子给堵死了。

这点更验证了雍正改革“取乎其上”的决心。

“上有政策，下有对策”。在这个例子里，贪官们的对策就是巧立名目、避重就轻，意图达到瞒天过海、浑水摸鱼的目的。

而雍正则是先研究对策，再制订政策，显然比贪官们更高一筹。

古语云：“主贤明，则悉心以事之；不肖，则饰奸而试之。”

意思就是说，当部下的，上级贤明就会好好干、认认真真；上级糊里糊涂，就会玩忽偷懒，甚至假装表现、蒙混过关。

不能不承认，这也是人之常情，凭什么给一个混蛋卖命，死心塌地为他效劳呢？

所以，“明主者，不恃其不我欺也，恃我不可欺也！”

意思是讲，贤明的领导，不靠别人不欺骗他，而是靠他不可以被人欺骗。

而这就是靠领导的知人善任和驾驭权术。在这个例子中，贪官们不幸地遇上了一个更为老谋深算的对手——雍正。

雍正这一手反弹琵琶的成功，首先在于他知己知彼，充分地预测到了对手的意图和可能采取的对策。

他知道贪官们极有可能采取的手段是在亏空的账面上偷桃换李，变贪污为挪移，以达到避重就轻的目的。

因此，他一反常规，先论挪移之罪，后抓贪污重罪。本来，在清查工作中，贪污是主要打击对象，是主要矛盾，但是当贪官们做了手脚之后，挪移就成了事实上的贪污，反成了主要矛盾。

先抓挪移，看似在抓次要矛盾，实则是避实击虚的方法。

自然，这也是非常情况下的非常策略，事实上，在雍正后期打击贪官清查亏空的工作取得一定成效之后，就逐渐恢复了往日先查侵欺再追挪移的成法了。

可见，方法和策略都不是固定不变的，一定要结合具体情况、具体对手，灵活应用，才能收到好的效果。

亏空一旦被清查出来，赃官就被革职拘禁。雍正迫使他们吐出赃银，保证如数归还国库，通常的手段之一就是严厉抄家。

雍正元年八月，通政司右通政钱以锴提出一套查抄补追的方法，主要原则是：凡亏空官员被查验核实之后，一方面严格搜查原工作单位，一方面发文件到他原籍的地方官，命令当地查封其家产，控制其家人。而后再追索变卖财物，杜绝赃银有转移藏匿的可能。

此项建议马上得到了雍正的赞同，并明确表示：查没来的财产，将用于公事及查没中的有功人员。

重赏严罚，双管齐下。

雍正元年六月，山西潞州知府加璋揭发原山西巡抚苏克济，在任职期间敲诈各府州厅县银两，共计四百五十万两。

雍正查验核实之后，藉没苏的家产，并责令其家人赵七赔偿20万两。

本年，不断有官员下台，被抄家。如湖广布政使张圣弼，粮储道许大完，江苏巡抚吴存礼，布政使李世仁，江南粮道王舜，前江南粮道李玉堂，湖南按察使张安世，原直隶巡道宋师曾，广西按察使李继谟等等。

抄家之风使大小官员心惊肉跳，有人悄悄地送了雍正一个外号：抄家皇帝。

把贪官及其家属“捆绑”起来查没，用株连的办法来对付贪官，这正是雍正为贪官们十分憎恨的理由。也是雍正惩治贪污成果显著的重要原因。

历史传说中雍正狠毒的骂名，大多由此而来。

据说，当时官员们在一起打牌时，把其中的私牌也戏称为“抄家私”，可见雍正反腐败是雷厉风行的。

反贪难，因为这有损官僚集团整体的既得利益。经常是翻来覆去，可是腐败分子却越来越多，贪赃枉法之风愈演愈盛。

就其主要原因，高调唱得多，落到实处少。雍正这一手，不仅雷声大，雨点也大，不仅抄衙属，抄家，连老家和家属也不放过。

真是穷追猛打，一个不饶。

倒霉的赃官们是穷途末路了。即使如年羹尧之狡诈多端，见势不妙，开始向各地转移藏匿财物，也被雍正访了个清清楚楚，抄了个一干二净。

雍正大概是抄家上瘾了，对于那些畏罪自杀的官员也不放过。

雍正四年，广东巡抚杨文乾参劾本省一个道员李滨贪污受贿，亏空钱粮。李得知后，畏罪自杀。

闽浙总督高其倬，福建巡抚毛文铨参劾兴泉道道员陶范，撤了他的职。哪知道还没有来得及追查，陶也自杀了。

雍正对此说：这些贪官估计官职和家财都难保了，便想一死抵赖，妄想牺牲自己的性命保住财产，留给子孙后代们享用，哪里有这种如意的算盘？

他下令督抚，遇到这样的情况，一定要拘禁这些赃官的家属和亲信的家人，严加审讯，必须把赃款追回补偿。

常言道：杀人不过头点地。雍正这一手，狠得已经近乎绝情。

在封建时代，宽宏大量带给君主的也许是被人认为软弱、好欺；严刻则使人畏惧、顺从。马基雅维里在《君主论》中曾说：

对于君主，被人畏惧要比受人爱戴安全得多。所以一位明智的君主应当立足在自己的意志之上，而不是为他人意志或感情所左右，君主为了使自己的臣民团结一致履行他的意志，对于残酷这个恶名也就不必太介意。

雍正大约是深得其中的三昧：连死人也不放过。因为这可以使百官更加畏惧他。这样的“抄家皇帝”，确实让人有些害怕，也值得我们有些官学习学习。此外，雍正还三令五申，严禁下属和当地士民代替赃官赔偿或者垫付，把板子结结实实地打到了赃官身上。

雍正的理由是，如果允许代赔或垫付的话，可能会出现不法绅衿与贪官狼狈为奸，以求留任的情况。或者，地方的蛀虫又会趁机搜刮百姓。

雍正对官僚们的心理明明白白。

为了确保不出现贪官为弥补亏空把负担转嫁给老百姓的情况，雍正专门相应地变革了官吏任用制度——即实行大罢官。

看来单单抄家是不够的！

雍正注意到让官员留任以弥补亏空，最终受难的还是老百姓。

与其留下后患，不如干脆一不做，二不休：凡是贪官，一旦被人告发，就革职离任。

元年二月，雍正指示吏部：凡是官员在任内出现亏空钱粮的，都不可再留任；如果是亏空已经清还完毕，还可以继续为官的，一定由吏部再奏请，复任视情况而定。

此政策一出来，被罢官的人很多。

三年以后，湖南巡抚魏延珍上奏说，湖南省内的官员遭到弹劾的已经有一大半，并表示说，如果还有舞弊贪污的，还会继续参劾，毫不留情。

十年以后，当时的直隶总督李卫上奏说，通省府厅州县各级官僚，能够连续在任三年以上的没有几人。

由此可见，官员贪风难以根绝，但官是不那么好当了！

如此大规模频繁更换官员，原因在于大部分官吏被人告发而被撤职查办。从时间跨度上来看，罢官的政策是一直坚持下来的。

被雍正视为“模范督抚”的河南巡抚田文镜，在短短的一年之内，共参奏属员二十几人，雍正对田文镜毫不留情雷厉风行的作风十分欣赏、大加赞扬。

很难对雍正的这种大罢官做出道义上的评价。不过，从效果上来看，通过以罢官作处罚，迫使官员保持廉洁奉公，忠于职守的措施，取得了一定的效果。

这其中，主要在于雍正坚持不懈毫不手软的性格。改革者的性格因素相当程度上决定了改革政策最后能否坚持下去。

这也是中国历来改革的一个令人无奈的规律。

但是如果罢官仅仅是这么一种策略的话，那雍正就和以严刑酷罚出名的朱元璋没多大差别了。

在酷刑方面，朱元璋规定，官员凡是贪污六十两以上的，一律杀头。并且把贪官的皮给剥下来，填上草料，放在官员的办公地点旁边。

朱元璋是够酷的了，但取得的效果却不太好，舍命贪污的官僚总是前仆后继，大有人在，到最后他的子孙们也毫无办法。

雍正的聪明之处就在于，除了以抄家、罢官做威胁外，他还专门建立了耗羡归公和养廉银制度。

高薪来养廉的行政思想，对历来的低薪制是个突破。作为制度化来尝试，雍正是第一人。

（二）设“密折”制

密折，即是臣对君的奏折，它是君臣间的私人联系方式，具有个人的高度私密性，故又称密折。它的特点是：臣子事无大小都可以风闻入告；上折子的臣子并不需要特殊的官衔，只要获得皇帝许可，即使是人微言轻的七品芝麻官也可以向天子递送折子。

中国王朝自古以来，臣工报告的名目繁多。

如有章、奏、表、议、疏、启、书、记、封事等等。

以奏折为正式公文的名称，始于清代的顺治年间。在康熙手里，密折作为一种实际的政治工具有了深层发展。不过，密折有了一套完整的制度运作，还得从雍正一朝开始算起。清代君臣之间的“言路系统”大致是这样的：臣子们上的主要是“题本”和“奏本”。后来才添上了“密折”。

题本：凡是弹劾、钱粮、兵马、捕盗、刑名之事，均用的是题本，要加盖上公印，才算有效力；

奏本：凡是到任、升转、代属官谢恩、讲述本身私事的，都用奏本，上面不用盖印。题本有两个阻碍君臣沟通的缺点：

第一，手续很繁琐。它规定用宋体字来工工整整地书写，应该备有摘要和附本，必须由内阁先审核。送皇帝看过后，又要用满汉两种文字来誊写清楚。如果有紧急的事情，很容易误事；

第二，题本要由通政司这个机构来转送内阁，最终才上呈天子，过目的人多，也容易泄密。明代的权相严嵩，让他的继子赵文华主管通政司，凡有对严氏集团不利的言论事情，他们都能先于皇帝了解，而后报复仇敌，陷害忠臣，销毁作恶证据，无所不用其极。题本的保密性差，并可能使权臣垄断朝政。

奏本比题本稍好些，不那么手续繁琐，不过，它也得过通政司浏览这一关，所以保密性还是不强。

密折就不一样了：它不拘格式，可以自由书写，也不用裱褙、提要、副本这些东西，当然快捷很多；而且它的“上达天听”，不用通过通政司、内阁，由皇帝亲自来拆阅，保密度十分高。这一条君臣互动的快速通道，对中国历代繁文缛节的文官政治，必然带来了巨大的冲击。

康熙处理密折的方式很小心，他曾经说：

“所批朱笔御旨，皆出朕手，无代书之人。此番出巡，朕以右手病不能写字，用左手执笔，断不假手于人。故凡所奏事件，惟朕及原奏人知之。”

不过康熙为人坦诚，他对于所批的密折，批阅后就发还本人，因此官员们“皆有朕手书证据在彼处，不在朕所也”。

因此臣子不必担心写给皇帝的密折被曝光，或在某些时候变成挨整时的引用的材料。

但雍正的作风和他的父亲不同。

康熙驾崩第十四天，“初登大宝”的雍正就定下上缴朱批的规定。

谕文写得十分严厉：“所有皇考朱批御旨，俱著敬谨封固进呈；若抄写、存留、隐匿、焚弃，日后发觉，断不宽恕，定行从严治罪。”

雍正规定，不但前朝的奏折要收回宫中，今后本朝的朱批在本人捧诵后，也要缴呈，不得私自存留，犯者究罪。

终康熙一朝60年，给皇帝写密折的人不过100多人。

而雍正的十三年，密奏者达到1100多人。

雍正对密折政治的热心由此可见一斑。

雍正元年（1723年），雍正就下令各省督抚密上奏折，于是封疆大吏都有这个权力，只是实行过程中有的被处分，便停止其上密折的权力。

以后，雍正又把递折之权扩大到提督、总兵官、布政使和学政全体官员。

另外，一些小官如知府、同知也得到了雍正的特许，可以直接上密折。

这些小官之所以有这个权力，全是雍正给的特殊恩宠。他们有的是在康熙驾崩时上节哀顺变书和雍正搭上的关系；有的是亲重大臣的子孙，或是在引见时获得赏识。

不过，雍正是十分讲究体制的。

雍正虽然允许微员密奏，也允许他们参劾上司的不法，但是却不许这些微员以此骄傲，妄自僭越职权。

雍正曾告诫大臣：“令许汝密折上达，切勿藉此挟制上司，而失属官之体。”“上司处切勿稍失体统，事无两大，朕未有于一省之中用两三督抚之理也。”

由此想到明朝时一些东西厂的太监权力过大，以致一些无耻的朝臣去拜他们做干爹干爷，以致朝政淆乱的事情，就会对雍正的这些防患未然的提法有所认同。

总之，通过对上密折的特许权的颁发，雍正在从高层到低层的官员间都安插了他的心腹，撒开了一张个人的通讯大网。而这些耳目因除了上奏密折外并无其他特权，也无特定组织，所以很难为非作歹，变成明代的厂卫那样危害国家的政治毒瘤。

受清末革命党的宣传影响，至今人们一般都将雍正视为“专制暴君”，而看不到其治国的雄才大略，更没有辩证地认识他的一系列专制措施和康雍乾盛世间存在的重要联系。

雍正大力实施的前所未有的“密折政治”，并不只是一种单纯的控制臣子的手段，虽然这也是十分重要的一项内容。应该看到，雍正朝的密折政治里，君臣筹商军国大事，仍是最重要的内容。

在推行一项重大的改革政策之前，通过密折交流，进行君臣磋商，不匆匆地顿然公之于众，这种做法应当说是有历史进步意义的。

雍正通宝

往往对待一件具体的政事，决策者和执行者都有各自的顾虑和隐衷，在一般性的公文里很难充分陈述。这样，一来不利于上方的决策，二来下边也不能全力奉行。

密折的上递及批复则使上下方面都公开观点，经过充分交流再付诸决策实施，使政策出台有了一定的缓冲。

“密折制度”表面看来是加强君主专制的做法，是落后的，但同时也推进了一定程度上的政务民主，减少了许多“拍脑袋工程”，较大程度地在推行政策前降低了“摩擦系数”，提高了行政效率，促进了改革政治的实现。

雍正一朝的许多重大改革，都先通过“密折”讨论过。

如摊丁入粮、改土归流、疏浚运河等重大政策，就是雍正同官员通过密折反复商酌才定下的。

凡是推行改革政策，都应该雷厉风行，讲求高效。奏折制度使臣下奏议无不立达御前，这是省去中间转呈机关的必然结果。

奏折迅速递到雍正手中，他勤于政事，挑灯阅览立刻批示，该执行的立即付诸实施，因此大大提高行政效率，促进改革政治的实现。

治水是中国历代的最大问题。它甚至成了百姓判断统治者是否合于天命的标志，所谓“圣人出，黄河清”。

但河清又是十分难盼来的，所以又有“俟河之清，人寿几何”的苍凉感叹。

对待治水，雍正也曾通过河臣的奏折进行分析。

雍正二年，大臣李绂曾向雍正当面提出疏浚淮扬运河的建议，雍正觉得有道理，就任命他与河道总督齐苏勒商酌，齐以工程浩大，不敢轻易决定，准备在实地考察后，再提出具体意见。

齐苏勒的奏折上呈后，雍正有这样的一番朱批：

“朕命李绂来传谕旨，不过令尔得知有此一论，细细再为斟酌，并不为其所奏必可行也。大率河官唯希望兴举工程，尔属员多不可信。况此事关系甚大，岂可猛浪，若徒劳无益，而反有害，不但虚耗钱粮，抑且为千古笑柄。倘果于国计民生有益，亦不可畏难而中止，总在尔详悉筹划妥确，将始终利益通盘打算定时，备细一一奏闻。并非目下急务，尤非轻举妄动之事也。”

这番话是通情达理的“活话”，将事情的正反、利弊两面都说到了，指出治水关系非同小可，人情一方面好大喜功，一方面畏缩怕难，要根绝这两方面失误，根据实际的整体情况来做决定。

说这番“活话”，并不是要事成居功于自己圣明，事败诿过于下属无能，而是要大家小心论证，他则从中考虑。这样做的好处是不会让臣子先入为主，为附和上司的心意而搅乱了决策的合理程序，使“治水”反成“乱水”，贻害无穷。

这正是通达人情世理的政治家的施政分寸。

雍正四年，有一位官员上奏折，举出河工备料的弊端，雍正匿去上折人的姓名，将折子转发给河道总督齐苏勒，命他“尽心筹划”。

齐苏勒又上奏，针对皇帝转下的折子中的说法，说明了事情的原委。

雍正阅览了后，对齐苏勒的解释十分满意，批道：“所奏是当之至，朕原甚不然其说，但既有此论，其中或不无些少裨益，所以询汝者，此意耳。今览尔奏，朕洞彻矣。”

河工是十分复杂的事情，往常是非专家不能为；因河工耗资巨大，往往也成为许多贪官污吏的生财之道，这就是在治水的难度上又增加了治吏的困难。

看来雍正对治水的复杂性是看得非常透彻的，所以很少轻易发表先入为主的意见。而是多方考察、多方听取各方面说法，而密折正是他居中作考虑判断的材料。

正因为臣子的密折多是从个人的角度来看问题的，所以反而可能触及一些政务的实质部分，而把各方面的私人意见汇总到一起来，就可以了解各种需要解决的矛盾，看到事情的大概全貌。

聪明的决策者聪明的地方，往往不在于他事先有特别好的意见，而在于他善于听取多种意见并给以十分恰当的总结。

在强力推行“改土归流”这件事上，雍正也体现了这样一个聪明决策者的态度。

最初他并不主张用兵，而是认为应当“缓缓设法，谕令听众”，但他也并未将此作为不可置疑的既定方针，而是要求臣下“切勿勉强遵承”，应当“徐徐斟酌，详议具奏”，也就是要再讨论考虑。

这问题君臣前后磋商了几年。雍正从对苗民事务的不熟悉、主意不定，到最后把握实情，做出果断的决策，推行强力的政策，正是他充分吸收臣下意见的结果。

雍正一朝的天文地理、政事人情，都在密折中有十分丰富的反映。

雍正帝在宁夏道鄂昌奏谢“允其奏折言事”的折子后写了一篇长谕，讲述得十分详细，这段话很能体现雍正包揽天下事的雄心。他写道：“今许汝等下僚亦得折奏者，不过欲广耳目之意。于汝责任外，一切地方之利弊，通省吏治之勤惰，上司孰公孰私，属员某优某劣，营伍是否整饬，雨旸果否时若，百姓之生计若何，风俗之淳浇奚似，即邻近远省，以及都门内外，凡有骇人听闻之事，不必待真知灼见，悉可以风闻入告也。只需于奏中将有无确据，抑或偶尔风闻之处，分析陈明，以便朕更加采访，得其实情，汝等既非本所管辖，欲求真知灼见而不可得，所奏纵有谬误失实，断不加责。”

从这段话里，可见雍正要了解的事情很多。

有地方政事的好坏；有地方官的勤惰优劣；有大吏待属员的公正或徇私；有军队的训练和纪律；有水旱和农业生产的情况；有百姓的生活和风俗等等。这些内容，事无大小，均可在密折中上报。

为了提高官员们递密折的积极性和胆量，雍正不要求所报的事情件件属实，即使事情不太确定，只要注明出处以备调查就可以。

雍正还告诉地方官，不但可以报告本地的事情，在当地听说的外省乃至都城里的事情也可以人报。

就这样，雍正就搭起了一张无所不包、无远弗届的情报网！

对地方官吏的查核，是雍正朝密折政治中的又一重大内容，而指示考察的方式、内容、角度则变化多端。

当年的储位斗争在雍正初年的继续，使雍正对官民动向一直是密切关注。

奏折制度的一个目的就是让官僚在职责范围以外，互相告密，迫使他们互相监督，存有戒心，不敢妄胆擅权，对雍正更存畏惧；

而雍正则可从奏折中观察臣下的思想、心术以至隐衷；因之予以鼓励和教诲，这样多方联络，上下通情，就能在更大程度上控制臣下。

当李卫任云南盐驿道时，雍正在云南永北镇总兵马会伯的奏折上批道：

“近闻李卫行事狂纵，操守亦不如前，果然否？一毫不可瞻顾情面及存酬恩报怨之心，据实奏闻。”

这是调查李卫的品质。

李卫任浙江巡抚时，雍正在他的奏折上批示说，对新任黄岩镇总兵董一隆的优劣所知不多，叫李卫“细加察访，密奏上来”。这又是叫李卫去调查他人。

雍正派大理寺卿性桂去浙江清查仓储钱粮，并要他到浙后，听到什么情报就要密奏。性桂到任后，报告了杭州将军鄂弥达与李卫之间存有距离。

田文镜也折奏李卫是“难能可贵”的当代贤员，但是“驭吏绳尺未免稍疏，振肃规模未免少检，则于大僚之体有未全，于皇上任使之意亦有所未付”。

看来，李卫虽是雍正一朝的“模范督抚”，而雍正也要时时派员探听他的情况，决不轻信。

同样，当雍正派李绂为广西巡抚时，李绂正为雍正宠信，但是在他赴任之际，雍正命原广西署抚、提督韩良辅认真观察李绂的吏治，随时密奏过来。叫上下级之间互相观察也是雍正的一个绝招。

雍正曾叫湖南巡抚王朝恩调查其下级湖南布政司朱纲的“行止”；但是此前，雍正也曾让朱纲访查他的顶头上司王朝恩，并在朱的奏折上批语谈及他对王朝恩的印象：“观其为人干地方吏治颇为谙练，但才具微觉狭小。”

“汝其事事留意，看其居心行事，倘少有不安处，密奏以闻，如稍隐匿，不以实告，欺蔽之咎，汝难辞也。”

这样，监督别人的人，实际上也在别人的监督之中。

只有雍正一人高高在上，却能不断通过各方视角，洞察着所有方面。

最有意思的是他对广东众官员的考察。

岭南虽离北京有千山万水之遥，但雍正通过相互监察术，也牢牢地掌握了封疆大吏的一举一动。

广东提督王绍绪是雍正的宠臣鄂尔泰举荐的官员。雍正觉得王虽然思路敏捷，办事牢靠，但好像比较爱搞小恩小惠，作风也不雷厉风行，因此在给广东将军（王的上司）石礼哈的密折中朱批指示他留心观察打听，然后根据实情汇报。

石后来密奏说：王绍绪当官做事虽然稍嫌琐细，但是对皇上还是很忠心的，而且他不贪污受贿，工作上也是勤勤恳恳。

雍正还是不放心，又秘密询问两广总督孙毓殉对王绍绪的评价。还密令广东巡抚傅泰直接到基层调查王的所作所为。

后来傅泰向雍正汇报调查结果说：王绍绪人品十分端正，也不贪污受贿，只是为人办事不够果断，显然是性格上有些懦弱。

这些都印证了雍正对王绍绪的第一印象。

傅泰不但监视王绍绪，还受命监视同僚广东布政使王士俊、按察使楼俨。他密报王士俊十分有办事才能，也勤勤恳恳，是个称职的官员，但观察他的言行，好像有些自鸣得意，骄傲自满。又说楼俨对于判案不是太熟悉，而且年纪也大了，身体不好，时常得病，精力跟不上，所以办事难以周全。

那么傅泰就是皇帝绝对信赖的亲信了吗？

不是，他监视着众人，同样也在雍正的监控下。

广东布政使王士俊也受命反过来监视傅泰。

王士俊向雍正报告说，傅泰这个人心里面没有什么固定的原则，根本也看不出一个封疆大吏的智慧来，偶尔发一番议论，毫不出色。近来还打听到广东海关要找五个文书职员，后来这五个人都被傅泰各勒索300两银子，傅泰才让他们得了这个职位。所以傅泰的人品，我是十分怀疑的。

雍正得了王士俊的密报，觉得有道理，就严厉责备了傅泰，并把他降级调回了京城。

雍正还让广东总督郝玉麟和王士俊彼此监视。

郝对王的评价十分好，认为他办事干练，居心公正。

但王却对郝不以为然。于是雍正对王士俊朱批密示：朕也觉得郝玉麟到任之后，就知道抓钱粮这些事，别的大政方针都不太在意。你帮我尽量规劝他，但是不要让他知道这是我的意思，旁敲侧击让他清楚就行了。

王士俊还没收到雍正朱批，又打了个小报告上去，说按察使楼俨有一回抓住了一个私藏军火，窝藏盗匪的大盗，押到肇庆审问，而郝玉麟不了解地方的风土人情，没有好好审问就将大盗给放了等等。

但是这一次雍正并没有治罪郝玉麟，也许是他从别的耳目那里获得了新的情报，证明郝是无辜的。

从上述事情来看，广东一省上到总督、巡抚，下到府州县官，都处在雍正这张遥控大网中。

在现存的清宫密折档案中，人们可以发现，雍正对官员的考察，精细到了一种近乎不可思议的程度！

雍正曾要重庆总兵任国荣留心文武官的“声名”。任于七年六月折奏：

四川学政宋在诗“公而且明，声名甚好”；

川东道陆赐书“办事细心，人去得”；

永宁道刘嵩龄“人明白，身子甚弱”；

永宁协副将张英“声名平常”；

漳腊营游击张朝良“操守廉洁，谙练营伍，但不识字”。

就连下属小官们的健康状况、文化程度都反映上去，这简直可以说是写十分细致的人才档案了！

雍正阅毕，对这5个人分别都给了批语

“谨慎自守，小才气。”

“为人老成，才情未能倜傥。”

“观其人甚有长进，于引见时不似有病，为何如此?”

“原系甚平常人，且有猛浪多事之疵。”

“其人优劣，前此未知。”

据此可见，雍正对大小官员的政绩到品质都是巨细无遗、十分关注的，而关注层面之细微近乎古往今来，绝无仅有。

这么做会不会太多余呢?

雍正自己不这么觉得，他对此有一番不同历代帝王的说法。

在雍正四年八月，雍正曾给鄂尔泰的一封密折写了下面的批语，解释其考察官员至细入微的目的：

“治天下惟以用人为本，其余皆枝叶事耳。览汝所论之文武大吏以至于微弁，就朕所知者，甚合朕意。……览卿之奏，非大公不能如是，非注意留神为国得人不能如是，非虚明觉照不能如是，朕实嘉之。但所见如是，仍必明试以功，临事经验，方可信任，即经历几事，亦只可信其已往，犹当留意观其将来，万不可信其必不改移也。”

这可以说就是雍正的治吏用人的哲学大纲了。

雍正十分明确以下三点：

第一、用人是为政的根本大事，而其他事情反而是枝叶，所以即便是对位置极卑微的小官职，也要知人善任，不可掉以轻心，越是位高权重，越是要留心用人细节；

第二、观察人，要不存先入为主的态度，要注意观察他的具体实践；

第三、仅仅观察他以前做过的事情，还不能对这人盖棺定论，要密切注意他在未来的变化，因为任何人都不是一成不变的。

雍正把他这套“观人术”写进了密折，教给了下属。

关于地方上绅民的情况，雍正十分关切，希望从奏折中获得确实消息。

六年三月，苏州织造李秉忠奏报苏州春雨调和，油菜、小麦长势良好，物价平稳，小民安居乐业。雍正批道：

“览雨水调和情形深慰朕怀，凡如此等之奏，必须一一实入告，不要丝毫隐饰。苏州地当孔道，为四方辐辏之所，其来往官员暨经过商贾，或遇有关系之事，也应留心体访明白，密奏以闻。”

一折之中，既叫官员留心天气、农业，又让官员留心民情。同年，雍正在广西学政卫昌绩的奏折上批示：“地方上所闻所见，何不乘便奏闻耶?”

卫昌绩随即应诏上奏：“粤西风俗之恶薄有宜整齐者，绅士之强横有宜约束者。”

这是说粤西民风凶恶，土豪劣绅很多!

卫昌绩还列举民谣“官如河水流，绅衿石头在”，指出当地人民怕官员还不如怕这些土豪劣绅!

雍正七年，署理直隶总督刘于义密折上报：隆平县民李思义等妄称跪拜太阳可以攘灾避难，以此接受信徒，骗取钱财，但并无党羽。

刘于义请求：将李思义发配边疆，余众枷责。

雍正批准了，又指出折中未提及将李送到发遣地后的管束问题，又命令刘于义作题本时，将这点说明白。

雍正用心周密如此。

一次，两广总督奏报，广东龙门营一位千总在巡查时捕人，被杀身死，现在官方也已将拦截者抓获，要求正法。并请治自己的“疏忽之罪”。

雍正朱批：“地方上凡遇此等事件，但要据实奏闻，何罪之有？若隐讳支饰，则反获罪于朕矣！”

即是说地方发生了一些恶性案件，报上来我不愿你，如果不报，被我知道了，才要重重惩罚！

凭着对这些密折的细致披阅，雍正对各地方的民风习俗、生产生活和吏治情况有了及时、准确的把握。

雍正常利用朱批启示官员怎样做人和任职。

田文镜刚被提拔为河南巡抚，雍正担心他感恩图报心切，会心急办坏事，在其奏折中朱批：“豫抚之任，汝优为之。但天下事过犹不及，适中为贵，朕不虑不及，反恐报效心切，或失之少过耳。”

这是要田文镜遇事“悠着点”。

在另一个折子上，就田文镜处理一事不恰当，批示说：“大凡临事，最忌犹豫，尤不宜迎合，及一味揣摩迁就，反致乖忤本意……今后勿更加是游移无定，随时变转，始于身任封疆重寄，临大节而不可夺之义相符也，切记勿忘。”

这是要田文镜不要单单迎合皇帝心意，以致办事没自己主见，要正确理解职责所在，处理公务要坚决。

康熙曾在李秉忠的一个折子上批道：“今将尔调任苏州织造矣，勉力供职，惟当以顾惜颜面为务。”

这是担心李秉忠以宫廷内务人员出身，有许多“下人”的习气，有时行为猥琐，给皇帝丢面子，所以有此交代。

另外，雍正还常在密折中决定或宣布官员的取舍任用。事后才发具体文件。

这也就是今天的“打招呼”，凡事都保留一个缓冲的余地。万一不妥或出错可以更改。

平级的官员，只有和衷共事，才能理好朝政。

雍正常在密折中反复说明这一点。

一次李卫上折，讲到鄂弥达赴京陛见，希望皇上尽早放他回任。雍正对这两人的惺惺相惜感到高兴，批道：“尽心奉职之人，同城共事，焉有不彼此相惜之理！鄂弥达于驻防武臣中论，实一好将军，汝今奏伊约束驻兵之长，伊在朕前极口赞服汝之勤敏，亦出公诚，朕览之甚为欣悦，如是方好。”

可见臣子们在密折中不是单说坏话的，也有相互赞美的，而雍正也对他们的交情加以鼓励。这是铁腕皇帝的温情一面。

禅济布与丁士一同为巡视台湾御史，在他们的奏折上，雍正指示说：“和衷二字最为官箴之要，倘有意见不同处，秉公据实密奏，不可匿怨而友，尤不可徇友误公。”

意思是说，不怕有不同的政见，问题在于秉公处理。既不应该藏起不满，装作朋友，更不该为了交情误了公事。

雍正还常用密折赞扬或指责一些官员。

雍正元年四月，在江南提督高其位的请安折上，雍正批道：“览高其位此奏，字句之外，实有一片爱君之心，发乎至诚，非泛泛虚文可比，朕观之不觉泪落，该部传谕嘉奖之，以表其诚。”

雍正在朱批中要领旨人向‘模范官吏’学习，他写道：“鲁论云择善而从，何不努力效法李卫、鄂尔泰、田文镜三人耶？内外臣工不肯似其居心行事之故，朕殊不解。若不能如三人之行为，而冀朕如三人之信任，不可得也。”

雍正在朱批中训斥臣下，有时非常严厉。

杨名时奏折论“因循干誉”，雍正于行间批云：“人为流俗所渐染，每苦不自知，然所谓渐染者，不过沽名矫廉之习，其病本轻而可治，无如身既为流俗所染，而反泥古自信，认古之非者为是，则病入膏肓，难以救药也。

“一切姑听朕之训示，反躬内省，有则改之，无则加勉，不必簧鼓唇吻，掉弄机锋也。”最后做总批：“朕因欲汝洞悉朕之居心，故走笔而谕，不觉言之逦迤而繁也。”

这是指责杨名时以批判他人因循于誉为题，其实自己也有沽名钓誉的毛病。

这样或赞或弹，对官员无疑是个经常的警策。

尤值得一提的是，雍正对奏折的批谕，有的事情相近，而批语却或肯定，或批评，十分不一样。

这是雍正心血来潮、随心所欲吗？

为此，雍正在关于《朱批谕旨》一书的上谕中特作说明：“至其中有两奏事，而朕之批示迥乎不同者，此则因人而施，量材而教，严急者导之以宽和，优柔者济之以刚毅，过者裁之，不及者引之，并非逞一时之胸臆，信笔旨画，前后矛盾，读者当体朕苦心也。”

这里，我们就可以明白为什么雍正要对官员的人品性格也细作查访了，因为在他看来，发指示还要因人而异，有针对性，才能出好的结果。

但保密则是实现以上所有重要功能的最大条件。

如查嗣庭案发，雍正在李卫奏折上批示，要杭州将军鄂弥达委派副都统傅森、李卫选派可信属官一同星速驰去抄查嗣庭的家。

这是急待执行的绝密命令，不走颁布正式公文的途径，避免被查抄人获知消息后先行准备，破坏抄检。

雍正一再要求具折人保密，在命鄂昌书写奏折的朱批上说：

“密之一字，最为紧要，不可令一人知之，即汝叔鄂尔泰亦不必令知。假若借此擅作威福，挟制上司，凌人舞弊，少存私意于其间，岂但非荣事，反为取祸之捷径也。”

对禅济布的奏折，雍正对保密问题说得十分清楚：“至于密折奏闻之事，在朕斟酌，偶一直露则可，在尔既非露章，唯以审密不泄为要，否则大不利于尔，而亦无益于国事也。其凛遵毋忽。”

又向李秉忠说：“地方上事件，从未见尔陈奏一次，此后亦当留心访询；但要缜密，毋借此作威福于人，若不能密，不如不奏也。”

由此可见，雍正非常严格地要求大小臣工保守奏折内容和朱批的机密，特别是对小臣，教导不厌其烦，并以泄密对他们不利相威胁。

之所以要如此说，是因为他考虑到小臣获此荣宠，容易擅作威福，挟制上司和同僚，造成官僚间互相猜忌，政治混乱，对国事造成不利。

所以雍正三令五申：不能保密，就不要上奏折。

如果私相传达，即使是透露不大重要的内容，也是非法的。

原甘肃提督路振声就曾在这方面犯下一个十分低级的错误。

他将朱批中皇帝对其弟固原提督路振扬的褒语抄下来，转达路振扬。

路振扬受宠若惊，高兴之余，马上递折谢恩。

没料到这就犯了大忌。

雍正大怒，指出：“朕有旨，一切密谕，非奉旨通知，不许传告一人，今路振声公然将朕批谕抄录，宣示于尔，甚属不合，朕已另谕申饬。可见尔等武夫粗率，不达事体也。”把路振扬吓得个屁滚尿流。

当然，雍正清楚，要保密，制裁不能成为通常手段，主要是制定奏折保密制度。

签于此，他实施了四项措施：

一是收缴朱批奏折。

已说过，雍正即位当月，命令内外官员上交康熙一朝的朱批，又规定此后奏折人在得到朱批谕旨后一定时期后，将原折及朱批一并上交，于宫中保存，本人不得抄存留底。奏折中的朱批，也不得写入题本，作为奏事的依据。

二是打造奏折专用箱锁。

雍正于内廷特制皮匣，配备锁钥，发给具奏官员，凡有奏折，一律装入匣内，差专人送至京城。钥匙备有两份，一给奏折人，一执于皇帝手中。

这样，只有具折人和皇帝二人能够开匣，外人不能也不敢开。

为具折人不断书写奏折的需要，奏匣每员发几个，通常为四个。只能用它封装，否则内廷不接受。

广州巡抚的奏匣被贼盗去，只得借用广东将军石礼哈的奏匣，不敢仿制。

三是奏折直送内廷。奏折由地方送到北京，不同于题本投递办法，不送通政司转呈，若是督抚的折子，直接送到内廷的乾清门，交内奏事处太监径呈皇帝，其他地方官的奏折不能直送宫门，交由雍正指定的王大臣转呈。

雍正说，假如小臣直接赴官门送折，不成体统。事实上他是为具折的小臣保密，不让人知道除了方面大员以外，还有什么人能上折子。

被指定转传奏折的人，有怡亲王允祥、尚书隆科多、大学士张廷玉、蒋廷锡等人。

偏远地区的小臣，还有送交巡抚代呈的。

如雍正命广西右江道乔于瀛将奏折交巡抚李绂或提督韩良辅转送。

转呈的王大臣都是雍正的心腹，他们只是代转，不得拆看，具折人也不向代呈人说明奏折内容。

如朱纲一再在奏折中保证所奏内容绝对保密，连隆科多“亦不敢令闻知一字”。

四是由雍正亲自阅看，不借手下人。

折子到了内廷，雍正一人开阅，写朱批，不要任何人员参与此事。他说，各省文武官员之奏折，一日之间，曾至二三十件，多或至五六十件不等，皆朕亲自览阅批发，从无留滞，没有一人赞襄于左右，不但宫中无档可查，也并无专司其事之人。

雍正批阅以后，一般折子转回到具折人手中，以便他们遵循朱批谕旨办事，有少量折子所叙问题，雍正一时拿不定主意，就将它留中，待到有了成熟意见再批发下去。

对于此制度作用，雍正有一番夫子自道。

他在《朱批谕旨。卷首上谕》中写道：“（朕）受皇考圣祖仁皇帝付托之重，临御寰区，唯日孜孜，勤求治理，以为敷政宁人之本，然耳目不广，见闻未周，何以宣达下情、洞悉庶务，而训导未切，诰诫未详，又何以便臣工共知朕心，相率而遵道遵路，以继治平之政绩，是以内外臣工皆令其具折奏事，以广谘取，其中确有可采着，即见诸施行，而介在两可者，则或敕交部议，或密谕督抚酌夺奏闻。其有应行指示开导及诫勉惩儆者，则因彼之敷陈，发朕之训谕，每折或手批数十言，或教百言，且有多至千言者，皆出一己之见，未敢言其必当，然而救人为善，戒人为非，示以安民察吏之方，训以正德厚生之要，晓以福善祸淫之理，勉以存诚去伪之功，往复周详，连篇累牍，其大旨不过如是，亦既殚竭苦心矣。”

他把朱批奏折的作用总结为两点，一是邀上下之情，以便施政，二是启示臣工，以利其从政。

雍正“殚竭苦心”，每日看几十封奏折，书写千百言批语，大事小事无不关注，对密折作用自然很有体会，不过有的话他不便明说，故未谈及。

而海外学者杨启樵则将雍正朝的密折作用细细归纳为十点：

一、官员间相互牵制，相互监视。

二、督抚等大员不能擅权。

三、人人存戒心，不致妄为，恐暗中被检举。

四、露章（即题本或奏本）有所瞻顾，不敢直言，密折无此顾虑。

五、有所兴革，君臣间预先私下协议，不率尔具题，有缓冲余地。

六、以朱批为教育工具，藉此训诲、开导臣工。

七、臣工得朱批之鼓励，益自激励上进。

八、人才之登进、陟黜，藉密折预做安排。

九、自奏折中见臣工之居心制作。

十、广耳目，周见闻，洞悉庶务。

这里分析得非常周详了。而清史学家冯尔康又将其总括为：强化帝王专断权力的手段；君臣议政、推行改革的高效工具；控制官员的手段。

通览中国历史，雍正的所作所为确实是创造了君主集权的顶峰。

中国的政治从秦汉两朝之后，三公夹辅王室，丞相为政府领袖，很像现代的内阁制。

明初年，朱元璋废中书省，罢丞相，由皇帝亲领庶务，皇权最重。但明朝君主大都昏庸无能，以至于被宦官佞臣弄权。后来内阁制形成，它的“票拟权”使大学士握有一定的宰辅权力。清初承明之制，又有议政王大臣会议，分散了一部分皇帝权力。

康熙致力加强皇权，设南书房，用一部分职位低的文人协助议政，用少数人写告密文书的奏折，加强了对下情的了解。

雍正比乃父又跨进一大步，使奏折成为正式官书，所有比较重大的事情，官员都先通过奏折请示皇帝，而这种奏折不通过内阁所属的通政司转呈，皇帝的批示完全出自御撰，不需要同内阁大臣商讨。

这样一来，奏折文书由皇帝亲自处理，部分剥夺了内阁票拟权，把内阁抛在一边了。

雍正时内阁中书说："国朝拟旨有定例，内外大臣言官奏折，则直达御前；天子亲笔批复，阁臣不得与闻。"正是说的奏折制下的情形。

《四库全书总目》也说："自增用奏折以后，皆高居紫极，亲御丹毫，在廷之臣，一词莫赞，即《朱批谕旨》是也。"

雍正中期又设立作为纂述转达机构的军机处，代行内阁职权，这就使皇权如同朱元璋时代，真正是"庶务事皆朝廷总之"了。

内阁职能削弱的同时，封疆大吏的职权也有一定程度的下降，稍微大一点的地方事情，都要上奏折请示皇帝办理，他们成为皇帝的膀臂，由中枢神经来支配，中央、地方完全融成一体，在皇帝绝对统治下行施国家机构的职能。

清朝史学家章学诚曾就读《朱批谕旨》的感受说："彼时以督抚之威严，至不能弹一执法县令，但使操持可信，大吏虽欲挤之死，而皇览能烛其微，愚尝读《朱批谕旨》，叹当时清节孤直之臣遭逢如此，虽使感激杀身，亦不足为报也。"说明当时政令确系出自雍正。

奏折制度不但加强了皇权，还为皇帝行施至高无上的权力提供帮助——

各层次官员反映各种社会问题的奏折，使皇帝了解下情，为制定政策、任用官员提供了可靠根据。

这种制度表面上看来是一种文书制度，但其影响的深远，超乎一般的衙门兴废，涉及君臣权力的分配与皇帝政令的施行，成为中国官僚史上的重大事件。

密折确实是雍正王朝统治的主要手段，雍正也把密折这一统治工具玩得得心应手、炉火纯青。所以，称雍正王朝的政治为"密折政治"，理由也就在此！

（三）设军机处

雍正登基一周年之际，说“国家政治，皆皇考所遗，朕年尚壮，尔等大学士所应为之事，尚可勉力代理，尔等安乐怡养，心力无耗，得以延年益寿，是亦朕之惠也”。他的代行臣下之事，除朱批奏折外，就是设立军机处。

7年（1729年），雍正便开始对准噶尔策妄阿拉布坦用兵。为了这场战争的顺利进行，他采取了许多措施，设立军机处，即为其中的一项。六月，雍正发出上谕：“两路军机，朕筹算者久矣。其军需一应事宜，交与怡亲王、大学士张廷玉、蒋廷锡密为办理”。这是正式建立军机房，派允祥、张廷玉等主持其事。

雍正究竟于那一年设立这个机构，载籍所示不一，有7年、8年、10年几种说法，事实上是可以统一的。王昶在《军机处题名记》一文中说：“雍正七年青海军事兴，始设军机房，领以亲王大臣”。他于乾隆前期即为军机章京多年，所说军机房设于雍正七年具有权威性。嘉庆末年梁章钜亦充任军机章京，他说：“自雍正庚戌［八年］设立军机处，迨兹九十余年”云云，认为军机处建立于雍正八年。之后，吴振棫不知所从，含糊地说：“雍正七八年间，以西北两路用兵，设军机房”。但是他在谈到军机处官员军机章京准悬朝珠一事时，又说这是“自雍正七年始”，这就又肯定为雍正七年了。《清史稿》的记载，在《职官志》和《军机大臣年表》两处自相矛盾，年表处列军机大臣自七年始，而《职官志》则说：“雍正十年，用兵西北，虑儤值者泄机密，始设军机房，后改军机处”。十年（1732年）春，雍正命大学士等议定军机处的印信，三月初三日，大学士等拟议印文用“办理军机印信”字样，雍正同意，命交礼部铸造，制得归军机处，派专员管理，并将印文通知各省及西北两路军营。不久以后，印信改由内奏事处保管，军机处使用时请出。由上述诸说可知，雍正设立军机处，经历一个过程，即七年置军机房，八年改名办理军机处（军机处），十年铸造关防，这是这一机构日益完善和成为定制的过程。雍正死，乾隆守丧期间，把它改名总理处，谅阴毕，再改名军机处，后来这个机构坚持到清末，所以说雍正创立军机处，成为清朝一代的制度。

军机处设有军机大臣，雍正从大学士、尚书、侍郎等官员中指定充任，人数不定，正式称呼是“军机处大臣上行走”“军机大臣上学习行走”，统称“办理军机大臣”，“军机大臣”则是它的简称了。它是军机处的主官，下属有军机章京，雍正时也没有定员，由内阁、翰林院、六部、理藩院、议政处等衙门官员中选择充任，他们负责满、汉、蒙古各种文字工作。

军机处要办理机密紧急事务，办公地点应该要靠近寝宫，而不能像内阁在太和门外。据王昶记录，军机值房一开始设在乾清门外西边，寻迁于乾清门内，与南书房相邻，后来移到隆宗门的西面。无论是在乾清门内或门外，都离雍正寝宫养心殿十分近，联系较便捷。雍正初设军机处时，房舍是用木板盖成，乾隆初年才改造瓦房，建筑非常不讲究。

军机处只有值房，没有正式衙门，有军机大臣和军机章京，但他们都因有别的官职，派充的军机处职务；军机大臣不是专职，本职事务依然照常办理；军机章京以此为职责，但仍属原衙门的编制，占其缺额，升转也在原衙门进行，因此王昶说军机处"无公署，大小无专官"。

军机处这样闻名后世的机构，原来是这样子的，所以它问世后的一段时间内，没有被人们承认为正式衙门。即如最早担任军机大臣的张廷玉，乾隆中自陈履历，备言他历任各种官职和世爵，以及临时性的差使，单单没有提到担任军机大臣的事。乾隆五十年前后纂修成功的《清朝通典》《清朝通志》《清朝文献通考》等官书，也没有把军机处作为正式衙署看待。军机处成立了，人们还没有完全意识到它的重要性，这是因为它没有官署和专职人员的特点所决定。

军机处的职掌是，面奉谕旨，书成文字，并予转发。雍正每天召见军机大臣，形成一套制度，其详细情况，记载缺略，不得而知。以后的情形是，每天寅时（3—5点），军机大臣、章京进入值房，辰时（7—9点），皇帝召见，或有紧要事务，提前召见。每天见面一次，有时数次。退出后，军机大臣书写文件。雍正勤政，估计他召见军机大臣的时间不会晚，次数不会少。当雍正即位一开始，办理康熙丧事，特命吏部左侍郎张廷玉协办翰林院文章之事，那时，"凡有诏旨，则命廷玉入内，口授大意，或于御前伏地以书，或隔帘授几，稿就即呈御览，每日不下十数次"。出于撰写谕旨的需要，每日召见多达十几次，这当然不是张廷玉后来军机大臣任上的情况，但它却是日后雍正召见军机大臣，指授区划的预演。及至张廷玉为军机大臣时，"西北两路用兵，内直自朝至暮，间有一二鼓者"。八九年间，雍正身体不好，"凡有密旨，悉以谕之。"此时，张廷玉可能是在圆明园内军机处值房中工作，雍正不分昼夜地召见，以至一二更后才返回住宅。在鄂尔泰入阁以前，张廷玉是雍正最亲近的朝臣，他的繁忙比一般官僚又不同，不过他的每日屡被召见，则还是反映了军机大臣的情况。

雍正向军机大臣所传旨意，以西北两路用兵之事为重要内容。如10年（1732年）二月，宁远大将军岳钟琪奏劾副将军石文焯纵敌，雍正命办理军机大臣议奏。这一年，西路军大本营要移驻穆垒，雍正选定六月初四日巳时启行，于四月十三日命军机大臣通知岳钟琪，“将一应事宜预先留心备办，但军营切宜缜密，以防漏泄”。其他方面的军政、八旗事务，也命军机大臣办理。9年（1731年），雍正认为山东登州是滨海重镇，所辖地方辽阔，只有六千兵丁，怕不够用，命军机大臣详细讨论，是否酌量增添兵额。第二年，打牲乌拉地方的丁壮问题，也命军机大臣提出处理意见。看来，在军机处设立之初，主要是处理战争、军政和八旗事务，而后扩大范围到所有的机要政事。

军机处

军机大臣面聆皇帝旨意，草拟文书。在清代，皇帝的诏令有好几种。“旨”，批答朝内外官员关于一般事务的题本的文书；“敕”，颁给各地驻防将军、总督、巡抚、学政、提督、总兵官、榷税使的文书。这两种文书均由内阁草拟，经内阁发六科抄出，宣示有关衙门和人员。上谕，有两种，一是宣布巡幸、上陵、经筵、蠲赈以及侍郎、知府、总兵官以上官员的黜陟调补诸事，这也由内阁传抄发送，叫作“明发上谕”；另一种内容是“告诫臣工，指授兵略，查核政事，责问刑罚之不当者”，由军机处拟定，抄写，密封发出，叫作“寄信上谕”，它因不是由内阁，而是朝廷直接寄出，故又称“廷寄”。这几种公文，军机处承办的寄信上谕最为重要，内阁所办理的倒是一般性事务。廷寄，经由张廷玉的规划，形成一套制度，凡给经略大将军、钦差大臣、参赞大臣、都统、副都统、办事领队大臣、总督、巡抚、学政的，叫“军机大臣字寄”，凡给盐政、关差、布政使、按察使的，叫“军机大臣传谕”。字寄、传谕封函的表面都注明

"某处某官开拆"，封口处盖有军机处印信，因此保密程度高。有关军国要务，面奉谕旨，草拟缮发，这是军机处的主要任务。

军机处还有被咨询的任务，前述雍正命军机大臣议奏增加登州驻军问题，即为征询意见，以备采择，这是皇帝主动提出的问题。朝内外官员所上奏疏，雍正有的发给军机大臣审议。这样军机大臣可以和皇帝面议政事，有参议的职责和权力。

官员的奏折，皇帝览阅，朱批"该部议奏""该部知道"的，或没有朱批的，交军机处抄成副本（即"录副奏折"），加以保存，这也是军机处的一项工作。

军机处三项任务，最后一项是保存文件，对决定政事无关紧要。参议政事一项，要由皇帝决定参议某事，不是固定职权，是被顾问性质，其与闻事务的多少，与皇帝从政能力、兴趣有关系，雍正时代，军机大臣不过是承旨办事，乾隆时当过军机章京的赵翼认为：雍正以来，军机大臣"只供传述缮撰，而不能稍有赞画于其间"。这个结论，用在雍正时代最为恰当。军机处作文字工作，王昶就此说它职司的"知制诰之职"。唐代知制诰，为翰林学士官，专掌诏令撰拟，它是朝廷官职，但又具有"天子私人"的性质，即秘书性质，所以军机处成为皇帝的秘书处了。军机大臣对皇帝负责，它的下属军机章京因是其他部门官员兼任，所以他们之间虽有上下级关系，但后者不是前者的绝对属吏，不易结成死党，因此军机大臣不能对皇帝形成尾大不掉之势，只能绝对听命于君主。

军机大臣奉旨撰拟机务和用兵大事，而这是原来内阁票拟的内容，至此为军机处所夺，使它只能草写一般事务的文件，这就降低了内阁的职权。军事要务由军机处承旨，内阁的兵部从事军官考核、稽查军队名额和籍簿，这是些日常琐务，用兵方略、军政区划都没人过问了。

雍正所用的满人军机章京，系从议政处调来，这就给它来了个釜底抽薪，也使它名存实亡。

雍正时军机处的性质，还从军机大臣和军机章京的任用表现出来。雍正任命怡亲王允祥、大学士张廷玉、蒋廷锡、鄂尔泰、马尔赛、平郡王福彭、贵州提督哈元生、领侍卫内大臣马兰泰、兵部尚书性桂、内阁学士双喜、理藩院侍郎班第、銮仪使讷亲、都统莽鹄立、丰盛额等为军机大臣，内阁侍读学士舒赫德、蒋炳、兵部主事常钧、庶吉士鄂容安、内阁中书柴潮生、翰林院编修张若霭等人为军机章京。允祥、张廷玉、鄂尔泰与雍正关系密切当然不必说，蒋廷锡于雍正四年任户部尚书，协助允祥办理财政，赢得雍正的信任。马尔赛被雍正用为北路军营抚远大将军，早得眷宠。莽鹄立于雍正初年为长芦盐政，即得雍正的欢心。哈元生，在西南改土归流中立有大功，雍正见他，解御衣赐之，宠待有加。讷亲，雍正病笃，以之为顾命大臣，可见信任之专。张若霭、鄂容安分别为张廷玉、鄂尔泰之子。雍正的军机大臣，原来的官职，由正一品至从四品，相差很大，所以他们之被任命为军机大臣，官职是必要条件，但关键的取决于他同皇帝的私人关系，吴振棫就此指出："军机大臣惟用亲信，不问出身"。这些亲信一旦入选之后，必定更秉命于皇帝，所以军机大臣只能从事撰述传达工作，而不能成为与天子有一定抗衡权的宰相。雍正给军机处书写"一堂和气"的匾额，希望他的亲信们和衷共济，不另立门户，一起对他负责，安心做忠实奴才。

归军机处办的事情，不管大小，"悉以本日完结"，绝不积压。这样的办事作风，效率自然较高。寄信方法也是快捷的。张廷玉提出的廷寄办法，是军机处将上谕函封后交兵部，由驿站递相传送。军机处根据函件内容，决定递送速度，写于函面，凡标"马上飞递"字样的，日行三百里，紧急事，另写日行里数，或四、五百里，或六百里，甚至有八百里的。这就和内阁发出的不一样了，内阁的明发上谕，或由六科抄发，或由有关部门行文，多一个衙门周转，就费时日，保密也困难，经常被地方官员探到消息，雇人先行投递，他们在正式公文到来之前，已悉内情，做了准备，加以应付。这样的事不乏其例，如四川布政使程如丝贪婪、人命重案，在成都审理，待后刑部的判处死刑意见被雍正批准，程竟在公文下达前五、六天获得消息，自杀于狱中。雍正深知这些情弊，不止一次地讲到这类问题，并尽力加以制止。5 年（1727 年）三月，他说泄密严重："内外咨呈文书往来，该衙门尤易疏忽，以致匪类探听，多生弊端，间有缉拿之犯，闻讯远扬，遂致漏网，此皆不慎之故，'贻误匪轻。"他命令"有关涉紧要之案，与缉拿人犯之处，内外各衙门应密封投递，各该管应谨慎办理，以防漏泄。"如有疏忽，从重治罪。他在军机处设立前，已着手解决重要公文的保密和驿递问题，军机处成立，经张廷玉规划，创廷寄之法，"密且速矣"，于是既保证中央政令的严格贯彻，速度又较前加快，从而提高了清朝政府的行政效率。

军机处是在雍正整饬财政之后设立的，当时整个吏治比较好。军机处官员处机要之地，但没有什么特权。军机大臣有每日晋谒皇帝之荣，没有其他特权。雍正允许军机章京和军机处笔帖式挂朝珠，表示宠异。朝珠，文职五品、武职四品以上才许悬挂，出任军机章京的大多是六七品官员，其中编修、检讨、内阁中书都是七品小官，他们破例得同四品以上官员一样挂朝珠，是雍正给的特殊荣誉。但是这种虚荣，并没有实质性的好处。其时军机处官员十分注意保密，不与不相干人员往来。嘉庆五年（1800

年），仁宗曾就军机处漏密事件发布上谕，他说："军机处台阶上下，窗外廊边，拥挤多人，借回事画稿为名，探听消息。"因此规定不许任何闲人到军机处，即使亲王、贝勒、贝子、公、大臣也不得到军机值房同军机大臣议事，违者重处不赦。又特派科道官一人，轮流在军机处纠察。这是乾隆后期以后吏治败坏下的情形，雍正年间完全不是这样。张廷玉任职年久，据说"门无竿牍，馈礼有价值百金者辄却之。"讷亲"门庭峻绝，无有能干以私者"。雍正年间军机处官员的廉洁，使他们有可能不违法，保守机密，能以忠实的履行职责。

雍正创设军机处，使其日益取代内阁的作用，是行政制度上的重大改革。它使议政处名存实亡，使内阁形同虚设，军机大臣虽然具有一定权力，但主要是秉承皇帝意旨办事，没有议政处的议决权，内阁的票拟权，这些权力全部归于皇帝了。所以行政机构的改革，加强了皇权，削弱了满洲贵族和满汉大臣的"相权"。军机处设立与奏折制度的确立相辅相成，雍正亲自批答奏折，向军机大臣面授机宜，天下庶务都归他一人处决。前已说过，雍正的专权与明朝的朱元璋相同，但是又有不同，朱元璋日理万机，忙不过来，找几个学士做顾问，然而不是固定的班子在皇帝指导下处理政事，因此皇权是强化了，行政效率却不一定高，而雍正建立军机处，加强皇权的同时，还提高了行政效率，使得皇权能够真正地充分地实现，所以他的权力实际上比朱元璋还要集中，他以前的其他帝王对他更是不可及的了。

整顿八旗

满人入关，经历数十年的安逸生活后，八旗子孙依赖朝廷供养，贪图逸乐，不事生产，致令旗务废弛。雍正即位之初，将整顿旗务与整饬吏治联系在了一起，为了恢复满人往日刻苦奋斗之心，决定整顿八旗，

对于八旗制度的改革，雍正取消王公管辖，由皇帝直接领导。雍正继位后任用自己的亲信兄弟和王公去管理掌握着军政大权的八旗事务，使皇权在八旗中得以行使。

雍正任用康亲王崇安管理正蓝旗的事务，任用皇十七弟果郡王允礼管理镶红旗事务。他以为这样任用亲信兄弟和王公管理八旗事务，就能平安无事，但在对八旗旗主的使用中，很快就又发现旗主和皇帝之间存在着很大的矛盾，而八旗内部官员之间也

存在着很大的矛盾。旗主诸王同都统等官员的职权难分，往往互相摩擦，不免要常常耽误公事。同时管理旗务的诸王因身份崇高，影响皇帝对旗民直接统治的权力。为了解决这些矛盾，把旗务的控制权掌握在皇帝的手中，雍正又采取了一系列措施，改革旗内的事务。

雍正六年（1728 年），雍正当机立断，减少八旗旗主，又取消了信郡王德昭、康亲王崇安以及锡保等人管理旗务的权力。之后，雍正又把在八旗中做旗主的王公改名为旗都统。七年，雍正任命庄亲王允禄管理正红旗满洲都统事务。雍正十年（1732 年），雍正又任命平郡王福彭管理镶蓝旗满洲都统事务。用庄亲王允禄、平郡王福彭为八旗中的都统，这是雍正将旗务的控制权掌握在自己手中的一个手段，为的就是加强皇帝的权威。

此外，雍正还严禁下五旗诸王勒索外吏。雍正认为，诸王门下人等一旦出任外吏，便成为皇帝手下的政府官员，其身份地位应与原来有所不同。因此，既不许旗主役使其子弟，也不许对其本人“肆意贪索”。

雍正即位前夕就降谕宣称：“下五旗诸王属下人内，京官自学士、侍郎以上，外官自州牧、县令以上，该王辄将其子弟挑为包衣佐领下官，及哈哈珠子、执事人，使令者甚众，嗣后着停止挑选。其现在行走人内，系伊父兄未任以前挑选者，令其照常行走；若系伊父兄既任以后挑选者，俱着查明撤回。或有过犯该王特欲挑选之人，着该王将情由奏明再行挑选。”

雍正元年（1723 年）六月二十九日，雍正又指出：“凡旗员为外吏者，每为该旗都统、参领等官所制。自司道以至州县，于将选之时，必索勒重贿方肯出结咨部。及得缺后，复遣人往其任所，或称平时受恩，勒令酬报，或称家有喜丧等事，缓急求助；或以旧日私事要挟。下五旗诸王不体恤门下人等，分外勒取，或纵门下管事人员肆意贪求，种种勒索不可枚举，以致该员竭蹶馈送，不能洁己自好。凡亏空公帑罹罪罢黜者，多由于此。”

在这段话中，雍正指出，下五旗诸王不体恤在外省做官的门下，向这些门下过分勒取钱财，或纵容管事人员向他们大肆搜求。为了除此弊端，他一方面允许这些被革职的官员上告，同时为了消除这些官员不敢上告的心理，准予他们封章密参。次年，有人上告八旗贵族星尼勒取属人王承勋几千两银子，雍正得知此事后，在上谕中说：星尼不过一个八旗贵族，而王承勋不过一个州县官，勒取数目便已达数千两之多。如果主人是王爷，属人为地方大员，则不知更要多少了。他就此事警告王公，若不悔改，必将旗内王府佐领下人"一概裁撤，永不叙用"。

雍正在削弱旗主权力、改变王公与属下私人关系的同时，还整顿了八旗旗务，这表现在对八旗的机构、体制、工作作风等方面的改革上。主要有：

一、创设八旗衙门，集体办公。雍正朝之前，八旗都统等官各自在家里办事，一应行文档案堆贮家中，无人登记、管理，存在很大的积弊。元年九月十五日，雍正下令："现今八旗并无公所衙门，尔等将官房内，拣皇城附近选择八所，立为管旗大人公所，房舍亦不用甚宽大。"

二、严格要求当值官员尽职尽责。雍正发现，有些都统、副都统，凭自己资格老、功劳大，"于旗务并不办理，唯以曾经效力为足倚恃"。因而雍正规定："若有人擅自不来办公，必将派人署理，代行旗务。而且八旗轮流，各当值一日，处理日常公务。值日大臣职名，应提前开列具奏。"

三、创制八旗新例。八旗则例，年久失修，雍正即位后，虽然对旗制多有改革，但并未形成新例，旗员亦多不执行，因此无法律约束力，臣下处理事务散漫无羁、无所遵循。针对这种情况，雍正于三年令八旗大臣在原来的《现行则例》基础上，根据现实八旗情形，命允禄、鄂尔泰等人分别编写上奏，后编成了《八旗则例》《绿营则例》及《世宗宪皇帝上谕八旗》十三卷、《世宗宪皇帝上谕旗务议复》十二卷，《世宗宪皇帝谕行旗务奏议》十三卷。十二年，雍正又修订了《户部则例》，新例中的条款对旗民要求甚为严格。例如，条例要求旗民重视有关服饰、用具之定例。雍正谕令八旗大臣、步军统领衙门、都察院衙门严行稽查，如有服饰、用具不按品级、不遵定例者，即行指参。

四、严厉打击不法旗人。五年四月二十九日，雍正谕令八旗都统及内务府总管等，内府庄头及乡居统一旗人，"有窝藏逃盗在家者，地方官差役搜捕，有抗拒者，即将窝家一并拿究"。为惩治不法旗人，于雍正二年在京城八门各设旗人监狱，犯罪的旗人照例关押、监禁。雍正还于四年八月决定：旗人犯军流等罪者，亦照汉人之例发遣。雍正五年，又设立重、轻和犯妇三大监牢，足以看出雍正对旗人的管理已经甚为严格。

五、开设宗学。宗学是民间同一宗族之内为教育本宗族子弟而设立的学校。二年间，雍正下令设立宗学，按八旗的左右两翼各设一所宗学，招收宗室子弟入学学习。宗学学习满文、汉文，演习骑射，由政府按月发放银米纸笔。雍正每年亲派大臣考试，按成绩优劣给予奖惩。至七年，由于宗学不能容纳所有爱新觉罗氏子弟，又予各旗设觉罗学，招收觉罗子弟学习文化、骑射。雍正这样做，目的有二：一是八旗子弟年深日久享受特权，滋长了骄奢之风气，所以设学教育后代，“鼓舞作兴，循循善诱”，方能使后代“改过迁善，望其有成”；二是宗室中一些人员各怀私心，互相倾轧，把骨肉视为仇敌；更严重的是，他们“要结朋党，专事专营”。为改变这种恶习，须从教育开始。可见，雍正之所以兴办宗学，是为了消除八旗后患，预防宗室朋党的再起。

总之，为了解决八旗的种种痼疾，雍正对旗务进行了严格的整顿，健全了规章制度，约束了八旗旗民。整顿旗务，既巩固了皇权，打击了朋党，同时，又提高了满人的文化素质。这不仅是政治上的胜利，也是文化上的胜利。

整顿八旗制度的同时，雍正也加强了对太监的治理。种种历史经验和教训的感染训诲，使得雍正懂得如何制驭太监。他既不宠后妃，又不使用太监，后宫因而有序，不乱朝政，对国家的安定有着一定的帮助。

在继位初年，雍正就嫌太监们多半不懂规矩，从一些小事上找太监们的毛病，要求太监经过御座时要表现出敬畏的样子，对诸王大臣也要恭敬，见了诸王大臣必须起身站立，行走时要给诸王大臣让路，并不许光头脱帽，也不许斜倚踞坐。

雍正把太监的官职限定在四品之下。雍正元年九月谕令，将清廷专门管理太监的机构敬事房的大总管授四品官职，副总管授六品官职，随侍等处的首领授七品官职，其他宫殿各处的首领授八品官职。雍正四年六月，对有官职的太监实行加衔制，规定敬事房正四品大总管为宫殿监督领侍衔，从四品大总管为宫殿监正侍衔，六品副总管为宫殿监副侍衔，七品首领为执守侍衔，八品首领为侍监衔。雍正八年六月重新规定：太监官职不分正从。雍正一方面给太监头目授职加衔，以便安抚使用，另一方面，又把太监的官职严格限定在四品以下，意在防止太监干预朝政，是“以杜僭越”的具体措施。乾隆朝，在制定《宫中现行则例》时，把雍正的这一规定写了进去，太监官职不得加至三品以上成为制度确定下来。

雍正广为宣谕，严令太监干预外廷事务。顺治朝，曾命工部铸成“铁牌”一块，立于宫中交泰殿内，上书：“（中宫太监）以后但有犯法干政、窃权纳贿、嘱托内外衙门、交结满汉官员、超分擅奏外事、上言官吏贤否者，即行凌迟处死，定不姑贷。特立铁牌，世世遵守。”雍正对先祖此谕十分看重，他命人将“铁牌”上的敕谕抄录多份，在宫内各处悬挂。雍正亲自安排张挂的这些“敕谕”，就像一个个警告牌，告诫太监须安分守己，不可越雷池一步。

雍正还屡发谕旨，严令外臣不得钻营太监，大小太监不得欺蔽。雍正三年，有个叫傅国相的扫院太监向奏事太监刘裕打听，有一废官，欲求复职，不知是否保奏的事情。这是违法的，刘裕本应上奏，但他没有这样做，只是告诉了总管太监，总管太监也没有奏闻，就把这件事放在一边了。但世上没有不透风的墙，没有多久，雍正获知此事，很是愤怒。他颁布谕旨说："从前内外恶乱钻营之人紊乱法纪，朕知之甚悉……凡事无得欺隐，有钻营者断不宽恕，若被拿获，务必从重惩戒正法。"此案内大小太监，遇事"并不奏闻，甚属可恶，"雍正指示："著将总管太监并奏事太监刘裕问明情由，凡有关涉此案人犯俱行锁拿，查问明白。"雍正如此严肃地对待和处理这一起不太严重的太监事件，目的在于防微杜渐。

雍正通过法律条文，限定太监的行为规范。他针对太监中发生的问题，制定了许多"治罪条例"，这些"条例"在乾嘉时期得到了进一步的完善。其中有《太监犯赌治罪条例》《逃走太监分别治罪条例》《太监和女子自戕自尽分别治罪条例》《太监私藏军器治罪条例》《太监偷窃官物治罪条例》《太监偷钓园庭鱼虾治罪条例》《太监越诉治罪条例》《太监轻生将首领等分别治罪条例》等等。这一系列"条例"，对太监是一种严格的束缚，使其不敢轻举妄动。

雍正认为年纪大些的人拉入宫内充当太监不好管教驯服。为此，于雍正元年二月间，通过副总管太监李成禄传达了一道上谕："嗣后十七岁以上太监不必收。"对宫内收取太监的年龄的上限做了新的规定。

另外，对赏出去的太监，必要时雍正还要收回。雍正八年，统管西北军务的宁远大将军岳钟琪进京陛见，雍正为鼓励他用心效力，赏给 3 名太监，让他带回西安军中役使。在这前后，岳钟琪自己也买了几个太监。雍正十年，岳钟琪因用兵不力，被革职囚禁。雍正这时又想起了两年前曾向岳钟琪赏赐太监之事，他传谕理署陕西巡抚史贻直，命他"查明送京"。史贻直遵旨查验，奏复说："查岳钟琪家内，现有皇上赏给太监三名，又有岳钟琪价买太监三名"。现一并"委员伴送进京"。这 6 名太监，遂又成为雍正眼皮底下的仆役。

太监作为封建皇权下的畸形附属物，其本身包含着必然的腐朽性。历数各朝各代受到君王赏识的太监，多是宠极奸生。雍正对这点看得很清楚，他对太监管束严格，做到使用而不宠用，力防太监的骄横。

雍正再三重申，太监必须遵守一定的礼节规矩，对主子务须毕恭毕敬，时时处处表现出忠诚。雍正元年（1723 年）六月，雍正发现有的太监不懂规矩，打扫之时，拿着笤帚，从宝座前昂头走过，没有表现出警畏的意思，为此他谕令：凡有御座的地方，太监要怀恭敬之心，急走而过。这年八月十三日，雍正申明太监与朝臣见面的礼节：

诸王大臣官员入大内，坐着的太监必须起身站立，正在行走的太监要让路，不许光头脱帽，也不许斜倚踞坐。在雍正的眼中，奴才就是奴才。

以往，从宫中放出为民的太监，往往潜住京师，为防止其利用特殊身份惹是生非，雍正严谕清理。雍正四年八月初九日，雍正颁谕说："内务府放出为民之太监，并诸王贝勒等门上放出为民之太监，潜住京师者不少，此辈皆系平昔怠惰不守分之人，既经放出，不许仍留京师居住。"雍正明确指令："著九门提督预行出示晓谕，速令回籍。如此晓示后仍潜住京师者，即系生事妄为之人，九门提督差役严拿，内务府亦责令番捕查缉，从重治罪。"

针对有的太监犯罪获遣后，到外地仍招摇撞骗，雍正谕令，日后凡有此类太监人犯，即于当地正法。在雍正七年（1729 年）十月初八日，雍正通过内阁颁发谕旨说，从前由京城发遣边地之旗人、太监等，常有"沿途需索地方，强横不法，且捏造流言，鼓惑众听"之事。雍正指出，这些八旗包衣、宫中太监等人犯，本获发遣重罪，可是一旦到了外省，众人不知其来历，甚至认为是朝廷得力之人，又见他们妄自尊大，"遂群相畏惧，避其凶焰"，"隐忍应付，听其需索"，"令凶犯益得肆行无忌"。雍正在谕中明确规定：嗣后"弃发烟瘴军流人犯，倘若经过州县及安插地方，或凌虐解役、需索驿站，或行凶生事、造作谣言、不安本分、不守规条，着本管解役即禀明地方有司，详报督抚，据实具题，于本处即行正法"。

雍正不仅对太监本人的要求、管束、惩处是严格的，而且对其家属亲友也从不袒护。雍正了解到，有的太监亲属，常常倚仗家人在皇帝身边当差，而做出些非分的举动，地方官若要惩治，他们就逃到京城。为杜绝这种现象，雍正于四年八月传谕总管太监：凡有太监亲属被地方官查拿潜逃京师的，行文到内务府，即按例发落，不必奏闻。

为了约束太监家属，雍正四年（1726 年）八月初一日，雍正专门向吏部、户部颁谕："直隶地方……太监戚属散处州县"，"太监之父兄弟在地方不无生事，本人亦未必尽知。可令该州县，大事照例详报总督具题，小事径报内务府，内务府传该太监晓谕，令其自行约束，如仍不悛改，内务府即酌量惩治。"此谕颁发后，雍正担心，或许会有地方官借此苛求太监家属，便又于同月初九日下旨："地方官或不谙事务，借此苛刻太监亲属，亦未可定，倘有此等情节，亦令太监亲属据实告知本太监，亦许呈明内务府咨查，务使各安其分，不致少有偏徇。如此，庶太监亲属不敢生事，而地方官亦不得有意沽名苛刻。"雍正的这种考虑，还是较全面的。

另有这样一桩事，也多少表明了雍正不庇护太监的态度。雍正四年（1726年）八月十六日，直隶巡抚李绂奏报道："大城士民向来刁悍，缘伊子弟多充内监，目无官长。"接着他谈到，这年夏秋之季，大城有几个太监的家属纠集数十名乡人，前往县衙，"捏控水灾"。知县李先枝认为，该地"积水勘不成灾"，予以驳回。结果，这些乡人便"喧闹县堂，毁坏门棚"，后被当地兵役拘拿七八人。此事报到朝廷，雍正为纠正太监家人往往仗势横行而不把地方官放在眼里的风气，明确指示："当严审定拟，以惩直隶恶习，不可袒护。"以表示他不做太监的保护伞。

雍正汲取历史经验教训，严格地确定了太监的奴仆地位，对太监这个特殊队伍的管束是十分严厉的，建立了一套太监管理制度；他要求太监只可忠勤服役，而不可惹是生非，对太监用而不宠；同时，又通过惩处太监来打击政敌，稳固帝位。雍正统治期间，太监没能大兴风浪，这与雍正的种种限制和有效管理不无关系。

总揽万机

雍正是历史上最勤政的一个皇帝。他在引用俗语"不是闲人闲不得，闲人不是等闲人"时说："乃至今日，如何图得安闲？既有责任在身，非勤不可。"雍正是一个希望自己很有作为的皇帝，他要向世人证明，他是一个有能力把大清管好治好的人，从而说明他确是最佳的皇位继承人。为此，他不是只在继位之初才表现得非常努力，而是一以贯之，从不懈怠，确实是一个难得的治世之君。

雍正的勤政一开始就非常自觉，处理朝政，自早至晚少有停息。大体上是白天同臣下接触、议决和实施政事，晚上批览奏章，不敢贪图轻松安逸。雍正六年（1728年）夏天，他曾写有《夏日勤政殿观新月作》诗一首，表达了勤政之思，诗为：

勉思解愠鼓虞琴，殿壁书悬大宝箴。
独览万几凭溽暑，能抛一寸是光阴。
丝纶日注临轩语，禾黍常期击壤吟。
恰好碧天新吐月，半轮为启戒盈心。

此诗说的是这一年酷热，他很想放松自己去多休息一下，但一想到前贤的箴言、帝王的职责，就打消了此念，不敢浪费一点时光，又勉励自己警戒骄盈，去努力从事政事，批览奏章。雍正本人勤政，对大臣也要求勤政。五年时，雍正命朱纲为云南巡抚，朱纲辞行时，雍正说："朕初御极时诸臣多未识面，朕费无限苦心，鉴别人才，办事自朝至夜，刻无停息，唯以大计为重，此身亦不爱惜。朕之不稍图暇逸者如此。尔等督抚身任封疆之责，朕又岂肯任其贪图逸乐？务宜勉为之，无为渎职之巡抚。"

雍正的务实、勤政、事必躬亲作风，与其说是一个政治家、改革家必有的素质，不如说是一种责任心，为己为人，为国家，为社会。雍正既怀万民于心，又想一展宏图，他必须得用自己的努力去实现。

首先，雍正非常勤于学习，是善于借鉴的皇帝，知识广博，阅历丰富。他曾说："三代（夏、商、周）以下，英君哲后，或继世而生，则德教累洽，或间世而出，则谟烈崇光，胥能致海宇之乂安，跻斯民于康阜，嘉言传于信史，善政式为良规。至凡蒙业守成之主，即或运会各殊，屯亨不一，苟无闻于失德，咸帝使所宠绥。"

这段史论是雍正腹中才学的表现，也说明他善于总结历史，懂史的目的是在于汲取历朝历代的治国经验，致力于改善和强化统治地位，这是相当可嘉的。雍正的确博学，对历代功臣知道得很多，他尤其对唐朝的魏征大加赞赏。魏征曾进谏唐太宗，上"十思疏"，希望君王知足自戒，止兴作以安民，谦冲自牧，慎始敬终，虚心纳下，去谗邪，慎刑法。雍正认为魏征的君臣论治，很值得本朝汲取，于是亲书魏征的"十思疏"，置于屏风，朝夕诵读，又亲书多幅，颁赐给田文镜等宠臣，以便君臣共勉其励。

"九式"是说用财的节度。雍正曾赐户部"九式经邦"的匾额，并以《周礼》赐文给户部，说明对《周礼》很是通熟。他认为户部若按《周礼》九式之法施行用财的节度，对当朝的经济财政定会有利。

雍正文思敏捷，于日理万机之中，往往亲自书写朱谕、朱批，少则精简十字，多则上千言，都是一挥而就。他的朱谕存于中国第一历史档案馆，书写很工整，文字也流畅而且间有口语，卷面一字一字地写得十分整洁，很少涂抹。比如，雍正在给年羹尧的朱谕中说："使臣中佛保回来所奏之折，抄来发于你看。未出尔之所（料）略。但你临行之奏，待他来人轻谈之论，朕少不然。朕意仍如前番相待，何也？今换人来矣，想策妄（准噶尔部蒙古领袖策妄阿拉布）疑根敦（根敦是策妄阿拉布遣去北京讲和的使臣），于事无益，二者朕总是在推心置腹，不因彼变迁而随之转移，总以无知小儿之辈待之，体理复彰，你意为何如？再其所请求之事，逐款当（如）何处，将你意见写来朕看。他如（此）待留罗卜藏丹津（青海叛乱首领）之意，你意如何？他的人来，一路上仍加意令其丰足感激，可速谕一路应事官员知悉。再他又向藏之论，此信未必也。可速速详悉逐条写奏以闻。特谕。"从这个谕批看来，完整百余字中，只抹去一个"料"字，改为"略"字，再则加了"如""此"二字，别无涂画。

雍正执政十三年，以汉文写的朱批奏折多达两万两千多件，以每件朱批平均为一百字计算，字数就有二百二十多万字。如果文思不敏捷，语言不流畅，是不可能写得出的。乾隆时期《四库全书》总纂修纪晓岚曾说："秦汉以后，皇帝对于各种奏章，有看有不看的，即使过目了，批上一个字，名曰'凤尾诺'，但并没有连篇累牍，一一对奏疏作朱批的。唐宋以后，皇帝的文章多为臣下代为草拟，偶尔写几个字就传为美谈，哪里有世宗皇帝（雍正）那样字句密多，标注次序，无微不至，真是自有文书以来未尝闻见者。"

在处理国家事务中，雍正更是认真细致。下臣的疏忽大意和草率，或者掩饰过失，偶露形迹，总会在他的精细之中被发现出来。雍正元年时，年羹尧上奏一个折子，大学士已经议复，后来蔡珽又有相同内容的奏折，大学士没有察觉，又行上奏，雍正注意到后，立即批评大学士们漫不经心。雍正五年时，浙闽总督高其倬就福建水师问题连着递了两个报告，因为路途遥远和其他原因，后写的奏报却先到了北京。雍正阅览之后，见奏折上有句续报的话，当即追问是怎么回事。雍正七年，署理浙江总督折奏侦查甘凤池的事，雍正阅后批道："前既奏过，今又照样抄奏，是何意见?"

雍正处理事务不但细致，而且往往对人和事都很详尽地进行了解。雍正三年四月十日，他在河南巡抚田文镜的奏折上朱批询问，向田文镜了解年羹尧向河南运送资财的去向，又问河北镇总兵纪成斌的为人。到了五月初六日，田文镜便具折回奏，向雍正报告说已派人了解年羹尧的问题，并且谈了对纪成斌的印象。年羹尧在年底被赐自缢，纪成斌在雍正十一年（1733年）被斩于军前，想来田文镜肯定没说年羹尧和纪成斌二人的好话。这次雍正和田文镜用密折交流情况，交换看法，前后共计20天，工作效率在当时是很高的。

不仅对外地官员是如此，对于京师的奏折，雍正处理得也不慢，绝不因是眼皮底下事而稍有拖放。雍正十年（1732年）七月初八日，礼部侍郎张照为他祖父张淇呈请设立义庄，并请雍正给予旌奖。3天后，即十一日，雍正便批准了张照的请求，并命礼部议奏旌表。到了十月十三日．大学士张廷玉题请给张淇封典，十五日雍正即给予认可。关于对张淇的旌表和封典，事情很小，又是例行公事，两次题本，雍正都在两三天内给了答复，并不因是平常的事情而拖延。按说，作为一个大国的皇帝，是不应该分散精力去管旌表封典这类小事的，可雍正事必躬亲，同时又善于迅速处理事情，所以才会有如此之高的行政效率，这也是一般皇帝很难做得到的。

为了提高办事效率，雍正大大削弱了“六科”的权力并加强了政务监管。

“六科”，是历代封建政体中的一个行政衙门，其官吏称给事中。它的职责就是所谓的“传达纶音，稽考庶政”，即传达皇上的命令，并负责检查下面执行上谕的情况。具体地说，六科是专门负责将皇帝批阅的奏章从内阁领出，然后誊抄清楚再发给各有关部门具体执行。它不仅有转发批奏文件的权力，而且还具有“封驳权”——即假如六科认为皇帝的命令有欠妥当，就有权将这个命令原文封好，重新打回内阁。此外，六科还负责稽查六部，审核各类事件的执行状况。倘若六科认为各部门在执行过程中有意拖延迟误，就有权对它们进行参奏。因此，六科给事中所理之事，虽职位不高，但权力范围却非同小可。

有鉴于此，雍正即位不久，就决定削夺六科的权力以加快各种政令的顺利执行。为此他说六科的掌印给事中责任紧要，因此给事中人选应交督察院共同拣选保奏。此后，雍正又命令督察院派定了六科给事中人员，并命令督察院从六科中各科不掌印信的给事中选拔出二人，出具考语，缮本题奏。这样一来，六科给事中实际上就成了督察院的一个附属部门，与督察院中的监察御史没什么不同了。

有人评价雍正此举是“轻重倒置，不尊重纶綍”，事实上，雍正是故意将重者轻之的。正因为其重要或紧急，就力图下达顺利，使之减少羁绊；只有这样，才能使给事中们无法抵制皇帝的命令，使各项政令得以迅速传达，使皇帝的金口玉言受到绝对的尊崇。雍正一方面贬低了六科给事中的权力，与此同时，另一方面又加强了督察御史的权限——即向地方派遣各类巡察御史，命令他们负责督察各类政令的实施情况，并负责考核各地官吏的任职状况，这样一来，巡察御史就有钦差大臣的味道了。

雍正削弱了六科给事中的谏议权，相应的加强了督察院对所有官吏的监察力度，两者相辅相成，既是雍正强化皇权的两个侧面，又是雍正驭下有方的一个最佳体现，提高了办事效率并加强了政务监管。

雍正认为：“国家设官分职，各有专司，而总揽万机，全在一人之裁决。”他甚至在《御制朋党论》中，把反对他躬理细务的人归之为朋党，说：“畏人君之英察，而欲蒙蔽耳目，以自便其好恶之私。”看来，他也并非是精力过剩或刚愎自用，究其原因，他把所有的权力都收到自己手里，是对别人不放心。

此外，雍正处事非常干练果决。雍正五年（1727 年）六月，因为交廷臣所办的事务廷臣没能及时办理，雍正大为生气，说：“我整天坐在勤政殿里，不顾暑热地想办理事情，为什么诸大臣对我交代的事务抱沉默态度，不来回奏？若不能办，何以不讲明原委？若不想办的话，干脆交给我，我来替你们办。朕现在责令你们把因循迟延的问题回答清楚！”

还有一次，新任御史鄂齐善、曾元迈值班时早退，大学士马尔赛奏请皇上把他们交部议处，雍正对马尔赛说：“不要按常规处罚。他们是新进小臣，还敢这样怠惰，如果不严加教导，就不能警诫那样越礼偷安的人了。”他的处罚办法是：命令鄂尔善、曾元迈两人每天到圆明园去值班，日未出时到宫门，日落以后才准散班。这一招果然灵，很快就扭转值班人员的懒散作风。

雍正的思想是“毫无定见，天下无可办之事”。他认为，遇事要很快拿定主意，不能瞻前顾后、左顾右盼、莫衷一是、犹豫不定，认准了的事就马上去做。这就是雍正果毅果断的性格，他要求大臣也这么去做。

雍正五年（1727 年），雍正朱批指出闽浙总督高其倬办事优柔寡断，于是写了一段话来训勉他：“观汝办理诸务，必先将两边情理论一精详，周围弊效讲一透彻，方欲兴此一利，而又虑彼一害，甫欲除彼一害，而又不忍弃此一利，辗转游移，毫无定见。若是则天下无可办之事矣。夫人之处世如行路，然断不能自始至终尽遇坦途顺境，既无风雨困顿，又无山川险阻，所以古人多咏行路难，盖大有寓意存焉。凡举一事，他人之扰乱阻挠已不可当，何堪自复犹豫疑难，百端交集，如蚕吐丝，以缚其身耶！世间事，要当审择一是处，力行之，其余利害是非，概弗左盼右顾，一切扰乱阻挠，不为纤毫摇动，操此坚耐不拔之志以往，庶几有成。及事成后，害者利矣，非者是矣。无知阻挠之辈，不屏自息矣。今汝则不然。一味优柔不断，依违莫决，朕甚忧汝不可胜任，有关国家用人之得失，奈何！奈何！”与其说雍正在教导部下，不如说是雍正在勉励自己。教训手下不要优柔寡断，其义是在说明自己刚毅果断。

雍正性格的刚毅果断，表现在政治上就是决策果断。对一件事情的利弊，一旦有所把握，就做出裁决。雍正在推行新政策和整顿吏治期间，大批地罢黜不称职官员，同时破格提升了不少人才，别人批评他“进人太骤，退人太速”，但雍正对此毫无顾忌，坚持到底。正是雍正的坚毅果断，才使得他的许多重大的社会政策能延续下来。

雍正是个终生十分勤奋的皇帝。雍正向朝臣们说：“朕仰荷皇考诒谋之重大，夙夜祗惧，不遑寝食，天下几务，无分巨细，务期综理详明。朕非以此博取令名，特以承列祖开创鸿基，体仰皇考付托至意，为社稷之重，勤劳罔懈耳。”因为雍正能以身作则，垂范于下臣，所以带出了一支勤政的官员队伍。雍正夙兴夜寐，事必躬亲，的确是历代帝王勤政的表率。

锐意改革

（一）财政改革

雍正帝继位之后，面临着一个急待解决的问题就是财政困难。康熙年间，由于清政府实行了奖励垦荒，实行“更名田”，兴修水利，整顿赋役制度，蠲免钱粮和一系列有利于手工业、商业发展的措施之后，至康熙末年，社会经济基本上恢复到明末的水平。比如康熙五十年（1711 年）全国耕地面积为 6930344 顷，是明万历六年（1578 年）全国耕地 7013976 顷的 98. 8%。这就为雍正时期社会经济的发展奠定了基础。但是雍正继位当时，社会经济也出现了一些问题，特别是国家财政困难。首先，康熙年间，国家财政收入虽然较清初有所增加，如康熙二十四年（1685 年）清政府的财政收入为 3190 万两，较顺治九年（1652 年）2438 万两，增加了 30. 85%，较明代财政收入 2038. 8 万两增加了 56. 47%，但是清政府的财政支出也明显增加。比如兵饷一般在 1700 万两左右，有时高达 2400 万两，仅此一项就占去年度财政收入的 60-70%。其次，自康熙末年以来，各地赋税逋欠严重，国家收入减少。仅江苏一省就逋欠额赋 1165 万两。库帑亏空严重，户部银库亏空 250 余万两，各省亏空更多，因此文献记载，这个时期是“内外仓库，不无亏空”。再次，库存银两大量减少。康熙年间其全盛时期库存白银达 3000 万两，然而康熙帝去世时，库存银却只剩下 800 万两，仅为 3000 万两的 26. 67%。另外，康熙末年，各地农民斗争又起。本来自康熙中期以后，由于社会稳定，经济发展，农民反抗斗争较少。但自康熙五十年（1711 年）之后，有些地方又发生多起农民反抗斗争。比如康熙五十年（1711 年），福建永春、德化数千农民，因饥饿所迫、抢夺食物，逃往山中。康熙五十二年（1713 年）江西兴国数千农民起来抗租。康熙六十年（1721 年），山东曲阜农民与盐民一起举行暴动。

雍正皇帝面对这些困难与问题，为了使财政状况好转，为了“裕国”“安民”，为了巩固其封建统治，他果断地采取了一系列经济措施。他反对在解决财政困难时，把“裕国”与“安民”对立起来的作法，他说：“国以民为本，民以食为天”，“若谓钱粮

紧要，民命尤属紧要，有民始有钱粮”，“能安民方能裕国”。

雍正帝解决财政困难的基本方法是开源节流。其开源的主要措施是重本务农以增加田赋收入，解决民食；通商裕国，即使国课增加，又方便百姓。关于重本务农：中国封建社会是一个农业社会。发展农业是历代封建君主立国之本。雍正皇帝就说过：“稼穑为生命之所关，非此不能生活，而其他皆不足恃”，“农事者，帝王所以承天养人，久安长治之本也”。他公开宣称要竭力效法康熙皇帝“无刻不以重农力穑为先”。为此，他要求各地方督抚都要兼课农业，“各督率有司，悉心相劝，并不时咨访疾苦，有丝毫妨于农业者，必为除去。”他又说：“朕惟抚养元元之道，足用为先，朕自临御以来，无刻不廑念民依，重农务本。”他要求各地官员在奏报地方事务时，不要忘记向他报告本地农业的长势，特别是遇有灾情时必须随时向他奏报，如有疏忽，必遭他的严厉斥责。雍正五年（1727 年）三月，他就曾指责湖南巡抚布兰泰：“此当青黄不接之际、朕待报湖南雨水情形，既特使人来奏，何雨水、粮价竟无一语及之？汝任地方之责，试思宁有大于此事乎？”。

雍正时期在重农务本方面，主要采取以下措施：一是大力推行垦田。雍正皇帝充分认识到人口增长快于耕地增长速度所带来的“地少人多”的矛盾。他说：“良田地土之所产如旧，而民间之食指愈多，所入不足以供所出。”而他解决“地少人多”的主要方法就是大力推广和奖励垦田，扩大耕地面积。他指出：“各省凡有可垦之处，听民相度地宜，自垦自报，地方官不得勒索，胥吏不得阻挠”。他在另一次谕旨中又指出：“国家承平日久，户口日繁，凡属闲旷未耕之地，皆宜及时开垦，以裕养育万民之计。是以屡颁谕旨，劝民垦种”。在他发现四川省，对安插赴川农民时，给予农民以耕牛、种子、口粮帮助他们开垦荒地的经验后，立即下达：“今思各省皆有未垦之土，即各省皆有愿垦之人，或以日用无资，力量不及，遂不能趋事赴功，徘徊中止，亦事势之所有者。著各省督抚各就本地情形，转饬有司，细加筹划。其情愿开垦而贫寒无力者，酌动存公银谷，确查借给，以为牛、种、口粮，俾得努力南亩。候成熟之后，分限三年，照数还项”。雍正帝大力推行垦荒的另一个措施就是稳定垦田起科时间，以安民心。康熙年间对于垦田起科时间曾多次变动，由三年改六年，又改十年，又改三年，又改六年，又改三年，影响了农民垦田的积极性。雍正帝总结了康熙时期的经验教训，在大力推行垦田的同时，把垦田起科的时间固定下来：“开垦水田，以六年起科；旱田以十年起科，永著为是。”组织军队屯田是清代垦田的重要措施。康熙皇帝采纳了湖广道御史肖震的建议：“今黔蜀两省，地多人少，诚行屯田之制。驻一郡之兵即耕其郡之地，驻一县之兵即耕其县之地，驻一乡之兵即耕其乡之地。如此，则国家养兵之费取省，而两省荒田亦可渐辟矣”，实行军队屯田。雍正时期，在云南、广西也推行了这一组织军队屯田垦荒政策。雍正帝批准了云贵广西总督鄂尔泰的建议：“乌蒙地广田多，应将无业田地，每兵赏给三十亩；或有丁余，准其倍给，并量与牛、种、银两，劝令开垦”。再次，为了推动垦荒，发展农业，清廷自雍正七年（1729 年）起设置巡农御史，对此他说：“农业为国家首务，督事贵有专耳，前有人条奏，请于各省设立农官，以司劝课。或设巡农御史，令其巡行郡邑，劝勖农人及时力作，以足敦本业而防游惰”。他接受了这一建议，规定从本年起先行于直隶，每年特遣御史一员，在二月农事开始时进行巡视。其任务是：“察农民之勤惰，地亩之修废，以定州县之考成。其有因循推诿以致荒废农田者，即行参处。该御史亦勤加劝课，督令耕耘”。九、十月回京复旨。明年二月再另派御史前往。通过这些措施，雍正朝垦田面积增加迅速。据《清实录》记载：雍正十二年（1734 年）“田、地、山、荡，畦田地八百九十万一千三百八十七顷二十四亩有奇”。较之康熙六十年（1721 年）“七百三十五万六千四百五十顷五十亩有奇”增加了 1544936 顷 77 亩，增加了 21%，其垦田成绩应该说是十分可观的。

二是推广水田种植，鼓励农民改进生产技术，提高农业产量。雍正帝就曾经说过：“我国家休养生息，数十年来，户口日繁，而土地只有此数，非率天下农民，竭力耕耘，兼收倍获，欲家室盈宁，必不可得。”在这方面他所采取的措施，首先是奖励那些在农业生产中获有明显成就的老农。他说：应于“每乡中择一二老之勤劳作苦者，优其奖赏，以示鼓励。”后来，他又进一步规定：各个州县岁举老农“给以八品顶戴荣”。这一举动，应该说在历代封建王朝中是少有的。清代任官主要是采取科举考试制度，但同时也设有制科。康熙年间曾设博学鸿儒科，雍正年间，除设置孝廉方正科外，又仿汉孝帝力田科之例而设置力田科，即每岁各州县要推荐一名最优秀的老农，给予八品顶戴，企图以榜样的力量，推动农民尽心务农。但是，这一制度推行之后，各地乡绅勾结州县官吏，使推荐冒滥，被授予八品顶戴者往往并非优秀老农，而是那些势力较大，根本不懂农业也从不务农的乡绅。因而不仅起不到激励农民务农的热情，反而使吏治更加败坏。因此乾隆初年这一制度便被取消。其次，就是推广水田种植，以增加粮食产量。由于水田产量较旱田产量高，北方农民却一直不习惯于种植水田。雍正帝为了把水田种植推广到北方，他任命他理财的得力助手怡亲王胤祥在直隶营田亲自抓这件事。雍正四年（1726 年），“定营田四局，设水利营田府，命怡亲王总理其事”。为了教授北方农民学习水田种植，又从浙江召募有经验的老农到北方教授水田“耕种之法”，“浚疏圩岸以及潴水、节水、引水、戽水之法”。种植水田所需农具、水车，也都雇募浙江工匠制作，并组织当地人学习。经过三年的努力，到雍正七年（1729年），已修成水田6000余顷。然而据《清实录》记载：直隶共营水田8287顷37亩。根据报告，“新营水田，俱禾稻茂密，高可四五尺，每亩可收谷五、六、七石不等”，牙山县和天津州新开水田有的“一茎三穗，或一茎双穗”。

三是发展水利事业。中国封建社会的经济基础是农业，当时的农业生产水平，只能是靠“天”吃饭。水害是当时农业生产的重要威胁，因此历代封建君王都把治河治水作为他巩固统治的重要措施。雍正皇帝对于这一点认识的是很清楚的，他说：水利事业“关系民生，必须一劳永逸，务要工程坚固，不得吝惜钱粮”。雍正朝在治理黄河、运河、淮河、永定河、卫河、淀河、子牙河以及修筑浙江海塘工程，都取得了明显的成果。雍正抓水利事业，首先是抓管水利事业的人。他任命重臣管理水利事业。如前所述，怡亲王胤祥是雍正帝理财的得力助手，雍正三年（1725年），直隶大水，雍正帝就命怡亲王胤祥和大学士朱轼前往治理，浚治了卫河、淀河、子牙河、永定诸河。雍正四年（1726年）设水利营田府，雍正帝又命胤祥总理其事。雍正朝的治河能手嵇曾筠始终受到雍正皇帝的信任并不断得到重用。嵇曾筠，江南长洲人，雍正元年（1723年），任左佥都御史，署河南巡抚，又迁兵部侍郎。这年黄河三次决口，嵇曾筠治理有功。雍正二年（1724年），他上疏皇帝，提出修筑黄河两岸堤坝123000余丈。雍正帝批准了他的方案，并任命他为河南副总河。雍正五年（1727年），又任命他兼管山东黄河堤工，并仍管副总河事。雍正七年（1729年），授河南、山东河道总督。雍正八年（1730年）、署江南河道总督。雍正十年（1732年），加太子太保。雍正十一年（1733年），授文华殿大学士兼吏部尚书，仍然总管江南河道。雍正十三年（1735年），又调他总理塘工，修筑海宁南鱼鳞石塘500余丈。其他像大吏尹继善，雍正六年（1728年）任内阁侍学士，协理江南河务，不久即任江苏巡抚。七年（1729年），又署河道总督。与孔毓珣共同治理淮河，工成，即任两江总督。孔毓珣，雍正三年（1725年）任兵部尚书，雍正四年（1726年）因他熟悉治河事，就命他详勘黄河、运河诸河水势，并协助齐苏勒提出治理方案。雍正五年（1727年）调任江南河道总督，在任期间提出治理淮河的方案，受到雍正帝的重视，并付诸实行。这里特别应该提出的是雍正帝十分重视选拔优秀官员到治河现场实地学习，以培养治水人才。据记载：雍正十一年（1733年），雍正帝就下令：“拣派部院司员，赴南河学习，期以三年。”反映了雍正帝对培养水利事业人才的重视。其次，雍正帝重视水利事业的发展，还表现在对于重大的水利工程，他能果断地从国库中拨出巨款，只要工程需要，他不惜花费之巨。雍正十一年（1733 年），他命内大臣、海望直督李卫赴浙江查勘海塘。雍正帝指示李卫："如果工程永固，可保民生，即费帑千万，不必惜。"自雍正三年（1725 年），淮河水患不断。主要是因为"朱家海冲决河底沙淤"。总河齐苏勒提出"高堰难保，改低三坝门槛一尺五寸，以泄湖水，而救一时之急。不知水愈落，淮愈不得出，致力微不能敌黄，连年倒灌。"李卫反对齐苏勒的治河方案，提出应加固高堰。雍正帝同意了这方案，并于雍正七年（1729 年）冬，"发帑百万，命总河孔毓珣、总督尹继善将堤身卑薄倾地处拆砌，务令一律坚实"。这项工程于十年（1732 年）秋完成。一次从国库中拨款百万两用于治水，这不是一件小事，它反映了雍正对治河的重视。百万两在清政府的财政开支中，虽然仅占 3%，但与明代万历近半个世纪的时间里，用于水利事业的费用总数也不过 652 万两相比，应该说还是较多的。另外，雍正抓水利事业，基本上形成了一套水利事业管理制度。比如雍正七年（1729 年），雍正帝提出：明代治河专家潘季驯曾提出"每岁派夫加高堤身五寸的建议，前靳辅亦以为言，计岁费不过三四万"，这一办法很好。他令两河总督讨论此事，两河总督"酌请缓急，分年轮流加倍，约岁需两万余金"，雍正批准了他们的请求。再比如，为了保证运河的安全，自雍正八年（1730 年）起，"始设黄运两岸守堤堡夫。每二里一堡，堡设夫二、住堤巡守，远近互为声援"。

四是实行蠲免。小农经济是封建社会经济的基本生产结构。小农生活状况如何，直接关系到农业生产的发展和封建国家的财政收入。因此历代比较明智的封建帝王，大都在灾害之年实行蠲免，使多数农民得以维持生计，使农业再生产得以继续进行。实际上，维持田赋的收入，就是维护封建统治的自身。康熙皇帝曾经充分认识到这点，他不仅对灾区全免赋税，而且一年蠲及数省，一省连蠲数年，后来又实行在三年之内，将各省钱粮遍免一周的政策。雍正皇帝基本上继承了乃父的蠲免政策。他就曾说过："君臣上下之间，休戚相同，为属一体。语曰百姓足，君孰不足。是民间之生计，即国计也"。但与康熙朝比较，雍正朝的蠲免还有其自身的一些特点。就其蠲免范围而言，大致可分为以下几类：一类是康熙末年，各地逋欠情况严重。雍正帝认识到："夫钱粮未经征收，则欠在民，已经征收而有亏空，则欠在官"。他一方面严加追查；但另一方面对逋欠时间较久的则予以蠲免。雍正五年（1727 年），他下令："普免天下康熙五十年以前宿逋"。这样，对逋欠在时间上画了一条线，凡康熙五十年以前的逋欠一律免除；凡康熙五十年以后的逋欠则要严加追补。即使这样，蠲免的数量也是相当大的。

江南一省就蠲免了八百八十万两，而据《会典则例》记载有一千一百六十万两。相当于雍正朝每年财政收入的1/3左右。雍正六年（1728年）免福建逋赋三十余万两。雍正帝对那些令下之后积极补欠的地方，他蠲免部分田赋以资鼓励。据载：“七年，以浙省未完旧欠，跃跃输将，免本年额赋十分之二，计六十万两”。二类是对于部分地区历史上遗留下来的不合理的高额赋税予以减免。这方面的情况也较复杂，比如，在各省赋税中最多者莫如江南之苏、松二府和浙江之嘉、湖二府。每府赋税都多至数十万两，加重了当地农民的负担。而这一情况由来已久，“始于明初洪武时，四府之人，为张士诚固守。故平定之后，籍诸富民之田以为官田，按私租为税额。夫负固之罪。”雍正帝认为，罪过本来“士诚一人，而乃归咎于百姓，加以税赋，此洪武之苛政也。有明二百余年减复不一。”“我朝（指清王朝）定鼎以来，亦照明例征收，盖因陆续办理军需，经费所在，未便遽行裁减。”康熙皇帝虽然看到了这个问题，但未能解决。雍正三年（1727年），“从怡亲王请，除苏州浮粮三十万，松江十五万”。当时因为“浙江风俗浇漓，正需化导，不便启其望恩幸泽之心，故而暂止”。雍正五年（1729年）雍正皇帝认为：“今见浙俗渐次转移，改而迁善，朕心深慰，用沛恩膏”，故而又决定对“嘉兴府额征银四十七万二千九百余两，湖州府额征银三十九万九千九百余两，俱著减十分之一。二府共免银八万七千二百两有奇，永著为例”。此外，雍正即位之后，“陕甘额外赋粮，钱收三厘，斗收三合，为备荒之用”。雍正帝认为“此项徒有加赋之名，而无备荒之实，著永行停止。”“雍正二年，免江西南昌等七县浮粮银七万五千余两”。还有，“阜宁县之射阳湖，报升淤地八千余顷，有粮无地，逋负累累。九年乃悉除之”。三类是对那些因皇帝巡视和用兵的地方，由于当地百姓负担较重，也予以一定蠲免。雍正帝即位以后，“以昌平六州县为圣祖每年巡幸之地，及陵寝所经，免雍正元年额赋。”“甘肃地瘠，又值军兴，八年、九年免地丁，次年免粮草，又次年免额赋二十七万以赡之。”雍正七年（1729年），“西藏苗疆平，免甘肃、四川、广西、云贵明年租”。“自十年平台湾生番，十一年剿云南倮夷，大兵所过，复加优免。十三年免云南、贵州及湖南沅州今年田租，特诏贵州被兵之处给复三年”。四类是由于国内安定，经济发展，“以国家经费已敷，宜藏富于民，于是次第免各省额赋各四十万”。五类是因各种灾害而蠲免。雍正帝就说过：“自古人君，无不恤民之灾，济民之困者。”雍正朝的灾免性质与历朝相同，但雍正朝的灾免比例较大些。明洪武时，凡水旱地方，税粮即与蠲免。成化时，凡被灾之地，以十分为率，减免三分。弘治时，全荒免七分，九分者免六分，以是逆减，至被荒四分免一分而止。顺治十年（1653年）议定：被灾八、

九、十分者免十分之三，五、六、七分者免十分之二，四分者免十分之一。康熙十七年（1678 年）议定：歉收地方，收成在五分以下者不实行蠲免，六分者免十分之一，七、八分者免十分之二，九、十分者免十分之三。而雍正六年（1728 年）决定："将蠲免之例，加增分数，以惠蒸黎。其被灾十分者著免七分，九分者著免六分，八分者著免四分，七分者著免二分，六分者著免一分"。通过蠲免政策的实行，不仅在一定程度上减轻了农民的负担，也有利于社会经济的发展。

当然，雍正时期实行"重本务农"政策还有一项重要措施就是"摊丁入地"，将于下节专题论述。

关于"通商裕国"，目前学术界认识还不一致，不少学者认为雍正年间仍然实行的是重本抑末政策。重本这一点大家认识是一致的，关键在于是否抑末。雍正帝确曾说过："朕观四民之业，士之外，农为最贵。凡士商贾，皆赖食于农，以故农为天下之本务，而工贾皆其末也。"但这是雍正帝对四业先后的认识，他甚至认为农为贵，商为贱。而且当末业影响到本务的发展时，他主张"留心劝导，使民知本业为贵"，"虽不必使为工者尽归于农，然可免为农者相率而趋于工矣"。应当承认，这是传统的"强本抑末"思想对雍正帝的影响。但综观他的工商政策，其主流不是抑制，而是发展。"通商裕国"应该是其对"末业"政策的核心。

雍正皇帝反对"困商""累商"，而主张"通商裕国"，"通商便民"。其通商思想具体表现在：

一是雍正帝曾三令五申各税关不得多方勒索，分外苛求，以利商业的发展。雍正元年（1723 年）他就指出："国家之设关税，所以通商，而非以累商，所以便民，而非以病民也。"但近闻榷关者依靠胥役，对商民"任意勒索"以饱其欲。"虽货多税重，而蒙蔽不报者有之，或以重报轻者亦有之。不遂其欲，虽货少税轻，而停滞关口，候至数日，尚不得过"。他要求"嗣后榷关者，务须秉公，实心查验。过关船只，随到随查。应报税者，纳税即放，不得任意作弊，勒索阻滞，以副朕通商便民之意。"雍正二年（1724 年）二月，他又指出："从来关榷盐税之设，所以通商裕国。或用钦差专辖，或令督抚专理，无非因地制宜，利商便民之至意也。"但是却发现有些地方"额外加派，苦累商民"，"致使商民畏惧，裹足不前"。他指出：

雍正时期的青花瓷

"困商实所以自困也"。结果是"致商人失业，国帑常亏"。他要求"经理榷关税者，务期奉公守法，遴委得人，知商旅之艰辛，绝箕纹之弊窦。通商即所以理财，足民即所以利国"。

二是加强对市场的管理，永除牙商苛索之弊，减轻商民的负担，以便通商。牙商的出现是商业发展的结果，也推动了商业的发展。但是雍正朝，各地牙行滥设，奸牙又乘机勒索商民，结果不仅不利于商业的发展，反而妨碍了商业的发展。为此，雍正帝曾谕内阁，要求对各地所设牙行要严加管理："各省商牙杂税，额设牙帖，俱由藩司衙门颁发，不许州县滥给，所以防增添之弊，不使贻累于商民也。近闻各省牙帖，岁有增添，即如各集场中，有杂货小贩，向来无藉牙行者，今概行给帖。而市井奸牙、遂恃此把持，抽分利息，是集场多一牙户，商民即多一苦累，甚非平价通商之本意。著直省督抚，饬令各该藩司，因地制宜，著为定额，报部存案，不许有司任意增添。嗣后止将额内退帖顶补之处，查明换给。再有新开集场，应设牙行者，酌定名数给发，亦报部存案。庶贸易小民，可永除牙行苛索之弊矣。"

三是清廷自身也经营"生息银两"。雍正元年（1723年），雍正皇帝就从内库中拨出90万两，占库存银800万两的11．25%作为"生息银两"基金："发内库银九十万两生息。所得利银赏给八旗并内府三旗官员兵丁，以济婚丧之用"。同时规定："此项银按一分生息"。那么如何使这批银两生息呢，办法有三：首先是以此银两购买土地，召佃收租；其次是将此银两贷给商人经商，提取利息；再次是用此银两开设当铺或其他店铺，直接获取利润。我们且不谈第一种办法，第二三两种办法都是直接和经商有关的。第二种办法，即将银两贷给商人经商以获利息，清廷规定收息一分，但实际上这只是收息的最低标准，许多地方都是"每两出息一分二厘"，"以分半利银起息"或"每两每月二分行息，按月缴收"。这种办法即使清廷获得利息以补八旗官员兵丁生计，又使商业资金增多，有利于资金流通与商业发展。第三种办法，即清廷用此银两直接开设当铺或其他店铺，其中尤以经营当铺为多。这些当铺或店铺一般称之为"官当"或"官店"。比如镶红旗就"将赏赐之二万两银子投于布、米、衣、钱、典当等铺"。清廷直接经营当铺或其他店铺，恐怕对这个时期封建官吏中许多人都经营当铺或店铺不无影响。连清廷自身以及其官僚们都在直接经营商业，我们怎么能还说他是在"抑商"呢。

四是雍正时期废除了康熙末年的禁令，主张开海南洋，民得往贸易，既利商便民，又增加了国家的关税收入。这个时期，清政府又与俄国签订了《中俄恰克图条约》，开展边境贸易，并允许俄国商队到北京进行交易。中国和其他西方国家的贸易也有所发展。雍正朝，清政府又与越南、缅甸、菲律宾等东南亚诸国开展了边境贸易、朝贡贸易或民间贸易。

（二）摊丁入亩

摊丁入地，又叫摊丁入亩、地丁合一、丁随地起。它是把封建社会的丁税银，摊入田亩（或田赋）统一征收。这是清政府在赋役制度上的一项重大改革。这项制度改革全面推行于雍正朝，其原因主要是：首先，它是中国封建社会赋役改革趋势发展的必然结果，是自明末以来各地试行赋役改革的经验总结。中国封建社会的赋役制度不断在演变，其演变趋势是两个：一是从人（丁）、地分征、逐渐将人（丁）税移入地亩，向一切正税都从地亩所出发展；二是由实物赋税逐渐向货币赋税发展。而这两种趋势最后都完成于摊丁入地。从唐宋的两税法到明代的一条鞭法，应该说是向摊丁入地迈了一大步，它在一定程度上减轻了劳动人民的负担，缓和了阶级矛盾，促进了社会经济的发展。但是一条鞭法的实行并没有从根本上解决赋役不均的矛盾。正如山西布政使高成龄所说："地亩生息有常，户口贫富不等。富者田连千亩，竟少丁差，贫民无地立锥，反多徭役"。因此造成赋役负担苦乐不均之弊。劳动人民不断以逃亡、起义进行反抗。这不仅影响了社会生产的发展，也影响了赋役的征收，影响了封建秩序的安定。为此自明末以来，不少地方对现行的赋役制度都试行改革。明天启元年（1621年）给事中甄淑建议："小民所最苦者，无田之粮，无米之丁。田卖富室，产去粮存，而犹输丁赋。宜取额丁、额米，两衡而定其数，米若干即带丁若干。买田者，收米便收丁，则县册不失丁额，贫丁不至赔累。"陕西城固县于崇祯八年（1635年）实行丁随粮行。秦中鄠县并丁于粮也起于明季。清初，除了在赋役征收措施进行某些改进外，有些地方对赋役制度本身也进行了一些改革尝试，对摊丁入地的实行提供了经验。清初，由于连年战乱，各地人丁锐减。清政府为了保证徭役的供应，就"以亡丁之差加之孑遗之民"。贫丁无力承担繁重的丁银，只好逃亡，因而应役人丁更少，再将逃丁的丁银加在尚在的人丁身上，矛盾就更加尖锐。为了解决这一矛盾，既保证清政府对徭役的征用，又不过重地加重贫丁的负担，有些地区，例如福建的龙溪、漳浦、海澄、诏安等县和江西的沁州，他们把缺额丁银不是加在现有人丁身上，而是均摊于田土之上，即所谓"将缺额徭银加派地亩"，将失额丁银"于正粮匀征"，甚至有的地方，干脆把全部丁银都摊在地亩上。不仅福建有些地方这样做了，陕西南郑、褒城也于顺治十三年（1656 年）实行"丁随粮行"。山东济宁直隶州也实行"以田载丁"的办法："必家有地亩，始编其丁，使丁系于地，地出丁银，无逃亡代赔之累，亦免小民偏累之苦"，这样，"有地有丁，无地无丁，地多丁多，地少丁少，尽一均平"。避免了"派分里甲之弊"，"开报不实之弊"，"别籍影射之弊"和"滥冒优免之弊"。这些办法的试行，都为后来实行摊丁入地提供了经验。

其次，康熙末年实行的滋生人丁永不加赋，为摊丁人地的实行创造了前提条件。康熙年间，随着社会生产的恢复和发展，社会稳定，人口和土地的开垦都有了较快的增长。但是人口的增长速度远远超过土地的增长速度。例如，康熙二十四年（1685 年）全国人丁为 20341738 人，全国垦田面积为 6078430 顷。康熙五十年（1717 年），全国人丁为 24621324 人，全国垦田面积为 6093340 顷。人丁增加了 21. 04%，垦田面积增加了 0. 24%。由于人口的增长速度超过垦田面积的增长速度，因而人均土地越来越少，由人丁平均 30 亩，下降为人丁平均 25 亩。无地的贫丁也随之越来越多，逃亡的现象不断发生，社会不稳定的因素也随之而增长。为了稳定人丁不再逃亡，稳定和保证赋役收入，稳定社会秩序，巩固封建统治，康熙五十一年（1712 年），清政府颁布了"滋生人丁永不加赋"的诏令。康熙帝在谕旨中指出：

今海宇承平已久，户口日繁，若按见在人丁加征钱粮，实有不可。人丁虽增，地亩并未加广，应令直省督抚，将见今钱粮州内有名丁数，勿增勿减，永为定额。其自后所生人丁，不必征收钱粮。

这项著名的诏令于康熙五十二年（1713 年）在全国实行。均以五十年人丁数字征役，此后新增人丁不再承担丁役。虽然这一方法在推行过程中，出现不少弊端和新的矛盾，但是它在一定程度上促进了人口的增长，并为后来全面推行摊丁入地，创造了条件，即"今滋生人口概不加赋，则丁口亦有一定，可以派归田粮，永为成制"。但是，滋生人丁永不加赋，并不能解决赋役不均的矛盾，因为无地贫丁的增多，并非只是由于人口增长速度快于土地开垦速度造成的。激烈的土地兼并是无地贫丁增多的主要原因，即所谓"田连阡陌而载丁甚少"，"家无尺土而丁额倍多"。广大无地的贫农，无力承担丁银，被迫逃亡。不少地区人丁"逃亡过半"，甚至"逃亡者十之九"。这样，在人口不断增长的康雍之际，遇到了和人口锐减的顺治年间一个同样的问题，即承担丁役的人口减少。这就迫使封建统治者们不能不再次考虑赋役制度改革问题。

再次，康雍之际关于赋役制度改革的争论，促使雍正决心推行摊丁入地法。部分官员坚决主张摊丁入地，如慕天颜在康熙十三年（1674 年）就提出“以一邑田地，均摊各里，每里每甲，田数齐平，粮则相等，差役划一，不许此盈彼缩，田多役少。五年一举，推收户田，汇总办课”的“均田均役”法。于成龙在康熙二十年（1681 年）提出实行“富户正供之外，所增无几，而贫者永得息肩”的“均田均丁”法。董之燧在康熙五十三年（1714 年）建议：“确查各县地亩若干，统计地丁，人丁之银数若干，按亩均派”。他们的意见得到部分官僚的支持，认为是解决当时矛盾的最好办法，即所谓“诚救时之急务”。但同时也遭到一些官吏的反对。董之燧的建议呈上之后，就遭到户部的否决：“部议不便更张而止。”在反对者中则以李光坡、邱家穗为代表。李光坡认为：“富者虽田连阡陌，不过一身；贫者虽粮无升合，亦有一身。普天之下莫非王土，食毛输税，赋既无容偏枯；率土之滨，莫非王臣，均履后土以戴皇天，富者则责急公，贫者必尽蠲其手足之烈，除其公旬之义，则役非偏枯乎?”邱家穗说得更加明白：“夫人无贫富，莫不有身丁可役。而一邑之中，有田者什一，无田者什九，乃欲专责富户之粮，包赔贫户之丁，将令游惰复何所惩?”康熙皇帝权衡这两种意见，他是支持对赋役制度进行改革的，但他并不贸然在全国推行，而是首先让广东、四川两省试行。“故自康熙末年，四川、广东等省先已行之。田载丁而输纳，丁随田而卖买，公私称便。”除四川、广东两省外，康熙末年实行摊丁入地的还有浙江常山县和河南太康等十一个州县。雍正继位之后，陆续又有些州县提出要求在本地区实行摊丁入地。雍正元年（1723 年）六月，山东巡抚黄炳奏请“将东省丁银，援照浙省之例，推入地亩输纳”，雍正帝认为“摊丁之议，关系甚重”，不可轻率决定，而没有接受他的请求。同年七月直隶巡抚李维钧又奏请“直隶丁银，请摊入田粮。”由于抚臣接二连三地请求摊丁入地，就使雍正帝不能简单予以否定了事。他批道：“此事尚可少缓，更张成例，似宜丰年暇豫，民安物阜之时，以便熟筹利弊，期尽善尽美之效。”但是李维钧既然提出来了，雍正就决定把它交给户部讨论，“候部议到时，朕再酌定”。户部经过讨论，于九月提出：“直隶巡抚李维钧，请将丁银摊入田粮之内，应如所请，于雍正二年为始，将丁银均摊地粮之内，造册征收。”雍正帝为了慎重起见，他又令九卿詹事科道再共同审议李维钧的请求和户部的议复。同月，九卿议复：“直隶巡抚李维钧，请将丁银摊入地粮征收。应令该抚确查各州县田土，因地制宜，作何摊入田亩之处，分别定例。庶使无地穷民，免纳丁银之苦；有地穷民无加纳丁银之累。”对九卿的议复，雍正帝很不满意，他本来是想听听不同意见以便做他决定时参考。他认为九卿的议复是“迎合上意”为此他严肃地批评了九卿，并批准：“仍照户部议行”，即自雍正二年起，在直隶实行摊丁入地。从雍正处理黄炳、李维钧奏折的过程不难看出雍正帝决定推行摊丁入地是经过慎重考虑的。

自雍正批准在直隶实行摊丁入地之后，各地接踵而行。同年福建省、山东省（《会典事例》记山东省实行于三年）实行。雍正四年（1726年）实行摊丁入地的省份有云南省、河南省、陕西省、浙江省、甘肃省。雍正五年（1727年）实行摊丁入地的省份有江苏省、安徽省、江西省。雍正六年（1728年）实行摊丁入地的省份有湖南省、广西壮族自治区。雍正七年（1729年）实行摊丁入地的是湖北省。至此，绝大部分省份均先后在雍正年间实行了摊丁入地。山西省和贵州省稍迟，是在乾隆年间开始实行的。盛京、吉林等地，最初因"户籍无定"而未实行，直到鸦片战后，道光二十一年（1841年）盛京实行，光绪二十九年（1883年）吉林省才开始实行。摊丁入地法在全国推行，如果从康熙末年广东、四川实行算起的话，经历了170年，就是从雍正二年（1724年）算起，也经历了160年，可见这一赋役制度改革推行时所遇到的阻力更大。

摊丁入地的征收办法，多数地区均以府县为单位，把固定下来的康熙五十年（1711年）的丁银总数，按亩分摊田赋中去。即"以各邑丁粮均派入各邑地粮之内，无论绅衿富户，不分等则，一例输将"。具体办法基本有两种：一种是将丁银摊入田赋计算，多数省以每两田赋应摊入丁银多少计算，如广东、四川、直隶、福建、山东、云南、河南、陕西、浙江、甘肃、江西、广西、湖北、山西诸省，而只有湖南省是以每石田赋粮应摊入多少丁银计算。另一种办法就是将丁银摊入田亩，按亩计算。采用这种办法的只有江苏和安徽两省。

清代的丁徭分三等九则，最轻者每丁科1分5厘，重至1两有余，山西有的地方每丁竟科银4两多，巩昌地区科银甚至达8-9两。由于各省丁银数额不等，因此摊入地亩的丁银也不相同。广东每田赋1两，摊入丁银1钱6厘4毫，直隶为2钱7厘，山东为1钱1分5厘，陕西为1钱5分3厘，江西为1钱5厘6毫，湖北为1钱2分9厘6毫，山西为2钱8分1毫，此外，浙江为1钱4厘5毫不等，广西为1钱3分6厘不等，福建为5分2厘7毫到3钱1分2厘不等，河南为1分1厘7毫至2钱7厘，甘肃、河东1钱5分9厘2毫，河西1分6毫；湖南是粮每石征丁银1毫至8钱6分1厘不等；江苏、安徽每亩摊入丁银1厘1毫至6分2厘9毫不等。我们知道：康熙五十年（1711年）人丁2462万，丁银335万余两，雍正二年全国有田土68347914顷。如果把这335万两丁银，摊入68347914顷土地中，那么每亩土地只摊入丁银4毫9。然而实际情况要远远超过这个数字。我们以比较统一的前七省计算，平均每两田赋银，摊入丁银1

钱5分6厘7毫。雍正二年，田赋1两为21. 98亩土地所纳。改用土地计算，则每亩土地摊人丁银7厘1毫，等于4毫9的14. 5倍。

摊丁入地，是我国封建社会赋役制度的重大改革，对清代社会发展产生了不可忽视的影响。首先，摊丁入地的实行，结束了清初赋役制度的混乱局面，“至此始归划一”，保证了清政府的钱粮收入，这是清政府实行摊丁入地的主要目的。正如肖奭在《永宪录》中所说：“自摊丁之法立，穷民免累，国赋无亏”。以田赋征收数额为例，康熙二十四年（1685年）共收田赋银24449724两，粮4731400石。嘉庆十七年（1812年）共收田赋银32845474两，收粮4356382石。按每石粮均折银1两计算，则嘉庆十七年所收田赋数额，较之康熙二十四年所收田赋数额增加了24. 49%。

其次，摊丁入地的实行，在一定程度上减轻了劳动人民的负担。因为，这一制度的实行，那些无地的贫丁，不再缴纳丁银，而地少丁多的贫困农户也相应减轻了负担。以直隶获鹿县摊丁入地前后各农户每丁负担的变化为例：

丁别每丁负担丁银两100亩以上60-100亩30-60亩10-30亩10亩以下

摊丁前

0. 22440. 31000. 21630. 13370. 1014

摊丁后

1. 85740. 41230. 22420. 10080. 0280

负担变化%+727. 7%+33%+3. 7%-24. 6%-72. 4%从上表可以看出30亩以下的自耕农，每丁负担银两在摊丁入地后均有减少，而30亩以上的田户每丁负担的丁银均有增加。因此有人说：摊丁入地“独利于贫民，而不利于富室”。

再次，摊丁入地之后，劳动人民和封建国家之间的人身依附关系有一定的松弛。由于把丁银摊入地亩，使丁税和地税合一，“民纳地丁之外，别无徭役矣”。对那些无地的农民和手工业者而言，实际上是取消了人头税，“民间不复知有丁赋一事”。长期束缚劳动人民的封建国家的户丁编审也开始松动了。乾隆三十七年（1772年），清政府下令永行停止编审之例。劳动人民不再因为有徭役的束缚而被固定在某地，即所谓“民轻去他乡，五方杂处，逋逃如数”，这就为劳动力市场的发展创造了条件。

此外，摊丁入地的实行，也促进了我国人口的迅速发展。康熙五十年（1711年）全国人丁24621324人，雍正元年（1723年）全国人丁数为25326307人，雍正十二年（1734年）全国人丁数为26417932人，按石奇、方卓芬同志的意见：“估计清前期的丁口记录占人口总数20%”。那么康熙五十年全国人口为123106620人，雍正元年为

126631530人，雍正十二年全国人口为132089660人。乾隆二十七年（1762年）全国人口为200472461人，嘉庆八年（1803年）全国人口为302250673人，道光十四年（1834年）全国人口已突破四亿，达401008574人。

在推行摊丁入地的过程中充满了矛盾和斗争，不仅统治阶层内部对此项改革持有不同态度，特别是它遭到了各地地主士绅的阻挠，但却获得了广大人民的支持。这项制度在全国各地推行前后经历了170年之久就说明了这个问题。在实行摊丁入地的地方，地主士绅千方百计地把均摊在他们地亩上的丁银，转嫁到农民身上。浙江有的地主强迫佃户交租时，"每亩米加二升，银加二分，以助产主完丁之费"。农民为了减轻负担，要求、支持摊丁入地的实行，并对那些破坏、阻挠赋役改革的地主和官僚们进行了坚决的斗争。雍正三年（1725年），浙江杭州"有丁无田"的农民，他们反对"阻拦摊丁"的地主士绅，也反对姑息养奸的巡抚法海，他们"聚众乡民，围辕吵闹"，"聚众进城，闹至县堂"，一直到法海被撤职。类似事件各地均有发生。

（三）耗羡归公

提耗羡，即耗羡归公，是清代赋役制度的又一改革。而设置养廉银则是清政府的一项独特的财政制度。这两项制度，即提耗羡与设养廉又是密不可分的，因此合并而论之。

提耗羡与设养廉均始行于雍正年间。其原因是在雍正继位时，不仅面临着开支不断增大，而逋欠增多，国库存银严重减少的财政困难，同时康熙年间形成的两大社会弊端已极为严重，威胁着其封建统治，已到了非解决不可的程度。这两大社会弊端一是各地私自加派严重。火耗（包括雀耗、鼠耗、脚耗）是自明代以来所设置的田赋附加税。清初虽曾一度废止，但不久又恢复，而且数额不断增加。康熙年间，"粮米征收，每石加耗一斗，乃普天通例"。而陕西各地的火耗，"每两有加二三钱者，有加四五钱者"，即每两田赋，加收二三钱或四五钱。"山东火耗，每两加八钱，民不聊生。河南亦然"。时人钱陈群写道：各地征收火耗银"任意加增，视为成例"，火耗银"重者每两至四五钱，等于半倍田赋"，甚至"数倍于正额者有之"。还有一种加派名曰羡余，即地方以奉献给皇上为名在正赋之外的一种加派。名义上是奉献给皇上，但是各地均私自截留，正如文献所载："州府及巡院皆得擅留"。除此之外，各种加派杂收名目繁多，赵申乔就曾写道："惟横征私派之弊，其祸尤烈！如收解钱粮，私加羡余火耗；解费杂徭，每浮额数，以致公私一切费用皆取给予里民。若日用之米蔬供应，新任之器具案衣，衙署之兴修盖造，宴会之席面酒肴，上司之铺设供奉，使客之小饭下程，提事之打发差钱，戚友之抽丰供给，节序之贺庆礼仪，衙役之帮贴工食，簿书之纸札心红，水陆之人夫答应，官马之喂养走差，与夫保甲牌籍、刊刷由单、报查灾荒、编审丈量等项，皆有使费陋规，难以更仆枚举。总之，无事不私派民间，无项不苛敛里甲。而且用一派十，用十派千，以饱赃官婪蠹之贪腹。嗟嗟小民，膏血有几，而能满此漏卮巨壑哉”这种繁多的加派，造成“正供之外，辄加至三倍、四倍、五六倍以至十倍不止。”正如艾元徵上疏时指出：“今日最为民害者，莫甚于私派。”这个时期另一大社会弊端就是吏治败坏，贪污纳贿之风日益严重。自康熙中期被揭发出来的大小官吏贪污纳贿案件层出不穷。据薛瑞录先生统计，自康熙四十九年（1710 年）至康熙五十八年（1719 年）这十年间，仅《清实录》记载的清政府查处的重大贪污纳贿案就有 30 件之多，平均每年 3 件。康熙四十九年（1710 年）一月查处的江苏布政使宜思恭贪污、亏缺钱粮 46 万余两。同年六月查处的户部堂官希福纳贪污 20 多万两。康熙五十一年（1712 年）四月查处的两江总督噶礼“贪婪一时，家财巨万”，一次贪污火耗银就达 40 余万两。康熙五十四年八月查处的太原知府赵凤诏贪污、勒索银两达 30 余万两。对吏治的败坏，贪污纳贿成风问题，雍正帝在认识上是深刻的，即位后不久就指出：

朕观古之纯臣，载在史册者，兴利除弊，以实心行实政，实至而名亦归之。故曰：名者，实之华也。今之居官者，钓誉以为名，肥家以为实，而云名实兼收。不知所谓名实者，果何谓也？……更有仕宦之初，颇著廉名。及身跻大位，则顿易其操者，古人谓之巧宦，其心事岂可问乎？

而这个时期的贪污纳贿案又有这样三个特点：一是上下勾结，集团犯法。如前述的希福纳案就是希福纳等百余人贪污草豆银 44 万两。二是侵占钱粮、工饷，侵冒军饷，侵蚀库银。如康熙四十九年（1710 年）四月查处的湖广提督俞益谟等就是侵冒兵饷。康熙五十三年（1714 年）查处的都统朱麻喇等就是冒领库银。三是额外加派，勒索礼银。如康熙五十一年（1712 年）十一月查处的两江总督阿山、江苏巡抚宋荦就是勒索节礼银。而这两大弊端又互为因果，互相影响，密不可分，不仅使清政府的财政日益困难，也使清朝的吏治日趋腐败，并且还激起人民的反抗斗争，影响了封建统治的安定。例如康熙三十七年（1698 年），由于山西巡抚温保、布政使甘度“横征科派”，激起蒲州民变。康熙四十六年（1707 年），浙江“下属州县，拟每亩加三”，致

使杭州百姓数千人“直到巡抚辕门吵闹”。康熙五十六年（1717 年）河南宜阳知县张育徽“加征火耗虐民”，李一临据神垕寨，并劫永宁县知县高式青为人质；阌乡王更一亦藉知县白澄预征钱粮“啸聚围县城”。面对影响其统治的两大社会弊端，雍正皇帝就不能不采取措施解决。在这些措施中除实行摊丁入地，清查亏空和严厉打击贪污纳贿外，则主要是提耗羡与设养廉两项措施，而其中关键又是提耗羡即耗羡归公。

关于提耗羡与设养廉，目前学术界还有一些问题没有取得一致意见。比如什么是耗羡理解就不同，有的学者认为耗羡即火耗；有的学者认为耗羡是征收加耗抵补实际损失后的剩余；还有的学者认为耗羡是火耗与羡余的合称。应该说第三种理解是比较合适的，但实际上耗羡不仅包括了火耗与羡余，也包括了其他一切加派私征。关于耗羡归公，早在康熙年间就有人提出。康熙六十一年（1722 年），川陕总督年羹尧和陕西巡抚噶什图就建议：“量留秦省火耗充本官用度外，其余具捐补合省亏空”。但是康熙害怕担加派之名的风险未予同意。他说：“火耗一项，特以州县官用度不敷，故于正项外，量加些微，原是私事”“朕若批发，竟视为奏准之事，加派之名，朕岂受乎。”雍正即位后，湖广总督杨宗仁奏请：“自雍正元年起，俸工如额编支，从前有公事令州县分捐，实皆转派于民。令州县于加一耗羡内，节省二分，交藩充用。此外丝毫不得派捐。”雍正帝对杨宗仁的建议深表同意，立即批示：“所言皆是，勉之。”雍正二年（1724 年）正月，河南巡抚石文焯奏请“将巡抚衙门缴存节礼及节省规例银两，解充西宁军饷”。雍正帝对此建议批示：“助饷之说，断然不可，止宜留充本省公用。如补苴亏项，修理城垣、道路、桥梁、陡岸及兵马器械犒赏之需，以公完公，方为允协。”同年，山西巡抚诺岷疏请“将通省一岁所得耗银，提存司库，以二十万两留补无著亏空，余分给各官养廉”。这样，耗羡归公与设置养廉银两项措施，就由诺岷正式向清廷提出。雍正将诺岷的建议交内阁讨论，而内阁却不同意诺岷的建议，“交出请禁提解火耗之条奏”。为此，山西布政使高成龄在六月八日疏奏：“直省钱粮正供之外，向有耗羡。虽多寡不同. 皆系州县入己。但百姓既以奉公，即属朝廷之财赋。臣愚以为州县耗羡银两，自当提解司库，以凭大吏酌量分给，均得养廉。且通省遇有不得已之费，即可支应，而不分派州县，借端科索。至以羡余赔补亏空，今抚臣诺岷将每年存贮耗羡银二十万两留补无著亏空之处，先经奏明。”他坚决支持诺岷的建议，并“请皇上敕下直省督抚，俱如山西抚臣诺岷所奏。将通省一年所得耗银约计数目，先行奏明。岁终将给发养廉支应公费、留补亏空若干之处，一一具摺陈奏。则不肖上司，不得借名提解，自便其私，如条奏所虑矣。”雍正帝对高成龄的意见很重视，因为他也想把诺岷的建议推广到各省，为此，他批道：“此事著总理事务王大臣九卿詹事科道，平心静气，秉公持正会议，少有一毫挟私尚气，阻挠不公者，国法俱在，断不宽宥，各出己见，明白速议具奏。如不能划一，不妨两议、三议皆可。”从这一批示不难看出雍正帝对此问题的倾向和他所持态度之慎重。诸大臣虽然多不同意诺岷和高成龄的意见。但已知雍正皇帝的倾向，因而不敢公开反对，唯独吏部右侍郎沈近思公开反对提解耗羡：“今日正项之外，更添正项，他日必于耗羡之外，更添耗羡。他人或不知，臣起家县令，故知其必不可行。”七月，总理事务王大臣九卿科道经过讨论，对高成龄提解耗羡虽不敢公开反对，但却提出了修正意见，归纳起来不外是：一、请定各地火耗分数；二、提解火耗时将各州县应得之项扣存；三、不同意在全国推行，建议只在山西一省试行。雍正帝对他们的议复十分不满，指出他们的意见是“见识浅小，与朕意未合”并指出：“州县火耗，原非应有之项，因通省公费及各官养廉，有不得不取给于此者。朕非不愿天下州县丝毫不取于民，而其势有所不能。且历来火耗，皆州县经收，而加派横征，侵蚀国帑，亏空之数，不下数百余万。原其所由，州县征收火耗，分送上司，各上司日用之资，皆取给予州县。以致耗羡之外，种种馈送，名色繁多。故州县有所藉口而肆其贪婪，上司有所瞻徇而曲为容隐。此从来之积弊，所当剔除者也。与其州县存火耗以养上司，何如上司拨火耗以养州县乎”。他又一一驳斥了他们的修正案：“一省之内，州县有大小，钱粮有多寡”“若酌定分数，则将来竟为成额，必致有增无减，此火耗分数之不可以酌定者也”。“若将州县应得之数，扣存于下，势必额外加增，私行巧取，浮于应得之数，累及小民”。至于先在山西一省试行，“此言尤非也。天下事，唯有可行与不可行两端耳。如以为可行，则可通行于天下。如以为不可行，则亦不当试行于山西。”尽管如此，雍正帝也并未做硬性规定，而是采取“各省能行者，听其举行；不行者，亦不必勉强”的政策。

尽管雍正帝做出各省听其自行的决定，但是由于他的态度十分明朗，因此其他各省也都先后实行。根据《朱批谕旨》的记载，各省实行耗羡归公的时间为：雍正元年（1723 年）实行的省份有山西、直隶、河南、山东、湖南、湖北，雍正二年（1724 年）实行的省份有浙江，雍正三年（1725 年）实行的省份有甘肃、贵州、四川，雍正四年（1726 年）实行的省份有陕西、广东，雍正五年（1727 年）实行的省份有云南、江西，雍正六年（1728 年）实行的省份有江苏、广西，雍正七年（1729 年）实行的省份有安徽、福建、奉天。各省归公的耗羡占本省钱粮正额多在 10%左右，少者如浙江、广西仅占 2%，多者如四川占 30%。各省归公的耗羡总额为 3496625 两，约占雍正二年钱粮

总额（银 26362541 两，粮 4731400 石，每石按银 1 两计，合为 31093941 两）的 11.25%。耗羡归公，把加派从暗取改为明收，把私派滥加改为定额，从无章法改为制度化，应该承认这是雍正朝财政管理的重大改革。

耗羡归公之后，其用项正如高成龄所言主要有三：一是用作各级官吏的养廉银；二是支应地方遇有不得已之费；三是赔补地方亏空。因此养廉银的设置和耗羡归公是密不可分的。所谓养廉银，即在各省已归公的耗羡中拨出一部分用于官员的私人生活和衙门公务开支的银两。因此，其财源是归公了的耗羡。其设置目的也不言而喻，既名之为养廉，当然是针对贪渎而言。雍正帝就曾说过："恐各官无以养廉，以致苛索于百姓，故于耗羡中酌定数目，以为日用之资。"关于养廉银的设置时间，目前学术界有雍正元年说、二年说和五年说三种。在我们论述耗羡归公的过程中，已不难看出：它始于雍正元年，但是经过清廷批准形成一种制度却开始于雍正二年。

有的国外学者认为养廉银的设置主要是为了解决吏治的腐败，而"中国当时官吏的腐败，地方政治的废弛，实肇因于其待遇的菲薄"。应当承认：清代官员的俸银在中国封建社会历代中是比较低的，和明朝相比也是比较低的。清制规定：文武百官，一品银 180 两，二品 155 两，以下递减，九品为 33. 1 两。俸银之外，还有俸米。每银一两给米一斛。在外文官只给俸银，不给俸米，武官低于文官。约为唐代官俸的 1/5～1/3，约为明代官俸的 1/4～1/2。即便如此，一品官的官俸也相当于拥有 300 亩土地地租的收入。九品小官的官俸也相当于拥有 50 亩土地地租的收入。因此，能否称之为"低俸制"尚可研究。不管是官俸比较低也好，"低俸制"也好，但它绝不是当时吏治腐败的根本原因。封建社会各级官吏贪污、纳贿、敲诈、勒索是私有制的产物，是地主阶级贪婪本性所决定的。不过应该指出的是清政府所规定的各级官员的办公费用每月 1–4 两不等，确实比较低，它倒真的为各级官吏明目张胆的加派、勒索提供了借口。

关于养廉银的分配，最初是按比例提取。比如湖南，每田赋一两加耗一钱，其中三分解司公用，其余一分五给藩司，六厘给臬司，四厘给巡道，一分给知府，三厘给同知，三分二厘给州县。后来逐渐造册报部核准，形成定额。各级官员的养廉银的数量不同，这主要是由封建的等级制度所决定的。雍正年间，总督的养廉银一般为 20000 两左右，知府 4000 两左右，知县 1000 两左右。但是不同地区的同级官员，其养廉银的数量也不同，这主要是由于各地耗羡的多少、地方冲僻而定。根据雍正《朱批谕旨》的记载，总督的养廉银直隶为 20000 两，云南为 22000 两。巡抚的养廉银，河南为 28900 两，山东为 20000 两，湖南为 12000 两，贵州为 8500 两。知府的养廉银河南为

3000-4000 两，直隶为 2000 两，山东为 6000 两，湖南为 1700-2500 两，贵州为 800-1300 两。知县的养廉银，河南为 600-2000 两，直隶为 800-1200 两，山东为 1000 两，湖南为 600-1000 两，贵州为 400-700 两。不难看出养廉银的数量最低也要高出其原俸的几倍、十几倍，有的甚至是其原俸的几十倍、上百倍。以山西巡抚诺岷的养廉银为例，他的养廉银高达 31700 两，是其原俸的 204. 5 倍。根据文献记载："各省文职养廉二百八十余万两"，占归公耗羡总额 3496625 两的 80. 08%。不难看出：归公的耗羡基本上用作养廉银。

提耗羡，设养廉，对当时社会的影响是明显的：第一，削弱了地方势力，有利于中央集权的加强。耗羡归公，是封建国家与地方官吏之间争夺耗羡等加派经济收入的一场统治阶级内部斗争。这场斗争的结果，使耗羡归公，提至省掌理，朝廷以年终造册进行监督，乾隆初干脆掌理于户部，从而加强了对耗羡的财政管理。而对耗羡的使用权实际上控制在清廷手里，以中央的名义分发耗羡或作地方各级官员的养廉银，或作地方的办公用费，或赔补亏空。这不仅削弱了地方的财权，加强了中央的财权，而且从经济上加强了中央对地方的控制，对各级官吏的控制。如果说，耗羡归公意味着中央和地方在一场经济争斗中中央获胜的话；那么养廉银的设置则是封建国家和各级官吏在这场经济争斗中，矛盾协调的产物，使用权既收归国家，又适当地照顾了官僚们的经济利益。第二，耗羡归公，使康熙末年出现的财政亏空渐有弥补，在保证国家财政收入方面起了积极作用。某些省份耗羡归公之后，除掉官吏的养廉银和办公用费之外，尚有结余，他们就用此赔补"无著亏空"。诺岷任山西巡抚时，就用结余的耗羡赔补无著亏空 200000 两。直隶用耗羡银赔补无著亏空 60000 两，河南用耗羡银赔补亏空 150000—160000 两，山东用耗羡银赔补无著亏空 200000 两。加上雍正的严厉追查，不久就使各地的财政亏空问题基本解决，国库存银逐渐增多，由康熙末年的 800 万两增加到 6000 多万两。对此雍正皇帝曾满怀喜悦地说："数年之中，库帑渐见充裕。"由于国库充裕，清政府就有力量从国库拨款兴修较大工程。他说："君民原属一体，民间之生计，即国计也。倘遇国用不敷之时，势不得不资藉于民力。今国用充足，朕为地方筹划万年之利，不惜多费帑金，兴修钜工，养育万姓。"魏源在谈及康雍乾三朝的财政时曾说："康熙六十载之休养，何以部帑止存八百余万两"，他认为在诸多的原因当中，"耗羡未归公一也"。而乾隆朝财政丰盈，乾隆五十一年（1786 年）虽经南巡、用兵、蠲免，户部仍库存 7000 万两，"皆雍正十余载清厘清饬之功"。第三，在一定程度上减轻了人民的负担。首先表现耗羡归公前，各地加派滥收，而耗羡归公后，耗羡固定，一般为正额的10%左右，如前所述，平均起来约占11.25%，和耗羡归公前各地所收耗羡比较，耗羡的数量明显地减少，这在一定程度上也减轻了人民的负担。如山东的耗羡“从前所收加二五加三不等”，甚至“每两加八钱，民不聊生”，耗羡归公后，“每正银一两，加耗一钱八分”。陕西省，耗羡归公前，每两正项“有加二三钱者，有加四五钱者”，耗羡归公后，“定为一钱五分，暂征二钱”。山西省，耗羡归公前，“每正项一两竟加三四钱”，耗羡归公后，“止以加二为率”，“较之昔日减大半”。对此，孙嘉淦也称：耗羡归公以来，“征收有定，官吏不敢多取，计其已定之数，较之未定以前之数，尚不及其少半”。其次，有些省份耗羡归公之后，除各项用途外，尚有结余。对这些省份，雍正决定免征该年部分正项，以结余的耗羡顶补。无疑这也减轻了这些省份农民的负担。比如雍正十一年（1733年）六月对河南巡抚孙国玺的奏折批示：“今豫省存贮耗羡，即有七十万之多，而该省官员等所得养廉，又已敷用，正当加惠闾阎，俾令邀恩格外。著将河南本年地丁钱粮蠲免四十万两，即以存贮之耗羡，照数拨补还项。”是年八月，雍正帝对山东巡抚岳浚的奏折批示：“东省历年耗羡银两，现存库银七十五万四千两有零”。“著将雍正十一年地丁钱粮，照豫省之例，蠲免四十万两，即以存贮之耗羡，照数拨补还项”。第四，贪污纳贿之风有所收敛，吏治有一定好转。雍正皇帝就曾说过：“近观各省吏治，虽未必能彻底澄清，而公然贪赃犯法及侵盗钱粮者，亦觉甚少。是众人悛改之象，与朕期望之意相符，亦可遂朕宽宥之初心矣。”雍正朝吏治有一定好转，原因是多方面的，而耗羡归公，设置养廉，加强财政管理，在堵塞漏洞，不给贪贿以可乘之机方面还是起了一定作用的。御史柴潮生对此就说得很明白：“康熙间，法制宽略，州县于地丁外，私征火耗，其陋规匿税，亦未尽厘剔。自耗羡归公，一切弊窦，悉涤而清之，是为大利。”

在我们充分肯定“提耗羡，设养廉”的社会影响时，还应看到这一制度本身还很不完善，它不可能根本杜绝前文所提到的两大社会弊端。它不可能彻底解决加派问题，它只不过是把暗取改为明收，把滥收改为定额，使加派合法化罢了。它也不可能彻底解决贪污纳贿问题，因为贪污纳贿是私有制的产物，是统治阶层贪婪欲望所决定的，它只不过是从制度上限制一下罢了。事实也正是如此。比如雍正六年（1728年）查处的山东蒲台知县朱成元令家人叩阍一案，经查在康熙末年，朱成元任知县的十余年里就年年馈送上司，“自雍正元年以后，仍复馈送如故”。对于这个问题，雍正帝在批示中说：

自朕即位以来，严饬官方，禁止私贿。又恐督抚等官用度不敷，暗中巧取，是以给予养廉之项，俾其公私有赖，仰俯从容，庶永杜苞苴，以为澄清吏治之本。盖上司既受属官之馈遗，又何以禁止属官之贪墨？甚至以馈遗之多寡，分情谊之厚薄，则属员之优劣，何由辩别，吏治尚可问乎？各省督抚养廉之项，皆经奏闻奉旨者，司道等官亦皆于公用内支给，其无公项可支之员，亦应于督抚前陈明，准其收受何项，以为用度。岂有朝廷既给养廉，而仍收受属员随规之理？任凭雍正帝挖空心思，也难以杜绝贪污纳贿了。

用人有术

（一）用人之道

雍正认为“治天下唯唯以用人为本，其余皆枝叶事耳。”他把用人看作是治理天下的根本大事，而把其他方面都看作是枝叶。自古以来，帝王将相们都十分注意理财，认为理财最关乎国计民生，只要仓廪充实，百姓各乐其业，国家自然会太平无事。但雍正对此却有不同的看法。有一次，他对诸王大臣们说：“从古以来帝王治理天下，都说理财、用人两件事最重要，但是朕认为用人的重要性，更在理财上面。如果能够做到用人得当，还担心财政整不好吗？其他政事办不好吗？”雍正在处理江苏巡抚尹继善的奏折上曾批写说：“朕的责任，不过是提拔任用你们这样的几个总督巡抚。”

康熙末年，康熙皇帝认为自己已经功成名就，于是失去了早年积极进取、变革图新的精神，加之晚年身体衰弱，使他倦于政务。康熙晚年，他曾说：“今天下太平无事，以不生事为贵，兴一利，即生一弊。古人云多事不如少事，取此意也。”又说：“治天下务以宽仁为尚。”

不生事，维持现状致使康熙晚年的社会积弊越来越多，也越来越严重。其中最主要的是朋党之争和官吏的贪赃枉法。雍正即位后，力图革新前朝积弊，在政治上开创一个崭新的局面。但积弊太多，太久，该从哪里人手呢？雍正选择了一个最关键也是最根本的方面——用人。雍正在《悦心集·书兰芳亭》中说：“兰之香盖一国，则曰国香。士之才德盖一国，则曰国士。”

雍正之所以把用人提到如此重要的程度，是有其理由的。他曾大喊理财难，这是因为他执政初年，国库存银告匮，不足2000万两，而国家每年支出浩繁，怎样才能增加财政收入，量入为出，曾使他大费苦心，有时还不得不蒙受吝啬小气的恶名。但是，通过三四年的大力整顿，任用能臣清理亏空，理顺官民关系，保证赋税的正常征收，很快扭转了财政困窘的局面。所以，雍正直观地看到，凡事都必须通过人去办理，如果选用得当，诸事皆理，反之，“诸事不举”。同样，在“人治”和“法治”的关系上，他很重视法律制度的建设，注意“以法治国”；然而，更强调“人治”，认为从来有治人，无治法，有治人，即有治法。因为法从人定，得其人，则自能因时因地制宜，应时宣教，必然达到法治的境界。否则，若用非其人，善法也会变成坏法。更何况，法随时随地而变，譬如人有疾病，必然因症投药，若药不对症，好药也会害人。

雍正明确下令：“凡为督抚者，当为国家爱惜人才，而于参劾之间，尤当加意慎重，若误去一干员，其过更在误荐一劣员之上。”雍正要求各省督抚爱惜人才，在对部下进行弹劾时更应当谨慎。若因为查人不明误将一个有用的人才罢了官，那就比误荐一个不肖的官员所造成的危害还要大。所以，雍正在给云贵总督鄂尔泰的御批中写道：

“天下唯以用人一政为本，其余皆枝叶事耳。览汝所论之文武大吏以至于微弁，就朕所知者甚合朕意。但朕不过就日下目力之所见，断不敢保其必也。贤卿之奏，非大公不能如是，非注意留神为国家得人不能如是，非虚明觉照不能如是。朕实嘉之。但所见如是，必明试以功，仍当以临事经验方可信任，便经历几事，亦只可信其以往，仍留意观其将来，万不可信其必不改移也。上智之资，从古难得。朕前批谕田文镜，言用人之难有两句，可信者非人何求，不可信者非人而何求。不明此理不可以言用人也。朕实如此法用人，卿等当法之，则永不被人愚矣。卿等封疆之任古诸虞也。阖省窥伺，投其所好，百般千方厌其不善而著其善，粉饰欺隐何所不致。唯才之一字，不能假借也。凡有才具之员，当惜之教之，朕意虽魑魅魍魉，亦不能逃我范围也，何惧之有？既至教而不听，有真凭实据时，处之以法，乃伊自取也，何碍乎朕意？卿等封疆大臣，只以留神用材为要，庸碌安分洁己沽名之人，驾驭虽然省力，恐误事。但用材情之人要费心力方可，若无能大员，实不如用忠厚老成人，亦不过得中医之法耳，非尽人力，听天之道也。”

因为重才、爱才，雍正会对官员因材、因地、因事、因时，随时加以调整，及时训诫。

雍正接见大小官员时，或小规模地集体会见，或单独引见，他绝少装腔作势，摆万乘之君的架子，而是态度和蔼、言语真诚，有针对性地问寒问暖，询问家世、年龄、籍贯、履历、特长等，先消除引见人的心理恐惧。有时，他也谈自己，暴露个人的心迹，说话很随便。然后，再进入正题，说明为什么用你，甚至经谁保举的也明告于人，告诫人们要效命于皇帝和国家，要存天子的用人脸面，要立心向上，争做名臣，做好官，甚至声称"将相本无种"，以此鼓励人、鞭策人。很多时候，他还探问家庭有没有负担，双亲年龄多大了，如果需要养亲，有时还破例予以照顾。若谈得高兴，还面加奖掖，直接说出对某人的印象看法，不时赏给一些先皇的御用物品，或宫中的御用品，或其他能派上用场的药品、布匹、衣物、书籍等。对臣下大胆提出的要求，雍正往往立即做出决定，大多都满口答应。通过一番交谈，雍正很容易使来人感恩戴德，其例子不胜枚举。应该说，雍正通过面见途径对臣下进行感情投资，既是一种出色的笼络术，又不能单纯视为"骗术"，因为他的言行往往是出于真诚的。

在君臣的秘密通信——奏折中，雍正更是针对不同之人进行训诲、鼓励、关心、指示或批评。其言辞坦率真挚，感人肺腑，文字富有色彩，多是口语化，甚至粗话连篇，虽不雅，却能使具折人感到亲切。可以说，密折及朱批是雍正联络皇帝与身居外地的方面大吏感情的重要纽带。过去，人们很怀疑雍正生前公布刊刻的那8000余件朱批奏折的真实性，认为皇帝不太可能对臣下御批那么多的知心话和关切语，把《朱批谕旨》与原折进行对比，发现所刊刻的朱批谕旨的确被窜改了，但主要是纠正错误、整齐格式、润饰文字等方面的文字性的修改，以及涉及当朝人物评价等问题时因忌讳而修改的。雍正的笼络术不仅细腻，而且诚恳，私人感情的成分多有，但并不是不可示人的。

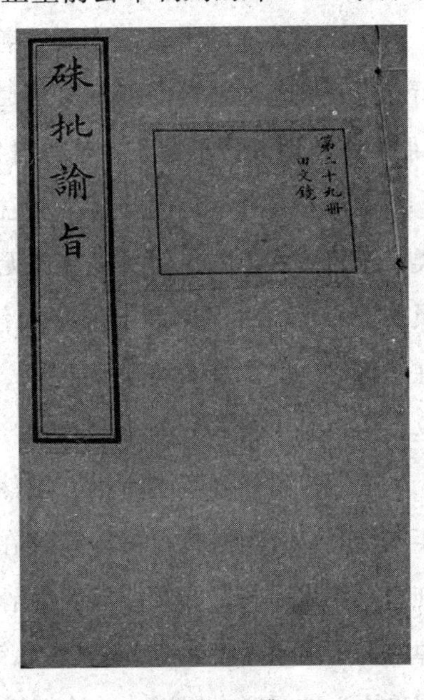

《朱批谕旨》

雍正通过对臣僚无微不至的关怀和频繁的赏赐，大大沟通了君臣间的感情。有的官员生病或身体不好，雍正总是表现出极大的关心，或择医前往疗治，或赐药，或告知良方。年羹尧得宠时虽系壮年，但却心血两亏。雍正得知情况后，特赐"天王补心丹"等名贵药物，并一再嘱其爱惜身体，不要劳心于无用处。田文镜受知于雍正，已是60岁出头的人了，前几年身体还勉强维持，但六七年后，健康一年不如一年，感冒时发，左腮颊肿痛，时而出脓。雍正特命河南按察使陈世倕就近诊治，陈世倕以懂医术著名，他给上司治病自然容不得马虎。李卫身体素质与其魁梧的身躯不相称，曾多次吐血，雍正认为他是急于报效、用心太过所致，多次告诫他应量力而行，戒除烦躁和急脾气，同时特派医生加以诊治，至于用其八字卜算其寿考，虽有些滑稽，却说明皇帝对宠臣是何等的关心！新贵唐执玉自以为才拙，政事不如人，但抱定以勤补拙的古训，虽身患疾病，却理事如常，雍正很欣赏这种精神，对他越格提拔。唐执玉在代理直隶总督时，患病不求医，雍正特命懂医的宗人府府丞冀栋前往诊治，并赐人参，传谕道："爱养精神，量力治事。"实际上，他不但对宠臣这样，而且，对其他人也是很关心其身体健康的。除非有的人装病偷懒，或借病引退，则视情况另眼相待，如蔡珽在四川巡抚任上，以眼疾请求疗养，雍正就直破其奸巧之心——因为蔡珽熟谙医道，自然知道眼病用不着闲居休养。

雍正曾派有个叫留保的满族侍郎去浙江办事。留保虑事很周，临行前又奏折雍正，请示去浙江是不是还要办其他的事，雍正在留保的奏折上批道："闻汝尚无子，可在浙买一、二婢妾回京。"这样的朱批倒是很少见，很亲切，很有人情味，又十分有趣。留保到了浙江后，杭州织造隆升闻知皇帝叫留保在浙买妾，因此就将一个叫奴奴的女子赠送给留保。于是世间传说留保奏旨娶妾，以为不世之荣，可见雍正很善于关心下臣。

雍正对人才的重视还表现在善于纳言。俗语说：良药苦口利于病，忠言逆耳利于行。雍正在位时能接受臣下谏言，知错能改，体现了一个君王的大度。如他自己所言："朕生平不怨天，不尤人，唯有自省自问而已。"

两广总督孔毓珣因与年羹尧往来而引罪。雍正安慰他："朕无识人之明，误宠匪类，正自引咎不暇，何颜复株连无辜。"正因为有他此一句话，与年羹尧有过来往的官员才安心了。封建体制下的官员任免，往往牵一发而动全身，引起朝野动荡，因此，在拿权倾一时的年羹尧开刀之后，面对人心惶惶的官场，雍正当机立断，安抚人心，这一招也是十分有效的。

雍正有时候遇事吃不准，虽然下臣的建议正确，也往往一时得不到支持。雍正四年九月间，甘肃巡抚石文倬建议在该地开炉铸造制钱，以禁绝私钱。无奈雍正并不批准。同年十一月，石文倬再次奏请开炉铸钱，雍正了解情况后就改变了态度，在石文倬的折子上果断批示道："禁止私钱一事，果如所议，钱法既清，而民用也裕，区画甚属妥协。彼时朕虑周详，故谕暂缓，今已准部议矣。"雍正起初犹豫不决，是不了解情况，后来证明自己的犹疑不当，当即就改，也不失为一位明主。而对孙毓殉所言的"何颜复株连无辜"一句话，也足可见雍正是有理性的皇帝，能够并懂得宽仁。

雍正继位时，曾封朱轼为太子太傅。到了第二年，又命朱轼兼吏部尚书，赐诗

“忠岂惟供职，清能不近名。眷言思共理，为国福苍生。”雍正三年，雍正又命朱轼为大学士。当时，雍正正在考虑诸臣建议，将耗羡归公（征收粮食运输时有损耗，在正额征收之外加收若干叫耗羡，归公即是将耗羡部分全部归人正额征收数）。朱轼怕耗羡之处再加耗羡，连连上书反对。雍正一再反驳，朱轼立场始终不改。作为起初的宠信之臣，朱轼常与雍正唱反调，不安于位，以病乞休，雍正挽留他说：“尔病如不可医，朕何忍留，如尚可医，尔亦何忍言去。”朱轼听罢感激涕零，从此不复有去意，但性格仍不改变，常直谏皇帝，雍正也不以为意。

太原知府金鉷也反对耗羡归公，雍正却很快提升他为广西按察使，又擢为巡抚。金铁鉷议把州县分为冲、疲、繁、难四类，依据分类情况任用官吏，此议为雍正采纳。后来，金鉷又以清查反雍正的流言而得雍正的信任。

侍郎沈近思也反对雍正火耗提解，雍正也并不嫌恶，却赐诗赞他：“操此寒潭洁，心同秋月明。”沈近思反对雍正崇佛，雍正也并不为意。沈近思死后，又追加他为礼部尚书、太子太傅，遣官往祭，令吏部派司官经理丧事。

另一反对耗羡归公的御史刘灿，雍正始初认为他有私心，改授刑部郎中。后见他“居心尚属纯谨”，遂升之为福建汀漳道。五年他因漳州政府及属县仓米短少，揭报督抚，文书被府县截回，他气得以头撞壁。福建陆路提督丁士杰密参他浮躁，有失体统。雍正保护他，说他是感恩图报心切而失礼，没有过错。

雍正曾就下臣对他纳谏问题向大臣们做过表白：“朕非文过饰非之人。人非圣贤，孰能无过。尔等果能指摘朕过，朕心甚喜。君子之过也如月之食，人皆见之，及其更也，人皆仰之。改过是天下第一等好事，有何系吝！”

雍正常常说，“为政之道，首在得人”，为了显示“君臣家人一体”的仁君之心，对臣下舍得感情投资，目的是最大限度地笼络人心，驱使臣僚为朝廷和天子奔走效力。可以说，其施展的统治术是高明的，花钱少而效益大。

对现任官员如何合理使用，历代相积的经验很多，雍正的认识和做法多不出其范围。但他的确煞费苦心，力求做到人尽其才，才尽其用，量才任使。怎样才能知道某人是“上哲之资”，抑或中才、庸才，“下愚不移”？雍正的基本经验，概括起来就是察色、听言、观行6个字。

所谓“察色”，就是利用引见之机，运用经验和命相“原理”，观察某人属哪类人：是“老成”，还是“孟浪”？是“忠厚”，还是“柔善”？总之，雍正常自夸耀，“朕之观人，往往洞见隐微”，能够看到别人见不到之处。所谓“听言”，有三个途径，

一是在召见面谈中亲耳听其言，届时，雍正往往有意无意地问几个问题，看其人是否有识见，是否有上进心，是否属逢迎奸猾之辈。在雍正一朝，文武大臣自不必说，仅就武官而言，自副将以下游击以上，大部分声名稍好一点的，都面见过皇帝；二是听取各方面言论，广谘博采。雍正初期，很多官员都是靠内外大臣保举后，再经引见察言观色，同时征求有关人尤其是该官上司的意见，最后综合舆论任官的；三是通过密折观察中级以上官员，看其是否周知所辖地区或营伍的利弊，所提建议或方案是否有识见，等等。所谓“观行”，就是看某人实际任职的政绩，既察其言，又观其行；既看其过去和目前表现，又必须看其未来发展态势，总要有意识地试用一段时间，再决定升降调转。

李卫是雍正朝的一位“督抚模范”。他并非科甲出身，雍正用他是看到他品性耿介、操守廉正、勇敢任事，是实行新政的难得之才。雍正继位前，李卫原在户部任职，官职虽微，却敢揭上司之短。因此雍正即位后便起用李卫为云南布政使，兼管盐务。当时盐务极难管理，雍正给他这份差使，也算是对他的考验。李卫到任后，利用布政使之权，严厉整顿盐政、堵塞漏洞、揭发贪员、惩罚污吏，使云南盐务肃清。雍正对此非常满意，称赞李卫是“国家卫器”，当即调升他为浙江巡抚，那时他才 38 岁，是清代少见的年轻疆臣。李卫是个“粗人”，他生得膀阔腰圆，武功很好，但文墨不通，奏折多让人代写。其耿介过头，往往不合法度，做司马官时，往往直称上级“老高”“老杨”；火气上来，会痛骂一顿。后来多次参奏大吏，因此多遭人忌恨。许多官员上折告他“狂纵傲慢”。对此，雍正一方面好言为他辩护，向参奏者说明李卫“大节不亏”“秉公持正”“实心任事”“勇敢廉洁”。同时不厌其烦地下旨警告李卫不要“任性使气”“满腔冰炭”，让他修习涵养，戒骄戒躁。李卫的习性终生也未改多少，雍正用其大节，始终信赖，将他加官至刑部尚书、兵部尚书、太子少傅。

雍正在刚做皇帝的前两三年有过教训，过分相信大臣们的保奏和本人的夸夸其谈，片面相信自己的判断力，结果，许多人或者改易节操，或者无所作为。年羹尧及其追随者的大案败露，对雍正的刺激很大，他在各种场合表示后悔不该轻信人言。后来，他对宠臣鄂尔泰交换用人观点时，曾写道：“……但所见如是，仍必明试以功，临事经验方可信任。即经历几事，亦只可信其已往，犹当留意观其将来，万不可信其必不改移也。”说明其政治经验多了，用人知人就越来越聪明了。

雍正能夺取皇位，最重要的先决条件是他善于识人用人管人。正所谓人才是本，雍正把身边大大小小的官吏牢牢地控制在他手中，为他所用。他要求臣下忠诚，有公心。公生明而廉生威。雍正说："小事小料理，不可因小而忽之；大事大振作，不可因难处而隐讳。朕意若果能如此实心奉行，以忠正二字感化，不数年，贼亦人也，而百姓不怀如是德，不畏如是威而仍去成群为匪者，朕想必无此理也。"

首先是"忠"。拥有一颗忠诚之心是历代君王对大臣们的基本要求。要想使一个国家乃至社会团体、单位长治久安，就必须起用具有忠诚品质的人才，"忠"乃创业之本。一个国家没有"忠"的基石做铺垫，那么这座大厦就有倾塌的危险。

雍正即位之初，皇室钩心斗角、人心惶惶，加之各地百姓揭竿而起，在这风雨飘摇的危难时刻，任用"忠臣"就成为雍正从政的当务之急。因此，雍正在云南巡抚张允随的奏折"臣之愚昧，咎实难辞。兹蒙圣恩，不加谴责，朱批训饬，感惧交并，措身无地。臣本驽骀，受恩深重，唯有益加奋勉，竭尽心力，以图报称于万一。"御批道："为大臣者当以国家内外一体视为己任，才不负'大臣'二字。若但以区区一身一任为计，在内者不知体外，在外者不知顾内，文武不相关切，上下不知爱恤，甚至于将邻省视为膜外，同僚观如陌路，满汉分为两途，兵民作成二事，岂大臣大人之居心也？若如此器量扁（偏）浅，不识轻重者，皆大明不义，不知利害，乏广远襟怀之辈，当深以为戒。为大臣必务为大人，'大'者，无不包容，无不周遍；普天下视为己任，先天下之忧，后天下之乐，方不愧'大臣'二字也。勉之"。其意思是批评他"器量偏浅"，襟怀不够广远。做大臣者，应该把国家内外看成一个整体，不应该总为区区一身考虑。"为大臣必务为大人"，说得好！"大人"者，胸襟广远，包容万事，先天下之忧，后天下之乐，庶几不愧对"大臣"二字。

检验一个人的忠诚与否要从零碎小事开始，雍正就是这样一个细察臣心的高手。例如户部郎中李卫，官微身贱，然而雍正从细微小事中发现他和提拔他。当时有一位亲王在管理户部，每次收钱粮1000两时，加收平余10两以挪以私用，李卫知道后就劝这位亲王改正，然而这位亲王仗其权势，根本不把李卫放在眼里。于是李卫便在户部大堂设一个钱柜，专收多余钱财，并在柜子上标明"某王盈余"，把这位亲王搞得非常难堪，便就此罢手。在这件事中，雍正相中的正是李卫对自己的耿耿忠心，对工作恪尽职守，于是马上任李卫为云南盐驿道，二年升布政使，三年任浙江巡抚。李卫连升三级，可谓青云直上，仕途春风得意，一时间在朝廷内引起强烈反响。雍正期望官员们要勇于付出而不求回报，"但尽臣节所当为，何论君恩之厚薄"。实际上就是要臣子们拥有"鞠躬尽瘁，死而后已"的高风亮节。正因如此，官员们对君主忠诚的深浅程度成为雍正提拔任用官员的一个重要砝码。

其次是“公”。万事“公”为先，这才是一个集团事业成功的关键。在雍正的眼里，好的官员和人才，就是要办起事来“公”字当头，不徇私情，做任何事情都要总揽全局，胸怀团体，放眼前景而不去斤斤计较个人一时一地的利害得失。

山西巡抚石麟上奏：“雍正七年十一月初三日赍折把总赵尚观回晋，恭捧到皇上赏赐哈密瓜一个。臣随跪迎至署，恭设香案，望阙叩头谢恩祗，领讫。伏念臣一介庸愚，荷蒙圣恩，畀以抚晋重任，寸长未效，乃蒙殊恩异数，叠沛频施，有加无已。臣感激难名，愈深惶悚，唯有朝夕黾勉，殚竭驽骀，以冀仰报高厚于万一耳。”雍正御批道：“操守乃为官之本，本立诸道自生。上天之善恶唯在公私二字，为国即为公，为己即为私，一涉私为自身利害计，使善事亦不能仰邀上天神明之鉴佑，何况其非善乎！若不贪利沽名作威作福，一派大公致身于国，何往何为而不蒙福也！试行看。鄂尔泰、田文镜等，无他奇异伎俩，不过根本上见得透、立得定耳，当勉之者。特此谕，亦令蒋洞知之。”大吏石麟奏谢赏赐哈密瓜事，雍正却给他上了一堂哲学课。操守落在善恶二字上，善恶又落在公私二字上。“若不贪利沽名作威作福，一派大公致身于国，何往何为而不蒙福也”。最后回到现实中来，指出鄂尔泰和田文镜之所以恩宠不衰，没有什么奇招，只是他们认准了一个“公”字，立定操守而已。

其三是要“诚”。唯“诚”才能办实事，对皇帝忠心，不欺君，而且能把事情办得稳妥，令皇帝满意。为了使官吏们大公无私不徇私情，雍正曾明确表示：“凡秉公持正，实心办事者，虽疏远之人而必用；有徇私利己、坏法乱政者，虽亲近之人而必黜！”

贵州巡抚张广泗给雍正上奏折道：“臣自入仕以来，并未瞻仰天颜……原拟于巡勘苗疆事毕，特疏题请趋觐明前，适值督臣鄂尔泰奉有谕旨，着令赴京陛见；现在署督臣高其倬尚未到任，臣又不敢冒昧遽行……敢再恳我皇上俯赐，准臣或俟督臣鄂尔泰陛见回任后再启程赴京；或俟署督臣高其倬任事三两月后，诸务就绪，臣于明春二三月内赴京，得以瞻谒天颜，恭聆圣训。”雍正的御批为：“明知鄂尔泰进京陛见，高其倬新署不谙，而奏请来京，实不解汝居何心志也！睹汝诸凡奏对，大不似初任时矣。莫移原志。务诚之一字要紧。将鄂尔泰之指训时刻不可远，一心法效其居心行事方好。”

张广泗虽为封疆大臣，但从未见过雍正一面，故要求适当时候进京陛见。按理说，这于情于理也说得过去。但雍正却认为督臣鄂尔泰被召见回到京城，新署高其倬还不熟悉业务，这种时候奏请进京，动机不纯，提出为官者，“务诚之一字要紧”。

此外，雍正还对大臣有“能”的要求。雍正还提拔重用一批如允祥等才能政绩俱佳的宠臣，他们才智过人、能力出众，在同行中出类拔萃、脱颖而出，为雍正稳坐朝政奠定了坚实的基础。

“忠、公、诚、能”四而合一，雍正是深谙此道，将四者有机地渗透到治理朝政的各个方面，实行除旧布新。同时，“忠、公、诚、能”的用人法则为雍正造就了一批宠信和忠臣，他们在历史的舞台上各显身手，书写了雍正王朝的辉煌篇章。

（二）广招人才

清朝集历代文官制度之大成，对文官的选拔、任用、品阶、考核、回避、终养、封赠、承荫以及待遇、升转、惩罚、致仕等，都形成了严格而明确的制度体系。武官录用、选拔、任用、奖惩等也逐步制度化。雍正在用人方面，在遵循祖制的前提下，进一步丰富、完善各种成例；在具体操作上，又往往突破现行制度，通权达变，灵活运用，形成了量才任职使官宜其所，任人之长不强其短，破格用人、唯才是举的改革家的用人风格。

就制度而言，雍正做了某些变革。为肃清官吏的来源，他大力淘汰各级学校中衰老不称职的儒学教官，而用会试落第举人中的优秀人才充实教职队伍；慎选各省学政，以督责表率一方；对各级学校生员，加强管理，建立奖惩激励制度。为广泛造就人才，创设“觉罗学”“咸安宫官学”“八旗教场官学”“八旗蒙古官学”等，如此，便为宗室和八旗人员开辟了一条进身之路。同时，除允许八旗人员参加汉文考试外，还特设八旗满洲、蒙古的翻译考试，中试者分别获得秀才、举人、进士出身，以济实用。有意思的是，雍正还采纳侍讲学士戚麟祥的建议，特开“医学”科，以网罗天下名医，为国家，主要是为宫廷效力。

对于优点突出、毛病也明显的人，雍正的做法特别值得称道。譬如，众所周知的宠臣、浙江总督李卫的缺点很明显：此人性情粗野，没文化，大字不识一斗；恃才傲物，抗拒上司，以好恶为美丑，以喜怒为是非；还常常把密之又密的朱批宣扬于众，以示坦率，因受皇帝数十次批评才稍有收敛。这些毛病，雍正都完全清楚，认为李卫秉性如此，似难全易。但是，正像鄂尔泰评论李卫的，李卫除“狂直不谨”（雍正语）外，长处甚多，其行事实心实力，毫无瞻顾；心地颇正，人品颇高，是个可以造就的难得之才。雍正非常同意鄂尔泰的评论，认为李卫长处胜其所短，“将来老练，或可望其全才也。”

打破不合时宜的成例和束缚人才成长的资格限制，破例破格使用人才，是雍正用人的风格。过去，出身资格界线显然，高者高就，低者低就；资格再分正途、异途，泾渭分明，异途出身受到歧视。用人成例牢不可破，官吏都论俸升转，论资排辈；地缘、亲缘回避；该严格执行的得不到执行，应具体问题具体处理的，又格于成例，不讲究灵活性；官员遭父母丧而“丁忧”，不管是否事需其人，都必须开缺去官“守制”，等等，不一而足。

雍正用人，在适当考虑资格和成例的基础上，往往破格用人，其例证不胜枚举。他曾嘱咐鄂尔泰，“不必拘定成例”，对特遣去的人，可以酌量人地相宜者，大胆量才使用。他钦定的人中，像李卫、宜兆熊等“文盲”，尤其是捐纳出身的李卫，可位居内外大臣之列；非科甲出身的田文镜，可官至总督，节制数省；大学士高其倬、河运总督齐苏勒、贵州布政使申大成等，虽年逾70，但都精神健旺，均照常供职，或调换适当职位，而不顾舆论干扰；岳钟琪、马会伯、韩良辅、刘世明、郝玉麟原系提督，但又有治理地方的才能，后均以武改文，做了总督或巡抚；杨宗仁请将其子道员杨文乾调湖广侍奉父母，结果，雍正不顾回避例，加杨文乾以按察使衔遣往湖北；田文镜没有儿子，奏请将在湖南湘潭县做县丞的女婿调往河南，雍正满足了其愿望；张廷玉、鄂尔泰同列为军机大臣时，二人之子都在军机处做章京。至于破除陈规，越级用人的情况更多，参将张耀祖受到召见后，雍正看他是老练之武官，不出一月，竟授副将，再而总兵官，连升两级！至于雍正为笼络人心而频施异数，则是另外一回事了。

雍正谈到自己的用人经验时，说：“朕用人原只论才技，从不拘限成例。”又说：“唯期要缺得人，何论升迁之迟速，则例之合否耶?”这就是雍正用人的中心思想，也就是大胆使用有才干的人，在使用的同时加强对他们的驾驭和教育，而老实本分的好人不能重用，因为用人是为让他们替国家办事，不是用不能胜任的人贻误国家政事。

雍正依据他的政治革新思想，确定了新的用人方针，他对用人的准则、官员的考核，反复慎重考虑，形成了他的用人风格和特点。他任用的官僚，不像其父。康熙对人比较宽厚，官僚队伍相对稳定，任职较为长久；雍正时人事变动频繁，一些官员来去匆匆，有的微员骤升大僚，而一些大吏被逐出政治舞台，这些看似混乱，其实亦有章法。

雍正三年（1725年），他在向诸王大臣解释用人变化迅速的原因时说：“事无一定，又不可拘执，有时似若好翻前案，不知其中实有苦心，总欲归于至是，是故或一缺而屡易其人，或一人而忽用忽舍，前后顿异，盖朕随时转移，以求其当者，亦出乎不得已。”“总欲归于至是”，想把事情办好，因而在用人上颠过来倒过去，以求人和职结合得当。这是一般的用人原则。雍正五年，他说得就更清楚了：“朕现今用人之法，亦止堪暂行一时，将来自仍归于圣祖畴昔铨衡之成宪。朕缘目击官常懈驰，吏治因循，专以积累为劳，作废濯磨之志，不得不大示鼓舞，以振作群工萎靡之气。俟咸知奋勉，治行改观时，自另有裁处之道。”

在当时情况下，雍正选人方法主要有两种：

一种是设立和借助科举教育制度把可造之才送进政府机关培养和训练。“培馆阁之材，储公辅之器也”。注重培养馆阁人才，使他们日后能成为辅佐国家的王公重臣。这主要是指选翰林。雍正说，选翰林“必人品端方，学部纯粹，始为无忝厥职”。就是说要把那些人品、学问都很优秀的人储备充实到中央政府的枢要部门去锻炼。为此，雍正还特地设立了朝考制度。即对每次殿试中举的进士再进行一次考试，由皇帝亲自主持，从中选出最优秀的人选，委以提拔和重用。这个制度后来一直实行了下来。

另一种方式是注重在实践中储备从事具体工作的实干人才。比如河防水利，雍正就经常讲：“是通晓河务人员不可不预为储备也。”时常选拔优秀的官员到治河第一线去学习治水之术。在用人一事上，雍正的确是不拘一格的。只要有能力又实心办事，就可以破格录用。雍正时常慨叹：“天下唯人才难得！”人才既难得，就要加大拉拢人才的力度，为此雍正主张“进贤勿避嫌，退不肖勿避怨，知其贤而不言是谓蔽贤，知其不肖而不言，是谓党恶”。意思是说，举荐贤才时不能惧怕嫌疑，就算至亲，只要确有贤能，也要大胆举荐；对那些不肖之徒，一定要揭发他，不要怕因此遭到他们的怨恨。假如你知道某人不肖却不揭发，那你们就是朋比为奸了。

在贤和才的取弃上，雍正还有更深入的考虑。自从西晋创立者之一司马昭对僚属提出“清、慎、勤”三项要求之后，历代的封建统治者皆奉之为圭臬。但是人们对于“清慎勤”产生许多误解，把畏缩不前、不敢负责当作谨慎，把精力放在琐屑事情上当作勤劳，把刻薄当作是清廉。雍正不囿于成说，尤其是不赞成对“清慎勤”的浅薄理解。他在论述巡抚的职责时说：“巡抚一官，原极繁难，非勉能清、慎、勤三字便可谓胜任也。用人虽不求备，惟至督抚必须全才，方不有所贻误，若无包罗通省之襟怀，统驭群僚之器量，即为不称厥职。”又说：“凡事当务大者远者，若只思就区区目前支吾，以尽职任而已，未有不顾此失彼，跋前踬后者，当努力勉一大字。”雍正把清（廉洁奉公）、慎（忠诚谨慎）、勤（勤劳王事），视作对高级官员的基本要求；另外还要求他们胸有全局，目光远大，能够驾驭属员，即要兼有才能与忠于职守的品德。

署理湖广提督岳超龙在奏折中表示："惟有益思正己率属，砥砺官方，以仰报高厚之恩。"雍正告诉他，即使做到了正己率属，"若不知训练兵丁，涤除陋习，不过自了一身而已，与木偶何异，旷职之愆，仍不能免"。身为提督大员，以自身的模范行动带领下属清正廉洁固然很好，但若不能将军队训练好，把从前的弊病革除掉，这样的人品行再好，也不过像个木偶人，被要弄者拨弄，表现出各种动作，自己没有主动性，怎么能起到他所担任的职务的作用？雍正以这个标尺衡量湖南巡抚王国栋，认为王有忠诚尽责的心愿，但没有能力做好巡抚的工作。雍正以"清慎勤"3个字来衡量，承认王国栋具有这种品质，然而他的识见平常，不能扩展，所做的事情于地方没有害处，也没有好处，这就是不能胜任，故而将王国栋调到京城另行安排工作。雍正二年，以王国栋"心有余而力不足，清慎勤三字朕皆许之，然不能扩充识见，毫无益于地方，殊不胜任。"将之内调，并以此教育其后任赵弘恩。

雍正提出用人要用有才之人。雍正看到一些有才能的人未免恃才傲物，与那些庸愚听话的人不同，不容易驾驭，但是他认为不必惧怕他们，应当用心去掌握他们。在这里尤需注意的是"惜之、教之"的思想，这是说人才难得，对已经涌现出来的干才，尽管他们有缺陷，应对他们加强教育，帮助他们改正过失，以充分发挥他们的才智。鄂尔泰见到朱批后，于十一月十五日具折陈述自己的意见："可信、不可信原俱在人，而能用、不能用则实由己。忠厚老成而略无才具者，可信而不可用；聪明才智而动出范围者，可用而不可信。朝廷设官分职，原以济事，非为众人藏身地，但能济事，俱属可用，虽小人当惜之，教之；但不能济事，俱属无用，即善人亦当移之，置之。"

直隶巡抚李维钧考察吴桥知县常三乐，"操守廉洁"，"但懦弱不振，难膺民社之寄"，拟将其改任不理民事的教职，报吏部审批。吏部认为，既说常三乐"生性懦弱，必有废弛实迹"，而李维钧又不实指纠参，不予批准。李维钧感到常三乐清廉并无劣迹可议，但不称职，不便留任，不知如何处理才好，特请雍正裁夺。雍正回说，这事很好办，就让他"居官罢软，殊属渎职，相应参革"。有德无才的官，在雍正手下难以得到重用。

雍正任用有才的官员，自然对年老多病的官员表示反感和不能容忍。雍正元年，在指示湖广总督杨宗仁越格荐人的同时，要他考察属员，将"贪婪酷劣及老病无能向来苟且姑留之辈，尽数纠参"。雍正十一年，又责备兵部堂官没有将"年力衰迈"的郎中阿尔哈图、玛绅进行清理。他说："此等人员留于部内，不但于部务无益，且碍后进之阶。”因而命他们原品休致，同时传谕各部院衙门，如“章京、笔帖式内有此等年老衰迈、人平常者即行奏闻，以便清除”。他对老病而无能的官员的态度，更能从对官员正常考核的大计、京察、军政中表现出来。大计是对地方官进行考察，三年举行一次，由地方官对属员做出考核类别的评定。京察是考核中央官员，办法是四品以上官员自己做出鉴定，报告皇帝，由皇帝做出裁断，五品以下官员由吏部考核。军政是对武官考察的制度。雍正后期考核情况如下：

雍正八年（1730 年），对奉天及直隶等七省的地方官进行考察。选出卓异官 28 名，查出贪官 1 名，浮躁官 12 名，年老官 55 名，不谨官 36 名，罢软官 13 名，有疾官 26 名，才力不及官 34 名。

雍正九年（1731 年），对在京的朝臣进行考核，结果查出浮躁官 1 名，年老官 1 名，不谨官 4 名，罢软官 3 名，有疾官 6 名，才力不及官 6 名。

雍正十年（1732 年），对武官进行考察，结果选出卓异官 3 名，查出贪官 2 名，年老官 3 名，有疾官 2 名，才力不及官 1 名。

雍正十一年（1733 年），对浙江等十省的地方官吏进行考察，结果选出卓异官 22 名，浮躁官 17 名，年老官 56 名，不谨官 36 名，罢软官 23 名，有疾官 24 名，才力不及官 31 名。

雍正十一年，对直隶及直隶总河的官吏进行考察，结果选出卓异官 1 名，浮躁官 4 名，年老官 22 名，不谨官 2 名，罢软官 2 名，有疾官 3 名，才力不及官 8 名。

这些考察，都照例处理了。

雍正元年时，雍正曾批谕湖广总督杨宗仁说：“如遇有为守贤能之员，即行越格保题，以示奖励。”说到条件，雍正说：“国家用人，但当论其贤否，不当限以出身。朕即位以来，亦素重待科甲，然企贤无方，不可谓科甲之外遂无人可用，倘自恃科甲而轻忽非科甲之人，尤为不可。自古来名臣良辅，不从科甲出身者甚多，而科甲出身之人，亦属见有荡检逾闲者。”

对一般科举出身的官员，雍正倒是爱挑剔、不轻信的。这些科甲出身、科举入仕的人有不少都是咬文嚼字，此外并无所长的书呆子、书虫，中看不中用。经过了期望甚殷的考试，皇帝亲自出题、亲自改卷，录用之后，把他们放在重要岗位上，派他们治理地方百姓。雍正对科甲出身的官员中的无能庸才最为反感，大概是因为自己有受骗之感，辜负皇恩之忿吧，所以总是爱找茬、爱挑刺，一旦找出过失，必予以惩治。

雍正五年（1727 年），雍正命浙江观风整俗使王国栋为湖南巡抚，要他到任后不

要犯偏袒科目、姑息绅衿的毛病，要他严参一两个科甲出身的庸员，重惩数名败检不肖的劣生，“令众人晓然知尔心迹方好。否则年谊故旧之夤缘请托，音问书礼，络绎纷纭，即不胜其酬酢矣。”因此，雍正在山西巡抚石麟奏谢圣训教诲并陈以前酌量题补将备各员来当缘由折中批道：“朕从来用人，只论人才，原未科定条例。若材优合例者，上也；材优不合例者，中也；若人劣而不合例，岂可乎？不但用非其人，乃开汝等督抚自作威福之权矣。更不可也。观汝此奏未悉朕旨，复批谕知之。”此处的“例”，主要起一个比照的作用，但不是框子。既合规范又才干出众，当然最好；有才干但不太合规范，一样可用，关键是看他是不是有真才实学。雍正看重的是真才实学，以实察人，而不务虚，所以被他选中的人，到岗位上之后都能勤勤恳恳、脚踏实地工作。

总结雍正的用人思想，可以概括为以下三条：一是用人只论其才能，不受陈规旧例的限制，可以越级提拔，可以不太注意满族、汉人的区分；二是对廉洁奉公、勤劳、谨慎而无才能及创造性的类似“木偶”的官员，可以信任，但是绝不可以重用，以免耽误政事；三是对有才能而有傲慢等毛病的人，不要因为他们的短处而弃才不用，当然也不能放纵他们，要对他们加强教育，希望他们克服弱点，更好地发挥才干的作用。

从争夺皇位到治理天下，雍正得力于他手下的一批亲信。那么，雍正与他的那些宠臣的关系如何？他又是如何任用他们的呢？

鄂尔泰，是雍正的得力股肱。雍正朝中，像鄂尔泰这样的官员非常难得。他本人有功于清代历史的发展，同时他的出现也表明了雍正的用人之道：在君主的绝对独裁中，能容纳建不世之功的人物。

鄂尔泰，字毅庵，满洲镶蓝旗人，20 岁中举人，进入仕途。此后二十余年官场不得意，只出任了内务府员外郎这样的微职，时届 42 时作诗自叹：“看来四十犹如此，便到百年已可知。”对前途悲观失望。

就在这个时候，作为亲王的胤禛，找鄂尔泰办事。鄂尔泰却以“皇子宜毓德春华，不可交结外臣”，予以拒绝，就是这次接触，使得明察的胤禛认识了鄂尔泰，认为他刚直不阿，是忠臣的材料。及至胤禛继位，召见鄂尔泰，称赞他“汝以郎官之微，而敢上拒皇子，其守法甚坚，今命汝为大臣，必不受他人之请托也”。遂命其为云南乡试副主考，4 个月后将他越级提拔为江苏布政使。雍正不计前嫌，以才能用人，表现了君王豁达大度的气魄，而鄂尔泰也不负众望，在雍正初政的治理整顿中政绩突出，故于雍正三年九月升为广西巡抚。赴任之时，雍正仍觉此人尚可大用，又追其署云贵总督事务。

鄂尔泰不仅是个“督抚模范”，而且是个出色的政治家，推行“改土归流”就是一个有力的证明。同时鄂尔泰深悉用人之道，常与雍正谈论使用人才，讲才职相当，讲设官为办事而非养闲人，讲珍惜与教育人才，这些都是用人唯上的经典之论，雍正非常赏识。鄂尔泰还有识人之明。在云贵任两省总督时，他擢拔哈元生于末弁之中，赏识张广泗于众属吏之中，并委以重任，使之建功立业。

鄂尔泰有句名言：“大事不可糊涂，小事不可不糊涂。若小事不糊涂，则大事必至糊涂矣。”说的是要明辨大是大非，重大局。张廷玉很佩服其见识，称此句话“最有味，宜静思之”。鄂尔泰后任云贵总督，尹继善也称之“大局好，宜学处多”。

鄂尔泰因“公忠”被雍正所识，也因“公忠”被雍正委以重任。他常以此勉励自己，奉“公忠”为原则。他对新任云南巡抚朱纲说：皇上用人行政，“无甚神奇，只是一个至诚，事事从上体贴下来，以一贯万，一切刑赏予夺皆听人自取，而了无成心。如果无欺，虽大过必恕；设或弄巧，虽小事必惩。我辈身任封疆，只需实心实力地为地方兵民计，即所以酬恩，即所以自为，一切观望揣度念头皆无所用，一并不能用。”鄂尔泰认为臣下只要诚心对待皇上，事情没有办不好的，没有不得到皇帝赏识的。即使稍有疏忽，也会得到皇帝谅解。雍正读到他的这段话，从中看到了鄂尔泰忠诚之心，批示道：“朕实含泪观之。卿实可为朕之知己，卿若见不透，信不及，亦不能如此行，亦不敢如此行也。朕实嘉悦而庆幸焉。”雍正经常向群臣夸赞鄂尔泰“君官奉职，愿秉忠诚，此专心为国，而不知其他者”。

雍正与鄂尔泰感情非常好，私交甚厚，使得这对君臣之间有点朋友的味道。雍正三年冬，鄂尔泰去云南任职，身体有些不适，雍正竟命他乘御舆前往。鄂尔泰恢复健康，雍正高兴地说：“朕与卿一种君臣相得之情，实不比泛泛，乃无量劫善缘之所致。”雍正过50大寿，与群臣举觞庆贺。鄂尔泰远在西南未能出席，雍正深以为憾，特地选了宴会中的食物，寄往云南，犹如与鄂尔泰同在一个宴席上共享美味了。鄂尔泰接到食物后，立即上表谢恩，说臣不知如何才能把内心的感激表达出来，只有天地神明才了解臣的这种虔诚的心情。雍正如此酬忠，鄂尔泰也知恩图报、肝脑涂地、在所不惜。

张廷玉和鄂尔泰同为雍正宠爱的大臣，但各有不同。鄂尔泰受雍正重用后，忠心耿耿、敢作敢为，以济世为己任，常以诸葛亮自命，想要大展宏图、垂名青史。这二人，一个恭廉默做，一个进取不辍，但都忠于雍正。雍正也能很好地驾驭他们，让他们各尽所能。这也体现了雍正不拘一格用人才的思想。

张廷玉，安徽省桐城县人，他的父亲是大学士张英。康熙三十九年，28岁的张廷玉中进士，开始走上仕途。雍正继位不久，就命张廷玉协办翰林院掌院学士，晋为礼部尚书。此后张廷玉因勤于政事，官职屡有升迁。七年，任军机大臣，加少保，八年赐轻车都尉。雍正临终前，与鄂尔泰同为诰命大臣，并下遗诏命他得享太庙。整个清代中，仅张廷玉一名汉大臣得享太庙，可见其深为雍正宠信。

张廷玉身兼数职，工作繁忙。雍正有时一天之内3次宣召张廷玉，并且习以为常，每次宣召又几乎是刻不容缓的要事。从内廷出来，也一刻不得闲。下属官吏请求批示和批阅文件的，常常有几十甚至上百人。他经常在轿中、马上都得听取汇报，批览文书；晚上回到家里也不能休息。“燃双烛以完本日未竟之事，并办次日应办之事，盛暑之夜亦必至二鼓就寝，或从枕上思及某事某稿未妥，即披衣起，亲自改正，于黎明时付书记缮录以进”。张廷玉办事勤劳，谨慎用密，“尤为上所倚”。雍正对这一切一清二楚，所以曾说张廷玉和鄂尔泰二人“办理事务甚多，自朝至夕，无片刻之暇”。张廷玉确实是把全部精力都投入到雍正所交给的各项事务中去了。所以雍正称誉他为“赞猷硕辅”。

雍正办事效率极高，常常面谕大臣诸多事情，有很多大臣不能逐一记清楚，于是传达和执行时不能准确体现雍正的意图。雍正在召见地方大臣时，时常命他们在回任时给本省或路过地方的官员转述旨意。而这些人聆听时，有的听不清楚，有的甚至遗忘，雍正又不好责怪他们。这样的问题严重影响着政务的开展，雍正为此费尽脑筋，后来终于发现张廷玉草拟的圣旨，很精确地表达了自己的本意。于是张廷玉便承担这一重要的文字工作，而且十分出色，屡获雍正的表扬。

张廷玉另一方面的功业，在于他创设了军机处的规章制度，使军机处成为中枢机关，影响了清代历史。雍正七年，军机处设立，张廷玉同怡亲王允祥、大学士蒋廷锡一起担任军机大臣。军机处的一切规章制度，主要由张廷玉制定。“廷玉定规则：诸臣陈奏，常事用疏，自通政司上，下内阁拟旨；要事用折，自奏事处上，下军机处拟旨，亲谕朱笔批发。自是内阁权移军机处，大学士必充军机大臣，始得预政事”。自雍正开始，皇帝诏令的传达“密且速矣”，“其格式乃张文和所奏定也”。

雍正视张廷玉为股肱大臣。有一年张廷玉身患小病，雍正对近侍们说：连日来朕臂痛，你们知道吗？近侍们吃惊地问缘故。雍正说：“大学士张廷玉患病，非朕臂病而何？”雍正给了张廷玉优厚的酬劳，以赏其功，笼其心。雍正五年，赐给他一所价值35000两的典铺。八年又赏银两万两，张廷玉辞谢不受，雍正对他说：“汝非大臣中第一宣力者乎！快快领赐，不要谦让了。”

在怡亲王允祥死后，鄂尔泰加入军机处之前，张廷玉在所有朝臣中，是雍正最信赖的。雍正曾御笔亲书“赞猷硕辅”的匾额赐给张廷玉，以表示对他的褒奖。雍正还赐给张廷玉对联一副，其辞曰：“天恩春灏荡，文治日光华。”这副对联是雍正与张廷玉君臣关系的真实写照。张家获此皇恩后，年年都把它作为春节的门联。此联后来为官民所普遍袭用，以表达歌颂圣上和希冀皇帝赐恩的愿望。

田文镜，康熙元年生，监生出身，元科举之名，二十多岁时到县衙做了个小书吏。终康熙一朝，已 61 岁的田文镜仅是个默默无闻的小京官。雍正即位，他奉命去华山告祭，途经山西时，见各处饥民流离，而山西巡抚德音却上报山西无灾，“家给丰足”。德音是满洲亲贵，无人敢犯，田文镜则仗义执言，回京复命时，据实汇报，参奏德音欺瞒圣上。当时官员们一般采取瞒上不瞒下的办法，互相包庇，愚弄皇帝，而田文镜破此旧俗，忠君不欺，立即得到了雍正的欢心，任命他为山西布政使，前往赈灾；并且罢了德音的职。田文镜到达山西后，雷厉风行，很快取得了抗灾实效，稳定了局面。事隔半年，雍正调其到河南任职。田文镜在河南推行新政，成为治世能臣，备受雍正的信任和宠爱。

田文镜是雍正一手提拔的官员，即使有过错，雍正也给予保护，这样宠待他自有缘由。田文镜死后，雍正给他的评语是：“老成历练，才守兼优，自简任督抚以来，府库不亏，仓储充足，察吏安民，惩贪除弊，殚竭心志，不辞劳苦，不避嫌犯，庶务俱举，四境肃然。”正因为如此，雍正下旨称田文镜为“模范督抚”。

田文镜一心为国，毫不瞻顾，不避嫌疑。这是雍正欣赏他的第一个原因。雍正元年（1723 年）河南黄河决堤，造成大灾，田文镜以布政使到任，决心修河治本，但却遇到了极大困难：河南官僚、地主拒绝出资当差。田文镜募夫募捐成了难题。于是密奏雍正，请求改变成法，修河夫役按土地摊派，“绅衿里民，一例当差”，这成了雍正王朝“绅民一体当差”的蓝本。

田文镜在推行新政方面，用力最勤，成效最明显，这也是雍正欣赏他的主要原因。田文镜在任以来，清查积欠，实行耗羡提解；打击贪官污吏，保证府库充盈；惩治不法绅衿，平均赋役，调节了绅衿与国家、与平民的关系，缓和社会矛盾；推行保甲法，加强对人民的控制，强化了治安。

雍正在全国掀起反贪除陋的大规模运动，田文镜坚决执行，先后参奏 22 名河南的州县贪吏，收回 40 余万两贪款，查出隐瞒不报的田地 2500 余顷，取得的成绩为全国各省之首。田文镜在河南行事刻薄，屡遭攻击和议论，雍正都有力地保护了他，因为雍

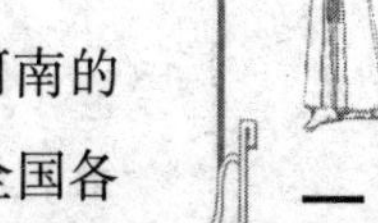

正深知，田文镜与他与新政休戚相关。雍正支持他，不是孤立地把他看作一个人，看作田文镜个人，而是视之为“巡抚中之第一人”。雍正如此评价。“若各省督抚皆能如田文镜、鄂尔泰，则天下允称大治矣。”肯定的是他的行政体现了雍正振奋数百年颓风的革新精神和政策，肯定的是他雷厉风行、施行严政的手段。

雍正知道对田文镜的评价，关系到对他的用人和行政的看法。他在田文镜奏折上写道：“卿之是即朕之是，卿之非即朕之非，其间有何区别?”他曾自惭用人不当，说“假如诸臣之中，不得田文镜、鄂尔泰，则朕之罪将何以谢天下也!”他们真是君臣一体，鱼水难分。雍正褒奖田文镜，既是支持这个宠臣，也是坚持自己的政治，为自己的政治辩护。

雍正为了表示宠待田文镜，将他从隶属的汉军正蓝旗破例提拔入正黄旗。正蓝旗在下五旗，而正黄旗是上三旗。雍正多次保护田文镜是为了用其所长。但这样的君臣关系在历史上实属少见。可见雍正用人十分自负，并懂得宽容之道。

田文镜

此外，还有李卫、岳钟琪等人，都是雍正的得力干将。至于年羹尧、隆科多等人，只是一时炙手可热的人物，雍正夺位有赖于他们的全力支持。雍正虽也宠过他们，但最终因他们背道而驰，雍正不得不过河拆桥，铲除了他们。虽落“兔死狗烹”骂名，但在这专制皇权下，谁人不是如此?而允祥、鄂尔泰、张廷玉等因忠于他，为他卖命，雍正当然大用之成。

雍正从众皇子中脱颖而出，一跃成为一国之主，得力他的一大批心腹和智囊团的协助。与其他皇子相比，他最为识人用人，这是他夺储胜利的一大法宝。而雍正登上皇位后，更是把用人发挥到了极致，从而使他身边聚集了允祥、张廷玉、鄂尔泰、田文镜、李卫、傅鼐、蒋廷锡等人。

清人龚炜评价雍正的用人之道是历史上帝王中最出色的，其文言：

“登进不拘一格，则怀才者兴；迁官不以年资，则宣力者奋。假以便宜，然后责其效，任事无掣肘之患；予以养廉，然后责其清，外官无亏空之忧。以民社为不可轻，政必先于试可；以官方为不可忽，法不贷夫贪残。故政举刑清，民安吏戢，真可谓万世法也。”

龚炜所言虽有阿谀奉承的嫌疑，但也道出了雍正是善于用人的。

（三）反贪污

康熙末年，由于立储问题未能解决，导致朝廷内外都忙于结党，忙于寻找将来的天子，康熙为此事也是心力交瘁，无力应对其他朝政，因而康熙后期的朝政非常混乱，官吏贪污，吏治腐败，并因此钱粮短缺，国库空虚，造成很多严重的社会问题。雍正当皇子时深知这一点，他上台后就要坚决地纠正这种情况。而要富民富国，首先便是整顿好吏治。

钱粮亏空是当时一个大问题，主要出在官吏贪污上。雍正即位之时，按照惯例，新皇帝即位要大赦天下，其中也包括对一些贪官污吏的赦免，雍正认为这样做，会助长贪官污吏，让其继续侵占国家财产，因而他下令除去此条的豁免，这充分地表明了雍正对官员们贪污行为的憎恶，也是他对官吏们进行整顿的第一步。

雍正在即位前就对亏空和贪污问题非常清楚，他曾说：“历年户部库银亏空数百万两，朕在藩邸，知之甚悉。”一七二三年十二月十三日，他给户部下达了全面清查积欠钱粮的命令，让各地严格执行，查清何项亏空，原因是什么，所有亏空三年内必须补齐，且不许苛派于民间。因上司勒索及公用者分别处分。属侵欺贪污者，赔补外还要惩办主犯。随即，在中央设立会考府，由怡亲王允祥和大臣隆科多负责将清查进行到底。会考府是中央的审计机关，各部、各省皆由其督责。会考府查出户部亏空 250 万两，雍正令户部历任堂官、司官、部吏赔 150 万两、另 100 万两由户部逐年弥补。清查中涉及高级官员也决不容情，当时有许多郡王、贝子将家产拿到大街上变卖赔补亏空。对有些贪污多的官僚，雍正就抄其家，以家产抵空。

地方上的清查更为雷厉风行。因亏空，许多省级官员被革职查封抄家。对赃官，采取严厉手段，抄家之外，命其亲戚代赔。凡亏空赃官，一经揭露便于革职。各省被革职罢官的官员多达三分之一，有的达到一半。因此，社会上说雍正“好抄人家”。

雍正却认为抄家是必要的，并对此做出了解释：“若听其以贪婪横取之赀财，肥身家以养子孙，则国法何在，而人心何以示儆。况犯法之人，原有籍没家产之例，是以朕将奇贪极酷之吏，抄没其家资，以备公事赏赉之用。”若听凭贪官污吏靠巧取豪夺得来的财货损公肥私，那国家还有什么法律尊严可言，又靠什么来治理百姓？况且对这

些犯法的人，原来就有抄没他们家产的法律条文，所以我才按照法律规定，抄没了他们的家产，并准备把这些不法所得用在国家需要的地方。

雍正此举是决心从上到下，从里到外，全面清查所有的贪官污吏。这是一场极其艰难而又庞大的斗争。

康熙时期，康熙虽然也察觉了吏治的腐败，但是考虑到牵一发而动全身，便一再忍让下来。而雍正却是一个不能容忍腐败的人，再艰难的改革他也要推行下去，何况此时正是他即位之初，想要大干一番事业的心理，也促使他下定决心要一干到底。雍正曾对允祥说："尔若不能清查，朕必另遣大臣；若大臣再不能清查，朕必亲自查出。"

雍正四年，大规模清查江西省的钱粮亏空。当时的巡抚裴徫度明明知道各府州县仓谷亏空很多，但却隐瞒不报，对下面的贪污官员也是极力包庇。长此以往，亏空局面难以改变。雍正对此极为恼火。雍正命已调任的裴徫度留于任所，将前任布政使张楷、陈安策发往江西审讯。雍正又认为现任巡抚都立，无论做人还是当官都太软弱，只是喜欢沽名钓誉，不能完成清查亏空这么艰巨的任务，因此决定特派吏部侍郎迈柱到江西，彻底检查全省钱粮多年的亏空问题。与此同时，雍正命令从别的州县挑选出几十名官吏，火速奔赴江西。清理的结果出来以后，雍正马上命令裴徫度及历任藩司补偿仓谷的亏空。特派官员异地清查亏空情况，让他们互相监督，这是雍正惯于使用的狠招，屡试不爽。

雍正在打击贪污、清除腐败这件事上，取得了举世瞩目的成效，同时也表现了他澄清吏治的勇气和心智。由于措施得力，三年后，各省清偿了大部分亏空，如直隶总督李维钧在雍正三年八月上奏，称该省欠银共41万两，到当年年底已偿还20万两。又如河南省巡抚田文镜在雍正二年的奏折中写道："臣不遗余力檄委各州府互相觉察，设法严肃，总期彻底澄清，不容纤毫短少。"意即我不遗余力地责令各州县官吏互相监督举报，严肃执法，希望彻底查明亏空问题，使政府分毫不少地收回被贪污的钱粮。

会考府在雍正的大力支持下，取得了显著的成效，查办案件五百五十起。在查办案件时，遇到许多皇亲贵族，对这些人的贪污行为，雍正也是一视同仁。

例如，在查办内务府亏空的案件中，牵涉到自己的一位皇弟，雍正断然令其将贪污的银两赔偿。无奈之下，皇弟只好将家中的古董玩器拿到大街上折卖，以此来补偿亏空的银两。另外一位皇弟被责令赔偿数万金，后来为补足赔偿，竟被查抄了家产。

雍正如此大刀阔斧地对这些身份高贵的皇亲进行查办，使地方上的其他亏空案件查办起来，就方便得多。例如被革职查办并查封家产的地方官吏有湖广布政使张圣弼、粮储道许大完、湖南按察使张安世、广西按察使李继谟，直隶巡道宋师曾、江苏巡抚吴存礼、布政使李世仁、江安粮道王舜、江南粮道李玉堂。

清朝的法律，对挪移的处罚较轻，对贪污的打击则重。因此，许多官员在被查出有贪污情况后，往往多想办法巧立外目，将贪污所得报作挪移，想借此免于重罚。但雍正对此类官员的作为了如指掌。他明确指出："借挪移之名，以掩其侵欺之实；至于万难掩饰，则以多者为挪移，少者为侵欺，为之脱其重罪。似此相习成风，以致劣员无所畏惧，平时任意侵欺，预料将来被参，亦不过以挪移结案，不致伤及性命，皆视国法为具文，而亏空因之日益多矣！"

为了对付贪官们钻空子，雍正采取了釜底抽薪、声东击西、避实击虚的策略。即他一反常态，首先从挪用公款一事抓起，命令那些贪官先清偿被挪用的公款，此后再抓他们贪污的罪证。这样一来，就使那些贪官再也无法巧借挪移之名掩盖贪污的事实了。

为了能使亏空的钱粮追回，雍正采取了追偿的办法，并且责令亲戚有帮助赔偿的义务。这一规定的提出是因为雍正发现许多贪官将自己的家产偷偷地寄藏在宗族亲戚的家中，以此来逃避查封。采用亲戚追偿的办法，就大大地遏制了贪官的这种侥幸心理，使他们低头伏法。

在当时官吏贪污成风的情况下，他这种不拘成规的做法却收到了显著的成效，有力地打击和遏制了当时的贪污风气。其锐意进取，首抓吏治的作风对后世产生了极其深远的影响。嘉庆年间的史学家章学诚曾对雍正做了一番较为中肯的评价，称："我先皇澄清吏治，裁革陋规，整饬官方，惩治贪墨，实为千载一时。彼此居官，大法小廉，殆成风俗，贪冒之徒，莫不望风革雨，时势然也。"

除了抄家索赔这一手段外，与抄家同时进行的另一举措是罢官。而以前的做法却不是这样，将贪官继续留任，以便其想办法弥补亏空。雍正对这些贪官十分清楚，继续留任他们，必然是将新的亏空来补偿旧的亏空，根本不能解决问题。凡是贪官，一经被查出，雍正就将他们革职离任。他曾解释道："亏空钱粮各官，若革职留任摧追，必至贻累百姓，固不可复留原任；若已清还完毕，尚可为官者，由大吏奏请。"雍正对待贪官的警告是："做官贪婪不法，必毁自己体面。"

雍正采取了一系列有效措施：

"株连法"。雍正认为有的赃官会把赃物寄藏转存到宗族亲友处，因此，他在命赃官赔补亏空的同时往往还要抄没该官亲友的家产。这种措施虽好，但株连太广，又有可能伤及无辜，非常不得人心，招人憎恶。因此，雍正在实行这一政策后不久，就把它停止了。

“禁止代赔法”。在追赃的过程中，有些官吏往往指使下级官僚和地方百姓代为偿债，雍正在得知这一情况后，明令禁止这种代赔行为。如雍正元年，新任直隶总督李维钧曾奏请雍正批准由该省官员帮助前任总督赵弘燮清还亏欠。对这一奏请，雍正不但没有批准，还说纵使州县官富裕，只能替地方上兴利除弊，却不能替他人偿补亏空。此后，雍正又发现了许多不肖绅衿与贪官勾结，利用提留复任而鱼肉乡民的事。因此，他断然采取了另一举措，犯案官员决不能留任。此后，禁止代赔法实施后，由于某些官员贪污数额巨大，知道性命难保，因此畏罪自杀的事情时有发生，雍正决定对畏罪自杀的官员加重处理。为此，雍正强调：“料必以官职不保，不若以一死抵赖，留赀财为子孙之计。”

正是因为雍正采取这种查封贪官家产、补偿国库的办法，使得国库日益充足起来。三年时间，雍正基本上清理了康熙以来的所有积欠，充实了国库，打倒了一批贪官，又震慑了其他的官吏，起到了很好的教育和威慑作用。

除了重拳打击贪污犯罪，雍正还决心革除官场上的送礼这一陋规。

在养廉银制度实行之前，地方官吏中的下属，必须按一种陋规向上司送一定的数量的礼金。若上司本人身兼数职，下属就必须同时奉上几份礼物。山东巡抚黄炳向雍正提出了革除此项陋规的建议。雍正立即发出上谕，明令禁止钦差大臣接受地方官吏的馈赠，同时还禁止了各省督府借收礼之机向各州县摊派的行为。

河南巡抚石文焯率先执行了雍正的命令。他在推行耗羡归公的同时，考虑到若不革除规礼陋习，各州县官吏势必还会在耗羡之外另行加派以奉献上司，因此他下令：“所有司道规例、府州县节礼，及通省上下各衙门一切节寿规礼，尽行革除。”这就是说，全省大小官员，此后再不必为上司送各种各样的礼了。此后，继任河南督府的田文镜，也是以身作则，不收规礼：“家人吏役约束颇严，门包小费一概谢绝。”河南有一些特产，如开封府的绫、绵、绸、手帕、西瓜，归德府的木瓜、牡丹、冬枣、石榴，怀庆的地黄、山药、竹器，汝南府的光鸭、固鹅、西绢，平原州县的麦豆，水田州县的大米，附山州县的木炭、兽皮、野鸡、鹿、兔等类，上司强令该地方官交纳，成为土例。田文镜一概不收，严行禁止地方官交送。田文镜能坚决抵制官场送礼风，并因此备受雍正赏识。

其实，并不是所有的官员都能像石文焯、田文镜一样以身作则，刚正清廉。为此，

雍正决定对那些收受贿赂的官吏加大处理打击力度。他不但将犯事的官吏处以重罪，同时还株连到其上司。这就是说，下级犯罪，与上级督察不严有着必然联系，因此犯事官吏的上级也应该一并受到株连。雍正的这一招虽有些过激，但却使地方大员无不战战兢兢唯恐受到株连。因此，他们便再不敢听任下属胡作非为了。这正证实了田文镜向雍正提出的那个建议："欲禁州县之加耗加派，必先禁上司，欲禁上司，必先革除陋规。"由此看来，雍正在革除陋规的过程中，用的正是打蛇先打头，擒贼先擒王的策略。

在取缔陋规的同时，雍正还加强了对中央官员的约束。以前，地方官在向户部交纲纳钱粮时，每1000两税银中要加派25两所谓的"余平银"和七两"饭银"。雍正意识到这也是滋生腐败的一个源流，因此在即位之初就下令减去"余平银"的十分之一，以缓解地方上过量的财政负担。耗羡归公后，允祥曾建议雍正取消收纳如"余平银"和"加色银"，并同时杜绝地方官短交或以"潮银"抵充足色纹银的行为。如果实行这一办法，可以有效地制止主管国库的官员与地方官员侵蚀私分国家钱粮的图谋。雍正认为这个建议有理有据，立即批准，取消这一加派现象。

加派被取消后，雍正又开始向"部费"开刀。所谓"部费"就是指各衙门在向吏部陈奏各项事务时，如不交纳一定数额的礼金，吏部就不批准予以实行。其他各级衙门也有类似的现象。甚至新设立的会考府，本是打击贪污清理钱粮的部门，但其中的个别人也暗中收取这种部费——这涉及了雍正早期的宠臣之一隆科多和雍正的政敌允禩。他们当时都是会考府中的实权人物。因此，雍正同他们的较量更是用尽心机，既斗智又斗勇。为此，雍正对此也做出了明文规定，指出各省总督、巡抚、提督、总兵必须对"部费"这一不良现象严加禁止，倘有人督察不严，将从严治罪。至此，官场送礼风才有效地被扼制住了。

另外，当时假币的流通，不但破坏了雍正政府的货币制度，同时也扰乱了国家正常的经济秩序。因此，雍正必须采取断然措施堵死漏洞，制止民间私自铸钱业，这样才能保障国民经济持续而健康地发展下去。

为了打击私自铸钱业，雍正开始向各省督抚施加压力，要求他们必须对私铸犯罪活动"密访查拿，严刑禁止，毋使奸徒漏网"，并声称"如若官员不实力办理，定行从重治罪"。接着，他又命令刑部制定出一套严禁私自铸钱的条例，随后又亲自定出了因私铸而销毁官制铜钱的惩罚条例，其内容大概为：定例毁化制钱本犯本该管地方官并邻佑房主俱照私铸例治罪，除销毁新铸官钱者仍照私铸例治罪外，如有毁化小制钱者，其该管地方官，若知情者与本犯同罪，不知情者亦照私铸例降三级调用，房主邻佑不分知情与不知情，亦照私铸例枷号一个月，仗一百，徒一年。从这个惩罚条例来看，雍正所用的惩罚手段显然过分严厉，由于“该管地方官并邻佑房主照私铸例治罪”，地方官和私铸罪分子的左邻右舍必然会因惧怕受到惩处而隐瞒实情。

除了清查亏空、净化官场风气之外，雍正还实施了另外两次改革——耗羡归公和养廉银制度。

耗羡归公的提出有效地杜绝了官吏的私征钱粮之路，使吏治得以澄清。养廉银制度就是给足官员的生活、办公费用，不许他们贪污。保证廉洁奉公。耗羡归公的推行也使官员失去了自行支配的耗羡银，杜绝了馈赠上司的财道，各级官员只有依靠朝廷的俸禄，如此来保障吏治的清廉。这三项大事同时进行，使官场上贪婪勒索的风气习惯和腐败的吏治大加改观。

雍正有言：“安民之道，唯以察吏。诸卿果能秉公，毫不瞻顾，沽誉姑容，则吏治必清，天下大治。”政治腐败离不开经济腐败，而整个社会面貌与之清浊相对应。政治经济面貌与国民精神的面貌是一体的。

雍正大力打击官场中的贪污现象，必然会堵住许多官吏的生财之道，使他们处在生活艰难的境地。而当时中国官吏的腐败，地方政治的废弛，实际上是由官吏待遇菲薄造成的。当时，清朝官吏的俸银在中国历代封建王朝中几乎是最低的。清制规定——文武百官的俸薪是：一品银 180 两，二品 155 两外，还有俸米，每银一两给米一斛；而且，外任文官还没有俸米，武官更低于文官。这样，一个九品小官所得的俸禄相当于一个地主出租 50 亩地所收的地租，如此微薄的收入，又怎么能使各级官吏养家糊口呢？由此可见，当时清朝官吏的贪污应该说是迫不得已的，而雍正在打击贪污的过程中，也发现了这个问题，于是决定采取一种新的举措，以提高官吏的生活水平，这就是建立所谓的养廉银制度。

养廉银制度和耗羡归公是密不可分的。所谓耗羡，是自明代以来各地方政府实行的一种不成文的税收政策。由于明清两代官吏薪俸低薄，所以，历任统治者为了增加官吏收入，允许各级政府在为国家收取正税的同时，额外再增加一层附加税，而这层附加税，就是用来提高各级官吏的收入以及用作地方办公费用的——这就是所谓的提耗羡。这就给各级官吏带来了钻空子的漏洞。他们往往任意增加附加税，并私自截留，中饱私囊，从而造成了乱摊派现象，给劳动人民带来沉重的经济负担。清时的赵申乔曾感慨地写道：“惟横征私派，黄祸尤烈！如收解钱粮，私加耗羡；解费杂徭，每浮额数……”

雍正在当政前，就对吏治败坏、贪污纳贿成风的问题有了深刻的了解。所以，雍正在即位后不久就指出：“朕观古之纯臣，载在史册者，兴利除弊，以实心行实政，实至而名亦归之。古曰：名者，实之华也。今之居官者，钓誉以取名，肥家以为实，而云名实兼收。不知所谓名者，果何谓也！更有仕宦之初，颇著廉名。及身跻大位，则顿易其操，古人谓之巧宦，其心事岂可问乎！”雍正的这番话，不但解释了名实兼收的本意，同时还一语道破了某些人做官的目的，揭露了他们贪婪不法的本质，可谓见解深刻、体察入微。对此，雍正不得不采取一系列措施来解决上述问题。除摊丁入亩和清查亏空、打击贪污外，雍正所采取的另一种项措施就是提耗羡、设养廉。

“耗羡归公”，就是把各州县征收的原本是由州县支配的开支用银全部交到省里，再由省里按一定比例发回地方。把所有的耗羡都交上来以后，州县官们知道多征对自己也没有好处，也就不会出现滥征的情况了，老百姓的负担也会相应减轻。这样既加强了中央的控制能力，又可以减轻老百姓的负担，于国于民，都是好事。耗羡归公之后，雍正规定了它的三大用途：一是发给官员养廉银；二是弥补地方钱粮亏空；三是留作地方公共事业和办公费用。在雍正初期，相当部分的耗羡银用在了补偿地方钱粮亏空的方面。此后，亏空基本上被补足后，这部分费用就被转到了地方官员的养廉上。

所谓“养廉银”，顾名思义，就是从耗羡中拨出一部分用于官员的私人生活和衙门公务开支的银两。更确切地说，就是把官员养起来，让保证其在丰衣足食后廉洁奉公，不再贪污受贿、鱼肉百姓。

水至清无鱼，人至察无友，雍正对此看得非常透彻，因此他在实行耗羡归公的同时就说：“恐名官无以养廉，以致苛索百姓，故于耗羡中的酌定数目，以为日用之资。”意即：我怕耗羡归公之后各级官吏断了财路，会更加勒索百姓，所以决定从耗羡中拿出一部分奖金分发给各级官吏作为奖励，以杜绝贪污现象。此后，随着各省钱粮亏空逐渐弥补清楚，地方官吏廉银亦随之不断增加。另外，在这一个过程中，雍正也逐步将养廉银的发放规范化、制度化了。

到雍正十二年（1734 年），地方各级官吏所得的养廉银数量，已超出了正式薪俸的几十倍甚至上百倍。例如：原督抚的薪俸仅为 180 两左右，其养廉银却高达 15000~30000 两不等。原州县官吏的薪俸仅为 45 两左右，其养廉银却高达 4000~6000 两不等，地方官吏的问题虽解决了，但京官的俸禄低微的问题更显得突出了。考虑到这一矛盾如果不能及时加以解决，势必难以杜绝外任官员向京官送礼的现象。为此，雍正决定给吏、户、兵、刑、工五部尚书、侍郎发双俸，并给汉人小京官加俸银若干，这就使京城内外的一切官吏都尝到了改革的好处，再没有对耗羡归公一事评头论足的了。

雍正有一句名言："世间事不过择一是路力行之，利害不管，是非不顾，一切阻挠乱之无知庸流，毫不能动此坚忍不拔之志，方能成事也。"雍正在实行清查亏空、耗羡归公、养廉银制三项措施后，还一举打击了恣意加派，接受规礼，贪婪勒索等官场恶习，并肃清政治，稳定人心。雍正的这一做法，可谓是虑事周详、统观全局、恩威并重、赏罚分明，清查亏空，反贪必须养廉，否则无从附着。高薪养廉，雍正这一招抓住了大多数人做官为发财的本质，让他们拿在明处，而无须偷偷摸摸。这就从根本上堵住了某些贪官污吏的退路，使他们再无苛索百姓的理由。

雍正在位虽然时间不长，但是却进行了诸多的改革，使康熙后期的混乱局面为之一新。他整顿吏治，清查亏空，并创建了养廉银制度，使得朝政立刻畅通无阻，为乾隆朝的兴盛打下了基础。

（四）用人以疑

雍正执政初年，官场结党倾轧之风屡禁不止，人心难测，口是心非、阳奉阴违、被视为负恩者大有人在；政敌们故意添乱，搅乱视听，播散流言。这些都使雍正的疑心加重，以致形成一种职业性的病态心理。同时，雍正极有政治抱负，要成一代明主、尧舜之君，这就必须首先做到在用人上耳聪目明，避免大的闪失；其次还要明察暗访，对所用之人进行动态观察，进退取舍，基本趋于合理、公正。

雍正曾一度过于轻信人，对宠臣过于依赖，说了许多过头话，办了一些过头事。年羹尧事件以后，他一度又过于怀疑人，深悔以前的幼稚，大有怀疑一切、打倒一切之势。他一度怀疑河南河北总兵官纪成斌和年羹尧关系暧昧，屡次特加试探，初不相信对方的表白，直到纪成斌拿出实据，说明年羹尧不但不赏识自己，反而痛恨和压抑自己时，雍正才明确表示："览此奏，朕心释然矣。"大体上说，雍正主政五六年后，用人上才定型化，得出"过疑则失人，过信则自失"的至理名言。他将不敢轻信别人一句话作为用人第一妙诀，声称别人有一事见信，不可就信其百事皆实；一事见疑，也不可就疑其将来百事皆诈。这表明他政治上越来越成熟了。

雍正是如何监视天下官僚的？野史笔记小说中的雍正，疑心特重，不相信任何人，常派侍卫等近臣暗中访查监视中外臣僚，说得神乎其神，多是捕风捉影的不实之词，自不必深信。不过，他对京师里的朝官监视，确实有过以心腹互相访查的现象，清宗室昭梿就有这方面的记载，大体可信。

对政敌们所散布的谣言，雍正都能及时予以驳辩，甚至允禩在府上偶尔发几句牢骚，雍正也能知道，究其所由，雍正确实建有一套监视朝官的情报网。更何况，他偶尔也自露一些已失去价值的秘密。譬如，他不放心自幼在藩邸侍奉的属人傅鼐，曾密令隆科多不时监视稽查，原因是二人住址相近，便于访察。后来，傅鼐不法骗诈财物事败，隆科多也因他事失宠，为罗织隆科多背地结党、不遵圣旨的罪名，雍正竟将这一秘密公布于众。至于公开安排某人监视某人的事，雍正也干过。傅鼐身败后，本应发遣黑龙江，不久，雍正又别出心裁，令傅鼐去盛京，监视已经失势、正在接受审查的奉天府尹蔡珽，明令蔡珽所办之事都让傅鼐知道，但傅鼐只管监视，不需干涉。可见，雍正的机权是多么阴深！

用举荐人监视被举荐人，主子监视奴才、为官尊长者约束族人亲戚，这是雍正惯用的控制官吏的权术。为广闻博采，周知人才，雍正明令内外大臣有荐人之责，大臣们闻风而动，纷纷举荐所知的属员，甚至跨省区推荐，我们在已刊未刊的奏折上很容易看到臣僚荐人及雍正择优录用的情况。不久，雍正发现徇私舞弊的荐人现象，明诫人们要公私分明，要求推荐人对被推荐人过失负有连带责任，发现被荐人有过，必须积极参劾，对被荐人要时时加以访查。田文镜主动揭发所荐的江西瑞州府知府刘元琦、山西汾州府同知杨飞熊有不法行为，得到雍正的谅解，没被追究误举过错。相反，年羹尧等滥举地方大吏，后又不查，终成日后的罪过之一。同样，雍正令诸王公旗主对放为外任的属人进行稽查，也起到了一定的效用。至于亲属间的监督，是寓监督于训诫之中的，雍正很提倡为官尊长者督率为官卑幼的，认为这不仅有利于卑幼者上进，进一步光宗耀祖，还可以使尊长者不为兄弟子侄和亲朋所累。在雍正心目中，他始终把大臣是否能约束家人亲友作为考察其人品行操守的一个视角。但也不强求，有些大臣的子弟出了问题，只要大臣不徇私情掩饰，他并不将罪过算在大臣头上。张廷璐为官名声不好，总有人打他的小报告，曾被夺职，但雍正并没有因此怪罪其兄张廷玉。

通过正常的制度建设，也可在一定程度上达到约束监督官吏的目的。都察院是全国的最高行政监察机关，雍正对监察御史和给事中寄予厚望，屡颁谕旨鼓励科道官下举参劾内外所有不职不法官吏，一度许给封章奏事的特权，对上可规谏皇帝用人得失。但是，由于体制、时代等各方面原因，这些“耳目之官”并没有起到其应有作用，雍正对此极为不满。对于中小官吏，主要有针对他们的“京察”“大计”等考核制度，届时，可根据才、守、政、年四项标准，发现“卓异”贤才，罢革调罚贪酷、浮躁、年老、不谨、罢软、有疾、才力不及等劣官。但是，这种定期的考核制度早已形式化，所以，雍正便要求地方长官可随时题参贪劣属吏，并将“察吏”作为地方长官最重要的一项常务性工作，不需疏懈，否则要连带受处。

其实，雍正控制文武百官（主要是地方中级以上文武官员）的拿手秘密武器就是密折制度。地方官员密报皇帝公私事宜的文书制度即密折制度，并不始于雍正，但在清代，只有雍正把它运用得出神入化，发挥了多种功效。其中，密折制度最主要的功能，一是使皇帝不出国门就周知、遥控天下事；二是造成了地方官之间互相监视稽查的效果。可以说，雍正仅仅运用一种文书制度，就在全国设下无处不在的监视网，大小地方官都难以逃出他的视野。

这张无形的监视网的编成，来源于雍正的勤政，根植于他对地方吏治的高度重视。为了整饬地方吏治，雍正重点抓的是地方人事安排，他认为，某县有个好知县，则全县受益；一个贤能的知府，必定使该府大治，以此类推，总督、巡抚的好与坏，与地方吏治民生休戚相关。所以，他不但在密折朱批中让督抚将军、布按提镇等文武大吏发表对属官的看法，而且，还向这个大吏打听那个大僚的情况，或向属吏探问其长官的情况。如此，源源不断的信息都集中到雍正那里，然后再经“信息处理”，几乎所有的地方高中官吏和部分低级官吏，都在雍正的“圣鉴”之中。当然，有的“巧宦”做官圆滑，密折信息也有失真的时候。譬如，谢旻早就为雍正所知，雍正继位后，将其从户部郎中提拔为湖南、河南的按察使、布政使，因其历任上司督抚都说他为官优等，再升为江西巡抚。但雍正发现此人在巡抚任上有许多虚伪可疑之处，遂密令各处访察，结果，“内外无有言其过者”。不得已，雍正将谢旻内调为工部右侍郎，放在眼皮底下亲加试看；同时，令继位巡抚常安留意调查他任期内所有不妥之处。结果，真相大白，谢旻在任期间，江西吏治废弛，官粮欠征，营伍旷废，社会治安情况很坏。这下把雍正气得暴跳如雷，对谢旻如何赢得一片赞誉大惑不解，立即撤销了他的职务。

不过，像谢旻一样能躲避密折监督的人不是很多。这种情况的发生，有如下三个原因：一是像鄂尔泰、田文镜等已有定论的一流宠臣，一般人不敢惹祸参劾，皇帝也认为没有再深入访查的必要，对于他们不利的密报很难产生；二是像谢旻“巧宦”，他们善于八面讨好，虽无所作为，安于现状，却上不得罪长官、朝臣，下不苛求属吏、百姓，甚至土豪劣绅流氓无赖都是一片叫好声。这般人在任时能赢得多方称誉，离任时官民拦轿挽留，甚至罢市以抗朝命，他们实在是貌似忠诚谨慎，实际上却是一伙地地道道的欺世盗名之徒，对国家有害无利；三是边远省份的将军、督抚等大吏，狼狈为奸、沆瀣一气，邪气压倒了正气，西风压过了东风，到头来，使皇帝所得到的信息失真，但这种情况不会持续很久。譬如，雍正五年春以来，广东巡抚杨文乾先是请假，料理其父、湖广总督杨宗仁的丧事，同年八月，他又奉命去福建，调查该省仓库亏空大案，尽得实情。次年年初，杨文乾回广东后，发现米价腾贵，百姓流离，八旗兵偷窃成风，社会治安情况大坏，“盗贼横行”，广东已面目皆非。更重要的是，广东将军石礼哈，署抚常赉、阿克敦，布政使官达，按察使方愿英等，串通一气，互为朋蔽，石礼哈怕官达告状，以兄相待；阿克敦又惧石礼哈密奏，故趋奉石礼哈并结为儿女亲家；常赉既畏石礼哈之狂妄，又惧官达之强横，迎合曲从于其间。杨文乾将此情况密奏于雍正，雍正一直比较信任杨文乾，览奏大怒，即传命总督孔毓珣与杨文乾会同调查审讯。不久，将阿克敦、常赉革职。但杨文乾没等看到案子结果，就因积劳成疾于当年七月去世。据说，杨文乾病故后，阿克敦、官达、方愿英等，演戏摆宴庆贺，气得雍正恼羞成怒，差点没把阿克敦处死！

其实，上述广东省的案子很具代表性，雍正要想获得真实情报，辨别真伪虚实，实际上必须费尽苦心。杨文乾之所以密参广东诸大员，也是有内情的。他与石礼哈向来不合，而石礼哈是一介武夫，经鄂尔泰推许，雍正对其很器重，故一路升迁，所以，他敢于不把同僚放在眼里；常赉、官达都是雍正刻意培养的藩邸旧人，一般人不敢轻易触怒他们，特别是常赉，出于将门之后，正受宠信，只有不知深浅的石礼哈敢折冲他。常赉此前为福建巡抚，而杨文乾去福建查亏空，实际上查的就是常赉，常赉为先发制人，恶人先告状，疏参杨文乾招权纳贿。雍正向来相信杨文乾的操守，经此一事，反而怒责他也是个弄巧成拙的“巧宦”，警告杨文乾若不悔悟，将名实俱败、噬脐莫及！幸而杨文乾在福建查案很卖力气，重新获得皇帝的信任；同时，常赉在福建的亏空案已有定论，在广东“讳盗”丑事也是路人皆知。所以，当杨文乾反戈一击时，才能一举成功，更因他死得适时，雍正才不便再追究往事，反而将他作为一个公忠体国的典型予以表彰。

雍正所掌握的情报，经综合印证，大多数是相当准确的。河道总督齐苏勒以近 70 高龄，奔走于治河第一线，此人操守颇好，但隆科多在雍正面前讲他的坏话，说他操守平常；年羹尧也数次对雍正说，齐苏勒不学无术，难以胜任河务。为此，雍正屡次密令察访，其中，刚任河南布政使的田文镜初次奉命访察“河臣齐苏勒其人究竟如何”时，曾顺着皇帝的口径说，齐苏勒确实像皇上评价的那样，冰清玉洁、一尘不染，对

河务极其熟练；同时，也说齐苏勒为人性格微躁，每多逞才自用，别人不能赞一言。雍正览折后，承认田文镜评价比较公道，但对齐苏勒还不放心，指示再加细访："齐苏勒一尘不染，果然乎?"可见，他对传言务必澄清后才罢手。后来，通过多方印证和齐苏勒个人的自我表白，雍正确认隆科多是在落井下石，齐苏勒果真是个清、慎、勤均具备的难得人才。

雍正时期，具有专折奏事的人范围大大扩充了。除了大学士、尚书、侍郎、科道等朝官，地方督、抚、藩、臬、提、镇等大员外，雍正还视亲疏关系及需要，特许一些道员、知府、同知、学政、副将、参领等中低微末官员专折密奏事务。当然，他这样做，并不是一定要形成以下制上的违反官常等级的效果，因为他常常告诫中下级官员中有密折奏事权的人，千万不要僭越！一次，雍正对鄂尔泰的侄子鄂昌说：今许你们下僚也得以密折奏事，不过是想扩大耳目，"朕断未有不信督抚两司而专听信道员之理！"不过，他同时也说，对同省或别省的文武长官谁公谁私等等，不必一定有真知灼见时入奏，可以风闻入告。可见，雍正虽不专听下僚的小报告，但事实上，凡有密折奏事权的人，对上司，对属官，都具有一定的威慑力。雍正就利用这一点，把所有人都玩在掌上，那些拥有密折奏事特权的人，都成了皇帝一人直接操纵和控制的公开特务——他们一方面可以监督别人，另一方面又处在许多人的监督之下，谁都难以躲过皇帝的耳目，要想欺骗皇帝更难上加难。

雍正驾驭臣僚另一种常用的权术是使功不如使过，总让人在心惊胆战中过日子，这也是因为是雍正疑心重所导致的。

在雍正看来，天下人中材居多，上哲和下愚的人为少，用人不患人才杂，关键在于如何驾驭，使人尽其才，有一份才就能为我所用。雍正曾向鄂尔泰透露用人观点，说庸碌、安分的人，驾驭虽然省力，只恐误事；用那些有才能的人，要费一番心力，方可操纵，若遇不到有才能的大员，转不如用忠厚老成之人。他这段话，实在是自己的经验之谈。静态地看，雍正朝地方大吏像鄂尔泰、田文镜、李卫等干练之人，非常有限，当时多是一些维持性人物，其中不乏庸碌、安分、洁己、沽名之徒。动态地看，一旦因官吏平庸而使地方吏治废弛，社会不稳，雍正就思量调换干才代之，待该地情况大局好转时，便以中材官吏代之。鄂、田、李等离任或死后，代他们治理云贵、河南、浙江等所属难治之地的，都不是雍正眼中的上等人才，而是属忠厚老成型的。对这些人，雍正总是不殚其繁地诫其改掉优柔寡断、沽名钓誉等毛病，时而制造点"错误"出来，令其改过，使用起来反倒顺手。

雍正对尹泰、尹继善父子的驾驭，就含有浓重的权术在内。尹泰原为国子监祭酒，康熙末年因病罢职，闲居在锦州。雍正在藩邸时，曾奉命到奉天谒祖陵，过锦州，留住在尹泰家。那时，他正在网罗助己争储的亲信，与尹泰交谈，觉得此人很有思想，更觉尹泰之子尹继善聪明有为。雍正继位次年，尹继善考中进士，同年，尹泰也被召回京，授内阁学士。自此后，父子俩官运隆旺，尹泰以左都御史衔协理奉天将军，但因年已70，思想保守，精力不及，盛京吏治废弛，因而两次受处，雍正六年（1728年）时一度被夺官。正在这时，雍正发现尹继善是个人才，短期内可以造就成独当一面的封疆大吏，所以，于六年将其放为外任，先以内阁侍读身份协理河务，不久即命署理江苏巡抚。与此同时，尹泰也官复原职。但是，雍正没有忘记使用权术，一方面告诫尹泰要改掉以前的毛病；另一方面，又明告尹继善：不要效法乃父的瞻徇痼习，“负朕深恩”，此番之所以赦免其罪，一是怜其衰老，二是看你尚可造就，为国家效力。尹继善马上具折谢恩，感谢皇帝将父亲破格拔于泥淖之中，置于青云之上，又屡宥其过，并说乃父已寄信于地，除感激皇上再造之恩外，还勉励做儿子的要忠公为国，实心出力——最后，尹继善表示，“愿生生世世永效犬马微劳”，以酬报圣恩。雍正看到此折后，心中自然高兴，但是，他对尹继善不肯说心里话，朱批中说“朕从不枉法冤人，亦不违法宥人”，用人一本“公平”二字，并说尹泰原无罪过，谈不上什么宽宥。如此，尹泰父子只能在心惊胆战中恪尽职守，不敢疏怠了。由于日后父子俩互相勉励，像犬马一样供天子驱使，雍正自然予以回报，尹泰以70高龄授为东阁大学士兼吏部尚书，仕路平坦无波折；尹继善步步高升，最初虽做署官被试用，但云贵广西总督鄂尔泰于雍正九年内召后，雍正只让素来优柔寡断、性情平和的高其倬做一段过渡总督后，就令尹继善接替高其倬的总督任。

通过尹泰、尹继善父子的例子，我们可以明显看出雍正使功不如使过的用人术。尹泰属于前朝废弃不用的人，而雍正观其可用，遂复其官。与尹泰情况大致同类的，并不少见，像久沉下僚不得施展的田文镜，因科举出事而在河工赎罪的才子李绂等，都是雍正大胆加以起用的，致使这般形同废人的人“柳暗花明”。不过，其中有的人经受住了考验，得以重用，有的则起落无常，如李绂之辈即是。总起来看，雍正对上述之人驾驭起来很方便，欲罪则其人俯首帖耳，欲用则其人感奋图报，颇好摆布。尹继善则属新进之辈，是雍正刻意按自己的方式加以培养的人才，对于这些人，他往往量才任用，放在具体职位上试用观察，若其才可以造就，常常故意任以繁难之事，亲加训诲，有过虽宥，但却常以此为话柄激励其上进，这实际上是一种善意的造就人才的权术。当然，如果其人才短心邪，雍正则毫不犹豫地去之。

对于一些特殊人物，雍正所运用的使功不如使过的权术，则明显表现出歹意来。众所周知，雍正在藩邸时曾拉拢过鄂尔泰，而当时做内务府员外郎的鄂尔泰正色拒之。雍正实际上是一个比较记仇的人，他刚继位，就差鄂尔泰到边远的云南做乡试副考官；差毕，则遣其到向属难治的江苏做布政使，虽则是升迁，但其中暗藏着杀机，因为江苏乃是非之地，雍正随便就可找个借口治罪于他。实际上，鄂尔泰不仅因为从前拒绝雍亲王的好意而遭清算，而且，很可能当年排错了队，或后来钻营年羹尧的门户，总之，直到二年底时，雍正还在责难他。从现存宫中未刊的江苏巡抚何天培的奏折及折批中，就可看出，雍正责难鄂尔泰"乱跑门路，寻倚仗"；鄂尔泰承认自己是"一介书愚"，是"庸才"，表示彻底悔悟。在此之前，鄂尔泰因其在京兄弟私看密折而遭严旨训诫，与犯有同类毛病的闽浙总督满保、山西巡抚诺岷、云南巡抚杨名时等人一起，被剥夺密折奏事的特权。雍正同时表示，日后有督抚大吏的折子被在京子弟亲朋私启者，一经发觉，定将私看之人正法。那么，雍正不久后的那次谴责，很显然与这次泄密有关，至于还有什么另外原因，不得确知。但前后联系一下，在鄂尔泰没有得宠前，雍正一直在考验他，其中不排除旧怨作祟的可能性，也有因年羹尧曾保荐而怀疑其结党的因素。

雍正还善于分化和瓦解政敌和随时出现的被视为异己集团中的人。他所用甚至一度重用的人中，有许多人就属这种情况。对这类人的驾驭，其拿手的法宝就是"使过术"。到头来，一些人经不住考验，被排除到统治层之外了；有一部分人小心谨慎、任人摆布，受到信任，但即使身居显要，也不敢作恶为非；有的人数起数落，活得很累。两江总督查弼纳深知允禩、苏努、隆科多等人的内情旧事，雍正为挫败政敌，尽情罗织罪名，曾8次诏令查弼纳提供线索和证据。而查弼纳坚持不吐实情，雍正只好调其入京亲自审问，动之以情，晓之以法，终于得到所需要的重要口供。王公大臣们根据查弼纳涉身"邪党"的罪行，请将其正法，而雍正一方面表示，查弼纳既然已据实招供，岂能正法？另一方面则威胁查弼纳如不痛改前非，定行正法，决不宽恕。同时，改夺官为起用，后竟授为兵部尚书、征准噶尔蒙古的北路军副将军。雍正九年，北路军大败，查弼纳不愿再次面对狱吏，冲入敌阵战死。

至于雍正对藩邸旧人，除了对年羹尧大宠大恨外，戴铎、戴锦、博儿多等人因没有提拔价值而置闲散；其他如常赉、沈廷正、傅鼐等稍有出息的，都遭到罪谴或严责而后再起用，在此过程中，雍正也屡屡降旨训诫。这些人在主子做皇帝后，几乎都在心惊胆战中度日，反倒不如从前逍遥自在了。

打击朋党

（一）查嗣庭案

这是一个有口皆碑的传闻。

口碑主人查嗣庭，字横浦，浙江海宁人，康熙四十七年（1708）进士，三吴文学名士查慎行胞弟。因才华超群，长于歌赋书法，为隆科多推重。雍正初年，擢为内阁学士，在内廷行走；后礼部员缺需人补急，又得直隶总督、议政大臣蔡珽荐举，兼任礼部侍郎。正值查氏青云直上之际，朝廷接连发生了几件大事：

年大将军因“夕阳朝乾”奏本见杀；幕僚汪景祺著《读书堂西征随笔》被戮；隆科多以私藏玉牒遭幽禁；蔡珽、李绂被田文镜弹劾为“科甲同盟”而被贬。对查嗣庭，雍正本来就没有好看法，说他长就一副“狼顾”丑相，没安好心，怀有异志，又“趋附”隆科多、蔡廷，自然被视为隆蔡党羽，予以惩治。但查与隆、蔡仅仅是私人交往，看不出明显的政治意向。欲打成同党，又苦于口实不足，而专制造杀查的借口，在专制时代，最廉价的办法，大抵莫过于大兴文字狱了。“维民所止”的遗闻，正是在这种背景下出现的。

雍正四年七月，正值各省乡试届临之际，雍正以江西大省，须得大员专典试事，有意让查嗣庭作正考官，命其偕副主考俞鸿图同往江西南昌。九月十三日试毕，在返京的途中，突然有人密报查氏试题乖张，居心不良。不久，九卿、科道将试题恭呈御览。首题是“居子不以言举人，不以人废言。”这话讲得全面，没有错。意思是，择人标准，要看人的行为，因为以言取人，人饰其言；只有以行取人，人可竭其行。当然，也不要因人废言。而当时朝廷方行保举，让内外大小臣工举荐人才，雍正抓住这一政治背景，以尧舜时“敷奏以言”为借口，指斥查嗣庭“不以言举人”为“悖谬”，意在讥讽朝政，反对“国家取士之道。”二题是“介然用之而成路，为闻不用则茅塞之矣。”这是孟子的话，意思是，分明如山地上的路，只因走的人多了，才变成路；没有人走就会茅草丛生。雍正斥道，这话“不知何指，其居心实不可问。”三题是，“其旨远，其辞文。”《易经》次题“正大而天地之情可见矣；”《诗经》四题“百室盈止，妇子宁止。”这里，雍正把《易经》次题与《诗经》四题联系起来，让人们从“其旨远，其辞文”的高度来分析，结果还是个司芬克斯之谜，谁也猜不着。无奈，雍正自己解释道：《易经》次题前用“正”字，《诗经》四题后用“止”字，说是查嗣庭有意要把他年号中的“正”字拆成“一止”，这同汪景琪的《历代年号论》是“一路货色”。雍正认为，查氏在攻击他的年号，诅咒他也逃脱不了“一止”之象的厄运。

试题中，最使雍正恼火的，要算是“维民所止”了。好心人向雍正解释道：这题的本意，是取义于明朝即将危亡，大厦将要倾记，幸得大清王朝维系，才告停止。世宗听后，最初很高兴，很称许，表彰查氏晓事理，识大义。不久，一个太监进了谗：“皇上，这是大逆，为啥要表彰？”世宗忙问：“这话怎么讲？”太监回答说：“这道试题有两层意思。第一层意思是咒骂皇上，你看，‘维’字是‘为’的谐音，‘止’字是指的谐音，又含有掩杀的意思。讲白了，就是说：‘皇上啊，你为天下万民所指的人呀！’或者说，‘你是天下人掩杀的人呀！’第二层意思，可就严重了。纵向看这道题，好像是颂扬我大清王朝挽救了行将灭亡的前明，若是横向一瞧，全是诋斥满洲，叫人触目惊心！你看，‘维止’二字，不是想要砍掉‘雍正’的脑袋吗？”世宗侧向一看，果然，当即震怒起来，一道圣旨，查氏被械送至京，急令浙督鄂密达、巡抚李卫搜抄查氏寓所、行装，得细字密写日记二本。不待凌迟枭示，查已瘐死狱中。世宗因汪景祺、查嗣庭都是浙籍，认为浙江省士风浇薄，玷辱科名，下令停止浙省乡会两试，还派光禄寺卿王国栋为观风整俗使，以资化导劝惩。

这是法后余波，无非看到浙省文人富于抗清精神，不得不采取这种劝告手段，使他们勿萌异志罢了。

（二）钱名世案

在整汉年羹尧的过程中，从年羹尧的寓所查抄出钱名世的赠诗。对雍正来说，这是意外的收获，为惩治年党提供了新的靶子。

钱名世，字亮工，号詷菴，籍江苏武进。康熙四十二年，钦赐进士，殿试又蟾宫挂桂，成为举世瞩目的探花郎，而官仅至侍讲。其人生来聪颖，多灵气，长诗文，擅歌赋。早年从师万斯同，深得器重，曾参修《明史》《子史精华》等书，其中，辞章润色，多出其手，于诗坛文坛亦颇负盛名。可惜，人品不端，名声不佳。据说，万斯同的丧礼是他主持操办的，而事后竟将授业贤师的大量藏书据为己有，一时间，为士林不齿。至于说他是年党，倒也未必。他同年氏素昧平生，仕途上又无任何瓜葛，更谈不上朋以为党了。而雍正视其为年党，一则是他同年氏己卯南北乡试同年，都中了举人，一则是他作诗稍颂年羹尧。其实，赠诗是在特定背景下发生的，充其量不过是想攀高结贵。雍正元年，青海罗卜藏丹津举兵反叛，瞬息间，气势汹汹，干戈沸腾，身为抚远大将军的年羹尧，奉世宗之命，统军征战，他运筹帷幄，身历戎行，舍生忘死，出入锋镝间，经数月鏖战，荡平乱寇，荣获奇功。世宗喜不胜喜，将封年羹尧为一等公。翌年，回京陛见，又为年举行盛大的欢迎仪式，令诸王乘骑郊迎，王公以下之九卿、翰詹科道及督抚大臣，都要跪迎，仪注隆重，对于年羹尧来说，可谓位崇五体，礼绝百僚，人臣之望已极。由于世宗的宠异，年羹尧威风张扬，目无朝贵，贯缰紫骝，绝驰入京。对于伏地而迎的文武百僚，年竟置之不理，即使王公下马问候，年也不过是微微点头而已。正是在年权倾一时、最受宠异之际，伴随歌颂年的礼乐，钱名世唱出了他的心声。在一首诗中他盛赞年“分陕旌旗周召伯，从天鼓角汉将军。”把年比喻为周代的召伯，召伯曾佐助武王灭商，并开创燕国的圣业，后与周公旦分陕而沿，成为独霸一方的功臣；又喻年为汉代的大将军卫青、霍去病，驰骋疆场，扫灭匈奴，成为名垂青史的英雄。在另一首诗中，除极力称颂年羹尧外，还建言道：“钟鼎名勒山河誓，番藏宜刊第二碑。”钱名世生怕别人不明白，还特做了注释：“公（指年）调兵取藏，宜刊一碑，附于平藏碑之后。”原来，康熙五十九年，皇十四子胤禵奉圣祖之命，督师入藏，迅奏成功，康熙为胤禵建：“平藏碑。”彰其功绩；当时，身任四川总督的年羹尧佩定西将军印，参加了平藏之役，立有战功，所以钱名世建议，也应给年羹尧勒石刻碑，并加这记功碑竖在“平藏碑”之后，同胤禵一样，让年羹尧的功绩，与山河共在，永垂后世。

钱名世才华横溢，在诗坛文坛上名声大噪；而当时的知识界，确实存在着一股歪风，一些不要脸的知识分子，既不自尊，也不自爱，喜欢溜须拍马、蝇营狗苟，还善于趋炎附势、谄媚钻营、巴结权贵。其中，钱名世则是这一恶习的代表。若听任这种恶习滋长蔓延，势必助长朋党之风，威胁皇权，所以雍正从打击朋党的高度入手，决定收拾钱名世。

雍正四年（1726）三月三十日，大学士、九卿等奏道：食侍讲俸禄的钱名世，作诗投赠年羹尧，称功颂德，备极谄媚。并把平定西藏的功劳，记在年羹尧头上，说什么要在圣祖皇帝的“平藏碑”后再立一碑，真是大逆不道，应当革职、交给刑部从重治罪。不久，雍正做出了最高指示：钱名世颇有文名，可惜行止不端，立身卑污，谄媚成性，作诗词颂扬奸恶，自取罪戾。既已文辞颂奸恶，这就违背了孔孟的遗教，为儒门所不容。但他的罪尚不至于死，因为大清律例上没有以谄媚科罪的规条，只好以牙还牙，以眼还眼，弄他个生也不成，生死不能。于是，把钱名世开除儒林，仅保留人籍，打发他回老家。并以文辞为国法，亲笔书写“名教罪人”四个大字，赏赐给他，还叫地方官制成精美的匾额，高高挂在钱名世的住宅上，用以诛灭他的巴结之心，叫他没脸见人，虽生犹死。同时，还命常州知府、武进知县于朔望之日，必往钱宅查视，一旦取下牌匾，立即上报治罪。这一招是雍正的新发明、新创造，也真厉害，把好生生地钱名世捉弄得“生非生来死非死！”

这么做，雍正还觉得不够味，他知道，这只能搞臭钱名世本人，未必能改变士林中的歪风。于是，在整人的道路上又继续前进，终于找到了士林斗士林的最好形式，即发动举人、进士出身的京官对钱名世进行大批判。这么做，既可以进一步搞臭钱名世，又可以使士林自己教育自己，自己解放自己，以钱为戒，增强免疫力。雍正说：钱名世是读书之人，不知大义，廉耻丧尽，凡文学正士，必深恶痛绝，切齿共愤，可令在京现任官员，由举人进士出身者，仿诗人刺恶之意，名为诗文，记其劣绩，以儆顽邪，并使天下读书人知所激劝，还要把作的诗汇齐缮呈，待朕批阅后，给付钱名世。据说，在京的进士、举人出身的官员，都响应这最高指示，人人以笔为刀枪，针对钱名世谄媚拍马人品，挖苦奚落、嬉笑怒骂，极尽口诛笔伐之能事。有个叫陈万策的正詹事，作诗骂道：“名世已同名世罪，亮工不异亮工奸。”意思是说，钱名世同康熙年间著有《南山集》的戴名世一样，都犯了“悖逆”之罪，钱亮工与年亮工（年羹尧字）一点不差，都是奸佞之徒。这种文字游戏，受到雍正的称赞，被评为群雄之冠；但也有不投意的诗，如侍读吴孝登的诗，因不合圣意，而罪为“谬妄”，最终被发配到宁古塔给披甲人做奴去了。

批判钱诗，后来辑成《御制钱名世》，按照雍正旨意，很快就印制出来。并分发各直省学宫书院，以警儒林文苑。作者凡三百八十五人，武英展纂修原进士方苞作了一首很有感触、很有兴味的诗，现录之于下：“名教贻羞世共嗤，此生空负圣明时，行邪惯履奇危径，记丑偏工庚佞词。胥枕惭多惟梦觉，夏畦劳茳独心知，人间无地堪容立，老去幡然悔已迟。”

“名教罪人”匾，是世宗善于整知识人的独创、“杰作”，对后世儒林至少有这样的启示：做人要正直，谄媚不可为。实在要巧伪、要巴结，请想想“名教罪人”匾。

（三）其他案例

用文字杀人，虽非清朝皇帝的发明，倒也是清帝的“专利”，尤以雍、乾父子为最。清承明制，在清代，“明”“清”等字不可擅用，稍有不慎，便大祸临头。据《履园丛话》载，昆山徐乾学的幼子字冠卿，名骏，少年聪敏，从举人周云陔课读，得乡举后，与其师同入京城，会试礼部，因不满师傅的管束，便以“百部”毒之，死于逆旅。京城内外，凡知此事者，均呼冠卿为“荣师傅”。荣师傅放狂不羁，捷南宫后，以庶吉士入词馆。有一次，上书言事，偶然把陛下的陛字，误写作奸狴的“狴”字，雍正见后恼怒，痛恨他的粗心，下令斥革，放归乡里。但事后雍正觉得怒气还没出净，又想到“荣师傅”是个文化人，就派员搜查他家的墨迹，发现诗集一部内有“明月有情还顾我，清风无意不留人”句，雍正以为思故明，厌我朝，有意讥讪，便降旨问罪：“原任庶吉士徐骏，狂诞居心，背戾性成，于诗文囊内造作讥讪悖乱之语，应照大不敬律拟斩立决；将文囊尽行销毁。”这位年轻的庶士就这样地结束了自己的一生！其实，清风、明月，乃我宋以来诗人的口头禅，可一人清帝之耳，就变成了“反清复明”的大逆。由此又忌读“朱”字。蔡显《闲闲录》中有题《紫牡丹》诗，内云：“夺朱非正色，异种也称王。”意思是说，紫牡丹比花王红牡丹的颜色还红，红得发紫发黑，已非真正的红色，虽说品种不同，但在争奇斗妍的花海中，竟能称王称霸。这仅仅是指黑牡丹花，既无寓意，也无恶意。而经清帝一解释，性质就全变了。清帝认为，自己的祖辈乘“闯匪”之乱，推翻了明朝统治，夺取了朱家天下，建立起大清王朝。而这大清朝，是一个满族人建立的政权。满族与汉族，非同种同宗，在汉族眼里，自然是异种，抢夺朱家天下，就是得权不正，就不是正统，即“非正色”，但却称帝称王，统治着整个华夏。故历代清帝总喋喋不休地辩狡着得位不正问题，谁有微词，谁就是大逆。满族是少数民族，史书上泛称作“胡”，清统治者对“胡”字特殊敏感，不许人说，说了就犯“法”。雍正间，上元车氏兄弟曾受吕留良案株连，困厄“明”“胡”之忌而被诛。据传，一天，哥哥车鼎丰同弟弟鼎贲小饮，用的是明瓷酒杯，底部有“盛化制造”字样，兄弟俩你一杯，我一杯，喝得正兴，鼎贲突然翻倒酒杯以示酒干，见底部“成化”年号，诗兴大作，开口唱道：“大明天下重相见”。哥哥亦不示弱，乘兴把酒壶置到一旁，高声和道：“且把壶儿搁一边。”这事后来被雍正知道了，怒不可遏，降下谕旨，指责车氏兄弟，生在我朝，心怀故明，怨望诽谤，罪恶弥天，又出资刊刻

《吕氏文集》传播夷狄之辩大于君臣之义，是其凶顽悖逆，至于此极。着将车氏兄弟明正典刑。

雍正朝举人徐述夔，家遭鼠患，放在箱橱内的衣服、帽子尽为鼠牙“批判”，害得他心神不安，难以成眠。他有写日记的习惯，无论发生什么事，包括鼠害，都形诸笔端。夜闻鼠声，在日记中叱道：“毁我衣冠皆鼠辈，捣尔巢穴是明朝。”意谓我的衣服、帽子都叫老鼠一类的东西给毁坏了，明天早晨就得把鼠穴捣毁，彻底肃清鼠患。可是，清帝以为是辱骂他们。原来清入关后，强迫汉族人剃发更改衣冠制度，当时流行着这样的民谚：“发披左，衣冠更，难华夏，遍地僧”；“孔雀翎，马蹄袖，衣冠中真禽兽。”……这是汉族人民对迫使他们改变风俗习惯的清朝统治者的反抗。这样，清帝自然将上述诗句理解为“毁坏我们汉族衣冠习惯的，是老鼠一样的清统治者，不要忘记，要捣你们老窝的是朱明王朝。日记中还有一首诗，其中有“明朝期振翮，一举去清都。”意思是“明天早上，想要振翼高飞，一下子飞到大清国都北京。”这里，“明朝”，“清都”，一是指时间，一是指空间，没有歪意。而一经清帝解释，可就不得了：“借朝夕之‘朝’，作朝代之‘朝’，且不用上、到等字，而用去清都，显寓兴复明朝，推翻我朝之意。”直到乾隆朝，《一柱楼》诗案爆发了，徐述夔的尸骨连同他的日记，都通通被毁了。

雍正四年（1726）十月二十九日，皇帝特向大学士、九卿发了一道上谕。谕旨大意是：朕自即位以来，从来就以皇父之心为心，以皇父之政为政，用人行政，力求宽严得当。但有些“愚昧无知”之人，在陈奏折内往往将皇父与朕之行事比喻为“春温秋肃，仁育义正”，其意无非是说皇父为政宽仁，朕为政严义。为此，雍正大谈宽严之道，硬是说今日与过去用人行政毫无二致。这样，那些本想为雍正严猛政治歌功颂德或作注脚的“马屁精”，像挨了当头一棒！

不过，这次雍正只是暗示大小臣僚们，不要在颂扬现政时犯忌讳，不要随便把过去、现在做对比。因为一旦将实情道出来，我雍正不就落得个改易皇父施政宽仁方针的不孝罪名了吗？可是，有的人偏偏误会雍正意图，硬是不识时务地颂扬皇帝，其结果，只能遭到恩将仇报的下场。邹汝鲁便是一个颂扬雍正的“罪人。”

雍正四、五年之交，先后有河道总督齐苏勒、副总河嵇曾筠、漕运总督张大有、河南巡抚田文镜、山东巡抚塞楞额、陕西巡抚法敏等奏称：黄河自陕西府谷县经自山西、河南、山东，直至江南桃源，冰开水清，湛然澄澈，是千年罕见的“上瑞”盛事。雍正得知如此祥瑞，怎不高兴！他特查古今史册，得出结论：像今天横亘三千余里、持续三旬的河清现象，是亘古未见的奇观异事！雍正相信：这乃是感应上天的结果，换句话讲，是因为政治清明，百姓丰足，才招致如此好的奇瑞。这对于被政敌搞得焦头烂额的雍正来说，是极有价值的事情。

雍正向来以不言祥瑞自居。所以，他最初对臣下们的祝贺之词，故意显得无动于衷，并连降谕旨，表示这种奇瑞哪是我这样平庸皇帝所能招致的！但他心内是乐于听人们颂扬他的"德政"的。

五年正月，太常寺卿邹汝鲁揣摩雍正心理，首上《河清颂》，以此想换取皇帝的嘉奖。不想，雍正看后颂扬诗篇，不但不高兴，反倒龙颜大怒。为此，他特降旨谴责邹汝鲁道："邹汝鲁所进《河清颂》内有'旧染维新，风移俗易'等语。朕御极以来，用人行政，事事效法皇考，凡朕所行政务，皆皇考已行之旧章；所颁谕旨，皆皇考已颁之宝训，并没有丝毫增损更张。对此，朕已屡行晓谕，大小臣工无不知之。今邹汝鲁所说'旧染维新、风移俗易'，不知出自何心？亦不知其有何所指？况且，所移者何风？所易者何俗？旧染者何事？维新者何政？而且，书经成语'旧染污俗，咸与维新'，此处岂可引用？邹汝鲁平常来京陛见条奏数事，皆属荒唐不可行之事，因转用为太常寺卿。朕见他言动举止，知非端方之人。又因他弟弟纵容家人生事被参革职，他心怀怨望，形于颜色。今正值河清之瑞，朕并未令臣工进献诗文。邹汝鲁若不善文辞，原可不必陈献；而他既然献了，竟然在颂词中出此悖谬之语，显系讥讪，甚属可恶！"下令九卿会同刑部严审定罪。

结果，刑部于次月以讥讪朝政罪，拟给邹汝鲁以革职、绞立决重处。雍正最后"法外施恩"，将邹从宽革职免死，发往河工效力。

这里要介绍雍正兴文字狱的事情了。文字狱是清初康、雍、乾三朝的甚为著称的大狱。据统计，三朝文字狱有80余起之多，而康熙朝的明史狱与雍正朝的吕留良狱则是最大的两起。

在吕留良案勃发之前，雍正已兴了几件文字狱。

先是雍正四年（1726年）江西考官查嗣庭的试题案发生，被雍正抓住兴起大狱。查嗣庭是浙江宁海人，康熙朝进士。由隆科多荐举，任内阁学士兼礼部侍郎，雍正四年举行的各省乡试，他去江西任考官。他为江西乡试出的题目中有《正大而天地之情可见矣》和《百室盈止妇子宁止》两题，而又有一题是《其旨远其辞文》。这三题各出自《易经》和《诗经》。试毕，被人告到朝廷，说试题荒谬，有意攻击当朝。雍正接到报告，见查嗣庭是隆科多保荐的，当时正在审理隆的案子，以为查是隆的朋党，便格外重视起来。

雍正的四书、五经底子很厚，些许章句难不住他；没有问题，他也要找出毛病。经他反复研究，问题果然查出来了：他把两个题首尾两字相连是“正止”，而另一题是“其旨远其辞文”，雍正认为这是说要在题意之外去联想其意义，于是他联想到年羹尧案中有个汪景祺曾诽谤过雍正的年号，说雍正的“正”字是“一止”，前代年号中凡带正字的都不祥，如明英宗的正统、明武宗的正德、元顺帝的至正、金哀宗的正大、金海陵王的正隆等，不是亡国之君就是短命之君，是极犯忌讳的“一止之象”。查嗣庭是仿效汪景祺，也诅咒雍正是不祥的皇帝。

于是下令逮捕查嗣庭，抄了他的家。抄出了查的日记，雍正看了又认为查嗣庭攻击康熙为政之道不能任用贤才、兴文字狱、无故裁汰官员等。查嗣庭未等宣判便囚死狱中，他被戮尸枭首，儿子被定为斩监候，家属流放。江西巡抚、布政使、副主考也都受到较重的处罪。或革职、或流放、或降级。

另一次文字狱是陆生楠的《通鉴论》案。

陆生楠是前文提到的谢济世的同乡，当谢济世被发往阿尔泰军营充军时，雍正认为他是谢的同党，也发往军前，与谢济世一起服劳役。陆是举人出身，由知县受引见被雍正下旨改为工部主事，就因为他是谢济世的同乡便与之同坐，自然是很荒诞的。

然而，陆生楠被发配后，接着就有人告发他写的17篇《通鉴论》“言辞狂悖，显系诽议时政”。雍正看过陆生楠的17篇论文后，对他的观点逐一批判。陆的文章推崇上古的分封制度；以古代立储问题指责康熙朝立储的祸害；他认为无为而治是高明的，雍正的统治是滥用君权等。雍正认为他是“罪大恶极，情无可免”，于雍正七年（1729年），下令把陆生楠“军前正法”。在杀害陆生楠时，同时也宣判谢济世死刑，一同拉到法场，到陆生楠被害后谢济世才知道自己在为同乡陪绑，还是保住了头颅。

蓝鹊竹石碗

吕留良的文字狱的规模和案情较陆生楠和查嗣庭的案子就庞大而复杂多了。

首先是曾静投书岳钟琪。

雍正初年对读书人的打击和迫害，激起士人的强烈义愤。于是，许多中下层知识分子不愿做官，在广大民众中制造反清舆论，挑起清军入关以来的反抗情绪，曾静便是这些知识分子的代表者之一。

曾静是湖南的一名秀才，中途不愿再参加科举而在乡村教书，人称他“蒲潭先生”。他在自己的学生中不断揭露清军入关及统治汉人的罪行，并在群众中散布反清言论，著书立说阐发自己的主张。他写的《知新录》《知几录》两书集中揭露雍正的“十大罪”，即谋父、逼母、弑兄、屠弟、贪财、好杀、酗酒、淫色、诛忠、任佞，说他是少见的暴君。阐述“华夷之分”理论，让大家起来反抗满族统治者，匡复汉业。他深刻揭露满汉地主对广大劳动人民的残酷剥削，号召人民起来反抗剥削压迫。最终，发展到举义造反的行动。

曾静根据社会上的较为广泛的舆论，认为岳钟琪是可以策动反清的领袖，于是在雍正六年（1728 年）九月，派遣自己的学生张熙带着他给岳钟琪的书信和《生员应诏书》到西安去向他策动举义。

他所以选择岳钟琪自然有其原因。岳钟琪在有清一代的武员中，是具有传奇色彩的大将，在诸多清初内容的武侠小说中，也是重要角色。岳是四川成都人，父亲岳升龙是行伍出身，有一身好功夫，在康熙西征中建立殊功，得授四川提督，康熙五十一年病故，雍正即位追谥敏肃。

岳钟琪得到父亲的创业基础，开始想做文官，捐了个同知五品官衔。他毕竟是高级军官之后，请求改为武职而从军，康熙授他游击衔，到四川松潘带兵，上任不久就升为副将。康熙五十六年准噶尔策妄阿拉布坦叛乱，胤禵率军西征，岳钟琪随定西将军噶尔弼参加平叛战斗，以他为前锋。岳大展雄才，他有胆有识，谋略难测，屡立奇功。两年的战斗结束，便得到四川提督的高级官衔。到雍正即位，师伐青海罗卜藏丹金叛乱，抚远大将军年羹尧请他参赞军事，又立奇功，雍正授为奋威将军。钟琪率师直接与叛军血战，连连得胜。最后一仗歼叛军 8 万余人，平息了叛乱，雍正授以三等公爵位，赐黄带子。年羹尧出事后，接任川陕总督，控制西部要地数省军事和行政大权，这个职务在清代开国四代以来，从未让汉人职掌。

正因为如此，满员十分嫉妒他，向雍正告他状的奏折就有不止一箧。告状人说他是岳飞之后人，总与满人两个心眼，一定不能这样重用他。社会上的流言更广，都说他谋取武官要职，志在推翻清朝统治。雍正深知当时正在用兵之时，岳钟琪拼命为他出力，年羹尧又出了事，不能再动岳钟琪，反而对他表示深信，把告他的状一概定为“谤书”，并惩罚了一些告他状的人如蔡珽、程如丝等，再四勉励他，让他别把那些“鬼魅之所为”放在心上，“鼓励精神，协赞朕躬”。

但曾静只听社会上的流言而未知就里，派弟子张熙去陕西策动他，上了大当。

张熙到西安密见岳钟琪，呈上了曾静的书信。

岳钟琪拆信阅之，开首便称他“天吏元帅”。其中内容说他是宋岳武穆王的后代，清朝皇帝是当年金朝女真人的后代。岳飞抗金，而岳之后人不应该向金之后代雍正称臣。今既握重兵、居要地，“当乘时反叛，为宋、明复仇”。下面的落款是夏靓、张倬。

岳钟琪与清廷可谓忠心不二，他能得到如今的高位，压根就不想造反，自寻死路。

他的谋略智慧绝非一般人可及。当时他想要如何应对处理才能既不让雍正因此怀疑他，又能把谋反者一网打尽。

首先，此事不能私自处理，于是当即让陕西巡抚西琳、按察使硕色同审，西琳、硕色都是满人，审查过程和自己的态度都可尽让他们知道，免得雍正和满人对他怀疑。

审查是严厉的，在军营之中、战斗的年代，由一仗歼敌 8 万人的岳钟琪审案。但是，一个文弱书生，无论怎么拷打，只字不吐写信者为谁、人在何方，只说他们的人遍布大江上下、江南各省，岳钟琪若共谋举义传檄可定，若甘做雍正鹰犬，将成为清朝的殉葬品，何去何从，让岳钟琪选择。

然而，最终还是岳钟琪胜利了，他胜在智取。

岳钟琪万没想到张熙这一介书生，骨鲠却如此坚硬。强攻攻不下了，他又用起了多年打仗用惯的计谋，他同西琳、硕色等商量之后使计而行。

深夜，他来到关押张熙的牢房，摈退左右，他一下子跪倒在张熙面前。

“戴罪之人，求先生宽恕!”

岳钟琪抚摸着张熙的遍体鳞伤，痛哭流涕。

“我是汉人，金人之仇没齿不忘，所以为清狗卖命，全为复我汉室。先生此来，如旱苗盼得甘霖，然而在满人面前如此对先生，让先生受苦了!”

张熙开始似信非信，但见他如此模样又不得不信，但他亲自尝受了岳钟琪的酷刑和审问时的嘴脸，又不敢信之为真，他冷眼相向，并不回答。

岳钟琪怕此计落空，涕泪纵横，指天发誓：“琪若有一言之虚，天诛地灭!”又说：“若为先生见疑，复兴汉室江山、剿灭金贼的希望就完了!”说罢又是摇首哭泣。

就这样便骗得了张熙的相信，说了实情。

岳钟琪骗得了张熙的实情，即向雍正作了奏报。雍正闻奏，又怕岳钟琪担心，赶紧下旨夸奖他的忠心，并在谕旨中赌咒发誓说绝对相信他，还说在朝中天天为他焚香，对天祖叩头，为他祈福祈寿，如果谕旨中说了一句假话“天祖必殛之”。

遂后便亲自料理曾静的案子。

他下旨派遣刑部侍郎杭奕禄、正白旗副都统党罗海兰到湖南，会同湖南巡抚王国栋审案。把曾静等人逮捕审理。

由于张熙已被骗说出了内中情节，曾静无法再隐瞒实情，交代了他们与浙江吕留良、吕的弟子严鸿达、严鸿达的弟子沈再宽等人的联系。

由于案情重大，牵连数省，湖南一方无从审理，于是将此案调入北京，由雍正亲自指挥刑部审案。

雍正要求刑部首先要查出是何人在攻击他本人。因为他最动心之处是“天下有人如此论朕”，他说看了曾静的《新知录》“惊讶落泪”，是天下有人对他的“冤枉”，他要借此天缘“洗刷冤情”。

刑部秉命审理，逼问曾静所写雍正的“十大罪”由何处得知。曾静交代了一个湖南安仁县生员何立忠，刑部便命人逮捕何立忠，何立忠又供认是茶陵州陈帝西，刑部再捕审陈帝西。如此一环环捕审，后来终于审断了线索，他认为湖南地方官追查无力，一气之下把湖南巡抚也调来京师，把布政使、按察使革职查问。新任巡抚不敢怠慢，只得另辟蹊径，从允祀等被惩罚的皇子中找线索，后由三藩之一耿京忠之孙耿六格的审理中，供出了这个线索。又经几个环节才摸到散布雍正谋父、逼母等言论的“风源”：仍然是允祀、允禟等人的太监从允祀、允禟那里得知雍正的失德等情节，散布出来。

查出来了也都是陈年旧账，允祀、允禟等人早已人亡物故了（允祀、允禟皆死于雍正四年），无从兴师问罪。雍正只得宣布说，曾静怀着不臣之心，听了允祀、允禟等人的奴才们散布的谎言，便借以搬弄，蛊惑人心，诬蔑圣上。这样宣布，自以为就洗刷他的冤枉了。

接着再查吕留良。曾静平日讲学，对吕留良十分钦佩，认为吕留良有皇帝之才，只是无皇帝之命罢了。他认为吕氏的中心旨趣在“华夷之辨”，他研究、宣传华夷之见就是想要做皇帝，但终于未得机会。

审理吕留良案株连人员甚众，因为吕是江南名儒，数十年中门生很多。崇拜和受其影响者更众。

吕留良早在顺治十年（1653 年）就中了秀才，后不再猎取功名，招徒讲学，著书立说，名气很大。康熙十八年（1679 年）开博学鸿词科，官员推荐他，他坚决不就，以后又多次推’举他出仕，都被他严词拒绝，后终于削发当了和尚。尽管他避居山林

之中，可他的影响和他的弟子们却还存留在大江南北，人们争相读他的书，传播他的思想，争相做吕氏的徒子徒孙，沿海大埠、穷乡僻壤，有志之士无不风闻而趋。

人们崇拜他，不仅在于他的学识渊博，尤在于他反对清朝政府的骨格和思想。他的思想中“华夷之别”非常坚固。他认为清朝政府夺了华夏的江山，天地倒位，让人们坚持中华民族立场，绝不可为夷狄政权服务。在他的语言和文字之中，也从未承认过清政府是合法的政权。

康熙二十二年（1683 年）他病死之后，他的弟子严鸿逵等人继承了他的思想和反清宣传活动。他更加打起吕留良的反清旗号，宣传清朝统治不会太久了，也同吕留良一样，不做清朝之官，不做清朝之事，大学士朱轼推荐他修《明史》，他也“以死拒之”。

雍正认为，打击吕留良、严鸿逵可不是一杀二流三抄家的事，而是要驳倒他们的“华夷之别”的思想，在广大知识分子中清除其影响，这可要动动脑子了。于是，他一面让刑部和地方官抓紧清查吕留良的党徒、审理他们的案情，一面把他们的著作、言论公布出来，让官员写文章反驳，同时他自己动手写论文，驳斥“华夷之别”论。他在论文中指出，华夷本来就没有什么可以分别的，有德便被生民选为君主。虞舜是东夷人、文王是西夷人，孔子周游列国，他是鲁国人，却应了楚国昭王之聘，秦穆公称霸西戎，孔子删定《春秋》时，还把穆公之誓列在了《周书》之后。所以，大清朝一统江山，完全是合理合法的，是生民选择的结果。

他列举清朝开国以来开疆拓土、创太平之世等功劳，认为清朝的皇帝有功于中国、有功于百姓，是有德的君主，并不比前代的皇帝差，应该受到全国人民的拥护，吕留良、严鸿逵、曾静等人不明事理，故造反清言辞是叛逆行为，是中国的罪人。

吕留良的案子要结了，但到底如何作结，颇费了雍正一番思考。经他再三推敲，决定了“出奇料理”之策。

雍正七年（1729 年）九月，他下令把自己对此案的上谕编辑起来，附上曾静的口供和他为忏悔自己的罪行写的《归仁录》，集成一书名曰：《大义觉迷录》，刊刻后颁发全国各府州县学，让全国读书人皆知。如有何地学校不知此书，各省、各地的学政、教官一律从重治罪。

同时把曾静、张熙免罪释放，而且以后皇帝子子孙孙，永远不得因此事加罪他们。雍正在上谕中还表扬曾、张二人，说他们不仅无罪，反而有功，因为不是曾静投书，造谣诬蔑他的人就追查不出、他的冤枉就不得昭雪。而后，雍正就命地方大员领曾静到苏浙各地宣讲；把张熙带到湖南、陕西各地宣讲，以他们的现身说法，宣传雍正至仁至孝和勤政爱民等各种功德；宣传世人说雍正的坏话，都是阿其那、塞思黑的奴才们的恶意攻击；宣传自己为流言所惑，看错了英明君主，表示忏悔等。雍正真是找到了两个最好的宣传员呀。

吕留良案子的处理，也是把官员们的批判文章辑录成书，刊刻颁发给学官。同时让各省学官广泛征求文人们对吕留良案中人的处置意见，做好处罚名士、文人的充分准备。

经过两年的工作，到雍正十年（1732 年）才对案犯做出处理：把吕留良、严鸿逵、吕葆中（留良子）戮尸枭首示众，另一子吕毅中及严鸿逵弟子沈在宽处斩。吕、严两家其余人等一律流放边陲给军人为奴。其他有牵连者的，包括他们的学生、朋友、刊刻吕氏书者、藏书查出者、知情不报者、处理不力者皆从重治罪。

雍正对吕、曾案的处理是大出寻常的“出奇料理”，他对自己的如此处理曾表示出沾沾自喜。本来对他极为不利的宣传，他敢于拿在公众中敞开讨论，又能让犯罪者自己出来做反面教员，使自己由被动变为主动。这种出乎常人思维的做法，使当时的一些大臣为之啧舌，称赞这在帝王中没有几人敢这么去做的。

自雍正“出奇料理”，解决了曾静和吕留良事件之后，雍正更加强了在意识形态领域的统治，想把利用文字反对、讥讽清朝政府者一网打尽，于是使文字之祸更广泛地蔓延开来。由于从雍正到地方官们吹毛求疵、神经衰弱，因而闹出许多笑话，冤枉了许多无辜文人。

前刑部尚书徐乾学的儿子徐骏，考中了进士，又被选为庶吉士，父亲曾为一品大员，出身江苏昆山豪门，他的前程是可以想象的了。但天有不测风云，他的一首诗中有“明月有情还顾我，清风无意不留人”之句，被怨家告发，认为他思念前朝，无意本朝，出语诋毁，大逆不道。

奏折上达雍正帝，他反复阅看文辞，不像是“反清复明”的抒志诗，只是一般的文人骚客的“明月清风”诗。此种诗文，不用说言情寄志，恐怕作者连脑子也未动一下，仅仅抄抄而已。他想丢下不问，但又一想吕留良的案子刚刚处理，对胆大妄为，敢以文字蛊惑人心者应该再深一层整整他们，冤枉几个滥文人也正好用以杀鸡儆猴。

他翻阅徐骏卷宗，看到徐父为前刑部尚书徐乾学，此人是前朝权臣明珠的党羽，他们为拥戴皇长子胤禔而结为党援。雍正看到这里决心借此案整一下徐乾学，乃示意刑部拟重刑。刑部于雍正八年（1730 年）十月议奏：“原任庶吉士徐骏狂诞居心，悖戾成性，于诗文稿内，造为讥讪悖乱之言，应照大不敬律，拟斩立决，将文稿尽行烧毁。”雍正仅批了“从之”二字，便了结此案。徐骏被杀，昆山徐氏一族，由此衰败。

徐骏正是春风得意之时，不可能无端怀念明朝，单以“明月清风”两句诗被处极刑，显然太冤枉了。但徐骏本人却是个贵公子哥儿，平日狂傲暴劣，曾暗置毒药，害死了他的师傅，人言啧啧，称他为“药师佛”。因他们徐家势大族望，无人敢告发。徐骏服刑，不少人都拍手称快，说是他杀死老师应得的报应。但雍正对他置大典，却不在于此。

杀死徐骏后接着又出了个裘琏《拟张良招四皓书》案。裘琏是浙江慈溪人，父亲牺牲在抗清武装斗争之中。他少年丧父，学习很用功，天资也很好，果然成为饱学之士，很受大儒黄宗羲的器重。后由黄宗羲的推荐，参加了徐乾学主编的《一统志》的纂修工作。徐乾学的儿子徐骏的案子发生了，徐乾学和他的编修工作也难免其干系，于是裘琏便被人告发。告他曾作《拟张良招四皓书》，借汉高祖时张良设计请出四皓以安太子，而定社稷。说他这是故意攻击康熙废太子，引起皇子们争储位的争斗，是为废太子允礽抱不平。这一状又告到雍正的心口窝里，于是下令于雍正八年把裘琏逮捕入京，进行审查。这时裘琏已 85 岁了，耄耋老人那堪折磨，未待宣判就死在了狱中。实际上，裘琏的《拟张良招四皓书》，是他早年的作品，根本与康熙废太子毫无联系，他的被害，怕是因其父反抗清军斗争、与黄宗羲又有一定渊源，加上参与徐骏之父徐乾学的修书工作，有人告他才遭到不幸的。

与此同时，又发生了广东人屈大钧诗文案。还是在张熙奉曾静之命，投书岳钟琪时，张熙受骗后同岳钟琪说过，广东有个屈温山，诗写得好，不想做清朝的官，可惜至今也没有见过面。岳还想引他说得再具体些，然而张熙对屈大钧也只能说这点了。而岳钟琪还是把张熙所说屈温山奏报给了雍正，雍正让署理广东巡抚博泰在广东查寻屈温山此人。广东巡抚想到当地著名学者屈大钧号“翁山”，猜想“屈温山”可能是“屈翁山”读音的错误。

经过进一步查证，果得证实。

原来屈大钧，字翁山，广东番禺人，顺治初年，清兵南下包围广州城时，他逃至山林中。后清朝建立了稳固统治地位，他誓不出山仕清，遁迹当了和尚，给自己出家的小寺庙起名曰“死庵”。后以僧人身份奔走大江南北，秘密宣传反清。他是江南著名学者，诗文极佳。著作有《翁山易外》《翁山文外》《翁山诗外》《广东新语》《有明四朝成仁录》五种，名为《屈沱五书》。他于康熙三十五年（1696 年）圆寂。

雍正八年（1730 年）十月，傅泰奉旨查阅他的文集，上奏说：“文中多有悖道之词，隐藏抑郁不平之气，又将前朝称呼之处俱空抬一字”。屈大钧已死 30 余年了，他的儿子屈明洪现任广东惠来县学教谕。屈明洪见父亲案出，自动到广州府自首，到省布政司交出父亲诗文存书及刊板。广东省开庭严审，并将案情上报雍正，听候旨意。刑部议奏后，终按大逆律问罪，屈大均开棺戮尸枭示。其子屈明洪因系自首，减等论处，流放福建。

同年，福建汀州府上杭县童生范世杰读了雍正谕批下发的《大义觉迷录》后，向福建观风整俗使刘师恕投递词呈，痛诋曾静叛逆荒谬，颂扬雍正圣明，受到了刘师恕的表扬。不久又向福建学政戴瀚上呈文，再次驳斥曾静的言论，表颂雍正在授位之际，“三兄有抚驭之才，钦遵父命，让弟居之，而圣君不敢自以为是，三揖三让，而后升堂践天子位焉”。他是想以这段文字说明雍正四兄弟相处和睦，雍正得帝位是他的三个兄长谦让、雍正在无法推让的情况下践天子位的，没有曾静文中所说“弑兄屠弟”之事。还颂扬雍正四兄弟的谦让帝位类于中国上古的帝王禅让，雍正朝超过三代，自己感到生在此盛世的荣幸。

他满以为这一顿吹捧，会得到学政的赏识，以此进阶。谁想学政看后，以为他所说“三兄让位”之事会有来头，情节严重，因此将他逮捕关押。同时密折上奏雍正。

雍正拆阅密折，下旨表扬了学政戴瀚，并令福建地方严审。戴瀚与福建总督、巡抚共同审问范世杰，问他“三兄让位”的事是从何处得知，什么意思？

范回答：“汀州城内，人人都这么说。”

又问：“三兄让位是何意？”

范答：“当今皇上是老四，三个哥哥不当皇帝，一定是让位与当今皇上了！”

又问：“三兄有抚驭之才是何意？”

范答：“皇帝之子，龙子龙孙，一定都有抚驭之才，所以说当今皇上的三个兄长有天子之才而让位当今皇上，是遵了康熙皇帝的圣谕。”

三个封疆大员反复审问，终究审不出什么事；再三调查，范世杰也没有任何背景。审问他得到的言辞也令人啼笑皆非。最后又把审问结果上报中央，雍正让福建地方根据实情处理。结果把范世杰训了一顿，押回原籍交地方官管束，令他每逢朔望，到当街宣读《大义觉迷录》，再有造言生事之举，即行治罪。

范世杰是 20 出头的一个童生，本想借吹捧雍正、指斥曾静而表现自我，结果得到了身陷囚牢、遭受管制的下场。案情揭晓后得不到表扬也不该治罪，可见当时文字狱的残苛。

江南崇明县施天一与沈自耕家因争夺田产发生龃龉，施天一借文字狱的风行，上告沈自耕之祖父沈伦所著《大樵山人诗集》内有狂悖诋毁时政之语。江南总督赵弘恩闻报查究，见沈伦的名字在前吕留良的沈在宽案内，认为没对沈伦加罪，一定是个大漏网分子。于是一边上奏一边追查沈伦的诗集和诗板，因沈伦已于案发前数月病故，就逮捕了他的两个孙子沈自耕和沈苍林问罪。雍正见报批到："凡似此狂妄之徒，自应彻底严惩，以靖悖逆风习。"这件案子的结局如何，未见史料说明，但从雍正的朱批上看，沈自耕等人的结果一定是很惨的，因为一本诗集，要揍出个罪名来太容易，查嗣庭的试题之狱就是个典型的例子，"明月清风"之句在诗歌中更易找到。

吴茂育《求志编》的文字狱，更见得雍正对文字"罪人"的重视程度。

吴茂育是浙江淳安人，是宛平县县丞，后请假回原籍。他的著作《求志编》被他的族弟（即本族弟弟）生员吴雰告发，说《求志编》中"语多狂悖"。浙江总督程元章调书查阅，认为该书的确反动，"语言感慨，词气不平，肆口妄谈，毫无忌惮"。又见该书的一种版本上李沛霖作的序文，纪年之处只用"干支"，写"癸卯九月"，而不写"雍正元年"，更是干于法纪。程元章密折向雍正奏报，并附呈原书。他在奏折里还说，在吴茂育家抄获之书与吴雰所呈之书相照，则两书在书写年号上并不一致，吴茂育家之书序言书写了"雍正元年"的年号。

两种书，同一版本，序言纪年方法竟不一样。这就可以研究了，究竟是吴茂育所为，还是吴雰制造假象，陷害吴茂育？吴茂育的书中到底有无"狂悖文字"？然而，雍正接到奏报，并不问其中疑窦，乃批示夸奖程元章办理用心，要求他"严加审究，毋涉疏纵"，并大段论述了大兴文字之狱的理由。他是说，文字"匪奸"与明火执杖的强盗相比更要厉害：强盗是有形的，易于侦破，地方官想瞒也瞒不住。至于那些用文字蛊惑人心的"匪奸"，如果地方官不留意访察，尽可以置之不问，想瞒或可以瞒得住。所以，除盗贼易，除文字强盗、思想强盗要难。地方官所以不能尽心防范文字奸匪，一是没有认识到问题的严重性，二是怕麻烦和招人抱怨。左右权衡，文字之患为害国家、蛊惑人心，"甚于盗贼远矣！"

正因为雍正有这种认识，所以他自登极之后至死亡的短短 13 年统治，从来未停过大兴文字之狱。所谓上行下效，雍正大搞文字监狱，地方大小官吏更吹毛求疵，滥抓滥报。文字之祸草菅人命，钳制思想，其害无穷，所以大兴文字之狱，应是雍正为政的一大罪状。

安定边疆

（一）平定西北

清朝的陆疆问题远比海疆问题复杂。主要问题存在于西北和西藏两大地区，其中影响两个地区稳定乃至清帝国存亡的因素，一者来自外部沙皇俄国，再者来自内部准噶尔蒙古，其间又夹杂着青海和硕特蒙古与西藏僧俗上层的矛盾。

康熙年间已将以吴三桂为首的地方割据势力、郑氏家族在“台湾”的统治、噶尔丹率领的准噶尔蒙古军都解决了，特别是在“雅克萨之战”中，阻遏了穷凶极恶的沙俄侵略者，与俄国签订了中国历史上第一个国际平等条约——《尼布楚条约》，规定了中俄两国东段边界。雍正在此基础上，于雍正五年（1727 年）与俄国签订了《中俄布连斯奇界约》，达成了规定中俄中段边界的初步协定，并以此界约的原则精神，于第二年签订《中俄恰克图条约》，概括了中俄两国的各方面关系共 11 条，规定了中俄中段边界为：自额尔古纳河至沙毕纳依岭之间以北归俄国，以南归中国。与此同时又签订了具体勘分恰克图以东至额尔古纳河岸阿巴哈依图齐岭边界的《阿巴哈依图界约》，以及具体勘分恰克图以西至沙毕纳依岭边界的《色楞额界约》。

《中俄布连斯奇界约》，使沙俄取得了对外贝加尔到色楞格斯克以及安加拉河一带的控制权，从而捞到了巨大的领土利益。尽管如此，这个条约及其由此而产生的“子约”，对中国仍然具有历史意义——因为它的签订，标志着清王朝多年希望解决的中国北部疆界问题终于画上了句号。此后，作为俄方签约大使的萨瓦曾向沙俄政府献策，声称将来把中国人从黑龙江上扫除干净，以便顺黑龙江出海，绕过朝鲜，打通向中国内地的航道。但事实上，此后中俄双方在东段和中段的边境上，并没有发生激烈的领土纠纷，维持了很长一段时间的相对和平。

对于雍正来说，他显然既看重与沙俄的关系，又将俄罗斯视为“外藩小国”。他之所以急于与俄国签约修好，目的很明显，主要在于解决西北的心腹之患——准噶尔蒙古问题。当时，蒙古四大部中，漠南蒙古早已臣服清朝；康熙初，漠北喀尔喀蒙古三部归附；后康熙亲征准噶尔部噶尔丹，青海诸部也倾向朝廷，漠南、漠北、青海三大部蒙古“混为一家”。只有漠西厄鲁特蒙古自恃荒远，居新疆北部，与朝廷分庭抗礼。原来，厄鲁特蒙古分为土尔扈特、和硕特、杜尔伯特和准噶尔四部分。

康熙年间，一代枭雄噶尔丹所率领的准噶尔部强大起来，危及了清朝西北边疆的安全，康熙帝被迫亲征3次，终于大败噶尔丹。噶尔丹败死后，其侄策妄阿拉布坦趁机复兴准噶尔部，于是便有康熙晚年派遣十四皇子允禵为抚远大将军率军亲征之事，其结果，只将准噶尔蒙古势力驱逐出西藏，威胁并没有解除。

雍正改元当年，固始汗嫡孙、亲王罗卜藏丹津不满朝廷对西藏平叛后的善后措施，企图恢复在西藏的政治利益，遂会盟青海诸蒙古部族首领，废除朝廷加封的爵号，自称“达赖浑台吉”以统之，其实质就是分离反叛清王朝的统辖。雍正得密报后，先礼后兵，遣人劝说不成后，即命川陕总督年羹尧为抚远大将军，驻西宁，以四川提督岳钟琪为奋威将军，参赞军务，终于于雍正二年春大败敌军，罗卜藏丹津只以身免，投奔准噶尔，其母、弟、妹及大小头目均被生俘，斩敌8万。这是雍正时代第一个也是唯一一个漂亮的战役。年羹尧因此被雍正呼为“恩人”，晋封一等公，岳钟琪也从此地位升腾起来。

但罗卜藏丹津逃往准噶尔部时问题变得复杂起来。雍正既怕准噶尔部利用罗卜藏丹津再度反叛，又担心其乘虚侵入刚刚稳定的西藏，更怕策妄阿拉布坦联合沙俄骚扰西北边境。事实上，雍正与俄国修好签约不但使准噶尔失去了沙俄的公开援助，断绝了一旦兵败而逃往俄国的退路，同时，也使清王朝寻到了反击准噶尔蒙古的途径。和约签订前后，雍正曾遣使往俄国，联系早被策妄阿拉布坦逼走俄国的土尔扈特部，以期能得到配合或支援，终于得到了对方的友好承诺。策妄阿拉布坦于中俄签订和约的当年年底死去，其子噶尔丹策零更是狡黠好兵，不止一次地建议俄国人协助出兵中国，而对方以俄国“与中国皇帝陛下和睦”为由，拒绝了他的请求。这都说明，雍正在处理西北边疆复杂问题时，头脑清醒，很讲求策略。

雍正外绝准噶尔之退路，内而偷偷输运粮饷，调兵遣将，西、北两路布重兵，采取诱敌深入的策略，想一举歼灭准噶尔蒙古。但是，清军在前线连连吃败仗，特别是雍正九年夏季北路军主帅傅尔丹误听俘虏诳言，轻举冒进，结果几乎全军覆没，副将军巴赛、查弼纳以下都战死。幸亏次年秋额驸、亲王策凌大败噶尔丹策零于鄂尔昆河之侧的额尔德尼昭，才稍稍扭转了战局。只可惜，新任北路军主帅的马尔赛拥兵万余，坚持己见，拒不出兵援助，甚至副都统傅鼐下跪请求，仍无动于衷，坐视准噶尔残部逃脱。有人指出，假如马尔赛以数千兵遥击，则可令敌人一骑不返。宁远大将军岳钟琪所统帅的西路军，不但无大战绩，反而屡屡败北。无奈，雍正只好将岳钟琪调京降罪，永远监禁于兵部。用查郎阿、张广泗为西路军正副帅。同时，大开杀戒，斩马尔赛等人于军前。西路军后稍有起色，但准噶尔蒙古自知不能再战，遣使请和，这正中雍正下怀。雍正鉴于两路兵丁和从役人员达20余万，数年来，耗费军饷数千万两，劳师靡饷，又不能速决胜负，只能见好就收，于雍正十二年（1734年）七月开始与准噶尔和谈，乾隆初年和议始成。

准噶尔战事的连连失利，有雍正用人和战略上的失误。应该说，雍正一直将西北边疆的稳定放在头等的战略高度，积极备战，多方运筹，坚持诱敌深入歼灭敌人的策略，来勿纵，去勿追，反对远涉绝域；叛则伐，服则舍，在前线将士表示再战而敌方请和的情况下，不再穷兵黩武，不因好大喜功而空耗民财，能够适时掌握契机议和，也是明智之举。

雍正对于青海平叛后的处置和处理西藏问题时，则颇富有创意，对后世产生了深远影响。“蒙古之人，尊信佛教，唯言是从，故欲约束蒙古，则喇嘛之教亦不轻弃”。“正所以帖服外夷，乃长驾远驭之意。”雍正在处理西藏问题时，兼顾准噶尔问题，具有全局观念。

青海与西藏是互相连带的两个问题。西藏，古称吐蕃，元明时称乌斯藏，当地人称“唐古特”或“土伯特”。唐古特原有四部：东曰喀木，相当于今四川昌都市，因1924年建为西康省，故简称“康”；西有卫、藏二部，清时，卫的中心布达位于大昭寺一带，称“中藏”，后又称“前藏”，而藏的中心在扎什伦布，时称“后藏”，卫、藏二部相当于现在的西藏地区，故人们往往将西藏别称为卫藏。而青海湖、柴达木盆地一带的“青海部”，其地汉时为诸羌所居，唐以前为吐谷浑部族占据，唐末并入吐蕃，其人崇佛成俗，明时曾设西宁、河州诸卫，用当地头目授以国师、禅师等名号分别以羁縻，明中后期，一度为蒙古土默特部俺答汗兼并，明末清初再为厄鲁特蒙古的和硕特部固始汗占据。固始汗与尚未掌握卫藏僧俗实权的黄教领袖五世达赖、四世班禅商谋，率兵入藏，推翻了黄教劲敌第悉藏巴地方政权，控制了大部分藏族地区，确立了法王达赖的政教首领地位，由“第巴”，即俗称的藏王代达赖总理政事，黄教寺院集团在政治、宗教、经济等诸方面取得绝对优势地位，喇嘛教的其他教派影响锐减。

清初顺治、康熙二帝都支持黄教首领，并确立了达赖、班禅须经中央政权册封的制度；同时，给固始汗及其后嗣以汗、亲王、贝勒、贝子等封爵，承认其在西藏、青海的统治权。这样，虽然可以笼络一时，却不能坚持长久，朝廷只能用平衡达赖、班禅、第巴、固始汗及其继承人的复杂关系，从中以某人为朝廷的代理人，以求间接遥控西藏。固始汗于顺治十一年病逝，其子达颜汗、达赖汗、拉藏汗相继袭位；固始汗的其他儿子多居青海，是青海的实际统治者。自固始汗入藏始，至康熙五十六年(1717 年) 拉藏汗被准噶尔蒙古兵所杀，前后由其实际控制西藏达七十五年之久。这期间，发生了第巴勾结噶尔丹、策妄阿拉布坦企图驱逐固始汗系统的暴乱，以及第巴与固始汗子孙的火并。康熙末年，清军入藏，驱逐了策妄阿拉布坦势力，立即更改了西藏的地方统治方式，于康熙六十年（1721 年）废除第巴职位，设立三名噶伦，共同总理西藏政务，这是清王朝对西藏实行有效管理的重大改革措施。

雍正平定青海罗卜藏丹津之乱后，年羹尧遵旨提出了一系列善后措施，具体措施基本在雍正二年（1724 年）五月十一日所上的《条陈西海善后事宜折》内说到了。雍正认为年羹尧运筹周密，措置精详，与大臣等详议，形成了著名的“青海善后事宜十三条”决议，公布实行。根据这些措施，一改从前和硕特蒙古贵族对青藏地区独享的世袭政治特权，清王朝可以对诸部首领论功行赏，按罪降罚；将该地区蒙古编设札萨克旗 29 个，由西宁办事大臣召集诸部会盟，取消由某人做世袭“盟长”制度；青海诸王台吉要定期来京朝贡，以示尊崇朝廷，改变过去听其自便的松散抚绥措施；过去沿边藏族只知有蒙古，不知有朝廷，而今将沿边藏族改归朝廷控制的行政机构管辖，向其征收赋税。同时，通过修筑边墙、增设镇营等军事措施，杀马贸易定期定地、利用遣犯开垦屯种等经济措施，以及限制喇嘛教寺院势力等宗教措施，强化了对当时和硕特蒙古势力所及的以青海为中心的广大地区的管理，这些地区实际涵盖了今青海及甘肃、西藏、四川、云南、宁夏、内蒙古等省区的全部或部分地区。雍正主持对青海统治方式的重大改革，使和硕特蒙古在青海和西藏的强大势力锐减，以至一蹶不振。而青海等地由清王朝直接控制，不但有利本地区的稳定，使准噶尔蒙古不敢东进；同时，由于青藏通道掌握在朝廷手中，所以，从此清王朝便可更方便地控制西藏了。

对于西藏，雍正很重视达赖喇嘛的影响，但政务仍按康熙末年旧例，由几名噶伦共同掌理，以防个人专擅而生事。雍正初年，除贝子衔的康济鼐、阿尔布巴、辅国公隆布鼐三人为噶伦外，又增任颇罗鼐、扎尔鼐二人为噶伦，形成以康济鼐为“总理”、阿尔布巴为“协理”的五噶伦联合理政的格局。但是，阿尔布巴自恃自己的名声和地位，不甘屈于人下，他与七世达赖的父亲索南达结和隆布鼐勾结，三人结成一党，排斥康济鼐、颇罗鼐。而康济鼐虽对清王朝忠贞不贰，但却自恃前此助官军入藏驱逐策妄阿拉布坦势力有大功，近又得新君宠信，位于首席噶伦，对比自己贵族身份高的阿

尔布巴很轻视，显示出一种专横跋扈的样子，于是种下了祸根。雍正接到入藏钦差鄂齐关于众噶伦不睦的密报后，立即做出偏袒康济鼐一方的决策，令将隆布鼐、扎尔鼐二人以原衔解任，以孤立阿尔布巴，并于五年正月遣派内阁学士僧格、副都统马喇前往西藏宣旨。

阿尔布巴事前探知了朝廷的意向，遂与隆布鼐、扎尔鼐及佛父等精心策划，于雍正五年（1727 年）六月十八日在大昭寺谋害了康济鼐，以此造成既定事实，迫使朝廷承认并确立自己在藏的统治地位。颇罗鼐没有上当而漏网，事后逃往阿里，与康济鼐兄才旦扎西共谋复仇。

雍正得知初步情况后，立即做出迅速反应，令陕西各路和四川、云南各备兵马，听候调遣。他的意思很明显，那就是乘此机会把西藏事“料理清楚”，以求一劳永逸地解决从前不妥之处。但是，他最担心策妄拉布坦趁机插手此事，又怕万一藏中人挟制年少的达赖喇嘛出奔准噶尔则事情便难办。所以，雍正一直犹豫不定，备兵又止兵，其间只与怡亲王允祥、岳钟琪、张廷玉、鄂尔泰等少数内外心腹大臣计谋此事。

直到十二月，雍正综合各方面情报，以及西藏的目前战事状况，认为时机和火候都到了，下定决心出兵入藏。其理由主要有三：一是得到颇罗鼎与阿尔布巴战事大概已定，前者反败为胜，越来越占上风，而阿里是颇罗鼐的大本营，阿尔布巴等难以从此必由之路挟持达赖逃奔准噶尔，从前最担心的事不必过虑；二是请求和解，如此，准噶尔不能插手西藏事务可知；相反，雍正倒想乘人之危，欲派大兵声讨准噶尔，准噶尔与西藏事一起解决；三是出师有名，这以前，颇罗鼐、阿尔布巴等都请朝廷出兵援助自身一方，互相指责对方有罪；那么，朝廷出兵入藏，哪方都认为是支持自己的了，谁都不会阻拦，因为这中间雍正一直没有公开表态支持谁，只是在暗中告知驻藏钦差偏袒颇罗鼐，阿尔布巴并不了解内情。

雍正对西藏之事表现出出奇的冷静和老谋深算。他一直静观事态的发展变化，坐山观虎斗，任凭颇罗鼐与阿尔布巴两派内斗厮杀，迟迟不出兵。雍正六年（1728 年）五月二十六日，颇罗鼐控制了对方的大本营拉萨，二十八日擒获阿尔布巴、隆布鼐、扎尔鼐等大小头目。而清军主力于七月二十九日才抵藏，大军未发一矢，未伤一人，难怪雍正称“如此大事，而成功之易”，绝非人力所能为！战争持续前后仅一年，其结果决定了日后很长一段时间内西藏政局的基本走向。

西藏战事平定前后，雍正亲自规划了善后措施，主要有四点：

一、汲取从前教训，派驻西藏相当数量的军队，形成三年一换防的驻兵制度，以

资弹压，此制一直保持到清末。

二、加强中央政府对西藏政务的直接控制，于雍正五年（1727年）始，在西藏设驻藏大臣，此后，清王朝更实行定职、定员、定期地向藏地派遣办事大臣、帮办大臣，此制度到乾隆末年完善化，一直延续到清亡。驻藏大臣的设立，标志着清朝治藏政策步入一个新阶段。

三、将西藏东部的打箭炉（今四川康定市）等地划归四川管辖；南部的中甸（今云南香格里拉县）等地区划归云南管辖；赐拉孜、昂仁、彭措林等归班禅专管，从而使西藏地方政府所辖之地缩小，实力有所削弱。同时，内乱平定后，阿尔布巴、隆布鼐、扎尔鼐等均被处以极刑，而总理全藏事务的职责付托颇罗鼐，结束了众噶伦共同执政、分管前后藏事务的体制。

四、将七世达赖迁至离拉萨较远的康定之北的噶达地方，置惠远庙使居之，派重兵防守，以防准噶尔及别有用心的人利用达赖喇嘛而制造事端，直到准噶尔不再成为清王朝的首要问题时，才将达赖礼送回布达拉宫。同时，对达赖之父索南达结恩威并重，调京斥责认错后，赐以辅国公爵。

雍正在阿尔布巴事变后所采取的一些善后措施，以实力作后盾并加以施压，加强了中央政府与地方政府的联系，多为日后清王朝所效仿，成为中央王朝治藏的转折点，有利于统一的多民族国家的巩固。

（二）改土归流

雍正时代，在西南广大边疆地区所实行的“改土归流”的重大改革措施，其历史意义尤为重大；同时，对黔东南和湘西等“生苗”地区，实行设治管辖，使那些从前与中央政府联系最薄弱的千里“苗疆”步入了一个社会发展的新阶段，这是雍正执行西南边疆政策的一个重要方面。

中国西南地区居住着苗、瑶、侗、彝等许多少数民族，由于地理和历史等方面的原因，这个广大的多民族聚居区，社会发展水平低而缓慢。所以，中央政府对之一直实行松散的羁縻式的统治方式。元朝以来，开始实行一种新的地方政治制度，即土司制度，设宣尉司、宣抚司、土知府、土知县等，以当地各族的首领为各级“土官”。到明代时，制定了有关土官的承袭、等级、奖惩及对朝廷的义务等各种制度，土司制度完善化。同时，从明初开始，就在个别地区实行废除世袭土官而代之以朝廷统一任免的“流官”，此即所谓的“改土归流”。雍正时期的“改土归流”，是明清时期规模最大、最彻底的一次。

土司制度是元明清历代中央政府对西南少数民族地区实行的带有权宜性的特殊统治制度或方式。随着时间的推移，土司制度越来越成为历史发展的障碍物，消极因素占了主导地位，有些大土司辖地上百里，拥兵数万乃至数十万，在其世袭领地上成为一个实际的土皇帝，经常抗拒朝廷命令或拥兵反叛，中央集权与土司的独立性、封闭性的矛盾日趋尖锐；土司与土民、土司之间的矛盾激化，土民反抗土官的风暴此伏彼起，土司之间的械斗连连发生，严重影响了国家的稳定。因此，清初尤其是康熙中期以来，朝野上下改土归流的呼声日高，为雍正下决心实行改土归流奠定了舆论基础，因此，这一重大举措有其历史的必然性。

雍正四年（1726 年），云贵总督鄂尔泰奏请改土归流，雍正立即表示支持，从此至雍正九年，在皇帝具体指导和支持下，鄂尔泰全权主持了湖广、贵州、云南、广西、四川等省的改土归流事宜。鄂尔泰提出的改土归流总方针和具体的实施策略、措施，以及他的进取精神、远大的政治抱负、经邦理边的卓越才能，都是保证这项改革大业能够顺利进行，最终获得成功的重要因素。必须指出的是，在鄂尔泰正式提出改土归流之前，广西、云贵等地大员韩良辅、石礼哈、高其倬、毛文铨等人，已相继奏请，雍正都予以否决，但他为何最终同意并坚持支持鄂尔泰的建议呢？这是因为：一是雍正登基之初，主要的问题是解决皇位稳固问题，政敌不解除，就难以考虑改土归流这个带有极大风险性的问题；二是雍正一直在物色能够胜任西南边疆重任的得力大臣，鄂尔泰此前在江苏这个繁难之区时，政绩突出，被雍正看中，很快调往云贵。在雍正看来，以前奏请者难当此重任。三是雍正每做出一重大决策，都习惯考虑周详，一旦时机成熟，便迅速决断。就是说，他对改土归流的利弊得失是有一个认识过程的。

雍正时代仅县级以上的土司被改流者就达 60 多个，涉及湖广、云南、贵州、广西、四川等广大西南地区，对这些地区的土民而言，摆脱了昔日受土官野蛮压迫和剥削的悲惨境遇，而成为国家的编户齐民后，毕竟减轻了许多负担，很多人还有了土地，生活有所保障；土民不再受土官的限制，可以读书科考入仕，大有重见天日的感觉；昔日土司叛乱和彼此间互相仇杀，最受灾害的是土民，而今，土民们可以过上相对安生的日子了。所以，土民们是拥护改土归流的，这也迫使大多数土官情愿不情愿地交出世袭特权，改流运动付诸武力的时候较少，比预料的要顺利。对于国家而言，改土归流后，中央政府对西南广大边疆地区改间接控制为直接统治，消除了地方割据势力，

稳定了边疆地区，巩固了西南边防，增加了政府的财政收入，尤其有利于日后对这个广大地区的经济开发、民族融合、社会进步，其现实意义和历史进步作用不容低估。

再说对“生苗”地区进行设治管辖。在西南边疆地区，有的早已设流官管辖；有的是土流兼治；有的则在雍正时大规模地进行改土归流；而有的地区在雍正以前，既没设置流官，也无土司统辖，称“生界”，或“苗”，或“生苗”。这种中央政府并没有建立起实际统治的“化外”之区，主要集中在黔东南和湘西。在鄂尔泰主持改土归流的同时，对广大的“生苗”地区也给予了充分的注意，用招抚——征剿——招抚的方式，即恩威并用的办法，将其纳入中央政府的统一管理之内。招抚之后，清王朝一方面安营设寨，建立军事据点，派重兵防守，以资弹压；另一方面，设与府、直隶州平行的直隶厅，或与散州、县平行的“散厅”等，进行有效的直接管辖。直隶厅隶属省，散厅隶属府，设流官通判或同知为其长官。用一种与内地有别的特殊机构“厅”来统辖边疆少数民族地区，是一种因地制宜的新举措。一定程度上说，拥地几近贵州全省的一半、人口多达数万户的黔东南“生苗”地区，纳入中央政府的直接统辖之内，无论对于边疆地区的经济文化及民族发展，还是对于清王朝的财政收入，边疆地区的稳定，西南国防的安全，都具有重大的历史意义。

雍正在“改土归流”的政策，打击了土司等地方割据势力，加强了中央政府对边疆的统治。政体的统一，有利于社会秩序的安定，其实质是通过一种集权措施实现一定程度的统一和解放。

（三）以和为贵

雍正时期，清朝对于周边国家和地区，并没有多大的危机感，一般只以“天下之主”的大国君主的架子，接受朝贡，回赐并不丰厚的物品。东部的朝鲜和琉球王国，对清王朝比较恭顺，除害怕中国内乱而殃及自身外，对清王朝并不构成威胁。倒是雍正一方面用削减贡米等方式对朝鲜加以笼络；另一方面动辄对李氏国王进行品评、训诫，吓得他们赶忙解释、谢过。当然，雍正对海疆不是不重视，他除了屡次整饬沿海和加强军备，尤其是水师外，还特设天津水师营，以弥补满洲兵丁只注重骑射而轻视水上作战的纰漏，同时借以加强近京海防。日本对中国虽有威胁，但只要加强稽查，严防内地“匪类”与之勾结，没有必要用停止贸易的手段迫使对方改善通商状况。事实上日本确实不是当时中国的海上威胁。

雍正时期沿海地区基本上没有遇到外敌的侵扰，但这并不说明没有隐患。除日本外，东南海域的菲律宾已为早期殖民者西班牙所占领，而中菲只是一水之隔的邻邦，沿海地区的商人、农民等早在明朝末年就开辟了从泉州经台湾南部去菲律宾的新航路，私自出海贸易、定居彼地者很多。清初为防范沿海地区的反清势力，厉行“海禁”，康熙时统一台湾后，一度松弛海禁，百姓到南洋贸易合法化；但因出洋者半数左右不回来，康熙末年又做出禁止国内与南洋贸易及华侨限期回国的决定。雍正继位后，得知此法既行不通，又影响关税收入，所以，除坚持华侨限期回国的禁令外，再度开放与南洋贸易。实践证明，雍正的做法比康熙高明，可惜这一办法没有被下一位君主乾隆所继承，华侨被沦为海外孤儿，“化外之民”，苦不堪言。雍正开放南洋海禁后，并没有引起东南沿海的紧张局势，相反，菲律宾南部的苏禄国摆脱西班牙殖民者的阻挠，于雍正四五年间首次向清朝遣使入贡，大受雍正君臣的欢迎。这表明，早期的西方殖民者对中国沿海地区还不能构成威胁。

其实，对中国沿海地区最大的隐患是英国等新兴的西方殖民者。但是，当时中国对西欧各国已经和继续发生的历史剧变并不了解。英国确立资本主义制度后，率先向印度洋和南洋等地区推进，其船队已来到广东海关。雍正虽然昧于外情，对西方殖民者东来目的不甚了解，但他有很强的求知欲，曾专门向两广总督孔毓珣等人打听海洋情形，承认自己对此一无所知，故令其“代朕博访广询”，务得实情。

雍正在位期间，对东南海疆强化了内部的治理，尤其重视对台湾岛的治理和开发。康熙时统一台湾，设一府三县及兵备道、巡台御史等文职进行管辖，隶属福建省；另设总兵官、水师副将、陆路参将、游击、守备等分兵防守。雍正继位初，正是台湾朱一贵大起义刚被镇压下去之时，所以，他很重视台湾的内外防务，升台湾镇总兵为挂印总兵官，添设城守左右两营，改北路营为三营，汛地和兵员各有调整增设，台湾驻兵达到1万余人。文职官员，又增设彰化知县、海防通判及巡检若干，完善了建制。与此同时，雍正汲取康熙时任人不当而激起民变的教训，特别注意驻台官员的选用、奖惩，时时加以赏赐，多方加以笼络。特别应注意的是，雍正一改康熙时“为防台而治台”的政策，放宽内地人民移台的禁令，首次准许台湾民众搬移家眷，既解决了海峡两岸家分两地而不得团聚的问题，又改变了台湾有史以来地旷人稀、男多女少等状况，岛内顿增数十万劳动大军，土地得到全面性开垦，所产稻米不但可满足岛内之用，还被源源不断地运往大陆，大陆的货物也大量涌入台湾。有人说，雍正采取一系列开发利用的得力措施，为日后清王朝治理台湾奠定了基础，这话是可信的。可以说，雍正时代对台湾的开发和利用，大大增强了东南沿海的防务能力，是雍正治理东南海疆的突出新政。

雍正即位之初，鉴于西方传教士在华活动猖獗，教徒人数已达30万人，传教士又与朝廷争“礼仪”，甚至参与皇族内部斗争等因，严令禁止其传教，改各省天主教堂为公所，传教士限期驱往澳门，可暂住在广州。这样，广东既有粤海关与外通商门户，又有一批传教士集聚在此，再加上早为葡萄牙人租占的澳门为多事之地，雍正自然对广东格外重视。那时外交主动权掌握在中国方面，雍正严令广东地方官稽查外国商船，不允许夹带违禁物品出洋，不准将内地人带出国外，这些都能轻易做到；在广州城的传教士有30余人，不听禁令，继续传教，“煽惑愚民”，地方官于雍正十年下令将其全部逐往澳门，没费吹灰之力。应该指出的是，雍正曾听两广总督孔毓珣之请，定澳门“夷船”数目为25只，各编列字号，发给印票，地方官对其出入严行稽查，不准有身份不明的西洋人居留。同时将香山县城移至前山寨，以便就近管理。如此一来，广东海疆一直比较安宁。

另外在西南边疆，曾引起一场轩然大波的中越边界纠纷案。雍正时，在西南边疆陆路交壤国中，南掌国（今老挝境内）是清初以来首次通贡，成为保护国的；所谓的“八百息妇国”（今泰国北部）人受缅甸攻击，求通贡中国以自重，被云贵总督鄂尔泰“疑而却之”；而与云南有着数千里边境线的缅甸，自清初以来一度“不臣不贡”，不通中国达六七十年，虽有隐患，但此时没有骚扰边境的大事。只有与广西、云南接界的安南国（今越南），一度为边界纠纷事，险些发生不愉快的边境冲突。雍正三年（1725年），云南总督高其倬发现，云南开化府与安南交界处，自开化府马伯汛外40里至铅厂山小河内，有逢春里寨等6个地方，在康熙时被安南国侵占，证据相当充分；同时，据《云南通志》所载，自开化府南240里至赌咒河与安南为界，而今，自开化府南至马伯汛，只有120里属中方，即使到铅厂山下小河，也只有160里，可知尚有大量的土地原属云南旧境，这些国土在明朝时被安南侵夺。因此，高其倬一面折奏皇帝，一面咨照安南国王，双方各遣人定期到边界会同查勘。雍正指示高其倬：对失在明代的土地，不予追究；铅厂山下小河以内40里之境，另议立界。但是，当安南使臣与中方官员勘界时，无视中方所提供的地方志、钱粮征收册、寨人的衣饰风俗等充分证据，硬说那40里之地也属自己的国土，谈判陷入僵局。

雍正四年（1726年）初，鄂尔泰就任云南巡抚，以接管云贵总督事。鄂尔泰对安南君臣贪得无厌甚是气愤，以为中方只清查回40里之地，而将其余明显属于中方的80

里被侵之地，全数赏给安南，已是天朝的浩荡之恩，所以，对安南索要那40里之地的奢求，态度非常强硬，在致安南国王的咨文中，略带威胁之意。而安南在复柬中，巧言抵赖，声称中方所提供的证据不足为凭，反把责任都推给此前的中方勘界官员，雍正看过其柬文，批道："不通欠理，朕未料其如此痴迷。"鄂尔泰得到雍正的支持后，一面以严词复咨安南国王；一面遵旨在铅厂山对面立界建关，破土动工那天，树旗鼓吹，放炮示威，大大渲染了一番。雍正收到折子后，称赞此事的处理方式，大出意料之外，"大笑览之"，但仍表示不敢相信安南就此罢休。正如雍正所料想的那样，安南并没有被大国威势所吓倒。雍正五年春，鄂尔泰又接到彼方公文一份，其中无非是重申前说，不肯让步。为此，鄂尔泰一面将事奏闻，一面表示调兵兴师，直取安南，两国空气骤然紧张起来。雍正一直以为，安南事并不难办，只要以皇帝名义颁敕谕一道，便可摆平。所以，当他收到鄂尔泰奏折后，立即命人代写谕旨，寄鄂尔泰差人转送。但是，当敕谕转送关口时，安南方面把关头目声称没有国王的指令不敢擅接，并扬言，凡是云南公文一概不收，只有仍旧从广东方面递交才行。而此前，雍正已明令鄂尔泰全权处理勘界事，一切外交公文、圣旨都由广东改为云南关口交接。为此，边疆将士非常气愤，声言要兴师问罪；鄂尔泰受此影响，虽认为用兵是下策，但因事关天朝国体和脸面，决不能坐视不理，建议给安南两个月期限，如到期仍执迷不悟，必兴兵问罪。同时，他表示已准备一万余兵力，一旦需用，即刻命所属将帅赶赴边界线待命。

雍正立即做出了反应。他在给鄂尔泰五年八月十日的奏折上，批示用兵"使不得，使不得"，"不但下策，不可"；即使两月后安南仍不悔悟，也不可用兵。他表示："备其不虞之逆为，则可；若进灭其国，以复汉唐旧制，朕不忍也。'' 还说："朕生平乐天知足，苟无害于生民之事，朕不敢起好大喜功之念也，凡事小不忍则乱大谋……"雍正对安南这个属国一再容忍的道理很简单：一者由于云贵正在实行改土归流，这是当时西南边疆的主题，不容分散精力和兵力；二者是因为此时西藏已发生阿尔布巴事件，而西藏安危所关甚巨，被雍正视为"肘腋之患"；相比之下，因40里之地而与安南意气用兵，则必将顾此失彼，拾小弃大了，这是主要原因。对于安南，雍正并非不重视，也不是不想用兵。当鄂尔泰得到西藏内乱发生的消息后，认为皇帝既然想遣使安南讲和，则已预备一万兵力就没用了，请示抽调三千赴西藏，雍正则说："近日滇省新定，地方事甚多，兼有安南之备，兵力不足弹压不行，万不可轻易将就。"可见，他还是预留一手的。对态度强硬的安南，雍正料定他们必不敢顽固到底，故于五年底指派左副都御史杭奕禄、内阁学士任兰枝往安南宣谕，以观其动静。但没等使臣到，安南国王就上表谢罪，并欢迎使臣到来。于是，雍正便自找台阶，见好就收，于雍正六年正月三十日颁发安南国王敕谕一道，以前此40里之地赐给安南。并说：安南国王既然已悔过尽礼，那么，就可加恩赐给其地，更何况安南是本朝属国，此40里之地在云南则属内地，"在安南仍为朕之外藩"。杭奕禄等钦差，便带着雍正的浩荡恩典敕谕，出使安南，用40里的国土争回的是安南国王的三跪九叩大礼，中越边界勘分案就这样结束了。

放眼历史，打开清朝的画卷，"康熙盛世"和"乾隆盛世"耀眼夺目，是所谓"双峰"现象。相比于前后两个超过六十年的盛世王朝，雍正王朝只有短短的十三年时间，表面看来，雍正名声远不及自己的父亲，也不及自己的儿子。然而正是他，开创了一个过渡期，建立了一个政绩显著的雍正王朝。雍正对清朝的最大贡献就在于：使康熙开创的盛世由后期的停滞再度走上发展之路，并为乾隆鼎盛局面的到来奠定了雄厚的基础。所以正确的称谓应是"康雍乾盛世"。

协调满汉

满人入关建立清朝后，由于政策不当，残酷压迫汉人，以致满汉关系紧张、矛盾重重。在处理这一问题上，雍正充分展示了他海纳百川之气度和高屋建瓴之才识，视满汉如一体，公平相待，终于缓和了紧张气氛，团结了两族朝臣。

自清朝入关后，反清复明思想就在一部分汉人中流行着，不少人积极实践，故而类似"朱三太子事件"的事不断出现。崇祯有7个儿子，第二、五、六、七四子都殇逝，长子朱慈烺被立为皇太子；三子朱慈炯为周皇后所生，封为定王；四子朱慈炤生母为田贵妃，受封永王。李自成进北京，获朱慈烺，封之为宋王，得朱慈炯，封为宅安公，朱慈炤下落不明。李自成退出北京后，朱慈烺和朱慈炯兄弟也不知存亡去向。可是不久有人自称是故太子朱慈烺，投奔南京福王政权，因真伪莫辨，被朱由崧囚禁。剩下最尊贵的就是第三子朱慈炯了，汉人正好利用他的名号反清。

在雍正朝以前，汉族的反清斗争多打着反清复明的旗号，领导者大多假托是明王朝统治者的后裔。自顺治年间便有人假借定王名义起事。康熙十二年京城有杨起隆称朱三太子起事，很快被镇压下去。康熙十九年，福建又发生了蔡寅领导的"朱三太子"

起义。

其实真正的定王流落于安徽，后到浙江，教书为生。他在江南，渐渐暴露了身份，民间不少人知道他的来历，因此，有民族志士利用他来号召群众。

康熙四十六年（1707 年），江苏太仓、浙江四明山都爆发了打着定王的名义的起义，受到清廷的严酷镇压。定王当时已 70 多岁，逃至山东汶上被捕杀。但汉族反清斗争并未停息，民间广泛流传朱家后裔在海外，并有人积极联络人马。直到雍正七年（1729 年），山东还有人冒称明帝后裔起事。

面对这种情况，雍正采用两手策略，一是严密防范，坚决镇压，雍正多次严谕各地督抚，尤其是江浙、闽广等地严加访察，不放过任何疑点。对于暴露的反清组织，坚决镇压。另一手便是访求明朝宗室，封给爵位，承担明朝诸陵之祭祀。雍正二年（1724 年）称访到明代王后裔，封为一等侯，专司明陵祭奠，以此绝天下汉族之望。用优礼的办法，缓和汉族人民对明朝的思念。

雍正深知“朱三太子”的能量，特别是大岚山及念一和尚的案子，他是很清楚的。他也参加了查看明十三陵的活动。也就是说对反清复明他不仅知道，而且决定采取对策。在继位之初，雍正就立明太祖的后裔为一等侯，准其世袭，承担明朝诸陵的祭祀，这自然是笼络汉人，驾驭汉人的一个手段。但无论如何，这不失为一种治国安内的智谋。

雍正元年（1723 年）九月，雍正说他发现了康熙帝未发的谕旨：称赞朱元璋统一华夏，经文纬武，为汉唐宋诸君所未及。因此，雍正遂命人访求明太祖后裔，以奉明朝禋祀。次年，找出了正白旗籍的朱元璋后裔正定知府朱之琏，雍正封他为一等侯，准其后人世袭，承担明朝诸陵的祭祀。不过确切地说，朱之琏的先人朱文元，是明宗室代简王的后人，在松山战役中被俘，入了八旗，是早已满化了的汉人。

雍正这样做，目的在于掩人耳目，笼络人心，即以朱之琏为招牌，宣传清廷不仇视明朝、不歧视汉人之意。

鉴戒于“华夷之辨”的民族意识纷争，雍正依然执行清朝传统的依靠满洲团结汉人的用人方针，对普通的满汉矛盾尽量求平，以安定民心。同时雍正比较重视才能，给某些汉人以较高的地位和特殊的荣誉，有利于这些汉人发挥政治作用。只有这样，才有利于巩固清朝的统治。

雍正六年（1728 年）十二月，镶黄旗副都统满珠西尔向雍正建议，称“京营武弁等员，参将以下，千总以上，应参用满洲人，不宜用汉人。”非常明显，满珠西尔的这

个建议是从扩大满洲官僚对现有武装力量的控制着眼的。但是雍正非但没采纳这个建议，而且还就此谴责了蔡珽、傅鼐等汉军旗人官僚歧视汉人的行为，并阐明了自己“满汉一理，汉满一家”的思想：

“从来为治之道，必在开诚布公，遐迩一体。若因满汉存分别彼此之见，则是有意猜疑，互相漠视，岂可以为治乎？天之生人，满汉一理。其才质不齐，有善有不善，乃人情之常事。用人惟当辨其可否，不当论其为满洲，为汉人也。自我太祖皇帝开国之初，即兼用满汉之人，是以规模宏远，中外归心。盖汉人之中固有不可用之人，而可用者亦多，如三藩变乱之际．汉人中能奋勇效力以及捐躯殉节者颇不乏人，岂可谓汉人不当用乎？满洲中固有可用之人，而不可用者亦多，如贪赃枉法、罔上行私之辈，岂亦可因其为满洲而用之乎？且满洲人数本少，今只将中外紧要之缺补用尚觉足以办理，若将参将以下之员弁悉将满洲补用，则人数甚为不敷，势必有员缺无而无补授之人成何理也？朕屡谕在廷诸臣当一德一心，和衷共济，勿各存私见而分彼此，在满洲当礼重汉人，勿有意以相轻；在汉人当亲满爱满，勿有意以相远，始为存至公无我之心、去党同伐异之习。盖天下之人，有不必强同者，五方风气不齐，习尚因之有异——如满洲长于骑射、汉人长于文章、西北之人果决有余、东南之人聪明颇众，此惟不必强同，亦且可相济而为理者也。至若语言嗜好之间、服食起居之末，从俗从宜，各得其适。此则天下之大，各省不同；而一省之中，各府州县亦不同，岂但满洲与汉人而相异乎？其实人之所以为人者，事君当忠，事亲当孝，臣子之职当公而忘私，国而忘家，则其理本无不同，又何得相矜以所长、相笑以所短、相悦以所同、相憎以所异也？同时，他还批评蔡、傅：向来为此言者亦有其人，珽、傅鼐等皆屡陈奏。朕思为此说之故有二：一则识见卑鄙、毫无所知之人，故有此区别之情；二则怀挟私邪思、欲扰乱国政之人，故为此谬亡之论也。朕御以来，唯以四海为一家，万物为一体，于用人之际，必期于国计民生有所裨益，故秉公持正实心办事者，虽疏远之人而必用，有徇私利己坏法乱政，虽亲近之人而必黜，总无分别满汉之见，唯知天下为公，凡中外诸臣皆宜深体朕怀，共为和协，股肱手足交相为济，则国家深有倚赖，久安长治之道，当必由于此也”。

直隶旗人甚众，他们倚恃特权，欺压汉民，造成严重的满汉冲突。旗民、汉民之间的纠纷案件，旗民不由地方官审理，到康熙三十七年（1698 年），经直隶巡抚于成龙题请，设立满洲理事同知一员，驻保定，审理旗人斗殴、赌博、租佃、债务诸事，至于人命盗匪等重案，则会同督抚鞫审。这个理事同知，专由满人承当，与作为知府副手的同知不同。州县官不能随意审查旗人案件，也不能对旗人用刑。雍正初年，以直隶旗、汉互相呈控事件繁多，增设满洲通判一员，亦驻保定，协助理事同知处理事务。不久，仍以事多，旗、汉纠纷均赴保定办理不便，遂将张家口、河间、天津的旗、汉事件分别交张家口同知和天津同知审理。这是雍正维持康熙朝旧制，只是增设专管旗民事务的官员，以便比较迅速地处理纠纷案件。雍正六年（1728 年），良乡县知县冉裕棐杖责旗人乌云珠，署直隶总督宜兆熊以违例虐待旗人将他题参。雍正说："旗、民均属一体，地方官审理事务，只当论理之曲直，分别赏罚，不当分别旗、民。"冉裕棐奉公守法，不应当革职听审，因将宜兆熊的题本掷还。他还说不知道有不许地方官体刑旗人的成例，要刑部查明具奏。刑部查出果有这种案例，雍正命把它废掉，依他的指示执行，同时指责宜兆熊那样对待属员，过于苛刻。

旗人与汉人在处刑上，向来有所不同，汉人犯流徙罪的照律充发，旗人则可改为枷号、杖责结案，实际是从轻发落。雍正四年（1726 年），雍正感到它使法律不能一致，因命大学士、八旗都统及满洲、汉军中的九卿共同商议，可否将旗人的改折刑法取消，一律按照统一的刑律与汉民一样处置。大学士等认为改折刑法是不好，易使旗人轻于犯罪，但满人、蒙古人缺乏营生之术，发遣难于图存，请维持旧例不变，惟汉军有犯军流罪者，则照律发遣。

在旗民与汉民关系问题上，雍正亦欲做些改革，但因照顾旗人的方针不变，所以在法令上就不能不遵奉旧制了。然而在实践上，打击不法旗人，尤其是作恶多端的庄头，一定程度地缓和旗、汉矛盾。

虽然雍正宣称："朕即位以来，视满汉臣工均为一体"，又说"朕待臣下至公至平，从无一毫偏向，惟视其人如何耳"。事实上，在官僚中，旗员傲视汉员如同旗人欺凌汉民差不多的。

清朝对大学士、六部尚书、侍郎等官实行复职制，满汉兼用，且为同等职务，但总有一个主事的，即所谓在前行走者，法定为满人。雍正五年，雍正规定，大学士领班以满人中居首的充任，其余大学士的行走秩序，不必分别满汉，要依补授时间排列名次，由皇帝临时决定，并指定汉人大学士张廷玉行走在旗人孙柱之前。六部满尚书在汉尚书之上，张廷玉以大学士管吏部、户部尚书事，雍正不顾定制，命张廷玉行走在前。雍正六年，公爵傅尔丹管部务，张廷玉因他为贵胄，不敢越过他，向雍正请求，让傅尔丹在前行走，雍正不答应，令张廷玉安心居前。汉人励廷仪任刑部尚书多年，其属满人侍郎海寿升任尚书，按规定超居其上，雍正为表示对励廷仪的重视，命他在前行走。雍正一面执行以满人为领班的制度，一面又因人而异，重用一部分汉人。

满汉官员在政府中的不同地位，自然会产生矛盾，互相排斥。雍正见到：满洲为上司，则以满洲为可信任；汉人为上司，则以汉人为可信任；汉军为上司，则以汉军为可信任。雍正认为这种偏向，将影响政事的治理，时加警惕。汉军杨文乾为广东巡抚，广州将军石礼哈及广东官员阿克敦、常赉、官达等4个满人合谋陷害他，被雍正识破，因训饬他们。雍正说他信任的满员迈柱、汉员李卫、汉军田文镜和杨文乾，什么出身都有，“但能竭忠尽力，则彼挟私倾陷之徒，无论其为满洲、汉军、汉人，皆不得施其狡狯，肆其奸谋”。在这相互排斥之中，满人占据主导地位，他们不仅据要津，即使为汉人的下属，亦以旗籍而蔑视主官，雍正知道这是旗人的常习，时加警戒。汉人孔毓珣任广西巡抚时，汉军刘廷琛为按察使，雍正叮嘱他：“凡百处不可越分，毋因巡抚系汉人遂失两司之体，而主张分外之事，朕如有所闻，必加以佞妄处分也。”雍正考虑到政事的治理，需要官员的团结一致，他告诉官员：都是办的朝廷事情，何必分满洲、汉人、汉军、蒙古，应当“满汉协心，文武共济，而后能政治”。他以此律人，也应该说这是他的真实思想，他为了很好的利用汉官，不愿过分地歧视他们。

雍正说：“天之生人，满汉一理，其才质不齐，有善有不善者，乃人情之常，用人惟当辨其可否，不当论其为满洲为汉人也。”这里说的是对满汉一视同仁，唯看其才质。可是他又对臣下说：“朕惟望尔等习为善人，如宗室内有一善人，满洲内亦有一善人，朕必先用宗室；满洲内有一善人，汉军内亦有一善人，朕必先用满洲；推之汉军、汉人皆然。苟宗室不及满洲，则朕定用满洲矣”。同样人才，先宗室，次满人，再次汉军，最后才是汉人，满汉就是有区别、有等第。

真正巩固满洲根本的事，是雍正致力于防止满人的汉化，这可以说是最能体现他基本思想的较为明确的亮点。雍正即位不久，就召见八旗大臣，宣称：“八旗满洲为我朝根本。”既然是根本，那就一定要牢固。为此，雍正将满洲现存的一些问题逐一解决，限诸臣于三年之内“将一切废弛陋习悉行整饬，其各实心任事，训练骑射，整齐器械，教以生理，有顽劣者，即惩之以法”。也就是说，雍正想把满清人入关逐渐退化废弛的民族尚武的精神重新振作起来，做到招之即来，来之能战，战则能胜，不事豪奢、崇尚俭朴。

雍正为防止满人汉化，还叫八旗人学满文，说满语。语言是民族精神中最重要的因素。不要小看民族语言乃至方言的作用，它正体现着个人和群体的精神特征。方言是人与人之间产生认同感的最有力的依据，民族语言更是如此。所以雍正才特别地强调自己民族语言的保留和使用问题。

为了防止满人汉化，雍正还禁止与汉通婚。自满人入关以来，满人散居全国各地，尽管驻防的旗人有固定的居住地区（即俗谓满城），但旗人总是和汉人杂处，往来一多，就不可避免地发生满汉通婚的事。

雍正曾对将赴福州的将军蔡良说："驻防兵丁均系旗人，竟有与汉人联姻者。"要蔡良到任后严行禁绝。蔡良到福州后，查明旗人娶汉人为妻的 214 人，嫁给汉人的两人。对这一数字雍正表示不信，说一定不止这些人，不过木已成舟，只好对此既往不咎，"将来者当加严禁"。

雍正叫八旗人学满文、说满语、禁止满汉通婚的这些事，反映出他思想保守的一面。与博大精深的汉文化相比，满文和满语必然会有所嬗变、有所淘汰。从另一方面来说，清朝统治中国，其国民的百分之九十以上都是汉民，作为一个皇帝，汉化是必然趋向，也必然要用汉人的方式来统治这个国家。汉族虽然在当时是受满族的统治，但汉族的文明却不受统治，任何一个统治者统治汉族，都只能是形式上的。真正统治汉族的是汉文、汉语及汉族的道德观念。雍正是很了解这些的。但他之所以极力保持满族的语言文字、风俗习惯，禁止满汉通婚，防止满人汉化，是害怕失去民族的精神和灵魂。

移风易俗

社会风气的好坏，直接关系到政治的稳定与否。汉代应劭言：

"为政之要，辨风正俗，最其上也。"

社会风气不仅关系国家和社会的稳定，还是一个民族文明程度的指示器。历代有作为的皇帝和政治家，无不强调辨风正俗的重要性，并留下很多成功的经验。

雍正即位时所面对的社会风气，是清前期最糟糕的。当时在官场上，贪贿公行，层层勒索；渎职怠政，荒废职事；结党营私，上下回护；巧于逢迎，欺上瞒下，诸种误国害民的恶习，不一而足。士风浇漓，由来已久，地方上的士绅是介于官与民之间的特殊阶层，由于长期以来疏于教化，他们中或为非作歹、横断乡曲，欺压平民；或抗违税收，藐视王法；或代民纳税，私润身家，"种种卑污下贱之事，难以悉数"。而士子应试，更是弊陋百出，并不以真才实学获取功名，而是靠歪门邪道专事钻营，考风不正，已是影响官僚队伍不纯的重要因素。至于民风不古，已渐成朝廷的心腹之患：偷窃强盗横行，扰乱社会治安；巫术邪法沉渣泛起，秘密结社繁多，更是影响政治稳定的大事；忠孝节义、敬老尊贤、礼让谦和、撙节崇俭等传统的行为规范和道德，也受到挑战；民间赌博之风盛行，其害更不可胜言。总之，不做一番大的整饬，加强教化，不足以扭转社会风气。

雍正对当时社会风气的现状，十分了解，也很重视，认为“治天下之道，莫急于厚风俗”，自称继位以来，“唯以正人心，端风俗为首务”，发誓要“振数百年之颓风!”事实也证明，雍正不仅重视移风易俗，屡屡降旨申斥臣民；同时，他不仅是停留在口头上，而是实实在在地抓了几件大事，出台了一系列新的举措。

大体说来，雍正为扭转社会风气，主要思路和措施有如下几个方面：

1. 用法律和行政手段加以遏制

社会风气变坏，主要来源于官风不正。雍正认为，地方百姓不能安居乐业，惹是生非，主要是疆臣大吏不能“察吏安民”，苛索属官，自已嘴短便没威信，故而疏纵属员；而属员又层层分肥勒索，最终害及百姓。所以，他在整顿吏治时，首先强化对大臣的约束，有犯必究，从重从严从速惩处。

在大力打击贪风时，雍正充分利用法律因时而制，绝不姑息迁就，甚至对历代相沿的议亲、议故、议能、议贤、议功、议勤、议贵、议宾等“八议”制度，也明确做了阐释。“八议”是中国古代刑律对八种权贵人物在审判上给予特殊照顾的制度，源于周朝所谓的“八辟”，实质上是在法律面前尊贵贤愚等次有别的不公正的法制。雍正对此很有主见，认为亲故功贤等人更应遵守王法，以为士民之表率，若犯罪违法，不能与无知误犯之人相比，而执法者再对他们曲为宽纵，“何以惩恶而劝善乎”？所以，“八议”律文不可为训。这样公开否认千古不变的律条的言辞，在历代帝王中是罕见的。雍正恰恰依靠这一变更的法律理论，对上至皇族，下至文武百官，不管是谁触犯国法和皇权，谁就受到制裁，而不能幻想靠“八议”制度而幸免。当然，这不说明雍正在处理具体人和事时一贯做到公正。

在处理扰乱人心，败坏社会风气的官吏“朋党”问题时，雍正毫不手软。他再三再四地告诫皇族、权贵和所有文武百官，不要结党营私，而要与君主同好恶，否则就是欺君罔上，罪不胜诛。为此，他特别发表自撰的《朋党论》，否认了以任何形式所结成的朋党的合法性；同时，法外用刑，用多种手段清除了允禩、允禟集团，年羹尧、隆科多的权贵势力，所谓李绂、蔡珽、谢济世的“科甲朋党”等等。从而震慑了官场，任何以同年、同寅、同乡、同族、姻亲以及结拜干亲等形成的交往，都在法例的严禁之内，有犯必惩。雍正坚决整饬前朝遗留的、当朝滋生的官僚结党之习，对肃清官场互相请托包庇、钻营谋私等弊端，起到了很好作用；但是，矫枉未免过正，在君主权威绝对强盛的同时，必然造成一种陈陈相因的沉闷仕风，对日后负面影响不可低估，此当别论。

康熙末年以来，颟顸庸碌者当道，大小官员因循偷闲，懒惰怠职，“有经年不到衙门者，有庸劣不能办事者，有不能写字雇人翻译者”。其结果，国家庶务，百姓疾苦竟成官员们身外之事，行政效率极为低下。雍正深悉此弊，继位后，总是告诫大小官员们不要安于习俗，“悠悠忽忽”，不知奋发进取。同时，利用组织手段和正常的“京察”“大计”考核制度，大幅度调整官员结构，去其庸劣之员。为了提高行政效率，去其拖拉萎靡之风，制定了各种事件的办理限期及其稽查处分法例、规章。鉴于以前定例有疏漏，雍正侧重制定了“各部院事件限期”“直省承办钦部事件限期”“文凭定限”“缴照逾限”等新法例。因各部院所办事件行文例行翻译，以前往往迟误，新例规定必须在一两日内定稿呈送堂官，否则给予翻译笔帖式记过或革退处分；凡皇帝交有关部院等速办之事，限 5 日内完结；其他除两衙门会稿、八旗会议事件仍照旧例定限内完结外，对于那些不需查核而易于办理事件，过去是 20 日完结者，而今限期 10 日；户部向例 30 日，今改为 20 日；八旗易办之事，也定限 10 日；至于议政及九卿会议，从无定限，今视繁易程度，俱定为 30 日和 10 日限期。如有推诿迟误，监察官查出题参。对于官员到地方赴任迟缓怠政的弊习，雍正看在眼里，指令议定法例，终于于七年出台了地方官自京赴任的详细法例，成为清代定制。此外，对于各省承办钦命、部交事件，各省衙门事件，官员离任、给假等各种行政事件，雍正也命或遵定例，或新制定例严格执行。如果发生任意推诿、或称无例可援、或称无案可稽，以致迟延者，该衙门长官即行参奏，送部议处。

对于严重影响社会治安的命盗、偷窃、赌博等犯罪行为，雍正相当重视。一方面，严格定限，严令有关机关务必在限期内捕获罪犯并从速审结定案，盗案一年期限，命案 6 个月，钦部案件 4 个月，例以到案之日为始，不得请示宽限，有特殊情况者只准延期 1 个月。后来，发现对盗案限期处分的做法有疏漏，即官兵们因迫于时限，竟有诬拿平民栽赃、买赃，教唆提供假口供的情况，雍正又同大学士、九卿们反复讨论妥善处理的办法。另一方面，雍正认为，严厉打击偷盗行为，是安民之本，所以，特加重偷盗罪名。原来定例，废法施恩，以致强盗横行。雍正针对实际情况，首先在直隶多盗发区，重新启动此律例，务必将真正惯盗或致死人命的盗贼斩首。针对京师各省赌风猖獗的现实，雍正更是加大打击力度，认为赌博之人，败坏品行，荡废家产，必然铤而走险，危害社会；而读书居官之人，若染上此习，必致废时误事，志气昏浊，"何能立品上进?"所以他在屡屡发布禁令而收获不显著后，决定运用法律手段加以遏制，定例甚严：旗人制造纸牌、骰子售卖者，罪至绞监候；民人制卖赌具及赌博者，变枷责为充军、发配、杖流等罪名，分别轻重拟罪；官员赌博者，革职永不叙用。对此，雍正真可谓言出法随，除通令全国实行外，还特别注意自己执法时不留余地，对于因赌博致殴杀、误杀、戏杀等罪，指示刑部和各省督抚，绝对定拟"情实"罪名，不可开脱。同时，对赌博败露的官员、旗人必从重处罚，其例证不可枚举。各省也都实力奉法而行，据后人研究表明，雍正力行禁赌的结果，使盛行全国的赌风确有收敛。

对于民间传统的伦理纲常遭到破坏的"不古"风气，以及官民们普遍盛行的奢侈之风，雍正也用法律和行政手段加以整顿。他认为：欲治理好国家，必先于厚风俗；若想使风俗淳朴，莫要于崇节俭。所以，他在位期间，对大清礼制作了重新厘定，官民的衣、食、住、行等用度都有严格的礼法规定，"出礼则入刑"，超越了限度，便构成了"佞妄"之罪，必加以严惩。当然，对官民服饰婚丧等礼仪的规定，一方面在于整饬官民的奢靡之风；另一方面也有完善和强化封建等级制度的用意在内。

2. *移风易俗，以劝善为先*

雍正施政作风的最大特点之一就是务实。他对官风的整饬，主要靠法律和行政的手段，而对士民风气则主要用正面引导与禁令并行的方式，即使对仕风，他也坚持"教而诛之"，反对"不教而诛"。

雍正对官员朋党之习深恶痛绝，几乎是有犯必惩。但是，他并不单靠法律手段解决这一根深蒂固的问题，而是屡屡发布谕旨，说明朋党的危害，告诫人们不要明知故犯；同时，对具体涉嫌结党营私的官员，他又每每预先警告，无效后才予以严惩。同样，对于严重危害社会治安的强盗、窃贼、赌徒等，也是在屡屡发出劝善改恶的谕旨后，才加以重惩的。

事实上，不良的社会风气，有些绝不能靠法律和行政禁令骤然硬性解决，而应该慢慢地加以疏导。八旗社会渐渐丧失了原来古朴俭约的风尚，雍正认为事关重大，必须加以整饬。于是，八旗大臣们曾建议：一律按等秩定制约束所有旗人。雍正针对这种意见，说了长长一段话，很有道理。他说：要将官员军民穿戴一概加以禁约，朕试问诸臣，照此定制，以申禁约，能使人们必然更改吗？断然不能。法令者，必其能禁而后禁之，明知法不能克胜而禁止，则法必不通行。从前，屡禁而不能奏效，岂可再禁吗？况且，若诸臣所说，旗人各按等秩，将缎匹和貂、鼠、猞猁等细裘悉行禁止，不准服用，反而使大臣官员得以贱价购而服用，结果富室反而获其利。若令兵丁难以为生，毫无益处。你们八旗大臣见有服用僭越之人，戒饬约束，晓谕而训导之，使他们渐渐醒悟，数年之后，自然有所改观，不必过于烦细，以致纷扰。当然，对于事关名器的官员顶戴服饰，雍正是很重视的，他始终严令禁止官员随便用素珠、顶戴；官民不得穿戴五爪龙图案的纱缎衣服；玄色、黄色、米色、香色等服饰，也在禁止之列。

由于商品经济的发展和百姓生活水平的提高，全国上下普遍风行婚丧之事，大讲排场，铺张浪费等弊习。雍正对此，一方面组织人力制定颁布官民的婚丧礼仪，规定官员、士、民等级不同的婚嫁丧节俭，劝导人们戒浮奢崇俭。雍正发布许多谕旨，力求说明婚丧奢侈毫无益处，他说，为人子者，应尽孝于父母生前；否则，父母死了再大操大办，不但无益于死者，生者也有矫饰沽名之嫌，空费家财。他还打个比喻：假若你对一个乞丐说："你死后，我为你焚化金银累万。"那么，此乞丐则只想求生，不会羡慕死后的钱财。雍正还说：圣人教人，以生养死葬，合礼之孝。若有人必以耗财为孝，独不知荡费家产，以致不能顾恤品行，辱及先人，这是孝，还是不孝？若认为在子女婚嫁时，父母以厚资为慈，独不思无所贻谋，以致不能养育子孙，饥饿困苦，这是慈爱吗？他最反对金银入葬的陋习，认为这是毫无益于死者而起小人觊觎之心的"庸愚之见"，曾明旨训示。尽管雍正苦口婆心地化导臣民，但是，其效果并不十分显著，这叫他很难理解。

对于当时日益盛行的功利主义、人人为私的风尚，雍正给予了充分注意。他不好用行政手段加以干预，只能鼓励人们踊跃济公，乐善好施。"社仓"之设，既有雍正鼓励富户向善好施，雍正还有一套理论：他曾针对有人提出用"限田"或实行"井田制"以解决贫富不均问题的主张，发表一篇长谕，首先否定这些提法于理于势都行不通，然后劝富民要有"保家之道"，一是要戒浮奢侈靡费，以善守家财；二是除悭吝记得薄，则遇荒歉之年，免遭穷民肆行抢夺，那些先受害的，"皆为富不仁之家"，而穷民贪利犯法致丧其命，富民敛财而倾其家，两失其道。所以，假若富民平日善体穷民，济其所急，则穷人必感富户之情，"居常能缓急相周，有事可守望相助"，这不是保家

之善道吗？雍正一朝，富民乡绅、达官富商等，济公助贫的事不断增多，与皇帝的倡导有关。必须指出的是，雍正作为封建皇帝，不可能从根本上解决贫富不均的社会问题，但他努力调和贫富民之间的关系，劝民为善，对当时社会矛盾的缓和与社会风气的好转，作用不容忽略。

雍正别出心裁，对拾金不昧、济公助贫、辛勤耕作等人给予宣扬褒奖，有利于社会风气的转变。凡是拾金不昧的人，雍正都利用赏银、立碑，或给予七八品顶戴等办法，以表彰其善行；同时，他还每每特降旨宣传，指示人们向这些人学习，以成就礼义仁让的淳美民风。纵观雍正一朝，各地所报拾金不昧的人和事，层出不穷、不胜枚举。对于济公助贫、辛勤耕作的老农等，雍正也不惜爵赏顶戴以荣其身。这一由皇帝亲自倡导的劝善运动，在中国历史上是空前的。

3. 宣传教化，形成制度

雍正继位以后，发布很多训诫官员、士子、百姓的谕旨，特别希望“愚民”们能对皇帝“视民如子之心”家喻户晓，“以成移风易俗之治”。后来，他发现地方大吏并不把谕旨当作一回事，只在省会之地出一告示，而州县各处，并未遍传，至于乡村庄堡偏僻之区，就更无从知之了。对此，雍正特别重视，认为百姓陋习不改，迷而不悟，都是因为百姓对圣旨并不知晓的缘故，谕令各省大员不要再悠悠忽忽，置若罔闻了。

后来，曾静、张熙策反岳钟琪事发，雍正更觉得皇帝和朝廷旨意没有遍传乡野是个重大失误。于是，他于雍正七年命在乡村设置乡官，大乡大村设“约正”一人，“值月”三四人。约正由地方生员中择其善者选择充任，政府酌情给报酬；值月由老年农民中选充。乡官其实是种非官非民的“乡约”，主要任务是传达皇帝谕旨、地方官的禁令，并对乡民进行劝教，奖善惩恶，对州县官负责。如此一来，雍正便找到了一种上传下达的通道，其旨意可以顺利传遍穷乡僻壤了。

乡官除传达皇帝随时颁布的有针对性的谕旨外，主要宣讲雍正御撰的《圣谕广训》和《大义觉迷录》。《圣谕广训》是对康熙御撰的“圣谕十六条”的全面阐释，洋洋万言，主要讲的是百姓应该普遍遵守的行为规范，如孝悌、乡里无争、重本务农、勤俭惜财、端正士习、礼让谦和、完纳钱粮等等。其意图主要是令八旗、内外官员和全国士子、百姓等，遵守纲常名教，去其痼习，做好官良民。不过雍正最初虽希望使之家喻户晓，但实际上只在一定范围内诵习传讲。《圣谕广训》刚发布时，首先在京师五城晓谕，翰林院学士逢泰又请在京师八旗每月宣讲；颁布“广训”的次年，翰林院学士张照请令各省学臣转颁州县教官，以使童生诵读，县、府考试复试童生时，令其各背诵一条，一字不错方准录取为生员，即“秀才”；同时，国子监祭酒张廷璐又奏请，各省官兵必须在每月初一及十五两日，齐集宣讲；继有右参议孙勷建议教官宣讲，以化导兵民，外官考试要以宣讲此圣谕为第一要义。雍正均表示同意。但是，当初雍正并没有对宣讲《圣谕广训》给予特别注意，直到曾静、吕留良案发后，他才屡屡强调此事的重要性。于是，地方官和乡官定期宣讲《圣谕广训》《大义觉迷录》和随时传达圣旨就成为一种制度。据载，宣讲时的礼仪特别隆重，在农村，村民必须全部到场，由值月宣读，约正解说，人们对不懂的地方可以提问，事毕，对村民中的“善人”“恶人”分别造册登记，以示奖惩。在州县和省城，仪式更为肃穆隆重。雍正的意图无非是想使自己的德政广为人知，并借以形成尊卑有序、乡里和睦、子弟有教、各安本业、无争无讼等古朴的民风、土风。

雍正还通过其他方式加强对士民的教化。譬如，提倡兴办“义学”，让更多无钱读书的子弟入学接受教育；晚年倡建“书院”，开辟士子读书渠道；倡导举行“乡饮酒礼”，作为教化士民尊贤敬老、崇尚礼教的重要手段；建立“贤良祠”“忠孝节义祠”，以旌表忠贤大臣、名宦乡贤、烈妇、节妇及行义之人等等。

雍正并不是一味固守千古礼教和陋习的。“割脔疗亲”是千百年来形成的陋习，即父母、公婆、丈夫生病时，为儿为媳为女者，割下股、臀上的肉或内脏，用以和药、煮粥、炖汤而使病人吃下，据说可治大病。雍正大不以为然，公开表示，这是无知的小民的一种愚孝，对于因此而丧生的“孝子”等，一概不准旌表提倡。同时，他还认为，“烈妇难，而节妇尤难”，故提倡妇女守贞守节，反对愚妇殉夫，公开表示“烈妇”捐生与割股割肝的愚孝没有什么区别，都不宜提倡旌表。而且，雍正既反对在老人丧事上铺张浪费，主张“孝”表现在父母生前，不在于死后；又悄悄地对千古不易的官员“丁忧”“守制”的丧居制度做了变更。雍正一朝，皇帝特准在任守丧（即“夺情”）的官吏不胜枚举，这在以前是罕见的事，康熙朝就因官员“夺情”，曾引起一次次轩然大波。总之，雍正已触及了一些扼杀人性和不利于国家机器正常运转的纲常名教、陈规陋习，并做了部分改革。

同时，雍正很重视官民的道德伦理和礼仪教化，却不主张普法宣传。雍正十二年三月，湖广有个叫杨凯的总兵官请折要宣讲《大清律集解附例》，由大小官员和乡官负责，以使百姓知所畏惧，自能化民成俗。对此，雍正认为这是有害无益的事，一者造律之始，用意精微，审判人员有其灵活性，有时可根据情罪出于律条之外，若令百姓概知，倘知而不详，会使小民起“不奋挟制之刁风”；再者，百姓若知道律条，犯法之人必寻避重就轻之路，不利官府审判。可见，雍正是主张愚民式教化的，其历史局限性可见一斑。

4. 抓重点，以带动全局

雍正施政一贯注意方式和方法，转变社会风气是一项复杂的工程，更得讲究些策略。雍正的一个重要策略就是在普遍宣传、全面教化的同时，抓住重点，以带动全局。

官风是否好转，这是整顿社会风气的关键，而官风最应重点整饬的是“贪风”“怠职渎职之风”和士大夫的“科甲之习”。雍正先将贪风和官吏渎职之风刹住，接下来就是配合打击政敌的“朋党”之风，深入开展由科举入仕的官员所固有的“朋党”之习，禁防官员以师生、同年、同乡、世交等形式结成的宗派势力，并通过雍正三四年间发生的李绂、田文镜互参案，故意偏袒“低学历”出身的田文镜，严厉惩处所谓李绂、蔡珽、谢济世为首的“科甲朋党”，对士大夫的警示和震动的作用是巨大的。至于对“士习”，雍正非常重视，认为士乃四民之首，一主之望，“士习不端，民风何由而正”？为此，他先列举学校士子中荡检偷闲、不顾名节、勾结官府、作恶乡里等“佻达之习”。然后，一反前代优待士子的传统，对各教官严格考核，又使教官严教学士，士子们凛然知畏，一度从“天之骄子”跌落千丈，竟与百姓一体当差，士习大变。

对于民风的整饬，雍正根据情况迅速转变重点，也是他整顿社会风气的一大策略。古人云：“百里不同风，千里不同俗。”雍正就是根据各地区不同的社会风气，采取轻重不同的整饬方针的。他虽然对各省和地方多没有亲身巡视，但却通过大量的臣下奏疏、密报，了解到很多消息，大体知道盛京的民风原来很淳朴；山陕和河南的风俗也较醇厚；广东的盗贼横行，民俗犷悍；福建地处沿海，向来多事；江南、浙江是人文发达之区，历科鼎甲多为其独占，但却士民浇淳；直隶、京畿之区，万方杂聚，无业闲杂之人很多，生事为非者更多于他省。对此，雍正为整顿社会风气，采取了分而治之的策略，对于盛京这个“龙兴之地”，因他亲自去过，曾看到盛京城里酒铺有千余家，人们多于此饮酒、观戏；稍有些能耐的，都以参人谋利；官员多不以公务为事，衙门早晨办事的甚少，即使有一二人，也都彼此聚会宴请，无所事事，甚至有的官员直到年终才到衙门一次。针对这种情况，雍正除派出御史等巡视外，还采取大规模的人事调整策略，先将将军、满汉大臣等不称职者革退；然后将盛京五部郎中以下、主事以上的人员，全部调入京师，其所遗缺位从京师各部中补用。这可谓釜底抽薪之法，原因在于盛京五部司员多系本地人，他们互相勾结，把上司玩弄于掌心，上司对之无可奈何，以至“习俗甚是不堪”。同时雍正又命将犯侵盗、亏空钱粮和因奸贪讹诈之事降革的官员，都调京归旗，或者安插于各省满洲驻防营内，如此则使不肖之徒渐少。以前，犯法之人多流放于盛京辽阳等地，雍正认为这无异于雪上加霜，所以明令自雍正二年以来的部分人犯，均勒限送京另旨发遣。经过这样一番整顿，盛京风气大有好转，官民两安。据说，一连八年都喜获丰收。

雍正三四年间，又连连发生汪景祺、查嗣庭文字大狱，杭州绅衿千余人涌入县衙的恶性事件。鉴于浙省种种士习颇爱争讼，竟敢藐视王法的“敝俗颓风”，雍正大为恼怒，但仅靠杀戮，既杀不胜杀，又有所不防，最后，决定专遣一官往浙江，查问风俗，稽查奸伪，劝导惩治，以使绅衿士庶有所警诫，尽除浮薄嚣凌之习，归于谨厚，以昭一道同风之治。经吏部议奏，建议仿唐太宗遣萧瑀、李靖等巡行天下，号“观察使”之制，给予皇帝钦点的河南学政王国栋以“观风整俗使”衔，前往浙江，雍正表示同意。专派官员赋予特权以察风观俗，并不是雍正的发明，中国远古有采诗举谣之官，汉代设有“风俗使”，唐代有所谓“观察使”“黜陟使”，明专遣“巡按御史”等等，都具有这种“观风整俗使”的性质。清初原有巡按御史，但康熙初裁撤。而雍正撇开监察机关都察院，专设此官，倒是清代历史上空前绝后的举措。王国栋到浙江后，遵奉陛辞时的圣训，恪尽职守，使士习悛改者甚多，不及一年，就荣升为湖南巡抚。浙江布政使许容以原衔继为观风整俗使；不久，许容升为甘肃巡抚，其缺由工科掌印给事中、浙江粮道蔡仁舢接任，蔡仁舢带佥都御史衔，一度署巡抚印，正走红之际得罪降调，旋卒，雍正顺势裁掉浙江观风整谷使，理由是总督李卫善于训导，浙省风俗已改。

需要指出的是，雍正为给浙江士子一个下马威，在宣布派出观风整俗使的同时，下令停止浙江一省士子乡会试，两年后以浙江士习丕变为由，又特准乡会试，会试之时，“会元”和殿试后一甲三名均为浙江籍士子独占。可见，雍正是善于用一张一弛、宽严相济的施政之道的。

雍正不仅于浙江派出观风整俗使，对其他认为风气不好的省份，如福建、广东等省，也相继派遣过，事毕即撤。对于其他地区，也曾用各种名目遣派专使察风观俗，如派往直隶的“营田观察使”“巡查直隶八府御史”、向陕甘派出的“宣谕化导使”，并经常遣科道官“巡察”“巡视”某省。

雍正虽然生性急躁，却对百姓很少加以迫责。例如，在处理政府与普通百姓的利

益关系上，雍正坚持了康熙守仁和平的施政方针，即以严猛手段惩治贪官污吏对人民的剥削，严肃政纪。这就为广大百姓提供了一个相对宽舒的社会生活环境。

以社仓为例，他曾反复告诫各地方官“社仓捐谷”，听民自便，不可“绳以官法”。此后，当某些地方社仓的仓谷出现了亏空现象后，雍正又命令“督抚办理此事，若民间一时虚报数目而力量实不能完者，悉令催交，小民必致扰累，此处朕已屡行晓得谕”，不必催迫，“听从民便输纳”。可见他对贪官和百姓采取了不同态度。

与严相对，从巩固统治的现实利益出发，雍正高度重视维护老百姓的利益。为此他曾说：“（朕）爱我百姓，实怀父母亲保赤之心，思勤恒出于至诚，若有一毫不便于民之处，立即措置，务使万民安家乐业，无一夫不获其所。故地方一有不肖官员，不法奸民，定加惩治，盖奸邪一日不去，良善一日不安。”

雍正以极大的决心和独特的策略、手段，按传统的儒家道德和统治阶级的纲常名教为标准，以宽严相济的策略整顿社会风气，使官风、士风、民风有了很大的好转，这是“康雍乾盛世”得以持续的重要保障。

秘密建储

雍正在登上皇帝的宝座之前，曾做了四十五年的皇子，在这四十五年中，雍正历经了长达三十多年的皇储之争。这场至高权力的角逐争夺战，是康熙朝后期政治的主要内容。

皇储之争几乎牵连了朝廷内外的大部分人，因为将来的皇位继承人将会改变现有的权力结构，每个人都会在这场争斗当中或多或少地受到一些影响，而康熙本人更是为此事而操心不已，但是面对自己的亲生骨肉为权力而相互明争暗斗，却拿不出行之有效的办法来。为了解决这一难题，康熙酝酿出了秘密立储的想法，但到了雍正这里才形成制度，乾隆则将其确立为清朝“继承家法”

秘密立储就是皇帝预先将选中的继承人的名字写进密诏，放入锦盒，然后把锦盒放在乾清宫顺治手书的“正大光明”匾的后面。待皇帝死的时候，皇帝亲选的诰命大臣会同诸王公大臣一起，当众取出密诏宣布。后来为防止意外，皇帝又随身携带另一个同样的密诏，必要时两份密诏核对，来最终确定皇位的继承者。秘密立储制度是清朝继汗位推选制和嫡长子继承制后所采用的第三种皇位继承制度，也是中国历代封建王朝中唯清朝所独有的皇位继承模式。

乾隆、嘉庆、道光、咸丰四帝，都是按此制度登上宝座的。到了清代后期，由于咸丰皇帝只有一个儿子，同治和光绪皇帝没有儿子，这种秘密立储的办法才失去其意义。

凡事预则立，不预则废。雍正至死也未能消除世间对其登基合法性的怀疑和猜测。所以他对传统嫡长子的继位模式心存疑虑，对重新确立继承人方法的问题，早就有打算。

早在雍正元年（1723 年）八月十七日，雍正在乾清宫召见诸王、总理事务大臣及其他满汉文武要员，宣布确立皇位继承人的办法。“今躬膺圣祖付托神器之重，安可怠忽不为长久之虑乎？当日圣祖因二阿哥之事，身心忧悴，不可殚述。今朕诸子尚幼，建储一事，必须详慎，此时安可举行？然圣祖既将大事付托于朕，朕身为宗社之主，不得不预为之计。今朕特将此事亲写密封，藏于匣内，置之乾清宫正中世祖章皇帝御书‘正大光明’匾额之后，乃宫中最高之处，以备不虞。诸王大臣咸宜知之。或收藏数十年，亦未可定”。

吏部尚书、步军统领隆科多带头表态：“圣虑周详，为国家大计发明旨，臣下但知天经地义者，岂有异议！惟当谨遵圣旨。”接着，雍正令总理事务大臣留下，其余大臣全部退下，将一个内装传位诏书的密封锦帛，藏于高悬于乾清宫中的“正大光明”的匾额后面。于是，中国历史上崭新的确立继位人制度——秘密立储办法诞生了。这位被秘密确定为继位人的皇子到底是谁，继位人本人不知道，诸王大臣不知道，只有雍正一个人知道。为保万无一失，雍正另写了一份相同内容的传位诏书，秘密藏于经常驻跸的圆明园。这份诏书藏得更玄，除皇帝本人外，没有任何人知晓。

将秘密立储制度放在中国历史坐标中，进行纵向比较，能够看到它有很多高明之处：

一、皇太子已经册立，其名字放置“正大光明”匾之后，这是满朝文武乃至全国百姓皆知的事情，可以起到安定人心的政治效果，避免太祖、太宗时代因事先未明确继位人而造成的最高统治者死后的皇权纷争。

二、由皇帝预立的皇太子是何人，除皇帝外人人不知，这又能避免历代因公开册立太子所带来的太子与其他皇子的钩心斗角，防止朝臣党羽暗斗。

三、由于没有明确谁是皇太子，皇帝可以封以一定的爵位，按照满洲骑马民族的传统，使暗中指定的皇太子和其他皇子得到一定的锻炼，但不会构成康熙朝那种因“满汉杂糅”的选择继位人方式所带来的皇权与储权之争。

四、皇帝根据对各位皇子的考察情况，必要时能够以强换弱，更换皇太子人选，在有限的范围内好中选优，而且不会引起政治动荡。因为，前次选定的皇太子是谁只有皇帝一个人知道。

五、皇帝预立的皇太子是个未知数，皇子要想让自己的名字进入“正大光明”匾之后密诏中，必须竭尽全力表现自己，从而防止公开册立所可能造成的皇太子骄纵不法等等。

秘密立储制度，代表了封建统治者在继位人问题上的最高智慧。此后清代诸帝都能平稳过渡交接，也皆依赖于此。这是雍正的一大发明，避免了雍正以前清朝历史上不止一次出现的争夺储位的斗争，减少了政治混乱，有利于政局稳定。

雍正本性

（一）雍正的性格

雍正是一位十分复杂而矛盾的历史人物，他是勇于革新、勤于理政的杰出政治家，对康熙晚年的积弊进行改革整顿，一扫颓风，使吏治澄清、统治稳定、国库充盈、人民负担减轻。但他毕竟是封建皇帝，有其优点，也有其缺点，本性使然。那么，请随我们来分析下雍正的本性。

1. 勤勉、认真、严厉

雍正是个勤勉于政事的君王，每天批阅奏折要写 8000~9000 个字，少则一二十件，多则三四十件，为此常常工作到深夜，有时他的批语甚至比奏折本身的文字还要多，这与明朝的开国皇帝朱元璋工作量倒是相似。不必说是古代书写使用费工费时的毛笔和墨汁，即便是现在使用十分简捷方便的钢笔，或者是用电脑打字，也是不小的工作量，批阅奏折便成为他生活中的主要工作。雍正皇帝所写的奏折的批示字迹清晰，认真，这便可以将这位君王的性格窥之一二。

正如他的字迹，雍正为人勤勉、认真、严厉。

有一次，川陕总督岳钟琪将几个省区严重干旱的情况如实上报，雍正夸奖他说：“凡地方事情，都如此据实奏报，不加丝毫隐饰才合朕意。朕希望所有内外大臣，办事只讲一个真字。贪官污吏压榨百姓的惯用手法就是摊派克扣。”认真勤勉劲儿可见一斑。

雍正三年（1725），主管四川陕西军政要务的总督岳钟琪，将两省乱摊乱派的名目进行综合，共有三十多项，他把这一情况如实上报朝廷。雍正夸赞岳钟琪毫不护短。他还指出，不但四川、陕西有乱摊乱派的现象，其他各省都一样。为此，雍正选派一大批官员调往四川、陕西，让岳钟琪坚决果断地替换掉各府州县的不法贪官。奏折是君臣之间沟通情况，上传下达的工具。清朝文武大员的奏折，都是派专人赴京，直接送到皇宫大门。雍正指出：有事，一个月上报几次都无妨；没事，哪怕几年没有折子也不会怪罪。他反复强调：“只务实行，不在章奏。”

云南布政使葛森没事找事，频繁上奏。雍正就批评他说：“路途这样远，派专人送来这些没有用的奏折，不知你用心何在？如果想用密折奏报，来讨好皇上、挟制上司、恐吓下属，那实在是要小聪明了。”

雍正为人精明，对贪污腐败深恶痛绝。铁面无私，查办贪官的看家本领便是“抄家”，为此，得到了“抄家皇帝”的绰号。我们最熟悉的便是他二度抄了曹頫的家，让曹頫的儿子曹雪芹感受颇深，为此，中国还诞生了一部不朽的巨著《红楼梦》，这是后话。

雍正认为，对清官也要具体分析，当官的若不干事或者干不好事，人品再好，也不过是个木偶，起不到治世安民作用。

直隶吴桥知县常三乐，廉洁安分，为人老实，工作上只求无过，不求有功，但是他胆小软弱，以致地方好多事久拖不决，工作上很难有起色。直隶巡抚李维钧要把常三乐从县令职位上调开，吏部却认为常三乐没有什么劣迹而不予批准。雍正得知道这件事，毫不含糊地指出：常三乐当官软弱，实属失职，应当免去官职。看来，在雍正手下，且不说贪官，就是平庸无为的人也很难混下去。

雍正皇帝对于清除贪官庸人是毫不手软，而对有才干的人却是倍加爱惜。

河南大员田文镜是个刚正不阿的人，他对贪官十分痛恨，铲除贪官时便十分干脆利落，由此得罪了许多大大小小的官员，便有人给他开列了十大罪状。雍正经过核实后，将诬告者治罪，下令田文镜官升两级。雍正在田文镜的奏折上，表扬他“为国忠诚”。并好言安慰田文镜说：“小人流言何妨也，不必气量窄小。”

当然，严厉过头之后，便会产生别的问题。

处在盛世当中，雍正在位期间虽没有出现大规模农民起义，但零散的反抗经常发生，雍正的镇压措施十分严厉。不论具体情节，抗官者即以反叛论处，斩杀不赦。甚至拒捕时，有人“共在一处，虽非下手之人，在旁目观，即系同恶共济”，均斩立决，倒是与“宁可错杀一千，也不放过一个”有异曲同工之妙。对民间秘密结社，雍正嘱咐官吏们“时时察访，弋获首恶，拔树寻根，永断瓜葛”，丝毫不留一丝情面。苏州手工业工人要求增加工资，罢工叫歇，雍正严加惩处，立碑永禁叫歇。雍正时文字狱日益频繁，汪景祺因“谄附”年羹尧而立斩枭首，查嗣庭因趋奉隆科多而戮尸示众，陆生楠因议论时政而被军前正法。最为轰动的是吕留良案，吕是清初具有民族思想的学者，已去世40年，后有曾静、张熙读吕氏之书，受其影响，竟去策反岳钟琪，要他反清复明，酿成大案。吕留良被开棺戮尸，其儿子、学生处死刑。雍正朝文网甚密，株连人众，处刑严酷。知识分子动辄得咎，形成闭眼不敢看现实，缄口不敢谈政治的沉闷风气。

2. 喜好斤斤计较

雍正对人有过分高的追求，眼睛过于容不下沙子，所以才炮制了一起起抄家案和文字狱。

贪官们的罪一经核实，雍正就下令把他的家底抄个干净，连他们的亲戚、子弟的家也不放过。雍正下令：“丝毫看不得向日情面、众从请托，务必严加议处。追到水尽山穷处，毕竟叫他子孙做个穷人，方符朕意。”此令一下，全国一片抄家声。

当别人攻击雍正时，他迫不及待地自我辩护，所以炮制出了千古独一份的《大义迷觉录》，大义凛然地自辩护了一番不说，还让全国的士子每月初一集体朗读，以致“谤毁君父之言，每于月吉宣之于口”。这么一搞，让很多原来知道“十大罪状”的人，更加深信不疑；原来不知道什么“十大罪状”，通过雍正的宣传却都知道了。雍正的辩护像是用墨汁饱蘸儿书，把自己愈描愈黑，扩散到全国穷乡僻壤，深入人心，演化成许多稗官野史，流传至今。这还不够，可能是早年太过隐忍压抑，他还经常把儿子兄弟和大臣叫到宫里面，喋喋不休回忆自己自小生活的点点滴滴和所见所闻，抖出了不少宫内秘闻，害得后来他儿子乾隆皇帝为他的那些野史四下江南，才把有可能四处流传的内宫花边新闻给堵得差不多。看来他还真有些任性和孩子气。

3. 感情生活淡泊

雍正十一年（1734）所修《玉碟》的缮清定本（即“大玉牒”），现藏中国第一历史档案馆。其所载雍正帝的后妃等共六人，除皇后纳喇氏、钮祜禄氏和皇贵妃年氏外，其他三位是：

齐妃李氏，知府李文烨之女。

裕妃耿氏，原任包衣达耿得金之女。

谦嫔刘氏。

雍正的子女并不多，一共十个。从雍正的皇后妃子的生育情况及留下的后代情况来推测，雍正皇帝是个喜新厌旧的人，这在帝王中倒也常见。相对于汉武帝几次易皇后，更有男宠，雍正的感情倒也算是淡泊了。

雍正的妃嫔们一般都是某人接连生孩子，一定时期之后，就再也不生了。雍正年轻的时候喜欢弘时的母亲李氏，李氏一连生了三个儿子一个女儿，可惜的是，只存活了一个，后来还被雍正弄死了，李氏也人老珠黄了。

后来，雍正皇帝宠幸年氏。敦肃皇贵妃年氏，湖北巡抚、后加太傅、一等公年遐龄之女，原授一等公、抚远大将军、川陕总督年羹尧之妹妹也。为世宗藩邸侧妃，康熙五十四年（1715），生皇四女。五十九年（1720），生皇子福宜。六十年（1721），生皇子赠怀亲王福惠。雍正元年（1723）五月，生皇子福沛。十二月，册封贵妃。三年（1725）乙巳十一月，病亟，晋皇贵妃。年氏人雍邸应该在康熙五十三年（1714）。她是雍邸所有妻妾中最年轻的一位。并在康熙五十九年（1720）到雍正元年（1723），连续生下三位皇子，可见她在这几年颇为受宠。当然这也和她的兄长年羹尧有一点关系，但大部分还是她本人得到了雍正的喜爱。

年氏入雍邸为侧福晋，雍正元年即被封为贵妃。年龄最小，地位仅次于皇后纳喇氏。而和她在藩邸并肩的另一位侧福晋李氏，入府比她早，年龄也比她大，却只封了齐妃。这么看来，年妃似乎很受宠。不过雍正三年（1725），雍正为皇后举行了册后大典，皇妃公主及命妇们要向皇后朝贺。本来按照惯例，向皇后朝贺后，还要向贵妃也祝贺一下。但雍正却取消了向贵妃祝贺行礼，他以此表示在这个国家里只有一位皇帝，一位皇后，他不愿意让女人们来左右他。我想年妃对这一决定，应该是伤心的。但这时候，是年羹尧获罪之际，年妃一定是左右为难、小心惊惶而又抑郁苦闷的。

再有就是年妃本来身体就很虚弱，雍正就说过她“体素羸弱”。她在怀皇九子福沛时，正好是康熙的大丧。这时候举哀磕头行礼之事，数不胜数，以她怀孕之身，不免动了胎气。导致难产，福沛生下后就死了或者就是一个死胎。她自己的身体从此也是一落千丈。

雍正三年（1725）十一月，年妃到了弥留之际，从宫里搬到圆明园。雍正看望她后又匆匆回宫。他给礼部下了一到上谕：晋封贵妃年氏为皇贵妃。这一加封是对年妃最后的安慰，但是年妃没等到加封之礼就死了。雍正在册书中还是充分肯定了年妃的品性。称她："秉性柔嘉，持躬淑慎。在藩邸时，事朕克尽敬慎，在皇后前小心恭谨，驭下宽厚平和。朕在即位后，贵妃于皇考，皇妣大事悉皆尽心力尽礼，实能赞襄内政。"并且也暂时缓和了对年羹尧的处分。

年妃死后，留下皇子福惠。雍正对此子十分宠爱，甚过别的皇子。可惜在雍正六年，年仅八岁的福惠也夭折了。雍正十分伤心，下令"照亲王例殡葬"。年过十八岁的弘历和弘昼连贝子都还不是，而八岁的福惠就以亲王的规格礼葬，可见雍正对他的喜爱。乾隆登基后，追封弘晖（雍正嫡子，亦早夭）和福惠为亲王时，就说过："朕弟八阿哥，素为皇考所钟爱。"证明了雍正宠爱福惠是弘历等兄弟所深知的。

最后一个受到密集型宠爱的应该是谦嫔刘氏，生了圆明园阿哥的那个。可惜，雍正死的比较早，她还没被封为贵妃什么的，雍正皇帝便已撒手人寰，那时候，小孩刚三岁。

4. 隐忍自己的嗜好

"楚王好细腰，宫中多饿死"的说法雍正深知，所以，雍正还有一个优点就是：能很好地隐忍自己的喜好。

宫中上下，乃至大臣，很少人知道雍正皇帝喜好什么。因为他深知，帝王的喜好如果被臣子们都知道，就会形成一股溜须拍马的风气。大家就会想办法投其所好，浪费国家资源。所以，一般他有什么需要，会用密折的形式，告诉他的几个心腹，让他们暗暗查找。像喜欢小狗之类，他不会号召大家给他送狗。当年杜牧因为不满唐玄宗为杨贵妃寻荔枝跑死了许多好马而留下了"一骑红尘妃子笑，无人知是荔枝来"的著名诗篇。比起唐玄宗，雍正的这一点显然是个优点。

康熙早年告诫雍正皇帝要"戒急用忍"，即用忍耐的态度来戒除急躁的脾气，从雍正一生来看，他确实做到了，每每遇大事不乱，处大事不惊。

5. 雍正的幽默

雍正不喜欢声色，也不崇尚浪费奢侈。张廷玉说每次看到雍吃饭的时候，从来都不掉下来一颗饭粒或者是饼屑。还经常教育皇宫里的御厨说要珍惜粮食的来之不易，不能浪费粮食。雍正夜以继日地处理国家大事，很多时间都是他一个人，很少有人陪着。奏折批阅累了，他就一个人喝喝酒、赏赏月或者是写写诗来当作自己的消遣。他

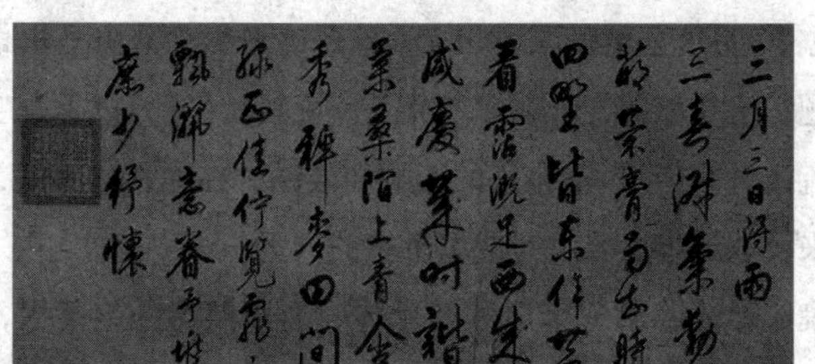

雍正书法

的一首诗，把自己的这种形象与生活描绘得非常逼真：

对酒吟诗花劝酒，花前得句自推敲。

九重之殿谁为友，皓月清风作契交。

从这首诗里可以看出，雍正皇帝是一个真真正正的孤家寡人。其实，雍正皇帝不是没有朋友的，在前面提到过看雍正吃饭不掉米粒的张廷玉就是其中之一。张廷玉这个人非常忠厚老实，文才却是非常的出众。他的记忆力非常好。雍正的诏书，谕旨基本上都是从他手里出的，他是雍正皇帝真正的得力助手，雍正视张廷玉也像是自己的最好朋友一样。有一次，张廷玉生病不能去上朝，雍正皇帝就对朝上的文武百官说："朕这几天手脚一点也不舒服，什么大事也干不了！"朝上的大臣一听，就齐声说道："陛下龙体欠安，要不然静养几日吧！"雍正皇帝听了之后哈哈大笑，他说："朕的肱股之臣张廷玉有病，岂不是朕的手脚不舒服吗？"朝上的所有大臣听了之后，才恍然大悟雍正帝说的是什么意思。

（二）雍正的喜好

雍正皇帝还有很多文学艺术方面的爱好，多年的阿哥生涯，让他多才多艺，但是，也不乏一些让人觉得啼笑皆非的事。

1. 喜好书法

雍正的字写得非常好，有字迹为证，他甚至不输于清代的一些书法家。

书法为六艺之一，清代的大多数皇帝都醉心于书法，其中尤以康雍乾三帝为最，古文稽古，文采风流，为历代帝王中所罕见。而雍正的书法，则是三帝中最精妙的。雍正自幼师从明末的内侍张、林二人练习书法，年纪稍长一些之后，则由翰林沈荃交其习董其昌书法，雍正对董其昌的书法，刻意临摹，爱之入骨。《清朝野史大观》引

《独学庐二稿》说："明华亭董尚书（其昌），真迹绝少，盖由圣祖最爱董笔。当时海内佳品，玉碟金题，汇登秘阁，唯题'玄宰'（董其昌字），以上一字犯御名，臣下不敢进览，故尚有流落世间者。"受雍正的影响和鼓励，在他在位年间，社会上都纷纷推崇起董其昌的字来，以致书法界一时成了董字的天下。

除此之外，雍正帝还临摹父亲康熙的字体，而康熙的舔笔落墨，点画固然壮满坚实，饶有力度，然而美中不足的是，字的结构稍觉呆刻，从而导致风姿神韵，并不显得那么的爽利自在，平心而论与汉唐名家相较，显然落了下乘，但是虽说有鉴于此，雍正还是心无旁骛的，执著如此，久而久之几乎可以到了以假乱真的地步，只是笔力笔劲稍有不同而已，雍正也因此获得父皇的赞赏而给康熙帝留下了好的印象。

雍正字清丽挺秀，功底深厚。他的书迹流传，《耕织图题诗》是写得较为得心应手的一种。图上题诗，有《耕》《浸种》《络丝》《纬》等五言律诗多首，大致为一图一诗。题诗采用行草形式，行中央草，以行为主。从所题书法看，其风格大致在于飘逸洒脱，构架有型，并且每一行与每一行之间，多半安排得疏疏朗朗，显系受他父亲圣祖喜爱董字分行布白疏秀的影响。然而从造诣看，他的草书如《御选语录序》等，其基本风格，还是和行书相去不远的。而他写于雍正十三年（1735），即临崩那年的《经海一滴序》，由于点画清圆，结构凝敛，比起清高宗乾隆书法仿效赵孟頫，更是开其先声了。

雍正的书法，平时以行书写得最多，水平也最高。他所流传下来的《朱谕》，多少反映了他在行书方面所达到的造诣。

《朱谕》是写给臣子们看的，以表示皇上对于某人某事的倾向性意见，所以以易辨易认的行书为最切实用（楷书则太费时，草书则难辨认）。谕上书法，点画瘦劲，虽为小字，可却笔笔清楚，绝无拖泥带水和半点含混之处。构字则流畅工稳，疏密相映，妙在稳健之中，不时地透出几丝姿媚，从而使人感到一种寓神奇于平淡之中的妙趣。再看通篇布局，气息清旷，密有疏，也为这些《朱谕》，平添了不少风韵。

而《御选语录序》的字迹，则是和佛家语录有关的雍正草书精品。也是流传下来的比较罕见的雍正草书作品。

从雍正的书迹流传看，大致以行书为主，很难见到草书，所以杨启樵说："世宗擅书法，流传于世间者，类多行书，以草书出者，弥足珍贵。"

总之，雍正的书法，虽在笔锋笔意上与乃父康熙相似，但是其作品的艺术水平却远远胜于乃父，当然更是在自称文采风流的乾隆皇帝之上了。

日本学者稻叶君山的《清朝全史》中评论康雍乾三帝书法时也说："乾隆书法虽妙，但少气魄；而康熙帝则骨力有余，丰润不足；而雍正之书法，有才有气，不类王者笔迹。"

2. 雍正生活情趣：爱好瓷器和绘画艺术

雍正皇帝身为阿哥时候，故作"富贵闲人"，用大把的时光饱读了不少诗书，也就培养起对艺术品非常高雅的鉴赏品位。

在位十三年，雍正不仅十分爱好瓷器，且直接干预瓷器生产，并亲自决定瓷器的造型和装饰，甚至在养心殿还建了个小瓷窑。

景德镇御厂的制瓷方面，雍正四年（1726），他命令年羹尧总理御厂陶务。唐英也于雍正六年（1728）八月进驻景德镇御厂。在造办处与御窑厂两者的共同努力下，终于在雍正七年二月，年希尧制作并上交进第一批供珐琅作制作瓷胎画珐琅用的"有釉水磁"。这里需要指出，唐英在雍正六年（1728）八月进驻景德镇御厂，与此次上交"有釉水磁"仅隔半年，在此期间，根据唐英《瓷务事宜示谕稿序》所记载："予于雍正六年，奉差督陶江右。陶固细事，但为有生所未经见，而物料火候与五行丹贡同其功，兼之摹古酌今，侈弇崇庳之式，茫然不晓，日唯诺于工匠之意者，惴惴焉，惟辱命误公之是惧。用杜门，谢交游，聚精会神，苦心竭力与工匠同其食息者三年。"

雍正时期，青花瓷的制作达到了前所未有的高度。这一时期制作的青花瓷色泽青翠光艳，清新明快，层次清晰，尤其是蓝色，像蓝宝石一样鲜艳明亮，晶莹光润欲滴。而珐琅彩瓷在康熙时期引进国外珐琅材料创制，雍正时期珐琅彩瓷一改康熙时只绘花枝、有花无鸟的单调图案和华丽风格，转而将珐琅彩与中国传统书画相结合，形成了以白地彩绘为主的清丽雅致的面貌，淡雅有趣。宫中档案中有不少关于雍正时期责令烧造珐琅彩瓷的记载。

雍正十年（1732）六月十三日，太监传旨："今日呈进画珐琅藤萝花磁茶圆，再画珐琅时不必画此花样。其百蝶碗画得甚不细致，钦此。"由此可见其重视程度。

后人评价雍正珐琅彩瓷有四绝："质地之白白如雪，一绝也；薄如卵幕，嘘之而欲飞，二绝也；以极精之显微镜窥之，花有露珠，鲜艳纤细，蝶有茸毛，且颈颈竖起，三绝也；小品而题极精之楷篆各款，细有蝇头，四绝也。"雍正时珐琅彩瓷之所以能取得如此高超的技术成就，画工精湛是其根本原因。

雍正还喜欢穿古装让别人画画，如大家比较熟悉的《十二美人图》。《十二美人图》其实原名《雍亲王题书堂深居图屏》，共 12 幅，本是绢画。只因画幅中绘有雍正为皇子时所号“破尘居士”落款的条幅，所以曾一直被误定为《胤禛妃行乐图屏》。朱家溍先生据内务府雍正朝档案考证“只是‘美人绢画十二张’而已”，因此，将其定名为《雍亲王题书堂深居图屏》似更为恰当。此套图屏是为圆明园定做的，原贴于圆明园“深柳读书堂”围屏上，雍正十年（1732）八月间才传旨将其从屏风上拆下来，因此，图中求实写真的园林景致表现的应是初期圆明园的实景。此套图屏表现出雍正雍容华贵的审美情趣，真实地还原了宫苑女子品茶、赏蝶、沉吟、阅读等闲适生活情，还以写实的手法逼真地再现了清宫女子冠服、发型、首饰等当时宫中女子最为流行的妆饰。十二幅图分别包括：《倚门观竹》《观书沉吟》《立持如意》《持表对菊》《消夏赏蝶》《博古幽思》《捻珠观猫》《烛下缝衣》《烘炉观雪》《倚塌观雀》《桐荫品茶》及《裘装对镜》。

《雍正十二月行令图》也是比较著名的，这是一组表现雍正皇帝日常生活的作品，按春、夏、秋、冬四季十二个月的顺序排列，分别为“正月观灯”“二月踏青”“三月赏桃”“四月流觞”“五月竞舟”“六月纳凉”“七月乞巧”“八月赏月”“九月赏菊”“十月画像”“十一月参禅”和“腊月赏雪”。从描绘的景物判断，表现的对象应为圆明园。画面以山水楼阁为主，建筑描绘细腻，其中既有中式园林建筑，又有西式亭台楼阁，更有中西合璧者，画面的景观可能是画家以圆明园的建筑结合自己的想象而创作的。圆明园是雍正做皇子时的封赐，他解释说“圆明园”的赐名大有深意：“圆而入神，君子之时中；明而普照，达人之睿智也。”

雍正三年（1725）八月圆明园兴修一新之后，雍正皇帝经常在园中居住并在此办理公务，他明谕百官“每日办理政事与宫中无异”。这十二幅行乐图展现了其在圆明园生活的各个场景，也表现了十二个月的不同节令风俗。其中有一幅是画他偷桃子，还有一幅是画他在洗脚，看了让人发笑，从他的这种自娱自乐我们可以想见他的可爱和充满魅力之处。

雍正喜好绘画最重要的表现，还有《雍正耕织图》。《雍正耕织图》共有图四十六幅，耕图和织图各为二十三幅。为设色绢地手工绘彩本，将中国传统画法与西洋透视法相结合，刻画细致入微，充分体现了雍正时期“精、细、雅、秀”的艺术特征，通过一幅幅恬淡而形象的生产劳动的画面，真实反映了当时耕织生产的全部过程和农业科学技术的运用，被誉为“世界上第一部农业科普画册”。每开画上，都有雍正的亲笔题诗，展现了他颇具个性的行草书法，它将二王的灵秀、晋唐的古朴及董其昌的逸气熔为一炉，具有大家风采。由于雍正流传下来的书法作品不多，这套珍藏画册对书法

爱好者尤其是帝王书法爱好者来说，提供了一个难得的鉴赏和收藏机会。诗词方面，雍正帝流传于世的诗篇也并不算多，在雍正《耕织图》上是一个集中的展现。该图还流传到了日本、朝鲜和东南亚地区，对亚洲的农桑发展产生了深远的影响。可以说，这是一份全景记录古代农耕生活的重要历史文献，对于我们今天研究中国古代的农业生产和农业科学技术具有重要的学术参考价值。从另一方面来说，该图还别出心裁地把图中刻画的农夫和农妇的形象，都画成雍正自己与福晋的面容，是他力图表现他对恬淡田园生活的向往以及对农业亲力亲为的意愿。

在生活上，他也是很有情趣的，他喜欢当服装设计师，对衣着和小饰物也有心情指手画脚，关于手绢的颜色和花样还能专门出几篇上谕。

3. 喜欢玩狗

如今这大城市里，小区内外到处都是狗的身影，玩狗成了都市人不可或缺的嗜好，宠物店和宠物医院也到处都是，可是，宠狗并不是现代人才有的嗜好，早在二百多年前，雍正帝就非常喜欢玩狗。

雍正皇帝让太监在宫内养了许多只小狗，常常忙里偷闲去逗弄喂养它们。狗本来就聪明有灵性，小狗更是憨态可掬，确实是生活中的调料。雍正还亲自给他们赐名，其中他最喜欢的两条狗就叫作“造化狗”和“百福狗”，为此，闹出许多让后世人觉得啼笑皆非的事。

雍正曾为造化狗设计过一种老虎式仿丝面软里子的套头衫，做好后，他又认为套头衫没安耳朵，造化狗穿上后，耳朵只能窝在衣服里，非常不舒服，便命人在虎式套衫上再加上两个耳朵。他还为百福狗设计过一件麒麟式仿丝面软里子的套头衫，做好后，雍正又不太满意，命人在麒麟套头衫上再安上眼睛、舌头。这样一来，百福狗的眼睛从麒麟眼中露出来，俨然一个活生生的麒麟了。除了仿丝料的狗衣，雍正还多次下令制作了许多虎皮狗衣、猪皮狗衣、豹皮狗衣等等。每个狗衣，都经过狗试穿后，由他亲自认真察看，不容许丝毫马虎，稍有不妥，就必须返工。比如狗衣上的纽襻钉得不牢固，就要重新钉一遍。有的狗衣做了皮托掌，雍正帝认为不好，就要拆去或重新做一个漂亮的换上。

雍正帝不仅亲自定做狗衣，还亲自为狗定做狗笼、狗窝、狗垫等各种用具。例如雍正六年（1728）他曾命人制作了一个精巧细致的小圆狗笼。狗笼用竹子做架，用一种很讲究的藏族手工生产的羊毛织品做罩面。雍正的爱犬住在如此舒适的安乐窝里，真可称得上是“百福”和“造化”了。

4. 喜好鼻烟和鼻烟壶

雍正皇帝为了让国家风气浩正，极力倡导禁止烟草的种植和吸食，并取得了很好的效果。然而，雍正帝却与鼻烟和鼻烟壶结下了不解之缘。

雍正以前的皇帝是不吸烟的，包括鼻烟也不闻。但作为一向标榜"敬天法祖"的雍正皇帝，正是在倡导禁止烟草的时候，自己却染上了闻吸鼻烟的嗜好。

据清宫档案记载，雍正帝不仅嗜好鼻烟还特别的喜玩鼻烟壶，他曾下旨为他烧制鼻烟壶，并亲定式样。我们甚至通过雍正帝对于鼻烟壶制造艺术的要求的挑剔，看得出他还是一位鼻烟壶艺术的鉴赏家呢！如在雍正帝八年（1730）的档册中记载：

十一月二十日，内务府总管海望持出黑地珐琅五彩流云画玉兔秋香鼻烟壶一件，奉旨：玉兔不好，其余照样烧造。钦此。

同日，内务总管海望持出桃红地珐琅画牡丹花卉鼻烟壶一件；上下云肩与山子不甚好，其余花样照样烧制。钦此。

从史料记载和雍正其间的鼻烟壶遗存看，在诸多的色彩中，雍正帝对黑色情有独钟，那个时期的鼻烟壶多为黑色或黑釉做底，或用黑红勾勒，形成了一种古朴庄重的独特风格。

为了烧造出自己满意的鼻烟壶，雍正帝不仅多次下旨，还对那些能烧造出自己称心如意的能工巧匠们给予重赏。据记载，最高的奖赏一次给了画稿人和烧造者每人白银二十两。这犒赏从荣誉上讲是至高无上的，从经济收益上讲亦是相当可观的，按当时的银价估算，二十两白银可换五百石粮食。

5. 喜好喝酒

雍正喜好喝酒。雍正尤喜宁夏的一种羊羔酒，还写在密折里让年羹尧帮他寻找。雍正皇帝的这张御笔亲写字条是夹在远抚大将军、川陕总督年羹尧于雍正元年四月十八日的奏折中。条曰：

在宁夏灵州出一羊羔酒，当年进过，有二十年宁夏不进了，朕甚爱饮，寻些来，不必多进，不足用时再发旨意，不要过百瓶，密谕。

6. 喜好炼丹和玄学

玄学对于雍正有着不可阻挡的吸引力。

喜好玄学，想通过炼丹成仙的皇帝，真的不在少数，包括许多明君，诸如秦始皇、汉武帝和唐太宗，当然，也包括雍正皇帝的父亲康熙帝，康熙皇帝喜好玄学从雍正兄弟们的名字来看，就一目了然，当然，康熙皇帝没有造成汉武帝那样的恶果。喜欢炼丹和玄学也是相传雍正的死因之一。

死因疑案

（一）雍正死因正统说

对于雍正皇帝的死因，大家众说纷纭，归纳一下，正规说法大概有以下几种版本：

根据《清世宗实录》和《张廷玉年谱》记载："雍正十三年八月二十日，胤禛偶感违和，仍照常听政，并召见臣工。二十一日，病情加重，照常理政。大学士张廷玉每日进见，未尝间断。皇四子宝亲王弘历、皇五子和亲王弘昼等，御榻之侧，朝夕侍奉。二十二日，病情恶化，太医抢救。二十三日子时，进药无效，龙驭上宾。"前后才三日光景，那可以算得上是急症了。胤禛突然之间死了，官书却没有记载原因。所以，胤禛死因成了一个谜，朝野上下，众说纷纭。

1. 过劳病死

这是雍正之死最正统、最广泛的传说了，当然，这并不是唯一的传说。

说雍正劳死的理由，当然是雍正的勤政，因为，他当上皇帝后，不巡幸，不游猎，日理政事，终年为政事劳顿。13 年里，他除了去过河北遵化东陵数次外，就没太出过北京城。最开始的时候，雍正不出京城是因为刚登基，怕允禩等政敌发动变乱；后来政局稳定后，他也没有出游，主要原因还是政务繁忙。

雍正一生中最大的挥霍，就是扩建圆明园，主要是因为他身体状况并不算好，有些怕热。北京虽靠近关外，夏天最热的时候，却并不比南方差多少，这时候，他便在园林里避暑并办理公务。雍正处理朝政，从早到晚，寒暑不断，13 年如一日。雍正朝现存汉文奏折三万五千多件，满文奏折也有六千多件，多是雍正在夜间亲笔批写，从不假手于人。朱批短的两三字，长的有上千字，累积起来，雍正不到 13 年的时间里，光朱批就写了有三四百万字。遗憾的是，正当雍正政绩卓然，国家治理已见成效的时候，他却猝然去世，劳死之说，不可不信。

2. 被宫女勒死

雍正皇帝是被宫女用绳子给勒死的。这个版本流传比较广泛。

柴萼《梵天庐丛录》记载：传说雍正九年（1731），宫女伙同太监吴首义、霍成，伺胤禛睡熟，用绳缢杀，气将绝，被救活。其实这个传说最开始是来自明世宗嘉靖皇帝的一个真实故事。宫女杨金英和她的同伙准备“伺帝熟睡，以绳缢帝项，误为死结，得不绝”。可是她的另一个同伙，一个姓张的宫女害怕了，就跑去报告了方皇后，皇后感到之后马上解下了吊着他的绳子，可那个时候皇帝已然气息全无，但方皇后还是召集了太医许绅来施以急救。《明史许绅传》记载：“绅急调峻药下之，辰时下药，未时忽作声，去紫血数升，遂能言，又数剂而愈。”皇帝被救活了之后，宫女杨金英一伙人被磔死。什么是磔刑？就是将尸体分裂后砍头，悬首张尸示众。很显然，这个雍正皇帝和嘉靖皇帝的庙号都是“世宗”，不过一个是明世宗而一个是清世宗，这个被宫女勒死的传闻完全是明世宗故事的翻版，这移花接木、张冠李戴的故事还真是层出不穷。

3. 服用仙丹中毒而死

也说雍正皇帝是服用丹药中毒死的。这在帝王中并不少见。秦始皇如此，汉武帝如此，传说唐太宗亦如此。

雍正在自己当了皇帝的第七年的时候，得了一场大病。大臣们纷纷都说“皇上下颏偶有些微疙瘩”，到底是个什么病已经说不清楚了。雍正皇帝曾经向自己的心腹大臣发出过一道谕旨，要他们推荐上来各地好的医生和道士，他说道：“可留心访问，有内外科好医生与深达修养性命之人，或道士，或讲道之儒士、俗家。一面奏闻，一面着人优待送至京城，朕有用处。”后来李卫秘密推荐了一个叫贾士芳的道士，到北京给雍正皇帝看病来。但是没过多久雍正就把这个贾道士给处死了，想必这个贾道士是个真的假道士。雍正皇帝和历朝所有皇帝一样都想永坐皇位，长生不老，所以他对道士啊，炼丹啊之类的事情是非常的感兴趣，特别为紫阳道人重新修建了道院。雍正还请了张太虚道士，王定乾等人，到圆明园专门为他炼制丹药，好让他自己有灵丹妙药可以吞服，以求得自己长生不老。所以这个版本是说他是服用了道士们所炼制的丹药而中毒死亡的。

可能早年的四阿哥生涯太久，为了修身养性，雍正便喜好上了玄学，但江山易改本性难移，参禅可以让他更好地掩饰自己的个性，但对他的本性改变似乎作用不大。后来因为身体不好，雍正迷上了道士和丹药，对于养生之术非常崇拜。雍正还把圆明园当成炼丹场所，搞得乌烟瘴气。

雍正甚至还召集兄弟们、儿子们及宠臣们研究佛学。一群“居士”（雍正自称“圆明居士”，胤禄是“爱月居士”，胤礼是“自得居士”，弘历是“长春居士”，等等）参禅论道，还在宫里举行法会。一群僧非僧道非道的君臣聚在紫禁城里不伦不类地热火朝天地讨论着佛法禅道，十分滑稽。

雍正小时候和年轻时候身体都非常瘦（这个可以从大臣给康熙的奏折里推断出来），年轻的时候又中过暑，所以特别怕热，在生理上和心理上都畏暑如虎。为了熬过酷暑，他还专为自己设计了大型的风扇。可能由于身体不好，生的一堆儿女，才活了三个，人丁稀薄，还经历了一次又一次的丧子之痛。当然，这可能也与他最后迷恋丹药有关。迷恋丹药致死的说法，也就不足为奇了。

（二）雍正死因传奇说

1. 被吕四娘所杀

吕四娘刺杀雍正之说，流传甚广，近年来，连许多电视剧中也都是这样演的。

传说吕四娘是吕留良的女儿，也有的人说他是吕留良的孙女。就是那年被曾静投书案牵扯出来的吕留良，因为文字狱死后还被戮尸。吕家的人也是被流放的流放，发配的发配，处死的处死。但是吕四娘大难不死，随了母亲和一个仆人逃了出去，一直隐姓埋名地藏在民间。吕四娘在民间拜了师傅学习武艺，为了复仇她学习得更为刻苦，尤其是擅长剑术，所学技艺非常精湛。后来学成之后，她乔装改扮混到了皇宫里，在宫中等待时机。

有一天，机会来了，她就砍掉了雍正皇帝的脑袋。传说吕四娘在民间拜的师父原来正好是雍正皇帝门下的剑客，后来离开皇宫之后才收了吕四娘这个女徒弟。

这个民间的传说已经流传了两百多年了。1981 年，曾经发掘过雍正皇帝的泰陵地宫，只是没有打开就停止挖掘了。但据民间流传说，其实雍正皇帝的棺椁是已经被打开了的，雍正皇帝的尸体只有身体没有头颅，想用这个不是事实的事实来证明雍正是被吕四娘给砍了头这个民间传说的真实性。因此，这个民间传说越传越神。成了市井茶余饭后的谈资，属于野史逸闻。

有专家学者认为，吕留良这个案子，吕家全部的人不管是男女老少全部都被关押起来，应该是逃不掉的。就连吕留良父子俩的坟墓都是派了专人监视的，吕家的女儿怎么能逃脱得了呢？所以说，吕四娘行刺雍正皇帝这样的说法，纯属是子虚乌有，这仅仅是一个民间传说罢了，可信度不高。

那这个吕留良，到底是何许人也呢？《大义觉迷录》里有关审问曾静，被曾静奉以为师的吕留良到底是何方高人呢？

《大义觉迷录》原文中写道：

问曾静：旨意问你，所著逆书《知新录》内云“近世晚村夫子学问足，本领济，大有为得”。又“生非其时，在今日似恰逢其会”等语。这吕留良自以其先世为前明之仪宾，不忘故国，而在本朝应试诸生，以天盖楼选刻时文，将本朝制科内名人之墨卷文稿刊板求利，致富不赀，乃包藏祸心，肆行无忌。实一反复无赖、卑污狂悖、叛逆之人，天地覆载所不容。今你乃奉为师法，心悦诚服，以为孔孟复生。你所谓吕留良之学问本领，从何处见得？吕留良之大有为，从何处知道？是你与吕留良必曾会晤，亲承指授，而信敬畏服，一至于此。且云“今日恰逢其会”，又是何解？可从实供来。

曾静供：圣人曰：“不患人之不己知，患不知人也。”

又曰：“不知人则是非邪正莫能辨。”弥天重犯今日狂悖，一路错到底者，总因自家僻处山谷，眼孔小，见闻隘，胸次鄙陋，错认人故也。如这些话都是自家没识见讨人底里不着，遂妄意心悦诚服，奉以为师，不唯以为师，且以他为一世的豪杰。其实当时何曾晓得他的行径大有不好处。不过就语句言话上，见得与自家僻性相投合，遂不觉好之深。好之深，遂不觉信之笃。当时所谓学问本领者，妄意指他的说理明，论文精。谓他大有为者，期他得用，可行井田，复三代，从前谬妄信得他是如此。今日蒙圣恩开导点化，始晓得他的行事为人，到处不是。不特他当身大义悖谬而已。从此回想，向日之信听他者，何啻陈相之悦许行，痛悔何及？至若谓亲承指授，实在没有。他生在浙江，弥天重犯生在湖南，近广东界，相去有数千里，且弥天重犯是康熙十八年生，吕留良是康熙二十一年死，弥天重犯只有四岁，实未曾与他会晤。至于“恰逢其会”等语，是弥天重犯胸中先有他一段看轻后世之心，又有他一段错解《春秋》之意，加以元年匪类之说在耳，而又适值永兴县那两年大雨，数月不断，遂以为世道有不好处。此全是山僻无知的识见。直到旧岁奉拿到长沙，今岁又由长沙到京城，见得年丰时和化行俗美，太平有道，普天薄海皆然。方知圣人在位，政教修举，礼乐明备，直盛千古。从前满肚疑团，始得一洗落实。而吕留良之欺世盗名，大逆不道，蛊惑人心，为覆载难容处，弥天重犯亦了然明白矣。

这就是曾静奉为恩师的吕留良，也是传说中刺杀雍正的吕四娘的父亲。也有说吕留良是吕四娘的祖父。

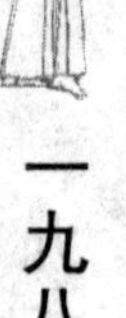

至今此说一直存有疑团，还有待考证。

2. 被曹雪芹和竺香玉合谋害死

雍正皇帝是被曹雪芹和竺香玉合谋下毒害死的，这个版本显得传奇性太强，更不足为信。

曹雪芹是家喻户晓的人物，他写的《红楼梦》更是脍炙人口，成了中国四大名著之一。传说曹雪芹有一个恋人名字叫竺香玉，就是《红楼梦》中林黛玉的原型。可当年的雍正皇帝垂涎竺香玉的美色，并被雍正皇帝霸占成了皇后，使得曹雪芹和她不得不劳燕分飞。曹雪芹日夜思念自己的恋人，所以在宫中找了一个差事就混了进去，见得佳人面，倾诉别离苦。他们觉得自己再也不能忍受失去对方了，所以竺香玉和曹雪芹二人合谋，用丹药把雍正皇帝给毒死了。不过，这也只是个民间编造的故事而已，也纯属市井谈资。

雍正皇帝真正的死因，还是一个未解的谜团。不管是民间传闻也好，野史逸闻也罢，雍正皇帝最终没有长生不老却是个不争的事实。

附录：雍正大事记

公元	年号	大事记
1678	康熙十七年	雍正帝胤禛出生。生母为德嫔乌雅氏（即后孝恭仁皇后）。雍正出生后，由贵妃佟佳氏（即孝懿仁皇后）代养。
1683	康熙二十二年	胤禛师从顾八代、张英、徐元梦等人学习多年。
1686	康熙二十五年	胤禛与胤禔、胤礽、胤祉随驾巡行塞外。
1691	康熙三十年	胤禛奉父命与内大臣费扬古女乌拉那拉氏成婚。
1696	康熙三十五年	康熙亲征葛尔丹。胤禛与胤祺、胤佑、胤禩分掌八旗十营。
1698	康熙三十七年	胤禛受封多罗贝勒。
1699	康熙三十八年	康熙为成婚皇子建府第分居，胤禛的府第初为四贝勒府，后扩大为雍亲王府，雍正年间改为雍和宫。
1702	康熙四十一年	胤禛与胤礽、胤祥随驾巡行五台山并南行。
1708	康熙四十七年	康熙废太子胤礽，胤禛与胤禔、胤礽、胤祺、胤祥一起被拘禁。
1709	康熙四十八年	胤禛被封雍亲王。
1711	康熙五十年	钮钴禄氏生乾隆皇帝弘历。
1718	康熙五十七年	康熙命胤禛与胤祉率文武百官在德胜门送“大将军王”胤禵。
1721	康熙六十年	康熙六十大庆。胤禛被特意派往盛京祭祖。
1722	康熙六十一年	十月，胤禛前往通州查勘粮仓发放屯结情况，共28天。
1722	康熙六十一年	十一月九日，康熙招胤禛前往畅春园。
1722	康熙六十一年	十一月初十，胤禛代康熙前去天坛祭天。
1722	康熙六十一年	十一月十三，康熙驾崩。胤禛凭借《康熙遗诏》，登上帝位。
1723	雍正元年	四月，胤禛送先帝往遵化东陵，事毕将十四阿哥胤禵囚之汤山。
1723	雍正元年	五月，太后猝死。
1723	雍正元年	八月，秘密立储弘历。
1724	雍正二年	十月，十阿哥胤䄉被革职圈禁。
1724	雍正二年	十二月，废太子胤礽病故，追为理密亲王。
1725	雍正三年	四月，胤禛将年羹尧发往杭州，降为杭州将军。

公元	年号	大事记
1725	雍正三年	十二月，胤禛以92条罪名令年羹尧自裁。
1726	雍正四年	正月，八阿哥胤禩、九阿哥胤禟被除宗籍。
1726	雍正四年	三月，将胤禩改名阿其那。五月，胤禛将胤禵囚于景山观德殿。
1726	雍正四年	六月，胤禛定胤禩罪状40条，胤禟罪28条，胤禵罪14条。
1726	雍正四年	八月，赛思黑死于保定禁所。
1726	雍正四年	九月，阿其那死于禁所。
1727	雍正五年	隆科多与沙俄谈判边境问题，在即将成功之时，但由于结党营私，并私藏玉牒，故胤禛不顾失去隆科多将给大清此次谈判带来多少损失，抓到罪证后立即遣其回京将其逮捕并抄家。
1727	雍正五年	十月，胤禛给隆科多定下41条大罪。
1728	雍正六年	六月，岳钟琪举奏曾静案，株连吕留良，吕留良被鞭尸、满门抄斩。同月，隆科多死于禁所。
1729	雍正七年	十月，曾静被免死，颁《大义觉迷录》。
1730	雍正八年	五月，胤祥病逝，雍正亲临丧所。以三哥胤祉并不哀痛为由，将其削爵并圈禁景山。
1733	雍正十一年	二月，封弘历为宝亲王、弘昼为和亲王。
1735	雍正十三年	八月二十三日，雍正驾崩。

大清十二帝

乾隆帝弘历

线装书局

名人档案

乾隆帝：名爱新觉罗·弘历。雍正第四子。属兔。性格仁厚。雍正死后即位。在位60年，退位后4年，无疾而终，终年89岁。

生卒时间：公元1711年~公元1799年

安葬之地：葬于裕陵（今河北遵化西北70里昌瑞山）。谥号法天隆运至诚先觉体元立极敷文奋武钦明孝慈神圣纯皇帝，庙号高宗，史称乾隆皇帝。

历史功过：勤政爱民，废除苛政；贯彻祖宗之法，致力生产发展；编撰典志书籍，保存文化遗产；武功卓著，加强统一。但宠信奸臣和珅，蠹坏国家肌体。

名家评点："高宗运际郅隆，励精图治，开疆拓宇，四征不庭，揆文奋武，于斯为盛。"

秘密立储

（一）雍亲王府　喜得贵子

康熙三十七年（公元1698年），乾隆帝的父亲胤禛被封为多罗贝勒，按照清朝皇家的规矩，通常已成家的皇子受到晋封，就会搬出皇宫享有自己单独的府第，不再享有居住皇宫的权利。于是，第二年胤禛有了自己的府第，并搬出了皇宫。他的新府就是原来的“明内宫监官房”，被称作“四爷府”。康熙四十八年（公元1709年），他又被封为“雍亲王”，所以他的住宅又被称为“雍亲王府”，后来的乾隆皇帝弘历就出生在这所府第。

雍亲王府

此时的胤禛虽被晋封为亲王，但他却并不因此而得意，反而颇感惨淡。那时正处于康熙皇帝九子夺嫡的关键时期，康熙封其为亲王就是暗示其勿觊觎太子之位。康熙对各位皇子的一举一动都非常关注。此时，若大肆结交朋党，刻意谋取储君之位势必会被康熙发现，成功的话固然再好不过，可以流芳千史成为一代帝王；倘若失败，轻则亲王的身份不保，重则丢了性命。并且当时争位的皇子又多，不论是按年龄、能力或威信，他都没有绝对的优势。所以，此时他唯一能做的只有看清局势，并且韬光养晦以待宝剑出鞘。他将自己伪装起来，虽然内心充满了对皇位的无限渴望，但在外却丝毫表现不出对皇位的希冀。

雍亲王此时也正处于最茫然、最无奈之际，然而，黎明前的黑暗终会被冉冉升起的朝阳刺破，曙光终将会显露。康熙五十年（公元1711年）八月十三日子夜，胤禛心情显得有些兴奋，因为格格钮祜禄氏为其生下了一个男孩，这个孩子就是后来的乾隆皇帝，其名为爱新觉罗·弘历。胤禛喜得贵子，心情骤然好转。

原本身在帝王家的王子或亲王们都是妻妾成群，得一子也不是很值得高兴的事，但弘历的出生又为什么让胤禛如此高兴呢？到底这个孩子又有何“贵”？

首先，胤禛在得此子之前已得四子，长子弘晖，出自乌拉那拉氏，但于康熙四十三年（公元1704年）八岁夭折。齐妃李氏也为胤禛生下三子，即弘盼、弘时、弘昀。但弘盼未满两岁殇逝，排行老二的弘昀也在十一岁的时候死去，四子已不幸离去三子，胤禛贵为亲王眼前却只有一个八岁的儿子弘时，未免显得单薄，此时弘历的出生则让他更有底气。

其次，太子被废后又被复立。康熙生平最为记恨的就是各阿哥结党营私、争权夺位。其复立太子就是不想看到各阿哥之间互相残杀、钩心斗角，故明知二阿哥胤礽不适合为帝王也执意要再立他为储。无论哪个儿子身上露出一点想争夺太子之位的心思或动作，他都会严厉惩罚。此时，康熙看到胤禛得子弘历而百般高兴，便相信他甘愿为一亲王，乐于家庭生活而无意于争夺储君之位，渐渐地减少了对他的防范之心。这就是弘历出生的第二个可贵之处。

再次，胤礽虽是康熙皇帝一手培养出来的文武全才，但过早地确立太子之位并接受太子临政、领兵的特权，导致他周围集聚了一群阿谀奉承、结党营私之人。康熙皇帝对胤礽的娇纵与溺爱，使得高高在上的胤礽逐渐养成了不可一世、蛮横无理、乖戾暴躁的性格，君子气度荡然无存，其四周早已树敌无数。后来康熙帝更是训斥他“不法祖德，不遵朕训”。太子虽废而复立，但其昏庸暴戾的秉性不改，康熙帝对其难以容忍，太子仍存在再度被废的可能。

胤禛和其他的几个兄弟一样有觊觎皇位之心，但他却处处掩饰，口头上说“储贰之事，避之不能，尚有希图之举乎”。他深知太子的地位岌岌可危，众兄弟谁要是得到康熙帝的欢心，谁便有可能得到储君之位。所以，此时生下弘历一来打消了皇帝对其的顾虑，二来康熙帝一直希望家庭圆满，此时又得一皇孙也极是开心，对四阿哥胤禛也更满意。

雍亲王虽喜得贵子却并没有得意忘形，他深知当下的状况对于自己并非十分有利，于是对当下的情势做了一次彻底的分析。他首先分清了各位阿哥的优势与劣势，此时和他竞争的有大阿哥胤禔、二阿哥胤礽、三阿哥胤祉、八阿哥胤禩、九阿哥胤禟、十阿哥胤䄉、十三阿哥胤祥、十四阿哥胤祯。对雍亲王来说最没有竞争力的当数“三爷”，因为三阿哥喜欢舞文弄墨，所以他身边只是些文人。三阿哥同这些文人尊康熙之命，负责重修坛庙、宫殿、乐器，编制历法，还负责编书，他们最大的成就是编辑了我国第二部大类书《古今图书集成》。由此可见，三阿哥并没有形成明显的朋党之势。即使“三爷”觊觎皇位，较自己也并无优势可言。

以大阿哥胤禔为首的“大千岁党”，为首党人就是大学士明珠，此人还是胤禔的舅舅，其他的朋党还有户部尚书福伦。胤禔虽然排名老大，也有个初具规模的朋党集团，但他并非嫡出，论德行和能力都不算出众，而康熙又比较看重德行和能力，所以大阿哥胜出的几率不大。况且胤禔又因康熙废太子一事表现得过于残忍，竟想自己亲手杀死太子，不顾兄弟手足之情而被囚禁，所以已不具竞争优势。

“太子党”，顾名思义就是以太子胤礽为首，以索额图为首脑人物的朋党。太子虽昏庸暴戾，但从小受到康熙的悉心栽培，不仅读书用功，而且善于骑射，可谓文武双全。他的身上承载了康熙帝的一番心血，这也是他被废又复立的重要因素之一。明显，康熙帝希望太子首次被废之后能够吸取教训进而走上正途，变成一位有能又有德的好君王。但是被复立的太子胤礽并未像康熙所希冀的那样修习德行，反而更加有恃无恐，在京城广交狐朋狗友，结党营私，而且私生活不检，还随意鞭挞诸侯、众臣。即使如此，康熙帝还是幻想太子能够知错而改，或者说不要变本加厉。更何况他还有索额图的拥护。索额图是康熙幼年时的首席辅政大臣索尼之子，又是皇太子叔姥爷、大学士、仁孝皇后叔父、领侍卫内大臣，曾经是康熙帝最信任的大臣之一。康熙二十八年（公元 1689 年），他又担任中俄议定边界谈判的中方首席代表。他在康熙面前有一定的话语权，而且权势较大。因此太子胤礽确实是他在争夺皇权之路上的一个强硬对手。

要说太子是有能力却没有德行不可以担当皇帝的大任，那么八阿哥胤禩是既有能力又有德行，并且权势较大、党羽众多。所以“八爷党”才是所有党朋之中最强劲的一支，是胤禛最强大的对手。“八爷党”，顾名思义就是以八阿哥胤禩为首的党派，他还得到了九阿哥胤禟、十阿哥胤䄉、十四阿哥胤祯以及侍卫鄂伦岱、内大臣阿灵阿等大臣的拥护和支持。此外，八阿哥胤禩乐善好施，时常派发钱物给百姓，所以人称“八贤王”，在朝中和江南都极有声望。在所有的皇子当中，他的支持者最多。除此之外，他能力也不平庸，不论康熙交给什么任务，他都办得稳妥。康熙帝的兄弟裕亲王福全生前时常与康熙提到胤禩，说他品行端正，不夸夸其谈，而且聪明能干，实在是储君之料。但偏偏康熙帝忌惮皇子们结党营私、钩心斗角，因此也处处防着八阿哥胤禩。

将众阿哥的状况做一比较，胤禛还是有一些优势的。他的生母良妃乃卫氏原系辛者库罪籍，出身不好，不能子凭母贵，但是他天资聪颖、德才兼备，十七岁就被封为贝勒。而且此时内有隆科多相助，外面也安插了很多自己的亲信，例如年羹尧、戴铎等人在外身居要职相助。三来自己一直以来处处掩饰对皇位的希冀，也并不得康熙厌恶。他深知争储之路艰难至极，须处处小心、步步谨慎。

弘历此时的出生让雍亲王府人人喜笑颜开，也令胤禛久久不郁的心情顿时畅然无比。只是当下谁都不会想到这个小孩就是以后与康熙一起创下"康乾盛世"的又一千古帝王，胤禛也无论如何预料不到弘历日后的聪慧好学和所作所为是那样的受康熙喜欢和称赞，竟使得康熙也暗暗佩服他教子有方。可以说弘历的降生对于胤禛来说，不管是在心理上还是在当时的客观形势上，都是一种莫大的鼓舞。就连之后康熙对胤禛的看法和态度的转变也有一部分原因要归功于对弘历的好感。

（二）悉心教子　暗布迷局

康熙的一生都在忙着两件事：一件是管理国家，这方面是相当成功的；另一件事是管理家庭，而这一方面可以说是相当失败。在康熙执政的六十年里，大清经历了很多征战和建设，国家政局逐渐稳定，经济也逐渐提升，康熙皇帝开创了一代盛世。康熙十九年（公元 1680 年）他才开始着手皇家内部的家庭建设，直到驾崩他都在为众多儿子不和之事而头疼。

随着康熙二立二废太子事件的发生，康熙彻底疲惫了，他已经完全不想去理会儿子之间的争夺。此时八皇子胤禩脱颖而出，朝中上下没有不支持他的，众皇子也拥护他。在众人眼里将来的皇位非八阿哥胤禩莫属。可是四皇子胤禛把这些都看在眼里却一点儿也不着急，因为他知道胤禩太过猖狂，完全不把康熙放在眼里，存在逼宫之势。康熙对胤禩也并无好感，想当皇帝并不是那么容易的。与此同时，胤禛也在密布着一场惊天大阴谋。

早在康熙四十八年（公元 1709 年）胤禛就已经开始暗布迷局。因为在前一年发生了很多事都与争夺储位有关，最重要的当属胤禔和胤禩勾结欲杀太子，结果阴谋不成，胤禔败露导致被终身圈禁一事。可以说众皇子当中没有一个人比胤禛更了解康熙。他知道康熙已经深深地厌恶了众皇子的所作所为，于是胤禛做了一个决定——搬进圆明园。圆明园乃是康熙皇帝于康熙四十六年（公元1707年）赐给胤禛的一座千亩小花园，它距离皇帝的畅春园很近。而胤禛在圆明园究竟做了什么深得康熙帝的欢心呢?答案有二：一是入禅宗、不争帝；二则是悉心教子、热爱家庭。

胤禛的阴谋刚开始其实并不包括悉心教子，只求入佛门骗得康熙的信任。但康熙五十年（公元1711年）弘历的出生改变了他的计划，实则是丰富了他的计划。任谁也看不出他迷局中的真正想法，直到最后雍正登基才使众皇子幡然醒悟。

首先是入佛门。胤禛表面上看似与世无争，对皇位毫不在意，但那只是一个骗过了众皇子和康熙帝的假象。一来他搬进圆明园不问政事，众阿哥对他放松警惕，再加上胤禛心思缜密，怕引得众皇子怀疑，索性对众兄弟一视同仁、不分贵贱。如此这样，众兄弟也相信了胤禛真无夺皇位之心。这样一来康熙看见胤禛跟众兄弟和睦相处也替他高兴。但康熙也是个极其聪明的帝王，他曾批评过胤禛“喜怒无常”，所以仍然保持怀疑的态度。二来他尊章嘉活佛为师，向他赐教佛法。

章嘉活佛是一位地地道道的皇家御用喇嘛，直接参与政事。由于他在内蒙古河青海一带德高望重，并且宗教地位较高，所以受很多人臣服和敬仰。康熙封他为国师，并任命他为“多伦喇嘛庙总管内蒙古喇嘛事务之札萨克喇嘛”，分担西藏达赖喇嘛的权力，令西藏达赖喇嘛权力不致过大而产生分裂之心。他专管蒙古宗教事务，并常驻京城。此时章嘉活佛是康熙身边的红人，胤禛尊他为师必定有其用意。因为章嘉活佛跟康熙交往较密，所以胤禛一旦在佛法上有所顿悟，康熙会立刻通过章嘉活佛了解到。也正是因为如此，胤禛才得到了康熙的信任。那且说一下胤禛在佛法上的心得。

康熙五十一年（公元1712年），胤禛开始“坐七”，与众佛僧们一起钻研佛法，不到两天他就认为自己已经参透；但是他又迷惑，其他的僧徒苦苦参悟几年或是十几年也难参透，自己却只花了两天，实在不可思议，于是前去找章嘉活佛相问。可章嘉活佛却说：“亲王所见，只像针刺破窗纸，从针隙观天，虽说已见到天宇，但天体广袤，所以，所见到的天体，究竟是有偏见的。佛法无边，请亲王勉力求进!”胤禛顺利破了初关，向众人提出了入佛门的决心。但他知道只是这样还无法取得真正的信任。同年二月，他在集云堂继续参悟，一直到十四日晚上，“经行次，出得一身透汗，桶底当下脱落，始知有重关之理”。至此，胤禛已领悟到“无一物非我身，无一物是我己”，可以说他已参透第二关了。次年正月，又证得“三身四智”合一之理，物我一如本空，“无身故长生，无灭故不灭”之道，破了最后一关。这一关是很多僧众用一生的时间都无法参透的，但是他参透了，正说明他已真正皈依佛门无欲无求了。且不说他参透此

三关是真是假，只是众兄弟们听说了都道他是真正的好兄弟。康熙听了也真正信任了胤禛。

但得到皇帝的信任并不意味着可以得到皇位，真正迷局的津要之处还在于悉心教子上。因为十四阿哥也是深得皇上信任和喜爱的皇子之一，他得皇位的可能性也是极大，所以当下的情况就是谁能讨得康熙的欢心，今后即可登基为王。

弘历的出生正好圆了胤禛讨好康熙的梦。弘历生来相貌甚好，很是讨人喜欢。于是，胤禛就按着康熙的喜好教导孩子，让孩子讨得皇帝的欢心，自己自然也会风光。

胤禛明白，康熙一生都在愿望着有一个和睦的家庭，众皇子们安分守己，兄弟相互帮助、勤奋好学，个个都懂得安邦定国之策。只是自己管教不好使得众阿哥各自暗怀鬼胎。胤禛正是明白这些，才将自己的孩子按照康熙的标准教导。于是胤禛开始悉心教导弘历诗书礼仪，并且教他武功、骑马、射箭。这些到最后都得到了验证，康熙见到弘历时甚是欢喜，确实道胤禛教子有方，也暗自佩服。有一次康熙去四皇子住处游玩赏花时看见弘历，想考考他文采如何，于是出一上句：四方桥，桥四方，站在桥上看四方，四方四方四四方。弘历略加思索便答出：万岁爷，爷万岁，立在爷前呼万岁，万岁万岁万万岁。弘历对得浑然一体、天衣无缝，康熙称赞道："妙哉，妙哉，实属妙哉！"

民间有一种说法，康熙到后来发现弘历文武双全，而且有德有才，实在是不可多得的帝王之相，于是想直接把皇位传到弘历手上，但胤禛是弘历的父亲，古无先例可以直接将皇位越过父亲而直接传于皇孙的，所以才最终传位于四皇子胤禛。对于这种说法乾隆也自以为然，晚年时他曾经多次说道，当年他甚得祖父康熙的喜爱，到最后祖父对他，"已隐有托付之意"。

民间传言是真是假尚待考证，但可以确定的是，胤禛已经取得了康熙的信任和赞赏。要是我们认为他的阴谋仅止于此那就完全错了。他只是对内取得了康熙的许可权，但皇位的归属需要其他兄弟们的参与。此时各皇子争皇位已经争得热火朝天，个个都是党羽众多，大权在握。即使康熙要将皇位传给胤禛，众皇子也有能力轻易将他推翻。所以，胤禛早就想到了这一点，在外，他培养了自己的亲信年羹尧。此人在康熙六十年（公元 1721 年）进京入觐，康熙询问了一些军情后夸他有功，并赐予他弓箭，也是手握重兵。在内，他有隆科多辅佐。隆科多是名将之后，康熙五十年（公元 1711 年）被授予步军统领的重要职位。步军统领，俗称九门提督，就是负责京城九座城门里的治安和城防，并统帅八旗步军及巡捕五营。有他们的帮助，胤禛可谓是内外兼顾了。

纵观全局，最重要的一局还是在于弘历。只有得到康熙的信任，才不会有人去刻意责怪他拉拢年羹尧和隆科多之事，他的兄弟们也不会去留意他的一举一动，还满心觉得他不会是自己的竞争对手。再加上他参悟佛法，并且有很高深的见解，谁也不会想到他竟一心向着皇位，并最终取得了皇位。所以说，悉心教子才是在争夺皇位的整个过程中最关键的一步。

（三）避暑山庄　康熙见孙

康熙六十年（公元1721年）注定是个不平凡的年份，这是康熙生命中的最后一个完整的年份，这一年改变了康熙、雍正、乾隆三代帝王。虽然此时康熙已是命不久矣，但这一年也是他后半生最开心的一年。

这一年，后来的乾隆帝弘历走进了康熙的视线，并成为他最后一年中最为亲密的人。弘历的出现不仅给康熙带来了快乐，而且给康熙带来一份心安，他不用再关心皇子们是否还在暗中争夺皇位，见了弘历之后，他心里便有了合适的人选。康熙一直对教育儿子们的失败耿耿于怀，所以他想能够继承他皇位，成为一国之君的人必须是一位好父亲，而且这个皇子从不和众皇子们相争。除此之外，康熙更希望即位之人德才兼备，能够妥善处理好大小事宜。综合多方面考虑，胤禛无疑是最合适的人选。于是康熙决心传位于他。

对于胤禛来说，这的确是一个“丰收年”。他忍气吞声十三载，此时，暗布的迷局正是收网之时，而网中的战利品便是他将来的皇权。

对弘历来说，这一年确实是他生命中相当重要的一年，因为，他第一次见到了他的祖父康熙皇帝，并取得康熙的欢心，使得康熙竟有托付大事之意，也为自己日后受到康熙种种熏陶埋下伏笔。

我们且看看这一年的始末。

康熙六十年（公元1721年）七月，已是初秋时节，但天气仍然炎热。康熙此时已经年老，所以身体也大不如从前了，只好在避暑山庄歇息。避暑山庄虽离紫禁城不是很远，但它地处盆地，四面环山，所以此时初秋时节，这里甚是清凉，着实是个避暑休息的好地方。有一天四皇子胤禛适陪康熙游园闲聊，陪同康熙散步到山庄观莲处时，看康熙心情不错，便轻描淡写地提起：“您的两个孙子打生下来还没机会见到圣颜呢。”老皇帝随口答道：“好啊！上次我听侍卫说你有两个儿子书读得很好。把他们俩叫出来

我看看。”于是胤禛匆匆地退了下去，不多时带来两个孩子，一个是弟弟弘昼，另一个是哥哥弘历。弟弟弘昼没有给康熙留下太深的印象，但哥哥弘历却让康熙难忘。这孩子容貌清秀，身材颀长，特别是两只澄澈的眼睛里流动着不同寻常的灵气与沉静。弘历走到近前，一本正经地跪下行礼：“孙儿弘历向皇爷爷请安！”康熙心中欢喜这孩子不仅长得一副好相貌，也很是懂礼貌，情不自禁地把他拉到近前仔细端详一番。于是说道：“弘历啊，皇爷爷问你，平时都做些什么事啊？”弘历恭恭敬敬地答道：“回皇爷爷，弘历平日跟着几位先生和师父学习经书和骑射。”康熙又向弘历问道正在读哪一本，弘历答道，正在读《论语》。胤禛也有意无意地问弘历有没有记熟。康熙说道：“好，皇爷爷考考你”。于是弘历走到众人面前从容不迫，摇头晃脑地背了起来，竟然一字不差，康熙心中欢喜，旁边的侍卫和大臣们也连连夸弘历聪明。

突然见到皇孙，康熙高兴不已。多少年来笼罩在他头上的乌云顿时烟消云散。康熙虽然只是这样稍稍考了一下弘历，但从弘历举止言谈的细节，再从他的长相来看，他有一股非同一般的气质，是难得的君王之料。康熙本来还担心他的皇位不知道交给哪位皇子才是，皇长子太过残忍，为夺储位不惜杀害自己的兄弟；二皇子屡犯错误、屡教不改，自己已经严明他不是君王之料，也无法托付；三皇子特长在于文，在于整理编辑书籍，于治国没有韬略；最受大臣们追捧的八皇子胤禩，野心太大，还没有当皇帝，朝中大臣便已畏他如虎，再加上康熙是看着他从小如何和众皇子争夺皇位的，结党营私最为厉害，所以皇位是绝不会传于他的；剩下的除了四皇子胤禛外，还有十三、十四皇子，但他们依附于八皇子胤禩。所以余下的只有胤禛能担此大任。虽然自己以前说他“喜怒无常”，但这些年来他一直深处佛门，也有一番作为，而且于治国上也有才能，如今又展现出好父亲形象，康熙更加欢喜。康熙决定传位给胤禛还有一个原因，那就是弘历。可是康熙还想对弘历加深了解，于是便有了下面的情节。

过了一年，正直三月时分，本应该是春暖花开、景象怡然，但这一年的春天雨水欠缺，所以畅春园内花开得都不好。恰逢胤禛花木种得茂盛，就请康熙去赏花。康熙也想再见见孙子弘历，于是欣然答应。在康熙帝游园之时，弘历始终不离身旁，朝夕相伴，康熙对弘历也是格外喜爱。胤禛说：“让弘历随侍父皇读书如何？”康熙帝欣然同意，并取了弘历的生辰八字，将畅春园的淡宁堂赐给他，又将自己在圆明园寝殿旁的牡丹台设为弘历起居读书之所。这里后来又被称作“镂月云开”，为圆明园四十景之一。康熙六十一年（公元1722年）六月，四川总督年羹尧入京办事，皇帝命他找京城的“名算”罗瞎子推算某事。现今故宫博物院文献馆首批公布的内阁大库档案中，就有乾隆的生辰八字及康熙六十一年（公元 1722 年）时的批语，内容如下："弘历八字：辛卯（康熙五十年）丁酉（八月）庚午（十三日）丙子（子时）。批语：庚金生于仲秋，阳刃之格，金遇旺乡，重重带劫，用火为奇最美，时干透煞，乃为火焰秋金，铸作剑锋之器。格局清奇，生成富贵福禄天然。地支子、午、卯、酉，身居沐浴，最喜逢冲，又美伤官，驾煞反成大格。书云：子午酉卯成大格，文武经邦，为人聪秀，做事能为。连运行乙未。甲午，癸巳身旺，泄制为奇，俱以为美。"可以想象康熙当年看见这样的八字多么开心，于是他更加悉心地教导弘历读书、习武、射技。

在避暑山庄淡泊敬诚殿前的大门墙上，至今刻有乾隆皇帝的一首诗。他在诗及自注中记述了自己十二岁时，常因箭法优秀而受到康熙帝垂爱的事实。有一次，他随侍康熙帝在校场阅射。弘历连中五箭，康熙帝很高兴，对他加以褒奖并赐黄马褂。

由康熙对弘历的种种态度和最后胤禛得皇位的事实，我们不难看到弘历在康熙眼中的地位以及康熙对弘历的喜爱程度。可以说弘历初见祖父康熙时，胤禛就取得了大丰收；但弘历见康熙时才十一二岁，他的能力和才华还不能尽显出来。谁也未曾想到他将在爱新觉罗家族史和中华民族史上画下重重的一笔。

（四）沉着冷静　骑射奇事

少年弘历不仅知书识礼，在武艺方面也有过人之处。他勤学骑射，技艺每天都有所增长。弘历很早就能够射箭驰马，不管是在圆明园练射，还是在南苑行围，常常是屡发屡中，作为一名垂髫少年，弘历的英武之举自然赢得了周围人的称赞。

年迈的康熙本性尚武，听说弘历喜欢习武，很是高兴，于是亲自指导弘历射箭，传授要领，总是夸赞他很好地继承了祖风。之后，康熙还让弘历向武艺精通的十二叔学习骑马射箭。弘历在皇祖的指导和鼓励下，学习得更加勤奋了。

一次，康熙帝让弘历陪同，前往木兰秋弥（即秋季狩猎），想让弘历将他的好身手展现给诸王公大臣们看。能够跟随皇祖一起围猎，弘历自然十分兴奋，心里也盘算着要大显身手，好让皇祖看看，知道对他的一番苦心没有白费。

到了围场，第二天康熙便带着弘历和大队人马出猎了。进了围场之后没过多久，有人报告说发现了熊的踪迹。大家尾随而至，在离熊不远处停下了脚步。康熙帝举起手中的枪，一声枪响之后，熊立即就跌倒在了地上。

这时，康熙想到了孙子弘历：这可是这个孩子第一次围猎，如果他能在初次打围就猎获大熊，岂不是一项很大的美名和吉兆！于是康熙唤出弘历来："弘历，你去接着射杀这头熊吧！"弘历连忙答应了，他心里也明白，这可是皇祖让他露脸的好机会啊。

于是，弘历转身跨上马，跑到大熊跟前。就在这时，刚倒在地上的大熊突然站了起来，凶猛地向他扑来。

弘历心里一惊，但并不慌张。面对这个庞然大物，他仍神情自若。这时，康熙急忙再发一枪，击毙了大熊，也惊了一身冷汗。看到孙儿镇定如常的神情，悬着的心这才放了下来，开始暗暗为这孩子的表现叫好。虽然这次弘历没有亲手击毙大熊，但他面对突发状况时所表现出来的沉着镇定更加坚定了康熙培养他的决心。

为了使弘历增长见识，掌握更多的本领，康熙还让善用火枪的皇十六子教导弘历练习火器。弘历见到这个外来的玩意儿，觉得很新鲜，在猎熊的时候他就惊叹这个东西的杀伤力，现在有机会学习，正中了自己的心意。初次练习，皇十六子就命人在百步之外拴一只羊，让弘历在如此之远的距离射击。皇十六子早就听说这个小皇孙年纪虽小，却文武双全，想借这次机会试试这个侄子有没有传说中的过人天资。

弘历慢慢地举起枪，待拿稳之后便开枪射击了。枪响之后，小羊应声倒地，皇叔看了又惊又喜，没想到弘历居然真能一枪中的，看来真的是不简单，他连连夸道："真是后生可畏，皇侄初次射枪就能中的，日后定有大作为。"

受到夸奖的弘历不好意思地回道："弘历今日只是运气好，日后还要请十六叔多多指教。"

这样传奇的经历自然众口相传，康熙听说以后，高兴自不必说，还大大夸奖、赏赐了弘历一番。

乾隆和火枪之间还有一次神奇的经历。弘历跟随皇祖到南苑行猎，皇祖又让弘历用火枪射靶子，不过这次用的火枪较之以往要沉很多，年少的弘历抬不稳沉重的火枪，因而枪中放置的火药弹丸也少，这样一枪发出，因为靶子离得比较远，弹丸就没能射到枪靶，但是蹊跷的是，弹丸居然从地上反弹起来，又打中了枪靶。康熙帝看到此景是连连叫好，大大赞赏了弘历一番，连周围的随从都惊叹不已，为此，康熙特别赐给弘历一支"旧准神枪"，弘历一生把它视为至宝珍存。

康熙辞世那年的秋天，少年弘历还伴随皇祖到承德避暑山庄，一边读书学习，一边随时接受康熙的教诲。这段时间虽然不长，但却令年轻的弘历收获不浅，连日来的朝夕相处，祖孙感情也变得格外融洽。

不管是读书写字，批阅奏章，还是接见官员，传膳设宴，弘历都伴随在皇祖的左右，康熙为了培养这位隔代的小君主，就连他和大臣讨论军国大事，都不让弘历回避。乾隆后来回忆这段经历时还觉得，这段陪着皇祖日理万机的时间是他成长过程中一段重要时期。皇祖浏览史书、亲洒翰墨，也使小弘历耳濡目染，感受到一种特别的文化和政治熏陶，加之弘历自己的悟性高，长进快，这段潜移默化的影响非常深远，日后的乾隆帝效法皇祖、推行宽政便是由此而来。

（五）两朝恩宠　严父恩师

不仅皇祖康熙十分精心地培养弘历，他的父亲雍正对自己选定的太子也有十分严格的要求。

弘历十三岁时，雍正特意下旨命朱轼、张廷五、徐元梦等几位名儒文臣做他的老师。二十岁时，雍正又选派名臣鄂尔泰、蒋廷锡、邵基等侍奉皇子读书。这些老师，对弘历各方面的思想的形成，都有着深深的影响。

乾隆的第二位老师朱轼，对乾隆的成长有着重要影响。朱轼是康熙三十三年进士，受到康熙和雍正两朝恩宠，历任吏部尚书、太子太傅、文华殿大学士，是清代著名的理学家。

朱轼接任诸皇子老师的职务时，弘历十二岁，在功课上已经有了良好的基础，接下来要做的就是要弘历接受进一步深造，掌握更多的文化知识和理国本领。十几岁的孩子，性格气质及兴趣爱好还未定型，仍在不断的发展变化中，在这段时间里接受朱轼的教育，弘历自然受到了比较深刻的影响。

朱轼推崇宋代哲学家张载的学说，他教导学生的准则就是要知礼成性。受张载影响，他还主张做事应身体力行，对于老师的这种思想，弘历很是认同，他在登基之后也经常强调这一点，可见这位老师对他的影响之深。朱轼教给学生的多是以儒治国的封建帝王之学，小弘历受到了这种思想熏陶，为他成为一代封建明君奠定了很好的基础。乾隆对这位老师十分尊敬，在做皇子时就作诗赠给自己的老师，以表达自己的敬仰之情。

第三位老师蔡世远对青年乾隆有很大影响。在诗文方面，蔡世远给了他很多指导。乾隆一生推崇韩愈的文章和杜甫的诗，这和蔡世远有直接关系。乾隆认为，做文章，语言条理清楚就可以把道理说明白，感情有气势的就能表达心意，只要做到了这两点，就能把文章做好。其实这些，正是从老师那里学习体会来的。

在雍正帝的安排下，弘历在皇子时代遍读了“四书”“五经”以及“宋儒性理诸书”《通鉴纲目》、史汉八家之文，掌握了历代君主的统治术，对孔孟儒家学说也有了较深的理解，擅长诗赋的弘历还写了不少文章、诗句。他从十四岁起，开始边读书，边写文章。他一开始就是写自己的读书的心得体会和个人生活经历及见解，后来渐渐发展到记述自己对某些问题的看法，甚至是寄托治国安邦的宏伟抱负，他文章的体裁多种多样，显示出弘历不一般的文采和头脑。

雍正在位十三年中，弘历由少年成长为了文才出众、精于骑射的青年俊才。

（六）不负众望　终登大位

雍正十一年正月，弘历被世宗正式册封为宝亲王。封王以后，弘历每日活动内容有了一些改变。之前，作为皇子的弘历，生活中的主要内容就是读书和学习古代文化知识。现在作为太子，弘历的生活中开始多了一些实际的政事活动，并开始大量参加各项礼仪活动。他还协助父皇雍正处理政事，在雍正的教导下，太子弘历还直接参与一些政治军事活动，如对苗疆的抚定工作，他开始在政治舞台上崭露头角。通过这些具体的政治活动，弘历迅速增长了实践经验。弘历的这些努力没有白费，他不仅深得雍正信任，而且在皇族和大臣中也树立了威信，这都为以后继承大统做好了充分准备。

不过，虽然生活中多了一些以前没有的事情，变得更加多姿多彩了，但青年乾隆生活的主色调还是用功读书，特别是读各类历史书籍。在登基之前，乾隆缺乏的是实际地从政治政经验，所以，他从历史书籍中汲取了很多历史文化知识，这些宝贵的历史经验教训为他提供充足的思想内容。弘历登位以后的诸多治国经验，或者说他治国安邦的理论基础，都是从丰富的古代历史书籍中得来。正是多亏了这些史书的帮忙，还有他自己的勤学好思，弘历才有能力和智慧掌控偌大一个帝国，才能将这个帝国推向又一个高峰。

纵观弘历的青少年时期，皇祖康熙和皇父雍正的提携关爱确实是弘历成长过程中有力的助推器，但是，弘历之所以能够继承皇位，除了有长辈的关爱和他两个兄弟不争气外，更多的还在于他本人的非凡才华和超人智慧。弘历从小就能够识大体，在先辈的宠爱和着意培养下能够刻苦勤奋地学习，努力完善自己的雏鹰之身，再加上他长期的威望和过人的胆识才智，最终继承大统也算是理所当然的事。

雍正十三年八月二十七日，这是一个万众瞩目的日子，按照雍正生前遗留的谕旨，朝廷将在这天宣布由谁继承皇位。鉴于前朝在争夺皇位过程中经历的血雨腥风，雍正将谕旨放在了正大光明匾额后面，里面是他亲笔写的皇位继承人的名字，只有到了宣布的那一天，才能打开谕旨。这天，文武百官全都聚集到了皇宫，负责谕旨的臣子郑重地从正大光明匾额后面取出锦匣，打开密诏，只见上面写着“皇四子弘历为皇太子，继朕即皇帝位”，谜底揭开了，弘历不出意料地成了大清入关后的第四任皇帝。

由此，清廷正式向全国颁布雍正帝的遗诏，宣布由弘历继承大位。这年九月初三，弘历在祭告了天地祖宗之后，在紫禁城太和殿登上了皇帝的宝座。随后他诏告天下，宣布改次年年号为乾隆元年。从那一刻起，年仅二十五岁的乾隆皇帝正式出现在历史的舞台上，为末期中国封建社会上演了最后一场盛世大戏。

初登上位

（一）诏行天下　渐露锋芒

乾隆的即位比在他之前的清王朝中的任何一位皇帝都容易和顺利得多，这不仅是因为他比同辈中任何一位皇子都要优秀得多，也因为这是雍正密立皇储制度的结果，另外一点就是，乾隆从小受到康熙帝的宠爱。但是，不管乾隆即以前的弘历如何受到康熙和雍正的关照，先人已逝，毕竟这是一个属于自己的时代，一切都要靠自己的努力才有收获。

中国封建王朝自古以来就存在一个现象，那就是每一次政权的更替都存在着极大的风险，并且极易产生动乱或者内战。首先，出现此类现象的原因是因为中国古代政权的过渡采用世袭制，而中国皇帝自古以来又都是三宫六院，后宫佳丽三千，所以皇子很多，竞争皇位的人越多，皇子们结党营私的情况就会越严重。所以，只要有人得到皇位，其他的皇子就会心存嫉妒并且觉得不公。这样一来，皇族内部必然会产生谋权篡位的现象，这也给国家带来了许多不安定的因素。

其次，更为重要的原因在于，新君是否可以跟原来的朝中大臣达到君臣一心的状态。新君刚即位，朝中官员一般都不知道他的行事风格和处事策略，君与臣之间需要彼此磨合。先皇们品行与政策会影响到新皇与臣子间是否磨合得顺利。雍正是个治国极严的君王，虽然他在位期间为百姓和国家做过不少贡献，但身为君王，他利用权力也犯下了许多错误。雍正一直以阴险和狠毒著称，满朝文武无有不惧怕雍正的。乾隆继大统之后，首先面临的问题就是取得官员和百姓的信任与支持，向天下展示自己仁德的一面。那样大臣和百姓才会服从自己的管理，守护自己的江山社稷。更何况乾隆从小就崇拜自己的皇祖父康熙皇帝，跟随康熙同住的岁月里，对于康熙的治国方略和态度可以说是耳濡目染。所以，他急需从一件事下手去证明自己。

圣君之所以被称为圣君，是因为他能够利用合理的时机做出合理的事情，以达到期望的目的。

乾隆即位十一天，常理推之，新君还应沉浸在逝去父皇的悲痛之中，以表达对父皇的尊重和悼念。但乾隆则不这样，他一眼就能看透整个局势，大臣们在意的已经不是你对先皇的态度，而是你以后的治国态度和方略。就是在这样一个时候，乾隆巧妙地利用了杨名时这一人物。

杨名时，名宾实，字凝斋，江苏江阴人。康熙三十年（公元1691年）中进士，深得考官李光地器重。康熙三十三年（公元1694年）被晋升为顺天学政，后来又被升为翰林院侍讲。康熙五十三年（公元1714年）又被任命陕西正考官，康熙五十六年（公元1717年）被授予河北巡道，两年后被任命为贵州布政使，到康熙六十年（公元1721年）又被升至云南巡抚，成为地方行政长官。

杨名时的的确确是位难得的好官、清官。他的为官之道就是不管什么事都要躬身实践，用尽自己所有的能力为百姓做好事。在他担任河北巡道时，百姓只要有事上诉，不论是小是大他都亲自过问，以至于他在任期间河北无留狱、无隐情，百姓们都称他为“再世包公”。康熙帝曾经也表扬过杨名时，说他不仅是位清官，而且是位好官。但就是这样一位好官却栽到了雍正手上。

雍正身为亲王的时候与杨名时并不认识，雍正即位后，杨名时被任命为云南巡抚。所以在雍正即位的很长一段时间里，杨名时依然做他的清官。但雍正四年（公元1726年），雍正任命杨名时为吏部尚书，此时杨名时身居庙堂，可谓是达到了人生事业的顶峰。但伴君如伴虎，离君王近一点危险就增一分。身在官场总是身不由己，有时候越是清官、好官就越不容易在官场中生存。后人都知道，杨名时的冤案实则是李卫从中陷害。

雍正四年（公元1726年）七月，雍正降下一道谕旨，指责杨名时等人身为高官，却处事圆滑，对于乡人犯恶总是手下留情，染上了“乡愿”的毛病。同时表示希望他能够向李卫和田文镜等人学习，除去身上的科甲积习以贯彻自己的改革方针。本来这是件小事，但杨名时生性耿直，而且又是受李卫等小人诬告，所以对此深表气愤，并针对雍正的指责递上一份奏折为自己申辩，他向雍正表示说，圣贤痛恶乡愿，我们作为臣子的自然知道要戒掉，但圣贤更加痛恶奸佞、无礼和不逊的小人。雍正为得到皇位处心积虑何等心思缜密，像这样的言外之意又怎么会听不出来，杨名时的自辩惹怒了雍正，同年十一月李卫又上密折告杨名时“偏徇、欺罔”等情弊。这是雍正治杨名时的导火索，于是下旨痛斥其“怙恶不悛，大奸大诈”，并派钦差大臣黄炳去云南接替杨名时的职位，并着手调查杨名时的案件。但黄炳审理此案并不顺利，李卫密奏所提供的材料根本不是凭证，而是杨名时在接受调查时交代了自己曾经收了下属两个金杯。在此同时，黄炳又以云南巡抚的名义参了杨名时“徇隐废弛、财库不清”的罪名，杨名时知道自己得罪了雍正在劫难逃，就承认了这些莫须有的罪名。但这样也受到了雍正训斥，说他认罪态度不好。后来刑部再审无结果，最后只好以“挟诈欺公律”判了他斩首缓期。但这样终究说不过去，雍正又把案子挂了起来，一直无法结案，让杨名时待罪在云南。

这件案子在当时影响很大，当时身在宫中的弘历也有所耳闻。他明白杨名时是天下公认的好官、清官。雍正对于这件事情的处理也自觉心虚，但为了顾全皇家颜面，又苦于没有证据，所以不好结案。

乾隆知晓这案件是天下人人皆知的大案，百姓替杨名时叫屈，大臣们也是不敢言明他无罪。于是，在乾隆即位的第十一天，他就下旨宣杨名时进京，并且跟天下表明，雍正在世之时就想召他进京，只是来不及降旨。而且夸赞他学识好，为官清正，是大清朝的功臣。乾隆为杨名时翻了案，百官听说此事都是奔走相告，庆幸碰到了一位好君王。

乾隆就这样巧借替杨名时翻案一事，告诉了朝臣和百姓，自己不是一个昏庸没有理性的君王，而是一个对国家负责，对大臣珍惜，对百姓关心的贤明君王，他不会像自己父皇那般没有道理，也没有那般阴险狠毒。古人说，“得道者多助，失道者寡助”，乾隆明白这个道理，所以刚登基就笼络民心，也只有这样才能巩固自己的政权和统治，这也是他后来成为中国最著名的专制君主之一的原因。

乾隆这样的动作虽然不是正式地布告天下说明自己的德行，却胜过昭告天下。乾隆此时已是宝剑出鞘，锋芒毕露。如此一来，政权得到了稳定的过渡，而且即使以后有大臣或皇家内部人员想篡夺皇位，只要乾隆深得民心，深得臣心，那些乱臣贼子也找不到借口。

乾隆即位之初的此番举动可谓是一箭双雕。一方面他给父亲雍正皇帝来个收场，还了这笔荒唐账。他没有直接表明雍正的恶毒，而是说“皇考原欲召令来京，未曾降旨”，意思为雍正早已觉察杨名时案其中必有蹊跷，早欲召其进京还其清白，但国事繁重又一时疏漏才没有解决。乾隆这番言辞很好地照顾到了雍正的面子，被雍正时期的老臣很是看好，这也为后来寻求老臣们对其进行改革的支持打下了坚实的基础。另一方面乾隆又说“仰体皇考圣意”，召杨名时来京，另有任用。除此还大赞杨名时学问纯正，品行端正。其此番赞扬明眼人都能看个明白，其实是在收买人心，表明自己即位之后不会像父皇雍正那般严苛和狠毒。乾隆此举可谓是有智有谋。他开创大清盛世的一个序幕才刚刚拉开。

乾隆对于进行此举的时机明显是经过深思熟虑的，他所希望达到的效果就是给官员和百姓一个信号，告诉大家他弘历不是雍正，他比雍正更加胸怀宽广，更加体察民情，更加公平。这些也正是他新政中要进行改革的内容。

（二）子改父政　大赦死囚

“嗟夫，治乱之理，岂非系于人君之用贤与不用贤哉！当昭烈之狼狈奔走，以未得孔明故也。后主之恪守前烈、为敌国所畏者，以孔明在相位故也。其用皇皓、陈只而丧国败家者，以孔明既殁故也。贤人为国家之宝，岂不信哉！创业难而守成亦不易，唯在人君用贤纳谏，则天下自安，而国家永固。”

——《乐善堂全集定本》卷四

乾隆初掌政权确实存在许多难处，一则康熙和雍正两届王朝都太过动荡，各种势力盘踞不易化解；二则雍正时期，雍正皇帝采用严厉的治国手段，弄得人心惶惶，朝臣大多以保命为首要的事情，乾隆初期，朝臣们也不知其性格和治国策略是否会发生改变；再者，满族从蒙古草原来到中原，虽说取得了天下，但还有很多藩国没有臣服，而且各地方大多是汉人，动乱频繁。

困难虽多，但乾隆知道稳定政权才是最重要的，而稳定政权就要稳定朝臣，稳定那些觊觎皇位的势力和派系。大清朝不缺人才，乾隆的当务之急是如何去掌握和任用这些人才。之前他替杨名时翻案一招用得甚妙，一举夺得朝中百官的拥护，但还有些势力和问题不是通过这样的举措就能够消除的。那就要说到雍正身上，雍正即位之时，朝廷动荡不安，急需改革来制衡原来对于皇权有威胁的力量。于是雍正采用严格的制度和残酷的刑罚来治理国家，当然这其中有些事处理起来肯定会有失轻重。在马背上得天下易，但在马背上治天下难，像秦始皇那样一定会爆发动乱。雍正也明白这一点，但是他一直没有着手去解决，也无法实现政治上的转型。

那我们且看一看雍正的政治手段又严厉在哪里及结果又是怎样的。

首先，在雍正刚即位时，存在着很多具有威胁的势力。其中主要包括与其争夺帝位的八皇子允禩和允禟集团，以及帮助自己上位的年羹尧和隆科多。先说八皇子允禩，他是在九子夺嫡中表现最强烈也是势力最大的一方，而且得到众多官员的支持。雍正知道此时不是与他正面交锋之时，在康熙去世的第二天就任命允禩为总理事务大臣之一。然而雍正这么做只是个缓敌之策，他首先逐渐任用允禩手下的将领和官员，不久之后就给他们晋升的机会，一来让允禩对他们起疑心，二来让那些得到好处的朝臣们了解自己的苦心，拥护自己。不仅如此，雍正还在积极地搜寻允禩想篡夺皇权的证据，为以后一举扳倒允禩做准备。雍正二年（公元1724年），雍正抛出其精心策划的“朋党论”，谴责允禩等人的结党行为，从削弱他的亲信下手，削弱他的势力。此后雍正一直打击允禩，直到最后雍正居然让满朝文武选择主子：要选雍正，那就把允禩就地正法；要么就选允禩，自己让位于他。但大臣们个个都不傻，当然最后选择雍正。于是允禩最后被囚于宗人府，并且被迫改名为“阿奇那”，蒙语中的阿奇那就是恶狗的意思。其实到最后允禩也并无逆反之心，只是雍正咄咄逼人，出手狠毒，以至于残杀兄弟。再说年羹尧和隆科多，他们都是雍正夺嫡的大功臣，在后期的平定叛乱和稳定朝政之事上都立下了汗马功劳，但是功高就会震主。年、隆二人最多也就是有些腐败和一些比较轻的政治问题，罪不至死，但雍正在一番经心谋划后将二人一个赐死，一个永久拘禁。雍正对待自己的功臣毫不留情是出于他天生多疑而且为达目的不择手段的天性，但允禩、年羹尧和隆科多这等有着大势力的家族毕竟牵扯着很多当政官员，雍正这么做使整个朝廷的氛围异常严肃。

其次，在雍正初步稳定朝政以后实行了改革政策，密折制度就是雍正重大改革政策中的典例。密折就是“具折密奏”，即让官员们秘密观察身边的各种情况，主要是窥探别人的隐私，然后向皇帝密奏。这本来是康熙的发明，但在雍正手上被发挥到了极致。雍正是个极有远见的皇帝，为了时刻掌握官员动向，他把自己的亲信耳目派到全国各个地方政府去搜寻消息，真是无孔不入，可以与明朝的东、西厂相提并论。雍正曾自豪地说，“我有顺风耳，天下没有我不知道的事情”。虽然这一政策能够让雍正及

时掌握很多大臣的动向，能够把很多对自己不利，对国家不利的事情扼杀在摇篮里，但是却有一个极大的弊端，虽然雍正规定能够上呈密折的官员必须是品行端正、操守清廉、才思敏捷之人，但他们也有私心，总有一些人为了铲除异己而利用密折诬陷政敌。而且一旦被陷害，就无从上诉，所以势必会造成冤狱。另外，每个人对于不同的事情总有自己的看法，而雍正仅凭一人的说法来判断，主观性太大，容易误杀或者误罚官员，造成很不好的影响。所以，密折制度的实行，使得官员们都知道时时刻刻有人在监视着自己，同时自己又要时时刻刻监视别人，使得朝臣之间有隔阂，人人心存畏惧。试问在这样一个沉闷而又危险的环境下工作，怎能产生好的结果。

再者，与密折制度同等重要的要数设立军机处。在清朝以前，明朝设立宰相来统治朝中各大小事务，但宰相必须听从皇帝。如果皇帝精明能干，能驾驭宰相，自然使得自己多了一个强而有力的助手，倘若皇帝昏庸无能，就成了宰相一人当朝、独断专行，这样就会造成宰相和皇帝以及诸王之间的矛盾。清朝初期还是沿用明朝的制度，设立三院，但到康熙时期，只是南书房掌有实权，其他机构都徒有虚名。雍正意识到这个问题，设立军机处。军机处源于当初对西北用兵的“军需处”，后改称为“军机处”。军机处统领全国大小各事，但其中的官员都是兼职，而且只需对皇帝一人负责，时常受皇帝召见，其办公地址就在乾清宫外，地位极高。雍正设立军机处实则是把实权牢牢地掌握在自己手里，军机处具有高度的机密性和高效性，对于雍正的专制统治起到了很大的帮助。

雍正的这一系列举措非常严密，也具有威慑力，使得朝中和朝外官员无一不绝对服从雍正的领导，但其实他们是怕雍正。雍正牢牢掌握皇权，而且，密奏制度无孔不入，使得不管谁的行动都掌握在雍正手里。而且雍正喜怒无常，行事果断狠毒，所以即使大臣们或者诸王有异心也不敢泄露。

但雍正王朝毕竟是短暂的，还无法将那些残留的势力全都消灭。所以，乾隆刚执政，这些问题就成了他首先需要处理的难题。杨名时事件使他很好地处理了与朝中大臣的关系，因为对于那些曾经受冤或者被害的人来说，政权的更替是他们翻身的好机会。

乾隆即位第二件事便是于乾隆二年（公元 1737 年）大赦死囚。他释放了岳钟琪和傅尔丹，并赐予允禟和允禩公爵。

虽然这次大赦的人数不多，但其效果是巨大的，其主要因素就在于岳钟琪和允禩他们的身份。

岳钟琪，相传是抗金名将岳飞之后，他是雍正时期手握大权的重臣，是一位汉人。在当时，汉人掌重权很招忌恨，所以满人都想借个理由扳倒岳钟琪。雍正六年（公元 1728 年），有个叫曾静的人看岳钟琪是汉人又手握重兵，劝其反清。但岳钟琪坚决不反，而且向雍正报告了此事，得到雍正的褒奖。由此，他更招满人的嫉妒。直到雍正九年（公元 1731 年），雍正也畏惧他身为汉人难以管束，所以借口他在进击准噶尔中的失利，以“误国负恩”为由将其免官拘禁。但一些满族官员喜欢落井下石，鄂尔泰等人进一步弹劾岳钟琪“专制边疆，不智不勇，管理将士失宜”。雍正十一年（公元 1733 年）他又被弹劾“骄蹇不法”而最终被判监斩候。其实他全是受人陷害。

乾隆

这样大的案件，乾隆自然知道其中缘由。所以，乾隆借此又向那些遭受冤狱的人们表达了自己的态度。而那些曾经被冤的人眼看新君如此贤能，日后肯定还会被重用，自然也就不会闹出什么乱子。乾隆对允禩、允禟等人也是以礼相待，自然也得到他们的支持。乾隆这些举动不仅缓和了气氛，还笼络了人心。

乾隆大赦死囚的行为与雍正的治国方针大相径庭，完全改变了雍正残暴凶狠的策略，达到了缓和气氛、笼络人心、昭德天下、稳定时局、化消极为积极的效果。

乾隆大赦死囚达到了他的目的，但他在即位之初的这种大动作又透露出他怎样的新政改革呢？很明显，乾隆赦免的犯人大多都是“政治犯”，很多都是因为在某些事上触怒了雍正皇帝，或是在之前威胁到了皇权而被下狱的。乾隆此时的这种动作，正是一个展示自己的好机会。首先，体现了他不计前嫌的大度胸怀；其次，表达了一种体察民情以及体察下属的愿望；最后，也是最重要的一点是，他希望通过大赦罪犯，达到一种否认前人做法的目的，也透露出他对缓和政治氛围的一种承诺，这也是他新政中非常强调的重点之一。但是在很多年之后，他自己并没有做到这一点。

（三）减免赋税　统赈灾荒

“灾民所到之处，即随地安顿留养，或借寺庙，或盖篷厂，使有栖息之所，动用该处常平仓谷，计口授粮，据实报销。至冬月水消及春初耕种之时，有愿归本乡者，即资送回籍，知照本籍，照例安插，并给以麦种，俾得及时赶种；其不愿回籍者，亦不必强。”

——《清实录》乾隆七年八月己亥

乾隆和康熙在治国上有很多的相似之处，虽然他们即位时的政治环境有很大的不同，但是他们都是明君，都以爱民为首要治国宗旨。

乾隆十二岁时就被皇祖父康熙接到宫中亲自教养，对于康熙的治国之道，乾隆是非常赞许和钦佩的。可以说康熙是乾隆的偶像，乾隆的很多治国态度和方略都是在效仿康熙，但是乾隆是个聪明人，他结合实际，把原来的思想加以改变或是发展，然后付诸实政。

可以说，乾隆与康熙的关系就好像是孟子与孔子一样。孔子从君王的角度提出，君王治国之道当以“仁者爱人”，无论是老是少，是男是女，是亲是疏，当一视同仁地爱护。孟子则提出“民为贵，社稷次之，君为轻”的思想，老百姓的幸福生活才是最重要的。并且还提出了“老吾老以及人之老，幼吾幼以及人之幼”的思想，比孔子的“仁者爱人”更进一步。

乾隆是幸运的，在清朝的众多皇帝中他在政权上的过渡是最顺利的。但他又是不幸的，初掌政权时朝野气氛十分紧张，并且在刚执政的十年里，灾荒不断，本来国库就空虚，这样一来他这个皇帝就更难当了。但是，他一直以“政在爱民和爱护百姓”为政治目标，即使再没钱也要救助百姓。

我们且看一下乾隆二年（公元1737年）的赈灾活动。

四月，因为旱灾令刑部清理庶狱，赈江苏江宁、常州二地旱灾，免顺天直隶税赋，免湖北汉川等五州县水灾额赋，免江苏萧、砀二县水灾额赋。五月，免湖北荆州、安陆二府水灾额赋，赈河南南阳等十二州县水灾，免山东正项钱粮一百万两，除广东开建、恩平二县米税，除湖南永州等处额外税，免安徽宿州水灾额赋，免浙江仁和等四州县水灾额赋，赈陕西商南、肤施等县雹灾，赈安徽石埭等六州县水灾。

在封建社会，工业和商业不发达，所以国家的收入基本以农业税收为主体。乾隆在这样国库空虚的时候，免除各地税赋，说明了他是以民生为首要任务的贤君。

除了免除赋税外，乾隆另一个关注百姓的措施是重新制定了人口统计制度。清朝前期一直用人丁编制制度，通过税赋收入来统计人口数量。但乾隆发现这是不合理的。因为有些群体是不用交税的，而且如果遇上天灾人祸，很多地方会拖欠税收或无法交税收，如此统计人口是不准确的。不是所有的人都交税，但是所有的人必须吃饭，所以要赈济灾民时，按照原来统计的人数来派发物资必然会有人无饭可吃，对于确保民生是不利的。而乾隆新实行的制度是以保甲制度为统计基础，各地方先统计人口，再统一汇报到中央，这样的算法就比以前精确多了。虽然人口统计制度看起来似乎与乾隆的爱民政策毫无关联，实则不然，这一制度恰恰反映乾隆是在时刻关注着百姓。这一制度也为乾隆后期赈灾提供了便利。

乾隆如此爱民、养民，但是有些地方的百姓却并不知情。很多地方由于连年灾荒，米价上涨，百姓没饭可吃而发生了暴乱。虽然乾隆的政策和动作是赈灾，但当时贪官实在太多，下拨的赈灾款多被贪官们侵吞了，到达百姓手里的所剩无几。

乾隆的爱民政策是理性的。当时，在苏州发生了全国震惊的顾尧年倡众抗官案。此事一出，乾隆非常恼怒，自己勤勤恳恳一心为民，结果却被民所反。然而他不知道其实他发出的爱民指令很多都没有在民间得到有效的执行，以至于民怨太深。之所以会产生这样的事件，完全是由于封建制度的不合理性，假如不是封建专制引发的腐败问题，乾隆的爱民政策全都落实到位，又岂会发生这样的事情。乾隆知道，此事如果不严肃处理，以后必然还会发生其他的反抗事件，所以，对于此事件，乾隆坚决地镇压。

在旱涝灾荒时，乾隆帝一方面减免赋税，缓解百姓压力，另一方面下令督造河道，以缓解灾情。他的这些做法成功地落实了他爱民、养民的方针。

（四）粮价上涨　共商缘由

在康熙和雍正年间，整个王朝还算稳定，百姓基本上算是安居乐业，粮食可以满足基本生存需求。然而，乾隆继位后，全国各地灾荒不断，并且边疆战事吃紧，使得国库开始空虚，百姓也没有收成。如此一来，市面上的粮食价格迅速上涨。据《清实录》记载，湖南虽为著名的产粮大省，乾隆二年之前，每石粮食只要七、八钱。而粮价上涨之后，每石居然要卖到一两七、八钱了，可想而知当时粮价上涨的严重性了，也侧面反映了当时灾荒严重，很多百姓吃不上饭。

乾隆其实早就开始关注粮价上涨问题，并且努力想办法去应对这个问题。乾隆觉得粮食紧张最重要的原因就是灾荒，但此乃天灾，作为皇帝也无能为力。军粮的匮乏，使国家安危也受到影响。此时，乾隆觉得他唯一可以控制的一个因素就是浪费问题。

其实，一直以来清朝就存在浪费问题，最严重的浪费粮食的行为就是烧锅酿酒，整个大清王朝每年用在酿酒上的粮食可谓是数不胜数。乾隆认为，人们连饭都吃不饱，怎么可以用这些粮食去酿酒呢。于是，在乾隆二年，乾隆颁布了一项禁止烧锅酿酒的谕召："耗谷物尤甚者，则莫如烧酒。烧酒之盛行，则莫如河北五省……朕筹之已熟，河北五省烧锅一事，当永行禁止。"虽然烧锅酿酒确实费粮，但一旦禁止了酿酒，对于酿酒业来说简直就是灭顶之灾。这种政策在灾年尚可以被理解，但在丰年的时候则不适宜禁止，特别是在中国这种酒文化深厚的国家。因此，刑部尚书孙嘉淦提出了不同的看法，认为其"既无益于盖藏，又有损于生计"，所以不宜禁止酿酒。于是，乾隆把自己以及孙嘉淦的看法都给了总理事务王大臣，并让他们会同九卿一起商讨是否该行禁锅令，但由于事情关系复杂，所以一直也未商量出个结果。

由于没人能够拿得了一个决定，朝中又存在一部分反对的声音，所以乾隆的禁止烧锅令就永远被搁置了。而就在此时，又出现了一个更为棘手的问题，那就是经常发生抢粮事件。在乾隆八年二月至四月，今江西袁州一带就发生抢粮事件一百六十余起，除江西以外，河南、福建和其他很多州县都发生了抢粮事件。乾隆得知事件的发生后，并没有发怒，反而感到悲伤，因为他知道百姓抢粮是因为他们真的已经无粮可吃了。

由于乾隆刚开始并没有采取一些有效的措施去解决粮价上涨问题，而百姓对粮食的需求又不断增长，所以，抢粮逐渐就成了一场全国性的风暴。其中声势最为浩大的就数乾隆十三年发生的江苏顾尧年事件。时年江苏粮荒严重，米价尤为昂贵，百姓们都要求禁止商贩贩米出境。四月，松江县百姓阻止贩米商贩贩米，并抢夺其财产。五月，在顾尧年的带领下，爆发了反对米商囤积粮食的斗争，并要求官府放粮赈灾。但顾尧年此行却受到官府的镇压，顾尧年等人被当场杖毙。这件事激起了当地百姓的愤恨，进而爆发了更为严重的百姓冲击县衙的事件。

面对严重的粮食问题和其引发的社会问题，乾隆非常愤怒。于是他与大臣们开始了又一轮对解决米价上涨问题的讨论。经过紧张的讨论之后，乾隆终于拿出了一系列应对米价上涨的方案，其具体措施大概有六点。

第一，他认为粮食问题是一个长久的问题，事实也确实如此，粮食问题是封建时期一直困扰着君王的问题。乾隆觉得解决此问题最根本的措施在于发展农业。每当某个州县遇到旱涝灾害时，乾隆都十分担忧。所以，乾隆开始兴修水利，只有水利条件变好了，才可能有效地应对旱涝灾害，才有可能减轻粮食短缺问题。除此之外，他悉心研究资料，引进各种农作物，鼓励百姓种植多种作物。这些作物中有的抗旱，有的耐水。如此一来，无论是出现旱灾还是涝灾，都不至于全年颗粒无收。

第二，他决定普免百姓税粮，并散财于天下，以促进农业生产，增加粮食产量。乾隆的减免税赋的措施实施后，大大减轻了百姓们的负担。乾隆十年（公元1745年），乾隆帝宣布了一项非常重要的策略："朕临御天下，十年于兹。抚育蒸黎，躬行俭约，薄赋轻徭，孜孜保治，不敢稍有暇逸。今寰宇敉宁，左藏有馀，持盈保泰，莫先足民。天下之财，只有此数，不聚于上，即散于下。我皇祖在位六十一年，蠲租赐复之诏，史不绝书，普免天下钱粮一次。我皇考无日不下减赋宽征之令，如甘肃一省，正赋全行豁免者十有馀年。朕以继志述事之心，际重熙累洽之后，欲使海澨山陬，俱沾大泽，为是特颁谕旨，丙寅年直省应征钱粮，其通蠲之。"

乾隆下散钱财全然是为了百姓，这样的举措实在是中国历代皇帝中少有的。然而，就在乾隆刚刚开始这项举措之后，就有很多大臣反对这种做法。他们认为，如今国家战事吃紧，用钱之处尚多，把钱财散给百姓则国库空虚，于江山社稷不利。即便是在和平之时，皇帝也要做到有备才能无患。乾隆对大臣们的反对非常恼怒，并大加斥责他们"私智小慧"。乾隆认为免除百姓税赋以及散财是为了让百姓生存下去，并增长生产力。这样百姓才有可能重新开始种粮，并取得好收成，这样国家税收才能增多。假使在百姓闹饥荒的时候不帮助他们，他们就会饿死。如此一来，即使国家再富有而土地无人耕种，国家也没有税收的来源。这对国家的长久发展是极其危险的。除此之外，百姓没有办法安身立命维持生存，必然滋生事端，增加许多社会不安因素，如此则国家更加动荡不安。所以，乾隆认为减免税粮和散财更有助于百姓生活，也更有利于国家未来的发展。

第三，上述两项措施都是长远之计，灾荒已经发生，乾隆还必须着眼于当下，必须想出措施减轻灾害，所以他决定用国家储备粮食出粜来控制粮价。清朝的粮食储备以常平仓为主，以各乡村和州县的义仓为辅。国家设粮仓的目的就是以备不时之需，一般是以备灾荒或战乱。在雍正和康熙时期，常平仓的额定储存量都是280万石，而到乾隆年间则增加到了320万石。此次出现百姓缺粮，粮价上涨的一个重要原因在于国家储备粮食过多，于是他决定减少国家储备粮："朕唯万民以食为天，八政以农为本，朕御极以来，重农贵粟、薄赋轻徭，诸如筹集贮、蠲米税，凡所以为民食计者，既周且悉。直省地方，宜乎粮粮充裕，价值平减，闾阎无艰食之虑矣。乃体察各处情形，米价非惟不减，且日渐昂贵，不独歉收之省为然，即年谷顺成并素称产米之地，亦无不倍增于前。以为生齿日繁耶，则十数年间岂遂众多至此？若以为年岁不登，则

康熙、雍正年间何尝无歉收之岁，细求其故，实系各省添补仓储，争先籴买之所致。”于是，乾隆因仓库储存的粮食过多就下令采购和纳谷捐监，只在丰年和丰收的地区少量采购粮食。例如，乾隆十年（公元 1745 年），江西地方丰收，于是乾隆下令准许采购储粮 73 万石。而常平仓多了的粮食就以出粜的方式和便宜的价格卖给百姓，如此一来，百姓就可以买到粮食，商家就没办法垄断市场，自然粮价开始下降。

第四，乾隆害怕朝廷出粜的粮食不能满足百姓的需要，于是他鼓励商人长途贩运粮食，并严禁囤积粮食。早在乾隆二年（公元 1737 年）的时候，乾隆就曾经下旨鼓励给向灾区贩粮的商人免税放行的优惠待遇，到乾隆七年（公元 1742 年）的时候，他又进一步放宽了优惠政策并下谕：“其米豆各项，向因商人贩贱鬻贵，是以照例征输。第思小民朝饔夕飧，惟谷是赖，非他货物可比。关口征纳米税，虽每石所收无几，商人借口额课，势必高抬价值。是取之商者，仍出之民也。朕御极以来，直省关税，屡次加恩减免。又恐榷吏额外浮收，刊立科条，多方训饬。每遇地方歉收，天津、临清、浒墅、芜湖等关口商贩米船，概给票放行，免其上课，皆以为民食计也……今特降谕旨，将直省各关口所有经过米豆应收额税，悉行宽免，用著为令。”但乾隆这样的优惠政策并没有使贩运粮食的商人增多，反而使有些商人在贩运粮食的同时要弄花招夹带其他的东西。所以在乾隆十三年（公元 1748 年），乾隆又下旨恢复了征收过关粮食税。商人囤积粮食，使得粮价飞升，虽然乾隆下令禁，但“上有政策，下有对策”，很多商人又想出其他的招数瞒天过海囤积粮食，所以此举也没有什么效果。

鼓励商人长途贩运粮食及严禁囤积粮食的举措并没有解决问题，于是乾隆又想通过载漕、驳运等办法解决灾区供粮问题。例如，乾隆十三年（公元 1748 年）的时候，直隶天津发生旱灾，百姓们颗粒无收，不仅没有粮食交税而且连生存都成困难。于是，乾隆果断下令将原打算运往河南和山东的麦粮改成运往宣化。通常情况下，不到万不得已，朝廷是不会采取这种办法的，因为一旦截漕，可能朝廷的粮食就很难充实。虽然乾隆也本不愿意，但是这种做法的确对补充灾区粮食起到了很大的作用。

粮价上涨主要还是因为粮食的短缺，于是乾隆又出台了第五项措施，鼓励粮食进口并禁止粮食出口。乾隆七年（公元 1742 年），乾隆就下旨批准免去征收外国商人运米来大清的船货税，以鼓励外国商人贩运米粮来大清。乾隆的这项优惠政策还是得到了很多外国商人的响应的，乾隆下旨不久就有许多外国商人运米来中国以换取中国的丝绸和茶叶。与此同时，乾隆也禁止本国商人贩卖粮食出境，并加大各个口岸的巡查力度。除此之外，乾隆还从台湾和福建等粮食充裕的地方调拨粮食补充内地。

虽然乾隆的这五项举措，既着眼于当下又考虑长远，但是这些办法实施后也并没有使得粮价下降。此时乾隆不知所措了，他不知道究竟要采取何种办法才能够解决粮价过高的问题。于是，他下谕命全国进行讨论，表达对粮价上涨的看法。

各州府及地方官收到乾隆的谕旨后也都开始分析当地出现此状况的原因。乾隆十三年（公元 1748 年），就有河南巡抚上奏乾隆说："粮贵之源，大概由于生齿日繁，以一省而论，或此贵而彼贱，则由于丰歉不齐；或初贱而后贵，则由于商贾囤贩。居今而筹民食，唯在首严囤积之禁。至于采买官谷，原为地方备不时之需，若恐妨民食，不为采买，设有缓急，其何以恃？"此后，各州府衙门都奏书分析粮价上涨的缘由。有人认为是人口增长，有人认为是人们越来越奢侈，也有人认为是各省粮食驳运流通不畅导致的。但大多数人认为还是由于人口增长过快，才导致粮食供不应求。乾隆也意识到了这一点，但他认为作为世界上最强的天朝，本来就应该有丰富的物产，有充足的国民，才能显示天朝的威望。可以说乾隆发动这次全国的探讨活动是有价值的，至少让他认识到了粮食缺少的真正原因，为他后期致力于解决这些问题打下了基础。

为了走出人口与粮食产量不平衡的困境，乾隆大力发展农业，引进产量高的农作物，兴修水利，加强农业生产，以及鼓励百姓垦荒，扩大种植面积。这些措施为清朝后来农业的发展起到了很大的作用。

综合所述，我们可以总结出几点乾隆初期的政治特点。首先，他善于听取众议，发动全国官员探讨粮价上涨之缘由。其次，乾隆即位就花大心思于粮食问题，显示了他关心民生。这也是他极为睿智的地方，他深知"水能载舟，亦能覆舟"的道理。乾隆对于粮食问题的应对态度和能力基本上就奠定了他创造康乾盛世的基础。

（五）宽严相济　康乾盛世

"治天下之道，贵在其中。故宽则纠之以猛，猛则济之以宽。皇祖圣祖仁皇帝深仁厚泽，垂六十年休养生息，民物恬熙，循是以往，恐有过宽之弊。皇考绍承大统，振饬纲纪，俾吏治澄清，庶事厘正，人知畏法远罪，而不敢萌徼幸之心，此皇考因时更化，所以导之于至中。兹当御极之初，时时以皇考之心为心，即以皇考之政为政，惟思刚柔相济，不竞不絿，以臻致平康正直之治。"

——《清高宗实录》

乾隆即帝位时刚好二十五岁，历经两个朝代。在这二十多年里，他既看清了皇祖父“仁政”的可取之处和弊端所在，也看到了父皇严厉治国给百姓营造的休养生息的氛围，以及这种制度所留下的遗憾。所以他刚即位就打算改弦更张，综合康熙和雍正的特点，发展自己“宽严相济”的政治思想。

乾隆一生崇拜康熙看事物的精准度和做事的恰当度，但他明白，康熙之所以实行宽松政策是有一定原因的。首先，康熙本来就具有宽容仁慈的性格，所以待臣待民自然也是处处留情；其次，康熙执政之初，清朝取得政权才刚刚几代人，他即位之前又发生了长达四十多年的战争，社会经济低迷，国库空虚，百姓也无法安居乐业，国家根基不稳。而当时为了稳固政权和休养生息，康熙不得不实行宽松的政策。即使康熙对于朝中官员的贪污腐败问题了如指掌，他还是会稍加纵容，以至于康熙晚年朝中官员贪污成风，腐败问题严重，而且九子夺嫡事件造成的各党派纷争使得内部政治斗争激烈，朝政一度废弛。

康熙治国政策太过宽松，雍正的策略又太严厉。因为康熙末年官场的腐败问题发展到了一发不可收拾的地步，假如雍正不采强硬措施是不会达到治理效果的，所以，雍正对于官员贪腐问题的处理一向是雷厉风行，严格执法，丝毫不留情面。但政治制度太过严苛总归是不利于发展的，所以乾隆只好结合二者之长来判定自己的治国方略。

于是，他总结道：“治天下之道，贵在其中。故宽则纠之以猛，猛则济之以宽。皇祖圣祖仁皇帝深仁厚泽，垂六十年休养生息，民物恬熙，循是以往，恐有过宽之弊。皇考昭成大统，整顿纲纪，俾吏官治澄清，庶事厘正，人知畏法远罪，而不敢萌侥幸之心，此皇考因时更化，所以导之于至中。兹当御极之初，时时以皇考之心为心，即以皇考之政为政，唯思刚柔相济，以臻平康正直之治。”乾隆主张的是让臣民们畏惧法律却不畏惧皇权，让他们严格遵守法律，又能对治理国家各抒己见。

乾隆执政之初就这样公然指责上辈的政治制度，并且废除和纠正相关制度，是冒了很大风险的。因为乾隆即位不久，没有有实力的亲信，要实行改革存在一定困难。而且当时身居要职和有威望的大臣都是雍正的旧部，一旦乾隆新政实行得不好，就会被扣上忤逆不孝和擅改祖制的罪名。

所以，在局面转化时乾隆拿雍正的遗诏做理由。其中有关于政治宽严的内容大致有：一个国家之所以设定法律，是为了铲除奸恶，惩处贪赃枉法之辈，以正民风，以肃官风，但在实行时的宽与严没有一定的标准，官吏们都结党营私。为了惩戒这些行为，把所有的制度条例从宽改为严。乾隆就这样既不否定先皇的旧制，又悄无声息地实行自己的新改革，并且把原来旧制太过严苛的弊端归罪于原来的大臣，实在是一箭双雕。

乾隆“宽严相济”政策中的“严”首先表现在强调实政，革除官场恶习上。他反对繁文缛节，提倡文官注重国计民生，武官注重奋战于疆场的精神。除此之外，乾隆还喜欢听真话，不论是夸赞自己的还是直言自己过失的言语，他都喜欢听。因为乾隆早已发现在官场大致存在着三种不良的习气：一是都喜欢做夸赞皇帝、歌功颂德的表面文章，乾隆刚登基，众大臣争相献宝，只讲好话，所以乾隆决心除此恶习；二是官员们都喜欢计较小事情，遇到大事唯恐躲之不及，只讲空话不干实事，盛行唯唯诺诺的官僚作风；三是不关注真正的民生，只求保住自己的乌纱帽。

其次，在处理允禩集团案的过程中，乾隆采取了较为宽松的政策，而处理曾静案则较为严厉。一来是允禩等人的遭遇确实是先皇刻意惩治而造成的，另外，乾隆宽大处理允禩等人也是想得到满族亲贵的支持和拥戴，以更好地实行自己的治国方略。而对于曾静的反清案必须给予严厉的打击，以达到杀一儆百的效果。

在对年羹尧等人的案件的处理上，乾隆也采取了较为宽松的政策。年羹尧本是有功之臣，只由于雍正对他的不放心，就治年羹尧的重罪，并把和他有过交往的一干人等全都施以惩罚。乾隆明白这些人大都是无辜被牵连的，所以他根据实情将他们能放则放，能用则用。而这些人得到了乾隆的翻案后自然感恩戴德，后来很多都成为他的得力助手。

宽严相济的政策使官员们不敢再贪赃枉法，也不敢肆意妄为；而那些曾受过乾隆恩典的臣子，感恩于乾隆，也为国家的发展带来不少的动力。如此的“宽严相济”使得朝纲正直，民与官其乐融融，再加上乾隆大力发展农业，使得生产力大大提升，逐渐拉开“康乾盛世”的序幕。

厉行廉政

乾隆六年三月，在乾隆朝的政治生活中，是一个值得记述、评论的重要月份。在这一月，发现了四桩贪污案件，当事者皆受到乾隆帝的重重惩罚，两员大臣被勒令自杀，另外两位官员被判处绞刑，监候待决。

乾隆六年三月初七日，山西巡抚喀尔吉善弹劾山西布政使萨哈谅的奏疏，送到乾

隆皇帝面前。喀尔吉善疏称：山西布政使萨哈谅“收兑钱粮，加平入己，擅作威福，吓诈司书，纵容家人，宣淫部民，婪赃不法，给领饭食银两，恣意克扣，请旨革职”。乾隆帝批示：萨哈谅者革职，其他各项条款，及本内有名人犯，该抚一并严审具奏。

第二天，三月初八日，喀尔吉善参劾山西学政喀尔钦之疏又到。喀尔吉善奏称：喀尔钦“贿卖文武生员，赃证昭彰，并买有夫之妇为妾，声名狼藉，廉耻荡然，请旨革职”。乾隆帝批示：喀尔钦著革职，“其败检淫泆等情”，及本内有名人犯，著侍郎杨嗣璟前往会同该抚严审定拟具奏。

乾隆帝看过这两份奏章后，十分气愤，于三月初八日下谕痛斥这两员贪官说：

“朕御极以来，信任大臣，体恤群吏，且增加俸禄，厚给养廉，恩施优渥，以为天下臣工，自必感激奋勉，砥砺廉隅，实心尽职，断不致有贪默败检以干宪典者。不意竟有山西布政使萨哈谅、学政喀尔钦秽迹昭彰，赃私累累，实朕梦想之所不到，是朕以至诚待天下，而若辈敢于狼藉至此，岂竟视朕为无能而可欺之主乎？

我皇考整饬风俗，澄清吏治，十有余年，始得丕变，今不数年间，而即有荡检逾闲之事，既不知感激朕恩，并不知凛遵国法，将使我皇考旋转乾坤之苦衷，由此而废弛，言念及此，朕实为之寒心。昔日俞鸿图贿卖文武生童，我皇考将伊立时正法，自此人知畏惧，而不敢再犯。今喀尔钦贿卖生童之案，即当照俞鸿图之例而行，若稍为宽宥，是不能仰承皇考整饬澄清之意也，朕必不出此也。

萨哈谅、喀尔钦二案，著吏部侍郎杨嗣璟前往会同巡抚喀尔吉善，秉公据实严审定拟。若杨嗣璟有意为之开脱，是伊以已之身家，博二人之感悦，亦断难逃朕之洞察也。且此二案，系朕先有访闻，始行参奏，一省如此，他省可知矣，喀尔吉善著该部严查议处。凡为督抚者，遇该省贪官污吏，不思早发其奸，或题参一二州县以塞责，而于此等大吏，反置之不问，且妄意朕以崇尚宽大，遂尔苟且姑容，以取悦于众，返之子公忠体国之义，甚可愧赧，且国法俱在，朕岂不能效法皇考乎。可传谕各省大小臣工知之。”

乾隆帝在这道谕旨中，着重讲了四个方面的问题。其一，官员不该贪污。乾隆帝并没有笼统地、抽象地从理论上讲大臣不应贪赃枉法，也许他认为这不能打动臣心说服臣僚。他采取了直截了当的手法，从物质条件上来数落墨吏之谬误，从欺君忘恩的高度来斥责贪官。他所说的对群臣“增加俸禄，厚给养廉，恩施优渥”，并非虚夸之词，而是确有其事。姑且不谈位列从二品的布政使的年薪和乾隆帝即位以来的多次恩赏，单就养廉而言，从雍正帝创立养廉银制度起，到此谕下达之日，清朝官员，尤其是各省大吏，收入确实相当可观。按规定，山西学政一年的“养廉银”为白银四千两，约可购米四千石，如依亩租一石计算，相当于四千亩田的地租收入。山西布政使的养廉银更多，一年为八千两。拥有如此大量的固定收入，布政使、学政全家完全可以过上高级生活，还可以年年买田添产，根本不需勒索民财来养家。这四千两、八千两足够学政、布政使“养廉”了。蒙受皇上如此厚恩，还要贪赃枉法，苛求民财，这些官员真是愧对“圣上”，有负“皇恩”。

其二，贪官应予严厉处罚。不重罪污吏，不仅百姓遭殃，受其盘剥勒索，国赋难以收齐，帑银库谷被其吞没，而且将使国法名存实亡，雍正帝十几年“旋转乾坤”辛苦整顿吏治的成果荡然无存，那时，法纪废弛，贪污盛行，后果不堪设想。乾隆帝专门列举了俞鸿图的案例。俞鸿图是河南学政，雍正十二年三月，以“受贿营私”，为刑部议处斩立决。雍正帝降旨说：“俞鸿图著即处斩。学政科场，乃国家与贤育才之要政，关系重大。”“今观俞鸿图赃私累万，则各省学政之果否澄清，朕皆不敢深信矣。”督抚与学政同在省会，深知学政的优劣，仅因“督抚有所请托分润”，故代学政隐瞒，嗣后如各省学政有考试不公徇情纳贿之弊，将督抚按渎职例严加处分。乾隆帝谕令依照此例惩治喀尔钦。

其三，积弊需要清理。官官相护，是清朝宦海多年积弊。总督、巡抚、布政使、按察使、学政、知府、知州、知县等官员，平时仗权横行，各显神通，吞没国赋，侵盗库银，榨取民财，淫人妻女，草菅人命，一遇风吹草动，守口如瓶，彼此互相包庇，实在是惊涛骇浪，巨船将翻，封疆大吏就舍卒保帅，抛出一二名知县，应付一下，自己和同僚便逃之夭夭，脱漏于法网之外，照旧腰横玉带，身著蟒袍，头戴乌纱帽，仍然是制台大人、抚台大人、藩台大人、臬台大人、知府大人，甚至奉旨来察的钦差大臣，也往往因受京中宰辅、九卿或亲友嘱托，或为地方官员厚礼所动，或胆小怕事碍于情面，从而避重就轻，大事化小，含糊其词，不了了之。刚过而立之年的乾隆皇帝弘历，深知此弊，严厉训诫吏部侍郎杨嗣璟不得“有意为之开脱”，不然的话，其身家难保，而且还着重指出，此系帝“先行访闻”，巡抚“始行参奏”，令将巡抚喀尔吉善交部严肃处理，并警告各省总督、巡抚力戒此弊，不然，“国法具在”，必将重惩玩法徇私之人。

第四，当今天子“并非无能而可欺之主”。乾隆帝即位以来，力革昔日皇父雍正帝苛刻过严之弊，主张宽厚行事，以诚待臣，优遇文武官员，不料萨哈谅、喀尔钦竟以帝为“无能而可欺之主”，违法负恩，“秽迹昭彰，计私累累”，督抚又以帝“心崇尚宽大”，而苟且姑容，包庇大的贪官污吏，取悦于众，因此他非常生气，予以严厉斥责，表示决心要重惩犯法劣员，革除互为包庇的积弊。

三月初九日，即下谕后的第二天，乾隆帝又对九卿下达长谕，进一步申述了惩贪尚廉之事。他一共讲了六个问题。其一，廉洁为文武百官正身律已的最高美德。乾隆谕旨的第一句话就是：“人臣之所最尚者惟廉”。为君之仆、为民父母的文武官员，需要注重许多事情，但为政清廉，廉洁奉公，却是各级官员必须最为尊崇的高尚美德。其二，严惩贪官污吏。乾隆帝说，登基以来，崇尚宽大，体恤臣僚，于常俸之外，特加双俸，连教职微员，亦予恩赐，目的是让各官“日用充裕，庶乎保其操守”，但是，尽管“务崇宽德”是“朕之本性”，但“遇有贪官污吏，朕亦断不肯姑容”。萨哈谅、喀尔钦之“贪婪败检”，必予处罚，并降谕旨，通饬各省督抚引以为戒。其三，贪官乃衣冠禽兽。谕旨引用古人警句，痛斥贪官污吏说：“贾谊云：上设礼义廉耻以遇其臣，而臣不以节行报其上者，则非人类也。”其四，群臣不应匿过不奏。谕旨责备群臣不劾贪污之事，着重指出，萨哈谅二人的种种劣迹，系帝访闻查出，而九卿中并无一人言及，石麟曾为山西巡抚，廷臣中亦有山西人，“岂竟漫无见闻”？科道等官，“动云风闻言事，所奏率多无关紧要之言，而遇此等事，转未有人告者”，不要以为“朕处深宫”而无一见闻。乾隆帝还斥责反对劾治墨吏之人，痛骂“谓喀尔吉善参奏喀尔钦之事为过当者”是“岂复有人心者乎”！其五，偏信满官怀疑汉员。乾隆帝说：“现今满尚书六人，朕可保其无他，而汉尚书中所可信者，不过新用之一二人而已”。其六，勉励九卿持廉尚洁。乾隆帝语重心长地说：“九卿为朕股肱心膂，才具虽有短长，操守何难自勉，若于此不能自持，其他更复何望。自兹以往，务宜各砥廉隅，交相劝勉，以成大法小廉之治，用副朕厚望焉。”

乾隆帝将廉洁作为官员的最高榜样，把洁身自好注重操守作为各官必须具备的条件，提倡廉洁奉公，正身爱民，鄙视赃员严惩贪官，这种看法和做法无疑是正确的，于国有利，于民有益。当然，在封建社会里，是不能实行廉洁政治的，封建专制制度、租赋制度和土地制度，决定了清官廉吏只能是凤毛麟角，绝大多数官员难以保持操守，但是，乾隆帝能如此提倡清廉和不断惩治贪官，毕竟还是应予肯定的。尽管以上谕旨本身还有相当不妥之处，比如，他既过分相信满族官员，认为六部满尚书皆无贪污之事，可以为其担保，又过高估计了自己用人识人的能力，好像汉尚书中只有他新用的人才不是墨吏，这就太脱离实际了。但其实，不仅汉尚书难保无贪婪之事，满尚书也不例外，兵部尚书鄂善马上就要因收受贿银而出丑了。

乾隆帝连续下谕，处理萨哈谅、喀尔钦贪污案件。五月十七日，他下谕说：喀尔钦于山西学政任内贿卖文武生员之事，今俱审实，萨哈谅于布政使任内滥行酷虐贪婪之处，亦已审实。朕对萨哈谅、喀尔钦如此施恩，授为藩司学政，而二人不图报恩，廉洁持身，勤勉效力，乃敢贿卖文武生员，纵容家人营私舞弊，滥行酷虐贪婪，“辜负朕恩，实莫此为甚”，若不将二人“从重治罪，抄没家产，则国法不伸，将来人亦罔知惩戒”，著将二人家产严查入官。第二天，他又派乾清门侍卫巴尔聘往山西将喀尔钦押解来京等候判决。

又过了一天，五月十九日，钦差吏部右侍郎杨嗣璟等人的奏折到京，奏称：奉旨查审萨哈谅“贪婪不法，款迹确凿”，照律计赃拟罪。乾隆帝降旨：萨哈谅前任广东布政使，声名太坏，且趋奉鄂弥达，故朕将其左迁山西按察使，继因山西布政使缺出，一时不得其人，将其补授，以观后效。今杨嗣璟等人的本内谈到，萨哈谅在臬司任内，已有劣迹种种，及升任藩司，婪赃尤多，共计一千六百余两，且实系科派属员，重收尾封，赃私入已，并非公项余银应报不报者可比。当时库吏言称旧例所无，力行禀阻，而萨哈谅斥其胆小，悍然不顾，“则其始终狡诈，藐法负恩，罪实难逭”，著“三法司从重定拟，以昭炯戒”。

刑部等衙门遵旨议奏，请将喀尔钦拟斩立决，将萨哈谅拟斩监候秋后处决，乾隆帝批准此议，喀尔钦解到刑部后，当即正法。

乾隆帝乘此时机，于五月二十八日连下两道命令，狠煞贪风，整顿吏治。他在第一道谕旨中，列举山西官员贪婪不法苛索民财诸弊，责令他们痛改前非。他说：山西地方，自石麟为巡抚以来，因循旧习，吏治废弛，继以萨哈谅、喀尔钦贪纵无忌，而各属浮收滥取之弊，更相习为固然。如征收地丁钱粮，每两例加耗羡一钱三分，今加至一钱七八分不等，更有加至二钱者，若如此征收，民何以堪。至乡村编氓，有以钱纳粮者，每两银折收大制钱一千零三十文，如果按时价合算，“计一两加重二钱有余，是耗外又加耗矣”，“小民有限脂膏，岂能供官吏无厌谿壑”。其他如需索盐店当商陋规，买取货物，任意赊欠，短发价值，或勒定官价，苦累行户，“种种积弊，不一而足”。在晋省官吏中，并非没有洁己自爱之人，然而“积习已久，效尤成风，故贪黩者常多，廉洁者常少”。“民生吏治，关系匪轻”。朕特施宽大之恩，既往不咎，自今以后，“著严行禁革，务使痛改前非，洁己恤民，奉公守法”，若不改悔，朕一闻知，即派大员彻底清查，水落石出，“必将大小官员从重治罪，不少宽贷”。

这道谕旨将山西贪风盛行民难承担之情，讲得十分明白。仅就地丁钱粮而言，每

两本应只加耗羡银一钱三分，而各级官员却加至一钱八分甚至二钱，每两地丁赋银多收了耗羡银五分至七分。姑按六分银计，此时山西全省地丁赋银约为三百万两，各级官员利用这一方式多向晋民征收了白银十八万两。再加上"耗外之耗"，乡村农民和中小地主以钱纳粮，每两多交二钱余银子，若按全省三分之二的地丁银系乡民所交，则官员又多征银四五十万两。两项相加，晋省官员仅通过地丁钱粮的加耗和"耗外之耗"，每年就榨取民财六七十万两银子，民何能堪！正如乾隆帝所说："小民有限脂膏，岂能供官吏无厌谿壑！"

第二道谕旨是训饬科道官员纠参贪官污吏。乾隆帝说："科道职司言路，为朝廷耳目，凡有关于民生利弊之事，皆当留心访察，据实上闻。即如山西巡抚石麟之废弛，布政使萨哈谅之贪黩，各属浮收重耗，甚为民累，科道等官每将无干琐务陈奏朕前，"而此等紧要大端，并不指实纠参，岂果出于不知耶？抑明知而不言耶？"至本省之人，于本省事务，见闻尤切，知之必悉。结事中卢秉纯，本系山西人，石麟莅任甚久，萨哈谅劣迹多端，"卢秉纯岂得推为不知，而并未一经参奏，何也？"现特颁谕旨，通行申饬科道等官，嗣后当留心访察各省有关民生利弊之事，一有确据，即指实纠参，若知而不奏，必将本省之科道官议处一二人，以示警诫。

在乾隆帝严厉训饬下，山西巡抚喀尔吉善上疏劾奏婪赃不法之知州、知府章廷珪、童绂、车敏来、卢叡、龚振等五人。乾隆帝批示：这五人皆革退，其婪赃不法等情，著喀尔吉善严审具奏。"山西吏治，甚属废驰"，著九卿保举贤员前往，担任知府，直隶州知州。乾隆帝又将不行访察题参萨哈谅之原山西巡抚石麟，给予革职。

乾隆六年三月十四日，即山西巡抚喀尔吉善劾参学政喀尔钦之折到京后的第七天，左都御史刘吴龙上疏弹劾浙江巡抚卢焯贪赃枉法。刘吴龙奏：闻得浙江巡抚卢焯"营私受贿"。卢焯处理嘉兴府桐乡县汪姓分家一案，汪姓送知府杨景震银三万两，又托杨转送卢焯银五万两，"物议沸腾"。当时总督德沛檄委嘉湖道吕守曾查访知府劣迹。卢焯一闻消息，恐事发牵连本人，星夜出本，题参知府杨景震，又参劾湖州府乌程县革职道员费谦流轻信诬奸一案，幕客得银五百两后听送银者嘱托，"颠倒是非"。又运判员缺，嘉兴县知县阎沛年亲送卢焯银两千两，卢即提升其充任。"凡委署州县，俱有馈送，以缺之大小，为数之多寡"。以上各款，既已风闻，不敢隐瞒，请旨密查。乾隆帝读后既恨卢焯之贪，又十分高兴，降旨嘉奖刘吴龙说："此奏，卿其秉公察奏。朕以至诚待臣下，不意大臣中竟尚有如此者，亦朕之诚不能感格众人耳，曷胜愧愤。近日萨哈谅、喀尔钦之事，想卿亦知之矣，此事若虚则可，若实亦惟执法而已矣。朕知卿必不附会此奏，以枉入人罪，亦必不姑息养奸而违道干誉也。卿其勉之。若有实据，一面奏闻，一面具本严参。”

此案与前述萨哈谅、喀尔钦之案相比，有不少独特之处。从赃银数量说，萨哈谅为一千六百余两，而按刘吴龙所劾，卢焯仅收汪姓之银就达五万两，还不包括其他贿银，较之萨哈谅，多数十倍，可是萨哈谅一案，从题参到结案，只用了短短四个月的时间，而卢焯一案，却历时一年零一月有余，中间还时起风波，原因何在？看来可能有两个因素发挥作用。一系萨哈谅一案，是乾隆帝先行访闻巡抚才随后题参的，皇上亲自下达谕旨，揭发此案，定其性质，巡抚、刑部尚书等官怎敢怠慢迟延，怎不依旨而行遵谕审处，结案的时间当然很快。而卢焯一案，却系言官风闻弹劾，是否属实，如何定罪，当然要周密调查，细心审理，而且还很难没有大员为其说情，更增加了定案的难度，非几易其稿，恐不能定。

另一因素则是卢焯本人的才干、政绩及其曾蒙帝之表彰。卢焯是汉军镶黄旗人，人赀捐授直隶武邑知县，县旧有均徭钱，按田派敛以供差费，而一遇有差，仍按田派夫，民有双重负担，卢革除此弊，归公耗于公，又惩办把持公务欺凌小民的大庄头。雍正六年卢解饷入京，蒙世宗召对，即迁江南亳州知州，禁械斗，清监狱，再迁山东东昌知府，筑护城长堤，疏运河，赈恤灾民，政绩显著。雍正九年，卢迁督粮道，移河南南汝道，十年授河南按察使，十一年迁布政使，十二年擢福建巡抚。乾隆元年、二年，由于卢焯奏减福建邵武县永安所、霞浦县福宁卫屯田征米科则，豁除侯官诸县额缺田地，减免平和、永安、清流诸县摊余丁银，又教民蚕织，疏濬省会的城河。乾隆三年调浙江巡抚兼盐政，卢焯奏请停仁和、海宁二县草塘岁修银，减嘉兴府所属七县银米十分之二，请禁商人短秤，饬州县捕私盐毋扰民，毋捕肩挑小贩，盐场征课不得用刑追索。卢又减盐价，免米税，广学额，“革官价买物之陋规”，“浙人实受其惠”。卢并请改海宁草塘为石塘，筹备塘河运石。尖山坝为浙省屏障，日久将倾，乾隆四年卢焯奏准筑尖山大坝。“工料悉照民价，兵夫匠役给以饭食，不时犒赏”，很快完工，对护卫浙民免遭水灾起了很大的作用。卢对浙省缙绅予以优遇，“举乡贤名宦，络绎不绝”。由于卢焯之政绩曾蒙二帝嘉奖，世宗赐其以“文澜学海”之匾。乾隆帝亲书尖山坝之碑文，盛赞他的功劳说：“尖山坝工，上廑先帝宵旰焦劳，封疆大吏不数月告成，用慰朕心。”可能是由于这些原因，乾隆帝在看到左都御史刘吴龙的弹章三个多月后，才于六年六月十六日下谕说：浙江巡抚卢焯著卸职，所有参奏情节，令总督德沛、副都统旺扎勒逐一查审具奏。过了十三天，六月二十九日闽浙总督德沛参劾卢焯“营私受贿各款迹”的奏折才送到京师，乾隆帝批令德沛、汪扎勒严审定拟具奏。

又过了五天，七月初五日，福州将军署闽浙总督策楞之折到京。策楞奏：原任总督郝玉麟、调任巡抚卢焯，在任期间，“并无政声，簠簋不饬”，乃均于闽省“肖像置牌，附供生祠数处”，郝玉麟还专立生祠书院一所，违犯定例，且恐流传日久，贤否难辨，于朝廷激扬之道两相违背。乾隆帝批示：此奏甚是，有旨谕部。郝玉麟在闽督任内，并未实心办事，与卢焯朋比行私，闽省吏治废张，皆二人之罪。可察其在任内有无私弊或工程钱粮不清之处，若有可参之处，具折奏来。

同一天，他又就生祠一事下谕：外省官员，现任之时，不许建立生祠，有案可查。若去任之后，“实有功德在人”，当地官民建祠“以志去思者”，准予留存，此外一概不准。因为，此等生祠之建，多系出于下属献媚逢迎，及地方绅缙与出入公门包揽词讼之辈，倡议纠合，假公敛费，上以结交官长，下以私饱其囊，而非出于舆论之同懿德之好也。最近访闻外省此风尚未尽革，郝玉麟、卢焯在闽省建立生祠书院，肖像置牌，妄行崇奉。闽省如此，其他各省亦恐相同，著名省督抚秉公查核，以定各类生祠之去留存拆。

八月二十七日，奉旨审理卢焯之案的闽浙总督德沛、副都统旺扎勒的奏折到京，言及“卢焯狡饰支吾，供词闪烁，请革职刑讯”。乾隆帝批准其请。这就使此案的审理发生了重大的变化。在此之前，卢焯虽被左都御史刘吴龙和闽浙总督德沛弹劾，奉旨被审，但仍官居巡抚要职，仍系从二品封疆大臣，而且因其筑尖山坝等事有利于民，绅民爱戴，因此，卢焯可能存有侥幸之心，幻想支吾过去，审案者也碍于其系二品大员，不便严究，故历时二月，一方是“狡饰支吾”，另一方是难压钦犯，审理无法进行。现在，形势大变，皇上谕令革卢焯之职，用刑拷问，这便很明确地表明了乾隆帝对此案的态度和对卢焯的看法，已钦定其为贪官，钦差大臣就可放手行事，卢焯的幻想也就破灭，只好考虑认赃服罪之事了。

闽浙总督德沛、副都统旺扎勒严厉审问卢焯、升任山西布政使的原嘉湖道吕守曾、嘉兴府知府杨景震及其他有关人员，动用大刑，但进展并不快，德沛又对卢焯家有所安抚。乾隆帝甚为不满，屡次降旨申饬德沛、旺扎勒。十一月初，浙江布政使安宁就此上奏说：浙省审理参革巡抚卢焯等人之案，“可以结而不结，不当严而过严，督臣、钦差不能和衷共济”。乾隆，于十一月二十九日批示：“若此据实陈奏，朕实嘉悦览之。朕早闻其如是，亦已降旨矣。”同一天，他谕告大学士：德沛、旺扎勒承审卢焯婪赃一案，“种种不协之处，已屡降旨训谕矣”。近闻山西布政使吕守曾已经自缢，此固本人畏罪所致，亦由承审官办理不善之故。又闻，初审时，甚为严刻，案外拖连多人，案内要犯监毙数人，“且有严刑叠夹，腿骨已碎，尚未招认者”。既如此严刻，而德沛又将皮棉衣服数十件送与卢焯家，“是又何意”？卢焯一案，为时已久，该地审办情由，朕皆得知，为何德沛并未陈奏？况卢焯等自有应得之罪，早应定案，何以推迟到现在？

第二天，即十一月三十日，德沛、旺扎勒的两份奏折同日送到，言及吕守曾畏罪自尽，会审卢焯之案，“有百姓数百人，喧言求释卢巡抚，推倒副都统衙门鼓亭栅门”。吕星垣记此次越民闹事之情说：“越民呼吸罢市，竟篡夺公，舁置吴山神庙，供铺糗如墙，求保留者数万人，走督辕击鼓，公呵不散，乃夜逃归颂系所。”袁枚亦书此事说：“狱两月不具，浙之氓呼吸罢市，篡公于颂系所，舁至吴山神庙中，供铺粮菜，盛者如墙而进，所过处，妇女呼冤蹋足，数万人赴制府军门，击鼓保留。”

乾隆帝对德沛之奏批示：吕守曾的自尽，百姓的闹事，皆“汝等办理不妥所致”，不须“严究为首之人”，以免“又滋一番扰累”，“但刁风亦不可长”，“可速结卢焯之案”，令旺扎勒进京”。

乾隆七年四月二十八日，刑部等衙门会题卢焯营私受贿一案。据调任闽浙总督德沛、钦差副都统旺扎勒疏称，经“臣等逐一讯明”，分别按拟，除追回卢焯事后受财，求索借贷等轻罪不议外，应如德沛、旺扎勒所题，“卢焯、杨景震俱依不枉法赃律，拟绞监候秋后处决”。吕守曾亦应拟绞，已缢死，毋庸议，但其身任监司，婪赃逾贯，原系应拟死罪之犯，自不得援身死勿征之条宽免，仍著其嫡属勒追入官。帝从其议。

若按赃银数量而言，卢焯之赃超过萨哈谅、鄂善（详后）数十倍，可卢却仅以绞监候结案，轻于鄂善（被勒令自尽），看来乾隆帝是因其有才和筑尖山坝有功，才对其从轻发落。第二年帝以卢焯完赃减其罪，戍军台，乾隆十六年召还，二十年起用，署陕西西安巡抚，二十一年授湖北巡抚，二十二年又因其减值置办入贡方物等过革其职，戍巴里坤，二十六年召还。三十二年卢焯去世。

乾隆六年三月十九日，也就是山西布政使萨哈谅被弹劾后的第十二天，乾隆帝下了一道颇为奇特的谕旨，令王大臣查审原九门提督今兵部满尚书鄂善受贿之案。最初他说，据御史仲永檀参奏：原提督鄂善于张鸣钧发掘银两案内，受俞长庚之妻父孟鲁瞻银一万两，孟托范毓𬱖“与提督说合”，“属其照拂”。侍郎吴家骐亦得俞姓银二千五百两。由于此系“风闻”，“据实密奏，以备访查”。鄂善系朕倚用之大臣，非新用小臣可比，仲永檀“欲联访奏”，不知应委何等之人？若委之禁近小臣，岂大臣不可信而小臣转可信乎？若委之大臣，又岂能保其必无恩怨乎？况命人暗中访查而朕不明言，藏于胸臆间，是先以不诚待大臣。此事甚有关系，若不明晰办理，判其黑白，“则朕何以任用大臣，而大臣又何以身任国家之事耶？”著怡亲王弘晓、和亲王弘昼、大学士鄂尔泰、张廷玉、徐本、尚书讷亲与来保秉公查审，使其事果实，“则鄂善罪不容辞，如系虚捏，则仲永檀自有应得之罪，王大臣必无所偏徇于其间也”。“朕所以广开言路，原欲明目达聪，以除壅蔽，若言官自谓风闻言事，不问虚实，纷纷渎陈，徒乱人意，于国事何益！”是以此案必须彻底清查，不便含糊归结，“亦正人心风俗之大端也”。

此旨之奇在于，他对言官很不满意，颇有怪罪之意。弹劾贪官是科道的主要职责之一，“风闻言事”更是朝廷给予言官的权利，何况就在此旨下达的前十天，皇上还因言官未曾参劾墨吏萨哈谅、喀尔钦而下谕予以指责，可是，为什么今天仲永檀的劾疏，乾隆帝却要抓住其“访查”之辞而大做文章？他一则说鄂善是“朕所倚用之大臣”，非小臣可比，显系暗示鄂善不会做出这种贪赃枉法的勾当，不是贪官，联系到十天前他对满尚书的操守打包票的谕旨，此意更为明显。另外他说不应“访查”，用近身小臣查，不可，用大臣查，也不可，恐其有个人恩怨，暗中访查，亦不行，是以不诚对待大臣，照此讲来，则大臣所做违法之事，是不能查了，是不该查了，只要是大臣，就可为所欲为，他人不敢说半个不字，天下哪有如此不讲道理的逻辑？三则他又怒冲冲地宣布，必将此事明晰办理，否则难以任用大臣，大臣无法身任国家之事，这简直是明显地对言官加以威胁了。四则又指责言官凭杖“风闻言事”，而不问虚实，扰乱人意，于国无益，此话更是谬而又谬了。简而言之，乾隆帝之所以讲了这样一大堆不合情理以势压人的话，不过是告诉群臣，他对仲永檀之劾奏鄂善，是十分不满的，他将对其加以惩处。

按照官场旧习气，臣僚对皇上的脾气、做法是善于体会的，能够剥开外表，从洋洋万言的谕旨中，捕捉到皇上的真正想法。奉旨查审此案的王大臣不会不了解此旨的要害所在和皇上欲图达到的目的，照说他们非常可能会按照帝意去审理此案，加罪言者。岂料，结果却出人意料之外。怡亲王弘晓、和亲王弘昼、大学士鄂尔泰、张廷玉、徐本、吏部尚书讷亲、刑部尚书来保，经过认真查审，弄清了事实真相，证明鄂善确系受贿，并据实上奏。

此举使人异常惊讶，但乾隆帝此时毕竟不愧为英君明主，他并未坚持谬见，一错到底，而是承认事实，知错便改。三月二十五日，即其颁降奇谕后的第六天，他给王大臣下了长达一千余字的上谕，详述此案经过及勒令鄂善自尽的理由。乾隆帝一共讲了四个问题。其一，本意欲罪言官。御史仲永檀参奏鄂善得受俞长庚贿银一案，“朕初以为必无此事，仲永檀身恃言官，而诬陷大臣，此风断不可长”，欲加其罪，但又因事未查明，难治仲之罪，故派王大臣七人秉公查审。其二，鄂善受贿是实。怡亲王弘晓等七位军国重臣屡经研讯，鄂善的家人及交银者俱承认确有此事，鄂善收了俞长庚送纳的贿银。帝又特召和亲王弘昼、大学士鄂尔泰、吏部尚书讷亲、刑部尚书来保同鄂善进见，经过当面讯问。鄂善初犹抵饰。帝谕告其人说：“此事家人及过付之人，皆已应承，”“汝若实无此事则可，若有，不妨于朕前实奏”，联将谕诸大臣从轻审问，将此事归之于家人，以全国家之体。鄂善仔细思考后，“乃直认从家人手中得银一千两是实”。其三，令其自尽，鄂善翻供。鄂善已经自认，“毫无疑窦”，而负恩如此，国法断不可恕。若于此等稍有宽纵，朕将何以临御臣工。乾隆因垂泪谕告鄂善：“尔罪按律应绞”，念尔曾为大臣，不忍明正典刑，“然汝亦何颜复立人世乎？”宜自处之。又恐如此处理有过刻之处，命和亲王等四人会同大学士张廷玉、福敏、徐本、尚书海望、侍郎舒赫德等再加详议。王大臣等奏称：鄂善“婪赃负国，法所不容，人心共愤”，蒙恩令其自尽，并不过刻。鄂善得知将被赐死后，突然翻供，妄称系因顾全皇上体面，皇上曾屡次降旨担保满尚书的操守，今已被劾，“恐皇上办理为难，是以一时应承”，实未收纳赃银。其四，斥其欺罔，交部严审。乾隆帝见鄂善改口，十分愤怒，斥其“无耻丧心，至于此极”，原本欲待其诚心悔过，恳切哀求，而免其死，监候待决，今因其欺罔之罪，法当立斩，著将鄂善拿解刑部，命刑部等衙门会同九卿科道严审。

此谕最后虽说交刑部等衙门会同九卿科道再次审理，但全谕含意异常清楚，乾隆帝已将鄂善定了纳贿、欺君的大罪，本应正法，加恩改为立即自尽，之所以要叫刑部、九卿、科道再审，不过是走走过场，欲图显示其公正郑重之意而已，刑部等衙门官员怎能不按帝意断案？

乾隆帝又错了一次，刑部等衙门会同九卿科道审理的结果，竟将鄂善按照“受贿婪赃”之律治罪，把王大臣原拟的绞立决改为绞监候，未论其欺君之罪。乾隆帝甚为不满，于四月十五日下谕痛斥刑部等衙门办事之谬说：此案情节，从前所降谕旨，甚为明晰。鄂善贪赃受贿，自认不讳，因“欲以礼待大臣而全国体”，不忍明正典刑，加恩改为令其自处，乃鄂善竟然翻供，“肆行抵赖”，此乃“欺罔”“大不敬”之大罪，王大臣将其拟处绞立决，“实属情罪相符”。今九卿科道等官忽改为绞监候，仅以其婪赃轻罪论处，而置欺君、大不敬之重罪不问，实系“错缪已极”，“著大学士传旨严行申伤”，命新住、五十七前往刑部，带鄂善至其家，“令其自尽”。

乾隆帝以上处理萨哈谅、喀尔钦、卢焯、鄂善四人的贪婪之案，虽有不尽完美之处，但其决心惩治贪官，革除官官相护的积弊，力扫只治七品芝麻官不罪二三品大员的恶习，不管是乾隆“所倚用之大臣”掌治戎政的从一品满兵部尚书鄂善，还是由知县升至巡抚曾蒙帝嘉奖的能臣卢焯，一旦知其苛索民财、欺压百姓、收纳贿银，即遣钦差大臣严审治罪，并举此为例，告诫群臣，使贪污之风有所收敛，于民于国，皆有所补益，对乾隆盛世的出现，起了积极的推动作用。

乾隆二十二年四月初五日，乾隆帝下谕，遣派刑部尚书刘统勋，查审云南巡抚郭一裕劾奏云贵总督恒文贪污一案，命其驰驿前往云南，会同贵州巡抚定长秉公严审，有关人员应革职解任者，一面奏闻，一面查办，按拟定律具奏。

刘统勋

过了六天，四月十一日，他又谕军机大臣：关于郭一裕参奏恒文一案，著刘统勋见到定长时，将所奏谕旨，令其阅看，即一同前往云南，不必先行告诉滇省，以免透露风声。恒文之家人赵二，是此案要犯，当密为防范，勿令其闻风远飏。如查明案情后，应即将恒文摘印质审，一面奏闻，一面将总督印务，交定长暂行署理。

乾隆帝虽然派遣刘统勋、定长往滇，但一开始并不相信恒文真有劣迹，故仅命二位大臣“前往查察”，没有革职恒文之总督要职，未明言其有贪赃之罪，并不像乾隆六年处理萨哈谅、喀尔钦那样，先定其性，革其职衔，命臣拟处其罪。他的这种态度，可能出于两个方面的原因。一是他对满官尤其是位列一二品的满大臣，颇有好感，甚为优遇，认为这些满员大臣不会做出负恩之事，操守比较可靠。与此相连的另一因素，是恒文的经历和才干。恒文是满洲正黄旗人，雍正最初以诸生授笔帖式，连续四次升迁，任兵科给事中，外授甘肃平庆道，升贵州布政使，不到十年，从一个普通生员一跃而为从二品的大臣，其治政之能和交际之精，显然是不言而喻的。乾隆十二年金攻打川时，恒文献计上奏：兵贵神速，往日在甘肃平庆道任上时，见提督以上各营，或三分之一，或四分之一，“择勇健者，名为援剿兵将”，预备旗帜器械及各种银物。而贵州却无此例，以致今年四月调兵，迟至六月方得起程。请仿照甘肃之例，预为准备，提督驻安顺，设重兵，于府库贮银五千两等候备用。乾隆帝嘉其能治事，调任直隶布政使，十六年升任湖北巡抚。恒文疏请采汉铜，广鼓铸，增筑武昌近城石堤，停止估价变卖省城道仓空廒，以备存贮协济邻省粮米，均为乾隆采纳降旨允行。十八年恒文署湖广总督，授任山西巡抚，二十一年擢云贵总督。二十二年三月，恒文疏劾贵州粮道沈迁婪索属吏，鞫实论斩。这些事情表明，恒文确系深受皇恩，蒙帝赏识，才由一小小生员任至主管两省军政诸事的从一品封疆大臣，这样的臣子能不念主恩而贪婪不法？乾隆帝实难相信。可是，事实终归是事实，随着查审的深入，真相渐明，郭一裕所劾恒文诸款，确有其事，刘统勋、定长据实陈奏。

乾隆帝十分恼怒，于二十二年六月初一日下谕：前据郭一裕参奏恒文令属员买金，短发金价，巡阅营伍，沿途纵家人收受属员门礼等情，“朕以恒文历任封疆，受恩最重，当不应至此”，故遣刘统勋会同定长前往查察，今二人奏称，恒文买金一事，及其纵容家人收礼，俱属确实。恒文身为大臣，自应洁己为属表率，乃竟贪污如此，深负帝恩，著将恒文革职拿问，其有关人犯汪筠、罗以均等，著一并革职，严审究拟上奏。

第二天，六月初二日，乾隆帝又下一谕：阅恒文供词，内称购金系欲备方物进贡，与郭一裕商议，据郭说：“滇省惟金较贵重，我拟制金手铲四个进贡。”因此，令标员明柱向巡抚衙门领取金铲样式，购金制造，以备进贡。前曾屡次降旨，禁止群臣贡献，即使督抚上贡方物，亦不过茗柑食品等物，或遇国家大庆，间有进献书画玩器，以示庆祝，从未有以金器进贡者。乃恒文藉词进贡金银，勒派属员，短价购买，冀图余利，“以致喧传阖省，殊玷官箴”。但郭一裕既以进贡金器怂恿总督，随以购金参奏恒文，“是复何心？”著刘统勋、定长将此情节，逐一秉公研讯。至于恒文的家人，或偶尔需索，尚可诿为耳目不周，乃金银赃物，计值累千，“是其网利营私，稔恶盈贯，何得仅以失察为解？”著一并严审具奏。

过了一天，乾隆帝又下谕讲郭一裕劾奏恒文之事。他说：恒文身为大臣，藉口进献，勒派属员，短价取利，罪固难逃。但果如恒文所供，则郭一裕先以金铲样式给恒文看，继乃以购金参劾总督，又明知金铲不可进献，必遭严谴，乃告恒文以今年不进，“竟似恒文全坠其术中者，此乃市井所不为，岂大吏同事一方，而竟出此！”或系郭一裕先曾制铲备贡，后因恒文纷纷购金，阖省喧传，恐彼此俱致败露，遂不复进献，“而转以参劾恒文，为先发计，亦未可知”。郭一裕可否购金制铲，买自何人，未进之金铲何在？著刘统勋等人“务将此中实在情节，悉心详审，即行具奏”。

七月初一日，乾隆帝再次下谕，指责郭一裕奸险取巧，将其解任，来京候旨。他说：读了刘统勋等官审讯郭一裕与恒文商量贡金的奏折。恒文身为总督，乃借贡献为名，纵其慾壑”，现据查出赃私累累，应俟各案审明，按律治罪。至于郭一裕，先以贡金铲怂恿恒文，并呈示式样，后见阖省喧传，乃先发制人，“冀立身于不败，迹其所供，行险取巧情状，一一毕露”。“伊本属小器”，前于山东巡抚任内来京陛见时，曾面奏家计本足自给，且久历外任，愿进银一万两为工程之用。“朕听之骇然，深斥责其非”，今观其先购金置钅卢预备进贡，“其病根深锢，是以随处发露耳”。且其购金亦委派司道办理，“即云照数发价，”而以司道大员，供督抚私役，成何政体！郭一裕深负，封疆之寄，著解任来京候旨。布政使纳世通、按察使沈嘉征，遇督抚有此等事情，乃“匿不以闻，惟事迎合上司”，著交部严加议处具奏。随即令革其职。

乾隆帝对郭一裕的这样处理，是颇为不妥的。恒文之罪，不在于其购金制造金手钅卢以备进贡，贡品奢侈，不过遭帝斥责而已，构不成大罪。恒文之所以被定为有罪，是因其藉买金为辞，勒派属员短价购买，藉此牟利，以及纵容家人收受门礼纳取贿银，是犯下了贪婪之罪，而不是进贡之罪，进贡不能定罪。这一点，乾隆帝不会不知，他亦曾多次因臣僚进献贡品奢侈豪华而拒收其物，降旨训诫，也不过是训诫而已，并未将此定为大罪革职严审。前述谕旨也列举了郭一裕奏进银一万两之事，亦仅仅予以申斥，并未将郭革职惩办。作为封疆大臣，郭一裕是不应该以进献厚礼来博取皇上高兴，但此仅系作风欠妥的问题，应予严斥，可是不宜以此来定其罪。更重要的是，郭一裕只是因参劾恒文之罪，而被恒文供出商制金钅卢之事，即使此事属实，也不能说郭一裕是“行险取巧”，“先发制人”，有意陷害恒文，最多不过是做法欠妥、欲贡重礼取悦皇上而已，谈不上犯了什么大罪。权衡主从轻重，是郭一裕参劾恒文之后，才查明任至总督大臣的恒文，竟是一个赃私累万的大贪官，应当说郭是立下了一大功，对整顿吏治颇为有益，为民除去了一个大的吸血鬼，为朝廷清理出一个奸臣，应予重重奖赏。可是也不知乾隆帝是出于什么考虑，竟紧紧抓住恒文供称与郭商议制造金手钅卢一事，大做文章，一再下谕，吹毛求疵，连捐银万两的老账都翻了出来，硬将郭说成为有意陷害总督的奸诈小人，还罢其巡抚之官，责令钦差尚书严查其贪婪苛民之事，好像不将郭一裕定成贪赃枉法的赃官，难解心中之恨。虽然他曾专门辩称此举不是偏满轻汉，因而斥责外人所说：“郭一裕以汉人参满洲，是以两败俱伤”之言是“谬误”的，但揆诸上述谕旨，很难使人信服，他的这番辩解，显然是软弱无力的。

也许乾隆帝逐渐意识到此举有些欠妥，因此于下谕罢免郭一裕之职后的第四天，七月初五日，他又下一谕说：前因郭一裕供称制钅卢购金时是“照数发价”，但此外有无赃私，难以置信，故谕令刘统勋“据实穷究，如应查封，即将伊任所查封”。刘统勋奉旨后，应秉公查办，如郭不能洁身自爱，贪污不法，亦如恒文之负恩，自当将其家财查封，请旨治罪。若无此情，“而因朕已降旨，遂有意苛求，遽将伊任所赀财封禁，则是全不识事理之轻重矣。此事关于政体官常者甚大，必虚公研究，方能情罪允当”。

乾隆帝虽想做些调整，稍微略微减少一点压力，让钦差大臣审案稍稍公正一点，但大臣皆知帝意，哪能拟议公允。刘统勋之折到京。刘奏称：奏旨查审郭一裕一案，“讯明郭一裕诈伪贪鄙款迹，按律拟流”，并请查封郭之家产。照说，刘统勋还算办事较公之臣，他虽接到令郭解任对其严审之旨，拟议意见不能不受谕旨约束，相当苛刻，但在查证问题时还是比较实事求是的，没有严刑逼问诱供逼供，没有硬给郭栽上莫须有的赃银巨万的大罪，并如实上奏。乾隆帝于八月初四日下谕拒绝其议说，郭一裕与恒文，各有应得之罪，而轻重不同。恒文赃私累累，众证确凿，家产自应查封，以惩贪黩。而郭一裕不过交属员代买物件，短发之钱不及百金，更有将原物退还者。即其令属员修造花厅，亦只数百两，较之恒文，情罪亦应有所差别，若一律抄家，“殊不足以服其心”，已传谕定长，将郭赀财照旧给还，不必查封。

二十二年九月十二日，乾隆帝下谕，一一列举恒文、郭一裕之罪，勒令恒文自尽，革郭之职，发往军台效力。他说：根据刘统勋、定长的查审和上奏，恒文令属员买金，短发金价，巡查营伍，纵容家人勒索门礼等款，“俱属确实”，恒文任所赀财多至数万两。恒文并非素封之家，其历任封疆不过二三年，养廉银除用于一岁公用及往来盘费外，“即极为节啬，亦何能若是之多，是其平日居官之簠簋不饬，不待言矣”。昨刘统勋面奏尚认为恒文之败检，皆由于家人恣横所致，“其意似为恒文卸罪者，此则所见非是”。恒文果以洁清律己，奴仆下人焉敢如此肆行无忌。况且勒索门礼即系家人所为，而购金短价，受属员馈送，“岂亦家人教之耶?”恒文深负朕恩，情罪重大，若“曲为宽宥，其何以饬官方而肃吏治!”他命令侍卫三泰、扎拉丰阿驰驿前往，于解送所至之地，即将此旨宣谕，“赐令自尽”。郭一裕为人，“本属庸鄙”，去年曾面奏愿捐养廉羡余银一万两，到滇后又有购金制铲之举，“唯以声色货利殖产营运为事”，深忝封疆之任，但其在官，尚不致如恒文之狼藉，同系购金，发价并未短扣。郭一裕著革职，从宽发往军台效力，“以为大吏鄙琐者戒”。不久，又以署云贵总督定长请免于处分署玉屏县知县赵沁等十五员，因其系被恒文之家人赵二等勒索银两，并复自首，不必革职罢官，而下谕斥责其非说：上司家人需索属员，例有明禁，该知州、知县等官员，果能不偏不倚，则应一面锁拏需索的家人，一面据实禀闻上司，听其惩治，即或上司袒护家奴，地方官可直揭部科，据情详查，对“如此大有风力之员”，“朕不但加意保全，且将召见而擢用之矣”。乃赵沁等官，始则被恶奴勒索，甘心贿送，及至恒文败露之后，经署督行文饬查，始行报出，焉能藉称自首得免吏议不至去任?赵沁等十五位官员，俱著交部察议。不久吏部奏准，赵沁等十四员降一级留任，其余永昌知府佛德、临安府知府方桂等三十八人亦分被惩罚。

恒文、郭一裕之案，至此总算了结。恒文、郭一裕二人，原本企图贡献珍品取悦于帝，不料弄巧成拙求福得祸。恒文因此而丑迹败露，从一个飞黄腾达的治政能臣、从一品大员，一变而为赃私累累、声名狼藉、违法致死的大贪官，人死家破又财空。郭一裕险被定为污吏，几经周折，最后被皇上定为小人，革职罢官，发往军台效力。

乾隆帝严惩恒文，拒绝刘统勋宽免恒文罪过之议，以及处治馈送总督贿银的赵沁等十五位州县官员，以惩贪风，肃吏治，是十分正确的。只要是贪赃横行，违犯国法，就应加以制裁，哪怕恒文是贵为总督的满人、蒙帝擢升的能臣，也不能逃漏于法网之外，而被按律处死籍没，这是无可非议的。但是，他对郭一裕的发落，却甚为不妥，颇欠公允，这样一来，恐将使汉官缄口不言，不敢弹劾满员大臣，以免两败俱伤，自身遭受横祸，其消极的影响，不宜低估。也许是由于这个原因，或者出于其他的考虑，乾隆帝于二十二年十一月初四日下旨说：郭一裕之派属员买金，虽亦不能算是无罪，但恒文之事，实由郭一裕举发，郭前在部呈请赎未准，恐将来各省督抚有贪婪之事，"同官以事相干涉，惧于己有碍，转不据实入告，将无由发觉，其何以明国宪而儆官邪耶!"郭一裕著加恩准其纳赎。数年以后，乾隆赐予郭一裕三品衔，授河南按察使。这样一来，总算做了一些调整和修改。

乾隆二十二年十月初五日，乾隆帝连下二道谕旨，命督修山东运河工程的刑部尚书刘统勋前往山西，查审移任山东巡抚的原山西巡抚蒋洲之贪污案件。他在谕中讲道：据山西巡抚塔永宁奏，蒋洲于山西任内，侵用帑银二万余两，升任时，勒派全省属员弥补，并卖寿阳县木植赔补，"此事实出情理之外，为之骇然"，必须彻底清查。查审此案，非刘统勋不可，著刘统勋即传旨，将蒋洲革职拿问，带往山西，并塔永宁劾疏内提到的杨文龙等人，一并严审定拟具奏，其任所字迹赀财，一并查明奏闻。

乾隆帝所讲看过奏疏后"为之骇然"，是有原因的。因为案犯蒋洲并不是一个小小七品芝麻官，而是从二品的封疆大吏山西巡抚移任山东巡抚，又非寒门小户贫寒乡民，而是书香门第宰相之子。蒋洲之父蒋廷锡，是云贵总督蒋陈锡之弟，工诗善画，以举人、进士供奉内廷，事圣祖内直二十余年，任至内阁学士。廷锡更受到世宗的常识和提拔，六年之内，由内阁学士升迁礼部侍郎，晋户部尚书，兼领兵部尚书，拜文华殿大学士，兼领户部，并蒙授一等阿达哈哈番世职，雍正十年病故，谥文肃。廷锡政绩卓著，秉公执正，史称其"明练恪谨，被恩礼始终"。蒋洲之兄蒋溥，雍正七年由举

人、进士、庶吉士，直南书房，袭世职，十一年授编修，四迁任内阁学士。乾隆五年蒋溥授吏部侍郎后，又历任湖南巡抚、户部尚书、协办大学士兼礼部尚书、掌翰林院事、兼署吏部尚书、大学士、军机大臣、兼领户部，身任要职近三十年，颇有建树，政绩显然。蒋洲就是凭藉父兄之势及皇上对父、兄之恩宠，由一个小小主事很快就累擢至山西布政使，乾隆二十二年又升任山西巡抚，于同年七月移任山东巡抚。一家之中出二相，四十年的高官要职，姑且不说侵吞帑银、科索民财、收受贿银，就是正额薪俸、养廉，皇上恩赐，属员献纳，督抚馈遗，门生敬奉，等等收入，为数也十分可观，这样望族门弟，怎会出现贪官污吏？父、兄皆系科甲出身，任至大学士，自应正身律己齐家，严教子弟，其子、其弟怎能丧失廉耻见利忘义？所以，乾隆帝不禁为蒋洲之贪婪而“为之骇然”！

过了十一天，十月十六日，乾隆帝再谕军机大臣：据塔永宁奏：蒋洲任内，一切舞弊纳贿之事，皆其幕友吴姓及管门家人黄姓、马姓等从中经手，已密咨山东署抚，提犯人解送山西，等语。吴姓诸人均系此案要犯，著传谕山东巡抚鹤年即速严拿，委员解晋，交刘统勋归案严审，务该委员严加防范，迅速解送，勿使该犯逃脱，或畏罪自杀。

经过思索，乾隆帝感到问题不只是蒋洲一人，便着手新的审查。第二天，十月十七日，他又谕军机大臣，讲了四个问题。其一，蒋洲藉端诡辩。据刘统勋奏，蒋洲供称：因修理衙门，多用银两，以致亏空，等语。外间亦有如此议论者，此话究未可信，修理布政使司衙门，需费即多，何至用银二万余两！当然藉端捏饰。其二，查审明德。巡抚明德与蒋洲共事较长，两署仅一墙之隔，蒋洲如此侵公亏银狼藉，明德岂毫无所知，何以并未上奏？恐其中必有缘故。即使诿诸于不知，而藩司侵吞帑银如此之多，犹一无闻见，“巡抚所司何事耶？”乾隆传谕刘统勋、塔永宁一并详细查察，明德为何如此庇护？务得实情，据实陈奏。其三，追查拖穆齐图。蒋洲供内，又有拖穆齐图欠银三千两之话，看来拖穆齐图为人亦甚不妥。其在山西，养廉银颇多，为何去任起程时，又须蒋洲为之担承至三千两银？“种种情节，俱当悉心研究，使水落石出，毋得草率完结”。其四，严防蒋洲自戕。刘统勋现正带蒋洲前往山西，途中需要速行，不可久稽时日，更应留心防范，勿令其畏罪自杀。

随着审查蒋洲案件的深入发展，又发现了新问题，这就是山西省贪官污吏太多，吏治十分腐败，必须大力整顿。十月二十六日，刘统勋、塔永宁呈报查询情形之折到京，二人奏称：平定州知州朱廷扬侵亏帑银二万余两，守备武琏侵亏营银一千余两。

乾隆帝于这一天连下四道谕旨。第一道谕旨着重讲彻底厘清贪官污吏。他说：朱廷扬侵银二万余两，武琏亏银一千余两，"由此类推，其恣意侵蚀而未经查出者，更不知凡几，该省吏治尚可问耶！"乃塔永宁奏称，若遽行盘查，恐通属惊慌，必致贻误地方政务。此话不免有畏首畏尾之意。且据刘统勋、塔永宁另折所奏蒋洲案内道府勒派情节，于杨龙文（冀宁道）署内，"查出派单一纸"，太原府知府七赉连名作札，向手下催取，"明目张胆，竟如公檄，视恒文之授意派买，更有甚焉。此致各属中之素有侵亏者，皆无所顾忌，如朱廷扬、周世紫，皆盈千累万，此又与蒋洲之勒派无涉。吏治至此，尚不为之彻底清厘，大加整饬，何以肃官方而清帑项！"此等劣员，被勒索银两者情尚可原，可如滇省被勒之员例子处理。至于杨龙文、七赉、朱廷扬等人，则罪无可逭，"塔永宁何所瞻顾而为此调停之奏耶！"七赉著革职拿问，将他交与刘统勋一并严审究拟。著刘统勋会同塔永宁，"严行查办，不得稍存姑息"。

第二道谕旨宣布将原山西巡抚现任陕西巡抚明德革职处理。他说：据刘统勋等人奏到，晋省州县中，侵亏库银，竟有至盈千累万者，"是该省风气，视库帑为可任意侵用，已非一日"。明德身为巡抚，察吏是其专责，乃一任属员侵帑营私，至于此极，实为深负委任，著即将明德革职拿问，解赴山西，交刘统勋审拟具奏，其任所赀财，立即查处。

他在第三道谕旨中说：山西平定州知州朱廷扬亏帑银二万余两，山西巡抚已行文直隶，查封其家产，但闻知该犯原籍系浙江绍兴人，可传谕杨廷璋（浙江巡抚），速即访察该犯居住地点，将其所有资产严行查封，以补帑银，不得稍有泄漏，以致其家藏匿。

第四道谕旨，是命刘统勋、定长对明德"秉公严讯，不可稍为回护"。其蒋洲案内各犯及现在查出侵亏帑银的官员，"一并令刘统勋等彻底清厘"。所有各犯监禁于晋省，均须留心防范，严行看守，倘有松懈，令其自杀灭口，不得明正典刑，则有关人员罪责难逃。

过了三天，十月二十九日，乾隆帝再谕军机大臣，令速结蒋洲之察。他说：蒋洲勒派属员，弥补亏空，及将寿张县木植卖银补款之案，刘统勋已于杨龙文署中查出勒派银数清单，并于经过各州县中提取了七赉等人连名书札，此事已确有证据，只要审讯蒋洲、杨龙文、七赉三人，即可速为审拟，具奏正法。至于山西通省亏空之事，已降旨命刘统勋会同该抚查办，此乃在蒋洲勒派本案之外，不妨于蒋洲案完结之后，再认真办理。

又过了五天，二十二年十一月初五日，乾隆帝再次下谕，宣布对蒋洲一案的处理意见。他说：蒋洲乃原任大学士蒋廷锡之子，由部属擢用，任至巡抚、布政使，不思洁己奉公，乃恣意侵吞亏空帑银钜万，又复勒派通省属员，以为弥补之计。“其贪黩狼藉，玷辱家门，实出情理之外”。杨龙文身为监司，曲意逢迎上司，侵帑勒派，不法已极，其情罪实无可宽宥。蒋洲、杨龙文俱依拟即行正法，以昭炯戒。七赉作札催取，但以知府迎合司道，较杨龙文罪稍轻，著依拟绞监候，秋后处决。其余应行拟罪议处各官，仍命刘统勋、塔永宁逐一查明，分别定拟具奏。明德收受蒋洲及各属古玩金银等物，已降旨将其革职拿问，解赴山西，命刘统勋审明定拟。拖穆齐图与蒋洲勾结关通，携取蒋洲古玩，收受银物，“甚属贪汙无耻”，著革职拿解来京治罪。“山西一省，巡抚藩臬朋比为奸，毫无顾忌，吏治之坏，至于此极，朕将何以信人，何以用人！外吏营私贪黩，自皇考整饬以来，久已肃清，乃不意年来如杨灏、恒文等案，屡经发觉，而莫甚于蒋洲此案，若不大加惩创，国法安在！朕为愧愤！”

蒋洲勒派属员之案，至此告一段落。此案本系追查布政使蒋洲勒派属员银两，弥补亏空，不料，案情不断发展，牵扯到巡抚、按察使，涉及监司、知府，并从而查出了晋省不少州县官员侵吞帑银，山西吏治之坏、贪风之盛的真情，暴露于光天化日之下，使乾隆帝惊呼“何以信人！何以用人！”他下定决心痛惩贪官，整顿吏治，斥责塔永宁畏首畏尾欲图草率了结，诛杀蒋洲，革除劣员官职。身为宰相（蒋廷锡）之子现相（蒋溥）之弟荣任二品大员山东巡抚的蒋洲，就这样被作为贪官，绑赴法场，成了刀下鬼，身败名裂，家产荡然。

安定边疆

乾隆登上帝位不久，西南、西北边疆相继叛乱。这位年轻皇帝遇到了一个处理不当就可能身败名裂的大难题。在原则上，他坚持祖国统一；在方法上，他却灵活变通、剿抚并用，同时对边疆人民减免赋税，多施恩惠，终于抚平了叛乱。不仅如此，在大清的感召下，两度脱离大清的蒙古土尔扈特族终于回到了祖国的怀抱。

（一）八妹造反　苗疆事变

乾隆继位的第三天，也就是雍正十三年八月二十六日，庄亲王允禄、果亲王允礼和总理事务王大臣接到了皇上下达的一道谕旨。拿着圣旨，他们议论纷纷："皇上早晚要办此事，晚办不如早办，现在局势如此危急，若不及时扭转战局，必危及我大清江山啊。"

年轻的乾隆帝接手的国家是一个已见盛世之景的太平天下，是什么事情如此危急，需要召集如此多的军国大臣呢？原来，这些大臣接到的是皇帝要对黔省苗疆用兵的圣旨，他已经将此事作为登基之后最重要的"紧急之事"之一。

新君即位，日理万机，军国大事何止这一件，为什么要把用兵于贵州苗疆列为第一要务？苗疆处在何种境地要乾隆帝如此上心？为什么要征讨苗疆？这是一场什么样的战争？它将会对国家产生什么样的重大影响呢？

要解释这一系列疑问，还得从半年以前贵州省古州等地苗民起兵谈起，此事还涉及乾隆的先父雍正帝在西南少数民族地区的改土归流政策。

实施改土归流政策的地区被称为"苗疆"或"新疆"。所谓改土归流政策，就是在苗疆，裁汰掉苗族土司、土官、土目这些他们自己的负责人，由朝廷在那里设立由中央垂直管辖的厅、州、县体制，以便加强对这些地区的统一管理，保证中央的有关政策能够畅顺地推行。在人事任免上，中央任命的是满汉官员，管理当地苗、汉人民。就是在这个问题上，苗疆的改图归流遇到了阻碍。

许多苗族土司当然不愿放弃祖宗传承下来的特权，权力受到损害的土司们都不愿执行中央的这一指令。对于苗族首领的这些不情愿，朝廷的钦差大臣却没有认真对待，甚至发生了借机鱼肉百姓的情况，本来就没有在此地建立威信的清廷因此大失人心，于是苗疆人民的反抗不断出现，严重的还发生了变乱。

雍正十二年七月，一个"苗王"的传说在苗寨人民中间流传，据苗人老包说，这个苗王是他们真正的首领，他已经向人秘密发出了指令，希望百姓团结起来起义反对外来人的统治。苗族人的心开始不安定了，他们把这个从未见过面的苗王当作了真正的部族首领，把苗王的指令当作神的旨意遵守。

雍正十三年二月二十五日，负责征收此地钱粮的官员遇到一些意外情况，心浮气躁的他们没有妥善处理，一下子就激起了苗族人民的反抗，于是，心思本来就不稳定的苗族人民借机开始了他们对清廷的反抗斗争。

古州治下的八妹、高表率先起兵反抗朝廷，接着，台拱、清江各寨苗人积极响应，联合起来一起攻打清军驻守官兵的营房。在官兵驻地的外面聚集了很多愤怒的苗人，人数一度达到两万之多，事情以出人预料的速度发展，变得难以收拾起来。

面对苗人的变乱，这些派来驻守的文武官员束手无策，本来他们就不了解当地的情况，来到这里也是过着养尊处优的生活。这些庸碌之辈毫无应变能力，对于眼前的混乱也不知该采取什么措施，自然更谈不上什么积极有效的剿抚，清廷在第一步就处于了劣势。

雍正帝得知消息后十分愤怒，但也无可奈何，不得已，只好调兵遣将进行征剿。但是，尽管有六省三四万官兵前去围剿，直到八月二十三日雍正去世为止，苗乱一直没能平息下去。更令中央政府头疼的是，苗兵已经接连攻下黄平、清平、余庆、青溪等州县，围困了柳罗、丹江等兵营，甚至抢掠之后火烧了镇远、思州，那里的汉民纷纷逃往湖南等邻近省份。对于四处冒出的苗人，清军顾此失彼疲于奔命，根本抵挡不住他们的袭击。贵州省首府全城戒严，贵州的动荡不安，影响了整个西南地区的稳定。

雍正帝在临终前曾告知弘历，一定要解决好这个他没有解决的边患。乾隆铭记在心。在苗疆改土归流处于危急关头登基的弘历，将此事作为他继位后的“第一要务”。临危受命的他打算用什么样的方法解决这个“烫手的山芋”呢？

（二）更换统帅　坚持用兵

弘历继位之后，继续坚决执行改土归流政策，在贵州地区一片混乱的情况下仍旧坚持加强对苗疆的管理和统治，军政形势因此发生了巨大变化。

乾隆之所以能在刚一登基的情况下就做出正确决策，促使局势的扭转，这并不是偶然的事情。早在雍正十三年五月成立苗疆事务处时，当时还是宝亲王的弘历就是经管此事的亲王大臣之一。经过三个多月的工作，弘历经办苗疆事务积累了一定经验，他对苗情、军机、政论和父皇意图，以及“抚定苗疆”的钦差大臣张照的性格、想法，都很了解。

其实，张照没有将抚定苗疆作为一件关系国家稳定的大事来做，而是出于一己私心。张照和大学士鄂尔泰一向有矛盾，鄂尔泰在他之前曾作为钦差大臣平定苗疆，但是鄂尔泰指挥不当受到了雍正帝指责，报复心重的张照向皇上主动请缨去贵州做“抚

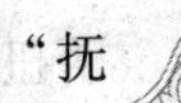

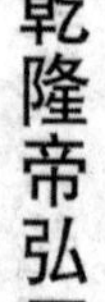

定苗疆"的钦差大臣，计划借机打击政敌。

可惜雍正帝犯了一个致命的错误，他居然准了张照的请求，张照一个文臣，既不懂兵法，又不熟悉苗疆事务，怎么能够胜任抚定苗疆的钦差大臣一职呢？此后的事实也证明，张照确实没有能力平定苗疆，他多次犯了兵家大忌，贻误军机。

在张照担任钦差大臣的期间内，他主张招抚，偏袒副将军董芳，大肆诋毁贵州提督扬威将军哈元生，使两个将军之间出现裂痕，影响了士气。张照并没有按照皇上的旨意专心征剿、抚定叛乱的苗人，而是专注于划分敌我双方之间的辖地，多次贻误了能够扭转时局的战机，加之不懂带兵之道，官兵军纪松弛，杀良冒功，征剿十分不力。

乾隆即位后，立即重新调整苗疆征剿事务，首先要处理的就是这个征剿不利的统帅张照。乾隆两次针对张照下达谕旨，严厉斥责他延误军机、带兵不力的种种行为，更为严重的是，乾隆帝发现了他还假传圣旨，乾隆帝借机反复论证皇父并无弃绝苗疆的意思。接到谕旨的张照心里明白，自己离交出钦差大臣职位的时间不远了。

八月二十八日，乾隆帝解除了他的职务，并针对他在担任钦差期间的一系列愚蠢行为定下了罪状：一是奏请抛弃苗疆，认为这里不过是叛乱的边远之地，这显然与中央政策背道而驰；二是为了支持自己抛弃苗疆的奏请，曾经假传圣旨，说雍正帝曾秘密向他传达这个谕旨，并转告扬威将军哈元生；三是他到达贵州以后，心怀偏袒，扰乱军务。

乾隆把罪名都罗列到张照头上，不仅是因为张照确实犯了过失，还有乾隆出于全局的考虑，若是张照承担了这些罪名，雍正帝的尊严就得到了维护，朝中那些有弃置苗疆主张的势力就可以被清除，用兵苗疆的方针就可以坚决地执行了。

乾隆的做法虽然有些过于罪不当罚，但也是可以理解而且合情合理的。还没有登基的时候，他就很关心苗疆的去向，坚决反对废弃苗疆的主张。他深知此事关系重大，必须认真对待，妥善处理。如若有所差错，对不起的不仅是他的列祖列宗，还有他的江山社稷。他明确地强调"苗疆用兵，乃目前第一急务"，坚持要将改土归流进行到底。惩处张照之后，他一下子就封住了朝中主张抛掉苗疆之人的嘴，挽转了反对改流的狂澜，从政治上统一了朝廷对苗疆坚持用兵的思想，为日后采取维护疆土统一完整的各种行动提供了保障。从长远来看，正是由于乾隆坚定地实施用兵的战略，国家才得以保持了统一完整，民族矛盾也减少了。

在统一了朝中对苗政治路线之后，下面要解决的就是人事的任命问题，这也是能否扭转战局、取得胜利的决定因素。

为了有效平定苗疆叛乱，以前任命的抚定官员必须改变，为此，乾隆更换了领兵统帅，同时着手惩治失职官员、将领。

上面已经讲到，乾隆最先处理的就是抚定苗疆的钦差大臣张照，接着，他委任湖广总督张广泗为经略大臣，统领苗疆军务，保留了熟悉苗疆事物的扬威将军哈元生、副将军董芳的职务，任命他们三人共同指挥在苗疆作战的官兵，所有将士都要听从他们三人的节制调遣。

为了让新任统帅安心处理苗疆事务，乾隆多次降旨，对张广泗表示抚慰和勉励，表示自己将成功抚定苗疆的希望全部放在了他身上。此外，乾隆还让张广泗兼领贵州巡抚，增拨一百万两白银作为兵饷。张广泗见乾隆帝如此重用和信任自己，十分感激，发誓要竭尽全力平定苗乱以报君恩。

解决了三军统帅的任命问题之后，乾隆放心地将苗疆交给张广泗等人全权处理，自己则腾出手来惩办那些失职官将。副都御史德希寿盲目附和张照，没有尽到属下劝勉力谏的职责；贵州巡抚元展成，安抚不当，玩忽职守，轻视民命，文武不和；扬威将军、贵州提督哈元生不能预先布下防范，观望迟疑，用兵无术，调度失宜，延迟军务；副将军、湖广提督董芳凭借原来张照的袒护，与哈元生有意发生矛盾，扰乱军心。乾隆帝以招抚之事，将上面失职的官员革职押解至京，严审定罪。经过这样的人事调整，大家都看到了乾隆帝赏罚的严明，加上责权统一交给张广泗，以前没有统一的人心开始稳定下来，保证了平定苗乱走向成功。

（三）剿抚分明　以德济威

乾隆虽然执行进剿苗乱，但也有分寸，对剿抚之间的关系做了明确规定，禁止滥杀无辜，试图以德威并济来取胜。

是年九月二十一日，乾隆下谕告知总理事务王大臣和经办苗疆事务王大臣，要求不准官兵焚毁被迫胁从的苗寨，更不准屠杀老弱子女，以免造成苗人更加强烈的抗拒心理。但在另一方面，乾隆帝叮嘱不要太过于宽纵叛逆的苗人，以免造成他们既不害怕也不心存感恩的自大心理，如果出现这种情况就更不容易平定苗疆了。实际上，乾隆就是要求大臣将“执中”二字作为行动的基调，求得用恩威并施的原则征服苗疆的叛众。

十一月十八日，年轻的皇上再次谕示总理事务王大臣和办理苗疆事务王大臣，命

令他们赦免那些投降的苗人的罪过，并让大臣转告张广泗，要他向苗民讲明白当今圣上的旨意，若是他们有人顽抗到底，那么朝廷最后肯定按国法严惩不贷；若是他们真心诚意地悔过投降，大清就会赦免他们的罪行，给他们改过自新的机会。追剿不是为了赶尽杀绝，而是为了边疆的安宁，让苗人能够安居乐业。这种剿抚并用、情理分明的苗疆政策，比起雍正的政策更为适用，必然也更有利于苗疆事务的顺利解决。

但是鉴于前朝苗疆政策失败的原因，安抚苗疆不能只招抚，不用兵，彻底解决苗疆问题还是需要武力的支持。经略大臣张广泗上任之后，认真总结了前面八九个月里作战的利弊得失和经验教训。他认为，造成过去失利的原因，除了政治上文武不和、剿抚未定等因素外，还在于军事上的严重失策，最大的失策就是没有区别对待生苗、熟苗，而是采取了统一的方针，这样不利于分化苗人。还有就是把官兵分为战兵、守兵，这样一来就分散了真正用来征剿的兵力。六省官兵数万名，绝大多数分布在大路沿途用来监守苗人，实际却收效甚微，用以攻剿的士兵才一两千人，以这样的兵力去对付四散的苗人，当然是顾东顾不了西，士兵们疲于奔命却多无功而返。

因此，张广泗上书乾隆帝，建议集中兵力，分化生苗熟苗，对待比较顽抗的生苗，他们需要看准目标后一举歼灭；对待熟苗，也就是较为驯服的苗民，应该采取安抚的政策，争取让他们主动缴械投降，使他们彼此不能相互救援。实际作战方面，最好不要同时进攻多个目标，而是要针对一个具体的生苗目标以三路大兵合力直捣他们的老巢，从而将其一举消灭。

乾隆帝看了奏折，暗暗庆幸自己慧眼选对了人才，张广泗分析得头头是道，根本找不出拒绝奏请的理由。这位甚得皇帝信任的张广泗，他的奏请都得到了乾隆的准许和大力支持。

有了皇帝的信任和支持，手中握有军政大权的张广泗，号令统一，率领六省官兵，放手征剿，分兵三路，攻上九股、下九股和清江下流各寨，所向披靡，一举扭转了清军在苗省的劣势。乾隆元年（1736 年）春，张广泗分兵八路，其排山倒海之势令苗人闻风丧胆。他接连剿毁了抗拒不从的苗寨，同时也严格按照乾隆的指示，坚定不移地执行“执中”政策，对官兵约法三章，不允许焚毁苗寨。之后不久，清军攻到了牛皮大箐，开始了最艰苦也是决定胜利的一仗。

此箐位于苗寨之中，盘亘数百里，地势险要，常常乌云密布，阴雨不断，还是各种蛇虫的栖息地，即使住在附近的苗人也不完全熟悉此地，地形易守难攻，在各处苗寨被攻下以后，苗人纷纷逃到这里躲避，他们以为官兵绝对不可能到达如此险要的地方，打算等清军撤退之后继续活动。不过，他们的如意算盘打错了。

张广泗用兵有方，所带的官兵不惧艰难困苦。他们在这个充满野兽的深山老林里坚持战斗，同时告知苗人，若是斩杀苗族中叛逆之人，就可以免除罪罚。这项政策一颁布，苗人便陷入了一场自相残杀的斗争中，从四月至五月，生苗的祸首全部被擒杀，还有许多苗人因饥饿、跳崖而死，光俘虏的苗人就多达万人。

六月，张广泗一鼓作气，乘胜搜剿从乱熟苗，分首、次、胁从三等，直到秋天，先后毁除一千二百余寨，赦免三百八十八寨，斩一万七千余人，俘二万五千余人，获铳炮四万六千余门及刀、矛、弓、弩、标甲十四万八千余件，彻底平定了苗疆的叛乱。原来逃到邻近外省躲避战乱的汉民，也陆续回到旧地，恢复在那里的生产生活。

就这样，战火纷飞，兵荒马乱，连续折腾了一年多的苗疆，终于平定下来了。

纵观整个事件，这位年方二十五岁刚刚主持朝政的青年君主，临危受命竟能在战局不利的形势下，头脑清晰，目光敏锐，不受一大群庸臣劣将的影响，没有采纳他们妥协退让的错误主张，甚至冒着违背皇父停止用兵、放弃苗疆的旨意的危险，果断坚决地用兵。他坚持改土归流，措施得力，同时更是善于发现和使用人才。他及时更换统帅，惩办失职官员，全权委任张广泗率军征剿，力挽狂澜，挽救了岌岌可危的局势，大获全胜，办好了皇父未能办成的“最要最重的事件”，在登基之初便实现了先父的遗愿，平定了苗疆，为维护国家统一和民族团结做出了贡献。

（四）设立军屯　一波三折

征剿抚定苗疆的战事取得了决定性的胜利，朝中上下沐浴在一片胜利的喜悦中。为此事做出一系列正确重大决策的乾隆帝更是格外开心，下旨对这次战争中浴血奋战的官兵们进行重赏，赏赐他们银两粮米直到手软。带军的总指挥、为战事立下汗马功劳的张广泗也被晋封为贵州总督兼领贵州巡抚，授三等阿达哈哈番世职，并每年赏给养廉银一万五千两。

正当全朝的文武大臣还沉浸在这一来之不易的胜利所带来的喜悦中时，乾隆帝却早已从这些庆贺捷音中摆脱出来，开始积极着手进行更为艰巨的工作。平定苗人变乱只是第一步，如何加强对苗人的管理才是比用兵更难解决也更为重要的问题，只有管理好这片土地上的人民，使其今后不发生或少发生变乱，清廷才算真正取得对苗疆的胜利，而这，比起几个月的艰苦战争来更为困难，所谓得天下难，守天下更难，就是

这个道理。

为了能够妥善圆满地解决这个问题，拔掉一直戳在心上的这个钉子，乾隆着实动了一番脑筋。早在战争还在进行的时候，乾隆帝就开始探索造成此次苗变的原因，一心寻找合适的方案，为此事他常常茶饭不思，有时甚至对这件事比对当时正在进行的战事更加上心。想来想去，他突然茅塞顿开，为什么不让历史告诉我答案呢。雍正四年和雍正十年的两次苗疆变乱留下的失败经验，这不正是为朕提供了解答疑难的钥匙吗？说是失败经验，这里面可蕴藏着成功的秘密。雍正时期的两次苗疆变乱表明，清廷必须采取正确措施，才能真正稳定苗疆，少起动乱。那么什么才是正确措施呢？乾隆又一次从历史中、在自己崇敬的皇祖那里找到了答案。针对苗疆现在的情况，乾隆觉得有必要沿用皇祖康熙的安边之策，也就是说，他想要在苗疆实行军屯。

什么是军屯呢？意思是，在没有事端的时候派兵丁驻扎在苗疆耕种务农，在发生苗人变乱的时候就拿起武器，随即抵御。而且，屯田所收获的粮谷，可以用来补充平时的兵丁口粮，省去从内地转运的一些麻烦，当地方发生变乱需要增加军力的时候，这些士兵恢复本来面貌，国家就又节省了添兵的费用。这样，不管是和平还是战争，都能够对当地实施有效的统治措施。

乾隆帝对于自己能想出这样一项一举多得的政策，感到很是满意。发布这项政令的时候一切顺利，可是，就在执行过程中产生了一些阻碍，军屯遭到一些大臣特别是南方一些封疆大吏的反对。由于大臣们在具体问题上产生了不同的争议，事情的进展没有皇帝想象中的顺利。

协办吏部尚书顾琮上书乾隆帝，说苗疆地处边远，所处一带又多是深山峡谷，本来就没有什么可以耕种的土地。若是我们再排定施行军屯，那么那里的苗人们就更没有可以耕种的田地了，这样就相当于截断了他们的衣食之源。这样的话，刚刚被平定的苗人肯定会对朝廷再生不满，难免又会滋生是非，朝廷历经艰难所做的一切也就付之东流了。

乾隆帝看到的这个折子其实代表了朝中相当一部分大臣王公的意见，但是，乾隆的想法却得到了已经升为贵州总督的张广泗的坚决支持。乾隆二年八月二十九日，张广泗上奏乾隆帝，说明自己已经按照皇上的意思，在曾经属于叛乱的苗人的土地上实施了军屯，并坚定地表示军屯不会危及苗疆的稳定，相反，这是一项保证苗疆长期安定的经久之计。除此之外，他还向乾隆帝呈报了自己军屯的具体规划，上报了统计下来的各个州县的屯兵人户，共约有一万余户，还会在形势险要的地方建立堡垒，以保证苗疆的安定。

能够在众多反对声中得到一个强有力的支持，能够在众多异议中看到一个体贴周密的规划部署，乾隆甚是欣慰。他大大赞扬了张广泗的得力措施，在总理事务王大臣核议批准了张广泗的计划后，他立即下令张广泗按照这个方案完成任务。

不过，事情又发生了变化，这次变的不是别人，正是乾隆自己。而导致他变化的，正是来自西南边疆的大臣。

这时，云南总督尹继善来京晋见皇上。千万不要小看这个来自遥远边疆的官员，他可不是什么等闲之辈。他的父亲尹泰受到了乾隆先父雍正的赏识和重用，从一个小小的佐领晋升至大学士兼兵部尚书。作为尹泰的儿子，尹继善也受到了不一般的恩宠，他曾担任过广东布政使、江苏巡抚、署河道总督、署两江总督、协办江宁将军、云贵广西总督等多个重要军政职务。后来，乾隆登位以后，在贵州专门设立了总督，乾隆便将先父也是自己的爱臣派往那里任云南总督。

让尹继善做云南总督，不仅仅是出于对他的喜爱和信任，更是因为这位封疆大吏确实对安定一方有着贡献。早在雍正十一年，他就曾指挥官兵平定了台拱苗变。雍正十二年，他又上奏皇上请求确定开辟苗疆等诸多事务。雍正十三年，他又调遣云南、湖广、广西境内的部队前往苗疆，配合张广泗平定了古州苗人变乱，立下赫赫战功。

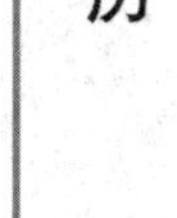

这样一位久任封疆大员、直接处理过苗变的总督，他的意见自然在乾隆帝心中有着很大分量。当乾隆帝接见这位两朝爱臣时，自然免不了向他询问有关在苗疆军屯一事，想要得到他的支持。

其实，尹继善在来京之前就已经知道了皇上要在苗疆军屯的事情，也早就料到皇帝肯定会问自己的意见。作为有着多年固守边疆经验的大臣，尹继善觉得自己有必要告诉皇帝自己的切实看法。他没有给乾隆希望得到的答案，而是向他详细论述了采取军屯政策存在的诸多隐患，建议皇上不要操之过急，军屯一事要细细再议。

这一席话有着很强的说服力，皇上开始困惑、犹豫了，开始慎重考虑自己是不是错了。在一番激烈的权衡利弊之后，乾隆决定，苗疆事务不能匆忙决定处理方案，实施军屯操之过急，还要经反复论证再做最终决策。

于是，乾隆帝于二年闰九月十二日下令，要求贵州古州地方军屯事务暂且停止。总理事务王大臣之后也马上接到了来自皇上的谕告，得知了尹继善奏请的意见，这些大臣中本来就有不赞成军屯做法的，现在看到皇上改变主意暂缓此事，显得很高兴，私下说：“他张广泗不过打了一个胜仗，一介武夫鲁莽有余，沉稳不足，我看他是当功臣当上瘾了，这下看他能怎么着。”

不仅如此，乾隆还向满朝的文武大臣讲明了这次暂缓的原因：“既然苗人不愿意屯田，朕就应当顾及他们的情绪，若是勉强将反叛苗人的田产收归国有，必定会遭到苗人的反感，朕费了好大心思才平定安稳的边疆又难免再生乱事，这也有违我宽爱百姓的宗旨。经过朕的再三考虑，军屯不符合朕经理苗疆的初衷，所以下令暂停，等诸爱卿商议出一个十全之策来，再考虑治理也不迟。”

京城的风向标变了，远在万里之外的张广泗却感受不到。当乾隆批准了军屯规划之后，他立即着手开展此事。就算在张广泗的手里，军屯也不是一件容易的事情，白白的要占了人家的土地，自然要费不少口舌进行动员，还要多方统筹安排，总算大致完成了，军屯开始风风火火地展开，不料这时，一道圣旨却几百里加急传了过来。

（五）贵在坚持　苗疆安定

张广泗正在苗疆土地上视察军屯的开展情况，一个侍从气喘吁吁地跑来：“总督，皇上加急的谕旨。”

张广泗一听，赶忙接了过来，心想，能是什么事呢？打开一看，不禁倒吸一口凉气：皇上降旨立即暂停军屯。张广泗心里暗暗叫苦：皇上啊，您怎么能出尔反尔呢，好不容易才说服了各方开始军屯，现在情况有了进展您又叫停，您这不是为难做臣子的吗？

张广泗

更让张广泗不满的是，随加急谕令一起来的，还有一道乾隆给古州等地方的苗民的谕旨，谕旨中说，皇上不忍心看到你们苗人自己的田产被强令归官，而使你们没有田地耕种以维持生计，所以决定暂停军屯，希望你们受到皇上的恩泽之后，能够安分守己，遵守国法，永远做天朝的良民。这岂不是说我张广泗没有仁爱之心，专门以苛政对待百姓么。

张广泗回到官府内，心里一直想不通这件事。思考了许久，他决定连夜给皇上写一个百里加急的奏折，他要告诉皇上，军屯乃是解决苗疆稳定大计的上上之策，希望皇上不要动摇，允许臣坚定地将这一政策执行到底，到最后，皇上就能看到军屯带来的好处了。为了表明自己的坚决态度，张广泗在奏折的最后还压上了自己的身家性命，若军屯出现任何恶果，自己愿意以全部身家承担。

第二天，张广泗就将这道奏折用百里加急发了出去，几天之后，远在京城的皇上收到了来自张广泗的回奏。

乾隆一看，张广泗居然没有听命，又把这皮球踢给了他。在折子中，张广泗态度十分坚决，甚至用身家性命担保，乾隆看了不能不再次动摇。张广泗是那里的总督，又曾为平定苗疆立下了赫赫战功，谁也没有他了解当地的实际情况，况且他现在又说军屯已经顺利开展，那么之前下达的指令是不是才是真的错了呢？

年轻的乾隆帝又处在为难之中，不能最终确定谁是谁非。经一番斟酌，乾隆决定相信最熟悉那里情况的张广泗，让他继续军屯。事情发展到这个时期，乾隆还是按照初衷同意态度坚决的张广泗继续原来的工作，由此，第一回合，张广泗暂时领先了。

苗疆军屯终于上了顺利进行的轨道。不过，好事多磨，乾隆三年，苗疆军屯事务再起争端，乾隆帝和张广泗要再次面对大臣的反对。

乾隆三年四月二十九日，两广总督鄂弥达特向皇上呈上了一道很长的奏疏，里面详尽阐述了在苗疆实行屯军的危害。看完这道奏疏，年轻的皇上不禁再次陷入矛盾之中，认为他说得十分合乎道理。鄂弥达特给皇上说了什么，能让一度开启的军屯又陷入了停滞呢？

鄂弥达特陈述的主要原因有两个。第一个是，苗人完全靠刀耕火种维持生活，苗疆的土地本来就不肥沃，苗族人民要开垦许多土地才能收获一些口粮，他们又没有什么其他方式的产业，现在如果把他们的田产归官，让兵丁进行屯种，那么必然造成苗人人多地少，生活一旦困难起来，肯定会再次引起他们的怨愤。第二个原因是，军屯的官兵自己不能耕作，仍需要招募苗人作为佃农耕种划分给官兵的土地。苗人耕作原本自己世代所有的田产，去供养外人坐享其成，并且身份由田地的主人转变为低微的佃农，时间一长，难以保证官兵不会把他们当作奴隶使唤，苗人没有衣食保证的来源，还要给别人做奴役，兼受鞭笞之苦，失去了安定生活的他们怎么会畏惧死亡呢！大概不超过十五年，古州地方会再度发生苗人变乱。

言之有理。犹豫不定的乾隆帝就在批改的回文中说自己心中也有如此顾虑，只是鉴于封疆大臣张广泗的一再坚持，才准了他继续军屯的请奏，但并没有将军屯作为统治苗疆的长久之策。

之后，军机大臣随即接到了再议苗疆军屯一事的旨意，就此，军屯一事再次搁置。

不久，张广泗再次接到了从京城发出的同样的谕令。这次他面对的是更为严峻的情况，皇上谕旨的口气比上次更加威严了，同僚奏章的理由也更加充分，咄咄逼人，其所陈述的后果更是让人不堪承担。但是，和上次一样，决心已定的张广泗没有改变自己的主意，坚持军屯。

张广泗不是不明白执行军屯要冒的风险，对于其他大臣提出的反对理由，也不是没有考虑过，如果真的处理不当，就肯定要冒古州苗人再起变乱的风险，那时他的结局就难以设想了。

不过，张广泗凭借着他对这个计划的信心和超人勇气，坚决不放弃军屯，何况计划已经进展到相当程度了，没有必要因为对可能产生的后果的忧虑而放弃即将取得的成果。

乾隆三年七月十五日，张广泗按照乾隆帝的旨意回明自己的心意，他再次向心意不定的皇上仔细论述了军屯乃形势需要，对于鄂弥达特对军屯后果的疑问也一一用具体事实给予了反驳：鄂弥达特说的官兵占用苗人田地，事实是，军屯并没有收入官府，用来安设屯军的田地也是叛逆苗人中绝户的田产，其他苗族人户没有断绝的，田地仍然归他们所有，这就消除了苗人没有衣食保障的说法。对于驻兵会欺侮苗人一说，张广泗则回斥道，屯驻那里的兵丁必须自己耕种田地，我从来没有允许他们招募苗人代替佃种。况且，只要是与苗人田地相邻的屯田，我已经命人全部标明界线，防止屯军越过界线侵占苗人的土地，并且已经开始酝酿拟定有关章程，规定不允许官兵欺凌当地百姓。所以，皇上就不用担心鄂弥达特在奏折中提到的事情了，臣将制定并采取有效措施予以避免。

有了如此的保证，乾隆帝不再举棋不定，最终下定了设屯的决心。他及时回复了张广泗，谕旨中说：朕看到了你的奏折，已下定心意实施军屯。

不过皇上此时还不是十分放心，他又让张广泗再把更详细的计划呈送上来，什么地方屯军，什么地方留给苗人，都要绘成地图，尽可能掌握一切。

张广泗接到旨意后，随即进行了更为详细的规划。接着，他再次上奏要求准设屯兵，乾隆这次很爽快地答应了。有了皇上全力支持，张广泗更加放开手脚进行军屯。他不仅安设了屯堡，并对驻地实施严格的稽查，一旦发现有违反规定的人，都会依照所犯的过失轻重程度依法严惩。不仅如此，张广泗还实施了严格的军事管理，他规定屯军要按照固定的时间进行操练，所需遵守的一切事项都规定得详细具体，有案可稽，屯军在他的指挥下皆训练有素。不仅在军事上张广泗发挥了他长期带兵的经验优势，对于有关屯田的事物他也不放松。他下令严禁典卖屯田，并对屯粮税额做出具体规定。

看到具体规划的乾隆十分高兴，告谕张广泗按照规划，放手去干。历经波折的苗疆屯军之事，以张广泗和乾隆帝的最终胜利告终。

不过，乾隆并没有就此放松对军屯一事的管理，三年十二月十六日，他又命令张广泗要谨慎选拔苗疆守令等地方官员，对于官员的要求做出了明确说明：所选拔任职的官员必须廉静朴质，勤政爱民，体恤百姓，视百姓为自己的家人，能够使苗民安心经营土地和抚养全家。有了这样可靠的苗疆守令，苗民才会安分守法，才有利于边疆的稳固和发展。

此后，在封疆大臣张广泗的积极主持下，苗疆开始了和平发展的安定时期。

（六）免税尊俗　边民倾心

为了稳定苗疆，明智的乾隆不止采取了军屯这一项措施，与之相配合的，还有免赋尊俗。

雍正十三年十一月，也就是乾隆即位的当年，乾隆帝就谕告张广泗说：苗疆古州之变，根本原因是没有受到过文法礼教熏陶的苗族人民受不了礼法的束缚，加上又对他们收取税赋，剥夺了他们本来就少的收入，所以才引起他们的反感，进而起兵反抗。你要牢记这些，在军屯的时候势必要避免上述事情再度发生。

与实施军屯的一波三折不同，上述这两项政策则是在苗疆被果断地执行了。

先说说这其中最重要的一条：免除苗赋。乾隆元年七月初九，弘历就降下谕旨：永远免除苗疆苗赋。在圣旨中，他先简要地说明了改流和用兵的原因，出于苗疆人民对朝廷的一番忠诚之意，热切地希望能够归顺大清，所以才向苗疆用兵，将其纳入大清的版图；

苗民“俯首倾心”，切望“输诚归顺”。

为了让苗疆的人民也能够得到皇上的恩泽，共享太平盛世，所以准许了督臣的请求，实行改流，而不是出于贪图苗疆人民土地的缘故。为了人民能够表达向朝廷的敬意所以才收取轻微的税赋，但是没想到会给人民带来额外负担而引发了兵变，不得已才派军前往平定。

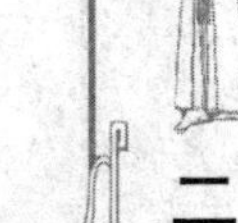

苗疆人民也是天下的子民，那些起兵叛乱的苗人因刑罚而与亲人分离，十分可怜；而许多苗人只是随声附和，有的甚至没有参与变乱，对于这些子民当然要多加抚恤。

苗人虽然缴纳的税赋不多，但是难免官吏还要收取额外的杂税，因此，只有全面免除赋税之后，才能使得苗人真正得到安定幸福的生活。

在发表了免赋的谕旨之后，乾隆还命令总督张广泗在苗疆出示通行晓谕，告知所有苗疆人民政府将不再征收他们的赋税，各种赋税一并豁免。

这项举措确实得到了预想中的成果。苗疆人民从此不再因官府征收赋税而苦恼，也不再担心没有足够的粮食上交，他们安心耕作自己的土地，开始了建设自己家园的新生活。国家也从此不必再为边陲不安烦扰了，两相得益。

这第二条重要政策是尊重苗民风俗。乾隆在这道谕旨中没有忘记讲到，作为少数民族，苗族人民自然有着不同于内地百姓的各种风俗。所以，那里的汉族百姓若是与安顺的苗族人民发生了争执，一切都要按照苗族人民的惯例处理，也不必交到官府。但是，对待那些较为反动的苗民，不管他们是与汉族兵民还是与同族兄弟发生争执，都要依法办事，该交给文官的就交给文官，该交给武官的就交给武官。接手处理的官员必须秉公酌理，以免滋生更多的不测之乱。不过，从这种区别对待中，我们还是从中看到乾隆对苗疆的防备之心未减。

但是，无论如何，苗疆和国家获得了平定安稳。在平定苗疆之后，驻扎在那里屯田的官兵教给当地的苗人学会种植小麦、黄豆、高粱、黄米、芝麻等农产品，当地人民的食物开始丰富了；新的种植技术的应用，使得无论是屯军的田地，还是苗民的田地，早稻晚稻都获得了很好的收成，人民生活开始富足起来；地方文武官员还设法劝说当地苗民种植杂粮，山上空地也逐渐开辟了出来，地方官员不断督促苗人在此栽种茶树、桐树等，完善了当地产业结构；受到外来人民的影响，苗族人民还开始了从未有过的市场交易。不管是苗民还是官兵或者商贩，大家都定期赶集，互通有无，其乐融融，一片欣欣向荣，而商业也刺激了这个地区的经济发展。

这些措施使当地百姓得到了看得见、摸得着的实惠，安抚了曾一度混乱的人心，尽管偶尔还会发生一些小争执和小规模的冲突，但大体还是平和安定的。正如魏源在《圣武记》卷七中所说，“自是南夷遂不反”。

乾隆帝在此事上的乾纲独断，果断有力，使得边疆迅速获得了稳定，促进了在此居住的多个少数民族的团结，对贵州特别是苗疆的发展，起了积极的促进作用。经过那里的官兵和人民的共同努力，到乾隆中期以后，苗疆开始繁荣起来。

（七）和卓起兵　乾隆平叛

乾隆帝刚一登基就平定了西南地区苗疆的叛乱，没过几年，远在西部的回部又烽烟四起。那里的大小和卓木起兵叛清，又一场战事摆在了乾隆帝面前。

让我们先来简单地了解一下回部。回部是指天山南麓回教徒居住的地区，古有回纥、回鹘、畏兀儿等不同称谓。回教又称伊斯兰教，是元朝以后传入中国的。居住在那里的百姓信仰伊斯兰教，所以称他们为回部。不过，传说在唐朝以前，那里的居民不是信仰伊斯兰教，而是信仰佛教的。

乾隆初年，准噶尔问题尚未解决，回部还在准噶尔的控制之下，针对这样的情况，清朝对回部的政策乃是防护与迁移兼顾。

处在准噶尔掌控的回部人民，过着被奴役的生活，经常受到来自准噶尔部族的欺侮和压迫，无奈准噶尔的势力太强悍，回部人民敢怒不敢言，他们一直期待着能有人救他们于水深火热之中。

对于处在艰难生活中的回部人民，乾隆一直记挂在心，时刻在寻找机会解放他们。乾隆十二年（公元 1747 年）七月，乾隆帝下令，将居住在金塔寺地区的一百多户回部百姓迁移到哈密，在那里分给他们土地，让他们在哈密开始新的种地居住的农垦生活。此举作为一个小小的试探，没有受到来自准噶尔的阻碍，乾隆帝于是在心里开始酝酿更大的计划。

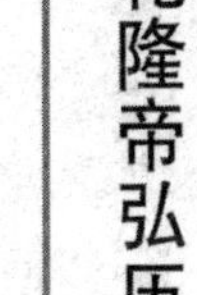

乾隆十九年，清军准备两路出击，横扫回疆北路，想要重创准噶尔。之前就得到风声的各地回众强烈支持清军的这一举动，他们用各种方式积极配合：有乘机逃离准部的；有为清军当向导为他们指明道路的；也有直接参与战斗的。有了来自回部的支持，清军在此一役中大获全胜，大大震慑了准噶尔。

乾隆二十年五月，伊犁贸易回人阿达莫米木等十三宰桑，共率两千余户回人投靠清政府，并组织熟悉地形的回军三百名帮助追拿叛首达瓦齐。

之后，清军攻下伊犁，解放了长期受压迫的回部人民，大小和卓木兄弟结束了长期受制于人的囚徒生涯，回部地区从此摆脱了准噶尔贵族的残暴统治。

解放是第一步，更关键的工作还在后面。如何对大小和卓木进行合理安排，及如何妥善管理回部地区的问题摆在乾隆面前。日后事情的发展，甚至完全超出了乾隆帝的预料。

乾隆二十年六月，就如何处理大小和卓木的问题，定北将军班第递上了一道奏折，他在折子中提出，因为大小和卓木以前是喀什噶尔回部的头目，现在可以让他们前往叶尔羌、喀什噶尔人所在的阿克苏城，招服那里没有归顺的回众。

这道奏折算是写到乾隆的心坎里了，他正有这样的打算。他立即将这道折子传到军机处，让他们火速处理，同时加了两点补充：一是尽快催促大小和卓木兄弟俩进京觐见，二是让他们回到原来自己的部族，也就是提前告知他们朝廷对他们能够招抚旧部的希望。

乾隆帝为什么要让他们回去招抚旧部呢？刚刚摆脱了准噶尔控制的大小和卓木有这个威望和能力吗？其实，乾隆是想，一度十分张狂的准噶尔占据着回部的北部地区，现在，已经把北部的叛乱势力扫清了，那么肯定会对南路有所震慑，现在又派出他们以前的首领前去招抚，那么，不必再大动干戈，整个回部地区归顺就是指日可待之事了。至于能不能做到，那就看和卓木兄弟愿意不愿意了。

不过，这次失算的是乾隆帝，他将大小和卓木派到回部，实际上成了纵虎归山，贻下后患。

乾隆二十一年四月，乾隆听到了回部想要投顺朝廷的传闻，有些迫不及待的皇帝命令策楞带兵前去谕告那里的回部人民："皇上接受你们的归降，关于其他如纳贡等事，希望尔等尽快商议后上奏。"这道谕旨下达之后，大小和卓木并没有异常的表示，不过领旨谢恩而已。策楞将谕告回部一事的情形禀明了乾隆帝，这时的皇上更加坚定了能够成功收复的信心。

是年十月，小和卓木的使者来京觐见，表面是觐见，实际上却是遵照小和卓木的意思来试探风声。高兴不已的乾隆这时哪能想到这个，他一点防备之心都没有，一心以为回部遣使前来拜谒，肯定是为了表达他们对清廷的一片赤诚忠心的。在接见来使的时候，乾隆当即表明了自己的态度："如果你们真的按照朕的旨意进贡纳赋，朕将不会在你们地区加派驻防的兵力。"心怀二意的使者领旨谢恩。

之后，他们在京城的几天里受到了皇上特别的款待，就在即将返回的时候，乾隆特意再次召见他们，传达了自己对大小和卓木的谕旨："朕知道你们的首领对朕深怀感激之情，朕希望在以后的日子里能够在北京见到他们。"使者："臣遵旨，一定将皇上的一片恩宠之心带给和卓木。"

皇上很高兴这次使者的来访，以为抚定回部就要成功了。

不过，远在天山一边的情况却不是这样。

别有用心的小和卓木一直打着自己的如意算盘，他并不想这么轻易让回部纳入清朝版图，受中央政府的管辖。

使者回来之后，将这次北京之行的所有情况都告诉了他："皇上对我回部恩宠有加，您看，是不是不要辜负皇上的一片心意?"

小和卓木回斥道："你知道什么，不过享受了两天他们的优待，就生了叛逆之心!"

使者连忙谢罪："小人不敢，请您明鉴。"

一旁的大和卓木也说："弟弟，咱们多年被人囚禁，多亏了大清才有今日的自由生活，咱们不能忘恩负义啊。就算咱们要起兵，也没有足够的势力和他们对抗啊。"

小和卓木说："哥哥，正是因为你我二人被囚禁多年，才不能又陷入此种厄运啊。现在我们回到自己的土地上，应该自己掌握自己的命运，若投靠清廷听乾隆的指挥，这与当年有何差别呢。"

大和卓木听了，点头道："弟弟言之有理。"

小和卓木接着说："哥哥，你还忘了一件事。前一阵子，我参加了阿睦尔撒纳的反清叛乱，后来被清军迅速平定，我才逃了回来。现在乾隆一再表示要恩宠我部，我担心，一旦我们归顺朝廷，他肯定会追究我当日的率众助逆之举，那时，他可就不是现在这个仁慈的皇上了。"

大和卓木说："好，弟弟，我支持你，为了保全你，我们也不能主动归顺。"

小和卓木说："哥哥，你放心吧，就算我们现在兵力不足，他们大清也未必拿得住我们。我们回部地处险远的边疆，他们中原的官兵经过漫长的路途到达后早已身心疲惫，况且他们的后勤粮草供给也很困难，所以，战斗力就不会很强。加上准噶尔已被消灭，周围又没有更强大的部族，我们兄弟同心，凭着天时地利，就可收罗各城，那时，我们就能真正独立起来了。"

之后，大小和卓木加紧了叛清准备。

乾隆帝一直等待着大小和卓木的回音，可是，归顺之音没有等到，关于他们图谋叛乱的消息却一个又一个地从封疆大吏那里传来了。乾隆开始防备这对兄弟，但仍希望他们能主动归降。可是，大小和卓木一直都没有动静。

乾隆二十二年正月，已经对回部彻底失去耐心和信任的乾隆帝下旨命大小和卓木来京面圣，回奏贡赋章程一事，若违旨不遵，他将立即派兵解决此事。可是，大小和卓木依旧我行我素。

同年四月，乾隆下旨给军机大臣：回部若不立即归顺，你们不必再等，立即派兵

擒拿，即使两和卓木此时前来归顺，也擒拿不误，他们若有反抗，即派兵剿灭。

事已至此，和平安抚回部已经没有任何希望，乾隆帝下定决心，不管用什么办法，都要维护国家的统一。

五月，副都统阿敏道在南疆被害。在这之前，乾隆二十一年秋，阿敏道奉右副将军兆惠之命，率索伦兵一千名、厄鲁特兵两千名及投诚的回部伯克（意即总管）鄂对（回部汗的部属），前往招抚两和卓木。但是由于没有看清敌情，麻痹大意的阿敏道率领满兵百人进入库车城内，结果，早生叛逆之心的小和卓木拘留了他，作为人质，直到次年五月。小和卓木杀害阿敏道，向清廷发出了正式叛清的信号。

这个消息很快便传到了北京，得知此事的乾隆帝十分愤怒，遂即命雅尔哈善为靖逆将军，率兵前往南疆征讨大小和卓木。

战争进行了近五个月，之前，小和卓木预想的结果没能实现，大小和卓木终究没能抵挡住骁勇善战的清军，终于在十月初二宣布投降。自此，征回战役宣告结束。大小和卓木再次成了阶下囚，为自己分裂国家之举付出了沉重代价。

继平定回疆之后，乾隆帝又成功地平定了西北的叛乱。自此，西北局势基本稳定。乾隆帝和他手下奉命出征的官兵，为阻止西北分裂，维护国家统一，做出了重要贡献。意图成就千古伟业的乾隆帝，又为他自己的统治生涯抹上了浓重的一笔。

（八）土尔扈特　多灾多难

土尔扈特，原来是厄鲁特蒙古四部之一。早在十七世纪二十年代末，这个部族便从中国的天山以北迁移到了里海之滨伏尔加下游地区游牧。在将近一个半世纪之后，即乾隆朝平定准噶尔以后十多年，它忽然又跋涉万里，浩浩荡荡地从伏尔加河回到中国，成为当时轰动中国和全世界的一大事件。乾隆对于这些重新回归祖国大家庭的土尔扈特人民，给予了坚定的保护和帮助，极大地促进了祖国的统一和民族的团结。

在土尔扈特部族迁出迁回的事件背后，隐藏的是这个部族既多灾多难又顽强不息的抗争史。

当初，在厄鲁特蒙古四部之中，准噶尔部首先日益强盛，他凭借着自己的优势，经常欺负其他几个弱小部族。土尔扈特的首领和鄂尔勒克不堪忍受准噶尔的欺压，于是率领所部五万余账牧民，离开了他们原来在雅尔（今塔尔巴哈台之西北）的牧场，开始了向西的迁徙。这件事，在后来的《土尔扈特部纪略》中都有所记载："其时四卫拉特各自为汗，无所统属，又不相和睦。和鄂尔勒克因率其子书库尔岱青至俄罗斯之额济勒地（即伏尔加河）。”

要离开世代居住的地方并不容易，但更大的困难还是寻找新的家园。西迁的过程不是一帆风顺的，他们首先面对的是诺盖人的阻挡，经过激烈的斗争后才成功穿越了诺盖人的领地。接着越过了哈萨克草原，渡过了乌拉尔河，来到了伏尔加河下游各支流沿岸，这里人烟稀少，却也不失为一块风水宝地。于是，坚韧的土尔扈特蒙古人就在这里开始他们的新生活，安了营，扎了寨，放牧牲畜，置鄂拓克，设宰桑，逐渐成了一个新的独立的游牧汗国。人们开始相信找到了属于自己的世外桃源。

然而，世事并不像人们想象的那么美好。伏尔加河下游并不是土尔扈特牧人的理想乐园。虽然摆脱了已经衰落的诺盖人的纠缠，但却和正在扩张的沙皇俄国成了近邻。这时的俄国，已经完成了资产阶级改革，资本主义迅速发展，国家实力大大增强。于是，沙皇开始依恃其强大的经济和军事实力，对这个来自远方、根基尚浅的落后游牧民族进行侵略和压迫，力图加以控制。

可是俄国低估这个有着不屈不挠的韧劲的民族，要完全征服这些剽悍善战、不耐羁绊的游牧民族绝非一件易事。土尔扈特从迁移到新的家园以后，一天也没有停止过抗俄斗争。西迁后的第一代领袖和鄂尔勒克就在清顺治元年与俄军作战时，宁死不屈，最终阵亡于阿斯特拉罕城下。他死后，他的儿子书库尔岱青、孙子朋楚克、曾孙阿玉奇相继成为部族的首领，背负着祖先没有完成的遗志继续着对俄抗争活动。

一方面，他们采取积极的政治措施，不断增强军事力量，使土尔扈特发展成为拥有数十万臣民和八万军队的汗国，为对抗沙俄的侵犯做好有力的后备支撑；另一方面，土尔扈特人民继续坚持与俄国斗争，参加了伏尔加河流域各族人民反抗沙皇统治的起义，依靠更大的团体来争取自己的自由独立。

早在十七世纪六十年代，俄国就曾爆发由著名农民领袖拉辛领导的顿河流域的农民起义，伏尔加河两岸的土尔扈特人就一起响应兄弟民族，积极参加了这次起义。到了十七世纪末，伏尔加河流域又发生了巴什基尔人起义，土尔扈特人在阿玉奇汗的领导下仍旧加入了支持者的队伍，帮助巴什基尔人一起反抗沙俄的黑暗统治。

康熙四十五年，阿斯特拉罕人民起义爆发，沙俄政府要求土尔扈特首领阿玉奇汗出兵镇压起义，企图借此机会一举吃掉这个盘踞在他们心中宝地上的外来户，但是，沙俄的如意算盘却落了空，阿玉奇汗没有遵照沙俄的要求，转而联合巴什基尔人袭击沙俄统治下的城镇。

俄国怎么会放弃统治土尔扈特的野心呢，伏尔加河下游这片水草丰美的草原所散发出的巨大魅力使得俄国政府千方百计想让这些从东方迁来的牧民们臣属于自己。政府看到武力进攻这一策略没有奏效，便采取了迂回的外交手段，与土尔扈特进行多次谈判，企图通过威胁利诱使其不战而降。在谈判过程中，沙俄凭借自身强大的实力明目张胆地要求土尔扈特部族臣服于俄国，不仅规定部族生活的地界和牧区，还要求土尔扈特出兵打仗、交纳贡赋等等。但是，土尔扈特作为外来部族孤处域外，力弱势单，内外承受着极其沉重的压力。为了求得本民族的生存和发展，土尔扈特不得不采取了双面政策：既敷衍俄国，又努力抗争。即使在俄国日益强大的控制之下，土尔扈特也没有在与沙俄的谈判中妥协，而是竭力保持自主、自由的行动，维护本族的权利。因此，沙俄统治者一直未能实现对土尔扈特的完全征服，土尔扈特维护和保全了自己在政治上基本独立的状态。

（九）思念故土　回归大清

一个离家远游的孩子必定思念自己的故土和母亲，远离故土的土尔扈特人也不例外，尤其当他们处在沙俄经常的侵略威胁之下，这种怀念自己的家乡和亲人的感情就越发浓烈。土尔扈特部迁到伏尔加河下游以后，几次想重返祖国，但是因为路程遥远，整个部族又要经历艰辛的跋涉，所以回归的行动一直未能付诸实践。可是，骨肉亲情不会断，他们与厄鲁特蒙古各部依然保持着密切联系。

早在明崇祯十三年即 1640 年，西迁的土尔扈特就已经与迫使他们远离故土的准噶尔部族言归于好，双方共同制定了有名的《蒙古卫拉特法典》，这个法典标志着蒙古族各部曾经的敌对分裂的状态得到了改善，各个部族增强了相互之间的团结，这也显示了中华民族大家庭自古就有的对和平的热爱。

之后，土尔扈特首领鄂尔勒克又派人参加了准噶尔部对哈萨克的战争，两部的往来更加密切。两大部族之间开始了频繁的通婚关系，这更加深了部族之间人民的感情，也反映出两部密切的政治联系。

不仅和兄弟部族恢复发展了友好关系，土尔扈特西迁伏尔加河下游后也一直和清朝中央政府保持密切联系。从顺治时期起，土尔扈特就多次遣使入贡。

顺治十二年（1655 年），和鄂尔勒克的长子书库尔岱青遣使锡喇布鄂尔巴向清朝“奉表贡”。两年后，清政府还同意了土尔扈特的马匹贸易请求，土尔扈特开始了和中原进行贸易往来。

康熙时期，土尔扈特部和中原的联系愈加密切，但这其中还是经历了一番波折。康熙三十六年（1697 年），清政府平定噶尔丹叛乱后，土尔扈特汗阿玉奇向清朝的入贡受到了来自内部的策妄阿拉布坦的阻挠。以后，策妄阿拉布坦又走上分裂割据的道路，掠夺厄鲁特诸部的人户牲畜，在朝廷和土尔扈特大部族之间竖起了一道障碍。策妄拦截阿玉奇派往清朝的贡使，抢夺赐品，还不让阿玉奇入藏熬茶。

康熙四十三年（1704 年）阿玉奇的侄子阿喇布珠尔被策妄阿拉布坦拦在了关内，他派遣使者至北京，向清廷陈诉了内属的要求。清廷封阿喇布珠尔为固山贝子，令其居于嘉峪关外。功夫不负有心人，在康熙五十一年即 1712 年，阿玉奇汗的使者萨木坦等历尽旅途的艰辛，取道西伯利亚、库伦，历经了两年时间终于到达北京。

康熙表示了对远离祖国、寄居异乡的土尔扈特部的关怀，并派出了图理琛等组成使团，前去探望土尔扈特部，这就是历史上著名的"图理琛出使"。康熙五十一年五月，以图理琛为首的使团出发，于五十三年春到达了阿玉奇汗的驻地。土尔扈特人听到祖国使节到来的消息，如同过节一般欣喜若狂，首领立即召集部落人民修治毡帐，沿途陈设最好的宴席款待来自祖国的客人。图理琛等转达了来自祖国的问候，阿玉奇汗则激动地表示了土尔扈特人民对于祖国的依恋，对于一直心存侵犯的俄国，则公开表示了厌恶之情。

虽然沙俄政府一直没有放松对土尔扈特的控制，但土尔扈特部冲破沙俄的重重阻挠，一直努力保持与祖国大家庭的联系。乾隆二十一年（1756 年），土尔扈特汗敦罗布喇什遣使吹札布，再次绕道俄罗斯，经过三年的艰苦旅程，回到国内。这次，乾隆帝在避暑山庄万树园接待了他们。吹札布代表首领向皇帝呈献了带着土尔扈特心意的贡品，向乾隆帝陈述了土尔扈特人民在沙俄压榨下遭受的欺凌和痛苦，表达了土尔扈特仍属于大清帝国的心意，不管土尔扈特如何远离祖国，自己仍是多民族祖国的一个成员，是大清王朝的一个臣属。

（十）脱离沙俄　起兵西返

土尔扈特部族一直保持着自己对祖国不变的赤诚之心，沙俄却在一直妄图通过各种手段来取得对部族的控制。土尔扈特的汗位继承成了他们的可乘之机，在汗位嬗变的混乱过程中，沙俄开始向内渗透自己的势力，安排亲信企图控制未来的汗位继承者。

但是，这次仍旧没有成功，土尔扈特贵族们的强烈抵制使得指定的继承人得以顺利继承汗位，避免了土尔扈特部被奴役的命运。

野心勃勃的沙皇征服者岂肯善罢甘休，他们要求将新继位的大汗的儿子作为人质。考虑到沙俄的实力，为了保全部族，大汗的儿子只得前去作为了人质来换得自己人民的暂时和平。大汗不堪忍受爱子成为他人的囚犯，多次写信给俄国女皇，要求放回他的儿子，但是都被粗暴地拒绝。最后，沙俄政府将大汗之子折磨致死。这种惨无人道的严密控制与高压手段，在土尔扈特人心中进一步点燃了仇恨的火焰。

俄国政府一计不成，又生一计。他们企图扶植已经被东正教同化了的土尔扈特贵族敦多克夫家族，以取代正统大汗渥巴锡的统治。敦多克夫家族与土尔扈特其他贵族不同，虽然他们也是土尔扈特首领阿玉奇之子的后裔，但是他们长期住在彼得堡，接受了东正教的洗礼，已经将自己的姓氏改成了具有俄国色彩的敦多克夫，俄国政府计划把这个接受了俄国观念的土尔扈特贵族作为一支重要的势力加以扶持，从而取代现任大汗渥巴锡的权位。沙俄的这种举动不仅激怒了渥巴锡，也损伤了土尔扈特人的民族自尊心与宗教感情。

不仅如此，俄国政府还向土尔扈特人的居住地大量移民，他们鼓励成千上万的顿河哥萨克举家迁徙到伏尔加河下游，从而就制造了土尔扈特和哥萨克移民之间的争端。沙俄的这项移民政策，给土尔扈特的经济与社会带来严重灾难，大量的移民使得属于土尔扈特本族的土地大量减少，牧群没有足够草场放养，人们的生活受到了极大影响，以前自给自足的生活开始恶化。

沙俄政府的对外扩张更是给土尔扈特人民带来了巨大灾难。在对瑞典和土耳其频繁的战争中，沙俄向土尔扈特部无休止地强行征兵，仅在乾隆三十年（1765）之后，沙俄政府的征兵使得土尔扈特部落损伤了数万人口。出去替沙俄卖命的人，十个中也只有一两个能够活着回来，部落中人心忧虑，整个部落都动荡不安。

以上沙俄政府对土尔扈特的种种为人不齿的控制和迫害，激起其人民的强烈反抗，同时也更坚定了他们重返祖国大家庭的决心。

无尽的苦难，加之来自中原的对比，土尔扈特人民清醒地看到了自己真正的归属是在何方。在清政府的平准战争中，一部分厄鲁特人逃往土尔扈特，他们向土尔扈特人大加称赞中国天山以北的土地，那里幅员辽阔、水草丰美、人口稀少，是游牧的好地方。而且厄鲁特人本来就和土尔扈特同出一源，拥有相似的制度、服饰、语言、宗教、风俗，彼此间有着较强的信赖感。因此，这也就更加坚定了土尔扈特部族回归的信心，他们加快了步伐，向自己的祖国走去。

乾隆中叶，沙俄和土耳其进行大规模战争，开始向土尔扈特征调大批士兵。首领渥巴锡汗忧心如焚，为了保护自己的子民不再受战火之苦，他一面暗中加紧策划反抗俄国、回归故土的行动；一面又不得不率领数万土尔扈特人奔赴高加索，参加对土耳其的战争，以麻痹沙皇政府。骁勇善战的土尔扈特人为沙俄的胜利立下了汗马功劳，但是，受到极大牺牲的土尔扈特士兵并没有得到应得的酬劳。相反，沙俄那种根深蒂固的民族歧视使土尔扈特的士兵备遭凌辱。

在受尽了种种屈辱之后，乾隆三十五年即1770年秋，带兵从战场上归来的渥巴锡汗和他的亲信们积极酝酿返回祖国的计划。这是一项需要绝对保密的策划，可是不幸的事情还是发生了，由于保密措施不甚完善，起义和逃徙的消息仍泄露了出去，传到俄国驻土尔扈特部大使基申斯科夫的耳朵里。

得知这一消息泄漏，本来就紧张不安的土尔扈特人更加担心自己的未来。可是，天无绝人之路，听到这个消息的大使狂妄自大，狭隘的民族歧视使得他从来不把土尔扈特人放在眼里，更不相信他们真敢反抗和逃徙，以为这些都不过是谣言罢了。他为此还召见了渥巴锡汗，以一种居高临下的傲慢态度对他说："你不敢这么干！我对那些谣言只付之一笑。可汗，你很清楚，因为你是一头用铁链锁住的熊。"听到这些傲慢和疏忽的话语，渥巴锡汗悬着的心放了下来，他相信，即便有铁链，这只熊也将挣脱束缚。一股即将胜利的喜悦隐隐潜上了他的心头。而在客观上，沙俄的这种疏忽确实很好地帮助了土尔扈特人，使其得以实现逃徙的计划。

渥巴锡汗原来的计划是利用伏尔加河的结冰期，会合河两岸的土尔扈特人一齐行动。不料却碰上了一个暖冬，温暖的气候使得河水没有结冰，在伏尔加河对岸的一万多户土尔扈特人无法渡河。而起义的风声已泄露，俄国人已经有所戒备，这样拖着不是长久之计。于是，为了动员大家抓紧时机，渥巴锡在乾隆三十五年十一月十九日（1771年1月4日）召开大会，他满怀悲壮地向战士们说："沙皇要把我的儿子送到彼得堡去作人质。你们，我的子民们，他还要征发你们其中的一万人参加俄国军队，要咱们白白送掉性命。我的兄弟们，起来反抗吧，脱离俄国的奴役，回到祖国去迎接我们的新生活。"策伯克多尔济也在会上慷慨陈词，他向人们揭露沙俄政府企图要把土尔扈特人全都变成奴隶的种种罪行。听到这些话，人们群情激愤，这次会议便成就了一次伟大的起义。

土尔扈特人不堪忍受也不愿再忍受沙皇的暴行，男人们再一次勇敢地拿起武器，

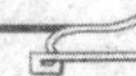

保护着自己的妻儿老小，在首领的带领下，总共有十七万人浩浩荡荡地走上了重返祖国的征途。临行前，那些带不走的锅灶、家具、什物全部毁掉，不给沙俄人留下一点有用的东西，烧掉所有木质的宫殿与房屋，在辽阔的草原上，在这片曾经富饶却饱经血泪的土地上生起了熊熊烈火，这烈火标志着土尔扈特族与俄国决裂、东归不返的坚定决心，标志着一段受屈辱的历史的终结，一段崭新的历史的开启。

起义队伍分成三部分，第一部分是由舍楞和巴木巴尔率领的精锐部队作先锋，走在最前面攻打挡住前路的哥萨克，为后续队伍冲杀开一条血路。第二部分是妇孺老弱，是整个队伍最容易受到攻击却缺乏自我保护能力的人，他们或骑牛马、或坐车辆、或徒步从行，走在中间，两侧有武装骑士作护卫。第三部分由渥巴锡与策伯克多尔济率领的两万名战士殿后，阻挡追来的俄军。起义队伍用了八天时间通过伏尔加河和乌拉尔河之间的草原，这样，就把尾追的俄军远远抛在后面。先锋部队这时已经摧毁了库拉金纳等要塞，保护第二梯队的人们安全渡过了乌拉尔河，并迅速地踏上了白雪皑皑的哈萨克草原。

在俄国这一边，土尔扈特东徙的壮举骤然在彼得堡宫廷内掀起了波澜，令他们惊慌失措，吵闹埋怨不断。俄国女皇痛责大臣们的散漫昏庸，竟然让整个部落在她信任的奴仆的鼻尖下举行暴动，在她威严的眼皮底下如此明目张胆地逃出神圣俄罗斯的国境，女皇甚至说："我们高贵的罗曼诺夫家族和头戴彼得大帝皇冠的守护神鹰蒙受了永不磨灭的耻辱。"骄傲的女皇岂能容忍自己心爱的猎物飞走，既然不能得到他们，谁也不能得到他们。她赶忙调集大批军队，有的跟踪尾追，有的抄前堵截，企图把不驯服的土尔扈特人消灭在中亚细亚的茫茫荒漠之中。

土尔扈特部进入白茫茫的哈萨克草原之后，回迁过程中的困难接踵而来。前有险阻，后有追兵，经过了长途跋涉的人们开始体力不支，粮食、水草又没有足够的补给。本来开始徙移的时候已是隆冬气候，草原的恶劣气候更是使得人们在风急雪深、饥寒交迫中缓慢前行，加之疾病的流行，队伍中的人口锐减。

祸不单行，俄军以及俄国政府还唆使哈萨克人、巴什基尔人不时对行进的土尔扈特人发动袭击，这一举动更是给了艰难行军中的土尔扈特人造成巨大的伤亡。然而，土尔扈特蒙古不愧为英雄的民族，在漫长的斗争过程中他们形成了坚忍顽强的民族作风，面对恶敌的一再袭击，他们团结一心，勇敢顽强，多次击退敌人的进攻，克服路途的险阻。当队伍来到奥琴峡谷，山口通路已被哥萨克占领，部队处在进退不得的危险境地。正值千钧一发之际，部族大汗渥巴锡显示了他的勇敢机智，他组织了五队骆驼兵，从正面猛攻哥萨克。同时，他又部署策伯克多尔济率领一支精锐小分队，从山间峡谷，悄悄迂回到哥萨克的背后，出其不意，突然袭击。事实证明，这种前后夹攻的策略非常正确，土尔扈特人大获胜利，歼灭了前进路上的一大障碍，打通了东归的道路。

危难时刻是首领发挥个人作用的时候，大汗渥巴锡在这次回迁过程中，多次在极其不利的处境下，灵活运用政治和军事手段，变被动为主动，使整个大队遇难呈祥、化险为夷。在化解了哥萨克的堵截后，又遭到了来自哈萨克的阻拦。当土尔扈特部走到姆莫塔湖时，陷入了哈萨克小帐努尔阿里汗和中帐阿布赉汗五万联军的包围中，这时已经没有前进的道路，部队经过长途跋涉加之应对战事饥疲不堪，形势对之十分不利。渥巴锡冷静地分析了形势，派出使者和哈萨克人谈判，送还在押的十多名俄国和哈萨克俘虏，从而为自己的战士争得了三天喘息的时间。在这宝贵的三天里，渥巴锡积极部署、休整队伍，调动兵力。在第三天深夜，他亲自率领主力部队，奇袭哈萨克军，从而成功地冲出了最后一个包围，向着祖国，继续前进。

（十一）重归故里　乾隆册封

乾隆三十六年五月二十六日，也就是1771年7月8日，是一个历史上值得所有土尔扈特子民铭记的日子，这天，由策伯克多尔济率领的前锋部队在伊犁河流域的察林河畔与前来迎接的清军相遇。六月六日，清军总管伊昌阿、硕通会见了刚刚到达的渥巴锡、舍楞和土尔扈特的主力部队。这次会面标志着土尔扈特部族回迁的胜利，也标志着他们历经艰难险阻终于完成了反抗沙俄、重归故土的历史壮举。

这次举世瞩目的回迁壮举从乾隆三十五年十一月开始，到翌年六月完成，前后历经了八个月，行程一万数千里。土尔扈特部族经过长途行军，忍饥耐寒地在同天战同敌人战的斗争过程中，付出了重大牺牲。起义时，他们共有三万三千余户，十六万九千余人，最后到达祖国幸存下来的只有七万多人。不屈从强权的自强不息的土尔扈特人反抗沙俄，向往祖国，重归故土的历史壮举，在我国历史上写下了可歌可泣的爱国篇章，他们的英雄业绩也赢得了全世界的注目和尊敬。十九世纪英国著名作家德昆西用优美的文笔，描写了土尔扈特部起义和迁徙的全过程，书名为《鞑靼人的反叛》。他在书中这样评论发生在地球另一端的这次迁徙：“从有最早的历史记录以来，没有一桩伟大的事业，能像上个世纪后半期一个主要的鞑靼民族跨越亚洲无垠的草原，向东迁

逃那样轰动于世，那样激动人心。”

土尔扈特人民终于回到祖国母亲的怀抱，但是，当清廷知道土尔扈特东归的消息时，一部分大臣却心怀疑虑，他们担心收纳土尔扈特会得罪日渐强大的俄国，影响中俄两国的关系，更担心土尔扈特是与俄国串通一气假意东返投归，伺机进行袭击，甚至有的大臣还怕收容数万饥疲之众，会造成财政的巨大耗费。特别是归来的人众中有从前叛逃的舍楞在内，这更增加了人们的疑惧。对于朝中这样那样的种种猜疑，乾隆通过汇集的情报，对各方情况的逐一分析，认为不存在伪降的可能性，并力排众议，主张全部接纳来人。乾隆帝说：“虽然舍楞叛逃过，但如今俄罗斯都没有向我们要人，可见他已悔改。对于那些回归的广大部民来说，他们一路已经历经艰难坎坷，身心都已经十分疲惫，若是见死不救，作为仁人君子岂能做出这样的事？”后来的事实证明乾隆帝的判断、考虑是正确的，合情合理的。在众多流言猜忌前，乾隆帝凭借着理性的判断和宽仁的心地，毅然决定收纳重返祖国的土尔扈特族，把数万民众从死亡线上抢救下来，使之重新加入中国民族大家庭，这种远见卓识、高瞻远瞩的政治头脑相比起识短见小、畏事惜费的大臣们显得尤为可贵，这也是我们在面临复杂问题时所需要具备的气质之一，若给历史一个假设，若没有乾隆帝的坚持，中华民族岂不是少了一份完整，一份和谐？

乾隆帝对于回归的部民们十分重视，他命令接待土尔扈特要用优厚的礼遇，按照最隆重的规格。为此，他特意任命舒赫德接任伊犁将军，专门筹划安置抚恤回迁人民的事项，派额驸色布腾巴勒珠尔专程赴伊犁，迎接渥巴锡等来热河觐见。当时，土尔扈特人奔波万余里，颠沛流离，历经磨难后失去了所有的牲畜，连身上的衣物都不完整，饥寒交迫，生活极为困苦。乾隆帝得知此事后极为关心，努力为他们筹谋衣食。当土尔扈特到达后不久，他立即命令专人为土尔扈特人民购买皮衣二三万件，迅速发往他们的驻地，可是又恐一时不能购齐运往，又命令相关人员清查仓库内贮存的旧衣，迅速发给处在饥寒中的人们。负责伊犁事物的总将军舒赫德接奉谕旨后，果然在哈密等地仓库内找到了棉袄旧衣及皮布帘等，先行运往发给，乾隆帝知道后十分高兴，连连称赞舒赫德尽心努力，办事迅捷，是一个办事得力的好大臣。从这我们也能看出，当时皇帝救济土尔扈特族的心情是多么迫切，时刻记挂着子民的疾苦。

之后，他又责成舒赫德安排土尔扈特众人的生活和住地，安排好土尔扈特人的饮食起居这些最基本的生活问题，并把土地分给他们，让人民开始恢复耕作放牧的生产。对于放牧需要的牲口，责成张家口都统常青供应，责成陕甘总督吴达善供应茶叶、羊只、皮衣，令西安巡抚文绶经理嘉峪关外事务。这一项项细致入微的安排使安置工作迅速落实，井井有条。土尔扈特回到祖国三个月内，清廷就为他们迅速解决了临时的生活问题，购运马牛羊近二十七万头、官茶两万余封，米麦四万一千余石，此外羊裘五万一千余袭，布六万一千余匹，棉五万九千余斤，各种帐篷用具及帑银二十万两，贫困的土尔扈特人众的生活得到妥善的安排，他们由衷地感到祖国对他们的爱护和关心。

乾隆三十六年六月二十五日，渥巴锡赴热河觐见。乾隆在行幄中接见了渥巴锡，见到渥巴锡，皇帝十分高兴，随即赐宴赏物。乾隆知道他们部族的人擅长围猎，于是命他们现场围猎，自己在一旁观看。乾隆帝对于不战而能使土尔扈特人众归附一事一直感到十分欣慰，当即还作诗一首，充分表达了自己作为大国君主，欢欣喜悦、踌躇满志的心情。

九月十七日，乾隆帝颁布谕旨封渥巴锡为卓哩克图汗，策伯克多尔济为布延图亲王，舍楞为弼哩克图郡王。之后，皇帝又接连在淡泊敬诚殿、四知书屋、卷阿胜境召见了渥巴锡，并举行盛大典礼。那个时候正好碰上了热河普陀宗乘庙（即小布达拉宫）落成，于是乾隆命渥巴锡等来现场观礼，并御制《土尔扈特全部归顺记》《优恤土尔扈特部众记》二文，勒石刻碑，存放在普陀宗乘庙内。之后又赏赐银两物品，在一次赏赐中，给渥巴锡银五千两，策伯克多尔济银四千两，舍楞银三千两，这不仅显示了清政府全盛时期对土尔扈特的优遇，也彰显了清朝作为天朝大国的阔绰排场。当时，乾隆帝曾写了许多有关土尔扈特部的文章和诗句，从这些众多的诗文中，我们可以窥见当年那场惊心动魄的斗争以及乾隆帝的战略考虑、民族政策和在避暑山庄接待土尔扈特领袖们的盛况。此后清廷将土尔扈特部安置到了各个地方，分发土地让他们放牧耕作。从此，他们在各自的土地上，开始了祥和安宁的生活，生生不息，直到今天，已有两百多年。

土尔扈特返回祖国的爱国主义行动和清政府对土尔扈特部的妥善安置，使沙俄政府恼羞成怒，他们向清政府发出外交官文，不让清政府收留这些暴民匪徒，并用恫吓的口吻称，如若收留他们，两国将会战事不断。针对沙俄政府的无理要求，清政府义正词严地答复：土尔扈特本来就是我大清的子民，是你们对其不断征兵加税，人民不堪忍受其苦，所以才回归祖国的怀抱。这种返归祖国的爱国行动，我朝岂有不纳之理。对沙俄的武力恐吓，清政府明确表示：不管开战还是守和，我朝都无所畏惧，贵国也要为可能的后果做好准备。在这个问题上，清政府表明了绝不屈服于俄国武力威吓的严正态度。事实上，俄国政府也不可能为此而和清政府开战，除了加紧监视尚留在伏尔加河彼岸的一万多户土尔扈特族，防其再次逃逸外，沙俄政府只有无可奈何，不了了之。

士农工商

（一）植林开荒　扩大耕地

"各省生齿日繁，地不加广，穷民资生无策，亦当筹划变通之计。向闻边省山多田少之区，其山头地角，闲土尚多，或宜禾稼，或宜杂植，即使科粮纳赋，亦属甚微，而民夷随所得之多寡，皆足以资口食。即内地各省，似此未耕之土、不成丘段者，亦颇有之，皆听其闲弃，殊为可惜。特此降旨：凡边省内零星土地，可以开垦者，嗣后悉听该地民夷垦种，免其生科，并严禁豪强首告争夺。"

——《清实录》乾隆五年

封建时期，粮食是一个大问题，各朝各代的明君无一不为百姓的粮食问题而发愁。历史上因为没有粮食而发生的农民暴乱和战争可以说是不胜枚举，百姓群体性被饿死的事件也时常发生。

究其原因，是封建时期生产力极其低下，无法得到粮食而造成的。要改变生产力，只能从两个方面着手，一是提高农业生产技术，使粮食增产；二是通过增加土地，使其增产。封建社会对于科技的发展不是很重视，没有把科技和农业相联系，所以通过提高农业技术达到土地增产是不可能实现的，因此古代中国的各诸侯国都想尽办法扩充自己的地盘，尽量使自己的子民有地可种。清朝是中国农业生产最发达的时期之一。乾隆时，中国人口已达三亿，当时全世界有九亿人口，中国的农业养活了世界三分之一的人口，这在清朝前期的农业发展史上是从未出现过的。清朝是我国传统农业技术发展的新阶段，在清朝以前，我国的传统农业技术有过两次发展，一是在两汉时期，由于开发黄河流域干旱和半干旱地区，形成了以抗旱保墒为主要内容的北方旱地农业技术；二是在唐宋时期，开发长江流域低洼沼泽地区，形成了以防旱、排涝为主要内容的南方水田农业技术。可见，清朝以前的农业技术，重心都在于开发并利用黄河、

长江流域的土地，即以扩大耕地面积来发展生产。清代由于农区的耕地已开垦殆尽，人们便想尽办法来提高单位面积产量，便创造了集约经营，多熟种植的精耕细作农业。这是我国农业生产技术从以扩大耕地面积来提高产量，转入以提高单位面积产量来发展生产的重要历史时期，是我国农业技术的新发展。

乾隆时期，粮食也是个很大的问题，不仅人多地少，而且有些地区连年发生灾荒，不仅颗粒无收无法交税，还需要国家提供口粮才得以生存。据统计，乾隆年间全国的总人口已突破一亿，就是说，每个农民必须种四亩地才能够得以生存，所以当时土地确实太少，不能满足老百姓的需求。土地不够，生产水平又得不到提升，于是老百姓只好纷纷开垦荒地，当地没有荒地就去别的省开垦。那时候大多的移民问题都是由于农民为寻找合适生产的土地而产生的。

中国东北的土地肥沃，特别适合耕种。但是在清朝前期却把它封禁，不准任何人在那里移民和开垦，因为那是统治者满族的祖辈生根发展的地方。直到乾隆时期，粮食实在无法得到供应，才派遣满族的八旗子弟前去开垦种植，但禁止汉人或其他民族的人们移民东北。可是老百姓为求生计也顾不上封禁的条例，很多百姓偷偷出山海关，前去东北寻找土地。乾隆也可怜这些百姓，遂也放任他们。虽然乾隆不管，但守关的将士要管，碰到闯关的饥民只好进行抓捕，事后又放出来，这令乾隆心里十分不舍，于是传令各边关将领，以后如再有没有生计的贫苦百姓就不用阻拦，放他们前去，但是此事不得声张，免得各地百姓纷纷涌进东北，造成移民流。其实早在乾隆五年（公元 1740 年），乾隆就默许全国各地的百姓前去东北开荒，因为他从那时就开始允许外地流入到东北的汉人取保入籍，即使那些汉人不愿在当地取保入籍，也可以在那居住十年，到乾隆十五年（公元 1750 年）的时候，又把十年的期限改为二十年。所以乾隆当时是默许汉人前去东北垦荒的，并且也希望能够开发更多的土地，遂到乾隆五十七年（公元 1792 年），就取消了对东北的封禁。

清朝时期的中国也是世界上的泱泱大国，地大物博。但是我们的土地却没有得到很有利的开发，当时农业比较发达的只是内陆地区，南方人种植水平比较高。但像新疆一带虽也是土地肥沃，却无人耕种，甚是可惜，所以乾隆鼓励百姓前往那些地广人稀的地方。其中甘肃人移民新疆就是一个很好的例子。甘肃地处中国大西北，雨水量极少，可以说是十年九旱，对耕种来说非常不利，但那里的百姓人数却不少，所以土地压力特别大。而新疆地广人稀，只有少数的部落在那里。于是乾隆主动提出让甘肃的农民移民新疆，开发新疆，还下令让陕甘总督派兵沿途护送百姓到达新疆，让官员向百姓讲述新疆富饶的情景，并鼓励百姓前往新疆。

乾隆初始还只是鼓励百姓向偏远的土地比较丰富的地方移民，到后来就直接提出了“尽地利而裕民食”的主张，鼓励百姓开垦一切可以开垦的土地。像这样得到皇帝明确的允许，百姓自然也愿意前去开垦。

除此之外，乾隆还提倡奖励开荒，使得农民尽一切办法去垦荒。乾隆曾经下旨，“全国的人口急剧增加，但是土地却不增多，老百姓没有生存的办法。听说那些山多田少的地方，山的旁边空地尚且很多，有的可以种庄稼，有的可以种杂粮，只是这些地方所得果实不多，要是缴税的话老百姓就得不到自己的口粮，所以老百姓一般都不种它，非常可惜”。

显然，这封谕旨是下给各省百姓看的，其意图是让各省长官知道尚有可以利用的地方，假若可以利用，也是一笔不可小觑的收入，但是老百姓都因没有便宜可得而不愿徒下功夫去种。所以政府可以鼓励他们去开垦这些地方。

面对百姓的不愿徒劳开垦，乾隆又下了一道谕旨，其大意如此：“无论是边疆还是内地的零星的荒地，如果百姓肯去开垦，这块土地就由开垦者耕种，可以传给子孙，免去税收，但是严禁地方豪强抢夺。”这一政策使百姓互相鼓舞去开荒，再没有荒芜的土地。直到这些土地的产粮数目达到一定的水平才需要缴税，而这个水平线则由各地方官员决定。不过是要让百姓得到粮食。各省的官员得到乾隆的谕旨，都纷纷鼓励百姓垦荒。云南规定：砾石居多而不利饮水灌溉，很小而不成片的土地，百姓可以随意耕种，并且永免生科。湖南规定：小溪、小河旁边的土地，不是一亩的高处的零星土地和能够种植杂粮的不到两亩的土地可以随意开垦，并且永免生科。江苏规定：在山头和沟畔旁边的土地可以随意耕种，并且给予登记，永免生科。

所谓，多一分土地就多一分粮食，而这些粮食完全不用给国家缴税，进而鼓动了大批农民前去开垦荒地。此举也是非常有效果的，据统计在雍正二年（公元 1724 年），全国的可耕种面积只有六百八十三万顷，但到了乾隆三十一年（公元 1766 年）扩大到了七百四十一万顷，增加了十分之一的土地。

乾隆鼓励垦荒，虽然国家税收得不到增长，但百姓解决了口粮问题，甚至有些百姓有了余粮。这也是乾隆爱民的一个表现。除此之外，他还允许汉人前去东北开荒种植，这也是前期清朝皇帝所不敢的，可见他对中国农业发展所做的贡献。

（二）改土归流　接管土司

清朝前期对于边疆部落和势力的管理一直采用土司制，但土司制存在许多安全隐患，因为土司的任命是根据部落首领的人选安排，土司的势力过于强大，进而发生各土司之间为争夺土地而发生战争的事件，不利于中央政府的管理。处于此种现象，雍正时期的云贵总督鄂尔泰最先提出改土归流的政治策略。

改土归流，即改土司制为流官制，所谓的流官制，就是将地方事务管理的权力不再交给世袭的土司，而是交给由朝廷直接任命的各府、厅、州、县的官员。这样一来地方的权力不再落在一个人身上，更不会落到不受朝廷信任的人身上。实行改土归流有两种办法：一种是通过军事力量对原先的各土司实行军事打击，夺回统治管理权，然后再实行流官制；第二种办法则是朝廷抓住一切可以抓住的机会，拿回部落的管理权，再任命新的管理者，实行流官制。

于是雍正时期就开始大范围实行改土归流政策，但总是受到当地土司的反抗，而改革之后，部落势力又会重新抬头，仍然对中央的统治具有威胁；也有部分流官根本不善于管理事务，自身又贪赃勒索，让原来的土司有了可乘之机。

乾隆执政开始就对那些改土归流的地区减轻了雍正时期增加的税赋，逐渐改善他们与中央政府的关系。但是乾隆还是非常赞同改土归流的政策方针的，其中大小金川的战争就是出于要实行改土归流目的而发起的。

本来大小金川引发的事件只是各部落相争的一起事故，根本无关于民族独立问题，大清朝廷也没有必要派兵进行围剿，只需要通过各方势力进行压制即可，但乾隆不惜耗时长久，花费大量的人力、财力进行围剿，就是为了彻底地对大小金川进行改革。

大小金川附近地区原本由十八个部落组成，所以设立十八个土司，但是其中四个土司和其他土司语言不通，所以后来合并为十四个土司。在乾隆顺利对大小金川进行围剿之后，随即对这十四个部落进行改土归流的改革。清政府首先在大小金川地区设镇和屯，并且添设七个粮务对这两个地区进行管理。随后，乾隆又在此实行屯官制度，由朝廷直接委任信任的藏族部落首领为屯官守备，守备的权力是最大的，可以随意使用当地的土地，但不能买卖。守备手下又设立屯兵为守备服务。除此之外还在这两个地区设置番屯和民屯。像这样把管理事务的权力完全分散，而且各机制之间可以相互监督，并直接告知中央，大大地稳定了中央对地方的掌控权。除了在地区设立多种机构和多种职务外，清政府在金川地区还实行谁垦荒谁得田的政策。

乾隆对金川地区实行改土归流政策的根本目的在于稳固地掌握对部落的管理权，所以在建立新权力的同时还要惩治旧势力，以防那些失去权力的势力重新掌权。金川战争结束之后，乾隆要求把原来跟随头目进行反叛的力量和民众全部遣散，并将其中的大小首领以及家眷全部押解进京，重罪的凌迟处死，其他的终身监禁，只有那些未成年的、罪过较轻的才进行发配。乾隆如此打击叛乱分子也在一定程度上震慑了那些有心想要叛乱的势力。虽然如此，乾隆还是不放心，他又将那些在战争中待守不动的势力安插和分散到满族军队当中进行训练和教化。而那些在战争中投降的百姓则分配到各个番寨，分散他们的势力，他们就不能够聚集在一起闹事。

而对于怀柔和嘉绒的土司们则要求他们每年进京觐见，并且上奏当年地方事务。

有惩罚就有奖赏，除了以上的惩罚外，乾隆还对那些顺从清廷管理的土司进行嘉赏，提高他们的职位和俸禄。如此一来，那些顺从的土司们不但没有丢失权力，反倒加官晋爵，如此这样他们又怎么会愿意脱离清政府的统治呢？这也使那些曾经有过叛乱之心的土司们重新认识大清朝廷，愿意服从清朝的统治。

在政策上乾隆实行了上述一系列办法，但政治还是需要武力配合，所以乾隆派六千官兵驻守在大小金川地区，以防原来的叛乱势力复辟，但到后来改土归流制度的实行，内地也有很多汉民迁移到了大小金川，对于大小金川的势力也是不小的冲击。于是当地局面也渐渐稳定下来，最后只留驻三千兵马以保证管理。

在稳定金川的过程中，不得不提乾隆对佛教的引入和宣扬。正所谓宗教的力量是无穷的。乾隆明令禁止百姓信奉苯教，而希望他们皈依佛门。苯教的特点在于传习诅咒，属于邪术，为世人所不容，而佛教则以普度众生为宗旨。在宣扬的同时，乾隆又斥资在金川地区大肆修建佛堂和庙宇，供佛教徒祭拜或者祈福。经过长年累月的引导，很多百姓也加入到佛教当中，信奉普度众生，人们少了争斗之心，于地区稳定有很大帮助。

改土归流政策其实并非是乾隆始创，而是他对雍正治国之策的延续。但是雍正年间的改土归流政策并没有得到很好的贯彻。在清朝实施改土归流政策之前，边疆的管理都是靠部落势力，其实就是变形的“诸侯制”。了解中国历史的人都知道，中国在周朝的时候就有君王利用分封诸侯的方式管理国家，但这种方式明显存在很大漏洞，由于中央集权势力没有在诸侯统治区发挥到作用，使得诸侯们基本上脱离了中央集权的管理。一旦部落势力脱离管理就很容易出现政治乱局，导致各个土司部落之间互相争斗、出现吞并的现象。历史证明，乾隆在金川地区实行改土归流的政策是正确的，他的成功不仅减少了地区的内部矛盾，还便于中央集中管理，有利于民族的统一。虽然仍然采用部分的原有土司当管理者，但他们都听从朝廷管理，而且有多个部门进行监督和压制，所以实际上是乾隆把十四个土司的权力都稳稳地握在了手里。

（三）重农抑商　谋求发展

“帝王之政，莫要于爱民，而爱民之道，莫要于重农商，此千古不易之常经也。”

——乾隆《御制诗三集》

在中国封建社会里，很多皇帝都只关心自己的政权，而不关心老百姓。雍正就是这样一个皇帝，他采取严厉的刑罚制度，对老百姓非常苛刻，加重百姓的税赋。在雍正年间还实行土地兼并，使得地主们土地增多，田租和地租加重，百姓受到残酷的剥削。到乾隆时期，治国政策完全不同。乾隆是个体恤百姓的好皇帝，他一即位就实行自己的治国策略，调整了经济政策。

乾隆认为农业是一个国家的根本，它能够生产粮食，能够让老百姓吃饱穿暖。商业则不同，那些行商之人大多是奸人，一般都是奸商和贪赃枉法的官员勾结，以坑害百姓而得到利益。所以乾隆不提倡商业，甚至抑制商业的发展，因此它在一定程度上助长了贪腐之风，并没有使得国内经济增长。

乾隆的重农表现在很多方面，乾隆二年（公元1737年），他曾宣谕解释重农务本的道理，说民以食为天，所以农业是最重要的，并且提出要重农、要劝农，奖励提高生产技术的人才。除此之外他对各个地方的旱涝或者晴雨情况非常重视，曾经还作诗以表达自己的感慨。

堤界湖过桑苎桥，
水村迎面趣清超。
润含植稻连农舍，
响讶缫丝答客桡。
柳岸风前朝爽度，
石矶雨后涨痕消。
分明一段江南景，
安福舻中引兴遥。

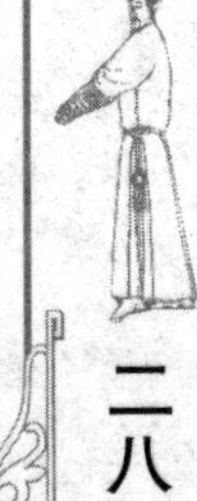

当然，乾隆在重视农业方面也做了很多实事。

《授时通考》书影

首先，他主持修编了农书，把农业生产技术写到书里，以供各地方学习，这是历朝帝王都没有做过的事情。乾隆六年（公元1741年），他主持编成了《授时通考》一书，里面详细记载了关于农业生产和农业技术方面的知识，并且把耕作之事分为了八门：天时，分四子目，记述农家四季耕耘收获的节气；土宜，分六子目，论述地势高下、土壤燥湿、田制水利；谷种，分九子目，分别记载各种作物的性质；功作，分十子目，记述耕作人力、生产工具与操作，收录《泰西水法》，为全书重要的部分；劝课，分九子目，记述各朝代重农政策相关政令；蓄聚，分四子目，记载历代的常平仓、社仓、义仓等各种储粮备荒的机制；农余，分五子目，记述种植蔬果、林木等各经济作物及畜牧之事；蚕桑，分十子目，论述养蚕、缫丝、纺织。全书采纳各朝经、史、子、集书籍中有关农事的文献记载，选录其中珍贵资料并配绘插图，文字达九十八万字，旁征博引，内容宏大丰富。天时门以“总论”为开始，其余七门各以“汇考”为开头，随书中各类引录相关诏书、上谕、御制诗文。有学者将此书与《齐民要术》《农桑辑要》《王祯农书》《农政全书》并列称为“中国五大古农书”。乾隆亲自为此书作序，可见他对这本书的重视。

除此之外，因为南方的农业技术比较发达，他还鼓励北方向南方学习农业技术，有利于粮食产量的增加。并且他还提出了奖励“上农”的政策，详细规定了上农的标准。在很大程度上鼓励和推动了农业技术的传播和发展，使得全国的生产能力增强。

其次，他实行了休养生息的政策。清朝时期的土地兼并现象非常严重，农民的土地都流到地主手中，农民需要向地主租地来种，地主就趁机抬高地价，使得农民难以生存。乾隆执政初期就开始慢慢抑制这种现象，并且时常免去百姓应交的粮银。仅在乾隆十年（公元1745年）他就宣布免去整个国家钱粮一年，这在当时是一个巨额的数字。而对于那些贪污赈灾粮饷的官员更是严厉打击，不留任何情面。在战争的时候不增加税赋，只是从国库支出，或是通过各地商人和富豪捐赠。

再者，他推广各种高产量经济作物的种植。其中对后世影响最大的就是红薯和玉米。红薯又叫作番薯，由于耐旱和抗虫能力强，适合在雨水较少的地区种植，一来不至于浪费土地，二来还可以丰富人们口味。它的产量可以达到一亩地每年七八千斤。红薯的推广完全是由乾隆发起的，乾隆四十九年（公元 1784 年），乾隆通过看书得知红薯产量高、耐旱的特点后就令人将那本书抄写多份，传播到民间，再以推广番薯为名赏了几个大臣，其他官员得知也纷纷推广番薯。第二年，福建巡抚来京觐见，乾隆又命令他去求购番薯种，再运去河南种植，而且他还传授了很多关于种植红薯的技巧和要点。

另一种高产量作物则是玉米，它是在明朝时期传至中国的，但也是被乾隆推广的。除此之外还有棉花的推广，它是人们衣物制作的必需品，乾隆推广和扩大了它的生产范围，很多地区都开始种植棉花。

第四，鼓励和奖励垦荒的政策。乾隆准许并鼓励百姓移民垦荒，把那些土地压力较大的地方的百姓移民到地广人稀、气候适宜耕种的地方，还奖励百姓开垦山地种植，使之逐渐转化为种植用地。他免除新开垦土地的税赋以奖励垦荒，并且由政府出资护送百姓至移民垦荒之地。

最后，也是最重要的一项则是兴修水利。水利对于农业是至关重要的，因为一切农作物都离不开水。尤其是在乾隆年间，旱涝灾害连年发生，可谓是十年九灾，一发生水灾或是旱灾老百姓就会颗粒无收。乾隆每年都要花费大量的物资去救济灾区的难民。洪水不仅会威胁到粮食的收获，还会威胁到百姓的生命，所以兴修水利势在必行。当然，这对农业是有极大帮助的。乾隆一生喜欢出游，每遇到重要的水利设施或者大河要塞他都亲自去考察研究。他兴修水利有几个特点：第一，他主张防患于未然，碰到那些具有发生危险的可能性的地方，他都主张进行维修，不要等到真的出现洪水再来治理。对那些长期经受旱涝的地方进行重点整治，做好水利工程，旱则通水，涝则护河，从根本上杜绝旱涝灾害的发生。第二，他要求治水要顾全大局，统筹全国的情况。像黄河那样的大河，一旦上游出现问题，下游肯定会遭殃，所以各省应该相互协商共同治水。第三，要重视调查和研究，乾隆曾多次派大臣前去全国各地调查隐患，他也经常亲自调查研究。第四，他注重培养和挑选兴修水利的人才，对善于治水的人才更是礼遇有加。这些举措都大大提高了兴修水利的效率。

这些实际措施充分地表现了乾隆的重农思想和策略，他认为粮食才是老百姓最需要的，只有通过加强农业生产才会获得粮食。反之，商业仅仅是商人在中间赚取差价，在本质上是无法起到发展经济的效果，也不利于生产力的提高。除此之外，乾隆时期吏治已经摇摇欲坠，整个朝廷基本无官不贪，正是因为官商勾结，吏治败坏，才使得社会秩序动荡不安，所以在乾隆的价值观里商业是不值得提倡的，它只会加重官场的腐败气息。其实，清朝重农抑商的开始不是在乾隆皇帝，早在康熙皇帝时，他就曾亲自绘制《耕织图》，以示其鼓励男耕女织的自然经济。雍正也曾颁布《劝农召》，劝导和鼓励百姓放弃从事的商业，转而重视开垦耕地，进行农业生产。雍正还重申古代的“重农抑末”之意，把从事工商业的百姓视为社会中最下等的百姓，还阐述道：“农事者，久安长治之本也”。清王朝的统治者们之所以有这样的决定也有一定的道理，因为从当时清朝政府的财政收入来看，农业税收和国家垄断的盐课就占了全年税收的八九成，工商业税收只占其他三成里面的极小部分。

乾隆这种举措虽然使中国错过与世界接轨，错过融入工业化的机会，但是却大大提升了当时整个国家的农业生产水平，在一定程度上满足人民自给自足，甚至有了余粮。所以笔者认为乾隆重农抑商的举措可褒可贬，但提升了百姓的生活水平是事实。

（四）闭关锁国　英使失败

前面说到，乾隆实行重农抑商的策略，其中抑商不仅是抑制中国国内的商业贸易活动，而且在更大程度上继续闭关锁国，抑制与外国的商业贸易。

清朝的闭关锁国政策始于顺治年间，因为当时台湾存在抗清的势力，所以实行严格意义上的闭关锁国，不允许任何外国贸易的存在，同时为了让内地不能够与外界建立联系，还将沿海的居民往内地整体迁移几十里。康熙年间，郑成功的反清势力得到安抚，清朝政府统一了台湾，设立台湾府，康熙也意识到对外贸易是无法完全禁止的，在海禁时期仍然存在走私贸易的现象，所以收复台湾的第二年康熙就取消了禁海令，继续开始与外国的贸易往来。虽然贸易被允许，但政府规定了不能交易的商品和不能交易的国家。

随着康乾盛世的到来，国内生产力增强，人民安居乐业，中国达到了一种自给自足的状况，然而边境战争不断，外国也时常骚扰中国，所以乾隆并不喜欢其他国家。在中国想尽办法发展农业的时候，以英国为首的欧洲国家已进入工业时代。十七世纪的工业革命对于西方的影响是前所未有的，不仅科技进步，而且生产力也大大增强，其中以英国的变化最为巨大。英国在工业生产的推动下，国内供过于求，急需一个销售市场来满足它产品倾销，因此，中国这个人口多、地域广，又停留在封建时期的国家自然成为英国的销售目标。所以，乾隆早期已经有很多外国人前来中国沿海地区进

行贸易活动。

英国人为倾销商品而来到中国，所以他们的到来带有资本主义侵略性质。一些英国人来到中国，傲慢无礼，而且非常粗暴，导致经常发生犯罪事件。此外，清朝政府没有区别对待英国人与中国人不同的生活习惯、价值观和文化差异，已引起英国人的不满。随着问题越来越突显，中英之间的矛盾日益加深，引起了乾隆的反感，加深闭关锁国的程度。

乾隆二十二年（公元 1757 年），乾隆以外国人太多并且到处闹事为由，将原来的几个开放口岸全部关闭，只保留广州一地的口岸允许外国商人前来贸易。如此一来，其他地方的商人想和外国人发生贸易关系，就必须舟车劳顿地把货物先运到广州，这样不仅增加运费，而且有些货物也变质过期，所以和外国人的贸易往来基本被当地清政府特许的商家垄断。乾隆通过自己特许的商家限制了外国人倾销的路径和产品，使得在中外贸易关系中中国一直处于顺差地位，西方国家无法把工业生产的产品卖到中国。除了通商口岸的限制外，乾隆还制定了一系列的规定来限制外国人在中国的行为。比如，不允许外国人在中国坐轿子；外国妇女不许进入广州城；外国人只许在下榻的驿馆居住，不得擅自离开；不许外国人长期居住在广州；不准中国人受雇于外国人；等等。乾隆把外国人看作是下等人种，他之所以这么做，也是出于一种担忧，外国人身强体壮，中华大地又饱受外族侵袭，只有这样才能更好地控制外来人口。

乾隆制定的制度不仅限制了外国人，还对两国经济产生了很大的影响。中国的茶叶、瓷器和丝绸一直是外国人非常喜欢的商品，随着时间的延续，这些东西逐渐成了英国贵族们的必需品，每年的出口量非常大。由于需求量上升，价格随之上升，要求的产量也加大，乾隆看到这样的现象非常紧张，遂于乾隆二十四年（公元 1759 年）规定禁止再向国外出售丝绸。这样一来，外国人无法买到自己喜欢的东西，而英国的商品又无法卖到中国，基本是无利可赚，所以前来贸易的人也随之减少。但这样对于中国商品的出口种类也是很大的打击，沿海经济无法和以前相比，无奈之下，乾隆又只好取消禁令。

本来很多商品都是中国所需要的，但长期闭关锁国的政策使得中国百姓根本无法接触到外国的事务和商品，这样的自我隔离政策把中国完全限定在了农业生产里面，根本无法接触到工业世界的先进，更无法学习工业世界的技术，久之清政府不断落后。英国方面，限制政策使英国无法打开中国市场，达不到倾销商品的目的。于是双方之间的矛盾不断显现，乾隆二十四年（公元 1759 年）就发生了英国商人洪仁辉三次闯入

宁波港的事件。

洪仁辉是位英国商人，会讲汉语，多次不顾大清朝的限制前往浙江宁波开辟通商口岸。有一次，他航行到浙江定海的时候，被清军的水师拦截，要求迅速离开该水域回到广州，但洪仁辉非但不离开，反而径直地向天津港行驶，并且称自己当年在广东贸易时，华人黎光华欠银二十五万两不还，他在当地控告无门，遂前来京城告状。乾隆得知此事后迅速派官员去广东调查此案，发现确有此事，遂将所有的当事人和当事官员从重责办。同时乾隆也斥责了洪仁辉勾结内地官民，不顾大清朝廷的禁令私自离开广州港口，将其在澳门圈禁三年，直到乾隆二十七年（公元1762年）才被释放。乾隆虽然公平地审理了此案，但通过这个案件，更加坚定了他闭关锁国的决心，于是又颁布了《防范外夷规条》，明文规定在华外国商人的行为。很多外国商人通过这件事，也不再直接对抗中国的贸易制度，所以来华的外国商人又逐渐减少。但是英国的统治阶级不一样，中国越是限制封锁，英国越想要开辟中国市场，所以英国借着乾隆八十三岁寿辰的机会加紧准备一场两国统治阶级之间的对话。

由于中国的瓷器、茶叶和丝绸等物在英国十分畅销，而英国的产品则被乾隆拒之门外，所以在中英贸易中，英国一直处于入超地位。英国人本是打算在中国倾销商品，但是如今却反了过来，无论是英国商人还是统治者都非常不满意。于是在英国东印度公司的建议下，英国国王派遣曾经的圣彼得堡公使马戛尔尼借着给乾隆祝寿的理由前来中国谈判。为了显示他们对中国的诚意，也为了向中国炫耀大英帝国的威风和物质文明，英国国王花巨资为乾隆搜集了当时英国最先进的发明和一系列珍贵的礼品，例如当时最先进的船舰模型和最先进的枪支。同时让他们乘坐当时最先进的配有六十四门大炮的军舰来中国，以显示他大英帝国的威风。但英国国王此次派人访华的目的不仅仅是谈判，他还为谈判不成功以后的武力解决奠定基础。在派遣很多科学家，如天文学家、化学家、医生、翻译等的同时，还派出许多画工，在大使访华期间，这些画工将他们所见所闻全都记录下来，也将北京城的地图描绘了下来。当时英国是世界上领土面积最大的国家，英国大败荷兰海军后，正式成为世界霸主。可以说英国国王此时已经想好了，假如这次谈判失败，计划是否要找理由强行打开中国大门。

受到国王的派遣，马戛尔尼经过十个月的航行终于到达天津大沽。由于这次英使来华并不是进行贸易，而是前来给乾隆拜寿，所以自然得到大清朝廷的允许，准其从天津登陆。但是乾隆误会了，因为英使携带着大量的物品，所以乾隆将英国使臣叫作“贡使”，以为英国是个无名小国，素闻大清天威，适值皇帝大寿为请求皇帝开放贸易前来进贡的。于是乾隆对这批人也颇加照顾，在食物和住宿上的花费都一律由大清承担，并且送与他们可以食用一年的粮食。

英国使臣到华的目的是和乾隆磋商两国贸易的事，是希望大清政府开放沿海通商口岸，所以他们必须见到乾隆。然而，就在此时又有一个问题出现了。按照中国的礼节，不管是什么人，见到皇帝都必须行三跪九叩之礼，何况是乾隆眼中的一个小小“贡使”，所以中方坚持要马戛尔尼见乾隆之时行跪拜礼。但马戛尔尼自觉身为世界第一大帝国的公使，来到这么一个不发达、军事能力又不强的地方，是一种高高在上的感觉，不肯行此大礼。他即使是见到英国国王也只是单腿下跪行吻礼，何况是乾隆，所以双方在这个问题上僵持不下。但马戛尔尼又必须见到乾隆，所以最终想到一个办法，就是让一位大清的高官对着英国国王的画像行三拜九叩之礼，这位高官就是和珅。但和珅却不同意此举，认为自己身为朝廷大员，一人之下万人之上，怎可向小国君王行如此大礼。可是乾隆经过深思熟虑还是答应让和珅单腿下跪行礼，并且准许马戛尔尼以同样的礼节觐见。

经过一番周折后，在乾隆五十八年（公元 1793 年）八月十三日，乾隆的生辰庆典上英使马戛尔尼终于见到了乾隆皇帝，并把英国国王对于商谈开通贸易口岸的信件交与了乾隆。庆典过后，乾隆仔细阅读了信件，里面有英国国王对于贸易的八项要求：

一、允许两国互建大使馆，派大使驻扎；

二、允许英国商人可以到宁波、天津、舟山和广东等地经商；

三、允许英国在北京设立洋行进行买卖；

四、允许英国租借广州附近一个小岛以供英国人使用；

五、允许英国人在华传教；

六、要求清朝政府对英国货物进行减税和免税；

七、要求在广东划拨租借，供英国商人居住：

八、要求从澳门到中国内陆不需上税或少上税。

乾隆看见这样荒谬的要求勃然大怒，一一予以回绝，并且在给英国国王的回信中说：“天朝物产丰盈，无所不有，原不借外夷货物，以通有无”。

从乾隆的回信中我们可以看出，此次谈判是彻底失败的，也更加深了乾隆对英国的不好印象。最后由于大清有外国人来华不得超过四十天的规定，英国使团不得不返航回国。期间马戛尔尼也向乾隆请求继续在中国停留，但遭到了乾隆的拒绝。

再说英使带来的礼物，总共有两百多件之多，且大多是当时的高科技产品和稀有

物件。乾隆对这些没有一点兴趣，更不会命人去研究，这也是乾隆愚昧、没有远见的体现，以至于后来中国就是败在这些英使赠送的礼物之下。虽然贸易商谈失败了，但此次访华对英国来说是有意义的，他们彻底地摸清了中国的底细，为日后武力敲开中国的大门打下了基础。

这次英使的访华使乾隆坚持闭关锁国的政治策略，甚至更加封闭，就是这个决定影响了中国几个世纪，让西方国家把中国远远地甩在了工业社会的后面。

遨游天下

在乾隆的一生中，最为人津津乐道的事情就是他的出游。如果放在现代，乾隆爷绝对可称得上是一位旅游发烧友：拜谒盛京祖陵，考古吉林，避暑承德，木兰围猎，南下江浙，西去五台，光临河南，阅视天津，孔府朝圣，泰山登高，他执政六十三年，出行一百余次。但是，他绝对不是简单地游山玩水，而是完成宏图伟业的计划，一步步开拓着自己的太平盛世。

（一）木兰围猎　训练官兵

乾隆帝十分喜爱巡幸行围，能文能武的他对于这项满人的传统项目钟爱有加，认为满人就应该善骑射。乾隆登基不久，就开始琢磨着要去木兰大展身手，可是，第一次的围猎成行却经历了一番波折。

乾隆六年二月初八日，监察御史丛洞一听说皇上要到热河木兰围场巡幸行围，急忙上了折子试图阻止，他在奏折上说：臣恐怕跟随皇上围猎的侍从人员以狩猎为乐，留在京城的大臣又趁机偷懒懈怠，这样一来，本来就亟须整顿的朝纲会因此更加松弛，希望皇上能够暂缓此事，以稳固大局为重。乾隆帝看了这道折子，这不是在暗示朕贪图玩乐、不安于朝政吗？他十分不悦，立即向朝中百官下了一道谕旨，不仅拒绝了丛洞的建议，还把要去围猎的理由说得明明白白。让我们看看这位皇帝是如何盘算行猎一事的。

针对丛洞在奏折中暗示出的将打猎作为娱乐，以及留京大臣会懈怠耽误朝政的这种暗示，乾隆明白他是为国事担忧，但是，乾隆帝认为，出行巡猎是以猎讲武，通过围猎来促进武将武艺的进步，我们大清是在马背上打出来的天下，皇祖的所向无敌皆是因为我们满人的武功盖世，这种优势当然要保持，除了平时训练娴熟，另一个最重要的方法就是到口外行围，军队通过锻炼能够增益甚大，这是其一。其二是因为在围猎的途中会经过蒙古地区，而这一地区各个部族历来受到皇恩的保护，对于整个国家的安危盛衰有着十分重要的关系，所以通过巡猎一事还可以怀柔蒙古，加强这一地区的稳定。其三就是木兰围猎不会耽误政务。皇上虽未在京，但一切军政要事，以及人事调动，都会照旧进行，各个部委都会有专员负责一切政务。其四便是宫中比宫外更可享乐，行围是为了整顿军队作风，加强部队的战斗力，怀柔那里的部属臣族，而不是为了享乐游玩。要是出游是为了追求享乐，那么宫中什么乐子享受不到，何苦还要舟车劳顿千里迢迢跑去那里呢。

乾隆帝的这一道谕旨，把道理摆得清清楚楚，明明白白。他将行围的必要性、正当性已阐述得清楚，打消了那些心怀疑虑官员的担忧，朝中一致同意皇上做出的这一英明的决定。其实，透过乾隆的这一道谕旨，我们还不难窥测出这位英气逼人的皇帝的宏大志向和勇敢气质。

熟悉清朝历史的人都知道，爱新觉罗家族的首领之所以能从管辖几十个人的小小部落头人，一跃而为君临天下的皇帝，靠的就是“武功”。这个天下是从马背上得来的，清军特有的所向披靡的无敌军威为爱新觉罗家族入主中原立下了汗马功劳，再加上几代皇帝重视通过“文治”治天下、安天下，这才有了乾隆手里的太平盛世，若是离开“武备”，大清王朝就会动荡不稳，甚至可能土崩瓦解衰败灭亡。若是军威不壮、宝刀不利，那么进据辽东，入主中原，统一全国，三胜噶尔丹，打败策妄阿拉布坦，进军西藏，臣服青海和怀柔蒙古，大规模地对“西南夷”实行改土归流，这一系列平定天下、稳固政权的战事就可能遭受挫折。

乾隆皇帝熟读自己的家史，对于雍正九年清军惨败于和通泊，由此而引起的向准部噶尔丹策凌汗议和一事一直铭记在心，乾隆深知自己祖先创下这份江山的艰辛，更知道坐稳天下的主要秘诀，因此，要想实现盘踞在自己心中的宏愿，那就得牢保祖宗百战封疆万无一失，并且能乘胜前进，夺取“十全武功”，拓疆展域，创建更为富强的太平盛世，这就必须依靠训练有素、勇猛无敌的军队。

所以，乾隆下达的这个谕旨不仅是为了讲明木兰围猎的必要性，里面还包含着乾隆这一伟帝心中所怀的深刻意图和宏伟理想。而这些又岂是懦弱成性、贪图安逸的御史丛洞所能理解和赞同的呢？既然胸怀雄才大略的乾隆帝十分清楚，自己现在拥有的

这一切，都离不开“武备”，都缺不了军威，那么，当他看到初政有了头绪，就立即下达谕旨进行秋弥（即秋季围猎），之后基本是年年行围，至老不断。

既然向文武百官讲明白了围猎一事的理由和意义，到了第二年，乾隆就开始着手准备出行一事。不管是去哪，皇帝出游都是一件巨大的工程，不过好在乾隆之前的世祖世宗有过不少出猎的经验，准备工作倒也不用花费多少心思，按照前朝的祖例交由各部去办就是了。

乾隆受自己的皇祖康熙帝的影响很深，这次出猎也就基本参照了祖父出猎的规模和体例。之后，兵部确定了皇帝出行所需的侍卫、官员、护军等具体人数，还有蒙古各部自愿参加陪伴皇上围猎的人数，以及所需的粮食、牲口和马匹等物资，工部负责沿途的安营扎寨，管理行营事务的和亲王弘昼确定了围猎过程中所需的一切俸银和赏赐银两。

除了这些行政事务，围猎还是很讲究方法的。先说说围猎的场地，木兰围场是乾隆围猎的主要场所，在今承德往北四百里的蒙古一带，是康熙时期蒙古王公进献给皇帝作为狩猎场的。这里水草茂盛，林木葱郁，绵延千里，聚集着各类的鸟兽，是个讲武习猎的好地方。

围猎要摆好阵式，之前准备好狩猎之法。围猎常用的有两种方法，一为行围，一为合围。行围的人数较少，只有数百人，他们分头进入山林，围而不合。而合围则人数众多，自愿加入的蒙古部族和满洲八旗官兵，以及虎枪营士卒、各部落射手，一起进行围猎。当大队人马组成合围的架势后便脱帽以鞭擎举，高声传呼玛尔噶示意，皇上这时就能进入围猎了。合围的前期工作就是帮助皇上将猎物锁定在一定范围内，以便于皇上射猎，皇上没有进入合围圈之前谁也不能擅自射杀猎物。

猎杀不同的猎物，还有着不同的规矩，就拿乾隆最喜欢的捕老虎和射鹿来说，这两种动物的猎法就不一样。若合围只猎老虎，那么一定是皇上先观看完勇士射杀老虎之后，才猎杀其他的猎物，而若是那天猎鹿，皇上则首先带队出行，之后分出的好几个队伍依次前行，到了哨鹿处，听到有号角传来，便是皇上射中一鹿，这时，跟随的队伍陆续到达皇上周围，开始其他的猎射活动。

（二）惩罚懦夫　奖励勇士

乾隆帝不仅指挥、鞭策满洲官兵奋勇驰逐，擒捕猛兽，而且亲自骑马奔驰，拉弓放箭。曾做过军机章京的大史学家赵翼对乾隆帝的讲求武艺十分称颂，说乾隆帝是最擅长骑射的皇帝之一，而且有着很高的命中率。

乾隆帝不但经常深入林中，射捕奔鹿，而且特别喜欢督众捉虎。史书上曾写道，若是木兰围猎时遇到老虎，那么乾隆一定志在必得，不拿下猎物决不罢休。对于猎鹿和捉虎，乾隆帝还留下了为人称道的故事。

乾隆八年九月初一，乾隆帝曾经在他乌什汗王阁亲手射猎到一只老虎，乾隆帝自然是分外高兴，随行围猎的上下人等皆士气大振，满朝官员得知此消息皆为皇帝上书恭贺。在这年的巡幸行围中，受到乾隆帝亲射老虎之事的影响，大家都勇猛异常，共射死老虎十余头，这在诸次围猎中还是比较少见的。乾隆自己亲射兽王，不仅显示了他作为一国之君的高强的武艺和英勇的气魄，更是为百官树立了一个良好的楷模，使得大清的军队更加成为一支勇武的王者之师。

乾隆二十二年的木兰围猎中，有一天，乾隆帝围猎休息，设宴演剧来款待蒙古各部王公。宴会上随行的各部王公都来了，满蒙人特有的豪放气质使得宴会的气氛十分融洽热烈，乾隆心里甚是欣慰。这时，乾隆帝忽然看见两个蒙古王爷正在耳语，便问是什么事。蒙古二王奏称："刚才有侍从前来报说，白天在奴等的营中出现了老虎骚扰马匹的事，所以奴才才在这里互相耳语。"乾隆帝一听，居然来了射猎老虎的机会，精神一下子愈加振奋，哪里还有心思在这里吃酒看戏，立即命令停乐，快步走向自己的御马，流星般地出了营地。

侍卫见皇帝只身前往猎虎，哪里敢耽搁，大队侍从顾不得眼前急忙仓促跟随，飞骑奔追，这才赶上了策马飞鞭、猎物心切的乾隆帝。乾隆帝和一帮随从到了虎窝附近，侦察得知虎窝仅有两只小虎，公虎和母虎感觉到了危险的逼近而抛下了他们。小虎也是虎，来了不能无功而返啊，乾隆帝命一侍卫去虎窝抓取。

虽然是小老虎，那也不能掉以轻心。侍卫小心翼翼地走到虎窝旁边，刚一举手，小虎就对侍卫发起了威。没有虎妈妈陪伴，小虎分外敏感。侍卫没想到小老虎也有如此的攻击性，他受到一点惊吓，稍稍有所退缩。乾隆帝发现，心头一紧，怎么能有临阵退缩的士兵呢，随即马上下令，革了这个小随从的翎顶。

这时，一个蒙古小孩突然从虎窝中冲了出来，胳膊左边夹着一只老虎，右边夹着另一只老虎，就这样把两只小虎带出了窝。乾隆帝一看大喜，立即将刚才革的花翎赐予了这个勇闯虎穴的蒙古小孩。此时，公虎已经逃远，只有母虎舍不得自己尚小的孩子，没有走远，仍在前山回顾。得到此消息的乾隆帝岂肯放过，命令带虎枪的侍从前去尽力追逐，母虎见有大队人马向自己的方向追来，只得加快了逃逸的脚步，攀山越岭，腾跳绝涧。追随的队伍追得十分辛苦，直到这天很晚的时候才将母虎打死抬回。乾隆帝等待了多时，忙不急地让人把虎抬到面前，不看不知道，原来这只老虎长八九尺，虎爪有三四围那么粗，是老虎中最大的。能够射到这样的老虎，射猎手们也付出了一定的代价，前去捕虎的人中，有三人受伤，一人受伤很重，皇帝知晓后立即赏赐了孔雀翎一枝、白银二百两，另二人各赏赐了白银一百两。

乾隆帝不仅以身作则，勉励、督促满洲官兵，而且还对自己的皇子们在武艺方面进行严格管教，十分注重训练他们讲武习劳。每次乾隆前往木兰行围，不管天气多么寒冷，风雪多么强劲，他都会命令阿哥们一起随从围猎，不能有偷懒懦弱之举。在乾隆如此的教育之下，皇子、皇孙中有不少善于骑射之人。

有一次，在邻近木兰的张三营行宫，乾隆让随行的皇子皇孙射箭比赛，看看他们谁的技艺比较高。皇子皇孙们看到乾隆在一旁观看，各个铆足了劲，使出浑身解数想要在乾隆面前表现一番。按照长幼的顺序皇子、皇孙依次射箭。大家都没有辜负皇帝的一番苦心，表演出的箭艺都令在一旁观看的乾隆感到十分欣慰，自感到我大清真是后继有人。轮到皇孙绵恩射箭了，他才只有八岁，用的还是孩童的小弓箭，但是，八岁的小手居然一发就中，再发再中，乾隆帝看到此景非常高兴，对小绵恩说："绵恩哪，你刚才射得很好。现在皇祖父想赏你一件黄马褂，但是，你要再给皇祖父射中一箭才行。"绵恩听了，声音洪亮地回道："孙子谨遵圣谕，一定不负皇祖期望。"乾隆哈哈一笑，看绵恩再射。小绵恩不慌不忙地走到射箭处，有模有样地拉开了弓，听得"嗖"的一声，箭再次准确地射中了靶心。乾隆甚是高兴，当即兑现了自己的诺言，并亲自给小绵恩穿上了这件黄马褂。

（三）以猎讲武　怀柔蒙古

就像秋弥之前在告谕中向大臣讲明的，在几十次木兰秋弥和住承德避暑山庄的时间里，乾隆帝的确紧紧抓住了以猎讲武和怀柔蒙古这两件大事，做了大量工作，并且取得很大成效。首先能看出成效的就是通过围猎，锻炼满清八旗子弟。

在历次木兰行围中，乾隆帝经常对参加行围的满洲王公大臣兵丁，就其技艺和从猎的表现，予以训诫或嘉奖。乾隆六年八月二十八日即第一次秋弥时，乾隆就此事下达了谕诏嘱咐随行的官兵一定要勤于操练，虽然东三省的官兵一向仗打得好，马骑得好，手脚敏捷，但是也常常出现贪图安逸的情况，那么我们满人勤奋操练，也肯定能做好，而且肯定比他们好。所以相关的大臣人员一定要做好督促诫勉的工作，士兵也应当发挥吃苦耐劳的优势，练就一身好武艺。

乾隆帝曾于七月三十日在古北口阅兵，古北口作为边防的一道要塞，在军事上占有重要的地位，这里官兵的素质也就受到他的格外关注。这次阅兵作为上次所发谕旨的检验，让乾隆看到了很好的成效。兵士一个个身强体健，训练有素，武技良好。乾隆降旨称赞说，统领大员统率有方，队伍整齐，士兵勤于操练，个个技艺娴熟；提督操练得体，命人赏马二匹，上好的绸缎二匹，还有其余相关的副将、参将、游击以下守备以上，都赏赐了金牌一面，千总、把总海员赏给银牌二面，兵丁每名赏银牌一面，作为他们操练成绩的鼓励。

但是，并不是所有的官员大臣王公都能严谨地遵守乾隆的谕旨。在第一次秋弥的时候，就有一些满洲王公大臣托词不去，乾隆对这种事十分恼怒。乾隆认为，这些没有参加秋弥的王公们是耽恋家事，贪图安逸享乐，若长久发展下去，肯定会对国事产生不良影响。他还拿出先祖皇太极来告诫这些人，操练武艺，能锻炼吃苦耐劳的品质，振奋人的志气。他在下发的谕旨中还告诫这些安于家事、不求上进的王公们，若以后再有此事发生，一定严惩不贷。对于初犯，乾隆帝给予了“黄牌警告”的处分，说大不大，说小不小，足以起到威慑警示的作用。

其实，乾隆帝对于甚得自己心意的事情，都会对相关人等予以赏赐作为鼓励，对于那些没有达到要求的则会惩戒一番，这种赏罚分明的态度不仅为乾隆帝树立了威信，也有效地促进了政策的施行。

木兰围猎的活动丰富多彩，除了上面说到的行围捕兽以外，乾隆帝还经常举行较射、跳驼等活动，以演习武艺。在每次从北京到木兰的途中，每到行宫休息的时候，乾隆都会命人在行宫门外举行较射，之后还会让随从的人员进行满族传统的跳驼、布库等游戏活动。跳驼是一个人从另一个弯着背的人身上跳过去；布库就是满人的摔跤。虽说这些活动都很简单，但都可见乾隆抓紧一切机会来锻炼部下的心思。

通过上述种种措施，乾隆帝加强了对满洲官兵的训练，军队的战斗力得到大大的提高，八旗人员逐渐克服了长久积累下的贪图安逸的陋习。

在怀柔蒙古方面，他收到了相当大的成效。在乾隆六年初举秋弥之时，漠南蒙古科尔沁等部王公，有的亲自到皇帝所在的行营前恭迎圣驾，有的派专使前来向皇帝请安，表达一番敬意。那些没有被指派跟随围猎的王公都主动呈请要求随围；那些已被

派遣随围的王公更是踊跃参加。乾隆帝十分高兴，在八月二十日对蒙古扎萨克诸王、贝勒、贝子、公、台吉等下达了专门的谕旨，对蒙古王公这番美意予以嘉奖，感谢他们对围猎一事所做的积极圆满的准备，并在谕旨中要求他们减轻赋税，以使百姓能更好地生活生产，维持边疆稳定，而这也是大清和蒙古共享的恩泽。他随即厚加赏赐，给蒙古贵族们加官晋爵，就连那些部族下的普通百姓也得到了银两的赏赐。

乾隆帝继承皇祖玄烨借秋弥怀柔蒙古之法，收效很大。蒙古王公们对皇帝秋弥一事不仅积极响应，出人出力，乾隆帝得以在围猎途中受到了很好的礼遇，常有蒙古王公在途中为乾隆设宴；更为重要的是，围猎一事极大地密切了蒙古与中原的联系，增强了蒙古与大清之间的信任和感情，使乾隆帝能够顺利地推行他在蒙古实施的政策，稳固了边疆，安稳了人民。

（四）军国要务　丝毫不误

乾隆帝在首次木兰围猎之前曾专门下旨反驳御史丛洞，明确表示行围不会贻误政事。乾隆这么说的，也确实是这么做的。总观乾隆帝秋弥的过程，他总是像在京的时候一样处理军国要务，就是在驰捕兽禽之日，也照样批处奏章。

现在以乾隆三十六年的秋弥为例，略予叙述。在这次的秋弥中，乾隆来回共八十天。在这八十天的秋弥过程中，乾隆除了处理一些重要事件外，还着重抓了两个大问题，一是土尔扈特归顺，二是用兵大小金川。

离京之前，乾隆帝就已接到驻乌什的都统衔参赞大臣舒赫德的奏折，朝中官员对此事已经是议论纷纷，乾隆则当机立断，决定接纳离开俄国万里迢迢回归祖国的土尔扈特部落数万人员。

在秋弥中，他对土尔扈特部人员主要采取了两大措施。其一，千方百计赈济土尔扈特。就在出发那一天，七月十九日，他因舒赫德奏请赶紧运送牲畜救济穷困的来归人员，下谕说一定要派贤能大臣前往督办此事，一定要安抚好人数众多的土尔扈特部族，另外对于他们所需的衣食物品银两和牲畜一定要予以保证。陕西巡抚文绶接到命令后随即带着自己的得力干员前赴哈密等处，用银二十万两购买牲畜，送到土尔扈特人员游牧居住的地方。此后，乾隆帝又多次下谕，指授文绶等人将赈济之事办理妥帖圆满。文绶等人根据皇帝的旨意，在不到一个月的时间就筹集了部族安居所需的马牛羊、官茶、米麦、羊裘五万余袭、布匹棉花以及大量毡庐、棉袄、棉褂等物，帮助在生死线挣扎的七万余名土尔扈特人摆脱了没有衣服穿、没有鞋子踩的饥寒交迫困境，开始了安居乐业自由牧耕的新生活。

其二，将回归的土尔扈特部族编旗封爵，纳入中央的管辖之内。乾隆帝在安排土尔扈特赈济物品的同时，便开始积极筹备让其首领前来觐见，并特命额驸色布腾巴勒珠尔亲王前往土尔扈特驻地迎接渥巴锡汗，并陪同一起来到热河。九月初八，乾隆帝在伊绵峪召见土尔扈特部渥巴锡等人，赐赏了顶戴冠服等物，并亲自撰写了记录这一事件全过程的御制《土尔扈特全部归顺记》和御制《土尔扈特纪略》两篇文章，详述了土尔扈特历史，嘉奖渥巴锡汗归顺，阐明了要优待土尔扈特部族的政策。

第二日，九月初九，乾隆帝带渥巴锡汗等人一起观看围猎并多次设宴款待他们。九月十四日，他颁布谕旨，除了说明对于土尔扈特部族回迁一事的高度赞赏之外，还将土尔扈特部族内部各首领分别封爵，并按漠南、漠北扎萨克蒙古之制，编立盟旗，分授各王、贝勒、贝子、公、台吉为盟长、副盟长、扎萨克，完成了漠西蒙古四部悉隶于清的历史任务。

用兵金川是在这次秋弥中，乾隆帝处理的第二件军国大事。他在秋弥中，多次下旨讲明用兵方略，对于负责督办此事的四川总督德福及大学士、总管四川总督事务的阿尔泰表现出的庸懦无能甚为不满。乾隆帝以为他只是一时疏忽所以才出师不利，就给予其改过的机会，希望能在以后戴罪建功。可是天不遂人愿，阿尔泰难以改过，乾隆因而革去了他的职务，授文绶为四川总督，命定边右副将军温福带驻扎在云南军营的全部满兵入川，接替阿尔泰用兵金川之任。此举为今后的金川之战的胜利奠定了基础，正是有了两位统帅的正确指挥，大清才得以扭转了战局，平定了叛乱，稳固了国家的西南边防。

由此可见，木兰秋弥，的确未曾影响政务。在乾隆出猎的路途中还形成了一个传统，那就是削减所过州县额赋十分之三，这项措施切实地给当地的百姓带来了好处。不仅秋弥如此，我们还会在之后的乾隆下江南的时候看到类似情况。

乾隆帝于乾隆六年七月二十六日离京，开始了首次木兰围猎。在此之后，乾隆一共到承德避暑山庄五十多次，平均下来，几乎他当政的每一年都要去木兰围猎。后来由于年过古稀，他才日渐减少行围之举，改为主要驻于避暑山庄。在此过程中，乾隆不仅没有因为出猎拖累国事的办理，相反，还成功地处理了几件关系国家命运的大事，不仅为自己树立了崇高的威望，也为大清稳固了江山，使得天下共享太平盛世。

（五）东谒祖陵　巩固同盟

乾隆帝在位期间，曾四次到盛京拜谒自己的祖陵。这四次分别是乾隆八年（1743）、十九年（1754）、四十三年（1778）、四十八年（1783）。前两次皆奉皇太后之命前去。第二次历经时间最长，前后共四个半月。第三次由于太后于上一年去世，因此这次没有经过热河，时间最短，来去仅两个半月，七月二十日起行，九月二十六日回宫。最后一次，年逾古稀的乾隆皇帝于五月二十四日从京城动身，十月十七日回到宫内，历时将近四个月。

和同时期进行的秋弥一样，乾隆帝四次恭谒盛京祖陵，除了巡视沿途地区情形外，主要还是想实现他对盛京地区所做的一些战略规划，这主要包括三个方面的工作，首当其冲的便是为了巩固龙兴之地。何谓“龙兴之地”呢？翻一翻清朝的早期历史我们就会明白，东北是清朝的发祥地，先帝去世后都葬在这里，兴京（新宾）的永陵是清帝先祖之墓，盛京（沈阳）的福陵为清太祖努尔哈赤墓，昭陵为清太宗皇太极墓。继承祖先基业的后代清帝，追本寻根，十分重视祖宗陵墓与发祥之地。曾有四个皇帝先后十次赴东北谒陵，康熙是入关后最先东行谒祖的皇帝，前后共去了三次，之后乾隆帝去了四次，嘉庆帝二次，道光帝一次。

东北地区有清朝祖先的陵寝，它的战略地位也极其重要。现在的奉天（今辽宁省）、吉林、黑龙江三省，地域辽阔，资源丰富，是一片不可多得的宝地。就国与国之间的关系来说，地处东北的盛京与当时国力膨胀、正在积极扩大疆域的俄国接界，是大清防止北方、东方外来侵略的前沿阵地；就国内各族之间的关系而论，乾隆八年第一次盛京谒陵时，曾大败清军于和通泊的漠西蒙古准噶尔部，势力仍然相当强大，随时都可能南下，当时已经归顺清帝的漠北喀尔喀四部和掠漠南科尔沁等部，都可能成为他的袭击目标。这些地区作为直隶、京师的防御屏障，一旦失守，将对直隶、京师构成严重威胁，直接影响皇权的统治和国家的稳定，其后果不堪设想。清政府要防御准噶尔军队的袭击侵略，或伺机对之进行攻击，奉天是十分重要的军事要地，这里的战略地位和训练有素的军队，使清朝统治者不可不依赖，不得不重视。

除此之外，奉天、吉林、黑龙江这三省的满洲八旗官兵和索伦等部落的人员，是巩固清王朝统治的重要支柱。由于驻扎在北京和关内各省的满洲八旗人员入关时间较长，渐渐习惯了中原歌舞升平的太平生活，在平常松散的军队生活中沾染了一些恶习，变得娇懒懈怠，士气低落，弓马生疏。有些士兵或是忍受不了兵营的清苦生活，或是忍受不了外界多彩生活的诱惑，经常发生临阵溃逃之事。因此，每当发生了重大战争，清政府需要调集兵力，这些松散懈怠的京旗和中原驻防旗兵已不能履行保家卫国的使命，朝廷需要更多地动用东三省满兵和索伦、达呼尔等部落人员，政府将这些人员重新编队，使其加入八旗成为“新满洲”，就在这些“新满洲”中出现了不少勇猛善战的骁将。比如著名的猛将海兰察，他便是世居黑龙江的索伦部的成员。这位骁勇善战的武将，从乾隆二十年出征准噶尔起，身经百战，军功累累，曾历任都统、参赞大臣、御前侍卫和领侍卫内大臣。乾隆皇帝多次嘉奖他的显赫战功，并嘉封他为一等超勇公，三次图形（即画像）于紫光阁。

正是基于东三省在政治、军事上所处的重要地位，在乾隆拜谒之前，康熙帝曾三至盛京恭谒祖陵。自命为皇祖之贤孙的乾隆皇帝，当然也知道此举的重要性、必要性，因而在乾隆六年初举秋弥之后的第二年，就第一次到盛京谒陵，抓紧安顿龙兴之地的各种工作。

对于秉性有些好大喜功，讲究排场的乾隆帝来说，出巡如此重要的地方，前期的准备当然少不了。秋弥如此，谒祖也是如此，因为已经有了皇祖康熙的先例，乾隆的准备工作就相对简单了许多，基本上参照康熙爷确定的体例就可以了。从这一件小事中我们能看出，乾隆不仅学历史，而且用历史。不管大事还是小事，他都能从历史中汲取自己所需的东西，这也是乾隆身上值得我们学习的宝贵之处。

对于出行所要安排的一切事物，总理行营事务的和硕庄亲王允禄做好了周密的安排，事无巨细，大到安营之所，小到旗杆的设置。理藩院处理出巡时蒙古各部人员的安排。因为出行一次所要牵扯的事情太多，乾隆自己也要参与到相关重要事项的部署中。这位一生勤政的皇帝，在这种拜谒祖先的大事上更是不敢有半点马虎，不能有一点掉以轻心之处。

就拿随行马匹的牧放巡哨之事来说，乾隆特意关照说，因为前往盛京时所需的马匹众多，为了能够保证提供给马匹足够的给养和休息，沿途要寻找水草丰美的地方休憩，乾隆对马匹的行程和休息都悉心安排，派专人做详细的部署。对于谒祖一事，乾隆对于负责的官员也是精心进行了挑选。对于更为重要的保卫安全工作，乾隆在东巡前都会发一道上谕，宣告皇帝即将出巡，目的是要让京师及盛京做好妥善安排，对盛京地区各边口实行封禁，以确保皇帝东巡的安全。

做了这些安排后，乾隆帝于乾隆八年七月初八奉太后启銮，开始了他即位以来的

第一次前往盛京恭谒祖陵之行，历时三个半月。

乾隆在拜谒的途中，每到一处，都显示了他的皇恩浩荡。为出巡做了大量准备工作的蒙古部族和沿途的官员、百姓，乾隆没有忘记对他们表示感谢和嘉奖，他在八月初三和八月初七曾经连续下诏赐予他们各种财物和粮食，以示感谢。

他亲自为巴彦各衙门的匾额题词，奉天将军衙门之匾额为“屏翰那丰”，盛京户部为“宗邦会要”，礼部是“典要明梗”，兵部系“陪京枢要”，刑部是“弼教留都”，工部为“饬材山海”。在舍里围猎时，看到这里的兵卒身材壮健，弓马娴熟，很有先祖部队的遗风，他感到欢欣鼓舞，于是下谕嘉奖和抚恤优待这些官兵，并赏赐了银饷二十万两，保证他们的生活能比较充裕。

紧接着，乾隆设大宴宴请盛京的文武大臣和看管三陵（永陵、福陵、昭陵）的官员，对于其他如年事过高而告老还乡的老者，所属部族的其他人员等，乾隆也邀请他们加入盛宴的行列。对于驻扎在这里的部队给予额外恩赐，并免除了当地百姓的粮食赋税，显示了乾隆对于此地的抚恤之意。

不仅如此，在八年九月二十五日，乾隆帝完成了恭谒祖陵的大礼之后，又特意颁诏天下，再一次优恤奉天人员。在诏书中，乾隆对于盛京清帝之源这一地位加以重视和肯定，表明自己不忘祖地，再次对参加这次拜谒的所有文武大臣、八旗官兵予以奖励，从上至下，没有缺漏；当地百姓也给减免了地丁银等赋税。并在当地实施了大赦；对于那些曾经没有忠于职守的官员，因为这次拜谒的尽职尽责，也网开一面，免除了惩戒。

乾隆帝对盛京八旗兵丁的勤练骑射和熟练整齐的武艺表演留下了深刻印象，还特下专谕褒奖他们不忘旧俗，希望之后能够更加勤奋自勉。

乾隆后来的三次盛京拜谒，大致也都如第一次，参与的文臣武将和官员兵丁皆受嘉奖，百姓也有了免除赋税之利。这些政策虽然老套，但对于想巩固龙兴之地的乾隆帝来说，确实较好地达成了自己的心愿，东北边防也一直较为稳固。

（六）尊重传统　保持满俗

乾隆帝恭谒祖陵时做的另一重要工作，就是训诫皇室子弟和八旗后裔要遵守“旧章”，保持先人留下的传统，不能遗失了自己的“满洲旧俗”。每次前往盛京，他都要率领皇子、皇孙、叔伯弟兄等宗室一同前往，让他们目睹旧迹。不仅要教育他们祖宗开创江山伟业之艰难，还希望借此能够振奋精神，让他们勤于职守，共保大清王朝。当然，乾隆帝也从中受到教育，面对自己的祖先和他们留下来的江山社稷，自己更要勤政安国，做好一世之君。

因此，在乾隆八年第一次拜谒盛京时，乾隆帝特别制定了隆重的谒陵仪式，以后即照此实行。他希望自己也能够为后世立下可以遵照万代的范例。乾隆帝还仿照皇祖玄烨之制，亲临开国元勋克勤郡王岳诧、武勋王扬古利、宏毅公额亦都、直义公费英东等人之墓赐奠。

除了通过这些活动以教育宗室王公子弟以外，乾隆帝还常就盛京谒陵时王公的表现，对他们加以训诫和勉责。乾隆八年十月初一，在盛京的御大政殿，乾隆帝在凤凰楼前赐宴随从的王公大臣。这次宴会可是乾隆有心安排的，在这次谒祖的过程中，乾隆看到一些王公大臣们在射猎方面的技艺实在难入龙眼，他对此一直有所不满。当天，当他看到列席的怡亲王弘晓没有佩带小刀时，便将此作为事由训诫了一番没有祖先遗风的王公大臣们。

乾隆先是将怡亲王弘晓叫了过来，问："弘晓，你今日前来赴宴，可曾忘记什么东西?"弘晓见皇帝一脸严肃，心里很害怕，可实在想不起今天到底忘了什么重要的事，只好答道："臣不知，请皇上明鉴。"皇上听得此言，说："你摸摸自己，看是不是忘了带什么器具。"

弘晓这才明白，自己忘记了佩刀。这刀虽然不大，可却是祖宗留下的传统，并不是什么人都有资格佩带的。知错的弘晓忙说："臣一时疏忽，请皇上降罪。"

乾隆听了此话，语气有所缓和，说道："我今日降了你的罪.你才佩刀，明日不降你的罪，你便不知佩刀。"

弘晓听得此话，不知如何回应时，乾隆紧接着说道："朕今日不是想治你的罪，而是想让在座的尔等明白，祖宗留下的传统体制不能丢。尔等能与朕在清宁宫祭祀，皆拜祖宗恩赐得来的福气，也是我们满洲之旧例。而今朕再看满洲旧例，却有了逐渐被你们废弛的迹象。弘晓不佩小刀，究竟是何道理？还记得前几天你们与朕一起射猎，朕还多次射中大雁，而你们竟然不能射中一只，作为满人的后代真是岂有此理！除了庄亲王外，你们其余的人都不能亲手捕杀一只猎兽。这种情况之所以发生，都是因为你们平时过于懒惰，不能自勉，缺乏练习。"

一席话听得坐在下面的王公大臣面面相觑，无言以对，这时皇帝的语气又变得严厉起来："尔等都是太祖、太宗的一脉子孙，看到今天这个局面，朕心里深深地感到羞愧，朕愧对先朝的列祖列宗。同时，对于你们不遵守祖宗旧例，朕必须予以高度警惕。希望尔等铭记朕今日的教导之言，将这些话看作是祖宗在天之灵的亲临告诫，朕也希望看到你们革除陋习，恪守旧章，以此作为对祖宗的敬仰。对于那些没有随从前来的王公大臣，务必将朕的这番话转告他们。”经过了这次事件后，王公子弟开始重新认真对待旧制，行为有所改进。

乾隆四十三年第三次恭谒盛京祖陵，这时的乾隆皇帝已经年近古稀，此时的他仍旧没有忘记向子孙重申遵守祖宗旧制的重要，九月初一，他在盛京下达了一道长谕。长谕中，乾隆先是回顾了先祖创业的艰辛，对于创造这份江山的先祖们满怀敬重怀念之情。之后他详细地叙述了谒陵的重要性，训示子孙不能忘记拜谒祖陵，谁有这样的情况出现，便将被视为忤逆子孙。倘若有臣僚上书劝谏后世君主不要前来谒陵，乃是犯下不可饶恕的死罪。从乾隆这两次的行为不难看出，他是一个十分注重传统的人。前事不忘，后事之师，也许这就是乾隆如此强调拜谒祖先和遵守旧例的原因吧。

（七）团结蒙古　以德服人

乾隆帝四谒盛京祖陵还有一个重要目的，那就是做好漠南、漠北扎萨克蒙古的工作。他在谒陵的同时进行围猎习武，考察吏治，联络蒙古，修葺旧损的城墙，做了许多有益的事。尤其是对蒙古王公的笼络，在巩固北部边防上有重要意义，在清朝列帝十次东巡中也占有重要地位。

谒陵之途，同木兰围猎一样要经过蒙古地区，或离蒙区不远。每次东巡，乾隆帝都给蒙古王公带来无尽的欢乐。所以皇帝东巡的谕旨一发下来，蒙古王公都欢呼雀跃。有关部落蒙古王、公、台吉积极在辖区内恭候圣驾。不少王、公、台吉争相要求跟随皇上一起拜谒，以尽臣子之力，乾隆帝则对他们从厚赏赐格外优遇。

蒙古骑兵

当时乾隆一路骑马而行时，沿途的蒙古王公都恳请扈从效力，共同在木兰围场行猎。乾隆帝考虑到有的部落游牧距离比较远，不适宜全部随行扈从，于是便在打围欢宴之后赏赐众蒙古王公台吉衣带、腰刀、缎匹、银两，让他们回去游牧，减少舟车劳顿。

乾隆八年七月三十日，昭乌达盟长吹不丕勒、桑里达等部落首领，为第一次到此巡视的乾隆帝设宴，并进贡了不少牛羊驼马，以表达自己忠效之心。乾隆帝知道后甚是高兴，对于他们所贡献的车马，只换用了几匹骆驼，还命人将换用过来的骆驼送还部落，以减少他们不必要的损失。

又过了两天，八月初二，太后、皇上在跸碧苏台驻扎，得知皇帝来此扎营的消息之后，由漠南扎鲁特、内喀尔喀左翼、奈曼、敖汉、翁牛特、阿鲁科尔沁、巴林、克什克腾八部合为一盟的昭乌达盟盟长和各部王公台吉，由漠南喀喇沁、土默特二部合为一盟的卓索图盟盟长、王公，为皇帝与太后摆设了盛大的宴席。八月十五日，驻跸乌达图，由漠南科尔沁、郭尔罗斯、杜尔伯特、扎赉特四部合为一盟的哲里木盟盟长科尔沁亲王罗布藏衮布，又恭请太后和皇帝下驾宴席，以让部族人民表达对大清的一片忠效爱戴之心。

蒙古王、公、台吉、官员、兵丁如此恭敬效劳，让乾隆帝非常高兴，多次下谕嘉奖和赏赐。就在昭乌达盟、卓索图盟的盟长、王公等“恭进筵宴”的第二天，乾隆就下谕恩赐设宴的蒙古部族首领和官兵。在后，在八月初七、二十六和二十九日，乾隆又多次下诏予以赏赐，其中不仅包括一般的银两和绸缎等物品，还有当地比较缺乏的生活物资。

乾隆十九年，皇帝第二次经热河、吉林到盛京谒陵，蒙古王公、台吉像以前一样按例恭迎，仍旧十分热烈，给予了皇帝一行十分周到的接待。这年发生了准噶尔部内乱，杜尔伯特部三车凌归来，乾隆帝便于五月在避暑山庄召见了三车凌，对其赐宴封爵赏银。他说：已故科尔沁达尔汉亲王都是大清的旧臣，曾经效力多年。今朕亲自造访盛京拜谒祖陵，经过你们的地区时，就想到你们先祖为江山社稷做出的巨大贡献，如今先人已去，朕在感到悲伤之余，还希望你们后人能够顺着先祖的指示，守好自己的家园。乾隆在前往盛京途中，还下谕赐封他为莫科尔沁王。

乾隆四十三年第三次东谒盛京祖陵时，正为母后守丧。虽然此行是直接从北京经山海关前往盛京，但沿途许多蒙古王、台吉均在大营附近接驾，喀喇沁郡王喇特纳锡第等人在中前所大营附近接驾，敖汉、奈曼、巴林、阿噜科尔沁、翁牛特、喀尔喀、土默特、扎噜特等部王、公、台吉，在五里河村大营接驾，科尔沁亲王旺扎勒多尔济等，在兴隆屯大营接驾。为此，乾隆帝都分别在行殿召见了他们，并按照旧例，赏赐茶和缎匹等物。

乾隆四十三年，弘历已是六十八岁高龄，这时他刚刚完成第四次南巡。他不顾朝中众大臣的劝阻，从京师出发开始第三次东巡。由于年事较高，体力不济，不能再像前几次那样骑马而行，于是盛京方面准备了很多骡车供皇帝使用。十几天以后，乾隆帝出山海关，在杏山东大营行殿召见了蒙古敖汉、奈曼、巴林等各部王公台吉。因为此次东巡距第二次东巡相隔了比较长的时间，蒙古王公、台吉能够再见到皇上，感觉十分不易，有的王公甚至跪在地下落泪不起。乾隆帝大受感动，于是约蒙古王公一同赛马，王公们又惊又喜，感激涕零，连呼“万岁”，乾隆帝听了也很感动，命随从重赏蒙古王公、台吉。

第二天，即将踏上返京之路的乾隆帝走出行宫，眼前的景象让他惊呆了：蒙古王公台吉都跪在地下等候皇帝出来，他们希望以这种方式来欢送心中敬爱的皇帝。对于他们这番诚敬之意乾隆深表感谢，并许下承诺，自己一定会再来谒祖，再来和兄弟子民们相聚。直到皇上踏上返城的车驾，王公台吉仍跪在地上，依依不舍地目送乾隆帝踏上归程。

乾隆四十八年，乾隆帝第四次至盛京谒陵，途中蒙古王、公、台吉还照例迎驾，皇帝也仍下谕赏赐这些为他的出巡多日奔波效劳的王公台吉们。途中，喀喇沁郡王喇特纳锡第等在叶博受村广慧寺行宫迎驾，在行宫东门外设大毡庐，在皇上用宴完毕后还举行了马技表演，甚得皇上欢心。之后，科尔沁亲王恭格喇布坦、巴林郡王巴图等在五里屯大营迎驾，在行宫西门设大毡庐，仿照前面接驾成功的范例，也为皇上表演了精彩的马技。乾隆帝不仅发出谕旨表示了对他们的喜爱之情，还都分别按例予以赏赐。

乾隆谒祖蒙古王公们积极接驾是一方面，比这更能增进双方感情的就是成就百年之好。满清入关前，蒙古各部王公同清朝皇室就有姻亲之好。乾隆帝东巡盛京途中，蒙古王公不断设宴恭迎皇上，乾隆也不断赏赐回馈蒙古王公，这些都增加了联系感情的机会，乾隆帝对姻亲也给予照顾。乾隆帝第二次东巡时，驻扎在跸彰武台东大营时，看望了乾隆十二年（1747 年）下嫁的三女儿固伦和敬公主及额附色布腾巴勒珠尔，此时太后也在一旁，看到自己的孙女之后分外高兴，公主见到自己的阿玛和祖母更是非常开心，不仅亲自服侍皇太后用早膳，之后还和阿玛祖母畅叙了骨肉之情。在其一旁的额附表现得也十分恭敬孝顺，看得乾隆帝心里很是欣慰。这种美满的满蒙联亲并不少见，它极大地促进了满蒙之间的感情，如《盛京赋》所说“合内外为一家，自我祖而已然可”，经过双方多年的努力，满蒙上层统治者之间的关系和谐融洽。

乾隆帝的四次盛京谒陵，都受到了蒙古王公的热情接待，作为回馈，乾隆也给予了多种恩赐，以表达自己的感谢之情和抚恤之心。总的来说，乾隆帝通过拜谒祖陵，成功地抚恤蒙古部族，巩固了对盛京的统治，并借机教育训诫了满清贵族宗室及其子弟，起了一定的积极作用。尽管兴师动众，花费不少，但是取得了相应的成效，达到了预期的目的。

（八）魅力江南　国之宝地

乾隆下江南的故事妇孺皆知，大家往往被他的一些风流韵事所吸引，殊不知在六次的南巡过程中，乾隆帝并不是一味地游山玩水，他出巡江南的时候仍是以国事为重，南巡实际上是他巩固大清统治的一个策略。

乾隆登基后，政权不断稳固，经济发展显著。为了不断巩固经过励精图治赢得的盛世局面，同时也是想要向天下炫耀功绩，乾隆一生中进行了六次南巡，每次都耗费巨大的人力物力财力，沿途的百姓也难免受到劳扰。乾隆对此十分清楚，但与此同时，他仍然坚持南巡，究竟是为什么呢？是江南独特的水乡风景的吸引还是那里特有的人文风貌？为什么如此辽阔疆域的帝国，偏偏是江南吸引着这个盛世帝王的目光呢？

选择江南作为帝王出游的目的地，不仅仅是因为江南的优美风景，这与江浙的客观历史环境，及其在清朝统治者心目中的地位有直接关系。

江浙两省在清朝皇帝心目中一直都占有十分重要的地位。这里是闻名全国的鱼米之乡，不仅是清朝的财赋重地，也是士子云集的地方。通过南巡可以直接详细地对当地经济运行状况有所了解，这里反映的是盛世最为繁华地区的情状，统治者可以从中掌握整个国家的经济运行状况。南巡过程中不仅能享受江南财富营造的康乐生活，更是笼络汉族大儒的大好时机，还可以拉近满汉民族之间的距离，巩固以满族为中心的皇权统治。

根据乾隆十八年的记录统计，江苏、浙江两省的田地、赋银、赋粮数目，在这个泱泱大国中分别占去了各项的百分之十六、百分之二十九、百分之三十八。不仅如此，清政府在江浙一带的盐课收入也相当可观。乾隆二十九年，江浙的盐课占了总数的百分之六十八。而每年运送到京城供帝王后妃、文武百官、八旗兵仆等食用的四百万石漕粮中，江浙就占了总数的百分之六十四。我们确实可以毫不夸张地说，江浙就是清朝的聚宝盆。

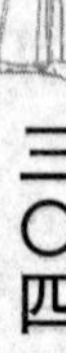

作为聚宝盆，江南在大清王朝的地位我们可想而知。如果能够真实地掌握这座聚宝盆的具体情况，做到心中有数，自然有利于国家的治理和政权的巩固。其实，乾隆南巡的根本目的，还是为了创立和巩固“全盛之势”。

江南在全国的经济地位决定了它是皇帝出游的首选之地，江南在文化上的优势也强烈地吸引着乾隆。在中国封建社会中后期，经济发展带动了社会文化重心的南移，江浙两省逐渐形成了人文茂盛的景象，这一地区文人才士如雨后春笋层出不穷，数倍甚至数十倍于其他省份，这在清朝表现得尤为突出。我们就拿关系政界、文化界最为紧要的科举来说，江浙一带是状元的摇篮，朝廷中自然就有很多江、浙籍的官员。

纵观大清顺治、康熙、雍正、乾隆四朝状元录取的情况，江浙一共出了五十一名状元，占总数的百分之八十三。仅乾隆一朝，在录取的二十七名状元中江浙人就占去二十一名。殿试位列第二名的榜眼及第三名的探花，情况也与状元类似。

而且还有很重要的一点就是出巡江南可以了解那里百姓的反清意识。两江是明末遗民活动的中心，百姓的这种思想倾向比较严重，在清朝统治早期曾出现过多次反清复明的活动，统治者对于充斥着反清思想的江浙地区自然十分敏感，遂把它作为在政治上实施打击的重点地区。因此，南巡还是一次思想文化上的清扫活动。

凡此种种，由于江南在当朝政治、经济、文化上的独特地位，历朝清帝才会格外关注这里的动向，希望能牢牢加以控制，历代的南巡也就成为一种必然。

南巡耗费十分巨大，但乾隆南巡的出发点还是值得肯定的。南巡经过的地点都是富饶美丽的江南水乡，地方官员、巨商富贾出于赢得大清皇帝恩宠的特殊需要，肯定会花费大量钱财，正是因为这个原因，乾隆才十分谨慎。这件事不仅经过了大学士、九卿官员的讨论，他还拿出皇祖康熙六次南巡的实例，这才做出了最终决定。

为此，乾隆特意下了一道谕旨，说明南巡的原因、目的和意义，谕旨中乾隆将皇祖康熙作为一个仿效的范例，说明南巡首先是为了表示对皇太后的孝顺，“悉奉圣母皇太后游赏”，这正好又迎合了江南督抚的执意请求。皇帝有了顺从民意的理由，南巡就成了既能达到向皇太后尽孝的目的，陪同太后一起游览江南胜景，又能了解江南的政务、河务、海防与百姓的疾苦，顺便还能了解当地的人情风俗，可谓是一举多得。

侍陪皇太后游览这项理由说得合情合理，又有皇祖前例在先，访察下情也是理所当然，但是，尽管理由如此充分，乾隆依然谨慎，他深知这项耗费巨大的过程一旦启动，就会牵涉到国家的方方面面，而且百姓肯定会受到扰累，他在谕旨中就十分强调花费一事，指出路途花费需用应该由皇家私有银钱支付，不动用国库银两，更不能向民间摊派。乾隆这种顾全大局的全盘意识是他之所以成就盛世伟业的重要因素，而这种大局意识也能帮助乾隆更好地面对摆在面前的问题。

皇帝到民间出游，百姓知道了自然会兴师动众一番，为了避免此类事情的发生，他效仿皇祖康熙，明令禁止民间张灯结彩大事欢迎，以免铺张浪费。可见，乾隆南巡的出发点是在不扰累百姓的前提下，借出游之机访察下情，了解民间疾苦，以便修正治政方针，造福全国百姓。事实也证明，整个南巡并非只是饱览江南胜景，乾隆的确还做了一些实事。

（九）士农工商　无不安抚

乾隆十六年，乾隆帝第一次南巡。他在路上发布谕旨，向百官强调注意事项，再次重申了南巡的重要意义。谕旨中明确表示乾隆出巡是为了稳定江浙地方人心，把盛世推向臻境，从而巩固清朝皇权统治。之后，他接连颁布旨在笼络士、农、工、商的谕旨，从谕旨和下令的具体措施中，都充分体现出了这一点。

百姓始终在乾隆心中占有重要的地位，自小就熟读历史典籍的乾隆，熟知历代帝王治国安邦的方法，并从中深刻地体会到，只有百姓安康，国家才能繁荣昌盛。早在初登大位时，乾隆就颁布谕旨阐明自己的“爱护百姓之心”。唐太宗李世民开创的“贞观之治”使乾隆印象深刻，李世民流传世代的治世名言“水能载舟，亦能覆舟”被他铭记在心，并确实体会到了内中蕴涵的深刻道理，乾隆帝十分明白要维持一个国家的稳定和发展，首先就要让百姓能够过上比较安定的日子，不致饥寒交迫，除此之外还必须使人民能稳定地生产，因为只有人们有了安定的生产之后，才会有“恒心”平静地生活。百姓有吃有穿，不愁温饱，才能“知礼义”，这样，才能民心顺服，四海安宁。而如果民贫如洗，饥寒交迫，不管用什么样的暴力方式，天下都将是难以太平的。

尽管江浙一带是清朝的聚宝盆，但政府在那里征收了太多的赋税，加上地方官员的额外的贪婪所取，当地百姓不堪重负，拖欠钱粮的情况时有发生。为了维护当地农业经济的正常发展，乾隆采取了“与民休息”的政策，以减轻加在百姓身上的负担，让百姓能满足自己的生活需要。因此，乾隆南巡中实施的一项重要举措就是削免地丁钱粮。

乾隆十六年即公元 1751 年，乾隆首次巡视江浙。为了切实地减轻百姓身上的负担，他特别宣布豁免从乾隆元年到十三年江苏省累计拖欠的所有地丁银二百二十八万多两；安徽省累计拖欠的所有地丁银三十多万两；对于浙江，因没有拖欠国家赋粮，于是采取了免征政策，免除了当年全部的地丁银三十万两，以示奖励。四十九年第六次南巡时，乾隆一进入江苏省就宣布南京和苏州积压拖欠政府的所有银两和未上交够的粮食全部豁免。在南巡的过程中还形成了一个免除百姓赋税的惯例：沿途经过的地方县一律免交当年地丁钱粮的十分之三，如果上年地方曾发生了天灾，就减免当年钱粮的十分之五，这一举措在某种程度上使百姓的负担减轻了许多。

但是，不是任何时候都会有豁免。在巡视途中乾隆就曾告诫江苏地方官员要严格督催，和他南巡出发时的政策出现了矛盾，原因何在呢？这时因为乾隆担心，若是免除国家赋税过多，一来会影响国家收入，二来可能会形成顽固百姓屡次不缴纳国家赋粮的情况。政令虽然是这么传达了，但是当二十二年乾隆第二次南巡时，江淮一带刚发生过大水灾，乾隆帝看到当地的受灾情况，体恤到百姓生活的艰难，又下令免除江苏、浙江、安徽三省二十一年以前积欠的所有地丁钱粮，以后的几次南巡也都如此照办。其实，江苏作为历史上有名的产粮大省，因为地处黄、淮、运三河交汇地带，水患成了这里的常事，所以每年就会积欠大量赋银、赋粮。乾隆在六次南巡中，每次路过江苏省，都要了解灾情、视察沿岸的防汛工程，对江苏积欠赋税的原因十分清楚。他每次巡视到这个地区时，都会下令免除赋税，以便能够尽力减轻江苏百姓的负担。这种对百姓关爱体恤的政策，显示了乾隆的开明。

（十）南巡东拜　考选人才

江南地区随着经济的发展逐渐成为全国的文化中心，文人才士层出不穷，朝廷命官中江浙籍的占绝对优势。因而乾隆六下江南的一个基本出发点就是提倡文教、优礼士人。南巡每到达江浙一处后，乾隆都会对前来迎驾的文人学士进行考试，然后根据成绩授给相应的官职及科举功名。历代清朝皇帝都曾借南巡之便，在国家正规科举考试之外随时举行考试，录用一批文人贤士，大批文人学士通过这种临时的考试得以破格进入国家各级政府机构，对于这种招贤纳士的方式，既能选拔一批人才，又团结了江浙文人学士，一箭双雕，乾隆也乐此不疲。

1751 年，乾隆帝第一次南巡，在苏、杭两地，他看到当地的文人学子踊跃地献上自己的诗文，就命令主管的内阁官员随即举行考试，结果在江苏省考出了蒋雍植、钱

大昕、吴娘等；浙江省考出了谢墉、陈鸿宝、王又曾。通过这次考试，他们不仅成为举人，而且被授为内阁中书学习行走之职。

1754 年，乾隆第二次南巡时，江苏、安徽两省进献诗赋的士人接受了一次特别考试，其中列为一等的王昶之前已中了进士，他随即被授为内阁中书，其他一等成绩的文人曹仁虎、韦谦恒、吴省钦、褚廷璋、吴宽、徐曰琏等也都特别赐给举人功名，授为内阁中书学习行走；列为二等的刘潢等十四名学士各赏赐缎子两匹，作为鼓励。

乾隆帝还曾下令给内阁，要求适度增加江苏、安徽、浙江这几个地方的考试的录取名额，每个州县大概有三到五名，因为爱惜人才的乾隆帝不想错过江南培育出来的任何一个博学之士。不仅如此，就连那些年逾古稀的年迈学者，也在乾隆帝选拔提升的范围之内。苏州著名诗人沈德潜年过八十的时候才有机会接驾，以沈德潜的高龄早已不适合在朝中做官，但是乾隆帝仍旧给予了礼部尚书衔。

第三次南巡时，乾隆帝按照惯例仍旧在苏杭两地举行考试，择优录用前来进献诗文的汉族文人学者。通过考试被录取的人数超过了一下江南。还有值得注意的是，乾隆帝为进献诗文的学子出的考试题目，不是八股文式的抽象玄虚和与现实无关的题目，而是结合政治需要的实务性题目。

乾隆帝巡视到了海宁，那里的海塘工程是当时朝廷要办理的一件大事，乾隆经过巡视、筹划后仍对这个工程的处理不太满意，想来想去，便想到了周围聚集的一帮文人才子。于是便将"海塘得失策"作为考试题，通过考试的方法，希望一方面能够了解汉族文人学者如何治理海塘，吸取他们对这一问题的积极意见，以便更加妥善地处理海塘问题；另一方面又可以从中发现和录用兼具文才和政治卓见的优秀人才。考试当天，苏杭两地的文人志士在规定的时间内奋笔疾书，各抒己见。卷子上交了之后，乾隆十分高兴，其中许多文章都对此问题提出了切实而且行之有效的建议，一时竟很难断定高下。结果，经过乾隆和随行大臣的多次商议，决定将头等第一名授给浙江省仁和县进士孙士毅，因为孙士毅写的文章不但去除了文人写的文章空洞无物的弊病，也不是一味歌功颂德的官样文章，而是提出了因地制宜修治海塘的较切实可行的办法，很有见地。在所有的文章中受到了绝大多数人的认可，乾隆帝自然也很是欣赏，十分满意这次考试的结果。

有了这次成功的经验，乾隆帝第四次南下巡视时，仍旧使用了浙江的海塘问题做为考试题目，在杭州对进献诗文者举行了考试。成就优秀的官员按照惯例也授予了官

职，作为朝廷的备用人才随时补上空缺的职位。

乾隆最后一次南巡时，历时数年的《四库全书》正好编纂完成，乾隆考虑到江南这里人才众多，于是就下令将《四库全书》其中几卷运到江南来，分别藏于扬州文汇阁、镇江文宗阁及杭州文澜阁，以便让这部内容宏大的书籍能够惠益江浙一带的好学之士。为了使江浙广大士人能够较为方便地看到《四库全书》，乾隆特别命令收藏《四库全书》的三阁，一定要方便文人学子来这里借书，只要不损坏、不遗失，准许他们带出去传抄。可见，乾隆帝对于人才，不仅知道索取，还重视后续的培养。

乾隆帝不仅在南巡的路上会随机举行考试，还会选择一部分文人学士到北京参加考试。对这些到京等候考试人员的安排，不管是政治待遇、考场安排，还是考试后的授赏等方面，乾隆都考虑得非常周到。在选拔人才方面，乾隆帝特意开办了博学鸿词科，征集各地有知识、有胆识的年轻俊才，这项举措使得全国各地的新鲜血液源源不断地输入到中央朝廷，进一步扩充了统治阶级的官僚队伍，进一步稳固了清帝的统治。

（十一）奖励盐商　促进经济

对于江南经济的发展，那里的盐商贡献出了相当大的力量，虽然在我国封建社会中商业一向受到抑制，清朝商业仍不是很发达，但乾隆朝在事关人民基本生活资料的贩卖方面有所例外，食盐的生产和贩卖就是一个例子。那时，江南有许多靠经营食盐生意发展起来的大户商人，这一行业在当时社会中形成了相当的规模。同时盐课银也是清政府的一项重要税收来源，因而清王朝十分重视对盐务的管理。

乾隆六次南巡花费巨大，盐商们在皇帝出巡的时候捐助了大批银两。根据史料的记载，在乾隆二十六年、四十五年、四十九年，两淮盐商每次捐银都有一百万两；四十五年两浙盐商捐银六十万两；四十九年盐商捐银十万两。乾隆十六年皇上首次南巡时，得到消息的商人积极踊跃地为乾隆爷贡献“路费”，希望借此讨皇上的欢心，对于盐商的慷慨举动，乾隆也是欣赏接受，并大加赞许。

现在我们有必要分析一下乾隆为什么如此坦然地接受盐商的捐银。在一向重农抑商的封建中国，商人的地位不高，所谓“无商不奸”正是这种看法的反映。处在天子之位的皇帝能够接受他们的银子，实属难得，可见这些盐商在乾隆心中的地位不一般。乾隆是出于何种理由看重这些商人呢。我们知道，食盐对日常生活有重要作用，所谓开门七件事，柴米油盐酱醋茶，人的生活中不能缺少盐，那么食盐这一行就成了关系国计民生的重要产业。盐业发展一旦受到抑制，全国人民的生活就会受到严重影响，而百姓的生活的好坏直接与统治的稳定与否联系着。所以，接受盐商的捐银，转而给予盐商种种优惠政策，就会更有利于激发盐商发展食盐业的积极性，保持这一行业的持续稳定发展；而如果拒绝盐商们的一片诚意，受到冷落的盐商就会把赚到的大量货财隐蔽起来，或者置买大量的家业田产，这就不利于食盐业的发展，间接地影响到人民生活和国家的稳定，所以，在南巡过程中，奖励盐商是乾隆察吏安民的一项重要内容。

盐商们对乾隆南巡慷慨解囊，竭尽全力，乾隆自然不会亏待他们。他采取了许多措施给他们作为补偿。其一便是提高盐商的政治地位，他颁旨说，两淮盐商原来的职衔有三品的，就赏赐奉宸院卿衔，其他没有官至三品的，加顶戴一级。

其二是盐引加斤，这里要先了解一下清朝的贩盐制度：清朝贩卖食盐实行盐引制度，盐引是衡量食盐重量的一种单位，但这种规定是人为的，有大有小，当时一引是四百斤食盐，盐商需要按照引为单位交纳商业税。每逢乾隆南巡，他都下令特许两淮盐商所贩的食盐在交纳课税时，可以每引“加十斤，不在成本之内，二年为限”，这样盐商就可以少缴税，尤其对于那些比较大的盐商来说更是优惠多多，其他地方的盐商同样也能享受到优惠政策，只是程度会有所不同。

其三是直接减免课税，盐商平时生活奢侈，讲究排场，加上为南巡捐纳的高额银两，经常出现入不敷出的局面，因此就会欠下大量盐税。乾隆为了安抚这些盐商，就根据情况给以豁免，以便让他们的生产、营运能力得以恢复。乾隆针对盐商实施的种种优惠措施，在很大程度上给予了盐商鼓励，即使每次南巡所需的银两有充足保证，又成功地处理了这一关系国计民生的行业的稳定发展，这是乾隆在南巡中下的又一出精彩的奇招。

（十二）不迎圣驾　反受嘉奖

乾隆南巡是一项浩大的工程，需要许多地方官员沿途接驾，各级官员当然都全力认真地准备接驾，不过这其中也难免有纰漏出现。在乾隆第四次南巡的途中，便出现了地方官员没有接驾的情况，乾隆对此不但没有罢他的官，反而赦免了这位官员。是何等官员竟有如此的本事，看了下面的故事我们就清楚了。

乾隆三十年正月十六日，乾隆帝开始了第四次南巡。在临行之前他颁布几道谕令，

一是宣布免除沿途地方当年钱粮，二是强调沿途地方官不得借口办事而耽误正常公务。可是话是这样说，圣驾一到，哪个地方官不得精心接好圣驾，谁也不敢有丝毫差错。每到一地，当地的督抚文武百官接驾当差自然格外勤谨，乾隆帝被大臣们哄得开开心心，乐不知返。这样经过三个多月的巡行游乐，乾隆将在四月二十一日起从德州返回北京。几天之后，圣驾将到济宁。

事情偏偏就是这么凑巧。济宁知州彦希深下乡去赈济饥民，把供奉皇差的事搁在一边。皇帝一行人的车辇到了济宁州，御道上既看不见什么供张，也不见知州迎驾。和珅在一旁发话道："哪个混账知州，敢如此藐视皇上？"然后急忙令随从传知州彦希深前来接驾。回报说彦希深已下乡赈灾去了。

和珅大怒，正要令役从将知州家属带来，这时山东巡抚前来接驾，和珅将一腔怒气转到了巡抚身上："你的属官怎么这么糊涂？为什么没有安排接驾？!"

山东巡抚忙答道："卑职前月就已经告知他皇上将要下札，早就命令他做好恭迎銮舆的准备，哪敢忘记半点。"

和珅道："他下乡赈济饥民，应有公文申详，你又叫他办差，他哪儿还有工夫赈饥？这件事肯定是你弄糊涂了。"

山东巡抚忙道："卑职没有准予他去赈饥，他也没公文来报，卑职真的不知道是怎么回事。"

和珅道："芝麻粒大的知州官儿，不听抚台命令札饬接驾，擅自发仓赈饥，这种事从来没有发生过。你自己去奏明皇帝吧。"这句话，吓得那山东巡抚屁滚尿流。一面令仆役赶紧捉拿彦希深回来，一面来到两宫面前，忙跪下叩头，不停地说着："奴才该死，奴才该死。"

皇帝、太后不明白巡抚为什么这么害怕，这时和珅进来代奏道："济宁知州彦希深目无皇上，既不来供差，又不来迎驾。奴才正问这山东抚臣呢！"乾隆道："颜希深到哪里去了？"和珅答道："说是下乡赈饥去了，抚臣糊涂，装作不知道这件事，请圣上明察。"

皇帝正想亲自审问山东抚臣，忽听岸上传来哭泣之声，问和珅："谁在岸上哭泣？"和珅忙出外探问，回奏说是抚役将颜希深的年迈老母带过来了，所以在那儿哭泣。乾隆帝一听便生气了："令她进来！"

一声诏谕，一个泪眼汪汪的白发老妪被衙役推了进来，老妇人跪下向皇上太后行礼："臣妾何氏叩头。"太后见她老态龙钟，暗加怜恤，问道："你是济州知州的母亲吗?”何氏忙回答道：“是，太后。”太后接着又问道：“你儿子到哪里去了?”老妪回答说：“前些天河水上涨，出了险情。地方绅士叫官府赈济百姓。臣妾儿子颜希深接到命令准备恭迎圣驾，不敢离身。可是难民纷纷来署，哀吁不休。臣妾见难民万分可怜，所以就让儿子向难民发放粮食来赈济他们，希深这才没有按照指令接驾。臣妾素仰圣母仁慈，圣上宽惠，不会计较一会儿的延迟，就让他快去快回。但是没想到他现在还没能回来，延误了供差接驾的大礼。臣妾自知万死，请太后皇上明鉴。”

太后见她这般答话，既说明了缘由又不失身份，心里很高兴：“你倒一片苦心，古语说道：国无民，何有君！你家儿子因为百姓才延迟了接驾之事，即使是有失误，也是可以赦免的。”说罢，便对乾隆帝道：“赦了她吧！”乾隆一向孝顺，现在母亲发了话，哪有不听的道理，便道：“遵旨。”

太后令何氏起来，何氏谢恩起立。太后也让仍旧跪在一边的山东巡抚退出。山东巡抚蒙皇恩大赦，捣蒜似的磕头谢恩，起身退下。这时，外面传报：济宁知州颜希深恭请圣安。乾隆帝传旨进见。颜希深弓着身子疾步过来，急得连“微臣该死”这么简单几个字都说不清了。

太后笑道：“不要这么惊慌，皇上已经恩赦你了。”颜希深听到皇上已经恩赦了自己，悬着的心放了下来，舒了口气，开始向皇上太后奏明接驾延迟一事：“微臣下乡去赈济饥民，以为很快就能办理妥当，没想到饥民很多，微臣为防出了差错，遂监督胥吏放赈，结果就误了接驾的日子。今日返署，惊闻圣驾已巡幸到此，没有及时恭迎皇上，罪当万死，幸蒙恩赦，感激莫名。”太后道：“你的母亲已在此，你起来吧。”颜希深这才看见老母也站在一旁，皇帝对何氏道：“老人家，你回去后，仍要经常教你儿爱国爱民，这样才不失为一位贤德的母亲。”何氏遵旨，谢皇帝赦免之恩。皇帝也令颜希深随母回署。

（十三）四库全书　传承后世

乾隆特别喜爱历史，身为皇子时，就对各朝各代的兴衰有一番自己的见解，从历史教训中深知创业难守业更难的道理。

乾隆曾写过史论五十多篇，还有许多咏史诗，以谈论各个朝代的统治特点，以及皇帝和历史人物的是非功过。

在历史上的帝王中，乾隆较为欣赏的只有汉文帝、唐太宗和宋仁宗三人。但是，

乾隆认为汉文帝虽贤而乏人辅佐，宋仁宗才能不足，唐太宗称得上是英明君主，但由于后期志满倦政、家法不严，造成了武则天的乱纲局面。乾隆爱读唐人吴兢所著的《贞观政要》，他对唐太宗的治国能力较为佩服，写诗道："文皇（即唐太宗）治世功，在汉文景右。斗米值三钱，太仓粟腐臭。关东暨岭南，开门夜无寇。论古缅遐思，治功非幸觏。文贞（指魏征）立朝端，弥缝而匡救。九重亦虚己，勤政夜与昼，励精图至治，俗用致富厚。二十余年间，中外称明后。"

《贞观政要》是年青时代乾隆的案头常备书，每次看《贞观政要》，他都收获颇深。纵观自古以来的历代帝王，乾隆看到：当他们处于忧患危险的境地时，还能够选贤任能，接受下臣的意见，而到了稳定时期，便开始安逸享乐、散漫懈怠，这样下去就导致了国势日衰，走向危亡。对此，乾隆说道："余尝读其书，《贞观政要》，想其时，未尝不三复而叹曰：贞观之治盛矣！……人君当上法尧舜，远接汤武，固不当以三代以下自画，然观尔日君臣之所以持盈保泰，行仁义，薄法术……"唐太宗在教育太子时曾告诫说："舟所以比人君，水所以比黎庶，水能载舟，亦能覆舟。"乾隆引用这句历代有所作为的君主所信奉的座右铭，表明了他对前车之鉴的深刻理解和接纳。

乾隆重视从历史中学习治国之道，也重视对文化书籍的整理。乾隆即位之初，就开始组织学者修史，编撰各种书籍。著名的有《国朝宫史》《续三通》《清三通》《通鉴辑览》《大清一统志》，等等，总数不下数十种。

乾隆一方面整理满族的文化书籍，编修《满文大藏经》、整理《无圈点老档》，以及敕编《八旗通志》《满洲源流考》《钦定满洲祭神祭天典礼》等；另一方面也对汉族的历史书籍加以整理，主持编纂《四库全书》。

乾隆三十八年（1773 年），乾隆下令设立四库全书馆，聘任著名学者纪昀、陆锡熊、庄存与、邵晋涵、戴震、王念孙等人参与校纂。

我国古代常把图书分成经、史、子、集四大类。经部，包括历来儒家的经典著作，如《诗经》《论语》《孟子》和研究文字音韵的书；史部，包括各种历史、地理、传记等书；子部，包括古代诸子百家学说和科技著作，如农学、医学、天文、历法、算法、艺术等；集部，包括文学的总集和专集等。

《四库全书》的书名，是乾隆钦定的。"四库"喻指该书是"以经、史、子、集为纲领"来编排的，而"全书"，则表示此书要将经、史、子、集四大类的最好之书、最有价值之书全部网罗在内。

首先，要编一套规模巨大的丛书，就要把书籍收集起来。于是乾隆下令各省官员搜集、收购各种图书要上缴。乾隆三十七年（1772 年）正月初四，乾隆下旨“命中外搜辑古今群书”，要求各省督抚会同学政，通知所属人员，搜集天下古今中外有价值的书，为“研讨愈精”提供条件，“以彰千古同文之盛”。因为各省督抚不认真办理，进呈之书太少，因此乾隆三十八年（1773 年）三月二十八日，乾隆又下达专谕，限令督抚半年之内“实力速为办妥”，否则，“唯该督抚是问”。

同时鼓励私人进献图书。乾隆多次下谕，鼓励藏书家进献典籍。在这些谕旨中，乾隆指示地方各级行政官员必须将求书作为一件大事来抓，同时，还为征求遗书制定了具体政策：“在坊肆者，或量为给价”；家藏者“不妨缮录副本，仍将原书给还”，“一切善为经理，毋使吏胥藉端滋扰”。乾隆意识到大臣、百姓因惧怕以文字获罪而产生的畏疑情绪，于是亲自进行反复解释，还以皇帝题词、赏赐图书、《总目》留名等手段奖励藏书家献出家藏秘籍。比如，两淮商人马裕和浙江鲍士恭、范懋柱、汪启淑四家献书“六七百种”，乾隆对他们给予嘉奖，并各赐《古今图书集成》一部。

经过乾隆的多方督促、鞭策和嘉奖，至乾隆三十八年（1773）九月，从全国各地征求的图书已逾万种，从而大大地充实和丰富了国家藏书，为编纂《四库全书》提供了雄厚、坚实的基础。

其次，就是委任才华卓越的总裁、总纂和纂修官。乾隆三十八年（1773 年）二月，在征求遗书活动取得很大成就之时，乾隆正式成立了“四库全书馆”。许多知名学者先后被征召入馆，分别担任纂修、校理等职。这样，一个以整理古典文献为主要内容的编修《四库全书》的工作便开始了。

刚开始，乾隆委派大学士刘统勋为总裁官，后来陆续增加。正总裁有十六人，即永瑢、永璇、永瑆、刘统勋、刘纶、舒赫德、阿桂、于敏中、英廉、程景伊、嵇璜、福隆安、和珅、蔡新、裘日修、王际华。副总裁有十人，即梁国治、曹秀先、刘墉、王杰、彭元瑞、钱汝成、金简、董诰、曹文埴、沈初。

乾隆三十八年（1773 年）三月十一日，正总裁大学士刘统勋、刘纶、于敏中等上奏说，为了避免“罣漏参差”，请将纂修官纪昀、提调陆锡熊任为总办（即总纂）；添纂修人员十名；任“留心典籍”的姚鼐、程晋芳、任大椿、汪如藻、翁方纲为纂修官；任能考订古书原委的余集、邵晋涵、周永年、戴震、杨昌霖为分校官。乾隆批准所奏。

最后，乾隆下令四库全书馆的编纂官员对图书认真检查。凡是有“违碍”（对清统治者不利）字句的，一概销毁。

通过检查，乾隆发现，凡是在明朝后期的大臣奏章里，提到清皇族并有所不尊的，即下令把这类图书一概销毁。后来，乾隆又发现，在宋朝人的著作中，也有很多反对辽、金、元朝的内容，这种内容很容易使人联想到反对清王朝。于是，乾隆下令对这些凡描写情节严重的均予以销毁，情节轻的，就对某些字句进行删改。

根据乾隆的指示，在纂修的过程中，各纂修官分别对各地征集到的每一种书籍的不同版本进行校勘，并就作者、成书年代、内容异同、版本优劣等方面进行考证，并将其校勘、考证成果以另纸粘于该书每卷之末。同时，还仿汉朝刘向校书的旧例为每书撰写一篇提要，内容包括作者所处的时代、籍贯、本人事迹以及该书的版本、卷次、内容、价值等，并以该书的价值为据，拟出应刻、应抄、应存目三种意见。经乾隆同意后，其中，应刻、应抄两部分书籍皆交缮书处组织人员按已定规格进行抄录，收入《四库全书》，所有应刻、应抄、应存目三部分书籍提要，则均按类例汇为《四库全书总目》。

因为纂修的这两部书籍卷帙浩繁，不易翻阅，因而在两书编修开始不久，即乾隆三十八年（1773 年）五月和乾隆三十九年（1774 年）七月，乾隆又分别指示在两书的基础上另编《四库全书荟要》《四库全书简明目录》两书。前者为《四库全书》“撷其精华”，后者则略去《四库全书总目》中的总序、各类小序和存目部分书籍的提要，仅对《四库全书》所收之书各作简单介绍。乾隆四十一年（1776 年）九月，又将收入《四库全书》的各书校勘记录也另行抄出，汇为《四库全书考证》一书，通过这些举措更加丰富了这次文献整理活动的内容。

乾隆四十七年（1782 年），《四库全书》第一份告成，共收书三千四百六十一种、七万九千三百零九卷。当时把全书抄了七部，分别贮藏在皇宫、圆明园、热河行宫（今河北承德）、奉天（今沈阳）、杭州、镇江、扬州。

到乾隆五十二年（1787 年）六月，又告成六份，此时已历时十五年。后再查核、校误和补遗，直到乾隆五十八年（1793 年）才告结束，参与者前后共计四千一百八十六人，时间长达二十年。

在组织学者对社会全部现存文献进行整理的同时，乾隆还极为重视这批文献的收藏和流传。为了达到防火、防潮、防蠹、长期保存图书的目的，四库全书馆开馆不久，即派专人赴宁波了解已有二百多年藏书历史的范氏天一阁的建筑情况，并依其式样在紫禁城、盛京故宫、圆明园、热河避暑山庄等处分别建造了文渊、文溯、文源、文津等内廷四阁。其后不久，又以江浙为人文渊薮之地，在扬州、镇江、杭州等处建立南三阁，续抄三部《四库全书》存储其间，以便文士及研究者“就近观摩誊录”。不仅如此，乾隆还指示，另抄《四库全书》副本一部，贮于北京翰林院，供愿读书的词馆诸臣和北方文士抄阅。此外，再辟紫禁城御花园后的摛藻堂、圆明园之味腴书屋储放《四库全书荟要》。这些措施，对这一重要文献起到了保存和传播的作用。

在乾隆的直接领导下，经过全馆人员的共同努力，继乾隆四十三年（1778 年）《四库全书荟要》首告完成后，乾隆四十六年（1787 年）至乾隆五十二年（1787 年），八部《四库全书》也先后抄写完毕，并陆续入贮各阁。而《四库全书总目》和《四库全书简明目录》等书也经过反复修改之后由武英殿刊出。《四库全书》总计八部，每部七万九千三百零九卷，分装三万六千三百余册，六千七百五十二函；《四库全书荟要》两部，每部一万九千九百三十卷，分装成一万一千二百余册，两千零一函，分别储存于政治中心的华北和文化发达的江浙等地。在十几年的时间里，国家藏书量便增加了七十万卷，三十多万册。乾隆亲自领导编纂的《四库全书》，通过集中全国优秀人才，投入大量资财，终于告成。

编修《四库全书》，是乾隆亲自主持的一次规模空前的文化整理活动，这一活动把清代的学术研究和文化事业推向繁荣的顶峰。其重大意义如下：

第一，保存了珍贵的文化遗产。

第二，方便学子们阅览。《四库全书》集成以后，北到关外，南到江浙，禁城之内，皇家御苑，各地的士林学子都可以阅览抄录。

第三，方便了分类查找。《四库全书》分经、史、子、集四部，又分四十四类，再分六十六目，纲目分明，便于检索。

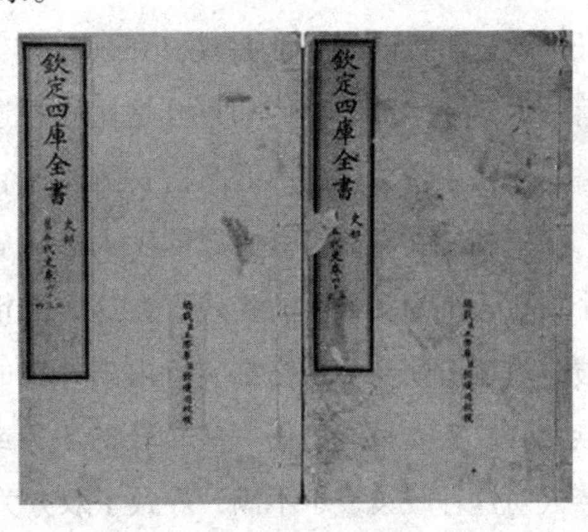

《四库全书》书影

但是，乾隆在编纂《四库全书》的过程中，也删了不少书、改了不少书、禁了不少书、毁了不少书。据不完全统计，在编《四库全书》的同时，被查禁销毁的图书有三千种之多。一些图书即使侥幸未被销毁，也因为不符合乾隆规定的封建道德标准而被判为“存目类”，有目无书，不收入《四库全书》，甚至有的连“存目类”也不予登录。一些图书虽因影响较大而不得不收，但也因忌讳多端而对其中内容加以抽取和篡改，使得许多珍贵古籍或遭肢解，或严重失真。可见，乾隆编纂《四库全书》也产生了一定的负面影响。

在乾隆的仁政爱民政策下，清朝国力日渐强盛，乾隆以强盛的国力为依靠，六度南巡，又编撰了《四库全书》，彰显了盛世风采。

盛世危机

（一）尊满抑汉　扩大八旗仕途

“八旗为国家之根本，……迨承平日久，渐即侈靡，且生齿日繁，不务本计，但知坐耗财求，罔思节俭。如服官外省，奉差收税，即不守本分。恣意花销，亏竭国帑，乃至干犯法纪，身罹罪戾，又复贻累亲戚，波及朋侪，牵连困顿。而兵丁闲散人等，唯知鲜衣美食，荡废资财，相习成风，全不知悔。旗人之贫乏，率由于此。”

——《清高宗实录》

中国古代，朝代更替频繁，内部战争不断，所以每朝每代的统治者取得江山的同时都在担心失去江山。皇帝们在登基后必然会做出部署以防止江山的丢失。因为封建社会是专制社会，天下江山都是皇帝一个人的，皇帝要稳住江山，就必须任用自己信任且效忠于自己的人掌握政权和兵权。当然，皇帝一般信任的都是自己的家族或是部落的人，一来因为他们和自己是血脉相连；二来自己取得皇位也会给他们带来很多利益。于是皇帝会将族内的亲信安插到各个重要的位置，清朝的统治者也不例外。

清朝是女真族打败中原的汉人军队后入主中原并对中原进行统治的，所以它是一个少数人统治多数人的朝代。在这样的情况下，皇帝就更加担心自己的政权被汉人颠覆，所以清朝从始至终都实行内满外汉的政策。在朝廷内部掌握实权的基本上都是满族人，汉族人只能担任一些较轻的职务或是无关国家安危的地方小官，当然，很多汉族人对这种政策表示不满，导致了双方关系变得更加紧张。

到乾隆执政时，清朝已经统治中原一百多年，可以说内满外汉的制度完成得很好。但是到乾隆时期又出现了一个问题，那就是满族人在入关以后生活条件变好，满族人口增长迅速，由原来的五万人增长到近二十万。可是乾隆时期朝内官员的名额本来就被满族人占满，所以很多满族人的生计就成了困难。一来，他们原是游牧民族，只知道放马牧羊，对于中原种植是一窍不通；二来，他们认为自己是满族人，地位比汉人高，也不甘于种植粮食，于是乾隆必须想方设法解决这个问题。

乾隆思来想去，解决满人的生计问题只有三个办法：鼓励耕种、鼓励经商和放宽进入仕途的限制。

因为清朝在入主中原之时，把很多土地都分给了满族人，但满族人根本不懂得种植，所以将土地卖给了汉人。乾隆鼓励耕种的第一道门槛就是土地问题，于是乾隆下令将所有卖出去的土地赎回，继续分给满族人种植。但是由于当时的地租较低，所以很多土地仍然被当时的富人承包耕种，贫穷的满族人无法真正实行耕种。于是，乾隆又提出将满族人移民并且拨给土地让他们种植的办法。乾隆六年（公元 1741 年），朝廷出资将一千名满族人移驻齐齐哈尔，并且拨给土地。但是经过几年的发展，乾隆发现这些满族人根本就不能通过种植自给自足，不但不能给朝廷交税，而且还要求政府每年给予五千两白银的补助。所以乾隆鼓励种植的计划落空。

鼓励种植不行，乾隆就把鼓励满族人经商提到日程上来。而经商开始最主要的就是本钱，所以朝廷为他们提供“生息银两”，政府以低利息借钱给满族人，鼓励他们做生意。但是很多满族人借银两也不经商，只是坐吃山空，反而欠下朝廷的利息，最终这些钱还是由国库补上，于是乾隆的第二套方案又落空。

鼓励种植和经商都没有显著的成效，乾隆必须想其他办法解决满族人的生存问题，毕竟他需要这么一支力量来辅佐他治理整个国家。于是他只好扩大八旗子弟进入仕途的途径，让他们在朝廷谋个官职，如此一来，不仅权力全部掌握在满族人手里，还解决了他们的吃饭问题。在康熙、雍正年间，朝廷的中央机关主要由旗人构成，只有少数汉族人，所以乾隆瞄上了这些职位。在乾隆二年（公元 1737 年），乾隆改变了原来只能保举地方布政司和按察司两司的职务的规定，准许保举道员，从而开辟了旗人进入仕途的新途径。当然这些职务并不能满足众多人口的需要，于是，乾隆又开了在汉族人和满族人一同竞争职务时，相同的条件下保举满族人的先例，使得他们能够优先进入仕途。

乾隆虽然是打着解决满族人生计问题的旗号，但实则他是从心底里支持尊满抑汉的。他希望满族人能够凌驾在汉族人之上，如此一来便于他的管理。他在执政时期内对待满族官员和汉族官员的态度是非常不一样的。在乾隆初期，鄂尔泰和张廷玉两大集团争权的时候他就表现得很明显。

乾隆觉得做了这些还不够，无法真正解决大多数满族人的生计问题。于是乾隆六年（公元 1741 年），乾隆决定“嗣后的满族进士也有权利被任命为知县”，如此一来乾隆实行的不是内满外汉的政策，而是“内外皆满”的政策。至此，满族人进入仕途基本没有了任何限制，而且凭着满族权贵的势力，他们进入仕途还有相当大的优势。鉴于朝廷任用官员的名额不变，而竞争的满族人增多的现象，乾隆还下令减少各省的学员名额以满足满族人的需要。当然，这样做也达到了乾隆加强中央集权的目的。如此一来，汉族人就开始表示出不满的情绪。

乾隆这种尊满抑汉的态度受到了汉人上下的反对，于是有少数汉族官员竟然直接上奏乾隆对此事进行批评。因为满族人本来就比汉族的总人口少得多，内满外汉的政策使得汉人官员没有实权。这次乾隆又取消限制措施，即鼓励和支持满族人竞争下等官职，排挤汉人。然而乾隆在回复这些上奏时振振有词地说满族人不一定不如汉人，所以取消这些限制是应该的，并因此治了上书官员的罪。这样一来其他的汉官也不敢再言。

虽然乾隆运用权力堵住了汉官的嘴，但是老百姓终究是不满的。于是在江南就出现了很多地主阶级积欠税赋不交的情况。这样一来闹得双方关系非常紧张，直到乾隆首次南巡的时候给予江南百姓诸多实惠才得以缓解。

乾隆大肆任用满族人，所以对于满族人的管理也成了困难。因为满族人大多数与权贵们有着千丝万缕的关联，一旦他们犯错，要是追究就牵扯甚广。可是在他们官官相护逐渐腐蚀朝纲的情况下乾隆不得不严加管束。于是，乾隆十六年（公元 1751 年）七月，乾隆对那些不顾朝廷法纪的满族官员进行了严厉的批评，并且制定多条规定限制满族官员的一些不轨行为，这才让众多的汉人稍加满意，双方的矛盾才得以缓解一些。

自清朝开始统治中国以来，尊满抑汉的现象就存在，到了乾隆时期已发展到最严重的态势。朝廷这样的态度也激起了民愤，导致了几次汉人起义运动的发生。其实任何一位君王遇到类似乾隆的境遇都很难处理，其原因产生于清王朝的特殊性。清朝乃是一个少数人统治多数人的王朝，它靠满人来管理汉人以维持统治地位。所以一方面他要尽可能照顾到满人的利益，使得满人能够得到好处并尽力维护本族的特殊统治地位；另一方面，他又不能因为顾及满族人的利益而太过于伤害汉人利益，因为整个国家绝大多数都是汉人，一旦激怒汉人即使再有满人的维护，自己也是很难守住统治地位的。更何况他选择的就是一条以汉制汉的道路，他需要汉人的配合。因此，乾隆夹在满族利益和汉人势力中间也很难抉择，其大肆任用满族人而排斥汉人的做法，从保持他个人的政权来讲可谓是棋高一着。

（二）整顿旗籍　同称汉军

清政府一方面要绝对统治八旗和八旗的军队，另一方面还需要通过八旗的力量来加强中央集权，运用他们的势力来镇压和管理全国。所以，乾隆想稳定全国就必须管理好八旗的事务，加强对八旗的统治。

乾隆刚即位时，想起雍正曾经指责旗人官员办事繁冗的毛病，于是他强调，满族官员办事要更加简单快捷。如此一来又逐渐养成了旗人办事不负责任的现象。所以乾隆打算实行宽严相济的政策，并且亲手整顿旗人的事务，包括他们在朝廷政治上的控制和在经济上的扶植。

乾隆十八年（公元 1753 年），乾隆发现有很多旗人官员移居到正阳门之外居住，与百姓混杂在一起，非常愤怒。因为乾隆一生非常厌恶旗人互相厮混在一起。因此乾隆在各旗有族长的情况下再添加两名总族长，专门管理移居一事，要求他们搬回正阳门之内居住。但是很多人已在外面置备了家产，要想搬家谈何容易，于是乾隆又下令将那些旗人强行捉拿进正阳门并治罪。当然，一旦要被治罪，那些旗人肯定会跑，乾隆又下令将那些在逃的旗人一并开除出旗籍。这个问题成了乾隆整顿旗籍的直接原因。

除此之外，乾隆打算整顿旗籍还有另外一个重要的原因，就是在八旗的内部其实也存在着等级制度。

一开始的时候，旗人是满人的一部分，是努尔哈赤部落的人，后来，女真统一，与蒙古结盟，入主中原，旗人的范畴开始扩大，满人成了旗人的一部分，当然是主要的部分，蒙古人和一些汉人（包括早前归附的汉人）也入了旗籍，有了蒙古八旗与汉军八旗，他们都是旗人，却不是满人。这三种旗地位上不同，满人最高，蒙人次之，而汉军之人是“包衣”，是家奴，满人是不把他们当同族人对待的。汉八旗之人接受了许多满人的文化，可也保留语言等很多自己的文化。

出旗，指脱离八旗，一般指汉军改归民籍，即所谓出旗为民。这是乾隆于乾隆七年（公元 1742 年）《筹汉军归籍移居谕》中所做出的决定。

“八旗汉军自从龙定鼎以来，国家休养生息，户口日繁。其出仕当差者，原有俸禄钱粮，足资养赡。第闲散人多，生计未免艰窘。又因限于成例，外任人员既不能置产另居，而闲散之人，外省即有亲友可依，及手艺工作可以别去营生者，皆为定例所拘，不得前往。以致袖手坐食，困守一隅，深堪轸念。朕思汉军其初本系汉人，有从龙入

关者，有定鼎后投诚入旗者，亦有缘罪入旗与夫三藩户下归入者，内务府王公包衣拨出者。以及召募之炮手，过继之异姓，并随母因亲等类，先后归旗。情节不一。其中唯从龙人员子孙，皆系旧有功勋，历世既久。自毋庸另议更张。其余各项人等，或有庐墓产业在本籍者，或有族党姻属在他省者，朕意欲稍为变通，以广其谋生之路。如有愿改归原籍者，准其与该处民人一例编入保甲。有不愿改入原籍而外省可以居住者，不拘道里远近，准其前往入籍居住。此内如有世职，仍许其带往，一体承袭。其有原籍并无倚赖，外省亦难寄居，不愿出旗仍旧当差者听之。所有愿改归民籍与愿移居外省者，无论京外官兵闲散，俱限一年内具呈本管官查奏。如此屏当，原为汉军人等生齿日多，筹久远安全计，出自特恩，后不为例。此朕格外施仁原情体恤之意，并非逐伊等使之出旗为民，亦非为国家粮饷有所不给。可令八旗汉军都统等详细晓谕，仍询问伊等有无情愿之处，具折奏闻。"

此向汉军发出的上谕虽然说得很委婉，但下令允许汉军人退出八旗，回归汉籍则是千真万确的。其理由是因为汉军生齿日繁，生计未免艰窘，又因限于成例不能置产另居，而别去营生。为解决因此造成的"袖手坐食，困守一隅"的问题，而采取的措施，即"稍为变通，以广其谋生之路"，鉴于"汉军其初本系汉人"，因而准其"改归民籍"，"与民人一例编入保甲"，而脱离八旗回归汉籍。声称此"非逐伊等出旗"，"亦非为国家粮饷有所不给"，而是"筹久远安全计"，但"从龙人员子孙"除外。同时限定此项工作要在一年内结束，并指出此乃"出自特恩，后不为例"，似乎这又是临时举措。尽管这时主要针对的是京师八旗汉军，然而事态的发展足以说明这并非权宜之计。

因为令汉军改归民籍的决策一经实施便再未停止，而皇帝暨朝廷一再以"谕""旨"，或"议准""奏准"等形式继续提出一系列出旗为民的政策、原则以及具体要求，继续推动这项汉军改归民籍决策的实现，且步步加紧，范围亦逐渐扩大。

乾隆十九年（公元 1754 年）三月，乾隆帝下旨各省驻防汉军八旗亦开始办理出旗为民。至此，又将八旗汉军出旗为民的范围由京师扩展到各地驻防，八旗汉军出旗为民的决策已全面铺开。同年七月，遂议准福州驻防汉军兵一律出旗。此后，京口、杭州、广州亦照此办理。而汉军出旗后，原住房屋，无论官房、自盖，均留给满兵驻扎。至乾隆四十四年（公元 1779 年），各地驻防之八旗汉军已几乎全部被命令出旗为民。

而乾隆二十三年（公元 1758 年），议准："八旗汉军年老残疾不能当差，以及差使平常不堪教养者，俱令为民；其闲散人等无以养赡依靠亲属者，亦令出旗为民；至于领种官地之人，久在各州县种地，业属各州县管束，应即令其就近为民”。这是对八旗汉军出旗为民的硬性规定，凡符合此条件者，一律出旗，在这里已完全取消了自愿原则，没有商量余地。一切年老残疾、庸劣无能及谋生乏术者，皆勒令出旗，由此看来令汉军出旗为民一事大有“甩包袱”的味道。与数十年前上谕中所谓为汉军人等着想，筹长久安全之计的“特恩”，已大相径庭。

乾隆二十七年（公元1762年），议准：“八旗汉军从龙人员，如直省有可依靠之处，任其随便散处，愿为民者听”。从而突破了汉军出旗为民政策实行二十年来，从龙人员子孙除外的防线。从龙人员子孙备受青睐，永在八旗的优越地位动摇了。从龙人员即清入关前编入八旗的人员，本是八旗构成的基础，现在允许他们的子孙出旗为民，无异于动摇基础，这对汉军乃至八旗总体来说都是一种重大的变化。此年，又议准：“汉军内六品以下现任官员，并一应候补、候选、告退、革退文武官员，及兵丁闲散人等，有情愿改入民籍者”，呈明报部后可收入民籍。这里虽然有是否“情愿”的一项条件，只不过是官样文章。“一刀切”或“一风吹”的现象势所必然。这对八旗存在之基础不能不构成严重的威胁。所以，此政令推行了二十八年后的乾隆五十五年（公元1790年），在奏准中又收回成命：“汉军六品以下职官准其为民之例，即行停止。”但同时再次申明，如有兵丁及闲散人等，情愿改入民籍者，仍照旧例准其为民，亦即八旗汉军出旗为民的进程继续运行。

八旗制度由发展到衰落，非人力所能左右。军政合一，兵民一体的八旗制度，本是清朝的立国之本，是维系和巩固国家政权的有效保证。它是特定环境下的产物，产生于清朝崛起之际，与当时社会形态相适应，带有鲜明的军事奴隶制特点。其兵源、兵饷、后勤供应，乃至成员及其家属生计等问题，本来都有一整套行之有效的办法。清入关前后特别是入关前是其大发展时期。然而当清朝夺取了政权，诸多方面出现不适应。特别是因清承明制，八旗制度不仅已由维系国家存在的根本制度，降低为一种军事制度，而且更面临严重的挑战，出现了其自身难以解决的严重困难。当时越来越严重的八旗生计问题不仅成为八旗制度的危机，也严重影响了清朝的统治。为此清统治者用尽了各种办法，诸如采取提高月饷、补助赈济、代偿欠债、赎回旗地、设养育兵、京旗移垦及出旗为民等措施，以求解决，以图维系这种制度。然而多为治标，收效甚微，这令统治者大伤脑筋。唯独令汉军出旗为民这一关系八旗根本的治本之法，尽管这是伤筋动骨之举，但因收效显著，使统治者在心烦意乱之中，终于看到了保存八旗的希望，所以便不惜有所牺牲，舍其次而留其主，坚持下来并扩而大之。这些也就是上述一系列出旗为民决策雷厉风行贯彻到底的原因所在。

（三）考场怀挟　废科热议

从隋朝开始一直使用科举制来选拔朝廷所需的人才，统治者认为只有书念得好才会精通治国之道。科举制产生于隋朝，在唐朝得到兴盛，此后各朝各代一直沿用科举制选拔人才，当然，在这个过程中科举制也得到了一定的改善，直到清朝，才因暴露诸多弊端而要废除科举制。

清朝因为是满族权贵当政，于是皇帝对满族人入仕为官大开绿灯，形成了八旗子弟不用参加考试也能够被朝廷录用的现象。在雍正皇帝之前，清朝的科举考试分为满汉两榜，即满族人和汉族人是分开考试的，满族人只需要考翻译一科则可以通过考试进入仕途。到了后来，皇帝也觉得这样对汉族人不公平，在表面上说不过去，于是又将汉族人与满族人放在一起考试。但是考生中还是汉族人占大多数，满族人都通过其他种种方法进入了仕途，只有汉族人才参加科举考试，竞争相当激烈。清朝的贪腐之风也波及科举考场上，有很多考生行贿考官，一时间作弊之风盛行，朝廷已不能通过科举考试选出想要的人才，于是引发了对废除科举制的大议论。

科举一直是平常百姓以及官绅地主所重视的事情，因为他们只有通过科举考试才能够为自己谋得官职。康乾盛世期间，贪腐之风盛行，地主乡绅们都争相贿赂当地官员和乡试、会试的主考官，让他们无视考场上的夹带行为。雍正曾经就意识到问题的严重性，于是大力整顿官场的风气并且严厉打击学生作弊的行为。如此一来，科场的风气逐渐变好。但是乾隆上位之后实行宽松的政策，于是贪腐之风和作弊之风又开始盛行。

乾隆即位后也意识到了问题的严重性，科举考试乃是朝廷选拔人才的一个最重要的方式，是一个国家长远发展的根本。所以乾隆不能让那些不好的习气影响到了选拔人才。于是乾隆上台后不久就开始治理科场的风气。首先，他下诏警告那些应试的举人一定要将夹带的风气革除，胆敢以身试法者一定按照法律治罪，绝不姑息。除此之外，江南地区还盛行地主们用钱财贿买生员，并且还有的贿赂科考监考的官员，情况特别恶劣。于是乾隆又下令严加追查，将这些受贿官员一律革职查办，严重的则抄家。但是到乾隆中期的时候，朝廷中贪腐的官员已经结成一个网络，他们以和珅为头目。但和珅又是受到乾隆保护的。并且，贪官一旦走上贪腐之路就没有回旋的余地，所以

即使乾隆严厉对待，科场的风气还是没有得到很好的改变。朝廷官员欺上瞒下，越发展越严重。

乾隆对初次治理科场风气不成功很生气，于是决定亲自给考生出题以示他对科举考试的重视，并且派自己的亲信带领监考人员临时到考场监考，对考生们严加搜查，不允许任何作弊行为的发生，一旦发生势必将其捉拿治罪。官员们看乾隆如此治理科考秩序，便都认真监考。结果在第一场考试就搜查出夹带的考生二十一人，他们有的藏在帽子里，有的藏在笔墨砚台里，可谓绞尽脑汁。这次考试因为监考非常严格，导致最后交白卷的考生竟有七十人，不能完整答完整张考卷的有将近四百人，而那些不知试题所云，答得牛头不对马嘴的试卷有将近三百份。等到第二场考试，又查出作弊二十一人。乾隆第一次亲手抓考试作弊就有如此的收获，可想要是没人管会是一个什么样的情况。况且这还是天子脚下发生的事情，其他的偏远地区就更可想而知了。

乾隆了解到了科场上不良风气之后很是心寒，于是又出台一系列的规定来对应试者进行检查。乾隆规定，应试的考生必须只能穿单层的衣服前往考场应试，考试中所要用到的蜡烛等一律由官府代为购买，而且进考场前还要经历两次严格的搜查。如果第一次没有被检查出作弊的考生在第二次被检查出作弊时，第一次检查的人员则会受到惩罚。如此一来，官员们为求自保也会认真搜查。除了检查考生外，还需要派人检查考前运到考场内的所有器具和食物，以防考生贿赂官员。当然，除了预防还有治理，一旦考生夹带被抓，就会立即治罪，并且将其父亲和老师一同治罪，这样一来考生都不敢再夹带，但是这样并没有达到肃清考场风气的目的。

家长们可以将这两位搜查人员和监考官一路买通，那样考生仍然可以进行夹带。除此以外，贿赂阅卷官员也是一项重要的手段。考生父母们通过各种手段和阅卷老师攀关系进行利诱，使得考生即使考试不利也可以取得功名。所以乾隆又下令严厉查处那些阅卷作弊的阅卷老师们和受贿赂的监考官员们，一经查出绝不容情。

清朝时期科场上除了作弊问题外，还有就是考生们的水平问题。很多考生都是为了求取一官半职而参加考试的，只有绝少数人因为饱学诗书才去求取功名的。所以考场上答卷的水平可想而知，大多数考生不是在述写对江山社稷的建议，而是凭借考前死记硬背的名家文章，在考场上生硬地抄上去。这样一来答案和题目之间根本是牛头不对马嘴，国家根本不能通过科举考试选拔到有用的人才。乾隆初始只认为是考试科目的问题，觉得考生只会做八股文，没有办法发挥自己真正的水平。于是乾隆又将科考加以改革，乾隆喜欢作诗，就把诗作为了考试的一个项目。但是此举实行之后，考生们也还只是背诗生搬硬套，做出的诗毫无生气。如此一来根本就无法通过科考发觉有用的人才，再加上作弊贿赂之风屡禁不绝，所以当时产生了一个废除科举制的热议。但最终由于无法找到一个更好的方法和途径来替代科举考试，故而没有将其废除。

可以说乾隆时期科场上的夹带之风是受到当时官场上贪腐之风的影响的。国家在这种情况下根本选拔不出有用的人才，这是导致清朝逐渐沉沦的根本原因。有用的人才没有办法报效国家，而官场上尽是些贪婪无用的小人。这也是乾隆在整个执政期间犯的最严重的一个错误，是对政治的失察。

（四）王伦揭竿　清水助白莲

白莲教创始于南宋时期，在元明清三朝都比较盛行。白莲教继承佛教的思想，崇奉弥勒佛。他们不随意杀生，不吃荤腥和葱。乾隆后期，由于社会矛盾激化，地方上的官僚、地主们肆意兼并土地，使得百姓无地可种。又时常发生灾荒，官员们不但不救济百姓反而加重税赋，使得民不聊生。白莲教在这一时期走入百姓中间，在川陕一带迅速地发展。最后成了一支反对清政府统治的队伍。

白莲教虽然名声较大，但是它并不是第一支敢用武力反对清朝压迫统治的队伍。在它之前还有清水教。清水教起义是乾隆时期第一次农民起义，它是一个转折点，在它之后全国各省不时则会发生农民暴动事件。这次起义虽然规模不大，持续时间不长，但是它打响了反抗清政府统治的第一枪。当然，它的发生也是清朝阶级矛盾激化的产物，是老百姓对于政府压迫的抗争。

清水教是白莲教的一个支派，因为它宣扬人只要饮水一瓢便可以四十九天不吃东西而得名。这次清水教起义的首领名王伦，是山东寿张人，早在乾隆十六年（公元1751年）的时候就加入清水教。他因为医术精甚而广为人知。此人不仅会医而且精通拳术。他在给乡邻治病的时候大肆传教，到乾隆三十九年（公元1774年）的时候已经发展教徒数千人。由于当年山东发生灾荒，百姓没有收成，本来就难以过活，但是当地的官员欺上瞒下向朝廷上报收成良好，而且还加重百姓的税赋让百姓无法生存，百姓不得已才准备发起抗争。王伦因为是当地清水教的首领，于是和大家约定好起事。但是由于人数太多又没有严肃的纪律，起义一事被当地政府得知。遂王伦决定提前起事。他谎称山东三十日内必有大劫。若是能够跟随自己起事方能躲过此次劫难。于是到了起事之日，竟有五六千人参加对寿张和堂邑两县的进攻。

义军们一鼓作气攻下寿张和堂邑两县。在起义军攻下两座县城三日之后，王伦就开始建立军事机构。他自己为“真紫薇星”，为起义军首领，封范伟为军师，猛灿和王经分别担任正副大元帅。此外还设有将军、总兵校尉等职务，以方便管理义军。义军攻下县城之后军纪严明，不掠夺百姓，只是将原来官府的财物没收并且释放囚犯。如此一来甚得民心，以至于很多百姓都纷纷加入起义军。起义军逐渐壮大，几日之后又占领临清城附近的柳庄，并决定攻打临清县城。因为义军人数众多，所以短时间就将临清县城的西南两门围住，最后在德州、青州和直隶的援助下才得以守住临清。

王伦八月二十八日起事，乾隆于九月五日得以奏报。正值当时的大学士舒赫德正准备前往河南监督治河正好走到直隶，于是乾隆命他改道前往山东。舒赫德在直隶选兵将近两千，并抽调德州和青州兵丁数百前去山东围剿。乾隆还是不放心，于是又派额驸拉旺多尔济率兵两千，带上充足的弹药前往山东协同舒赫德进行围剿。

在舒赫德和拉旺多尔济未到山东之前清军节节败退，根本无法和起义军进行抗衡。于是舒赫德决定分兵从西、北、南三路前去围剿。舒赫德率领清军支援山东之后，由于起义军寡不敌众，退出临清城进入附近的旧城。起义军进入旧城以后和清军展开了巷战。起义军熟悉当地地形，所以一开始他们在城内是占优势的，但是由于起义军武器装备不良，又没有充足的弹药，所以最后也支撑不住。到九月二十九日，清军已经团团包围了起义军领袖王伦的住处，清军几次想进屋抓人都被王伦的守卫打退。最后王伦无路可走，烧楼自焚。至此起义军兵败。

在起义军兵败之后，清军全力进行搜捕败散的义军，并进行了血腥的屠杀，导致当时街道上全是死尸，最后乾隆下令将所有尸体掩埋。乾隆本以为是当地贪官横行才激起民怨，百姓不得已反叛朝廷，其过错全在于贪官作风问题。但后来经过刑部对起义军将领的审讯才得知，因为山东连年歉收，官员又加重税赋，百姓无处申告，所以才决定起事。乾隆得知后甚为震怒，竟然是因为朝廷无法了解到民意而发生的灾难。但是乾隆是个好面子的人，于是乾隆说起义军捏造事实，并且表明自己执政将近四十年，每次碰到灾情都会不惜重金赈济灾民，怎会无饭可吃还加重赋税？乾隆还相信大清朝廷的体制完备，民情都能够被皇帝所知。乾隆把起义的全部原因都归结于百姓滋事，于是将抓捕的所有起义军全部处死，有的被凌迟，有的则被处斩。对于首领王伦的家属，除被诛杀之外，其他全部被流放边疆，王伦家族的祖坟也曾两次被刨开。

清朝的第一次农民起义活动就这样被暴力地镇压，但是统治者们并没有因此好好反省他们的过错，而是一味地责怪百姓生事。当然，他们要做好预防再次发生暴乱事

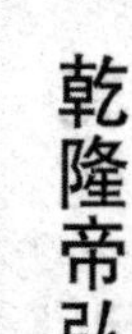

件的工作。于是乾隆又做了两项规定。

首先，乾隆决定推行保甲制度，由此来建立起皇帝对全国的严密控制。其实保甲制度在王伦发动起义之前就已经被提出，只是当初没有受到地方官员的重视，所以也没有被很好地贯彻。起义军被剿灭之后，乾隆再次提出此项制度，可以看出他对保甲的重视。因为王伦起义乃是借着清水教的名义，所以保甲制度的实行可以很好地杜绝这些反叛分子的肆意传教行为。乾隆把保甲制度形成了具体的文字发往各省，地方上才开始重视，而且认真贯彻保甲。

其次，大学士舒赫德把这次能够很快地围剿起义军的原因归结于起义军武器装备，所以他上疏建议乾隆在全国实行控制武器的活动。这点建议得到了乾隆的认可和支持。于是他下令在规定的期限内命令全国百姓上缴鸟枪。如不在规定的日期内上缴，一经查获则严重处理。如此一来百姓想造反也没有了武器。

王伦起义的主要原因是封建制度下的压迫令人民无法喘息。这是一次阶级斗争，虽然最终以清政府的胜利告终，但它表明了老百姓的立场，让清政府很好地了解到了“民意”。当然，乾隆在这件事的处理上也是非常果断的，但是他在镇压起义军之后没有很好地反省当前清政府的体制，也没有追究当事官员的责任，这也是乾隆王朝逐渐变得消沉的一个原因。

基于这次叛乱，我们做一些更深层次的分析。乾隆执政初期主要体现满族人与汉族人之间的矛盾，我们可以看作为民族矛盾。但老百姓最关心的还是自己接下来的生活还是不是能过得下去。即使统治阶级上层都是满人，但地方官员基本上都是汉人，也并没有什么好反叛的。然而到了后期这种叛乱的发生明显是官逼民反的结果，百姓并没有夺取山河的宏图大志，只是被当地官员逼得没有了生路才揭竿而起。所以最主要的矛盾从民族矛盾转化为了官民矛盾，也就是统治阶级与被统治阶级之间的矛盾。

（五）苗民起义　湘贵未定

苗疆问题一直是乾隆时期内敏感的问题。雍正晚期苗民由于无法忍受当地官员的压迫和剥削遂奋起起义。雍正皇帝还没有完全处理好这件事就不幸驾鹤西去，所以乾隆还未登基就面临苗疆问题。对于这个问题，乾隆予以坚决镇压，并且在事后实施了相关政策，让地方官员恪守职责，同时为了防止双方再发生斗争，还将苗、汉区别对待，但是作用并不大。苗民又受了几十年的残酷压迫和剥削，直到乾隆六十年（公元

1795年）乾隆即将退位之时才又爆发起义。

因为苗民和汉族人以及满族人的生活习惯和风气都不相同，所以在汉民和官府相处时总是会有摩擦产生。再加上当地的官员贪腐昏庸至极，大肆欺侮苗民妇女，引起了苗民的愤怒。除此之外又因清朝中期实行改土归流的政策，使得苗民的土地被地主们迅速地兼并，苗民失去了自己的土地。面临清政府和地主们的种种压迫和凌辱，苗民忍无可忍才发动起义。其实真正开始起义的时间不是在乾隆六十年（公元1795年），而是早在乾隆五十二年（公元1787年）。凤凰厅的苗民为了反抗官府欺压百姓遂奋起反抗，但是不幸被镇压。直到乾隆六十年（公元1795年）正月十三日又发动起义，并一举攻下大塘汛，包围了松桃厅和附近的几个大营。几日之后他们的起义又得到其他地区的响应，攻取了干州仓库并且斩杀了当地的同知、总兵和副将。苗民奋起反抗之后，那些曾经深受荼毒的汉人百姓也纷纷加入起义军的行列中来，一起反抗清王朝残酷的压迫统治。

苗疆一月起事，由于路途遥远，乾隆在二月份才接到消息。乾隆得知苗民起义之后非常紧张，因为云南、贵州和四川一带多山，一旦反民躲入山中就很难剿灭；再者苗疆地区一向民怨较深，一旦发生暴动事件必然得到广泛的响应。乾隆于是派遣自己的得力干将福康安前去围剿。乾隆的计划是分三路进攻，福康安由南向北正面对松桃进行进攻，命和琳领军剿灭修缮附近的起义军，命福宁从北向南夹击起义军。由于乾隆多年来一直处理边疆叛乱的事务，所以他的部属也是非常得当和准确的。不过这时候他也是非常痛恨边疆动乱的，于是命令福康安务必要击溃起义军，让他们见识到清朝政府的威严，以后不敢再杀戮朝廷官员。直到二月中旬福康安才到达前线与起义军展开激战。随后，福宁与和琳也赶到苗疆地区对起义军发起攻击。起义军人少、武器又不精良，只能充分发挥当地多山的地理优势，与清军打起了游击战。福宁刚进苗疆的时候就向乾隆诉苦“苗疆贼匪时而聚，时而散，难以一举歼灭”，但是受到了乾隆的责备。

二月时，三路进攻不顺，于是福康安与和琳改变策略，转为两路合击永绥附近的各土司，但是受到起义军主力的抵抗。双方激战三天三夜，回民只是据守山寨，清军毫无办法。在这种情况下，乾隆亲自指挥战法，命和琳与福康安分路前进，并力征剿鸭宝寨。起义军得知清军合力来袭之后，为了牵制清军的进攻，截断了清军的粮道。乾隆并不惊慌，一面让和琳与福康安继续前往，一面命福宁率六千兵将前去打通粮道，但是此一役福宁打败，而福康安大胜起义军，并且夺回了几个大寨。之后一直到五月，福康安一路大胜，挫败了起义军的锐气。福康安之所以在镇压叛乱上立下赫赫战功，一面是因为他了解敌军的军情，一面他利用手段对起义军的心理进行瓦解，让他们无心再战。

时年七月，乾隆还是不放心，于是又往云贵调兵两千。八月，清军已经开始布置了对起义军的全面进攻，准备一举将其歼灭。清军凭着人多和武器弹药充足，一直大败起义军。但是此时起义军还是丝毫不气馁，决心与朝廷抗争到底。清朝政府要是想彻彻底底将其剿灭也不是件很容易的事。于是乾隆又想起计策，命福康安在起义军内部离间他们，并且对那些心思摇摆的起义军将领进行利诱，诱使他们叛变。果然，在清军一路势如破竹的大背景下，起义军军心已经开始涣散，再加上清政府进行利诱，就有一部分起义军叛变，并且帮助清军捉拿了一些起义军将领。这样一来，义军内部人心就更加不稳。

乾隆利用这样的计策，几个月下来，义军的将领们基本上都被捉拿。于是清军趁机将起义军一举歼灭。此时乾隆虽然已经退位，但还是大权在握，实际上还是乾隆在控制着整个朝政。直到嘉庆元年（公元 1796 年）十二月，起义军才彻底被剿灭。但是清朝政府也付出了沉痛的代价。名将福康安因染病身亡，和琳也在战时病死，乾隆失去两员大将。

本来平定了一个地方的叛乱之后必然要将地方的军务进行整顿，并且制定一些政策，让那些企图再次发动暴乱的百姓不敢再和政府作对。但是乾隆此次围剿之后就草草了事，并没有将那些引起民怨的官员治罪。仍然保持原来的制度和治理政策。苗疆起义之所以从乾隆即位到乾隆退位时还屡禁不绝，就是乾隆没有很好地牵制当地官员的行为。官员在百姓头上作威作福。由于苗疆地处遥远，所以乾隆也不能很好地了解到当地的情况，官员们才敢对百姓百般凌辱。此次剿灭起义军之后乾隆本应该出台政策改变这一局面，但是他并没有这么做，以至于在以后的咸丰年间苗民又发动起义。

由于乾隆没有颁布政策来预防起义的再次发生，所以湘贵一带还是没有得到很好地稳定，随时还可能产生暴乱。如果山东王伦起义标志着乾隆盛世已经开始走下坡路了，那么苗民起义则标志着康乾盛世已经一去不复返了。

天子风流

乾隆皇帝爱嫁游、爱微行——人们由此引发猜想，他是不是在寻找自己的生母？

乾隆皇帝爱诗赋、爱收藏、爱琴棋书画——人们由此引发猜想，这个皇帝看上去这么像汉人，为什么呢？把明朝所有的皇帝都拉出来比一比，恐怕没有一个能比得上乾隆这个满洲人的汉族文化造诣，比得上他的儒雅风流。据说，他还一度提出恢复汉家衣冠……

说起来，乾隆皇帝的身世传说如此沸沸扬扬，在相当大的程度上，与他的性格与行事，不无关系。

（一）乾隆的诗文

乾隆痴迷于写诗，“几余清宴”之际的常课，每日必作数首。这样一来他留存的诗的数量是惊人的。据徐世昌《晚晴簃诗汇》所记：“高宗御制诗五集，都四百三十四卷，四万一千八百首。登极前为《乐善堂集》，归政后入《余集》。又《全韵诗》《圆明园诗》，集外别行，皆不在此数。篇章繁富，自来诗家专集，未之能逮。”《全唐诗》里所有诗人的诗加起来，也没有他一个人写得多。

乾隆自己曾说：“几务之暇，无他可娱，往往作诗。”又说：“每天余时，或作书，或作画，而作诗最为常事，每天必作数首。”

这种“痴迷”，实在是颇为惊人的。要知道，乾隆皇帝并不是闲人，哪来这许多时间写诗？词臣的修饰润色，自然是必不可少的。连乾隆本人亦不讳言，御制诗文中有些“出词臣之手，真赝各半”。替皇帝捉刀的，起初有汪由敦、钱陈群、刘统勋，中间有沈德潜、刘纶、于敏中，晚年则有梁国治、张鹏种、彭元瑞等人。有些诗，他只是写了一二句，“谓之诗片”，就叫人誊写补齐，有的诗文则口授其意令人代作。探花、军机章京、大学者赵翼亦曾参与其事，对此写道：“上圣学高深，才思敏赡，为古今所未有。御制诗文如神龙行空，瞬息万里。”“或作书，或作画，而诗尤为常课，日必数首，皆用硃笔作草，令内监持出，付军机大臣之有文学者。用折纸楷写之，谓之诗片。”“余直军机时，见诗片乃汪文端（汪由敦）、刘文正（刘统勋）所书，其后刘文

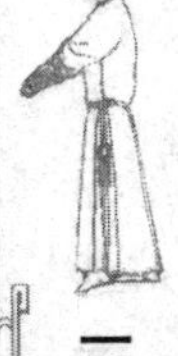

定（刘纶）继之。由诗片抄入诗本，则内监之职。迨于文襄（于敏中）供奉，并诗本亦手自缮写矣。御制诗每岁成一本，高寸许。”

有一年冬天，乾隆和他的文学侍从、著名诗人沈德潜等人一块儿去西湖游玩。时值严冬，鹅毛大雪飘飘扬扬，让人思绪万千。“大诗人”乾隆自然不肯辜负这大好河山与胸中锦绣，便开口吟道：“一片一片又一片，”身后的臣子们听了纷纷叫好，都说皇上出手不凡，一下就抓住了眼前雪景的最大特色，而且此“起”为后面的“承转接”留下了极大空间。总之大家谀辞声声，直拍得乾隆爷如在云霄，于是他继续吟诗：“三片四片五六片……”又引来一片叫好声，皇上此句，别开生面，别出心裁!! 一番热气腾腾的恭维后，乾隆一鼓作气，又来一句：“七片八片九十片……”这句一出，大家开始面面相觑：皇上是在吟诗还是在数数呀？拍皇帝马屁怎么着也说不上过分，可是究竟要如何措辞？乾隆也有点呆，不知如何收场：一到十的数字都给朕用完了，还怎么往下吟？莫非“百片千片万万片”？这也太不像话了……就在这冷场的关键时刻，著名诗人沈德潜的作用开始发挥，他上前跪着说：“皇上的诗写得太好了，请让臣下狗尾续貂。”正黔驴技穷走投无路的乾隆当然准奏。于是，沈德潜接上：“飞入梅花都不见。”诗人就是诗人，乾隆的这首数数诗安上这么个尾巴，倒多少有点曲终奏雅，稍具诗意。乾隆自然也就顺坡下驴，“高宗击节称善，且以貂裘赐之。”

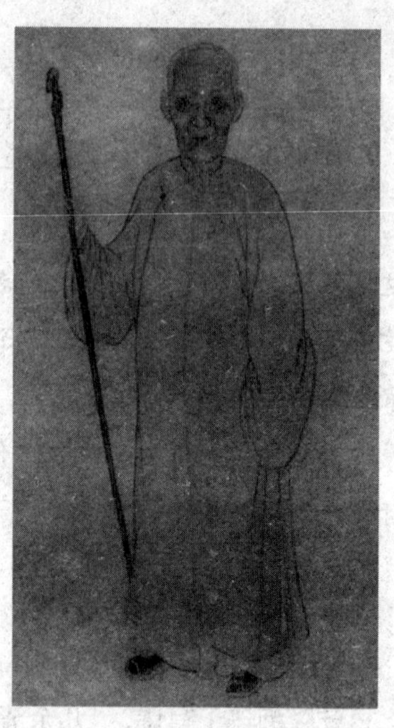

沈德潜

乾隆“貂裘赐之”，但是这貂裘不是白拿的，是皇帝陛下支付的“稿费”，换的是版权。

沈德潜为乾隆润色诗文，为那四万多首诗的面世做了不少贡献，也因此而备极荣耀，乾隆赐诗中有“我爱沈德潜，淳风挹古初”等句。然而，沈德潜死后，乾隆翻阅他的遗稿，发现他替自己捉刀的诗作居然全被他收入了自己的诗集，心中大怒。正好查办徐述夔《一柱楼集》含悖逆语（如“清风不识字，何故乱翻书”等句）案时，发现有沈德潜的序文，进而又发现沈德潜的《咏黑牡丹》诗中有“夺朱非正色，异种亦称王”句，遂认为是诽谤大清，于是下令将沈德潜开棺鞭尸。

即使有词臣润色，乾隆的大部分诗，水平还是算不上高。他作的诗实在是太多了，

自然以“水货”居多。比如，他南巡时曾游览江宁、苏州、杭州、扬州的名胜古迹，写了许多诗，其中不少是应兴即景，随手涂鸦，千篇一律。像在南京写的《元武湖即景杂咏》：

大平门外进兰舟，元武湖中撰胜游。

欸乃渔歌出芦渚，冶怡花影漾沙州。

镜涌春水一篙深，白芷青莆刺碧浔。

却怪横峰碍蘭桨，鸡笼晴翠落波心。

溶池昔亦号昆明，遗迹萧齐入品评。

留得六朝风月在，鸥波依旧照人心。

又如《曲水用谢惠运韵即效其体》：

乐游古名苑，闻在城东郭。

过巳寻曲水，饯春余修薄。

怀古缅筋咏，征今只泉壑。

行漏促归辔，烟林噪午爵。

这些诗，无论是内容、思想和艺术，都没有什么可取之处，只能落入下乘。还有更多的，连这样的水平也没有。但是，总的来看，乾隆帝之诗，很多是纪实之作，包含了相当丰富的内容和深刻的政治含义，或述某事某制，或言己之政见，或为争取汉族名流学者，或臧否人物评论史事，从政治、历史的角度看，还是颇有价值的。他自己便曾多次讲述诗要有所为而作，不能“竞尚浮华”，“徒以藻缋为工”。他于乾隆五十三年三月十九日为此下达专谕说：“朕所作诗文，皆关政教，大而考镜得失，小而廑念民依，无不归于纪实。御制（诗）集具在，试随手披阅，有一连十数首内专属寻常浏览吟弄风月浮泛之词，而于政治民生毫无关涉者乎?”他的这些话，还是有事实根据的。他的诗记述了军、政、财、文、外交、民族等各个方面的情形。比如，写赈灾蠲赋的《御制降旨分别蠲免河南开封等府州属正赋及带征积欠钱粮志事诗》：

河南五百里驰邮，将谓甘雨被豫州。

披阅乃覆奏谕旨，弗增慰念仍增愁。

驰折以月之廿九，此沾霈彼未蒙庥。

昨为卫辉虽蠲赋，不无邻郡向隅忧。

因命方伯查详悉，兹乃一一陈厥由。

十分之三或其五，二府正赋免课收。

及予缓征之旧欠，视灾轻重次第酬。

俾我穷黎少苏息，祁优霖被补种秋。

从来救灾无善政，尽予心力勤咨诹。

又如乾隆五十一年三月闻安徽太湖县唐家山民以黑米充饥而写的《御制志事诗》：

草根与树皮，穷民御灾计。

敢信赈恤周，遂乃无其事。

兹接安抚奏，灾黎荷天赐。

挖蕨聊糊口，得米出不意。

磨粉搀以粟，煮食充饥致。

得千余石多，而非村居地。

县令分给民，不无少接济。

并呈其米样，煮食亲尝试。

嗟我民食兹，我食先坠泪。

乾坤德好生，既感既滋愧。

愧感之不胜，遑忍称为瑞。

邮寄诸皇子，令皆知此味。

孙曾元永识，爱民悉予志。

从诗词艺术上来说，乾隆的这些诗实在算不了什么，有的简直谈不上是诗，但其表述的内容，还是不贫乏的，记述了一些可贵的事实，就此而论，也算有其存在的价值。

乾隆喜欢写诗，也喜欢拿诗来考人。据传广东人冯进修进京考试，恰遇乾隆雅兴大发，即出上联："玉帝行兵，雷鼓云旗，雨箭风刀天作阵"，让其作对。冯进修对曰："龙王夜宴，月烛星灯，山肴海酒地为盘。"对仗严谨，联词华丽，因而受到乾隆宠爱。

清朝大才子纪晓岚，官居协办大学士，聪敏过人，常跟乾隆读书作诗。一次，纪晓岚陪乾隆游览江景，乾隆命他以江景为题赋七绝诗，并要求每句都以"一"字开头。纪晓岚浏览了一下江景，不假思索吟道："一蓑一笠一渔舟，一个渔翁一钓钩，一拍一呼还一笑，一人独占一江秋。"此诗用 10 个"一"字，把江景描绘得生动有趣，博得乾隆称赞："卿不愧为当朝大才子。"

他经常拿自己诗作中的典故来考较大臣，他从古书中随手翻到一个生僻典故，用在诗中，文学侍从之臣自然难解所谓；而纵明出处，也必佯作不知，或假装回家查书数日，斯知圣学渊博如此。其实乾隆之诗所以难解，非在渊博，而在杜撰，常以一字代替数语，群臣势必瞠目无所对，非拜伏赞叹不可。

乾隆每出诗稿，让臣子注释或修改。他们便会装得十分笨拙浅陋，以此达到谀上的目的。有一首《雨猎》诗，有“著制”二字，众人遍审书籍，都未能寻得出典。高宗笑道：“卿等尚未尽读《左传》耶？盖用陈成子杖制事，制谓雨衣也。”

其实，“制谓雨衣”义，只需翻翻《康熙字典》即可得，但是，相比让皇帝有良好感觉，装装傻又有什么要紧呢？

原礼亲王昭梿亦于《啸亭杂录》卷一中颂扬乾隆写诗之多学识渊博说：“纯庙天纵聪睿，揽读渊博”，“每一诗出，会儒臣注释，不得原委者，许归家涉猎，然多有翻撷万卷莫能解者”，然后乾隆举出其出处，“以博一笑，诸臣莫不佩服”。

乾隆如此爱诗，也对自己的诗才十分自负。这样一来，他的这一爱好难免为朝中臣子所乘，以此为进身之阶。山东济南一名贡生的孙儿，年仅五岁，竟然能背诵乾隆的《乐善堂全集》。乾隆召进宫来当面试问，果真如此。乐得他即席赋诗：“七岁神童传李泌，于今转觉两年迟。松称晚秀终为贵，桐解先荣亦自奇。道左趋跄浑特达，车前奏对式威仪。张家故有郎中例，克继芳踪舍汝谁？”

幸好这孩子年龄实在小，不然乾隆说不定会把他扶植成另一个和珅式的人物。

乾隆爱写诗，更极爱题诗。他走到哪里就把诗题到哪里；得到了什么珍品，自然也要题诗为记；遇上什么大事小事，更是吟诵不绝。乾隆得到了《富春山居图》，爱不释手。他发扬自己素来的习惯，屡屡题赞，每看一次就在上面题诗一首，到后来他自己也觉得不像话了，就又写了一首警示自己：以后再看不能再题了。

他除写诗外，还到处为名胜古迹题写匾联。这些匾联大多气势恢宏，如苏州虎丘佛殿匾联：雁塔影标霄汉表，鲸钟声度石泉间。横匾是：须弥春满。

慈应寺题联：地近秣陵飞法雨，江连天堑听潮音。横批：慈云普应。

龙潭行宫题联：冈峦萦绕桑麻富　州渚参差飒桨通。横批：揽胜龙潭。

明陵题联：戡乱安民得统正还符汉祖，立纲陈纪遗模远更胜唐宗。横批：开基定制。

阅兵台题联：诘式宜辣昇平时，振武先殷文物邦。横批：整暇精严。

鸡鸣寺题联：法身常现宝塔品，空界似谓昙钵香。横批：声觉大千。

一个满洲皇帝，竟然对诗文痴迷得几近走火入魔，虽然诗才有限，却也难怪别人觉得他像汉人了。除了大量诗作之外，乾隆皇帝还著有不少文赋，仅编成的《御制文集》即有三集，共一千三百五十余篇。这些文章固然有不少是逢场作戏敷衍成篇的，但也有许多具有重要的政治意义和历史价值。比如，他于乾隆五十八年写了一篇《御制喇嘛说》，全文如下：

佛法始自天竺，东流而至西番，其番僧又相传称为喇嘛。喇嘛之字，汉书不载，元、明史中或讹书为刺马，予细思其义，盖西番语谓上曰喇。谓无曰嘛，喇嘛者谓无上，即汉语称僧为上人之意耳。喇嘛又称黄教，盖自西番高僧帕克巴始盛于元，沿及于明，封帝师、国师者皆有之。我朝惟康熙年间始封一章嘉国师，相袭至今，其达赖喇嘛、班禅额尔德尼之号，不过沿元、明之旧，换其袭敕耳。盖中外黄教，总司以此二人，蒙古各部一心归之，兴黄教即以安众蒙古，所系非小，故不可不保护之，而非元朝之曲庇谄敬番僧也。其呼图克图之相袭，乃以僧家无子，授之徒，与子何异，故必觅一聪慧有福相者，俾为呼毕勒罕，幼而习之，长成乃称呼图克图，此亦无可如何中之权巧方便耳，其来已久，不可殚述。孰意近世其风日下，所生之呼毕勒罕，率出一族，斯则与世袭爵禄何异。予意以为大不然，盖佛本无生，岂有转世，但使今无转世之呼图克图，则数万番僧无所皈依，不得不如此耳。去岁廓尔喀之听沙玛尔巴之语，刦掠藏地，已其明验，虽兴兵进剿，彼即畏罪请降，藏地以安，然转生之呼毕勒罕，出于一族，是乃为私，佛岂有私，故不可不禁。兹予制一金瓶，送往西藏，于凡转世之呼毕勒罕，众所举数人，各书其名，置瓶中掣签以定，虽不能尽去其弊，较之从前一人之授意者，或略公矣。夫定其事之是非者，必习其事而又明其理，然后可。予若不习番经，不能为此言，始习之时，或有议为过兴黄教者，使予徒泥沙汰之虚誉，则今之新旧蒙古畏威怀德太平数十年可得乎？且后煽乱之喇嘛，即正以法，元、明曾有是乎？……兹之降廓尔喀，定呼毕勒罕，适逢时会，不动声色以成之，去转生一族之私，合内外蒙古之愿，当耄近归政之年，复成此事，安藏辑藩，定国家清平之基于永久，予幸在兹，予敬益在兹矣。

全文不过700余字，却讲明了清政府“兴黄教即安众蒙古”的基本政策，以及创立金奔巴瓶制的原因和意义，文字不多，论证有力，逻辑严密，确是佳作。

乾隆皇帝不仅极重诗文，对于汉族传统文士所爱的琴、棋、书、画、收藏等等，无所不爱，浸淫极深，比汉人还像汉人。

（二）乾隆的雅趣

乾隆是个风雅之人，对诗词歌赋、琴棋书画都有浓厚兴趣。作为皇帝，又生逢盛世，他要学什么都极为便利，于是涉猎颇广，留下了不少轶事传说。

在《书剑恩仇录里》，有一个乾隆弹琴的情节。在杭州灵隐寺，乾隆抚琴高歌，琴音平和雅致，曲词却是满篇歌颂皇恩。这首曲子是乾隆所做的《锦绣乾坤》，乾隆是一国之君，政绩不错，自己也颇为自负，在曲中也表达出来。乾隆觉得陈家洛知音卓识，因此请陈家洛弹奏一曲。陈家洛弹奏了一曲《平沙落雁》，乾隆听完，大赞琴曲中有大漠风光、金戈之声。

历史上没有关于乾隆琴艺如何的记载，只是他用过的琴，倒都是绝世之珍。史料记载，乾隆皇帝非常热衷于收藏历代名琴，他曾请侍臣梁诗正、唐侃将宫中所藏历代古琴断代品评，分等编号。中国嘉德 2009 年秋季拍卖会“泽古怡情—清代宫廷艺粹”专场上，乾隆的“月露知音琴”拍出了 2184 万元的高价；2010 年 11 月 15 日在苏州吴门十周年庆艺术品拍卖夜场上，一张“御书堂”乾隆御用无底蕉叶古琴以 5800 万元的天价拍出；2010 年 12 月 5 日，北京保利 5 周年秋季拍卖会进行的古董珍玩夜场拍卖中，北宋徽宗御制、清乾隆御铭“松石间意”琴以 1. 3664 亿元成交，不仅刷新了古琴拍卖的世界纪录，而且创造了乐器拍卖世界纪录。

琴是极雅之音，棋也是传统文人陶冶性情的雅事。在许多关于乾隆皇帝的影视作品中，都有他与人下棋的画面。在安徽鸡头岭脚下的山溪旁，有一高约五尺、长宽丈许的四方端正、平平整整的大石头，当地人称为“棋盘石”。棋盘石处，上、下游终日水流潺潺，唯有中间一里之地，溪流干涸，静无水声。据说弘历登基前曾在这里遇到一个老僧，在这石头上下了几盘棋，还从棋道中领悟到了治国平天下的真谛，于是将这块大石命名为“棋盘石”。故事是真是假且不说，乾隆的棋艺水平十分有限倒是真的。他爱下围棋、象棋，经常找臣子陪他下棋；大臣们不敢赢，又不敢输得太难看，因此下棋下得十分痛苦。

琴棋只是一时之趣，在书法与绘画上，乾隆倒真是下过一番工夫的。

康熙皇帝十分看重字写得好不好，尤爱董其昌，也十分重视子孙的书法。雍正的字柔中带刚，外表浑厚但不失内在韧性，颇见风骨。到了乾隆这里，对书法更为热爱。

乾隆开始习字时，学的是康熙时流行的宫廷书法，后在承学各家中选定赵孟頫丰圆肥润的书法。赵字的圆润婉转、秀美流畅很符合他的审美追求，也贴近他的处事方式，所以，乾隆把赵字往妩媚方面推向极致，于圆熟处见大方，楷书中有行书笔意，行书中又有草书意味，点画圆润均匀，结体婉转流畅，四方勾连，颇有皇家气度。但是要说到格调与风骨，就谈不上了。

乾隆不仅自己对赵孟頫的字临仿不息，还大力提倡臣子学赵字。在他的影响下，清中期的书风从尚董转为崇赵。

除了赵孟頫，乾隆也极为崇拜王羲之的书法，称其《快雪时晴帖》为“千古妙迹”，日理万机之余，临摹近百回。王羲之以下，历代大书法家如苏轼、黄庭坚、米芾、赵孟頫、文徵明、董其昌的传世名帖也临写不懈。当时的书法家张照十分受乾隆欣赏，认为他的字无论大小，皆有精神贯注，非他人可及。在《怀旧诗·五词臣》中，乾隆对张照的书法给予了极高的评价：“书有米之雄，而无米之略，复有董之整，而无董之弱。羲之后一人，舍照谁能若?”

就书体而论，乾隆多写行书，但楷书、草书亦有不少传世；就字的大小来讲，乾隆既书等丈的巨制字，也喜欢写蝇头小楷。年逾古稀后，皇帝一般不再写蝇头字，乾隆四十九年，又心血来潮，为“夷齐庙四景”画卷以蝇头细书题诗，这时他已七十有四了。

乾隆存世的墨宝极多，超过了历史上任何一位书法家，其中包括御批、御览、题诗、题匾、立轴、对联等等。其行政批示是有清一代的重要档案，读书眉批是记录其思想轨迹、学习心得、创作过程的重要史料，题诗题匾一方面是其统治天下的手段，也是其艺术创作的一翼，立轴对联则主要是其书法创作的成果，也可以说是清代宫廷艺术创作的组成部分之一。在位60年的乾隆皇帝一生多次外出巡游，每到一处，多有诗作；每有诗作，多提笔书之。同时，他逢景必题名，以记胜景；遇事多题匾，以资奖掖。皇帝亲赐御笔匾额，曾经是清代统治者文治武功的重要手段之一，也是臣民逢迎上好的方式，正是所谓“躬沐圣恩”。所以，乾隆御题、乾隆御碑四处可见。

书画相通，乾隆对画画也十分有兴趣。他从十九岁开始学画，那时还居藩邸，闲暇较多，便在作画上花了一番心思。他喜欢画花鸟，每于春淡风清、桃红柳绿之时，或夏荫浓深、秋英飘洒之际，以至岁寒松柏于雪中傲立的隆冬，年轻的四阿哥每每“抚景兴怀，抒清思而消永日”。乾隆元年初临御天下时，他还曾为崇庆皇太后画了题为“松竹梅”“桂菊”“牡丹”“梨花白燕”“栀子花”“凤仙石竹”六幅花鸟图。这以后，因为政务繁忙，乾隆便很少有闲情逸致专心作画了，偶尔检出皇子时代的旧作欣赏，还感慨“输与昨年潇洒甚，绿窗爱月正迟眠”。

乾隆的画风，据他自己说，达意之笔很巧妙，不做纤细的描写。由于皇帝喜欢绘画，在他周围集中了一代颇有成就的宫廷画家，如张宗苍、邹一桂、董邦达、张若靄、钱维城、张若澄等，西洋人则有郎世宁、王致诚、艾启蒙诸名家，有时乾隆也和他们共绘一景，彼此欣赏，相互切磋。首次南巡到苏州时，乾隆为寒山名为“千尺雪”的绝佳风景所倾倒，又极欣赏“千尺雪”这名字，遂命江南画师张宗苍绘图携回，嗣后陆续在西苑中南海、避暑山庄和盘山行宫各仿苏州寒山千尺雪造一景点，并命董邦达、钱维城各自画了“西苑千尺雪”和“热河千尺雪”，自己则亲自拈毫点染，作“盘山千尺雪”，“四图合装而分贮之，每至一处展卷，其余三处之景皆寓目焉。”乾隆敢于同当代名画家比肩作画，而且是为同一风景写生，足见皇帝对自己水平的自信，也可见皇帝绘画有相当的功力。当然，无论他的真实水平如何，臣子们都会替他找出画作中的过人之处的。

就乾隆皇帝本人而言，终其一生，作书写画未尝少辍，这中间虽不无与风流高雅的汉族士大夫较一日之短长的炫耀意味，但恐怕更多的是一种文人的积习使然。几余之暇，寄情翰墨，书法、绘画不过是他消遣的风雅手段而已。

以他日理万机、政务繁剧的帝王身份而论，乾隆的书画还是算得上不错的；要与真正的书法家、画家相比较的话，乾隆的作品却谈不上有多少艺术价值。然而，乾隆和他的书法绘画名气极大，在拍卖市场上，几乎没有几位书画家的行情能比得上他。

乾隆皇帝还是一个颇有眼光的书画及古玩的鉴赏家和古往今来搜罗最丰富的收藏家。昭梿十分称赞乾隆鉴识之精，说乾隆“赏鉴书画最精”。乾隆自己也时时为自己鉴赏之精而沉醉。康熙、雍正对书画珍玩也很喜爱，到了乾隆皇帝这里，皇家的收藏鉴赏达到一个高峰。

乾隆的鉴赏眼光不错，有一次他检阅内库的收藏，发现一枚土渍尘蒙的玉斧佩被弃置于库房角落，上面标列“丙等”，他仔细端详后，以其形制古朴，遂命玉工刮垢磨光，果然为三代古器。为此，皇帝特别写了《古玉斧佩记》一文，并由此联想到世上也必然有屈伏沉沦的良材，该文以“吾于是乎知惭，吾于是乎知惧”煞尾。

还有一次，在江南充任税关监督的一个内府包衣，不知从哪里搞到一纸米芾字迹，献给主子时特别在奏折上表明自己识见粗鄙，不敢判定是否真迹，恳求皇上法眼鉴别。乾隆一眼就看出是伪作，对自己的家奴不必讲什么客气，于是在折子上用朱笔批了四个字：“假的。不要！”

乾隆七十九岁那年，见到了一幅署为“宋徽宗书李嵩画”的字画合卷，画的是宋徽宗时赵通任泸南招讨出师破敌的故事。卷后有元代余阙的跋语说，赵通凯旋，受到徽宗的召见，徽宗亲书“笃恭”二字赐他，又命宫廷画师李嵩补绘“泸南平夷图”，遂有宋徽宗书、李嵩画的合卷传世。乾隆把玩赏鉴之下，看出“笃恭”二字不类徽宗瘦金笔法，又进一步找出伪书的铁证：所书纸幅并非宋纸，而是元代所制“明仁殿龙笺”。乾隆据此论定这一“合卷”为后世伪作。日理万机的君王能在甄别古画真伪上胜过五百年来的鉴赏家，乾隆在自我欣赏时，仍有余兴未尽之感，因而命文臣对此再详加鉴别。和珅、彭元瑞、董诰遵旨考证，自然称颂圣明，奏称：“皇上于一展卷之际，斥伪致疑，不差铢黍，固由圣鉴精确，实本典学崇深。”皇帝听了臣下恭维，诗兴大发，又写了一首《题宋人画赵通泸南平夷图》才算了结。

乾隆皇帝堪称一个狂热的艺术品收藏家，连同他从其父祖那里继承来的字画珍玩在内，一生所搜集的稀世珍品数量之巨，举世无与伦比。他是皇帝，在这方面有无人可比的优势。他看上了什么东西，自然有臣子费尽心思送到他手上；臣下为了投合皇帝的喜好，更是主动绞尽脑汁、搜罗珍品。

乾隆二度南巡时，以礼部尚书衔在籍食俸的沈德潜前往接驾，一次就进献书画七件：董其昌行书两册、文徵明山水一卷、唐寅山水一卷、王鉴山水一轴、恽寿平花卉一轴、王翚山水一轴。以贡品之精备受乾隆青睐的总督李侍尧曾被治罪抄家，结果抄出“黄金佛三座、珍珠葡萄一架、珊瑚树四尺者三株”，都是准备呈献的贡品。这一类的例子，举不胜举。外国使臣来朝之时，也会奉上不少珍品，送入乾隆的藏品库中。

乾隆的收藏品，除臣仆贡献、外国使臣进贡的之外，还有相当一部分是由内府制造的。乾隆尤其喜爱玉器，写诗道：“不可食兮不可衣，连城价拒无穷奇。”他一生御制诗文共四万余首，其中涉及玉器的篇目即达八百余篇。目前故宫收藏的上万件古玉，多数是在乾隆时期由各直省督抚一级的官员进贡的。他的御制诗文显示出，他经常一个人蹲在玉库里摆弄玉玩，挑出一些古玉，命人刮垢清理后，亲自评出甲乙丙级。现摆设在故宫博物院乐寿堂后间的“大禹治水玉山”，就是由内务府下属养心殿造办处与内廷如意馆合作设计，然后将蜡样、玉料运往扬州，交两淮盐政督工制作，历时六载完成的超大型玉雕。这座玉山高九尺五寸，重一万零七百多斤，堪称玉器之王。

乾隆搞收藏搞得也很有皇帝风格。诚如一位西方史家所言：“乾隆的收藏是帝王品位中最高表现，是对最稀有、最好的东西的历史性保存；同时，这些收藏品无疑都是光彩夺目之作，多半且是无上珍品。”他搜剔到的艺术精品，往往在鉴赏后加盖“乾隆御赏之宝”“三希堂精鉴玺”“宜子孙”等章，以示珍藏之意；鉴赏之后，还要让各精其道的儒雅词臣，分门别类，编为目录，经皇帝审定，再编印成书，如《西清古鉴》《宁寿鉴古》系古铜器目录集，《西清砚谱》系古砚目录集；内廷珍藏的历代书画目录集，前后曾有《秘殿珠林》和《石渠宝笈》的初编、续编和三编。有一次，他寻获宋

刻《后汉书》及《九家杜注》，十分爱惜，命宫廷画家“写御容于其上”；觅得了《岳氏五经》，特为它修建五经萃室以贮存；他喜欢马和的《园风图》，历时数十年方才找全，特别将它藏于学诗楼。

这样的手笔，自然是任何人都没有条件做到的，难怪乾隆成为历史上搜罗最富的藏家。

乾隆皇帝最引为自豪的，当是数十载如一日地对历代书法名帖的搜集了。王羲之《快雪时晴帖》、王献之《中秋帖》和王恂《伯远帖》最为乾隆所珍爱，乾隆十一年他将这三件绝世瑰宝藏于大内养心殿西暖阁内，并以“三希堂”名之。

乾隆四十四年，皇帝命将内府珍藏的虞世南、褚遂良、柳公权和冯承素所摹的《兰亭序》四个真本，《戏鸿堂帖》中“柳公权书兰亭序”原刻本、于敏中奉旨为这个原刻本填补阙笔的全本、董其昌的《兰亭序》临本，以及乾隆手临董其昌《兰亭序》本——一共八种《兰亭序》本墨迹刻石，名“兰亭八柱”。中国法帖的收藏历来有“刻帖”的传统，但刻帖中资料最为全备、动用官方资源最多的当推《三希堂》。

从乾隆开始，还开辟了此后清代帝王在法帖上乱盖“御览”章的风气。乾隆、嘉庆直到末代皇帝宣统，都刻制了名为“御览之宝”的印章，加盖在法帖显眼处的墨迹之上，很多墨迹因此受到污损。不仅如此，乾隆还有“五福五代堂古稀天子宝”“三希堂精鉴玺”“石渠宝笈”等多种鉴赏印随意加盖于历代法帖之上，唐突了不少珍品。

（三）儒家正统

满洲人用铁骑夺得了中原的统治地位，但是说到文化，他们实在是远远落后于汉族的水平。马上得天下，不可马上治天下，从皇太极、顺治到康熙，再到雍正、乾隆，无不表现出对汉族儒家文化的推崇。满族人入关之初，摄政王多尔衮就积极而颇富远见地争取汉族知识分子的支持和投效，沿袭明朝大部分的制度和惯例，通过科举考试和荐举，结纳、网罗汉族知识分子，也确实从中选择了一大批颇富学识的人担任新朝的官员。顺治皇帝则是一个年轻、好学而又明智的君主，他以极大的决心和毅力攻读汉文，在短短的几年时间里，他就能用汉文读写。接替顺治统治中国的康熙，在满汉关系仍然相当紧张的清朝早期，便礼贤下士，特开博学鸿词科以招揽众多有能力的汉族学者与清政府合作，以儒学为治国纲本。对于那些对新政权持抗拒态度的汉族学者，康熙设法缓和他们的反抗情绪，支持他们从事他们所喜爱的明史编修工作。在康熙时

代，传统文化开始复兴，并取得了相当的成就。康熙皇帝大力尊儒尊孔，在意识形态上把自己打造成儒家文化的正统继承者。雍正对儒家文化更为崇拜。他即位之初，便追封孔子的五世先人，并真正把孔子当作老师来看待，在中国帝王中第一个向孔子行跪拜礼。他认为，孔子以仁义道德启迪万世之人心，以三纲五常教人安守本分，这不仅可以使社会风俗端淳，于民有益，而且也大大有益于帝王。因此，应当对孔子的学说大加弘扬。他继承康熙的传统政策，以程朱理学为儒学正宗，大力推行儒家的意识形态。

乾隆继承了先代帝王的思想，成长为清朝皇帝中儒学修养最深厚的一个。清朝对皇子的教育十分严格，乾隆从六岁开始，接受了最正统、最完整的儒家教育。在雍亲王府中，他和弘昼的老师是翰林福敏。他天资聪颖，与弟弟弘昼同时开蒙读书，却处处胜过弟弟。每次背书，他都过目不忘，弟弟却迟迟背不下来，先生不得不给他多加功课。雍正登基之后，经过反复推敲，选择了徐元梦、朱轼、张廷玉和嵇曾筠四位品行端方、学问博洽的名臣，为他们兄弟讲解儒家经典中的深奥旨义。

雍正元年正月，懋勤殿举行了肃穆庄重的拜师典礼。师道尊严，皇子拜师，照清朝家法，彼此长揖而已。弘历和弘昼两兄弟先后给各师傅深深一揖，徐元梦等亦深还一揖，上书房的读书生活遂正式开始。但这四位师傅中，徐元梦不久即得罪而去，张廷玉又忙于在内廷承旨书谕，很少在上书房露面，嵇曾筠后来也离京赴河督之任，唯有朱轼常至书斋为弘历兄弟讲授。对弘历来说，懋勤殿拜师虽有四位，给予他深刻影响的却只有朱轼一人而已。

朱轼，字若瞻，号可亭，故而乾隆名之曰“可亭先生”。他是江西高安人，康熙三十三年（1694年）中进士。此人为官清廉，负一时众望，学问也好，经学造诣尤深。乾隆后来评价他说“汉则称贾董，宋惟宗五子。恒云不在言，唯在行而已”，由此可以概见其治学的特点。在这位硕儒的教导之下，弘历饱读经史，慢慢地咀嚼、消化，把几千年积累下来的中国古代文化精华，特别是儒家的政治思想、道德规范吸吮进来。

雍正十年（1732年），朱轼病重，回籍调养期间，弘历在《春日寄朱可亭先生五十二韵》一诗中表述了对先生学问道德的由衷敬佩和为弟子者深深的怀念：“先生方抱病，静室独安眠。当代穷经彦，清时守道贤。事君欣际遇，奉职弗仔肩。早岁承纶䌷，成童授简编。芳规看表帅，函丈获周旋。义府优游水，春风坐卧便。赋诗闲检韵，味道细烹泉。每自威仪谨，从知学问全。董生醇治术，朱子续心传。十载如旬日，高山复大川！”

朱轼对乾隆的一生，特别是初政时的乾隆影响至深。

还有一位名儒蔡世远，令弘历十分欣赏。蔡世远，字闻之，福建漳浦人，康熙四十八年（1709 年）进士。雍正元年皇帝为三阿哥弘时择师王懋竑的同时，亦召这位漳州名儒来京，分到四阿哥书房行走。蔡世远曾助李光地纂《性理精义》，是服膺宋儒的理学家，他尤长于古文，故专门教弘历兄弟古文。弘历印象最深的是，闻之先生常常操着浓重的闽音说："古人云，为人一世有三不朽，此乃立德、立功与立言。立言虽列立德、立功之次，又谈何容易？司马迁、韩愈以立言而不朽，他们堪称深得为文之道。学古文当以昌黎为宗，只有理足才可以载道，只有气盛才可以达词。"弘历深深受教，终生奉为作文圭臬。弘历与蔡世远一起度过了八个寒暑，度过了他从少年到青年的转换时期。

弘历读书很勤奋，上书房的功课完毕，回到家中，仍在自己的小书房口不停诵，手不停披，深深地沉浸在读书的乐趣之中。他的书屋名"乐善堂"，是一个十分清静的读书之处，弘历所写的《乐善堂记》中说："余有书屋数间，清爽幽静，山水之趣，琴鹤之玩，时呈于前，菜圃数畦，桃花满林，堪以寓目。颜之日'乐善堂'者，盖取大舜乐取于人以为善之意也。"至于西二所的书室命名曰"抑斋"，乾隆后来解释说："夫予向之所云'抑'者，不过欲退损以去骄吝，缜密以审威仪，所为敬业乐群之事耳。"

弘历天分很高，用功又勤，得到了老师交口赞誉。朱轼说他"精研易、春秋、戴氏礼、宋儒性理诸书，旁及通鉴纲目、史、汉，八家之文，莫不穷其旨趣，探其精蕴"。通过师傅的教导、同窗的切磋以及自己消化理解，弘历初步构建起以儒家价值取向为标准的伦理道德系统。他服膺孔子，推崇宋儒，在诗文中阐发"内圣外王"之学。从弘历当时的思想倾向来看，他坚信儒家"仁政""德治"的正确，认为"治天下者，以德不以力"；在处理君臣关系方面，他则主张虚己纳谏。对于孔子"宽则得众"的格言尤为心折。

在少年时代，乾隆就把汉文化的根底——经史背得烂熟于胸，"已乃精研《易》《春秋》、戴氏礼、宋儒性理诸书，旁及《通鉴纲目》、史汉八家之文，莫不穷其旨趣，探其精蕴。"（《乐善堂全集》）学生时代，他写作了大量的作文。翻阅这些文章，我们发现学生时代的乾隆是一个非常正统的儒家信徒，对未来的设计具有浓厚的理想主义色彩。在他眼中，一个完美的君主，应该是用"仁义"来陶冶教化天下，而不是以强力来推行自己的政策。他说，"治理天下，应该以德而不以力。所以德行高尚的人成

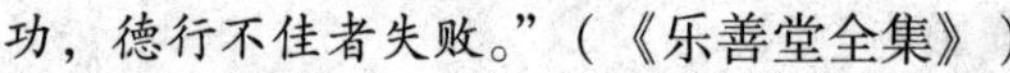

功，德行不佳者失败。”（《乐善堂全集》）

即位以后，在处理政务的余暇，乾隆博览丰富而珍贵的皇家藏书，涉猎的范围更扩大到了先秦诸子，以及历代先贤的文集、诗集，全面而系统地吸收了中国传统文化精蕴。乾隆皇帝书画诗文的名气似乎超过他的学问，但在展开乾隆这些方面的成就以前，人们应当了解，皇帝文学艺术造诣以至他的审美情趣，是离不开他极扎实的汉文化根底的。

乾隆自幼精研理学，《朱子全书》未尝释手，儒家思想深深影响着他的行为举止、为人行事。

乾隆初即位时，是满怀着儒家理想主义理念的。他见各省督抚参劾属员的本章中每有“书生不能胜任”“书气未除”之类的贬语，很不以为然，并明降谕旨，指出，“读书所以致用，凡修己治人之道，事君居官之理，备载于书。”他还说，“朕自幼读书宫中，讲诵二十年，未尝少辍，实一书生也。王大臣为朕所倚任，朝夕左右者，亦皆书生也。若指属员之迂谬疏庸者为书生，以相诟病，则未知此正伊不知书所致，而书岂任其咎哉？至于书气二字，尤为宝贵。果能读书，沉浸酝酿而有书气，更集义以充之，便是浩然之气。人无书气，即为粗俗气、市井气，而不可列于士大夫之称矣。”极力强调读书对陶冶人的品行气质方面的作用，认为按照圣人经典的教训，便能成就盛世。为政多年之后，阅历日渐丰富，乾隆也就慢慢地把书读活了。他仍然服膺孔孟的学说，却已能够结合现实政治做出自己的判断。

乾隆对儒学的走向影响颇深，就在乾隆年间，乾嘉学派开始形成。

（四）满汉之间

在生活习惯上，乾隆也有很多方面比较像汉人。

晚清文人天嘏写《清代外史》中说。乾隆知道自己不是满族人，因此在宫中常常穿汉服，还问身边的宠臣自己是否像汉人。

乾隆是不是满人姑且不论，他喜欢穿汉服倒是有的，现在故宫还保存着不少乾隆穿汉服的画像。在那些画像中，乾隆神情闲适，似乎感觉十分良好。

当然，身份攸关，他只能在宫中游戏一下，对于事关华夷之辨的衣冠问题，他是不会放松的。在正式场合，乾隆严格按照礼制的要求来整理自己的仪容，不允许有分毫差错。

说完衣，便要说食了。

在饮食方面，乾隆雅好南味，十分喜欢苏州菜。

中国有“川、粤、苏、浙、鲁、湘、闽、徽”八大菜系，口味各不相同，人称“南甜、北咸、东辣、西酸”，苏菜属于“南甜”风味。苏菜的特点是选料严谨、做工精细、因材施艺、四季有别，在烹饪上擅长炖、焖、蒸、烧、炒、煨、焐，并重视调汤，保持原汁风味，讲究花色精细、时令时鲜、甜成适中、酥烂可口、清新腴美，口味清淡趋甜，配色和谐。

乾隆皇帝南巡苏州的时候，称苏州为“天下第一食府”。据说，苏州名菜“松鼠鳜鱼”的做法便是因乾隆而创制的。有一天，乾隆微服走进了松鹤楼，见神台上放有鲜活的鲤鱼，一时兴起，便让厨役拿下做好供他食用。但在那时，神台上的鱼是用来敬神的，这种鱼是绝不可食用的。但是堂倌眼见这位客人气度不凡、威严庄重，无可奈何之下，于是便与厨师商议如何处理此事。

厨师发现鲤鱼的头很像松鼠的头，而且又想到本店招牌的第一个字就是个“松”字，顿时灵机一动，计上心来，决定将鱼做成松鼠的形状，以回避宰杀神鱼之罪。菜做好后，端给乾隆皇帝。乾隆细细品尝，感到外脆里嫩，酸甜可口，他赞不绝口，便重赏了厨师。自此以后，苏州官府传出乾隆来松鹤楼吃鱼的事，这道松鼠鱼就闻名于世了。乾隆每逢节日和寿辰之日，他都要吃松鼠鱼。后来便发展成了“松鼠鳜鱼”。

还有一个说法，苏州某古寺有一名叫文思的和尚，善制各种豆腐素肴，特别是他用嫩豆腐、金针菜、木耳等原料做成的豆腐汤，味道鲜美，受到乾隆赞美，一度把“文思豆腐”列入宫廷菜单之中。

乾隆还专门下旨，编制苏杭菜谱。按照清官中的规矩，皇帝与后妃、太后及阿哥、公主们不仅分灶吃饭，而且各有膳房备办饮食，乾隆自然不能例外。乾隆的正餐茶点由茶房、清茶房和膳房准备，这三个部门总称“御茶膳房”，由皇帝特派管理事务大臣总管，隶属于内务府下。膳房等密地靠近皇帝办公起居之处养心殿，每日恭备御膳，要将其物品及菜肴为何人烹调，具稿呈内务府大臣划行，一旦发生事故，责任分明，无可推诿。乾隆的膳房里，有一位苏州厨师张安官，所做出的菜肴极得乾隆喜欢。和张安官一起的苏州厨役还有赵玉贵、吴进朝等，他们常进的菜有“燕窝黄焖鸭子炖面筋”“燕窝红白鸭子炖豆腐”“冬笋大炒鸡炖面筋”“燕窝秋梨鸭子热锅”“大杂烩”“葱椒羊肉”等，这些苏菜极合皇帝口味，因此张安官等受到特殊宠遇。他们的烹饪很少用山珍海味之类，原料多为猪、肉、鸡、鸭、豆腐、白菜这样的大路货，但是烹调

得宜，滋味鲜美，投合了乾隆的饮食品位。张安官摸透了乾隆雅好南味的饮食特点，故而自乾隆三十六年以后，“苏州厨役”张安官成为《膳档》中风头最健的人物。

我们不妨看一下乾隆十九年五月十日的早膳菜单：

卯正三刻进早膳：肥鸡锅烧鸭子云片豆腐一品，燕窝火熏鸭丝一品，清汤西尔占一品，攒丝锅烧鸡一品，肥鸡火熏炖白菜一品，三鲜丸子一品，鹿筋炖肉一品，清蒸鸭子糊猪肉喀尔沁咸攒肉一品，上传炒鸡一品，竹节卷小馒头一品，孙泥额芬白糕一品，珐琅葵花盒小菜一品，蜂糕一品，南小菜一品，老腌菜一品，酱王瓜一品，酥油茄子一品，随送粳米膳进一品，野鸡汤进一品。

晚膳菜肴与早膳大同小异。早、晚膳及酒膳之外的“炉食”有：猪油到口酥、猪油酥烧饼、猪油澄沙馅酥饺子、香油提浆薄脆、香油缸炉、香油鸡蛋麻花等。

这些食物已经离传统的满洲菜很远了。

乾隆不仅爱美食，还爱美器。他对饮食器皿极为讲究，食具的色彩、形制乃至搭配，都要求很高。比如乾隆十二年（1747 年）十月初一他在重华宫“正谊明道”东暖阁用的一次晚膳，全部汤、菜共二十四品，布在一个洋漆花大膳桌之上：

红潮水碗，装燕窝鸡丝香蕈丝火薰丝白菜丝一品；五福大珐琅碗，装续八仙一品、肥鸡白菜一品；铜珐琅碗，装炖吊子一品、苏烩一品、鸭子一品、野鸡丝酸菜丝一品；四号黄碗，装芽韭炒鹿脯丝一品；银盘，装烧狍肉锅塌鸡丝晾羊肉攒盘一品、祭祀腊羊肉一品；黄盘，装粮饵粉糍一品、象眼棋饼小馒头一品；银碗，装折叠奶皮一品；银盘，装烤祭神糕一品；银碗，装酥油豆面一品；紫龙碟，装蜂蜜一品；二号金碗，装拉拉一品（内有豆泥，珐琅葵花盒）；五福捧寿铜胎珐琅碟，装小菜一品、南小菜一品、菠菜一品、桂花萝卜一品。此外，羊肉卧蛋粉汤、萝卜汤、野鸡汤三品未注明容器，粳米膳一碗则“照常珐琅碗，金碗盖”。

这种讲究，并不是只拿出皇家气派、舍得花钱就能办得到的。如果是在努尔哈赤、皇太极时代，怎么也细腻不到这份上。只有深受中原乃至江南的文化熏染之后，乾隆的品位才会如此之高。

乾隆不仅吃饭讲究，喝茶也很讲究。有好几种名茶，都和乾隆有关：

乾隆六年，福建王士让奉召入京，送茶转入内廷，乾隆亲品之后，香韵非凡，大加赞誉，此茶外形光润，颗粒紧结，有美如观音、重如铁之感，故而赐名“铁观音”。他在《冬夜煎茶·咏武夷》中写道：“建城杂进士贡茶，一一有味需自领，就中武夷品最佳，气味清和兼骨鲠。”

乾隆巡杭州时，曾在狮峰山茶园啜饮“色香味形四绝”的当地龙井。喝过之后，余兴未尽，又挥毫题诗，中有“火前嫩，火后老，唯有骑火品最好”之句，足见乾隆品茶功底不凡，堪称行家。当时茶农为感恩这位皇帝知音，就把乾隆“垂青”过的十八棵茶树围作“御茶园”，以志纪念。这些茶树至今犹在，清明前后，枝盛叶茂，茶香飘逸。

乾隆在太湖边品尝了一种叫“吓煞人香”的绿茶后，对其冲泡出来的绿汤澄汁，“一嫩三鲜”大加赞赏，只是稍嫌其名粗俗，不中听。遂据茶叶外形状螺，改称为“碧螺春”。从此碧春名闻天下。碧螺春的脱俗扬名，当与乾隆皇帝的一解颐一蹙眉大有关联。“扬子江中水，蒙顶山上茶”，后来跟“龙井茶叶虎跑水”并称为茶水双绝。

乾隆四十九年（1794 年）三月，乾隆第六次下江南时，经过德安府，在大街上闻到一股闻所未闻、清香四溢的茶香，他顺香而至，最后驻足于一家茶楼，名为“溢品香”。“溢品香”里的溢品茶是该茶楼茶膳师精湛的泡茶技巧泡出来的极品香茶，乾隆品尝之后，赞不绝口，并提笔将“溢品香”的“溢”字改为“御”字，于是“溢品香”便更名为“乾隆御品”。

据说，茶道中的叩指礼也与乾隆有关。乾隆下江南，有一次微服去一个茶楼喝茶。一位大臣有事禀奏，赶到茶楼之后，一时不敢暴露皇帝的身份，又不敢不行礼，急中生智，弯起右手的食指和中指，在桌上轻敲，如叩头之状。乾隆很欣赏他的急智，后来这个礼节流行起来，并且演化成了叩指之礼，到了现代，多用于对茶楼服务人员道谢之用。

这些故事不一定全是真的，却可从中看到乾隆对茶的讲究。据说，他八十六岁的时候，透露了隐退之意，一位大臣劝说：“国不可一日无君。”乾隆听后哈哈大笑，风趣地说：“君不可一日无茶。”乾隆还有一套茶论，说上等茶叶茶水冲焖之际香浓而醇，如君临苍生，大气磅礴；后有隐者之香，香幽而蕴，如空谷之兰，清冽沁人。中等茶叶虽有幽暗之香，但需久候方得；下等茶初闻浓香逼人，如酒肆市井浓抹之艳妇，只闻滚滚浊香难见隐蓄空灵之气质。

乾隆饮茶用水也十分考究。他说，雪、雨、泉、井、溪、河水分别次之；水愈轻鲜而色愈佳香，味越酽品味越高，烹茶当以鲜水为妙，越鲜越好。茶圣陆羽在他的专著《茶经》中曾把煮茶用水分为二十等，其中无锡惠泉名列第二。乾隆则用银斗测水，把天下奇水一一注入量斗，以轻者为佳，重者为次，居然轻而易举地评定了名位座次，并赐北京玉泉为“天下第一泉”。较之玉泉山之泉还轻的水只有雪水，但雪水不可恒得，乾隆由此作了结论，“凡出山下而有冽者，诚无过京师之玉泉。”故将玉泉山之泉钦定为“天下第一泉”，为此御制《玉泉山天下第一泉记》以志其事。乾隆既有如此定评，则不仅居宫中御园饮水取自玉泉山，出京巡幸在外，“亦载玉泉水以供御用”。他曾说：“水之德在养人，其味贵甘，其质贵轻，然二者正相资：质轻考，味必甘，饮之而蠲疴益寿。”

乾隆还用玉泉水酿酒。有的记载说玉泉旨酒的配方是：“每糯米一石，加淮曲七斤，豆曲八斤，花椒八钱，酵母八两，若竹叶四两，芝麻四两。可酿玉泉酒九十斤。”也有的说一份玉泉酒三百七十斤，需南糯米三石六斗，麸曲、面曲、豆曲各二十斤，大淮曲一块，引醋二斤，玉泉水一百六十八斤。这两种酿酒配分虽略异，但有一点是共同的，即非玉泉水不可，玉泉酒也因之得名。乾隆平素小酌，节日饮用，主要是玉泉酒。

乾隆对居住环境的要求也很高，尤其喜欢江南的园林风格。

乾隆十六年（1751 年），首次南巡，一过扬州，乾隆便被江南风光之美所陶醉，内心跃动着难以抑制的愉悦和兴奋。只要翻开他首次南巡留下的诗篇，就会感受到这个风雅天子的欢快心情。在江南诸名园中，最令乾隆激赏的是无锡寄畅园、苏州千尺雪、杭州小有天园和嘉兴烟雨楼。

乾隆驾至惠山寄畅园时，园主秦氏近族九位高年老者已跪迎在园门外，乾隆在游园后赋诗云：“轻棹沿寻曲水湾，秦园寄畅暂偷闲。无多台树乔柯古，不尽烟霞飞瀑潺。近族九人年六百，耆英高会胜香山。松风水月垂宸藻，昔日卷阿想象间。”

及至苏州，乾隆策马前往寒山，看到从岩壁上如雪花一般直泻而下的千尺飞泉时，心中首先萌生的念头是，自已与此山水有说不清的缘分。此景名“寒山千尺雪”，其地有飞瀑、流泉、奇石、古松，极为清幽，原为明隐士赵宧光所创，此时则范氏筑园于其地。乾隆初至寒山千尺雪，即写诗描述了他的观感：“支硎一带连寒山，山下出泉为寒泉。淙淙幽幽赴溪壑，跳珠溅玉多来源。土人区分称各别，岂能一一徵名诠。兰椒策马寻幽胜，山水与我果有缘。就中宧光好事者，引泉千尺注之渊。泉飞千尺雪千尺，小篆三字铭云峦。名山子孙真不绝，安在舍宅资福田？桀陀坐对清万虑，得未曾有诗亦然。雪香在梅色在水，其声乃在虚无间。”

后来乾隆还说：“昨岁巡幸江南，观民俗之暇，浏览江山胜概，寻古迹之奇，文物秀丽区也，其悦性灵而发藻思者，所在多有，而独爱吴之寒山千尺雪。”可见其对千尺雪爱有独钟。

杭州胜景指不胜屈，首次南巡，乾隆则以为湖光山色“为南屏最佳处者”，莫过一江氏家园，遂赐名“小有天园”。这里的妙处，恐怕还是它蕴蓄着一种为乾隆所迷恋的如佛似仙的幽远意境。且看御制《题小有天园》：“佳处居然小有天，南屏北渚秀无边。如依妙鬘云中住，便是超尘劫外仙。几曲涧泉才过雨，一园梅柳欲生烟。坐来拈句浑难得，不落空还不涉诠。”

乾隆对浙江嘉兴烟雨楼早慕其名，首次南巡，泛舟百顷南湖，对昔日吟诵烟雨楼的诸多诗作的意境，有了直观的感受，因而用韩子祁诗韵赋诗一首：“春云欲泮旋漾漾，百顷南湖一棹通。回望还迷堤柳绿，到来才辨榭梅红。不殊图画倪黄境，真是楼台烟雨中。欲倩李牟携铁笛，月明度曲水晶宫。”

第二次南巡，乾隆又对苏州府城中的园林狮子林产生了浓厚兴趣。狮子林，原为元朝菩提正宗寺的一部分，相传是元代画家倪瓒亲自设计的，他所绘《狮子林图卷》更使狮子林之名广为流传。乾隆时编辑的《石渠宝笈》即藏有倪瓒狮子林真迹，因此，对狮子林乾隆也心仪已久。乾隆二十二年（1757 年）春车驾抵苏州，狮子林已易主为黄氏私园，乾隆惊叹“假山似真山”，命将内府所藏倪瓒《狮子林图卷》邮往印证，遂赋诗志其事：“早知狮子林，传自倪高士。疑其藏幽谷。而宛居闹市。肯横惜无人，久属他氏矣。手迹藏石渠，不亡赖有此。瞑可失目前？大吏称未饰。未饰乃本然，益当寻屐齿。假山似真山，仙凡异尺咫。松挂千年藤，池贮五湖水。小亭真一笠，矮屋肩可掎。缅五百年前，良朋比萃此。浇花供佛钵，瀹若谈元髓。未拟泉石寿，泉石况半毁。西望寒泉山，赵氏旧遗址。亭台乃一新，高下焕朱紫。何幸何不幸，谁为剖其旨？似觉凡夫云，惭愧云林子。”

至于浙江海宁陈氏隅园，那是乾隆二十七年（1762 年）三次南巡初阅海塘时驻跸之地，皇帝改其园名为“安澜园”，为其题诗多首：比如《驻陈氏安澜园即事杂咏》六首之中的一首这样说：“隅园旧有名，岩壑杳而清。城市山林趣，春风花鸟情。溪堂擅东海，古树识前湖。世守独陈氏，休因拟奉诚。别业百年古，乔松径路寻。梅香闻不厌，竹静望偏深。瑞鹤舞法影，时禽歌好音。最佳泉石处，抚帖玩悬针。”

乾隆喜欢江南园林，看过之后，深以不能常置身其地而未惬于怀。于是，命随行的画师绘图以归，以便在御园以及经常临幸的离宫中仿建。

最先仿建的是寒山千尺雪。乾隆命在西苑中南海淑清院建“千尺雪”，那里有明代假山乔木，峭蓓喷薄之形与吴中寒山千尺雪相似，但其地却没有自然的飞瀑景色，随即在避暑山庄找到一处“流漱峡，盈科不已”有天然之趣的地方，亦命名“千尺雪”，

可惜那里并无松石古意。最后在京东蓟州盘山行宫（静寄山庄）才找到了堪与吴中千尺雪气势、意境相比的天然景致，加以构建之后，乾隆才满意地叹道："寒山千尺雪固在是!"

同样，苏州闹市中的狮子林，乾隆亦令吴下高手肖其现制，在长春园、盘山行宫和避暑山庄各选一景；无锡秦氏的寄畅园则仿造于清漪园万寿山东麓，定名为"惠山园"；海宁陈氏的安澜园亦仿建于长春园中，烟雨楼则仿建于避暑山庄青莲岛上。

乾隆重修行宫、避暑山庄乃至建造圆明园之时，极力将江南园林的风格融入其中。他在京师御园和外地离宫中仿照江南名园或南国风景意境而营建的景点所在多有，指不胜屈，晚清文人王闿运以"谁道江南风景佳，移天缩地在君怀"这样的诗句作了生动贴切的概括。

乾隆皇帝还是个戏迷。

清代最有威力的娱乐方式，非戏曲莫属了。那个时候，没有电影，没有电视，没有演唱会，也没有卡拉 OK。从王公贵族到下里巴人，人们唯一的选择只有戏园子。从王公亲贵到小民百姓，多有痴迷之人，不在当今的歌迷影迷之下。

乾隆皇帝也是戏迷之一，戏瘾还挺大。每逢节庆，宫中必然锣鼓喧天，皇帝听得乐在其中。他不仅爱听，而且很懂戏，是个能看得出门道的内行，有时甚至还参与创作。皇帝亲自组织了层次极高的戏曲创作班子。这个班子由庄亲王亲自挂名，由刑部尚书张照担纲，诸多有文艺才能的朝臣亲自投入创作。

《清稗类抄》载："高宗精音律，《拾金》一出，御制曲也。"《拾金》是一出小戏，演一乞丐因偶拾一金，大喜过望，连续演唱多种曲牌，亦庄亦谐，以示欢快。能为这样一出小戏设计唱腔，可见皇帝功力之深。

乾隆皇帝直接激发了京剧的诞生。乾隆五十五年，皇帝八十大寿，头脑精明的徽商们，精心调教了几个戏班子，携带上京，当作祝寿礼物送给这个戏迷皇帝。这就是京剧界很有名的"四大徽班进京城"。徽地的盐商富甲天下，徽地的商人经商手腕灵活，在这些人的指导调教之下，进京的那几大徽班影响日大。他们进到京城之后，在皇室的关照之下，在百姓们的追捧之下，在戏曲表演氛围如此浓厚的地方，四大徽班不断对自己的唱腔、表演进行革新，融合其他美妙的声腔，改进表演的形式，让自己的戏更受欢迎，多年下来，京剧就产生了。

从这个角度来说，皇帝爱戏并且懂戏，算得上是戏曲事业的一大荣幸。但是，深得戏曲三昧的乾隆皇帝，严查民间剧本，禁掉了不少好戏，有民族情绪的政治上有违碍的戏、才子佳人爱情戏、《水浒》戏、某些反映宫廷政治斗争的戏、有凶杀暴力内容的戏，纷纷被禁。此外，乾隆还推行剧本的修改，以求内容“纯净”，免得观众想入非非。这样一来，在宏大的形式之下，乾隆时代的戏曲内容越来越空洞，言之无物，呆板虚浮，对戏剧的健康发展造成了摧残。

凡此种种，不胜枚举。乾隆身上有太多地方带着汉族文士的风格，被人怀疑是汉人，却也难怪。

最后岁月

（一）传位永琰　称太上皇

乾隆六十年（公元1795年）九月三日，乾隆立十五皇子永琰为皇太子，并定于第二年正月举行传位大典，同时乾隆还规定：自己归政后成为太上皇，而新即位的嘉庆皇帝则成为嗣皇帝。太上皇所发的谕旨称为敕旨，太上皇仍然可以自称为朕。除此之外，乾隆自认为还未到年老智昏的地步，所以国家大事都要自己亲自过问，嗣皇帝不能够擅自决定。嗣皇帝需要每天都向太上皇请安并且聆听太上皇的训政。乾隆这样的安排实际上只是给了嘉庆一个称谓，管理国家的权力仍掌握在乾隆的手上，嘉庆虽在其位却不谋其政。

嘉庆元年（公元1796年）正月初一，紫禁城中聚集了朝廷所有大臣和各藩属国的使臣。嘉庆皇帝正式从乾隆手里接过了皇帝大宝，成了清朝继乾隆之后的又一任皇帝，乾隆从此也过上了太上皇的生活。乾隆归政之后的正月初四和珅就为其准备了举世无双的千叟宴，将全国有名的老功臣全都聚集在宫里举行宴会，令乾隆深深地喜欢上了太上皇的生活。作为太上皇比皇帝要轻松得多，一来，自己有足够的理由进行休闲，可以不顾国家政事。二来，即使自己处理政务不当，背黑锅的也是皇帝，太上皇不用承担太多的责任。

乾隆虽然正式成为了太上皇，但是在之后三年的太上皇的生活中他却霸占着许多作为一个皇帝才能享受到的权力。首先，乾隆在住所上霸占着嘉庆皇帝的位置。早在乾隆三十五年（公元1770年）的时候，乾隆就下令开始建造宁寿宫作为自己归政之后

的住所。在乾隆宣布归政之时自己也亲口说过归政之后在宁寿宫颐养天年，但是在归政之后，乾隆无法忍受宁寿宫的陌生，所以仍然住在养心殿。而他给出的理由竟是皇帝刚登基在用人和处理政事上都不熟练，需要自己的帮助和训导。这种说法明显太过荒唐，嘉庆皇帝即位之时已经三十七岁，早就过了而立之年，而且处理朝廷相关事务也有时日。即使他真的在执政方面没有特殊的才能，也应该给他一个成长的机会。所以乾隆纯粹是给自己不想移居宁寿宫找了个借口。如此一来嘉庆皇帝虽然身处九五之尊，但还是住在原来的毓庆宫。

其次，就是嘉庆改元问题，在乾隆宣布归政之时就已经表明来年则算为嘉庆元年。但是实际上在他退位之后，朝廷之内还一直沿用乾隆纪年法，嘉庆元年即乾隆六十一年。一直到乾隆过世之后才采用嘉庆纪年法。

再者，就是乾隆在权力上的把持。本来乾隆在归政前期就应该把权力逐渐往嘉庆身上转移，但他非但没有这样做，反而在嘉庆即位之后加紧对权力的掌控。在嘉庆即位之初，他赋予了嘉庆处理一些小事的权力，但是到真正嘉庆过问政事的时候，乾隆不仅没有给他执政的实权，还时常斥责嘉庆那些处理不好的事情，到最后就是连嘉庆任命一个小小的知县也要通报乾隆。

乾隆归政之时已经八十五岁高龄，身体状况也是每况愈下。此时又是清朝人民内部起义频繁的时候，乾隆每次都要为这些事情烦心。再加上朝廷上下贪腐之风盛行，朝纲不振，不能够达到上行下效的程度。所以乾隆的很多想法在下面都无法得到实施。如此一来总是心情大坏，这是非常不利于身体的。再加上政务繁忙也无心照养身体，所以到后来，乾隆视力模糊，听力也不清楚。

乾隆虽然在退位之后在政事上处处不愉快，但是后宫生活过得非常愉快，再加上嘉庆皇帝对乾隆非常孝顺，所以家庭内部并没有什么矛盾。

（二）寿终正寝　大葬裕陵

乾隆归政后，虽将一些无关紧要的小事以及一些祭祀礼仪活动交予嘉庆负责，肩上的重担有所减轻。但是由于整个国家事务繁多，乾隆在政事上又事无巨细，再加上已经年迈，所以也感到甚是疲惫。乾隆的身体状况一日不如一日，而且失眠、健忘症等病也愈发的严重，随时都有大病一场的可能。

果不其然，嘉庆三年（公元 1798 年）以后，乾隆的身体严重地衰弱，而且非常健忘，早上发生的事到了晚上就已经记不得了，此时乾隆已经八十九岁高龄了，是中国历代帝王中最高寿的。十一月，乾隆即将走过第九十个春秋，朝廷上下又开始着手准备这位老皇帝的九十大寿。嘉庆四年（公元1799年）乾隆出乾清宫接受百官朝贺时因劳累过度，第二天就大病不起，并且病情迅速恶化。嘉庆得知父皇病危，迅速召集御医去养心殿进行救护，但是此时乾隆阳寿将尽，御医们也无力回天。乾隆在临死之前，紧紧地抓住嘉庆的肩头，表示他对嘉庆的厚望，希望他能够在自己百年之后治理好大清的江山，随后便昏迷不醒。到次日凌晨，这位执政长达六十多年，高寿将近九十的千古一帝终于驾鹤归去，将大清王朝的百年基业交到了嘉庆手里。

乾隆驾崩之后，嘉庆开始着手总揽朝廷大小事务，而当务之急就是办好父亲乾隆皇帝的丧葬。嘉庆命令朝廷上下的皇家人员一律剪发成服送太上皇最后一程，并且命永瑆、永璇以及和珅主管乾隆的治丧工作。几日之后，嘉庆皇帝则尊谥乾隆为清高宗皇帝，并在二月开始修著《清高宗实录》，到三月又将乾隆的陵墓命为裕陵。直到九月份，嘉庆才亲自发引乾隆的棺木前往裕陵安葬。至此，乾隆时代已经完全地终结。

依据清朝历代皇帝的习俗，皇帝刚登基之时就应该为自己选择好陵墓的位置，并且开始建造陵墓，为自己百年之后做好准备。乾隆也不例外。

清朝皇帝的陵墓主要分布在三个地方，即东、西陵和祖陵。祖陵是指清朝的发祥地，在东北一带，清朝的奠基人努尔哈赤的陵墓就是在那一带。东、西陵中东陵有顺治和康熙两位皇帝的陵墓，西陵有雍正皇帝的陵墓。乾隆即位之后于乾隆元年（公元1936年）就开始思考究竟自己选陵何处，不知自己是应该选址跟随祖父和顺治皇帝还是葬于父雍正皇帝身旁。在百般思考之后，乾隆觉得不能选址东陵，如果自己和雍正皇帝都葬于西陵，那以后的子孙们势必都跟随自己和父亲，那么东陵就甚是冷漠。所以乾隆决定选址东陵，并且要求其子孙后代必须“左昭右穆”，其父要是葬于东陵，其必须选址于西陵或是除西陵以外的地方，父子二人不可葬于一处。

乾隆以为自己这样规定就可以确保以后东西陵都不会受到冷落，但是他的后代并没有严格执行。乾隆的孙子道光皇帝原来遵循了乾隆的旨意建陵于东陵，但是不久之后发现陵内进水，于是又于西陵建了一处陵墓；同治皇帝也因为慈禧太后的干预而被强行建陵于东陵，所以乾隆的规定对子孙后代的约束力实在是非常有限。

乾隆决定建陵于东陵之后，便命钦天监到东陵各处去查找一处万年吉地以作为陵墓地址。据钦天监查看后认为“长沟”一带最为合适。长沟位于房山县，靠近京城，在房山和涞水一带，处于东、西陵之间，乾隆也认为这是一个极佳的地方。乾隆虽然

看好此处，但是并没有向外公布自己将建陵于此，直到乾隆七年（公元 1742 年）才确定将建陵于东陵的圣水峪，就是后人所称的“裕陵”。

乾隆一生有过也有功，我们后人也无须再讨论终究是过大于功还是功大于过，我们唯一可以做的是尊重历史并且以史为鉴，尽量做好我们自身才是最为重要的。

附录：乾隆大事记

公元	年号	大事记
1736	乾隆元年	正月初一日，乾隆帝御太和殿接受臣下朝贺。
1736	乾隆元年	正月初二日，谕各省督抚务休养。
1736	乾隆元年	正月十七日，准噶尔使臣觐见乾隆帝，谈判定界问题。
1736	乾隆元年	正月二十一日，降旨停止捐纳，只留生童户部捐监一项，以备各省岁歉赈济之用。
1736	乾隆元年	正月二十一日，改教职两官同食一俸为备员给予全俸。
1736	乾隆元年	二月初九日，谕治道贵在得中，不可矫枉过正。
1736	乾隆元年	二月十七日，严禁以文字罪人。
1736	乾隆元年	三月初六日，宽赦汪景祺《西征随笔》案、查嗣庭私撰日记“狂悖”案缘坐族属回籍。
1736	乾隆元年	三月初八日，严治盗贼、赌博、打架、娼妓四恶不良习俗。
1736	乾隆元年	三月初十日，准贫民、残疾者等贩盐易米度日。
1736	乾隆元年	三月十二日，设盛京宗学、觉罗学。
1736	乾隆元年	三月十九日，从礼部尚书徐元梦所请，命续修雍正朝十三年国史。
1736	乾隆元年	三月二十四日，颁书于太学。
1736	乾隆元年	三月二十七日，开复完纳欠粮的褫革衣顶之举贡生监。
1736	乾隆元年	四月初六日，以满洲人员补用绿旗将弁员缺。
1736	乾隆元年	四月初六日，以度牒清厘僧道。
1736	乾隆元年	四月十六日，传谕巡抚岳濬防止山东积欠。
1736	乾隆元年	四月二十二日，申饬八旗节俭。
1736	乾隆元年	五月初三日，郎世宁请求缓和教禁，乾隆帝强调惟禁旗人信教。
1736	乾隆元年	五月十三日，禁止江西乡族草菅人命。
1736	乾隆元年	五月十八日，宽免曾静、张熙反清案内缘坐之亲属。
1736	乾隆元年	五月二十七日，颁圣祖御制《律历渊源》。
1736	乾隆元年	六月初八日，追谥明建文帝为恭闵惠皇帝。

公元	年号	大事记
1736	乾隆元年	六月初八日，定岁修江南水利。
1736	乾隆元年	六月十六日，弛坊间刻文之禁，准许民间将乡、会试试卷选刻。
1736	乾隆元年	六月二十日，给部院衙门及翰詹京堂等官员养廉。
1736	乾隆元年	七月初二日，秘密建储。
1736	乾隆元年	七月十一日，停给老农顶戴，停州县选老成书吏两人充钱粮总吏。
1736	乾隆元年	七月十六日，定五等世职汉文名称。
1736	乾隆元年	七月二十九日，驳王士俊所陈四事。
1736	乾隆元年	八月初八日，减台湾丁银为每丁征银二钱。
1736	乾隆元年	八月初九日，因兵部尚书傅鼐向商人勒索借银，革职。
1736	乾隆元年	八月十二日，命自明年起将在京大小文员俸银增加一倍。
1736	乾隆元年	八月二十四日，以浙江盐价昂贵，定浙盐增斤改引之法。
1736	乾隆元年	九月初四日，定米谷偷运出口惩治条例。
1736	乾隆元年	九月十八日，大学士朱轼卒。
1736	乾隆元年	九月二十二日，查禁臬司删改供招之弊。
1736	乾隆元年	九月二十八日，于保和殿御试博学鸿词科，取中十五人，各授官职。
1736	乾隆元年	九月二十九日，命各省督抚赈济时，严格统计受灾人口，防止捏造名口。
1736	乾隆元年	十月初一日，颁乾隆二年《时宪书》。
1736	乾隆元年	十月初四日，革除广东外贸正税的百分之十附加税。
1736	乾隆元年	十月二十八日，经略张广泗奏报苗疆军务全竣，官兵先后撤回。
1736	乾隆元年	十一月初三日，命从本月初五日始御门听政。
1736	乾隆元年	十一月初九日，改定侵盗钱粮例。
1737	乾隆元年	十二月初四日，谕禁各省督抚接受下属馈送土产。
1737	乾隆元年	十二月十八日，定幕宾六年期满保送之例。
1737	乾隆二年	正月初五日，命台湾九十六社的番饷照内地民丁之例，减为每丁征银二钱。
1737	乾隆二年	二月十七日，大计。
1737	乾隆二年	二月二十日，以故安南国王黎维祜弟黎维祎袭封安南国王。
1737	乾隆二年	二月三十日，免渡海前往台湾商船舵水手人等查验箕斗，台湾照内地设立十家牌，填注户口，查核游民。
1737	乾隆二年	三月初六日，以雍正帝及孝敬皇后升祔太庙礼成，颁布恩诏。

公元	年号	大事记
1737	乾隆二年	三月二十八日，因京师、直隶等地干旱，命备省即行释放待质犯人，并免于通缉应赦罪犯。
1737	乾隆二年	四月初六日，准毛城铺以下浚河。
1737	乾隆二年	四月初六日，命减江浙白粮二十二万余石为十石，其余十二万石改征漕粮。
1737	乾隆二年	四月十三日，准包衣佐领、管领与八旗之人联姻。
1737	乾隆二年	五月初七日，乾隆帝以“为君难，为臣不易”为题，在乾清宫亲试满汉翰林。
1737	乾隆二年	五月十三日，以太祖、太宗、世祖、圣祖、世宗五朝《圣训》交武英殿刊刻颁赏。
1737	乾隆二年	五月二十四日，命荒年停征备关米税，使米谷流通。
1737	乾隆二年	六月十三日，命直隶、山东、河南、山西、陕西五省督抚就禁止烧锅一事各抒己见。
1737	乾隆二年	七月二十日，复位遣犯佥发、改发例。
1737	乾隆二年	八月初六日，命赈济不必等待部文。
1737	乾隆二年	八月，福建设立族正防治械斗。
1737	乾隆二年	九月十一日，命国子监大成门、大威殿仿阙里文庙用黄瓦，以表对于孔子的敬意。
1737	乾隆二年	九月十五日，命外船遇难，当用存公银两给衣粮，修理舟楫，将货物查还。
1737	乾隆二年	九月二十六日，谕京师钱铺不得囤积钱文，抬高钱价。
1737	乾隆二年	闰九月初一日，谕禁四川于耗羡之外另收余平。
1737	乾隆二年	闰九月十二日，巡视台湾御史白起图条奏台湾善后事宜。
1737	乾隆二年	闰九月二十四日，大学士鄂尔泰奏根治直隶河道方案。
1737	乾隆二年	十月十三日，因本年挑浚淮扬运河，所聚员役人夫数十万，特命暂免淮安关米豆等税。
1737	乾隆二年	十一月初四日，朝鲜国王李昑请封世子李愃，允准。
1737	乾隆二年	十一月初九日，定京察一等人员优叙之例与大计同。
1738	乾隆二年	十一月二十七日，庄亲王允禄等请解总理事务王、大臣，被允准。
1738	乾隆二年	十一月二十八日，恢复军机处。
1738	乾隆二年	十二月初四日，册立嫡妃富察氏为皇后，庶妃高氏为贵妃。

公元	年号	大事记
1738	乾隆二年	十二月初五日，以册立皇后颁布恩诏，赦免非十恶及谋杀、故杀的犯罪妇人。
1738	乾隆二年	十二月十四日，要求各省督抚具奏办理常平仓出粜、买补之法。
1738	乾隆二年	十二月十五日，传谕陕西巡抚崔纪，慎重实行凿井灌田抵御干旱之事。
1738	乾隆二年	十二月十七日，复允祉郡王号。
1738	乾隆二年	十二月三十日，乾隆帝首次筵宴朝正外藩于保和殿。
1738	乾隆三年	正月初一日，乾隆帝即位后首次在太和殿接受大臣朝贺，作乐，宣表。以后每年例行元旦朝贺。此前因在雍正帝丧期，故不奏乐，不宣表。
1738	乾隆三年	正月十一日，初幸圆明园，奉皇太后居畅春园。旋定帝驻圆明园期间臣工轮班奏事制度。
1738	乾隆三年	正月十五日，乾隆帝于圆明园正大光明殿筵宴轮班朝觐的外藩蒙古王、贝勒、台吉及内大臣、大学士等。以后每年正月十五例行。
1738	乾隆三年	正月十七日，命各省督抚讨论常平捐监事例。
1738	乾隆三年	正月二十四日，准噶尔噶尔丹策零遣使达什至京，称喀尔喀与厄鲁特仍驻牧如故。乾隆帝命侍郎阿克敦为正使，前往准噶尔谈判。
1738	乾隆三年	二月初五日，乾隆帝谒文庙，亲祭先师孔子。
1738	乾隆三年	二月二十四日，始举经筵，以后岁以仲春、仲秋例行经筵大典。
1738	乾隆三年	三月初二日，乾隆帝亲诣太学，徒步至先师孔子位前，行释奠礼。
1738	乾隆三年	三月初十日，复设八旗米局。
1738	乾隆三年	三月二十八日，命例应考选科道的部院等官，概行引见。
1738	乾隆三年	四月初二日，各省督抚贡献方物概行停止。
1738	乾隆三年	四月二十六日，修改故杀奴仆律例。
1738	乾隆三年	五月十三日，外间传闻内廷选取优童秀女。
1738	乾隆三年	五月十五日，准被灾五分蠲免钱粮。
1738	乾隆三年	六月十五日，议政大臣、大学士尹泰遵旨议覆八旗家奴开户条例。
1738	乾隆三年	六月十七日，准大学士等议覆钱价昂贵各条。
1738	乾隆三年	六月二十日，京师传言刑部尚书孙嘉淦奏稿，密参多位大学士。
1738	乾隆三年	七月十九日，定各关米税歉岁免征之例。
1738	乾隆三年	七月二十七日，因江南地方夏季缺雨，命暂停征收漕粮。
1738	乾隆三年	七月三十日，讨论苗疆设立屯军等事宜。

公元	年号	大事记
1738	乾隆三年	八月初八日，命九卿等酌定各省缓征钱粮之例。
1738	乾隆三年	九月十四日，因畿辅地方歉收，特准口外贩粮进口，以资接济。
1738	乾隆三年	九月十五日，清使阿克敦与噶尔丹策零谈判未有结果，启程回京。
1738	乾隆三年	九月二十三日，乾隆帝首次举行秋审大典，对云南、贵州、四川、广西四省情实罪犯最后复查。以后岁以为常。
1738	乾隆三年	十月初四日，鉴于八旗生齿日繁，增加八旗护军、领催、马甲、养育兵兵额，以为养赡之计。
1738	乾隆三年	十月初四日，谕后世子孙不得修改已经成书的《实录》。
1738	乾隆三年	十月十二日，皇次子永琏病殁。
1738	乾隆三年	十月二十七日，实授顾琮为河道总督。
1738	乾隆三年	十一月初二日，孙嘉淦疏参贝勒允祜滥收投献房地，帝命将允祜交宗人府察议。
1739	乾隆三年	十一月三十日，设立八旗算学馆，算学生额数满、汉其三十六名，由成德、梅瑴成、何国宗管理。
1739	乾隆三年	十二月十六日，《八旗通志》成。
1739	乾隆三年	十二月十七日，大学士嵇曾筠病殁。
1739	乾隆三年	十二月二十日，准噶尔汗噶尔丹策零遣使随同阿克敦至京，提出定界、撤退清方卡伦以及进藏熬茶等要求。
1739	乾隆四年	正月初五日，命再截留江苏漕粮二十万石，以备该省接济平粜之用。
1739	乾隆四年	正月初七日，拨银七十万两与淮商捐银三十万两，用于淮扬一带水利工程。
1739	乾隆四年	二月初五日，大学士鄂尔泰议驳郎中王效通建议，各省将捐监交纳米谷改为银谷兼收，得旨依议。
1739	乾隆四年	三月初三日，命山西巡抚石鳞派员会同察哈尔总管，按照民、蒙定界分居和余地仍给民人耕种的原则，解决民人与蒙古杂处问题。
1739	乾隆四年	三月十八日，饬各省督抚：遇有在京各部院书吏需索之事，立即奏闻。如有私相授受者，与授之人均照枉法赃治罪。
1739	乾隆四年	三月二十二日，豁免上年受灾省份乾隆四年地丁钱粮：直隶九十万两，江苏一百万两，安徽六十万两。
1739	乾隆四年	四月初一日，举行己未科殿试。
1739	乾隆四年	四月十二日，江阴县查获夏天佑等倡立西来教。

公元	年号	大事记
1739	乾隆四年	四月，两江总督那苏图奏请上下两江蠲免钱粮以征银多少区别，穷户全免，其额征五两以上者无庸蠲免。得到乾隆帝的嘉许。
1739	乾隆四年	五月初六日，命大学士、九卿会同定议福建、直隶劣生率众挟制地方官案件。
1739	乾隆四年	五月十二日，以部属、参领及翰林等条奏无可采纳，停止其具折奏事。
1739	乾隆四年	五月十五日，因直隶、山东、山西、陕西越省进香严重，加以禁止。
1739	乾隆四年	六月初三日，密谕各省督抚渐次裁减僧道。
1739	乾隆四年	六月初七日，添派查旗御史。
1739	乾隆四年	六月初九日，山西布政使胡瀛奏请严禁溺女、停棺之风。
1739	乾隆四年	六月二十二日，规定牙行事务，禁胥吏领取牙帖苛索商民。
1739	乾隆四年	六月二十四日，命那苏图访察南方主佃关系。
1739	乾隆四年	七月十一日，理藩院审拟车臣汗达玛林。
1739	乾隆四年	七月二十二日，禁止督抚擅自调动地方官，并禁止属员干谒上司以及流连宴会。
1739	乾隆四年	七月二十六日，云南总督庆复受降安南叛人矣长，帝命妥善办理。
1739	乾隆四年	八月初二日，驳御史张湄奏言。
1739	乾隆四年	八月初七日，命仿朱熹《通鉴纲目》体例编纂《明季纲目》。
1739	乾隆四年	九月初一日，因安南内乱，命广西提督谭行义严阵防范，观其动静。
1739	乾隆四年	九月初五日，台湾流寓民人搬取家眷团聚展限一年。
1739	乾隆四年	九月二十一日，革去宗室弘昇都统。
1739	乾隆四年	十月初十日，定缴还朱批奏折例。
1739	乾隆四年	十月初十日，河南伊阳邪教案发。
1739	乾隆四年	十月十三日，命密行访察苏州织造海保。
1739	乾隆四年	十月十六日，处置庄亲王允禄结党案。
1739	乾隆四年	十月十九日，云南总督庆复将安南人矣长以叛人治罪，并安插管束、咨安南国王知之。
1739	乾隆四年	十月二十日，刊刻《救饥谱》四卷。
1739	乾隆四年	十月，四川啯噜活动。
1739	乾隆四年	十一月初三日，首次于南苑举行大阅，定以后三年一次阅兵。
1740	乾隆四年	十二月十三日，晋封西藏贝勒颇罗鼐为郡王。

公元	年号	大事记
1740	乾隆四年	十二月十七日，颁圣祖仁皇帝御制文集、世宗宪皇帝御制文集并御纂诸经。
1740	乾隆四年	十二月二十日，与准噶尔和议成功。
1740	乾隆五年	正月二十二日，清与准噶尔议定双方贸易事宜。
1740	乾隆五年	正月二十九日，清议定准噶尔进藏熬茶事宜。
1740	乾隆五年	二月初五日，清、准和议成，准许雍正年间移居多伦诺尔的哲布尊丹巴呼图克图仍居库伦。
1740	乾隆五年	二月初六日，命直隶、山东、山西、湖南、甘肃、广东等省招商采煤。
1740	乾隆五年	二月初十日，命贵州设社学。
1740	乾隆五年	二月十四日，试铸青钱成功。
1740	乾隆五年	二月二十五日，批准漳河复归故道工程。
1740	乾隆五年	四月初四日，诫谕臣工不得妄行揣度，依附权臣鄂尔泰、张廷玉。
1740	乾隆五年	四月初十日，从江苏巡抚张渠所请，移吴江县丞驻盛产绸绫的工商市镇盛泽镇。
1740	乾隆五年	四月二十四日，整饬奉天地方事务。
1740	乾隆五年	五月初四日，以各省纳粟准作监生，原为预筹积贮，以裕民俗，禁止捐监收折色。
1740	乾隆五年	五月十二日，命理藩院每五年将蒙古王、贝勒、贝子、公、台吉等源流档册家谱重新缮写进呈，并将旧家谱换出。
1740	乾隆五年	六月初九日，河南巡抚雅尔图奏请灾蠲钱粮佃户交租比例。
1740	乾隆五年	六月二十一日，令兵部严饬备省提塘：嗣后督抚、盐政、关差所有进献方物或奉有赏赐，一概不许在《邸报》内开写。
1740	乾隆五年	六月二十六日，本年秋审在即，命九卿本着“罪疑惟轻”的精神，将秋审朝审招册内凡缓决之案，属于情有可原者，一律入于“可矜”项下。
1740	乾隆五年	闰六月初五日，明两广总督马尔泰速赴桂林剿捕起事的苗、瑶民众。
1740	乾隆五年	闰六月十九日，允刑部右侍郎张照所请：保护观象台上元代郭守敬所制简仪、浑仪、仰仪等天文仪器。
1740	乾隆五年	七月初二日，万寿照常年进行。
1740	乾隆五年	七月初七日，赐噶尔丹策零敕书。
1740	乾隆五年	七月初八日，与准噶尔和议成，命喀尔喀王与两路军营会议撤兵。
1740	乾隆五年	七月十一日，命八旗三年一次赴卢沟桥演炮。

公元	年号	大事记
1740	乾隆五年	七月二十六日，以各省生齿日繁，地不加广，穷民资生无策，命开垦闲旷地土，免其升科。
1740	乾隆五年	八月二十一日，以承平日久，沿海各省所设战船徒有虚名，命辖区的督抚加以整顿。
1740	乾隆五年	八月二十五日，定各关监督任满题奏报关税。
1740	乾隆五年	九月十一日，定赈灾条例。
1740	乾隆五年	九月二十八日，永禁胥役更名冒充牙行。
1740	乾隆五年	九月二十八日，楚粤两省苗民起事受到镇压。
1740	乾隆五年	九月二十九日，渝奉天居民不愿入籍者，限十年回籍。
1740	乾隆五年	九月二十九日，奉天府尹吴应牧条奏奉天应行事宜。
1740	乾隆五年	十月十一日，湖南新辟苗疆设义学。
1740	乾隆五年	十月十二日，乾隆帝倡导诸臣研究理学。
1740	乾隆五年	十月十九日，嘉奖左佥都御史刘藻奏谏停止圆明园工程。
1740	乾隆五年	十月二十八日，永禁胥役更名冒充牙行。
1740	乾隆五年	十一月初一日，命岁奏民、谷数，编审人丁单位发生变化。
1740	乾隆五年	十一月初十日，钦差大臣、贵州总督张广泗奏报楚粤两省苗瑶军务全竣，大军陆续撤旋。
1741	乾隆五年	十一月十六日，重辑《大清律例》成。
1741	乾隆五年	十一月二十一日，乾隆帝以大学士等皆年老大臣，严寒就地长跪，命乾清门御门听政时给予毡垫。
1741	乾隆五年	十一月二十七日，纂修《大清一统志》书成。
1741	乾隆五年	十二月初二日，理藩院致函俄国枢密院，因土尔扈特蒙古违约，拒绝其取道中国进西藏熬茶。
1741	乾隆五年	十二月初四日，禁京官烂交富户。
1741	乾隆五年	十二月二十七日，因太仆寺卿蒋琏进呈歌功颂德的诗文集，乾隆帝禁止类似的举动。
1741	乾隆六年	正月初二日，命各省督抚学政采访元明诸贤与清朝儒学研究六经、阐明性理之书。
1741	乾隆六年	正月十八日，命大学士鄂尔泰、尚书讷亲会同直隶总督孙嘉淦、总河顾琮，查勘永定河工程。

公元	年号	大事记
1741	乾隆六年	二月初八日，命捐监本省纳粮与报部交银悉可。
1741	乾隆六年	二月初八日，降旨申饬御史丛洞，因其谏阻木兰秋狝。
1741	乾隆六年	二月，广东推广族正制。
1741	乾隆六年	三月十三日，贵州黎平府永从县苗、瑶起事反清。
1741	乾隆六年	三月十九日，御史仲永檀参奏步军统领鄂善贪污受贿，并及大学士张廷玉等。
1741	乾隆六年	三月二十九日，乾隆帝即位以来，已将太祖、太宗、世祖、圣祖、世宗五朝《实录》与《圣训》阅读一遍，命再次进览。
1741	乾隆六年	四月初四日，命讨论安定苗疆的长远之计。
1741	乾隆六年	五月初一日，禁州县征粮于滚单上多开。
1741	乾隆六年	五月初八日，以吉林为满洲根本，命严禁流民。
1741	乾隆六年	五月二十日，户部侍郎梁诗正建议解决朝廷入不敷出问题。
1741	乾隆六年	六月二十二日，以各省营伍多有废弛，命督抚提镇整饬军政。
1741	乾隆六年	六月二十三日，谕地方官责令父兄族党管束族人游惰习气。
1741	乾隆六年	六月二十三日，降调大学士赵国麟。
1741	乾隆六年	六月，南方各省抗粮、抗税开始，持续两年之久。
1741	乾隆六年	七月初一日，告诫诸臣公忠体国，不得私心揣度皇帝为政从宽或从严，以去揣摩迎合之习。
1741	乾隆六年	七月初三日，谕粤、闽、赣三省治理械斗。
1741	乾隆六年	七月初七日，定顺天乡试同考官回避例。
1741	乾隆六年	七月十八日，谕大学士等：口外行围期间，办理一切政务与宫中无异。
1741	乾隆六年	七月二十六日，乾隆帝奉皇太后自圆明园起銮，初举木兰秋狝。
1741	乾隆六年	七月二十七日，蠲免行围所过州县本年应征额赋十分之三，并以为例。
1741	乾隆六年	八月初九日，命逮捕宝泉局铸钱工匠罢工首领童光荣。
1741	乾隆六年	八月十九日，奖赏随同行围的蒙古扎萨克王公以及众兵丁。
1741	乾隆六年	八月二十八日，乾隆帝在围场训斥随围兵丁不耐劳苦。
1741	乾隆六年	九月初三日，乾隆帝奉皇太后驻跸避暑山庄。
1741	乾隆六年	九月初八日，自避暑山庄启銮回京。
1741	乾隆六年	九月二十日，还跸至京，结束木兰秋狝。
1741	乾隆六年	九月二十五日，命销毁湖南粮储道谢济世所著《大学注》《中庸疏》。

公元	年号	大事记
1741	乾隆六年	九月二十八日，命从重处置贪官。
1741	乾隆六年	十月，署贵州布政使陈德荣奏，请定臣民犯御名者罪。乾隆帝以“尊君亲上，原不在此”批答。
1741	乾隆六年	十一月初五日，命续纂《律吕正义》后编。
1741	乾隆六年	十一月十六日，从御史孙灏所请，命江苏、浙江督抚设法招募商人，赴日本购买洋铜。
1741	乾隆六年	十一月，皇太后五十寿辰，行庆贺礼。
1741	乾隆六年	十一月，徐元梦病卒。
1742	乾隆六年	十二月初二日，乾隆帝特颁谕旨，要求直隶、山东、河南三省地方官设法查拿老瓜贼。
1742	乾隆六年	十二月初三日，定关税盈余考核例。
1742	乾隆六年	十二月初四日，左副都御史刘统勋请停张廷玉近属升转。
1742	乾隆六年	十二月十一日，《清世宗实录》及《圣训》告成。
1742	乾隆六年	十二月十五日，《蒙古律例》告竣。
1742	乾隆六年	十二月二十日，命左都御史刘统勋等查勘海塘。
1741	乾隆六年	是年，首次依据保甲门牌统计各省户口数，计一亿四千三百四十一万零一千五百五十九人。
1742	乾隆七年	正月初四日，定嗣后外任旗员子弟年至十八岁以上者，可在外随任。
1742	乾隆七年	正月三十日，从御史沈廷芳所请，捣毁崇文门内智化寺中明朝太监王振塑像，并仆李贤所撰称颂王振之碑。
1742	乾隆七年	二月初三日，命议政王大臣议奏是否禁止南洋贸易。
1742	乾隆七年	二月初七日，要求督抚不得以势位相凌学政，学政对督抚应该自尊自重。
1742	乾隆七年	二月十四日，命十二年举行一次拔贡。
1742	乾隆七年	三月初一日，以天呈旱象，乾隆帝训饬诸臣不能及时陈言应对、筹划国是。
1742	乾隆七年	三月初八日，命大学士、九卿、督抚不拘资格举荐通晓政治的骨鲠之人，以备选录科道言官。
1742	乾隆七年	三月初十日，命督抚实力稽查关榷弊端。
1742	乾隆七年	三月十一日，从黑龙江将军博第所请，命加强管理黑龙江城内的贸易民人。
1742	乾隆七年	三月十七日，乾隆帝确定身后陵墓在直隶遵化胜水峪。
1742	乾隆七年	三月二十一日，御史从洞奏请停修热河等处行宫。

公元	年号	大事记
1742	乾隆七年	三月二十二日，命各省遇歉岁平粜不拘存七粜三成例，可多出仓储，减价平粜。
1742	乾隆七年	三月二十五日，不禁止学臣带眷属。
1742	乾隆七年	四月初一日，命九卿、翰林、科道及各省督抚就是否改变雍正火耗归公旧制各抒己见。
1742	乾隆七年	四月初二日，将直省关口米豆额税永远宽免。
1742	乾隆七年	四月十三日，为解决八旗生计，准八旗汉军中进关后编入者出旗为民。
1742	乾隆七年	四月十五日，敕谕噶尔丹策零。
1742	乾隆七年	四月十六日，京师仍设官牙。
1742	乾隆七年	四月二十八日，原任浙江巡抚卢焯营私受贿，拟绞监候，秋后处决。
1742	乾隆七年	五月初七日，议定拉林、阿勒楚喀移驻京旗满洲一千名屯垦耕种。
1742	乾隆七年	五月十五日，定雩祭典礼。
1742	乾隆七年	五月二十一日，从湖广总督孙嘉淦奏请，采取以苗治苗。
1742	乾隆七年	六月二十一日，要求地方官遇谷价高昂实力办好减价粜谷事宜。
1742	乾隆七年	六月二十二日，福建发现小刀会。
1742	乾隆七年	六月二十七日，要求督抚统率州县谋划民生。
1742	乾隆七年	七月初八日，礼部尚书赵国麟以旧病乞休，乾隆帝命革职。
1742	乾隆七年	八月初五日，定皇后亲蚕礼。
1742	乾隆七年	八月初五日，规定挑选秀女的办法。
1742	乾隆七年	八月初六日，以上下两江治水所需浩繁，从高斌、周学键所请，开江南捐例。
1742	乾隆七年	八月二十一日，云南裁绿营兵一千一百六十名。
1742	乾隆七年	八月三十日，因理藩院奏，黑龙江将军博第报，俄罗斯人越界砍柴。乾隆帝强调，与俄罗斯国分定边界关系甚属重要。
1742	乾隆七年	九月初四日，命直隶总督高斌通盘筹划黄河、淮河、洪泽湖水利工程。
1742	乾隆七年	九月二十四日，乾隆帝怀疑湖广总督孙嘉淦畏惧襄阳聚众闹事，查勘堤工提前返回省城，指责他“一生学问皆虚”。
1742	乾隆七年	十月初五日，命仍准南洋照旧通商。
1742	乾隆七年	十月二十七日，定满员外用先行考试例。

公元	年号	大事记
1742	乾隆七年	十一月初六日，议定京旗满洲一千名还屯阿林、阿勒楚喀工作准备两年，俟九年秋起程。
1742	乾隆七年	十一月初九日，针对荒歉时本地官民不准米粮出境，再颁谕旨，重申遏籴之禁。
1742	乾隆七年	十一月初十日，乾隆帝确定维持耗羡归公旧制。
1742	乾隆七年	十一月十九日，命将谢济世革职。
1742	乾隆七年	十一月二十日，乾隆帝命大学士陈世倌前往江南，会同高斌等查勘办理河防水利。
1742	乾隆七年	十二月初二日，堵筑黄河石林口决口合龙竣工。
1742	乾隆七年	十二月初二日，命吏部安排考试、引见大臣保举堪任科道者，所举之人如用后有行止不端、贪赃犯法者，将原保大臣严加议处。
1742	乾隆七年	十二月初三日，告诫翰林科道，进呈经史讲义时不得借古讽今。
1743	乾隆七年	十二月十一日，命将仲永檀革职，交慎刑司。
1743	乾隆七年	十二月二十六日，命福建地方官严防台湾米谷透越内地，查禁内地奸民偷渡台湾。
1743	乾隆八年	正月初九日，命修黄河水利工程。
1743	乾隆八年	二月初九日，命将杭世骏革职。
1743	乾隆八年	二月十六日，命阿里衮前往湖南，会同孙嘉淦秉公审理谢济世被参案。
1743	乾隆八年	二月十九日，派宣谕化导使。
1743	乾隆八年	三月初二日，准左右两翼宗学生考试优等者为进士，一体殿试。嗣后例行。
1743	乾隆八年	三月二十一日，命沿海督抚实力查办出口商船夹带米谷、私贩案件。
1743	乾隆八年	三月二十八日，内务府总管、庄亲王允禄奏请停止编查庄头等第。
1743	乾隆八年	四月初一日，训斥诸臣勤事、奏事，命督抚三年举奏一次属员。
1743	乾隆八年	四月初八日，命奉宸院用区田法试种。
1743	乾隆八年	四月十六日，为平抑米价，命暂停邻省采买及捐监收米之例。
1743	乾隆八年	四月二十五日，谕汉军同知、守备以上毋庸改归民籍。
1743	乾隆八年	四月二十八日，以翰林、詹事诸臣率多诗酒博弈，乾隆帝定于隔天后亲自考试。
1743	乾隆八年	闰四月二十九日，以地方歉收民众闹事，要求文武官员约束刁民。
1743	乾隆八年	五月初二日，治理黄河水利工程方案遭异议。

公元	年号	大事记
1743	乾隆八年	五月二十四日，命将历朝实录以满汉文各缮写一部，送往盛京尊藏。
1743	乾隆八年	五月二十五日，命履亲王允裪、平郡王福彭、大学士鄂尔泰与张廷玉于皇帝本年谒陵期间，在京总理诸务。
1743	乾隆八年	五月，同意山西巡抚刘于义以该省粮轻丁重不必丁粮归并的看法。
1743	乾隆八年	六月初二日，江西巡抚陈宏谋奏请禁止种烟。
1743	乾隆八年	六月初三日，改南掌国（今老挝）五年贡象旧例为十年一贡。
1743	乾隆八年	六月十二日，贵州裁减绿营近四千名。
1743	乾隆八年	六月十八日，不准督抚多索驿马，扰累驿递。
1743	乾隆八年	六月二十六日，准流民出口就食。
1743	乾隆八年	六月二十八日，禁衿监充任牙行。
1743	乾隆八年	七月初三日，命各省抚恤流民。
1743	乾隆八年	七月初八日，奉皇太后首次赴盛京谒陵。
1743	乾隆八年	七月三十日，禁王公交接太监。
1743	乾隆八年	七月，署湖南巡抚蒋溥奏称，湖南试行一岁两熟。
1743	乾隆八年	八月初七日，命将御史金溶革职。
1743	乾隆八年	九月初四日，申饬哲布尊丹巴呼图克图。
1743	乾隆八年	九月初五日，定量免洋船带米货税。
1743	乾隆八年	九月十六日，乾隆帝奉皇太后谒永陵；翌日，行大飨礼。
1743	乾隆八年	九月十六日，命停顾琮议限民田。
1743	乾隆八年	九月二十二日，谒福陵。翌日，行大飨礼，谒昭陵。
1743	乾隆八年	九月二十四日，行大飨礼，奉皇太后驻跸盛京。朝鲜国王李昑遣陪臣至盛京贡方物。
1743	乾隆八年	九月二十五日，率群臣诣皇太后宫行庆贺礼。御崇政殿受贺。赐群臣及朝鲜使臣宴。
1743	乾隆八年	十月初一日，乾隆帝临御大政殿。
1743	乾隆八年	十月二十日，命大臣自陈乞罢须备举贤自代。
1743	乾隆八年	十月二十八日，以谒陵礼成，率群臣诣皇太后宫行庆贺礼。御太和殿，王大臣各官进表朝贺。
1743	乾隆八年	十月，四川巡抚纪山奏陈啯噜问题。
1743	乾隆八年	十一月十一日，安南国王黎维祎表谢赐祭及袭封恩，进贡方物。

公元	年号	大事记
1744	乾隆八年	十二月二十二日，增设广西富川等十七州县乡勇。
1744	乾隆八年	十二月二十七日，禁硝磺出口。
1744	乾隆八年	十二月二十八日，召见准噶尔遣贡使图尔都等。
1744	乾隆九年	正月初四日，训饬各省州县教养兼施。
1744	乾隆九年	正月二十二日，授史贻直文渊阁大学士。
1744	乾隆九年	正月二十四日，谕各省灵活执行停止采买米谷之令。
1744	乾隆九年	二月初八日，收回许容署湖北巡抚令。
1744	乾隆九年	二月十三日，安徽巡抚范璨奏请严稽僧道。
1744	乾隆九年	二月二十五日，恢复各省捐监，以实仓谷。
1744	乾隆九年	三月十三日，讷亲奏绿营兵废弛。
1744	乾隆九年	三月，江苏破获龙华会。
1744	乾隆九年	三月，甘肃巡抚黄廷桂奏甘省试种棉花。
1744	乾隆九年	四月初一日，始建先蚕坛成。
1744	乾隆九年	四月初四日，建云南昆明等三十三州县栖流所。
1744	乾隆九年	四月初八日，乾隆帝诣圜丘行大雩礼，特诏贬损仪节，以示虔祷。以旱命省刑宽禁。
1744	乾隆九年	四月十一日，祭地于方泽，不乘辇，不设卤簿。
1744	乾隆九年	五月初八日，大学士、九卿议覆御史柴潮生请修直隶水利，命协办大学士刘于义往保定会同高斌筹划。
1744	乾隆九年	五月二十七日，发现楚南青冈栎木等树可以放饲野蚕。
1744	乾隆九年	五月二十八日，以直隶连年赈旱多费，准开直赈例。
1744	乾隆九年	六月初三日，大学士徐本以病休致。
1744	乾隆九年	六月初八日，河南发现三教堂，各省通行禁止。
1744	乾隆九年	七月初九日，准广东开炉铸钱。
1744	乾隆九年	七月初十日，准广东铜铅金银矿厂召商开采，二八抽课。
1744	乾隆九年	七月二十四日，乾隆帝整肃乡试科场纪律。
1744	乾隆九年	七月二十五日，因讷亲汇报，申饬河南、江南、山东驻防的将军、大臣加强驻防满兵的军事训练。
1744	乾隆九年	八月初二日，定举人三年一次拣选知县、教职等。
1744	乾隆九年	八月十四日，舒赫德批评科举制度。

公元	年号	大事记
1744	乾隆九年	八月十六日，裁减乡试中试名额。给事中吴炜批评顺天乡试搜检过苛，乾隆帝加以辩解。
1744	乾隆九年	八月二十一日，定乡试发榜后复试方法。
1744	乾隆九年	八月，山东巡抚喀尔吉善奏报拿获空子教，据供河南、湖广多有传授。
1744	乾隆九年	九月初一日，翰林院编修黄明懿褫职。
1744	乾隆九年	九月十一日，申禁台湾开垦荒地，以防游民来台。
1744	乾隆九年	九月十三日，命备省督抚切实执行年终汇报制度。
1744	乾隆九年	九月二十一日，增定科场严查怀挟科条。
1744	乾隆九年	十月初九日，大学士鄂尔泰等议奏京师钱价腾贵。
1744	乾隆九年	十月二十二日，奉皇太后巡幸汤山。
1744	乾隆九年	十月二十四日，乾隆帝巡幸盘山。
1744	乾隆九年	十月二十七日，重修翰林院工竣。
1744	乾隆九年	十月二十七日，又驾临贡院，赐御书联额。复临紫微殿、观象台。
1744	乾隆九年	十月，批准广东开矿之议。
1744	乾隆九年	十一月十一日，命严惩江南乡试怀挟作弊的生员。
1744	乾隆九年	十一月十三日，山东登州镇总兵马世龙以科派兵丁，鞫实论绞。
1745	乾隆九年	十二月初三日，鄂尔泰议覆刘于义奏勘直隶水利，命拨银近五十万两兴修。
1745	乾隆九年	十二月初九日，允准噶尔贡使哈柳等随带牛羊等物在肃州贸易。
1745	乾隆九年	十二月二十五日，刑部尚书张照丁忧。
1745	乾隆九年	十二月二十八日，以福建闽县等县火灾，谕责疆吏不严火备。
1745	乾隆十年	正月初四日，召大学士、内廷翰林于重华宫联句。
1745	乾隆十年	改二月会试于三月，著为令。
1745	乾隆十年	正月十九日，刑部尚书张照病故。
1745	乾隆十年	正月二十三日，停会试榜后拣选例。
1745	乾隆十年	正月二十八日，因皇贵妃高氏卒，召其父高斌来京。
1745	乾隆十年	二月，川陕总督庆复奏请出兵剿办瞻对土司。
1745	乾隆十年	三月初三日，改殿试于四月，著为令。
1745	乾隆十年	三月十七日，协办大学士、礼部尚书三泰因病休致。
1745	乾隆十年	三月二十二日，以安南莫康武作乱，攻陷太平、高原等处，命那苏图等严防边隘。

公元	年号	大事记
1745	乾隆十年	三月二十八日，命选应试落卷以教职录用。
1745	乾隆十年	三月，湖北巡抚晏斯盛奏请汉口建社仓。
1745	乾隆十年	四月初一日，发江南帑银五十六万两浚河道。
1745	乾隆十年	四月十二日，大学士鄂尔泰卒。
1745	乾隆十年	四月二十一日，以旱命刑部清理庶狱。
1745	乾隆十年	四月二十六日，策试贡士，诏能深悉时政直言极谏者。
1745	乾隆十年	四月二十七日，庆复、纪山等奏进剿瞻对土司获准。
1745	乾隆十年	五月初六日，加强稽查出入打箭炉民人。
1745	乾隆十年	五月十七日，命讷亲为保和殿大学士，并为大学士领班。
1745	乾隆十年	五月二十日，户部尚书阿尔赛为家奴所害，磔家奴于市。
1745	乾隆十年	五月，江苏常州府发现静堂。
1745	乾隆十年	六月初六日，下年全国普免钱粮。
1745	乾隆十年	六月初八日，以僧道收入寺观尚可羁縻，命各督抚从宽裁汰僧道。
1745	乾隆十年	六月初九日，命户部侍郎傅恒在军机处行走。
1745	乾隆十年	六月二十一日，御史赫泰请收回普免钱粮成命。乾隆帝斥其悖谬，降二级调用。
1745	乾隆十年	七月十七日，讨论普免钱粮的佃户减租问题。
1745	乾隆十年	七月二十二日，奉皇太后巡幸木兰及多伦诺尔，免经过州县额赋十分之四。
1745	乾隆十年	七月二十六日，饬有司给孝子节妇口粮。
1745	乾隆十年	七月二十八日，奉皇太后驻避暑山庄。
1745	乾隆十年	八月初四日，奉皇太后幸木兰行围。
1745	乾隆十年	九月初四日，云南总督张允随以猛缅土司奉廷征等通缅莽，请猛缅土司改土归流，命详议。
1745	乾隆十年	九月二十四日，奉皇太后还京师。
1745	乾隆十年	九月二十八日，以普免钱粮，命查各省历年存余银，以抵岁需。
1745	乾隆十年	十月初十日，定捐纳现行常例。设湖南新辟苗疆义学。
1745	乾隆十年	十月二十日，移民入川须有川省亲戚方准给照。
1745	乾隆十年	十一月初二日，协办大学士刘于义等奏直隶水利初次工程告竣。
1745	乾隆十年	十一月初八日，驻藏副都统傅清奏准噶尔台吉噶尔丹策零与阿卜都尔噶里木汗构兵。

公元	年号	大事记
1745	乾隆十年	十一月十二日，定驻藏大臣三年一换例。
1745	乾隆十年	十一月十五日，获悉准噶尔台吉噶尔丹策零病故，命西北两路筹备边防。
1745	乾隆十年	十一月二十二日，严禁吏员僭穿补服、干谒地方官，并禁州县佐杂与在籍吏员往来请托。
1746	乾隆十年	十二月十四日，大学士福敏乞休获允。
1746	乾隆十年	十二月十五日，命庆复为文华殿大学士，留川陕总督任。
1746	乾隆十年	十二月十六日，命顺天府大兴、宛平二县额进生员冒籍者改正。
1746	乾隆十年	十二月十八日，命协办大学士高斌、侍郎蒋溥均在军机处行走。
1746	乾隆十年	十二月二十六日，严格生员三年岁考制度。
1746	乾隆十一年	正月初三日，以纪年开帙，命减刑。
1746	乾隆十一年	正月初四日，命各省逢轮免钱粮之年，将应征耗羡一并缓至开征之年按数完纳。
1746	乾隆十一年	正月二十一日，奉天府尹霍备因查办流寓奉天民人不得力，被解任交部议处。
1746	乾隆十一年	二月十六日，御史沈景澜奏请，严禁蠲免钱粮造报蠲免地丁清册时书吏勒派。
1746	乾隆十一年	二月二十五日，以三月朔日食，诏修省以实。定皇后不行亲蚕礼之年遣妃代行。
1746	乾隆十一年	三月初二日，户部议准直隶总督那苏图回赎民典旗地条款。
1746	乾隆十一年	三月初九日，准噶尔使臣哈柳至京。
1746	乾隆十一年	三月十二日，庆复至打箭炉，劾李质粹等劳师玩寇，请续调官兵进剿，允之。
1746	乾隆十一年	三月十五日，遣内大臣班第等赴瞻对军营。
1746	乾隆十一年	三月二十八日，军机大臣议定直隶总督那苏图奏严禁民人出山海关四条。
1746	乾隆十一年	闰三月初一日，《律吕正义后编》书成。
1746	乾隆十一年	闰三月二十一日，重修《明通鉴纲目》书成。
1746	乾隆十一年	闰三月二十六日，贵州总督张广泗密奏查获张保太秘密宗教大案。
1746	乾隆十一年	四月十二日，戒军机处漏泄机密。
1746	乾隆十一年	四月二十日，诏停江西编审妇女之数。

公元	年号	大事记
1746	乾隆十一年	五月二十一日，达赖喇嘛等请宥瞻对土司班滚，不许。以驻藏大臣傅清代奏，严饬之。
1746	乾隆十一年	五月，陕西巡抚陈宏谋奏称，近收到成效令地方官倡率植桑养蚕，并于省城制机，觅匠织缣，收到成效。
1746	乾隆十一年	六月初二日，庆复、班第等奏攻克丫鲁尼日寨，班滚自焚死。
1746	乾隆十一年	六月十九日，京师破获宏阳教。
1746	乾隆十一年	六月二十六日，因破获福建福安县天主教案，降谕查禁天主教。
1746	乾隆十一年	六月二十七日，命送还俄罗斯逃人于恰克图。
1746	乾隆十一年	七月初八日，四川大乘教首刘奇以造作逆书，磔于市。
1746	乾隆十一年	七月十六日，福建巡抚周学健奏捕福安县天主教二千余人，请严加治罪。乾隆帝以失绥远之意，宥之。
1746	乾隆十一年	七月二十九日，以云南张保太传邪教，蔓延数省，谕限被诱之人自首，其仍立教堂者捕治之。
1746	乾隆十一年	八月二十七日，瀛台赐宴。
1746	乾隆十一年	八月二十九日，福建上杭县民请求田租四六均分。
1746	乾隆十一年	八月三十日，允朝鲜国王请，停奉天设莽牛哨汛兵。
1746	乾隆十一年	九月初八日，定钦差大臣巡阅各省营伍，三年各省巡视一遍。
1746	乾隆十一年	九月初十日，奉皇太后启跸诣泰陵，并巡幸五台山。
1746	乾隆十一年	十月十二日，以张广泗揭发魏王氏、刘奇等张保太大乘教案予叙。
1746	乾隆十一年	十月十八日，免张廷玉带领引见，并谕不必向早入朝及勉强进内。
1746	乾隆十一年	十月二十一日，御史万年茂以劾学士陈邦彦等献媚傅恒不实，褫职。
1746	乾隆十一年	十一月十八日，予故内阁学士张若霭治丧银。
1746	乾隆十一年	十一月二十一日，以瞻对之役有过，提督李质粹发军前效力赎罪。
1747	乾隆十一年	十一月二十七日，川陕总督庆复奏陈川西土司状况。
1747	乾隆十一年	十二月初四日，谕颇罗鼐与达赖喇嘛团结。
1747	乾隆十一年	十二月初六日，以张廷玉年老，命其子庶吉士张若澄在南书房行走，俾资扶掖。
1747	乾隆十一年	十二月二十二日，准噶尔使臣玛木特至京。
1747	乾隆十一年	十二月二十八日，却苏禄国来使。
1747	乾隆十二年	正月初六日，命续修《大清会典》。

公元	年号	大事记
1747	乾隆十二年	正月二十五日，允准噶尔所遣西藏念经人在哈集尔得卜特尔过冬及贸易。
1747	乾隆十二年	二月十四日，申禁丧葬演戏。
1747	乾隆十二年	二月二十六日，给去暹罗买米造船运回的闽商印票，未买米运回者税之。
1747	乾隆十二年	二月二十八日，原任内务府大臣丁皁保年届百龄，赐御书匾额朝服彩币。
1747	乾隆十二年	三月十一日，召庆复入阁办事，调张广泗为川陕总督。
1747	乾隆十二年	三月十二日，准备进剿大金川。
1747	乾隆十二年	三月十五日，西藏郡王颇罗鼐卒，以珠尔默特那木扎勒袭封郡王。
1747	乾隆十二年	三月十六日，以高斌为文渊阁大学士。命索拜驻藏，协同傅清办事。
1747	乾隆十二年	三月十九日，初定大金川之役正式开始。
1747	乾隆十二年	四月初九日，命高斌往江南会同周学健查勘河工，并清理钱粮积弊。
1747	乾隆十二年	四月二十三日，给大学士讷亲钦差大臣关防，命往山西会同巡抚爱必达严办安邑、万泉二县聚众抗官之案。
1747	乾隆十二年	五月初七日，增加科举定额。
1747	乾隆十二年	五月十五日，以旱祭地于方泽，屏卤簿。
1747	乾隆十二年	五月十六日，命刑部清理庶狱，减徒以下罪。
1747	乾隆十二年	五月二十日，诣黑龙潭祈雨。
1747	乾隆十二年	五月二十四日，谕督抚教民。
1747	乾隆十二年	六月初八日，停乾隆九年所定新科举人复试。
1747	乾隆十二年	六月十五日，命张廷玉、梁师正、汪由敦等纂辑《续文献通考》，以接续马端临《文献通考》。
1747	乾隆十二年	六月十七日，小金川土司泽旺率众降，并归沃日三寨。清兵进剿大金川，攻克毛牛及马桑等寨。
1747	乾隆十二年	七月初七日，准八旗汉军人员到外省居住谋生。
1747	乾隆十二年	七月初八日，严禁四川以及云南、湖南、广西诸省贩卖苗民子女。
1747	乾隆十二年	七月初九日，命纂辑《满洲祭神祭天典礼》。
1747	乾隆十二年	七月十八日，令张廷玉等校正《金史语解》。
1747	乾隆十二年	七月二十日，奉皇太后巡幸避暑山庄。
1747	乾隆十二年	七月二十五日，张广泗进驻小金川美诺寨，分路攻剿，受小金川降。
1747	乾隆十二年	八月初三日，奉皇太后巡幸木兰行围。
1747	乾隆十二年	八月初六日，乾隆帝训斥各地乡绅检束其行，不得与小民争利。

公元	年号	大事记
1747	乾隆十二年	八月二十三日，庆复等奏金川战事，进攻刮耳崖，连战克捷。谕："小小破碉克寨，何以慰朕。"
1747	乾隆十二年	九月初三日，《皇清文颖》告成，乾隆帝序之。
1747	乾隆十二年	九月初六日，以江苏崇明潮灾，淹毙人民一万二千余口，免明年额赋，仍赈之。
1747	乾隆十二年	九月初十日，奉皇太后离避暑山庄回京。
1747	乾隆十二年	九月十三日，张广泗建议火攻金川战碉。
1747	乾隆十二年	九月二十三日，加重惩治侵贪犯官。
1747	乾隆十二年	十月初四日，命不管苏禄与吕宋争夺的事情。
1747	乾隆十二年	十月初八日，乾隆帝以皇太后疾，诣慈宁宫问安视药，是日宿慈宁宫。每日视药三次，至十四日皆如此。
1747	乾隆十二年	十月二十六日，谕张广泗勿受莎罗奔降。
1747	乾隆十二年	十一月初一日，乾隆帝诣皇太后视药，日三次，至初三日皆如此。
1748	乾隆十二年	十二月初三日，口外八沟、塔子沟一带民人陆续开垦居住者至二三十万之多。
1748	乾隆十二年	十二月十二日，以米价昂贵，令各省督抚陈奏原因与对策。
1748	乾隆十二年	十二月十五日，降正一真人为正五品衔，原用银印即令缴部。
1748	乾隆十二年	十二月二十三日，惩治瞻对之役指挥官员。
1748	乾隆十二年	十二月二十四日，以来保为武英殿大学士。禁年少宗室、公等及满洲武职大臣乘轿。
1748	乾隆十三年	正月初一日，命议世职承袭。
1748	乾隆十三年	正月十六日，命讷亲赴浙江同高斌会鞫巡抚常安。
1748	乾隆十三年	正月二十日，命阿克敦协办大学士，傅恒协办巡幸山东时内阁事务。
1748	乾隆十三年	正月二十九日，与大学士张廷玉论辩终养。
1748	乾隆十三年	二月初四同，乾隆帝东巡谒孔，奉皇太后率皇后启銮。
1748	乾隆十三年	二月十二日，令两淮盐政每年解银十万两、长芦盐政每年解银五万两，交内务府，以备皇帝巡幸时赏赐之用。十三年二月，常安坐婪收褫职。
1748	乾隆十三年	二月十八日，福建瓯宁县老官斋聚众起事，总兵刘启宗捕剿之。
1748	乾隆十三年	二月，山西破获收元教。

公元	年号	大事记
1748	乾隆十三年	三月十一日，至德州登舟，皇后富察氏逝世，命庄亲王允禄、和亲王弘昼奉皇太后回京，乾隆帝驻跸德州。
1748	乾隆十三年	三月十七日，乾隆帝还京师。
1748	乾隆十三年	三月二十日，严禁邪教。
1748	乾隆十三年	三月二十二日，乾隆帝亲定大行皇后谥曰孝贤皇后。以皇长子永璜居丧未能尽礼，罚师傅、谙达等俸有差。
1748	乾隆十三年	三月二十五日，颁大行皇后敕谕于各省。遣官赍敕谕于朝鲜及内扎萨克、喀尔喀、哈密、青海等处。
1748	乾隆十三年	四月二十日，严惩孝贤皇后清字册文误译人员。
1748	乾隆十三年	四月二十二日，起原任川陕总督岳钟琪赴金川军营，赏提督衔。
1748	乾隆十三年	四月二十四日，起傅尔丹为内大臣，赴金川军营。
1748	乾隆十三年	四月二十五日，晋孝贤皇后母家人一等侯富文为一等公。
1748	乾隆十三年	四月二十七日，命裁减官职。
1748	乾隆十三年	四月，福建全省推行族正制。
1748	乾隆十三年	五月初六日，刑部定刁民同谋聚众殴官首从皆斩例。
1748	乾隆十三年	五月二十三日，释阿克敦于狱，命署工部侍郎。
1748	乾隆十三年	五月二十五日，改四译馆、会同馆为会同四译馆。
1748	乾隆十三年	六月初三日，汉军伯李坦以皇后大事以来称疾不到夺伯爵。申诫旗员保持朴诚尊上的旧习。
1748	乾隆十三年	六月十二日，命在《会典》《事例》中加载“国恤百日内不得剃头，违者立即处斩”。
1748	乾隆十三年	六月十四日，乾隆帝以近日聚众抗官之案甚多，命刑部定议照陕甘刁民聚众之例，立即正法。
1748	乾隆十三年	六月二十一日，谕禁廷臣请立皇太子，并责皇长子永璜、皇三子永璋于皇后大事无哀慕之诚。
1748	乾隆十三年	六月二十六日，以广州海防同知、香山县县丞专管澳门地方。
1748	乾隆十三年	七月初一日，遵奉皇太后懿旨，先册立娴贵妃那拉氏为皇贵妃，摄行六宫事。
1748	乾隆十三年	七月十九日，定直省常平仓额数。
1748	乾隆十三年	七月二十五日，原浙江巡抚常安因婪赃论绞。

公元	年号	大事记
1748	乾隆十三年	闰七月十六日，江南总河周学健以违制剃发，逮下狱。
1748	乾隆十三年	八月初八日，四川提督岳钟琪奏陈总督张广泗调度错谬，信任小金川土司舍良尔吉可能暗通莎罗奔。
1748	乾隆十三年	八月十一日，追议征瞻对庆复以班滚焚毙结束战事诳奏罪，下庆复于狱。
1748	乾隆十三年	九月二十一日，简亲王神保住以凌虐兄女，夺爵。次日，命德沛袭简亲王。
1748	乾隆十三年	九月二十八日，命傅恒经管金川军务。
1748	乾隆十三年	十月初一日，调京旗满洲兵五千名赴金川军营。
1748	乾隆十三年	十一月初三日，经略大学士傅恒出师。
1748	乾隆十三年	十一月初六日，定外官官制首列督抚，次列布按等官。命各省巡抚皆兼右副都御史衔。
1749	乾隆十三年	十一月十八日，平郡王福彭病逝。
1749	乾隆十三年	十一月二十三日，直省各关米豆税仍照旧额征收。
1749	乾隆十三年	十一月二十九日，以用兵金川劳费，密谕傅恒息事宁人。
1749	乾隆十三年	十一月三十日，分川陕总督为二。
1749	乾隆十三年	十一月三十日，以协办大学士非额设之缺，定例：嗣后若由协办简任封疆，不必仍带协办大学士衔。
1749	乾隆十三年	十二月初四日，定内阁大学士满、汉各两员，协办大学士满、汉一员或两员，所兼四殿二阁改为三殿三阁。
1749	乾隆十三年	十二月十二日，张广泗处斩。庆复、李质粹 斩监候，秋后处决。
1749	乾隆十三年	十二月十六日，密谕傅恒，明年三月不能奏功，应受降撤兵。
1749	乾隆十三年	十二月十七日，命川、陕督抚皆听傅恒节制，班第专办巡抚事务，兆惠专办粮运。
1749	乾隆十三年	十二月十八日，督察院等衙门议准满汉御史分理十五省，并稽查在京各部院衙门事件之例。
1749	乾隆十三年	十二月二十三日，命傅恒等讯明讷亲，以其祖遏必隆刀于军前斩之。
1749	乾隆十四年	正月初四日，以大学士张廷玉年老，命五日一进内备顾问。
1749	乾隆十四年	二月初七日，江西巡抚唐绥祖以金川军需率属捐廉助饷，乾隆帝降旨严饬。
1749	乾隆十四年	二月十五日，金川平定，赐傅恒四团龙补服，加赐豹尾枪二、亲军二，岳钟琪加太子少保。

公元	年号	大事记
1749	乾隆十四年	二月二十五日，钦差户部尚书舒赫德奏报大金川之役军需银数，截至本年二月共开销军饷八百零六万两。
1749	乾隆十四年	三月初五日，命皇长子及裕亲王等郊迎傅恒。
1749	乾隆十四年	三月初九日，封岳钟琪为三等公，加兵部尚书衔。
1749	乾隆十四年	三月十四日，大学士等议准四川总督策楞等金川事宜十二条。
1749	乾隆十四年	三月二十二日，大学士等根据各省督抚覆奏，议覆米价腾贵的对策。
1749	乾隆十四年	三月二十九日，裁直隶河道总督，直隶总督兼理河道。
1749	乾隆十四年	四月初五日，册封娴贵妃那拉氏为皇贵妃，摄六宫事。册封令嫔魏氏为令妃。
1749	乾隆十四年	四月十四日，禁各海口铜器出洋。
1749	乾隆十四年	四月三十日，定农业收成标准。
1749	乾隆十四年	五月二十六日，命区别旌表节孝建坊。
1749	乾隆十四年	六月十三日，改定民人偷窃蒙古牲畜例。
1749	乾隆十四年	六月十五日，《御制诗初集》成。
1749	乾隆十四年	六月二十二日，命礼部定侯、伯诰命。
1749	乾隆十四年	六月二十三日，广西学政胡中藻以裁决怨望，命来京候补，仍下部严议。
1749	乾隆十四年	七月十四日，上奉皇太后驻避暑山庄。
1749	乾隆十四年	七月十五日，命傅恒、陈大受译西洋等国番书。
1749	乾隆十四年	七月二十一日，奉皇太后木兰行围。
1749	乾隆十四年	八月初四日，帝行围巴颜沟，蒙古诸王等进筵宴。
1749	乾隆十四年	九月初二日，严禁蒙古典地于汉民开垦。
1749	乾隆十四年	九月初十日，奉皇太后回跸。
1749	乾隆十四年	九月二十一日，瞻对番目班滚降。赐原大学士、川陕总督庆复自裁。
1749	乾隆十四年	十月二十一日，赏傅清都统衔，同纪山驻藏，掌钦差大臣关防。
1749	乾隆十四年	十月二十三日，饬四川严缉啯噜。以西藏郡王珠尔默特那木扎勒纵恣，谕策楞、岳钟琪、傅清、纪山防之。
1749	乾隆十四年	十一月初四日，诏举潜心经学、纯朴淹通之士。
1749	乾隆十四年	十一月十五日，定关税盈余视雍正十三年额为准。
1750	乾隆十四年	十二月十七日，削致仕大学士张廷玉宣勤伯爵，以大学士原衔休致，仍准配享太庙。

公元	年号	大事记
1750	乾隆十四年	十二月十八日，五朝国史成。
1750	乾隆十五年	正月初二日，免直隶、山西、河南、浙江未完耗羡。免江苏、安徽、山东未完耗羡十分之六。
1750	乾隆十五年	正月初二日，谕嗣后独子犯罪具以“可矜”减等，请旨发落。
1750	乾隆十五年	正月初七日，瞻对土司班滚悔罪乞降。
1750	乾隆十五年	正月十一日，处置宁古塔及船厂外来人口。
1750	乾隆十五年	正月十四日，赐准部敕书，要其派人至京学习喇嘛教。
1750	乾隆十五年	二月初二日，奉皇太后西巡五台山。
1750	乾隆十五年	二月初五日，定边左副将军、喀尔喀超勇亲王策凌卒，命贝勒罗布藏署定边左副将军。
1750	乾隆十五年	二月三十日，乾隆帝阅永定河堤工。
1750	乾隆十五年	三月初六日，奉皇太后还京师。
1750	乾隆十五年	三月初九日，定满员回避庄田例：凡满洲人员选补州县，俱回避五百里以内。
1750	乾隆十五年	三月十五日，皇长子永璜卒，年二十三，追封安定亲王。
1750	乾隆十五年	四月二十三日，罢致仕大学士张廷玉配享。
1750	乾隆十五年	四月二十六日，召拉布敦来京，命副都统班第驻西藏，纪山驻青海。
1750	乾隆十五年	五月初九日，乾隆帝祈雨诣黑龙潭。
1750	乾隆十五年	五月十五日，定迟误军机处交出公文例。重修寿皇殿告成。
1750	乾隆十五年	五月二十日，命傅恒与儒臣重定满文十二字头音训。
1750	乾隆十五年	六月初二日，除王等与满洲一品大臣照常坐轿，其余概令骑马。
1750	乾隆十五年	六月初五日，以额驸策凌长子、喀尔喀亲王成衮扎布为定边左副将军。
1750	乾隆十五年	七月初六日，广东粮驿道明福勒令州县折交粮价，贪污二万七千余两，广东巡抚岳溶因徇庇明福被褫职。
1750	乾隆十五年	七初九日，命刘统勋赴广东查折米收仓积弊。
1750	乾隆十五年	七月二十日，因与犯案之人朱荃结为姻亲，张廷玉被追缴恩赐物件。
1750	乾隆十五年	七月二十五日，缅甸初次入贡。
1750	乾隆十五年	七月二十五日，策楞、岳钟琪奏报查办啯噜情形。
1750	乾隆十五年	八月初二日，册立皇贵妃那拉氏为皇后。
1750	乾隆十五年	八月二十四日，奉天办理流民一事，再展限十年。

公元	年号	大事记
1750	乾隆十五年	九月初七日，吏部奏原任大学士张廷玉党援门生，又与朱荃联姻，应革职治罪。乾隆帝特免之。
1750	乾隆十五年	九月二十三日，准噶尔台吉策妄多尔济那木扎勒为部人所杀，立其兄喇嘛达尔扎。
1750	乾隆十五年	十月十三日，驻藏都统傅清遇害。
1750	乾隆十五年	十一月初二日，改定官卷二十五取一。
1750	乾隆十五年	十一月初三日，结束巡幸嵩、洛，奉皇太后率皇后还京师。
1750	乾隆十五年	十一月初四日，将清朝诸位皇帝画像与五朝《实录》供奉盛京收藏。
1750	乾隆十五年	十一月十二日，饬奉天毋禁陆路商贩。
1751	乾隆十五年	十二月十一日，命舒赫德勘浙江海塘。
1751	乾隆十五年	十二月二十四日，湖北巡抚唐绥祖被劾免。
1751	乾隆十六年	正月初二日，以初次南巡，免江苏、安徽元年至十三年逋赋，浙江本年额赋，减直省缓决三次以上人犯罪。以上年巡幸嵩、洛，免河南十四年以前逋赋。
1751	乾隆十六年	正月初五日，以江苏逋赋积至二百二十余万，谕厘革催征积弊。
1751	乾隆十六年	正月初八日，免甘肃元年至十年逋赋。
1751	乾隆十六年	正月十三日，奉皇太后初次南巡，视察高家堰。
1751	乾隆十六年	三月初五日，鄂容安参奏河南归德府绅衿彭家屏、李肖筠等依势抗粮，命将积欠加罚十倍。
1751	乾隆十六年	三月十四日，东阁大学士张允随卒。
1751	乾隆十六年	三月二十八日，定《西藏善后章程》，赐纪山自裁。
1751	乾隆十六年	四月二十一日，诏以五月朔日食，行在彻悬、斋戒。
1751	乾隆十六年	五月二十三日，严瑞龙诬告唐绥祖论斩。
1751	乾隆十六年	闰五月二十七日，命保学经学之陈祖范、吴鼎、梁锡兴、顾栋高进呈著述，原赴部引见者听。
1751	乾隆十六年	六月初八日，重申严禁喀尔蒙古与准噶尔回众私相交易。
1751	乾隆十六年	六月二十五日，乾隆帝接见缅甸贡使。
1751	乾隆十六年	六月二十七日，因浙东大旱，命暂弛浙江海禁，仍免各关米税。
1751	乾隆十六年	七月初六日，命禁造铜器。
1751	乾隆十六年	七月初六日，永远禁止发帑采买，以防止米价骤涨。

公元	年号	大事记
1751	乾隆十六年	七月初八日，奉皇太后秋狝木兰。
1751	乾隆十六年	八月初三日，赐陈祖范、顾栋高国子监司业衔。
1751	乾隆十六年	八月初五日，云南总督硕色举发伪撰孙嘉淦奏稿。
1751	乾隆十六年	八月十八日，命修房山县金太祖陵、世宗陵。
1751	乾隆十六年	八月二十四日，奉皇太后还京师。
1751	乾隆十六年	九月二十一日，命舒赫德赴江南查办伪撰孙嘉淦奏稿事。
1751	乾隆十六年	十月二十二日，乍浦将军额尔登额克扣兵饷革职。
1752	乾隆十六年	十一月十七日，在籍人员恳请设立经坛。
1752	乾隆十六年	十一月二十三日，命高斌、汪由敦会勘天津河工。
1752	乾隆十六年	十一月二十五日，皇太后圣寿节，乾隆帝奉皇太后御慈宁宫，率王公大臣行庆贺礼。
1752	乾隆十六年	十二月初五日，浚永定河引河。
1752	乾隆十六年	十二月十二日，命多尔济代班第驻藏办事。
1752	乾隆十六年	十二月十四日，定拔贡朝考选用例。
1752	乾隆十六年	十二月二十二日，改变爵位继承过分从优状况。
1752	乾隆十七年	正月十三同，准噶尔遣使臣图卜齐尔哈朗，要求延请呼图克图、赴藏熬茶、使臣来往不限人数、归还逃人萨喇尔等，被乾隆帝拒绝。
1752	乾隆十七年	正月十八日，设盛京总管内务府大臣。
1752	乾隆十七年	正月二十二日，以准噶尔达瓦齐、阿睦尔撒纳与喇嘛达尔扎交战，增兵阿尔泰边隘。命尚书舒赫德、侍郎玉保查阅北路军营。
1752	乾隆十七年	正月二十四日，以阿巴齐、达清阿为北路参赞大臣。
1752	乾隆十七年	二月十二日，定乡试由藩臬内一员入闱监临，巡抚于三场点名同前者搜查。
1752	乾隆十七年	二月二十四日，驻藏大臣班第奏，布鲁克巴之额尔德尼第巴进贡方物。
1752	乾隆十七年	二月二十六日，驻跸盘山。
1752	乾隆十七年	二月二十九日，修房山县金太祖、世宗陵。
1752	乾隆十七年	三月十七日，福建巡抚潘思榘卒。
1752	乾隆十七年	三月二十日，立训守冠服骑射碑于紫禁箭亭、御园引进楼、侍卫教场及八旗教场。
1752	乾隆十七年	四月十八日，发现皖楚交界的深山内有马朝柱秘密组织。
1752	乾隆十七年	四月二十日，策楞奏惩治犯徒杖以下罪啯噜办法。

公元	年号	大事记
1752	乾隆十七年	五月十一日，直隶等省蝗蝻萌生。
1752	乾隆十七年	六月初一日，停京察自陈例。
1752	乾隆十七年	六月初三日，乾隆帝评论督抚上和下睦两面见好之习。
1752	乾隆十七年	六月初四日，定巡察台湾御史每三年派往一次。
1752	乾隆十七年	六月初七日，准富纲奏请敕赐厂神封号，各厂听其自行立祠。
1752	乾隆十七年	六月十五日，审明马朝柱案。
1752	乾隆十七年	七月十九日，奉皇太后秋狝木兰。
1752	乾隆十七年	七月二十六日，密查宽永钱的来历。
1752	乾隆十七年	八月初八日，顺天乡试内帘御史蔡时田、举人曹咏祖坐交通关节，处斩。
1752	乾隆十七年	九月初二日，命外任八旗官员之子准留一人随任外，余及年即赴京挑补拜唐阿。
1752	乾隆十七年	九月初四日，西洋博尔都噶里雅国遣使来华。
1752	乾隆十七年	九月初四日，四川杂谷土司苍旺作乱，命岳钟琪率兵剿之。
1752	乾隆十七年	九月十九日，苏禄国番目入贡，所赍国书不合，饬喀尔吉善等遣回国。
1752	乾隆十七年	九月二十二日，奉皇太后还京师。
1752	乾隆十七年	九月二十三日，协办大学士、吏部尚书梁诗正请终养。
1752	乾隆十七年	十月初六日，署江西巡抚鄂昌报南安府上犹县何亚四谋反。
1752	乾隆十七年	十月十五日，阿思哈奏平阳绅民捐赈灾银。谕不忍令灾地富民出赀，饬还之。
1752	乾隆十七年	十一月初二日，署山东巡抚杨应琚奏报破获空子教。
1753	乾隆十七年	十一月二十七日，达瓦齐率兵杀死喇嘛达尔扎。
1753	乾隆十七年	十二月十九日，御史书成请释传钞伪奏稿人犯忤旨，褫职。
1753	乾隆十七年	十二月十九日，谕陈宏谋毋究捕天主教民。
1753	乾隆十七年	十二月三十日，闽浙总督喀尔吉善奏报破获蔡容祖等谋反案。
1753	乾隆十七年	十二月，彭楚白供出伪稿得自于江西千总卢鲁生。
1753	乾隆十八年	正月初九日，破获广东东莞县民莫信丰等聚众结盟。
1753	乾隆十八年	正月十二日，直隶总督方观承以垦荒就食百姓散处热河山沟，且与蒙古杂处，请于口外仿行保甲。
1753	乾隆十八年	正月二十五日，宣谕中外，查明捏造孙嘉淦奏稿首犯为卢鲁生、刘时达。
1753	乾隆十八年	二月初六日，奉皇太后出巡京畿一带。

公元	年号	大事记
1753	乾隆十八年	二月，广东巡抚鄂昌奏编保甲，乾隆帝要他实力行之。
1753	乾隆十八年	三月初四日，捏造伪稿案审结。
1753	乾隆十八年	三月初七日，以浙江巡抚雅尔哈善于查办伪奏稿不加详鞫，下部严议。
1753	乾隆十八年	三月二十九日，传谕各省督抚仿效直隶办理富户囤积钱文一事。
1753	乾隆十八年	四月初二日，钱陈群谏查办伪奏稿，乾隆帝斥以沽名，并饬勿存稿，以“尔子孙将不保首领”谕之。
1753	乾隆十八年	四月初九日，赐西洋博尔都噶里雅（葡萄牙）贡使巴哲格宴。
1753	乾隆十八年	四月十三日，福州将军新柱奏报，台湾淡水、诸罗、漳化等地发生竖旗陷害、抗官拒捕事件。
1753	乾隆十八年	四月十六日，赐西洋博尔都噶里雅国王敕，加赉文绮珍物。
1753	乾隆十八年	四月二十七日，命湖广总督永常、护军统领努三往安西，给钦差大臣关防。
1753	乾隆十八年	五月初一日，划一各省举行乡饮酒礼。
1753	乾隆十八年	五月初二日，八旗养育兵减饷增额。
1753	乾隆十八年	五月十六日，准噶尔台吉喇嘛达尔扎与达瓦齐相攻被害，达瓦齐自为台吉。
1753	乾隆十八年	六月初六日，训谕诸王与朝臣不得私相交接。
1753	乾隆十八年	六月十一日，衍圣公孔昭焕揭发浙江上虞人丁文彬造作逆书，鞫实，磔之。
1753	乾隆十八年	六月二十八日，禁满洲官员居住外城。
1753	乾隆十八年	六月，破获福建邵武、建宁铁尺会。
1753	乾隆十八年	七月初八日，布政使、学习河务富勒赫密陈南河河工积弊。
1753	乾隆十八年	七月十三日，江苏巡抚庄有恭奏销预备乾隆十六年南巡各项开支。
1753	乾隆十八年	七月十六日，直隶总督方观承奏邢台县拿获邪教一案。
1753	乾隆十八年	七月十九日，江南邵伯湖减水二闸及高邮车逻坝同时并决，命策楞、刘统勋会同高斌查办水灾。
1753	乾隆十八年	七月十九日，命嗣后文职同知以下，蒙古与满洲一体拣选引见选用；武职副将以下，就满洲应得缺内，酌予十分之二。
1753	乾隆十八年	七月二十九日，停各省份巡道兼布政使司参政、参议，按察使司副使、佥事等衔，及升用鸿胪寺少卿。命查禁烧毁满文《水浒》《西厢记》。
1753	乾隆十八年	八月初六日，命履亲王允祹代祭大社、大稷。
1753	乾隆十八年	八月十六日，奉皇太后秋狝木兰。本月二十二日，驻跸避暑山庄，至十月十三日，抵京结束本年木兰秋狝。

公元	年号	大事记
1753	乾隆十八年	八月十八日，以策楞署南河河道总督，同刘统勋查办河工侵亏诸弊。
1753	乾隆十八年	八月二十五日，河南阳武十三堡黄河大堤漫决。
1753	乾隆十八年	八月二十八日，高斌、张师载褫职，留河工效力。
1753	乾隆十八年	九月十一日，江苏铜山县黄河南岸张家马路堤工决口。
1753	乾隆十八年	九月十五日，以扈从行围畏葸不前，褫领侍卫内大臣丰安职与公爵、田国恩侍卫领班与侯爵。
1753	乾隆十八年	十月初九日，苏禄国王遣使劳独万查剌请内附，下部议。
1753	乾隆十八年	十月二十三日，乾隆帝与廷臣探讨治河问题。
1753	乾隆十八年	十一月初二日，定丞倅州县阅俸十年引见例。
1753	乾隆十八年	十一月初五日，停灾荒邻省留养灾民例，定灾民俱在本地待赈。
1753	乾隆十八年	十一月十二日，江西生员刘震宇以所著《治平新策》有"更易衣服制度"等语，处斩。
1753	乾隆十八年	十一月二十三日，准噶尔杜尔伯特台吉车凌等率所部来归。
1753	乾隆十八年	十一月二十九日，安徽池州府知府王岱因亏空褫职，潜逃拒捕，处斩。
1753	乾隆十八年	十二月初六日，协办大学士孙嘉淦卒。
1753	乾隆十八年	十二月初七日，命侍郎玉保、前锋统领努三、散秩大臣萨喇勒为北路参赞大臣。命尚书舒赫德赴鄂尔坤军营办理军务。
1754	乾隆十八年	十二月初十日，命户部尚书蒋溥协办大学士。
1754	乾隆十八年	十二月十二日，江南张家马路及邵伯湖二闸决口同日合龙。
1754	乾隆十八年	十二月十八日，以大小金川、梭磨、竹克基、松冈、沃日等土司归新设理番同知管辖。
1754	乾隆十八年	十二月二十日，以准噶尔台吉达瓦齐未遣使来京，谕永常暂停贸易。
1754	乾隆十九年	正月十二日，命萨喇勒等讨人卡之准噶尔乌梁海。
1754	乾隆十九年	正月十八日，直隶总督方观承奏报第三次回赎直属民典旗地事。
1754	乾隆十九年	正月二十日，命停止督抚奏闻僧道所减实数。
1754	乾隆十九年	二月十一日，命鄂容安、庄有恭严惩江苏蓄发优伶。
1754	乾隆十九年	二月十二日，军机大臣议奏清查旗地典买与回赎情形。
1754	乾隆十九年	二月十六日，苏禄入贡，命广东督、抚檄国王毋以内地商人充使。
1754	乾隆十九年	二月二十九日，命两广总督策楞赴北路军营。
1754	乾隆十九年	二月，四川提督岳钟琪卒。

公元	年号	大事记
1754	乾隆十九年	三月初一日，准噶尔台吉阿睦尔撒纳等与达瓦齐内讧。
1754	乾隆十九年	三月二十七日，准各省八旗汉军依京城汉军例出旗为民。
1754	乾隆十九年	四月十一日，成衮扎布降喀尔喀副将军，以策楞为定边左副将军。
1754	乾隆十九年	四月二十八日，准在番贸易者回籍。
1754	乾隆十九年	闰四月十五日，授职封爵于新投诚的厄鲁特杜尔伯特部贵族。
1754	乾隆十九年	闰四月二十二日，色布腾入觐，命大学士傅恒至张家口传旨迎劳，封贝勒。
1754	乾隆十九年	五月初四日，以准噶尔内乱，谕明年两路进兵准噶尔取伊犁。
1754	乾隆十九年	五月初六日，奉皇太后第二次巡幸盛京拜谒祖陵。
1754	乾隆十九年	五月十五日，拒绝准噶尔新任台吉达瓦齐遣使提出的赴藏熬茶等要求。
1754	乾隆十九年	五月二十一日，准备进兵准噶尔的兵马。
1754	乾隆十九年	五月三十日，江苏巡抚庄有恭奏江南海塘竣工开工事。
1754	乾隆十九年	六月十四日，阿睦尔撒纳等为达瓦齐所败，奔额尔齐斯夔博和硕之地。谕策楞等接应归附。
1754	乾隆十九年	七月初八日，准噶尔辉特台吉阿睦尔撒纳等来投。
1754	乾隆十九年	七月二十日，阿睦尔撒纳率部众来降，命萨喇勒迎劳。定凡出洋贸易之人无论年份远近概准回籍。
1754	乾隆十九年	七月二十五日，命阿睦尔撒纳入觐。
1754	乾隆十九年	七月三十日，以班第为兵部尚书，署定边左副将军。
1754	乾隆十九年	七月，四川总督黄廷桂奏准停止三年一次赴各土司化导例。
1754	乾隆十九年	八月二十日，命阿睦尔撒纳游牧移鄂尔坤、塔密尔。
1754	乾隆十九年	九月初五日，参赞大臣萨喇勒等征乌梁海。
1754	乾隆十九年	九月十六日，赐阿睦尔撒纳等盟号。
1754	乾隆十九年	九月二十五日，以班第为定边左副将军，鄂容安为参赞大臣。
1754	乾隆十九年	十月初七日，云贵总督硕色奏报缅甸内乱。
1754	乾隆十九年	十月十三日，召见满洲王大臣，宣示办理平定准噶尔事宜。
1754	乾隆十九年	十月二十六日，移京城满洲兵三千驻阿勒楚喀等处屯垦，增副都统一、协领一。
1754	乾隆十九年	十月二十九日，明发谕旨，宣示用兵准噶尔原因等事。
1754	乾隆十九年	十一月初三日，苏禄国王苏老丹嘛喊孱麻安柔律瞵遣使贡方物。
1754	乾隆十九年	十一月初三日，准噶尔克尔帑特台吉阿布达什来降。

公元	年号	大事记
1754	乾隆十九年	十一月初十日，乾隆帝赴避暑山庄。
1754	乾隆十九年	十一月十二日，辉特台吉阿睦尔撒纳、杜尔伯特台吉讷默库等率降众于广仁岭迎驾。是日，驻跸避暑山庄。
1754	乾隆十九年	十一月十三日，封阿睦尔撒纳为亲王，讷默库、班珠尔为郡王。
1754	乾隆十九年	十一月十七日，云贵总督硕色奏报缅甸内乱事。
1755	乾隆十九年	十一月二十二日，编设乌梁海人众旗分佐领。
1755	乾隆十九年	十一月二十三日，乾隆帝还京师。
1755	乾隆十九年	十二月初四日，任命征讨准噶尔的将军和参赞大臣。
1755	乾隆二十年	正月初三日，命二月进兵准噶尔。
1755	乾隆二十年	正月初七日，军机大臣议准平定准噶尔善后事宜。
1755	乾隆二十年	二月二十九日，预筹对哈萨克的方针。
1755	乾隆二十年	三月十三日，临幸晾鹰台行围，殪熊一虎二。
1755	乾隆二十年	三月十三日，谕胡中藻诗悖逆，命严鞫定拟。
1755	乾隆二十年	三月十九日，高斌卒于南河工次，释张师载回籍。
1755	乾隆二十年	三月二十九日，准噶尔台吉噶勒藏多尔济等来降。
1755	乾隆二十年	三月，致仕太保、大学士张廷玉卒。
1755	乾隆二十年	四月初三日，西北部族不断降清。
1755	乾隆二十年	四月十一日，胡中藻处斩。
1755	乾隆二十年	五月初三日，两路大军进抵伊犁河岸，初五日渡河。
1755	乾隆二十年	五月初七日，命翰林院侍讲全魁、编修周煌往琉球册封。
1755	乾隆二十年	五月十四日，达瓦齐退居格登山。
1755	乾隆二十年	五月十七日，史贻直原品休致。赐原任甘肃巡抚鄂昌自尽。禁满洲八旗渐染汉习。
1755	乾隆二十年	五月十八日，命黄廷桂为武英殿大学士，仍留四川总督任。
1755	乾隆二十年	五月十九日，封赏克定伊犁有功人员。
1755	乾隆二十年	六月初一日，以平定准部告祭太庙，遣官告祭天、地、社、稷、先师孔子。命四卫拉特如喀尔喀例，每部落设盟长及副将军各一人。
1755	乾隆二十年	六月初八日，回部伯克霍集斯诱擒达瓦齐。
1755	乾隆二十年	六月十八日，罗卜藏丹津等解送京师，乾隆帝御午门受俘，宥罗卜藏丹津罪，巴朗、孟克特穆尔伏诛。

公元	年号	大事记
1755	乾隆二十年	六月二十二日，令阿睦尔撒纳即行入觐。
1755	乾隆二十年	七月初六日，杜尔伯特台吉伯什阿噶什等来降。
1755	乾隆二十年	七月二十八日，清使向哈萨克汗宣示乾隆帝敕谕。
1755	乾隆二十年	八月初六日，奉皇太后巡幸木兰，至十月十四日回京。
1755	乾隆二十年	八月十九日，阿睦尔撒纳入觐至乌隆古潜逃。
1755	乾隆二十年	八月二十日，准部王公扎萨克等照内地扎萨克一体给俸；准部归公管辖之二十一昂吉（部落）分立八旗，仍准存旧日名号。
1755	乾隆二十年	八月二十九日，将军班第、尚书鄂容安殉难于乌兰库图勒，副将军萨喇勒被执。
1755	乾隆二十年	九月初五日，准噶尔头目阿巴噶斯等叛。
1755	乾隆二十年	九月初六日，阿睦尔撒纳进军伊犁。
1755	乾隆二十年	九月十二日，封厄鲁特蒙古汗。
1755	乾隆二十年	九月十九日，逮永常来京，降策楞为参赞大臣，以扎拉丰阿为定西将军。刘统勋舍巴里坤退驻哈密，切责之。
1755	乾隆二十年	九月二十五日，逮刘统勋来京，命方观承往军营办理粮饷，以鄂弥达署直隶总督。
1755	乾隆二十年	十月初一日，策楞褫职逮问，命副都统莽阿纳、喀宁阿为西路领队大臣。
1755	乾隆二十年	十月十六日，命将备征。
1755	乾隆二十年	十月十七日，达瓦齐等解至京，遣官告祭太庙社稷，行献俘礼。次日，御门楼受俘，释达瓦齐等。
1755	乾隆二十年	十月二十一日，起策楞为参赞大臣，署定西将军，命进剿阿睦尔撒纳。
1755	乾隆二十年	十一月十二日，宥刘统勋、策楞发军营，以司员效力。
1755	乾隆二十年	十一月十四日，宥达瓦齐罪，封亲王，赐第京师。
1755	乾隆二十年	十一月十五日，乾隆帝知福建人以番薯为食。
1756	乾隆二十年	十二月初二日，命兆惠轻骑速往巴里坤驻扎。
1756	乾隆二十年	十二月初四日，听从卫拉特众汗建议，决定明年正月进兵。
1756	乾隆二十年	十二月初八日，向天下宣谕用兵准噶尔始末。
1756	乾隆二十一年	正月初二日，以额驸科尔沁亲王色布腾巴勒珠尔贻误军机，褫爵禁锢。喀尔喀亲王额琳沁多尔济以疏纵阿睦尔撒纳，处斩。
1756	乾隆二十一年	正月初四日，衍圣公孔昭焕以居乡多事受饬诫。

公元	年号	大事记
1756	乾隆二十一年	正月十一日，以准噶尔故总台吉达什达瓦之妻率众来降，封为车臣默尔根哈屯。
1756	乾隆二十一年	正月二十七日，命哈达哈由阿尔泰进兵协剿。原任副将军萨喇勒由珠勒都斯来归，命与鄂 勒哲依同掌副将军印，由协办大学士达勒党阿统领从珠勒都斯进兵协剿。
1756	乾隆二十一年	二月初二日，定八旗另记档案人等为民例。
1756	乾隆二十一年	二月初五日，授巴里坤办事大臣和起钦差大臣关防。
1756	乾隆二十一年	二月十三日，启跸往谒孔林。
1756	乾隆二十一年	四月初二日，命达勒党阿由西路、哈达哈由北路进征哈萨克，以哈宁阿、鄂实为参赞大臣。
1756	乾隆二十一年	四月初九日，拿获妄言祸福的疯汉刘德照。
1756	乾隆二十一年	四月十一日，改曲阜知县一缺为在外题缺。
1756	乾隆二十一年	四月十六日，命大学士傅恒赴额林哈毕尔噶整饬军务。策楞、玉保逮问。以乌勒登疏纵阿睦尔撒纳处斩。
1756	乾隆二十一年	四月十七日，命尚书阿里衮在军机处行走。
1756	乾隆二十一年	四月二十日，召傅恒回京。富德奏败哈萨克于塞伯苏台。
1756	乾隆二十一年	四月二十六日，军机大臣雅尔哈善、刘纶罢。命裘曰修在军机处行走。
1756	乾隆二十一年	四月三十日，命江南各省严禁踹曲。
1756	乾隆二十一年	五月初一日，玉保降领队大臣，以达勒党阿为定边右副将军，巴禄为参赞大臣。
1756	乾隆二十一年	五月二十三日，巴禄等领兵擒获阿巴噶斯、哈丹兄弟，解送京师。
1756	乾隆二十一年	六月十三日，侍卫托伦泰被回人擒获。
1756	乾隆二十一年	六月二十七日，密谕处置喀尔喀和托辉特郡王青滚杂卜。杜尔伯特台吉伯什阿噶什遣使来降，命封亲王。
1756	乾隆二十一年	七月初三日，达勒党阿等大败阿睦尔撒纳及哈萨克兵。
1756	乾隆二十一年	七月初六日，特楞古特宰桑敦多克及古尔班和卓等于济尔玛台诈来降，哈达哈等以其形迹可疑，率兵剿灭。
1756	乾隆二十一年	七月初九日，浙江提督武进升奏英吉利船至宁波旗头洋。
1756	乾隆二十一年	七月十八日，传谕达勒党阿等擒获阿睦尔撒纳善后事宜。
1756	乾隆二十一年	七月二十一日，帝往清河，至将军班第、参赞大臣鄂容安丧次赐奠。

公元	年号	大事记
1756	乾隆二十一年	七月二十六日，以青滚杂卜叛迹已著，谕舒明、成衮扎布等捕剿之。
1756	乾隆二十一年	七月二十七日，库车伯克鄂对等来降。
1756	乾隆二十一年	八月初三日，赏热河贫乏孀孤及单身闲散每月银一两五钱。
1756	乾隆二十一年	八月初九日，命喀尔喀亲王成衮扎布为定边左副将军，即带兵前往和托辉特擒拿青滚杂卜。
1756	乾隆二十一年	八月十二日，暂停西北两路深入哈萨克。
1756	乾隆二十一年	八月十七日，奉皇太后秋狝木兰，至九月十九日回京。
1756	乾隆二十一年	八月二十二日，议定吐鲁番回人疆界事宜。
1756	乾隆二十一年	八月二十八日，以喀尔喀贝勒品级车木楚克扎布接续台站，封为贝勒。
1756	乾隆二十一年	八月二十九日，哈达哈等征哈萨克，大败之。
1756	乾隆二十一年	九月初四日，筹划伊犁屯田。
1756	乾隆二十一年	九月初九日，达瓦齐近族台吉巴里率人户来降，命附牧扎哈沁地方。
1756	乾隆二十一年	九月十一日，土尔扈特台吉敦多布达什遣使臣吹扎布入贡，乾隆帝召见于行幄，赐宴。
1756	乾隆二十一年	闰九月初十日，解决粤海关所来洋船减少问题。闰九月二十二日，明发谕旨，宣布俟一两年后再相机酌办阿睦尔撒纳。
1756	乾隆二十一年	十月初四日，黄廷桂以运粮费用浩繁请亟行屯田。
1756	乾隆二十一年	十月初八日，以富勒赫未能预防黄河冲漫，召来京。
1756	乾隆二十一年	十月十二日，兆惠以回部霍集占叛状闻，遣阿敏道等进兵。
1756	乾隆二十一年	十月十四日，辉特台吉巴雅尔叛掠洪霍尔拜、扎哈沁，命已遣巴里坤办事大臣和起讨之。
1756	乾隆二十一年	十月二十八日，定从下科始磨勘官员亲书衔名。
1756	乾隆二十一年	十一月初六日，哈萨克锡喇巴玛及回人莽噶里克率众袭杀将军和起于辟展。
1757	乾隆二十一年	十一月初八日，更定乡、会试三场篇目。
1757	乾隆二十一年	十一月二十一日，命仍逮问策楞、玉保。降封扎拉丰阿公爵。以达勒党阿为定西将军，兆惠为定边右副将军，永贵为参赞大臣。
1757	乾隆二十一年	十一月二十七日，晓谕额鲁特全境叛乱。
1757	乾隆二十一年	十二月初一日，策楞、玉保逮京，途次为额鲁特人所害。
1757	乾隆二十一年	十二月初八日，谕哲布尊丹巴呼图克图晋加号“敷教安众喇嘛”。

公元	年号	大事记
1757	乾隆二十一年	十二月十五日，获青滚杂卜于杭噶奖噶斯，赏成衮扎布黄带，封子一人为世子，封那木 扎勒一等伯。
1757	乾隆二十二年	正月初二日，以南巡免江苏、安徽、浙江累年逋赋。
1757	乾隆二十二年	正月初二日，以亲王威衮扎布为定边将军，定期三月内由西路巴里坤进剿，车布登扎部署北路定边左副将军。
1757	乾隆二十二年	正月十一日，奉皇太后第二次南巡。
1757	乾隆二十二年	正月二十日，命何国宗等将宁古塔、黑龙江及东三省所属伯都讷、三姓、尼布楚等处节气、时刻，测量推算，载入《时宪书》。
1757	乾隆二十二年	二月初三日，七世达赖喇嘛格桑嘉措逝世于布达拉宫。
1757	乾隆二十二年	二月初四日，兆惠剿杀厄鲁特。
1757	乾隆二十二年	三月初六日，噶勒藏多尔济陷伊犁，命成衮扎布讨之。
1757	乾隆二十二年	三月十九日，辉特台吉车布登多尔济叛，哈达哈讨获之。命尽诛丁壮，以女口赏喀尔喀。
1757	乾隆二十二年	三月，回部霍集占叛，副都统阿敏道被害。
1757	乾隆二十二年	四月初一日，直隶总督方观承劾奏巡检张若瀛擅责内监僧人。帝斥为不识大体，仍谕内监在外生事者听人责惩。
1757	乾隆二十二年	四月二十四日，以夏邑生员段昌绪藏吴三桂檄文，命方观承赴河南会同图勒炳阿严鞫之。
1757	乾隆二十二年	四月二十七日，以前布政使彭家屏藏明末野史，褫职逮问。
1757	乾隆二十二年	五月初一日，在清军的追捕下，阿睦尔撒纳逃入哈萨克。
1757	乾隆二十二年	五月三十日，哈萨克汗阿布赉表示归顺清朝。
1757	乾隆二十二年	六月十八日，命各督抚防闲幕友。
1757	乾隆二十二年	六月十九日，阿布赉不容阿睦尔撒纳，阿继续潜逃。
1757	乾隆二十二年	六月二十日，为解决下河高宝被淹，定展宽洪泽湖清口东坝。
1757	乾隆二十二年	六月二十九日，建立淮河水报制度。
1757	乾隆二十二年	七月十三日，传谕尹继善等统筹根除水患之计。
1757	乾隆二十二年	七月十七日，哈萨克汗阿布赉遣使入贡。
1757	乾隆二十二年	七月十八日，奉皇太后巡幸木兰。
1757	乾隆二十二年	七月二十三日，厄鲁特台吉浑齐等杀札那噶尔布，以其首来降。
1757	乾隆二十二年	八月初一日，俄罗斯请由黑龙江挽运本国口粮，以其违约不许。

公元	年号	大事记
1757	乾隆二十二年	八月初八日，准英船来浙江贸易。
1757	乾隆二十二年	八月十四日，土尔扈特使臣途经北京。
1757	乾隆二十二年	九月初五日，哈萨克阿布赉使臣入觐。
1757	乾隆二十二年	九月初九日，湖南布政使杨灏贪污三千余元，即行正法。
1757	乾隆二十二年	九月十三日，磔尼玛等于故将军和起墓前。
1757	乾隆二十二年	九月二十日，乾隆帝确知阿睦尔撒纳逃入俄罗斯。
1757	乾隆二十二年	九月二十二日，奉皇太后还京师。
1757	乾隆二十二年	九月二十七日，宣谕向俄罗斯索取阿睦尔撒纳的原因。
1757	乾隆二十二年	九月二十九日，裁京口将军，镇江驻防八旗统归江宁将军管辖。
1757	乾隆二十二年	十月初二日，明发谕旨，重申继续西北用兵。
1757	乾隆二十二年	十月十一日，命督抚详议编查保甲制度。
1757	乾隆二十二年	十月，直隶总督方观承奏陈以设立循环册整顿保甲。
1757	乾隆二十二年	十一月初五日，原任山西巡抚蒋洲亏帑勒派被正法。定明年于乌鲁木齐与哈萨克贸易。
1757	乾隆二十二年	十一月初十日，限定广州一口对外通商。
1758	乾隆二十二年	十一月二十三日，禁各省上司勒荐幕友。
1758	乾隆二十二年	十二月初三日，河南查获荣华会。
1758	乾隆二十二年	十二月十六日，准直隶收曲税。命各省总督保荐堪任专阃人员。
1758	乾隆二十二年	十二月十七日，准吕宋番船在厦门贸易。
1758	乾隆二十二年	十二月二十四日，谕总督黄廷桂可于明春办理回部，八千绿营中酌留一二千屯田。
1758	乾隆二十二年	十二月二十五日，传谕兆惠等：来年进剿回部宜先晓谕，如布拉尼敦能将霍集占缚献，必宥罪加恩。
1757	乾隆二十二年	是岁，更定保甲之法。
1758	乾隆二十三年	正月初三日，命兆惠、车布登扎布剿沙喇伯勒，雅尔哈善、额敏和卓征回部。
1758	乾隆二十三年	正月十七日，俄罗斯报阿睦尔撒纳出痘身死，将其尸体送至恰克图。
1758	乾隆二十三年	正月十九日，以俄罗斯呈验阿睦尔撒纳尸体及哈萨克称臣纳贡，宣谕中外。
1758	乾隆二十三年	正月二十二日，吏部尚书汪由敦卒。
1758	乾隆二十三年	正月二十六日，命将征讨回部。

公元	年号	大事记
1758	乾隆二十三年	二月十三日，定内地军流人犯发遣新疆种地之例。
1758	乾隆二十三年	二月十六日，定满洲大臣奏事，公事折奏称“臣”，请安、谢恩等寻常折奏，仍称“奴才”。以八旗义学无育才之实命裁去。
1758	乾隆二十三年	二月十八日，准旗人间典地可不拘旗分出卖。
1758	乾隆二十三年	二月二十四日，听在京八旗另记档案与开户人等出旗为民。
1758	乾隆二十三年	二月二十六日，复位乡试官卷名额。
1758	乾隆二十三年	三月初八日，定命题考试拔、岁贡并优生朝考例内容。
1758	乾隆二十三年	三月十五日，兆惠等进兵沙喇伯勒，获扎哈沁哈拉拜，尽歼其众。舍楞遁，命和硕齐、唐喀禄追捕之。
1758	乾隆二十三年	三月十九日，御试翰林、詹事等官，擢王鸣务。盛等三员为一等，余升黜有差。试由部院改入翰林等官，擢德尔泰为一等，余升黜有差。
1758	乾隆二十三年	四月十一日，严惩流丐滋事。
1758	乾隆二十三年	四月十五日，致仕大学士陈世倌卒。
1758	乾隆二十三年	四月十八日，定生员岁科两试俱增律诗一首。
1758	乾隆二十三年	四月二十四日，定乡、会试第一场四书文后仍用性理论一道。
1758	乾隆二十三年	四月二十七日，以旱命刑部清理庶狱，减徒以下罪。
1758	乾隆二十三年	五月初三日，免甘肃通省二十四年额赋。
1758	乾隆二十三年	五月初六日，雅尔哈善率兵万余进抵库车附近，随后进行围攻。
1758	乾隆二十三年	五月十四日，《春秋直解》成，御制序文。
1758	乾隆二十三年	六月十五日，霍集占率兵来援库车。
1758	乾隆二十三年	六月十五日，乾隆帝谕示删订早年文集《乐善堂文集》。
1758	乾隆二十三年	七月初六日，霍集占援库车，雅尔哈善等击败之。
1758	乾隆二十三年	七月十五日，停贩卖米谷至灾区免纳关税例。
1758	乾隆二十三年	七月十六日，奉皇太后秋狝木兰。
1758	乾隆二十三年	七月十八日，舍楞奔俄罗斯。
1758	乾隆二十三年	七月十九日，右翼布鲁特玛木特呼里比米隆遣其弟舍尔伯克入觐。
1758	乾隆二十三年	七月二十一日，雅尔哈善、哈宁哈革职，以那木扎勒为靖逆将军，三泰为参赞大臣。谕兆惠赴库车。
1758	乾隆二十三年	八月初六日，库车城主将阿布都克勒木率四五十骑突围逃走，所余老弱三千余口出降。

公元	年号	大事记
1758	乾隆二十三年	八月二十日，阿克苏城降。
1758	乾隆二十三年	八月二十七日，申禁南省奢靡之风。
1758	乾隆二十三年	八月二十九日，乌什城降。
1758	乾隆二十三年	九月十五日，命驻防伊犁大臣兼理回部事务。
1758	乾隆二十三年	九月二十三日，议回部善后事宜。
1758	乾隆二十三年	九月二十四日，和田等六城归服。
1758	乾隆二十三年	九月二十七日，封霍集斯伯爵。
1758	乾隆二十三年	十月十一日，派往乌鲁木齐等处屯田兵已至一万数千名。
1758	乾隆二十三年	十月十三日，兆惠进兵叶尔羌被困黑水营。
1758	乾隆二十三年	十月二十八日，办理屯田侍郎永贵奏报本年屯田情况。
1758	乾隆二十三年	十月，贵州巡抚周人骥通饬各属教民纺织。
1758	乾隆二十三年	十一月初五日，举行大阅。
1758	乾隆二十三年	十一月十四日，得知兆惠被围黑水营。授富德为定边右副将军，阿里衮、爱隆阿、福禄、舒赫德为参赞大臣前往营救。
1758	乾隆二十三年	十一月十六日，以十二月朔望日月并蚀谕修省。
1758	乾隆二十三年	十一月二十一日，以兆惠深入鏖战，封一等武毅谋勇公，晋额敏和卓郡王品级，霍集斯贝子加贝勒品级。
1758	乾隆二十三年	十一月二十四日，以那木扎勒策应兆惠途次战死，加赠公爵。
1758	乾隆二十三年	十二月初一日，日蚀。左副都御史孙灏奏请明年停止巡幸，乾隆帝斥其识见舛缪，改用三品京堂，并以“效法皇祖练武习劳”谕中外。
1759	乾隆二十三年	十二月十六日，晋封喀尔喀扎萨克郡王齐巴克雅喇木丕勒为亲王。
1759	乾隆二十四年	正月初二日，两淮盐商捐银一百万两，命交陕甘总督黄廷桂以备军务、屯务拨用。免甘肃通省明年额赋及各项积欠。
1759	乾隆二十四年	正月初六日，副将军富德呼尔瑞大胜霍集占。
1759	乾隆二十四年	正月十一日，原任靖逆将军雅尔哈善因库车之役处斩。
1759	乾隆二十四年	正月十四日，黑水营围解。
1759	乾隆二十四年	正月十七日，大学士、总督黄廷桂卒。
1759	乾隆二十四年	正月二十一日，命蒋溥为大学士，仍管户部尚书。
1759	乾隆二十四年	二月初四日，谕遵指婚蒙古人旧例。
1759	乾隆二十四年	二月十七日，命定长将绿营兵五千名分发吐鲁番附近屯田开垦。

公元	年号	大事记
1759	乾隆二十四年	二月十八日，获悉富德兵至叶尔羌，会兆惠兵。晋封富德一等伯。
1759	乾隆二十四年	二月二十日，定考察内外大员例。
1759	乾隆二十四年	二月二十九日，以兆惠、富德回阿克苏，严责之。
1759	乾隆二十四年	三月初三日，命舒赫德同霍集斯驻和田，截回部逃路。
1759	乾隆二十四年	四月初三日，以阿桂为富德军营参赞大臣。
1759	乾隆二十四年	四月初七日，为解旱祈雨。
1759	乾隆二十四年	四月初七日，副将军富德呼尔踹大胜霍集占。
1759	乾隆二十四年	四月二十七日，谕盐政、织造停止夏节贡物、赏赉之物。
1759	乾隆二十四年	五月三十日，将前来热河安插的达什达瓦属人二千多人编为三旗。
1759	乾隆二十四年	六月初五日，谕藩臬凡该省事关民生利弊等应随时缮折入奏。
1759	乾隆二十四年	六月十一日，命兆惠进兵喀什噶尔，富德进兵叶尔羌。
1759	乾隆二十四年	六月二十七日，英吉利商船赴宁波贸易，庄有恭奏却之。谕李侍尧传集外商，示以禁约。
1759	乾隆二十四年	六月二十七日，布拉呢敦弃喀什噶尔逃往巴达克山汗国。
1759	乾隆二十四年	六月二十九日，英商洪仁辉来津呈控粤海关监督李永标。
1759	乾隆二十四年	闰六月初二日，霍集占弃叶尔羌，逃往巴达克山。
1759	乾隆二十四年	闰六月二十五日，严禁丝斤贩运外洋。
1759	乾隆二十四年	七月初一日，兆惠等奏喀什噶尔、叶尔羌回众迎降，布拉呢敦、霍集占遁巴达克山。命阿里衮等率兵攻巴尔楚克。
1759	乾隆二十四年	七月初二日，谕兆惠等追捕布拉呢敦、霍集占。命车布登扎布驻伊犁，防霍集占等入俄罗斯。
1759	乾隆二十四年	七月初三日，以捕蝗不力，夺陈宏谋江苏巡抚衔。
1759	乾隆二十四年	七月初四日，奉皇太后启跸，秋狝木兰。
1759	乾隆二十四年	七月十一日，定阿克苏伯克品级。
1759	乾隆二十四年	七月二十二日，兆惠奏陈喀什噶尔设官、定职、征粮、铸钱等事宜。
1759	乾隆二十四年	七月二十八日，巴达克山素勒坦沙汗拘执布拉呢敦、霍集占。
1759	乾隆二十四年	八月十二日，申禁英吉利商船逗留宁波。
1759	乾隆二十四年	八月二十三日，叶尔羌贡赋及善后事宜。
1759	乾隆二十四年	九月十九日，改甘肃安西镇为安西府。奉皇太后还京师。
1759	乾隆二十四年	九月二十七日，停止回人伯克世袭制度。

公元	年号	大事记
1759	乾隆二十四年	十月初二日，颁给阿桂钦差大臣关防。
1759	乾隆二十四年	十月初十日，以原任参赞大臣哈宁阿库车之役失机赐自尽。
1759	乾隆二十四年	十月十一日，禁州县捕蝗派累民间。
1759	乾隆二十四年	十月十七日，申禁烧锅粞曲。
1759	乾隆二十四年	十月二十日，谕巴里坤安插罪犯以解决民食。
1759	乾隆二十四年	十月二十三日，富德奏捷，西师结束。
1759	乾隆二十四年	十月二十四日，以平定准、回两部用兵本末，制《开惑论》。
1759	乾隆二十四年	十月二十五日，却诸王大臣请上尊号。
1759	乾隆二十四年	十一月初五同，以平定回部，颁诏中外。
1760	乾隆二十四年	十一月二十七日，命各回城伯克等轮班入觐。
1760	乾隆二十四年	十二月初五日，酌定和田六城赋税。
1760	乾隆二十四年	十二月初八日，定皇子分封所有俸糈官署各依封爵外，其一应章服仍照皇子时服用。
1760	乾隆二十四年	十二月十二日，制定《防范外夷规条》。
1760	乾隆二十四年	十二月十八日，册封令妃魏氏为令贵妃。
1760	乾隆二十五年	正月初二日，以今年帝五十诞辰、来年皇太后七十寿辰、西师凯旋，命本年八月举行恩科乡试，明年三月举行恩科会试。
1760	乾隆二十五年	正月初八日，谕伊犁驻兵屯田当渐次扩充。本年先派兵五百、回人三百名。
1760	乾隆二十五年	正月初十日，霍罕额尔德尼伯克遣使陀克塔玛特等入觐，巴达克山素勒坦沙遣使额穆尔伯克等入觐。
1760	乾隆二十五年	正月十一日，定边将军兆惠等以霍集占首级函送至京，乾隆帝御午门行献俘礼。命将霍集占首级悬示通衢。
1760	乾隆二十五年	正月十四日，乾隆帝批评周人骥请限制民人入川。
1760	乾隆二十五年	正月二十五日，徽商汪圣仪父子因向英商洪仁辉借领资本，包运茶叶，被抄家发遣。
1760	乾隆二十五年	二月初一日，禁止告病告假的京外大臣及翰詹科道等官谒拜督抚，接纳有司。
1760	乾隆二十五年	二月二十七日，兆惠等凯旋，乾隆帝至良乡郊劳。
1760	乾隆二十五年	二月，民苗结亲一概禁止。

公元	年号	大事记
1760	乾隆二十五年	三月初二日，试办伊犁海努克等处屯田。设乌鲁木齐至罗克伦屯田村庄，每庄屯兵八百余名。
1760	乾隆二十五年	三月初三日，定殿试读卷官拟选十卷进呈同时，即将十人带领引见，始定名次。
1760	乾隆二十五年	三月初五日，和嘉公主下嫁傅恒之子福隆安。
1760	乾隆二十五年	三月初八日，任命阿奇木伯克。
1760	乾隆二十五年	三月十九日，帝临和硕和婉公主丧次，赐奠。
1760	乾隆二十五年	三月二十一日，帝临幸皇六子永瑢第。
1760	乾隆二十五年	三月二十四日，晋封纯贵妃为皇贵妃。
1760	乾隆二十五年	四月初五日，命赴新疆贸易旗民，地方官就近给照放行。
1760	乾隆二十五年	五月初三日，谕军机大臣：当令满洲将军专任新疆驻兵屯田，陕甘总督杨应琚辖境止乌鲁木齐。
1760	乾隆二十五年	五月初八日，谕廷试读卷应取文义醇茂者，若策对无据，即使书法好亦不得入选。
1760	乾隆二十五年	五月初九日，诏示新疆屯田原委。
1760	乾隆二十五年	五月二十五日，福建巡抚吴士功奏定渔船出海规条。
1760	乾隆二十五年	六月初七日，喀什噶尔回人暴动。
1760	乾隆二十五年	六月十二日，谕满洲、蒙古不可效法汉人弃置本姓。
1760	乾隆二十五年	六月二十九日，传谕舒赫德等晓示回人：嗣后诸事惟听阿奇木伯克等办理，阿訇不得干预。
1760	乾隆二十五年	七月初六日，定回城六品以上伯克入觐例。
1760	乾隆二十五年	七月十二日，申明州县所带家人定例。
1760	乾隆二十五年	七月二十六日，以杨宁为喀什噶尔提督。
1760	乾隆二十五年	七月二十七日，以俄罗斯驻兵和宁岭、喀屯河、额尔齐斯、阿勒坦诺尔四路，声言分界，谕阿桂、车布登扎布等来岁以兵逐之。
1760	乾隆二十五年	八月初四日，定乌鲁木齐官员奏事制度。
1760	乾隆二十五年	八月十八日，奉皇太后秋狝木兰。
1760	乾隆二十五年	八月二十一日，以阿桂总理伊犁事务，授为都统。
1760	乾隆二十五年	八月二十八日，江苏调整布政使辖区。
1760	乾隆二十五年	九月初五日，御史吴绶诏奏准：嗣后童试，俱以一书、一经、一诗命题。

公元	年号	大事记
1760	乾隆二十五年	九月十六日，三姓副都统巴岱以挖参人众滋事，不能捕治，反给牌票，上以畏懦责之，命正法。
1760	乾隆二十五年	九月二十二日，哈萨克汗阿布赉使都勒特克埒入觐。
1760	乾隆二十五年	九月三十日，议准伊犁耕牧城首事宜。
1760	乾隆二十五年	十月初四日，皇十五子永琰诞生，母令贵妃魏氏。
1760	乾隆二十五年	十月二十日，奉皇太后还京师。以阿里衮为领侍卫内大臣。
1760	乾隆二十五年	十一月二十三日，酌定叶尔羌钱价。
1761	乾隆二十五年	十二月十六日，西安将军松阿哩以受属员馈遗，褫职论绞。
1761	乾隆二十五年	十二月二十二日，原任江西巡抚阿思哈论绞。
1761	乾隆二十五年	十二月二十四日，《乾隆内府皇舆图》告成。
1761	乾隆二十五年	十二月二十九日，允垦肃州邻边荒地，开渠溉田。
1761	乾隆二十六年	正月初二日，紫光阁落成，赐画像功臣并文武大臣，蒙古王公等宴。
1761	乾隆二十六年	正月初六日，以爱必达、刘藻两年所出属员考语相同，下部严议。浙江提督马龙图以挪用公项，解任鞫治。
1761	乾隆二十六年	正月二十四日，定京察新例。
1761	乾隆二十六年	二月初三日，鄂宝以回护陆川县纵贼一案，下部严议。
1761	乾隆二十六年	二月初九日，定汉军出旗为民者往来查验之法。
1761	乾隆二十六年	二月初十日，奉皇太后西巡五台。
1761	乾隆二十六年	二月十五日，安南国王黎维袆卒，敕封其侄黎维褍为安南国王。
1761	乾隆二十六年	二月二十九日，贷甘肃渊泉等三县农民豌豆籽种，令试种。
1761	乾隆二十六年	三月初一日，定免死减等发遣巴里坤之例。
1761	乾隆二十六年	三月初九日，展拓扎哈沁、乌梁海、喀尔喀卡座至乌鲁木齐。
1761	乾隆二十六年	三月二十七日，停购内地牛驴。
1761	乾隆二十六年	四月初十日，大学士蒋溥卒。
1761	乾隆二十六年	四月十五日，定读卷官密拟策问。
1761	乾隆二十六年	四月十八日，酌定两淮盐政章程。
1761	乾隆二十六年	四月二十五日，赐王傑等三人进士及第。
1761	乾隆二十六年	五月初九日，以刘统勋为东阁大学士，兼管礼部事，梁诗正为吏部尚书、协办大学士。
1761	乾隆二十六年	五月二十九日，阎大镛诗文悖逆案发。

公元	年号	大事记
1761	乾隆二十六年	六月初八日，弛贵州民苗结婚禁。
1761	乾隆二十六年	七月初五日，协办大学士鄂弥达卒，命兆惠协办大学士。
1761	乾隆二十六年	七月十七日，启跸，秋狝木兰。命諴亲王允秘扈皇太后驾。
1761	乾隆二十六年	七月三十日，河南祥符等州县黄河决口。
1761	乾隆二十六年	八月初五日，筹划移民出关、创办民屯。
1761	乾隆二十六年	八月十二日，颁给回城阿奇木伯克图记。
1761	乾隆二十六年	九月十九日，以窦光鼐于会谳大典，纷呶谩詈，下部严议。
1761	乾隆二十六年	九月三十日，军机大臣议奏新疆驻防、屯田兵丁事宜。
1761	乾隆二十六年	十月初六日，奉皇太后还京师。
1761	乾隆二十六年	十月十二日，在里塘访得哲布尊丹巴呼图克图呼毕勒罕（转世灵童）。
1761	乾隆二十六年	十月二十七日，周人骥奏贵州仁怀等处试织茧绌，各属仿行，帝嘉之。
1761	乾隆二十六年	十一月初一日，河南杨桥黄河决口合龙。
1761	乾隆二十六年	十一月初三日，以英廉为总管内务府大臣。
1761	乾隆二十六年	十一月初六日，命校定沈德潜《国朝诗别裁》。
1761	乾隆二十六年	十一月十九日，礼部尚书伍龄安以读表错误，褫职。
1761	乾隆二十六年	十一月二十二日，进制圣母七旬万寿连珠。
1762	乾隆二十六年	十二月二十四日，命外官回避内外兄弟。
1762	乾隆二十七年	正月初二日，以奉皇太后巡省江、浙，诏免江苏、安徽、浙江逋赋。
1762	乾隆二十七年	正月十一日，设察哈尔八旗都统。
1762	乾隆二十七年	正月十二日，奉皇太后第三次南巡。
1762	乾隆二十七年	正月二十五日，以周人骥固执开南明河，荒农累民，罢之。命乔光烈为贵州巡抚。
1762	乾隆二十七年	正月二十九日，命清查俄罗斯疆界。
1762	乾隆二十七年	二月十一日，命改变回人普尔易换新钱旧例。
1762	乾隆二十七年	二月十三日，哈萨克使策伯克等入觐行在，赐冠服有差。
1762	乾隆二十七年	三月初一日，传谕内地商民：如有愿往回部贸易者，即给照听其前往。
1762	乾隆二十七年	三月初九日，议奏发遣伊犁、乌鲁木齐之例。
1762	乾隆二十七年	四月初七日，以大理寺少卿顾汝修奉使安南，擅移书诘责国王褫职。
1762	乾隆二十七年	五月十一日，准英商配买生丝。
1762	乾隆二十七年	五月二十一日，册封容嫔等。

公元	年号	大事记
1762	乾隆二十七年	闰五月初八日，停止五年一次编审故套。
1762	乾隆二十七年	闰五月三十一日，改察哈尔都统嵩椿为西安将军，以巴尔品代之。
1762	乾隆二十七年	六月十四日，以库尔勒伯克等进贡，谕计直颁赏，仍通谕各城，非盛典进方物者皆止之。
1762	乾隆二十七年	六月十六日，加强管理流寓奉天等处山东民人。
1762	乾隆二十七年	六月十八日，以原任将军班第、参赞大臣鄂容安在伊犁竭忠全节，命于伊犁关帝庙后设位致祭。
1762	乾隆二十七年	七月初三日，以朝鲜三水府滋事逃人越境，命恒禄等赴边境查勘。
1762	乾隆二十七年	七月初八日，奉皇太后巡幸木兰。
1762	乾隆二十七年	八月初十日，建伊犁之固勒札、乌哈尔里克两城，赐名绥定、安远。
1762	乾隆二十七年	八月十二日，议行新疆带运官茶事宜。
1762	乾隆二十七年	八月二十六日，赐察哈尔都统敕书。
1762	乾隆二十七年	九月十一日，奉皇太后回跸，本月十七日抵京。
1762	乾隆二十七年	九月二十五日，建乌鲁木齐城堡。
1762	乾隆二十七年	九月二十八日，理藩院尚书、领侍卫内大臣富德以索取蒙古王公马畜，褫职逮问。
1762	乾隆二十七年	十月初四日，以焚杀盂连土司刀派春全家，命处斩缅甸贵家宫里雁，传首示众。
1762	乾隆二十七年	十月十二日，禁府州县官等跪道迎送督抚。
1762	乾隆二十七年	十月十四日，以爱乌罕（阿富汗）汗爱哈默特沙初次遣使入贡，谕沿途督抚预备筵宴，并命额勒登额护送。
1762	乾隆二十七年	十月十六日，设总管伊犁等处将军，以明瑞为之。命筑科布多城。
1762	乾隆二十七年	十一月初一日，浚山东德州运河。
1762	乾隆二十七年	十一月初二日，设伊犁参赞大臣，以爱隆阿、伊勒图为之。
1762	乾隆二十七年	十一月初三日，设伊犁领队大臣。
1762	乾隆二十七年	十一月十二日，命博斯和勒为杜尔伯特盟长，设副将军两员，以车凌乌巴什为右翼副将军，巴桑为左翼副将军。
1762	乾隆二十七年	十一月十三日，建喀什噶尔新城。
1763	乾隆二十七年	十一月二十六日，谕方观承仿河南浚道路沟洫。

公元	年号	大事记
1763	乾隆二十七年	十二月初八日，准因战乱流寓克什米尔的呢雅斯伯克及回民返回叶尔羌等处。
1763	乾隆二十七年	十二月十一日，定遇有东三省副都统、城守尉缺出，由京师或外省遣送，非本处人简放。定奉天府尹听盛京将军节制。
1763	乾隆二十七年	十二月二十六日，议准移驻伊犁防兵事宜。
1762	乾隆二十七年	是年，备省人口总计二亿零四十七万余人。
1763	乾隆二十八年	正月初二日，命伊犁重修喇嘛庙宇并置喇嘛。
1763	乾隆二十八年	正月初九日，大阅于畅春园之西厂，命爱乌罕、巴达克山、霍罕、哈萨克各藩部使臣从观。
1763	乾隆二十八年	正月十四日，命尚书阿桂在军机处行走。
1763	乾隆二十八年	正月二十四日，以河南巡抚胡宝瑔卒，补叶存仁为豫抚。
1763	乾隆二十八年	正月二十六日，以纳世通为参赞大臣，驻喀什噶尔，总理回疆事务。
1763	乾隆二十八年	二月初一日，永远停禁奉天海运。
1763	乾隆二十八年	二月十四日，裁西宁办事大臣。
1763	乾隆二十八年	二月十九日，命侍郎裘曰修督办直隶水利。
1763	乾隆二十八年	二月二十六日，停回部五品以下伯克入觐。
1763	乾隆二十八年	三月初一日，巴达克山素勒坦沙汗交出布拉呢敦尸骸及布拉呢敦妻、子。
1763	乾隆二十八年	三月初十日，赏宁津县百有三岁寿民李友益及其子侄孙银牌缎疋有差。
1763	乾隆二十八年	三月十七日，设伊犁额鲁特总管三员，副总管以下员额有差。
1763	乾隆二十八年	四月初五日，审明碧天寺住持李继印传授邪教案。
1763	乾隆二十八年	四月二十七日，裁归化城都统，归化城事归绥远将军管理。
1763	乾隆二十八年	五月初七日，命尚书阿桂往直隶霸州等处，同侍郎裘曰修、总督方观承督办疏浚事。
1763	乾隆二十八年	五月初八日，刑部议准：州县仵作每年考试《洗冤录》一次。
1763	乾隆二十八年	五月十三日，果亲王弘适以干预朝政削王爵，仍赏给贝勒。和亲王弘昼以仪节僭妄，罚俸三年。
1763	乾隆二十八年	五月十四日，大学士史贻直卒。
1763	乾隆二十八年	五月十八日，奉皇太后秋狝木兰。
1763	乾隆二十八年	六月十二日，四川总督开泰以庸懦无能规避免职，传谕各督抚引以为戒。
1763	乾隆二十八年	六月十三日，湖南巡抚陈宏谋请永禁洞庭湖滨筑围垦田。

公元	年号	大事记
1763	乾隆二十八年	六月十六日，以协办大学士梁师正为东阁大学士。
1763	乾隆二十八年	七月初四日，命江浙查办天圆教。
1763	乾隆二十八年	七月初五日，定采力与哈萨克贸易所需缎匹例。
1763	乾隆二十八年	七月二十六日，履亲王允祹卒。
1763	乾隆二十八年	八月初九日，赐乌鲁木齐城名“迪化”，新筑特讷格尔城名“阜康”。
1763	乾隆二十八年	八月十五日，巴里坤于屯田外，招募商民任垦八千二百余亩。
1763	乾隆二十八年	九月初九日，通谕各省督抚切实查办幕宾通同作弊。
1763	乾隆二十八年	九月二十二日，奉皇太后还京师。
1763	乾隆二十八年	九月二十八日，御制《准噶尔全部纪略》。
1763	乾隆二十八年	十月初七日，传谕各督抚防范疯病之人生事。
1763	乾隆二十八年	十一月初八日，河东河道总督张师载卒，以叶存仁代之。
1763	乾隆二十八年	十一月十四日，大学士梁诗正卒。
1763	乾隆二十八年	十一月二十六日，以杨廷璋为体仁阁大学士，仍留闽浙总督任。
1764	乾隆二十八年	十二月十六日，准琉球国照英国例岁买土丝五千斤、二蚕湖丝三千斤。
1764	乾隆二十八年	十二月十八日，休致左都御史梅瑴成卒。
1764	乾隆二十八年	十二月二十三日，审定塔尔巴哈台驻兵巡查事宜。
1764	乾隆二十九年	正月二十日，李侍尧、高恒奏准湖北盐价章程。
1764	乾隆二十九年	正月二十七日，命陕甘总督从肃州移驻兰州。总督方观承奏请拨银回赎旗地。
1764	乾隆二十九年	二月初五日，命阿敏尔图驻藏办事，代福鼐回京。
1764	乾隆二十九年	二月初七日，命部臣及江浙闽广各督抚酌议开放丝斤。
1764	乾隆二十九年	二月初八日，大学士刘统勋奏准纂修《起居注》规则。
1764	乾隆二十九年	二月二十二日，八旗袭职仍照旧例以长子承袭。
1764	乾隆二十九年	三月初二日，太子太傅、大学士来保卒。
1764	乾隆二十九年	三月二十日，定州县自理词讼审断后一律粘连卷宗，加盖官印。
1764	乾隆二十九年	三月二十二日，查办喀什噶尔伊什罕伯克阿布都喇伊木。
1764	乾隆二十九年	三月二十八日，江西巡抚辅德奏请查禁祠宇流弊。
1764	乾隆二十九年	四月初五日，议准弛洋禁以便民情。
1764	乾隆二十九年	四月初十日，将盛京锡伯兵调往伊犁。
1764	乾隆二十九年	四月十五日，钦差大臣舒赫德、裘曰修奏报查办厦门商船陋规案。

公元	年号	大事记
1764	乾隆二十九年	五月初一日，谕粤海关官贡毋进珍珠等物。
1764	乾隆二十九年	五月，乾隆帝嘉奖总督杨应琚所奏招募内地无业贫民前往巴里坤垦种立业。
1764	乾隆二十九年	六月初七日，河东河道总督叶存仁卒，以李宏代之。
1764	乾隆二十九年	六月二十四日，杨廷璋解任来京候旨，调苏昌为闽浙总督，李侍尧为两广总督。
1764	乾隆二十九年	六月二十七日，命阿尔泰回四川总督。
1764	乾隆二十九年	七月初一日，以杨应琚为大学士，留陕甘总督任，陈宏谋协办大学士。
1764	乾隆二十九年	七月初八日，谕近支宗室联姻除特指外，寻常联姻须彼此情愿。
1764	乾隆二十九年	七月十七日，奉皇太后秋狝木兰，二十三日，驻跸避暑山庄。
1764	乾隆二十九年	七月，四川总督阿尔泰奏称该省设立义仓。
1764	乾隆二十九年	八月初二日，招募内地贫民迁往新疆屯田。
1764	乾隆二十九年	八月初八日，湖南学政李绶奏请禁删本《礼记》。
1764	乾隆二十九年	八月十三日，谕阿尔泰等晓谕绰斯甲布九土司会攻金川。
1764	乾隆二十九年	八月十六日，湖南督抚遵旨奏请弛禁民苗结亲。
1764	乾隆二十九年	九月初十日，命刑部侍郎阿永阿会同吴达善谳湖南新宁县民传帖罢市案。
1764	乾隆二十九年	九月十四日，谕丁忧之员，部院、督抚一律不得率行请留。
1764	乾隆二十九年	九月十七日，刑部尚书秦蕙田卒。
1764	乾隆二十九年	九月二十六日，命考订开国王公事迹以备御览。
1764	乾隆二十九年	十月十五日，乔光烈以新宁罢市狱褫职，调图勒炳阿为湖南巡抚。
1764	乾隆二十九年	十月二十三日，山东进牡丹。
1764	乾隆二十九年	十一月初一日，命重修《大清一统志》。
1764	乾隆二十九年	十一月初三日，定嗣后旗人发遣家奴，其妻子一并赏给兵丁为奴。
1764	乾隆二十九年	十一月初六日，筑呼图壁城成，赐名曰景化。
1764	乾隆二十九年	十一月十八日，协办大学士、户部尚书兆惠卒。
1765	乾隆二十九年	十二月十七日，参赞大臣绰克托奏乾隆二十九年乌鲁木齐屯田情况。
1765	乾隆二十九年	十二月，准云贵总督刘藻沿中缅边界地区滚弄江一带设卡驻兵。
1765	乾隆三十年	正月初二日，以皇太后四巡江、浙，免江苏、安徽、浙江历年因灾未完丁漕。
1765	乾隆三十年	正月初七日，刘纶丁忧，命庄有恭以刑部尚书协办大学士。
1765	乾隆三十年	正月十一日，准许八旗大臣子弟一体参加科举考试。

公元	年号	大事记
1765	乾隆三十年	正月十六日，奉皇太后启跸第四次南巡。
1765	乾隆三十年	正月二十四日，申斥吏部铨擢歧视汉人。
1765	乾隆三十年	二月初七日，豫省河阴县士民因归并荥泽聚众罢市。
1765	乾隆三十年	二月十二日，奉皇太后渡黄河。阅清口东坝木龙、惠济闸。
1765	乾隆三十年	闰二月初七日，奉皇太后临幸杭州府，帝后不协暴露于外。
1765	乾隆三十年	闰二月初十日，乾隆帝获悉乌什维族起义，戕办事大臣素诚。
1765	乾隆三十年	闰二月十五日，命明瑞、额尔景额总理乌什军务，明瑞节制各军。命阿桂、明亮赴伊犁办事。
1765	乾隆三十年	闰二月二十四日，赐伊犁新筑驻防城名曰惠远，哈什回城曰怀顺。
1765	乾隆三十年	三月初一日，将军明瑞指挥清军东西夹攻乌什。
1765	乾隆三十年	三月初七日，诣明太祖陵奠酒。
1765	乾隆三十年	三月十二日，果郡王弘瞻卒。
1765	乾隆三十年	三月二十日，帝阅高家堰堤，奉皇太后渡河。召尹继善入阁办事。
1765	乾隆三十年	三月二十七日，因乌什民变，追论素诚及纳世通、卞塔海罪。
1765	乾隆三十年	四月初六日，命办理哈子伯克阿蹒意图叛逆 案。追予故刑部尚书王士祯谥文简。
1765	乾隆三十年	四月十四日，湖北巡抚李因培奏陈湖北吏治废弛。
1765	乾隆三十年	四月十五日，金川郎卡情愿顶经发誓改过。
1765	乾隆三十年	四月二十一日，帝还京师。
1765	乾隆三十年	四月二十五日，帝迎皇太后居畅春园。
1765	乾隆三十年	四月二十六日，哈萨克使臣鄂托尔济等入觐。
1765	乾隆三十年	五月初一日，晋封喀尔喀郡王罗布藏多尔济为亲王。
1765	乾隆三十年	五月初八日，命查抄总兵李星垣本籍家产。
1765	乾隆三十年	五月十一日，以和田总兵和诚婪索回人，夺职逮问。
1765	乾隆三十年	六月初九日，定八旗世职疏远宗派及驻防兵丁不准承袭例。
1765	乾隆三十年	六月十一日，晋封令贵妃魏氏为皇贵妃。
1765	乾隆三十年	六月二十三日，开馆重修国史列传。
1765	乾隆三十年	六月二十五日，谕明瑞勿受乌什回人投降。
1765	乾隆三十年	七月初八日，奉皇太后秋狝木兰。
1765	乾隆三十年	七月二十二日，前和田办事大臣和诚以贪婪鞫实，正法。

公元	年号	大事记
1765	乾隆三十年	七月二十九日，谕明瑞攻克乌什将丁男全部剿杀，十三岁以下幼童及妇女送往伊犁。
1765	乾隆三十年	八月十二日，重申停止恰克图与俄罗斯贸易原因在于逃人问题。
1765	乾隆三十年	八月十五日，乌什失陷。
1765	乾隆三十年	九月十八日，以明瑞等未将乌什叛人殄诛送往伊犁，下部严议。
1765	乾隆三十年	九月二十日，嘉奖广西布政使淑宝奏革里书之弊。
1765	乾隆三十年	九月二十七日，谕令铨用举人疏通壅积。
1765	乾隆三十年	十月初八日，明瑞、阿桂以办乌什事务错缪，褫职留任。
176s	乾隆三十年	十月十二日，伊犁将军遵旨会议回部善后事宜。
1765	乾隆三十年	十月二十七日，浙江诸暨县民控告该县侵蚀钱粮。
1765	乾隆三十年	十一月初八日，令改备省书院主讲习者“山长”为“院长”。
1765	乾隆三十年	十一月十九日，丑达以扶同桑斋多尔济私与俄罗斯贸易，正法。明瑞等以尽诛乌什回众 奏闻。
1766	乾隆三十年	十一月二十一日，封皇五子永琪为荣亲王。
1766	乾隆三十年	十一月二十九日，遵旨议准承袭佐领、世袭新例。
1766	乾隆三十年	十二月十七日，以陕西泾阳县贡生张璘七世同居，赐御制诗章、缎匹。
1766	乾隆三十年	十二月十九日，命惩创敢于扰边的缅甸人。
1766	乾隆三十一年	正月初二日，诏自乾隆三十一年始首次普免各省漕粮一次。
1766	乾隆三十一年	正月初八日，谕沿海各督抚稽查海盗。
1766	乾隆三十一年	正月十六日，云南官军剿缅于猛住失利。调 杨应琚为云贵总督，调刘藻为湖广总督。
1766	乾隆三十一年	正月二十三日，刑部尚书庄有恭以谳段成功劾案不实褫职下狱、籍产。
1766	乾隆三十一年	二月初二日，刘藻降湖北巡抚，仍与云南提督达启下部严议。
1766	乾隆三十一年	二月初七日，命滨海地方、城乡口岸、渔船会聚之处严行保甲制度，以缉捕海盗。
1766	乾隆三十一年	二月十一日，和其衷以弥补段成功亏空褫职逮问。
1766	乾隆三十一年	二月二十一日，庄有恭论斩。
1766	乾隆三十一年	二月二十三日，刘藻褫职，留滇效力。
1766	乾隆三十一年	三月初三日，刘藻畏罪自杀。
1766	乾隆三十一年	三月十七日，招募南疆无业回人前往乌什垦荒。

公元	年号	大事记
1766	乾隆三十一年	三月二十日，谕令增加拣选会试下第举人名额。杨应琚以复猛笼等土司内附奏闻。
1766	乾隆三十一年	四月初二日，杨应琚奏大猛养头人内附，官军进取整欠、孟艮。
1766	乾隆三十一年	四月初三日，以整欠平，宣谕中外。
1766	乾隆三十一年	四月初七日，和其衷、段成功处斩。
1766	乾隆三十一年	四月初八日，免云南普藤等十三土司本年额赋及猛笼逋赋。
1766	乾隆三十一年	四月二十一日，雅尔办事大臣阿桂奏新疆屯田事。
1766	乾隆三十一年	四月二十三日，广东巡抚王检请禁宗族械斗顶凶。
1766	乾隆三十一年	五月初一日，设下五旗包衣人等官学生缺。
1766	乾隆三十一年	五月初三日，嘉奖山东各州县民壮改习鸟枪，令推广之。
1766	乾隆三十一年	五月初五日，命加恩正一真人视三品秩。
1766	乾隆三十一年	五月十三日，饬十一阿哥永理题“镜泉”别号于扇是染汉习之故。
1766	乾隆三十一年	五月二十六日，谕新撰国史列传于故明唐王朱聿钊前加“伪”字与义未协。
1766	乾隆三十一年	五月二十八日，令沿边土司夷民一体薙发留辫。
1766	乾隆三十一年	六月初八日，杨应琚奏猛勇头目召斋及猛龙沙头目叭护猛等内附。
1766	乾隆三十一年	六月初十日，予故三品衔西洋人郎世宁侍郎衔。
1766	乾隆三十一年	七月初八日，奉皇太后秋狝木兰。
1766	乾隆三十一年	七月十四日，皇太后驻跸避暑山庄。是日，皇后乌喇那拉氏去世。
1766	乾隆三十一年	七月十五日，谕以上年从幸江、浙，不能恪尽孝道，皇后丧仪照皇贵妃例。
1766	乾隆三十一年	七月二十二日，滇省烧锅专用稻米，亦经出示严禁。
1766	乾隆三十一年	七月二十五日，御史李玉鸣奏皇后丧仪未能如例，忤旨，戍伊犁。
1766	乾隆三十一年	七月二十九日，杨应琚奏补哈大头目噶第牙翁、猛撒头目喇鲊细利内附。
1766	乾隆三十一年	八月十六日，宥庄有恭罪，起为福建巡抚。
1766	乾隆三十一年	八月十八日，江苏铜山县韩家堂河决。
1766	乾隆三十一年	九月初六日，议准来广州西洋人进京程式。
1766	乾隆三十一年	九月二十八日，杨应琚赴永昌受木邦降。
1766	乾隆三十一年	十月初三日，上奉皇太后还京师。
1766	乾隆三十一年	十月十二日，杨应琚奏整卖、景线、景海各部头人内附。
1766	乾隆三十一年	十月十五日，韩家堂决口合龙。
1766	乾隆三十一年	十月十七日，禁八旗参领等大员子嗣挑补养育兵。

公元	年号	大事记
1766	乾隆三十一年	十一月初九日，杨应琚奏，缅甸大山、猛育、猛答各部头人内附。
1766	乾隆三十一年	十一月十二日，以杨应琚病，命杨廷璋赴永昌接任。谕不禁贵州苗倮跳月习俗。
1766	乾隆三十一年	十一月二十日，谕将孔昭焕交部严加议处。
1766	乾隆三十一年	十一月二十七日，命侍卫福灵安带御医往视杨应琚病。
1767	乾隆三十一年	十二月二十五日，《大清会典》以及《事例》告成。
1767	乾隆三十二年	正月初二日，命将四川按察使李因培革职拿问。
1767	乾隆三十二年	正月初十日，命福灵安体察云南军情。
1767	乾隆三十二年	正月十七日，命督抚每年年终将属员有无亏空汇奏一次。
1767	乾隆三十二年	二月初二日，《（清）文献通考》成，命续辑《文献通考》开馆纂修《（清）通志》《（清）通典》。
1767	乾隆三十二年	二月十二日，逮提督李时升下狱。定世职官员无人承袭给孀妇半俸例。
1767	乾隆三十二年	二月十四日，调鄂宁为云南巡抚。
1767	乾隆三十二年	二月二十日，庄亲王允禄卒。
1767	乾隆三十二年	二月二十五日，乾隆帝巡幸天津。
1767	乾隆三十二年	三月初一日，召大学士管云南总督杨应琚入阁办事，以明瑞为云贵总督专办征缅。
1767	乾隆三十二年	三月初二日，以明瑞为兵部尚书。
1767	乾隆三十二年	三月初六日，以阿桂为伊犁将军。
1767	乾隆三十二年	三月十七日，大学士管云南总督杨应琚因对缅战事欺饰错谬褫职。
1767	乾隆三十二年	三月二十九日，云贵总督明瑞为抵滇之前，以滇抚鄂宁署云贵总督。
1767	乾隆三十二年	四月初二日，移驻天津水师营官兵于他省。
1767	乾隆三十二年	四月十二日，更定新疆遣犯例。
1767	乾隆三十二年	四月十七日，以云南边境瘴盛，命暂停进兵。
1767	乾隆三十二年	五月初六日，贵州巡抚汤聘因未将杨应琚对 缅战事据实奏闻，被革职逮问。
1767	乾隆三十二年	五月初九日，不禁各省民人赴川。
1767	乾隆三十二年	五月十三日，清军失利于木邦，杨宁等退师龙陵。
1767	乾隆三十二年	五月十七日，李时升、朱仑处斩。
1767	乾隆三十二年	六月初五日，蔡显因著《闲渔闲闲录》被斩。

公元	年号	大事记
1767	乾隆三十二年	六月十四日，令户部在拨银三百万的基础上，再拨银三百万运赴云南，以为军需之用。
1767	乾隆三十二年	七月初三日，命军前奏事用清字，行军以鸣角为号。
1767	乾隆三十二年	七月十九日，福建巡抚庄有恭卒，调崔应阶代之。
1767	乾隆三十二年	七月二十日，奉皇太后秋狝木兰。
1767	乾隆三十二年	闰七月初九日，不许州县官借公务赴省谒见上司。
1767	乾隆三十二年	闰七月十三日，江西人吴君尚勾引西洋人传教案发。
1767	乾隆三十二年	闰七月二十三日，赐杨应琚自尽。
1767	乾隆三十二年	八月二十八日，谕明瑞以额勒登额代谭五格分路进兵。
1767	乾隆三十二年	九月十三日，明瑞等奏请分兵进剿缅甸。
1767	乾隆三十二年	十月初一日，赐李因培自尽。
1767	乾隆三十二年	十月二十日，谕明瑞以将军管总督事务。
1767	乾隆三十二年	十月二十七日，更定绿营不准世袭罔替旧例。
1767	乾隆三十二年	十月，天津水师营兵出旗为民与归入绿营。
1767	乾隆三十二年	十一月初六日，颁《秋审条例》于各省。
1768	乾隆三十二年	十一月十八日，齐周华文字狱案。
1768	乾隆三十二年	十一月三十日，明瑞所率清军与缅兵大战于蛮结。
1768	乾隆三十二年	十二月初二日，清军蛮结大捷。
1768	乾隆三十二年	十二月十三日，命查审河东盐政达色勒派盐商、需索馈送事。
1768	乾隆三十三年	正月初二日，明瑞一路留守木邦的参赞大臣朱鲁讷丧失锡箔桥，明瑞文报被切断。
1768	乾隆三十三年	正月初八日，乾隆帝获悉明瑞一路离开宋赛，往猛密进军，恐其孤军深入，严旨催西路参赞大臣额勒登额从旱塔（老官屯北四十里）起程，前往接应明瑞。
1768	乾隆三十三年	正月初十日，明瑞回师向宛顶前进。《御批历代通鉴辑览》告成。
1768	乾隆三十三年	正月十七日，闽浙总督苏昌卒。
1768	乾隆三十三年	正月十八日，木邦失守，参赞大臣朱鲁讷自刎。命阿里衮为参赞大臣，往云南军营。
1768	乾隆三十三年	正月二十五日，陕西按察使秦齐勇奏州县衙署演戏耗财、牧令滥服蟒袍奢侈。

公元	年号	大事记
1768	乾隆三十三年	二月初八日，谕用兵缅甸，轻敌致衄，引为己过，令明瑞等班师。额勒登额、谭五格褫职逮问。
1768	乾隆三十三年	二月十一日，明瑞兵败自缢。
1768	乾隆三十三年	二月二十八日，获悉明瑞等败绩于猛育。命傅恒为经略，阿里衮、阿桂为副将军，舒赫德为参赞大臣，赴云南。
1768	乾隆三十三年	二月三十日，停各省每年秋审提犯到省城覆谳例，改为各省道员研讯覆勘。
1768	乾隆三十三年	三月初一日，在关羽封号“忠义神武关圣大帝”中加封“灵佑”。
1768	乾隆三十三年	三月初四日，销毁李绂诗文书板。
1768	乾隆三十三年	三月二十一日，湖北拿获图谋造反案。
1768	乾隆三十三年	四月初五日，破获福建漳浦县卢茂欲图起事。
1768	乾隆三十三年	四月十九日，舒赫德等密陈军前实在情形。
1768	乾隆三十三年	四月二十七日，磔额勒登额于市，谭五格处斩。
1768	乾隆三十三年	四月二十八日，明瑞、扎拉丰阿、观音保遗骸至京，乾隆帝临奠。
1768	乾隆三十三年	五月，阿里衮等奏报征缅战役以来伤亡统计情况。
1768	乾隆三十三年	六月初四日，于缅甸有意罢兵的来信置之不理。不准御史设立大姓族长的请求。
1768	乾隆三十三年	六月初七日，两淮预提盐引案发。
1768	乾隆三十三年	六月十二日，乾隆帝获悉割辫案。
1768	乾隆三十三年	六月十六日，山东巡抚富尼汉奏报山东剪辫事。
1768	乾隆三十三年	六月二十三日，方观承奏直隶割辫情形。
1768	乾隆三十三年	六月二十五日，彰宝、尤拔世奏报查办两淮提引案情形。
1768	乾隆三十三年	六月二十六日，以阿桂为云贵总督。尹继善、高晋以两淮盐务积弊匿不以闻，均下部严议。
1768	乾隆三十三年	七月初八日，奉皇太后秋狝木兰。卢见曾预先藏匿资财暴露。
1768	乾隆三十三年	七月二十一日，乾隆帝分析割辫起因。
1768	乾隆三十三年	七月二十七日，乾隆帝断定割辫案背后有包藏祸心之人。纪昀以漏泄籍没前运使卢见曾 谕旨，褫职，戍乌鲁木齐。
1768	乾隆三十三年	八月十二日，命恢复与俄罗斯的恰克图通商。
1768	乾隆三十三年	八月十七日，直隶总督方观承卒，以杨廷璋代之。
1768	乾隆三十三年	八月十九日，命甘恩敕不得自王乞封号。
1768	乾隆三十三年	九月初二日，苏州查出大乘、无为二教经堂。

公元	年号	大事记
1768	乾隆三十三年	九月初九日，新疆昌吉屯田遣犯暴动戕官。
1768	乾隆三十三年	九月十三日，原任两淮盐政高恒、普福论斩。
1768	乾隆三十三年	九月十七日，杭州破获罗教。
1768	乾隆三十三年	九月二十一日，河南查办收元教。
1768	乾隆三十三年	九月二十二日，奉皇太后还京师。
1768	乾隆三十三年	九月二十三日，停止查办割辫案。
1768	乾隆三斗三年	十月初七日，台湾黄教起事。
1768	乾隆三十三年	十月十三日，御史鲁赞元奏请申禁州县滥应上司供应。
1768	乾隆三十三年	十月二十七日，高恒、普福、达色处斩，改海明等缓决。
1769	乾隆三十三年	十一月二十四日，以缅人来书不逊，谕阿里衮筹进剿。
1769	乾隆三十三年	十二月初一日，漕运总督杨锡绂卒，以梁翥鸿署之。
1769	乾隆三十三年	十二月初五日，富尼汉、程焘办理割辫案滥加刑拷，分别以布政使降补。
1769	乾隆三十三年	十二月十一日，湖广总督定长病故。海兰察等领兵深入缅甸焚掠。
1769	乾隆三十四年	正月初六日，以缅人书词桀骜，命副将军阿桂与副将军阿里衮协助傅恒征剿。
1769	乾隆三十四年	正月初七日，命明德为云贵总督，驻永昌，喀宁阿为云南巡抚。
1769	乾隆三十四年	正月二十六日，更定各省学政养廉定额。
1769	乾隆三十四年	二月初一日，重修太学、文庙至是落成。
1769	乾隆三十四年	二月十三日，谕阵亡人员荫云骑尉袭次完后，仍赏给恩骑尉，世袭罔替，不准过继之子承袭著为例。
1769	乾隆三十四年	二月二十七日，弛洋船带硫磺入口例。
1769	乾隆三十四年	二月，直隶总督杨廷璋破获宏阳教复萌案件。
1769	乾隆三十四年	三月初二日，命伊犁将军伊勒图往云南军营。
1769	乾隆三十四年	三月二十三日，命阿桂署云贵总督。
1769	乾隆三十四年	三月二十九日，黄教被擒身死。
1769	乾隆三十四年	四月初一日，福建古田萧日安等结盟制旗，图谋抢劫仓库。
1769	乾隆三十四年	四月二十日，准傅恒等奏征缅计划。
1769	乾隆三十四年	四月二十九日，明谕征缅原因在于去岁暂停进兵以来一年缅甸不遣一人悔罪乞降。
1769	乾隆三十四年	五月初十日，帝疑进士朝考卷有关节。

公元	年号	大事记
1769	乾隆三十四年	六月初六日，查禁钱谦益所著《初学集》《有学集》。
1769	乾隆三十四年	七月初七日，以明德署云贵总督，移驻腾越、经理军务。
1769	乾隆三十四年	七月十七日，礼部尚书董邦达卒。
1769	乾隆三十四年	七月二十日，征缅大军从腾越启程。
1769	乾隆三十四年	八月十六日，帝木兰行围。
1769	乾隆三十四年	九月初一日，定例：嗣后杜尔伯特王公台吉等子弟年至十八，即照内扎萨克等分别赏给台吉职衔永为例。
1769	乾隆三十四年	九月初七日，阿桂进抵蛮暮。
1769	乾隆三十四年	九月十六日，奉皇太后回銮。
1769	乾隆三十四年	九月二十二日，命阿桂、伊勒图自蛮暮迓傅恒会师。
1769	乾隆三十四年	九月二十三日，命刘统勋会勘山东运河。
1769	乾隆三十四年	九月，访查京师粮市铺户齐行。
1769	乾隆三十四年	十月初一日，傅恒奏进抵新街。
1769	乾隆三十四年	十月初七日，命彰宝署云贵总督，明德署云南巡抚。
1769	乾隆三十四年	十月初十日，清军克新街。
1769	乾隆三十四年	十月十六日，以阿桂不能克老官屯，夺副将 军，为参赞大臣。命伊勒图为副将军。
1769	乾隆三十四年	十月十九日，副将军阿里衮卒于军。
1769	乾隆三十四年	十月二十二日，清军进攻老官屯未克。
1769	乾隆三十四年	十月二十五日，禁福建、广东民人私赴台湾，现流寓台湾者编设保甲，毋任藏奸。
1769	乾隆三十四年	十月二十七日，降旨：凡八旗王公属下人等现居外任职官因事来京者，概不许到本管王公门下谒见通问，以清弊源。
1769	乾隆三十四年	十一月初七日，命阿桂仍在副将军上行走。
1769	乾隆三十四年	十一月初十日，清缅开始探讨议和。
1769	乾隆三十四年	十一月十七日，清缅签约罢兵。
1769	乾隆三十四年	十一月十八日，以缅地烟瘴，官军损失大半，命班师屯野牛坝，召经略傅恒还，阿桂留办善后。
1769	乾隆三十四年	十一月二十一日，阿桂尽撤老官屯之兵。

公元	年号	大事记
1769	乾隆三十四年	十一月二十九日，傅恒等攻老官屯不克。其土官以缅酋猛驳蒲叶书诣军营乞降。帝命班师。
1770	乾隆三十五年	正月初一日，以帝今年六十寿辰，明岁皇太后八十万寿，诏普蠲各省额征地丁钱粮一次。
1770	乾隆三十五年	正月初五日，命各省督抚，遇本省蠲免钱粮之年，遍行劝谕各业户等，照应免钱粮十分之四，令佃户准值减租。
1770	乾隆三十五年	正月二十八日，《平定准噶尔方略》告成。
1770	乾隆三十五年	正月二十九日，授喀尔喀和硕亲王成衮扎布世子拉旺多尔济为固伦额驸。
1770	乾隆三十五年	二月初二日，命将原任贵州巡抚良卿正法。
1770	乾隆三十五年	二月二十五日，以缅酋猛驳贡表不至，谕彰宝备之，并严禁通市。
1770	乾隆三十五年	三月初五日，奉皇太后自圆明园启銮谒泰陵，巡幸天津。至本月二十六日还京。
1770	乾隆三十五年	三月初十日，清缅就木邦、蛮暮等土司的归属权争议。
1770	乾隆三十五年	三月十九日，奉皇太后驻跸天津府，帝阅驻防兵。经略大学士傅恒还京师，命与福隆安俱仍为总管内务府大臣。
1770	乾隆三十五年	三月，小金川与沃克什两土司争地起兵。
1770	乾隆三十五年	四月初二日，以缅甸索木邦土司线瓊团等，谕责哈国兴粉饰迁就，召来京。
1770	乾隆三十五年	四月十九日，天津蝗，命杨廷璋督捕。
1770	乾隆三十五年	五月初一日，清信使苏尔相等被拘禁于老官屯。
1770	乾隆三十五年	五月初六日，以皇八子擅自进城，褫上书房行走观保、汤先甲职，并诫谕之。
1770	乾隆三十五年	五月初八日，守备承德因信仰天主教被发遣伊犁。
1770	乾隆三十五年	闰五月初一日，命裘曰修赴蓟州、宝坻一带 捕蝗。
1770	乾隆三十五年	闰五月二十二日，传谕嗣后督抚奏事具折一律称臣。
1770	乾隆三十五年	六月初六日，禁奉差兵丁私买人口。
1770	乾隆三十五年	六月初十日，谕阿桂等调海兰察、哈国兴进兵。
1770	乾隆三十五年	六月二十日，贵州古州党堆寨苗民起事首领香要等被处死。
1770	乾隆三十五年	七月初八日，以小金川与沃克什土司构衅，命四川总督阿尔泰传集小金川土司劝谕之。
1770	乾隆三十五年	七月十三日，和亲王弘昼卒。太保大学士傅恒卒。

公元	年号	大事记
1770	乾隆三十五年	七月十四日，赏来京祝嘏之百十二岁原任浙江遂昌县学训导王世芳国子监司业衔，并在籍食俸。
1770	乾隆三十五年	八月初五日，以副将军阿桂办事取巧，褫领侍卫内大臣、礼部尚书、镶红旗汉军都统，以内大臣革职留任办副将军事。
1770	乾隆三十五年	八月初六日，阿尔泰奏僧格桑伏罪，交出达木巴宗地方及所掠番民。
1770	乾隆三十五年	八月十三日，万寿节，帝诣皇太后宫行礼。御太和殿，王以下文武各官进表，行庆贺礼，奉旨停止筵宴。
1770	乾隆三十五年	八月十六日，奉皇太后巡幸木兰。
1770	乾隆三十五年	九月初三日，命阿尔泰为武英殿大学士，仍留办四川总督事。
1770	乾隆三十五年	十月初一日，奉皇太后回銮，初八日，还京师。
1770	乾隆三十五年	十月十一日，扩大现行捐例。
1770	乾隆三十五年	十月十二日，查获潮州府朱阿姜等聚众案。
1770	乾隆三十五年	十月二十二日，阿桂等奏老官屯缅目遣使致书，请停今岁进兵，允之。
1770	乾隆三十五年	十月二十六日，申禁宗室王公容留僧道星相人等。
1771	乾隆三十五年	十二月初二日，土尔扈特蒙古开始东返中国。
1771	乾隆三十五年	十二月二十二日，谕阿桂、彰宝密议明年进剿缅甸。
1771	乾隆三十五年	十二月二十三日，定兵丁民人发遣伊犁效力 赎罪充当苦差者，三年后或为兵或为民；所犯重罪者，定为十年限期。
1771	乾隆三十六年	正月二十九日，禁藩臬两司具折先呈督抚。
1771	乾隆三十六年	二月初三日，奉皇太后东巡。
1771	乾隆三十六年	二月十二日，定武职官员子弟随任入伍者，俱令归本籍州县应试。
1771	乾隆三十六年	二月二十日，命刘纶为大学士，兼管工部，于敏中协办大学士。
1771	乾隆三十六年	二月二十三日，增健锐营等养育兵额缺。
1771	乾隆三十六年	三月二十四日，晓谕众蒙古土默特额驸纳逊特古斯鸩毒案。
1771	乾隆三十六年	四月二十二日，大学士尹继善卒。
1771	乾隆三十六年	五月初五日，阿桂以畏葸褫职降兵丁效力。
1771	乾隆三十六年	五月二十五日，以高晋为文华殿大学士，兼礼部尚书，仍留两江总督任。
1771	乾隆三十六年	六月初三日，致仕大学士陈宏谋卒。
1771	乾隆三十六年	六月初五日，清军厄鲁特总管伊昌阿、硕通在伊犁河畔会见渥巴锡、舍楞及所率土尔扈特部众。

公元	年号	大事记
1771	乾隆三十六年	六月初九日，命巴图济尔噶勒赴伊犁办土尔扈特投诚事宜。
1771	乾隆三十六年	六月初十日，谕土尔扈特投诚大台吉均令来避暑山庄朝觐，命额驸色布腾巴勒珠尔驰驿迎之。
1771	乾隆三十六年	六月十一日，准削籍乐户、丐户、蜑户、渔户四世清白者报捐应试。
1771	乾隆三十六年	六月二十四日，以金川土舍索诺木请赏给革布什札土司人民，命阿尔泰详酌机宜，毋姑息。
1771	乾隆三十六年	七月初二日，永定河决。
1771	乾隆三十六年	七月初四日，阿尔泰等奏小金川土舍围攻沃克什，命剿之。
1771	乾隆三十六年	七月初十日，秋狝木兰。
1771	乾隆三十六年	七月十四日，以复侵明正土司，谕阿尔泰等进剿小金川。
1771	乾隆三十六年	八月二十一日，定边左副将军、喀尔喀扎萨克和硕亲王成衮扎布卒，以车布登扎布为定边左副将军。
1771	乾隆三十六年	八月二十二日，召大学士两江总督高晋来京，查勘永定河工。
1771	乾隆三十六年	八月二十四日，永定河决口合龙。
1771	乾隆三十六年	八月二十九日，命阿尔泰仍管四川总督事，召德福回京。
1771	乾隆三十六年	九月初八日，土尔扈特台吉渥巴锡等入觐，赏顶戴冠服有差。命副将军温福、参赞大臣伍岱赴四川军营会商进剿。
1771	乾隆三十六年	九月十四日，册封土尔扈特首领。
1771	乾隆三十六年	十月初一日，宣谕用兵小金川。
1771	乾隆三十六年	十月初二日，以舒赫德为总统伊犁等处将军，负责安置土尔扈特蒙古事。
1771	乾隆三十六年	十月初七日，宥纪昀，赏翰林院编修。
1771	乾隆三十六年	十月初八日，奉皇太后还京师。
1771	乾隆三十六年	十月十八日，温福与阿尔泰会商清兵三路夹击小金川。
1771	乾隆三十六年	十月二十七日，陕甘总督吴达善卒，调文绶代之。
1771	乾隆三十六年	十一月二十日，革去阿尔泰大学士、总督，以温福为武英殿大学士，桂林为四川总督。
1771	乾隆三十六年	十一月二十二日，特赐三班九老宴游香山。
1771	乾隆三十六年	十一月二十五日，皇太后万寿圣节，帝诣寿康宫，率王大臣行庆贺礼。
1771	乾隆三十六年	十一月二十六日，董天弼进攻达木巴宗失利。
1772	乾隆三十六年	十一月二十八日，小金川复陷牛厂。

公元	年号	大事记
1772	乾隆三十六年	十二月初四日，温福奏进驻向阳坪，攻小金川巴朗拉山碉卡，不克。南路桂林奏克小金川约咱寨。褫四川提督董天弼职，以阿桂署之。
1772	乾隆三十六年	十二月二十四日，西路温福奏克巴朗拉碉卡。
1772	乾隆三十六年	十二月二十八日，温福奏进驻日隆宗地方，中路董天弼收复沃克什土司各寨。
1772	乾隆三十七年	正月初四日，命征集古今书籍。
1772	乾隆三十七年	正月初七日，刑部尚书杨廷璋卒，以崔应阶为刑部尚书。
1772	乾隆三十七年	正月十七日，建乌鲁木齐城，驻兵屯田。
1772	乾隆三十七年	三月初二日，清水教暴露。
1772	乾隆三十七年	三月十四日，河南罗山县在籍知县查世柱以藏匿《明史辑要》论斩。
1772	乾隆三十七年	四月十三日，乾隆帝发现王中企图造反。
1772	乾隆三十七年	四月十四日，云南布政使钱度因贪婪被解京。
1772	乾隆三十七年	五月初七日，究出清水教的大教主刘省过。
1772	乾隆三十七年	五月初八日，命户部侍郎福康安在军机处行走。
1772	乾隆三十七年	五月二十四日，奏准内地商民赴新疆呈垦例。
1772	乾隆三十七年	五月二十五日，奉皇太后巡幸木兰。
1772	乾隆三十七年	六月十八日，停止五年编审人丁旧例。
1772	乾隆三十七年	六月十八日，谕嗣后滨水地面不许占耕。
1772	乾隆三十七年	七月初四日，定道府以上等官，如有同胞及同祖兄弟叔侄同在一省，俱令官小者回避。
1772	乾隆三十七年	七月二十一日，广西按察使朱椿奏准：嗣后蠹役有犯，俱照窃盗例，初犯刺臂，再犯刺面，以杜钻营复进。
1772	乾隆三十七年	七月二十五日，原任云南布政使钱度处斩。
1772	乾隆三十七年	八月初十日，训饬绿营旗员恪守满洲淳朴旧规。
1772	乾隆三十七年	九月二十二日，奉皇太后还京师。
1772	乾隆三十七年	九月二十五日，议准任用幕友定例。
1772	乾隆三十七年	十月十七同，催促各省督抚征书。
1772	乾隆三十七年	十月二十二日，特谕不得轻易改易衣冠。
1772	乾隆三十七年	十月二十二日，嗣后奏报粮价单填注价格以三五年前后为准。
1772	乾隆三十七年	十月二十三日，命江苏巡抚萨载查禁优伶蓄发。

公元	年号	大事记
1772	乾隆三十七年	十一月初九日，广州将军秦璜以纳仆妇为妾，褫职逮讯。
1772	乾隆三十七年	十一月，安徽学政朱筠条奏搜访校录图书建议。
1772	乾隆三十七年	十二月初三日，阿桂奏攻克僧格宗碉寨。
1773	乾隆三十七年	十二月十七日，阿桂奏攻克美诺碉寨。
1773	乾隆三十七年	十二月二十一日，温福等奏克布朗郭宗、底木达碉寨，泽旺降，僧格桑逃往金川。平定小金川。
1773	乾隆三十七年	十二月二十七日，四川总督文绶以袒徇原任总督阿尔泰褫职。
1773	乾隆三十八年	正月初二日，清军分三路进兵大金川。
1773	乾隆三十八年	正月十四日，以阿尔泰婪赃，赐自尽。
1773	乾隆三十八年	二月初一日，严定外省官员失察子弟干预公事处分。
1773	乾隆三十八年	二月初三日，帝以多尔衮定鼎之功，命缮葺其墓，准其近支王公祭扫。
1773	乾隆三十八年	二月初六日，军机大臣等议覆安徽学政朱筠条奏搜辑遗书事宜，奉旨组织校辑《永乐大典》。
1773	乾隆三十八年	二月十一日，乾隆帝以从来四库书目以经史子集为纲领，认为校辑《永乐大典》也应准此采撷，将来成编时著名《四库全书》。
1773	乾隆三十八年	二月十五日，禁各省商籍人员毋得服官本土。
1773	乾隆三十八年	三月初三日，乾隆帝诣泰陵，奉皇太后巡幸天津。期间阅视永定河堤、淀河、永定河。二十七日，还京师。
1773	乾隆三十八年	三月二十八日，帝谕不以文字罪人，劝藏书家打消疑虑提供藏书。
1773	乾隆三十八年	闰三月十一日，命刘统勋等充办理《四库全书》总裁。
1773	乾隆三十八年	四月十七日，车里宣慰土司刀维屏携眷过江逃往缅甸。
1773	乾隆三十八年	四月二十八日，鲍士恭愿上交家藏旧书。
1773	乾隆三十八年	五月初一日，谕编辑《四库全书》的精选本《四库全书荟要》。工部尚书裘日修病逝。
1773	乾隆三十八年	五月初八日，奉皇太后启銮巡幸木兰。
1773	乾隆三十八年	五月十七日，范懋柱愿呈交天一阁藏书。
1773	乾隆三十八年	五月十九日，改乌鲁木齐参赞大臣为都统，以索诺木策凌为之，仍听伊犁将军节制。
1773	乾隆三十八年	六月初一日，金川兵袭据底木达。

公元	年号	大事记
1773	乾隆三十八年	六月初十日，定边将军温福、四川提督马全、署贵州提督牛天畀木果木之败。
1773	乾隆三十八年	六月十六日，责人编著《日下旧闻考》。
1773	乾隆三十八年	六月二十五日，以阿桂为定边将军。诛小金川僧格桑父泽旺。大学士、军机大臣刘纶卒。
1773	乾隆三十八年	六月二十六日，以富勒浑为四川总督，起文绶为湖广总督。
1773	乾隆三十八年	六月二十八日，阿桂奏剿洗小金川，尽毁碉寨。
1773	乾隆三十八年	七月初三日，金川番贼陷美诺、明郭宗，海兰察退师日隆。谕阿桂由章谷退师，丰昇额退驻巴拉朗等处。
1773	乾隆三十八年	七月初七日，命舒赫德为武英殿大学士。
1773	乾隆三十八年	七月初十日，以乖方偾事，革温福一等伯爵，仍予恤典。
1773	乾隆三十八年	七月二十九日，谕阿桂先复小金川，分三路进剿。
1773	乾隆三十八年	八月初二日，以阿桂为定西将军。命于敏中为文华殿大学士。
1773	乾隆三十八年	八月初三日，命程景伊协办大学士。
1773	乾隆三十八年	八月十二日，以明亮为定边右副将军，富德为参赞大臣，从南路进剿。
1773	乾隆三十八年	八月十六日，御制《避暑山庄纪恩堂记》。
1773	乾隆三十八年	八月二十七日，发遣新疆人犯如奋勉自效已及十年，回籍由皇帝定夺。
1773	乾隆三十八年	九月十三日，允户部请开金川军需捐例。
1773	乾隆三十八年	九月二十二日，奉皇太后还京。
1773	乾隆三十八年	十月初一日，云南巡抚李湖请平钱价。
1773	乾隆三十八年	十月二十九日，阿桂等奏进剿小金川，攻克资哩山梁等处，收复沃克什官寨。
1773	乾隆三十八年	十一月初三日，阿桂等奏克复美诺，命进剿小金川。
1773	乾隆三十八年	十一月十一日，江西将棚民计入人口统计数字。严禁漕丁冒民脱军。
1773	乾隆三十八年	十一月十六日，军机大臣、大学士刘统勋病逝。
1773	乾隆三十八年	十一月十七日，召梁国治来京，在军机处行走。
1773	乾隆三十八年	十一月十八日，小金川已定，命阿桂等进兵大金川。
1774	乾隆三十八年	十二月初九日，将《资治通鉴辑览》翻译成满文。
1774	乾隆三十八年	十二月十七日，命李侍尧为武英殿大学士，仍管两广总督事。
1774	乾隆三十九年	正月初七日，致仕侍郎钱陈群病故。

公元	年号	大事记
1774	乾隆三十九年	正月二十二日，阿桂等克赞巴拉克等山梁。
1774	乾隆三十九年	二月初一日，命丰昇额等助阿桂进攻勒乌围。
1774	乾隆三十九年	二月初四日，明亮等奏克木溪等山梁。
1774	乾隆三十九年	二月十五日，丰昇额等克穆尔敏山梁。
1774	乾隆三十九年	三月初七日，阿桂等克罗博瓦山梁，加阿桂太子太保。
1774	乾隆三十九年	三月初九日，安插木果木溃兵令身负枪铃铁牌。
1774	乾隆三十九年	三月十八日，阿桂等克得斯东寨。
1774	乾隆三十九年	三月二十七日，明亮等克喀咱普等处。
1774	乾隆三十九年	四月十六日，嘉奖御史李漱芳劾福隆安家人滋事。
1774	乾隆三十九年	四月二十七日，皇十五子永琰（即后来的嘉庆皇帝）大婚礼成。
1774	乾隆三十九年	五月初一日，命刑部减秋审、朝审缓决一两次以上罪。
1774	乾隆三十九年	五月初三日，挑选近派宗室王公之子，入宗学学习清语，肆业后或用笔帖式，或挑侍卫，永著为令。
1774	乾隆三十九年	五月十四日，赏给进呈书籍的藏书家《古今图书集成》《佩文韵府》。
1774	乾隆三十九年	五月十六日，奉皇太后秋狝木兰。
1774	乾隆三十九年	六月初五日，命将吏部满堂交都察院严加议处。
1774	乾隆三十九年	六月十一日，停止给发僧道度牒。
1774	乾隆三十九年	六月二十一日，阿桂等奏克穆尔浑图碉卡。
1774	乾隆三十九年	六月二十五日，为保存《四库全书》，令绘浙江天一阁式样。
1774	乾隆三十九年	七月二十三日，以于敏中未奏太监高云从嘱托公事下部严议。
1774	乾隆三十九年	七月二十四日，命左都御史阿思哈在军机处行走。太监高云从处斩。
1774	乾隆三十九年	八月十五日，金川头人绰窝斯甲献僧格桑尸。
1774	乾隆三十九年	九月初五日，山东寿张县王伦反清起事，命山东巡抚徐绩剿捕之。
1774	乾隆三十九年	九月初七日，命大学士舒赫德赴江南，同高晋塞决口。
1774	乾隆三十九年	九月初八日，命舒赫德先赴山东剿捕王伦。
1774	乾隆三十九年	九月初十日，命额驸拉旺多尔济、左都御史阿思哈带侍卫章京及健锐、火器二营兵，往山东会剿王伦。
1774	乾隆三十九年	九月十一日，王伦围临清，屯闸口。
1774	乾隆三十九年	九月十二日，山东兖州镇总兵唯一、德州城守尉格图肯以临阵退避，处斩。
1774	乾隆三十九年	九月二十二日，奉皇太后还京师。

公元	年号	大事记
1774	乾隆三十九年	九月二十八日，御史王宽奏请严唆讼之禁。
1774	乾隆三十九年	九月二十九日，王伦自焚死。
1774	乾隆三十九年	十月初一日，以杨景素为山东巡抚。
1774	乾隆三十九年	十月十九日，舒赫德等覆奏王伦起事原因。
1774	乾隆三十九年	十月二十六日，命各省督抚严饬所属力行保甲。
1774	乾隆三十九年	十一月初六日，命修订旗人问拟流徙律例。
1774	乾隆三十九年	十一月十八日，定堤岸在保固期内溃决河臣、督抚摊赔例。
1774	乾隆三十九年	十一月十九日，帝不解甘肃收捐数量之多。
1774	乾隆三十九年	十一月二十九日，查禁鸟枪。
1775	乾隆三十九年	十一月三十日，谕土尔扈特和硕特等照各部蒙古一体补放盟长。
1775	乾隆三十九年	十二月初九日，改定袭爵之法。
1775	乾隆三十九年	十二月十五日，定贝勒、贝子、公承袭例。
1775	乾隆四十年	正月初二日，定在京公主所生之子十三岁给予额驸品级。
1775	乾隆四十年	正月初九日，搜罗民间断简遗编。
1775	乾隆四十年	正月十二日，将吕留良子孙重新发遣为奴。
1775	乾隆四十年	正月二十六日，阿桂等克康萨尔山梁。
1775	乾隆四十年	正月二十九日，令懿皇贵妃魏氏病故。
1775	乾隆四十年	二月初一日，阿桂等克甲尔纳等处碉寨。
1775	乾隆四十年	三月初一日，令将郭琇弹劾王鸿绪、高士奇诸疏载入王、高传内。
1775	乾隆四十年	三月初七日，令将辽、金、元、明纲目三编诸书中对少数民族污蔑性字眼改正。
1775	乾隆四十年	四月初九日，四川军营参赞大臣、领侍卫内大臣、和硕亲王、固伦额驸色布腾巴勒珠尔卒。
1775	乾隆四十年	四月初十日，破获河南鹿邑人樊明德倡立混元教。
1775	乾隆四十年	四月二十六日，阿桂等克木思工噶克丫口等处城碉。明亮等克甲索、宜喜。
1775	乾隆四十年	四月二十八日，明亮等克达尔图等处碉寨。以明亮、福康安为内大臣。
1775	乾隆四十年	五月初八日，阿桂等奏克巴木通等处碉卡。
1775	乾隆四十年	五月十一日，明亮奏克茹寨、甲索等处碉卡。
1775	乾隆四十年	五月二十二日，阿桂等奏克噶尔丹等碉寨。

公元	年号	大事记
1775	乾隆四十年	五月二十六日，巡幸木兰，奉皇太后驻汤山行宫。明亮等奏克巴舍什等处碉寨。
1775	乾隆四十年	五月二十九日，阿桂等奏克逊克尔宗等处碉寨。加封定边右副将军、果毅公丰昇额为果毅继勇公。
1775	乾隆四十年	六月二十四日，设管理乌鲁木齐额鲁特部落领队大臣，以全简为之。
1775	乾隆四十年	六月二十八日，禁广西商民出口贸易。
1775	乾隆四十年	七月十七日，阿桂等奏攻克昆色尔等处山梁碉寨。
1775	乾隆四十年	七月二十二日，阿桂等克章噶等碉寨。
1775	乾隆四十年	七月二十三日，乾隆帝令自己孙女指婚后，俱照宗室格格礼行。
1775	乾隆四十年	七月二十五日，阿桂等克直古脑一带碉寨。
1775	乾隆四十年	八月初三日，阿桂等克隆斯得寨。明亮等克扎乌古山梁。
1775	乾隆四十年	八月二十四日，阿桂等奏克勒乌围之捷，进剿噶喇依官寨。
1775	乾隆四十年	八月二十八日，帝谕两金川善后事宜。
1775	乾隆四十年	八月三十日，命侍郎袁守侗等赴贵州，谳知府苏墧禀揭总督、藩、臬袒护同知席缵一案。
1775	乾隆四十年	九月十六日，以图思德劾苏墧浮收勒索，命袁守侗等严鞫之。
1775	乾隆四十年	九月二十一日，以明亮请赴西路失机，严斥之，仍夺广州将军。
1775	乾隆四十年	九月二十二日，奉皇太后还京师。阿桂等克当噶克底等处碉寨。
1775	乾隆四十年	十月初五日，召驻藏办事伍弥泰，以留保住代之。
1775	乾隆四十年	十月十一日，谕饬各督抚切实奏报户口人数。
1775	乾隆四十年	闰十月初八日，苏墧以侵税诬讦处斩。
1775	乾隆四十年	闰十月十七日，金堡《遍行堂集》高纲序案。
1775	乾隆四十年	闰十月十八日，明亮等奏克扎乌古山梁。
1775	乾隆四十年	闰十月二十日，阿桂等奏克西里山黄草坪等处碉卡，总兵曹顺死之。命袁守侗赴四川，同阿扬阿谳冀国勋一案。
1775	乾隆四十年	闰十月二十八日，明亮等克耳得谷寨。
1775	乾隆四十年	十一月初九日，令绘东北地图。
1776	乾隆四十年	十一月十三日，定奉天、山东沿海州县文武员弁失察流民私行渡海例。
1776	乾隆四十年	十一月十六日，《四库全书》处辑《永乐大典》散篇应删除不经之青词。
1776	乾隆四十年	十一月二十九日，阿桂等奏克舍勒固租鲁、科思果木、阿尔古等处碉寨。

公元	年号	大事记
1776	乾隆四十年	十二月初四日，工部尚书阎循琦卒。
1776	乾隆四十年	十二月二十七日，西路阿桂等由索隆古进据噶占山梁，直捣噶喇依。
1776	乾隆四十年	十二月二十九日，北路明亮等克甲杂等隘口，并后路巴布里、日盖古洛，进抵独松隘口，克日会捣噶喇依。
1776	乾隆四十一年	正月初二日，定郡王绵德以交结礼部司员削爵。
1776	乾隆四十一年	正月初七日，阿桂率诸军进围噶喇依，索诺木之母及其姑姊妹出降。封赏平定金川官员。
1776	乾隆四十一年	正月十七日，以阿桂为吏部尚书、协办大学士。
1776	乾隆四十一年	二月初八日，命嗣后社稷坛祭时，或值风雨，于殿内致祭。
1776	乾隆四十一年	二月十二日，阿桂等奏索诺木等出降，槛送京师，两金川平。
1776	乾隆四十一年	二月十四日，命画平定金川前、后五十功臣像于紫光阁。
1776	乾隆四十一年	二月十五日，八旗孀妇、孤子亲属不能兼顾者俱给养赡。
1776	乾隆四十一年	二月二十二日，命巡幸时仍进阁本。
1776	乾隆四十一年	二月二十五日，奉皇太后巡幸山东。
1776	乾隆四十一年	三月初八日，增设成都将军，以明亮为之。
1776	乾隆四十一年	三月十五日，严饬督抚于巡行时贡物。
1776	乾隆四十一年	三月二十九日，命户部侍郎和珅军机处行走。
1776	乾隆四十一年	四月初一日，以平定金川，遣官祭告天地、太庙、社稷。
1776	乾隆四十一年	四月初二日，予告协办大学士、吏部尚书官保卒。
1776	乾隆四十一年	四月初七日，弛四川松藩茶禁。
1776	乾隆四十一年	四月初九日，谕巡幸不以游观为事。
1776	乾隆四十一年	四月二十五日，献金川俘馘于庙社。
1776	乾隆四十一年	四月二十六日，饬革外省应酬风气。
1776	乾隆四十一年	四月二十七日，行郊劳礼，赐将军及随征将士等宴，并赏阿桂等御用鞍马各一。
1776	乾隆四十一年	四月二十八日，行受俘礼。御制平定两金川告成太学碑文。
1776	乾隆四十一年	五月初八日，富德以诬讦阿桂悖逆处斩。
1776	乾隆四十一年	五月十三日，奉皇太后启銮，秋狝木兰。
1776	乾隆四十一年	六月初一日，定文渊阁官制。
1776	乾隆四十一年	六月十三日，谕招徕甘肃灾民赴新疆垦种。

公元	年号	大事记
1776	乾隆四十一年	六月十八日，命同省官员同名令官小者改避。命重绘盛京等处地图，分注开国事迹。
1776	乾隆四十一年	六月二十四日，令道员中有委属两司者俱准照藩臬一体具折奏事。
1776	乾隆四十一年	六月二十六日，命改关羽谥“壮缪”为“忠义”。
1776	乾隆四十一年	六月二十八日，谕查报户口不计云南、两广、两湖苗瑶黎僮等，陕西、四川的番夷，福建的生熟番。
1776	乾隆四十一年	六月二十八日，定驻防将军养廉。
1776	乾隆四十一年	七月二十八日，严譄私奏请立正宫折被处斩。
1776	乾隆四十一年	八月二十一日，谕防范汉奸进入苗、瑶、黎、僮居住区。
1776	乾隆四十一年	九月十三日，定直隶州知州缺由京察一等六部主事保举。
1776	乾隆四十一年	九月十九日，命金川军需不能报销者不必摊扣养廉银。
1776	乾隆四十一年	九月二十二日，上奉皇太后还京师。
1776	乾隆四十一年	十月初三日，饬禁各省贡献。
1776	乾隆四十一年	十月十八日，命三宝查浙江漕粮积弊。
1776	乾隆四十一年	十一月十二日，定皇子、皇孙辈字将来为帝者改字。
1776	乾隆四十一年	十一月十六日，命《四库全书》馆详核违禁各书，分别改毁。
1777	乾隆四十一年	十一月二十六日，谕各省总督、将军对待外国通商的方针。
1777	乾隆四十一年	十二月初三日，申谕编撰《贰臣传》的缘由。
1777	乾隆四十一年	十二月十九日，缅甸得鲁蕴请送还内地官人，准其入贡。
1777	乾隆四十一年	十二月十九日，浙江永嘉县佃民胡挺三等纠众抗租，殴官拒捕。
1777	乾隆四十一年	十二月二十日，永禁流民进入吉林。
1777	乾隆四十一年	十二月二十一日，帝幸瀛台。库车阿奇木伯 克、哈萨克使人，及四川明正土司等瞻觐，各赐冠服有差。
1777	乾隆四十二年	正月初九日，帝御阅武楼阅兵，命诸王、大臣、外藩蒙古及回部、库车、哈萨克使臣、金川土司等从观。
1777	乾隆四十二年	正月十八日，以图思德奏缅番内附，命阿桂往云南筹办。
1777	乾隆四十二年	正月二十三日，皇太后去世。
1777	乾隆四十二年	正月二十四日，尊大行皇太后谥号为：孝圣宪皇后，推恩普免钱粮一次。
1777	乾隆四十二年	二月十五日，陶庄引河放水，大溜归入引河。
1777	乾隆四十二年	二月十五日，定父母呈控其子忤逆发遣律。

公元	年号	大事记
1777	乾隆四十二年	三月初八日，申禁向伏罪之人复仇。
1777	乾隆四十二年	四月初三日，以缅甸投诚反复，召阿桂回京，留缅目所遣孟干等。
1777	乾隆四十二年	四月二十二日，大学士舒赫德卒。
1777	乾隆四十二年	四月二十三日，命永贵署大学士兼吏部尚书。
1777	乾隆四十二年	五月初一日，孝圣宪皇后神牌升祔太庙，皇太后丧仪结束。
1777	乾隆四十二年	五月十三日，审定《明史》。
1777	乾隆四十二年	五月十四日，以普蠲全国钱粮，免福建台湾府属官庄租息十分之三。
1777	乾隆四十二年	五月二十日，马兰镇总兵满斗于东陵掘墙通路论斩。
1777	乾隆四十二年	五月二十三日，命阿桂为武英殿大学士，兼管吏部事，英廉协办大学士。
1777	乾隆四十二年	六月二十日，命将史可法覆睿亲王多尔衮书于《多尔衮传》。
1777	乾隆四十二年	六月二十一日，以吉林地方流民日增，渐染汉人习气，命福康安代富椿为吉林将军。
1777	乾隆四十二年	七月十八日，谕督抚不得偏心文员。
1777	乾隆四十二年	七月二十三日，暹罗头目郑昭进贡，送所获缅番，谕杨景素以请封檄谕之。
1777	乾隆四十二年	八月十九日，命阿桂等编撰《满洲源流考》。
1777	乾隆四十二年	八月二十七日，命侍郎金简赴吉林，会同福康安查办事件。
1777	乾隆四十二年	九月，湖南始设普济堂。
1777	乾隆四十二年	十月初六日，户部尚书果毅继勇公丰昇额卒。
1777	乾隆四十二年	十月初七日，谕《四库全书》馆臣改正对古代皇帝称名不讳。
1777	乾隆四十二年	十月二十一日，王锡侯《字贯》案发。
1777	乾隆四十二年	十月二十八日，设密云副都统一，驻防兵二千，以安插京中八旗满洲，解决生计问题。
1777	乾隆四十二年	十月二十九日，命袁守侗赴浙江查审归安县知县刘均被控案。命侍郎周煌、阿扬阿赴四川查审大足县知县赵宪高被控案。
1777	乾隆四十二年	十一月初六日，海成以纵庇王锡侯褫职。
1777	乾隆四十二年	十一月十四日，谕《四库全书》馆臣要校正精核。
1777	乾隆四十二年	十一月二十日，谕各省名军均戴用花翎著为令。
1777	乾隆四十二年	十一月二十三日，平定甘肃河州王扶林聚众念经邪教案。
1778	乾隆四十二年	十二月初五日，蠲甘肃皋兰等十七州县四十一年被灾额赋。
1778	乾隆四十二年	十二月二十一日，赈甘肃皋兰等三十二州县被旱灾民。

公元	年号	大事记
1778	乾隆四十三年	正月初一日，因大行皇太后丧期免朝贺。
1778	乾隆四十三年	正月初十日，追复睿亲王封爵。
1778	乾隆四十三年	正月十三日，复允禩、允禟原名，收入玉牒。
1778	乾隆四十三年	正月十四日，改热河厅为承德府。
1778	乾隆四十三年	正月二十日，乾隆帝自称即位以来闲日即阅清代实录一册。
1778	乾隆四十三年	正月二十三日，帝谒泰东陵行期年礼。
1778	乾隆四十三年	二月十八日，因违例保奏李漱芳，将吏部尚书永贵革职。
1778	乾隆四十三年	二月二十四日，命国史馆《贰臣传》分甲乙编。
1778	乾隆四十三年	二月二十七日，以諴亲王弘畅为正白旗领侍卫内大臣。
1778	乾隆四十三年	三月三十日，命革退弘昨贝子、都统。
1778	乾隆四十三年	四月初一日，以河南旱，命减开封等五府军流以下罪。
1778	乾隆四十三年	四月十一日，命乡会试与学臣取士俱以七百字为限。
1778	乾隆四十三年	四月十一日，藏五朝实录、玉牒于盛京敬典、崇谟二阁。
1778	乾隆四十三年	四月十三日，肃亲王蕴著卒。
1778	乾隆四十三年	五月初九日，怡亲王弘晓卒。
1778	乾隆四十三年	五月二十六日，饬总管太监管束太监。
1778	乾隆四十三年	六月初七日，以九江关监督全德浮收逮治。
1778	乾隆四十三年	六月十七日，因偷窃俄罗斯马吉木丕勒被正法于边界。
1778	乾隆四十三年	六月二十九日，河南祥符黄河决口。
1778	乾隆四十三年	闰六月二十八日，河南仪封十六堡黄河决口。
1778	乾隆四十三年	七月初八日，命袁守侗往河南，会同河督姚立德、巡抚郑大进查办河工。
1778	乾隆四十三年	七月十一日，命高晋督办堤工。
1778	乾隆四十三年	七月二十日，乾隆帝第三次诣盛京谒陵。
1778	乾隆四十三年	八月二十七日，徐述夔《一柱楼诗》案。
1778	乾隆四十三年	九月初八日，命传谕两广总督、广东巡抚准西洋人进京效力。
1778	乾隆四十三年	九月初九日，锦县生员金从善上言四事：建储、立后、纳谏、施德，论斩。
1778	乾隆四十三年	九月十二日，礼部尚书钟音卒。
1778	乾隆四十三年	九月二十一日，申谕立储流弊及宣明归政之 期。
1778	乾隆四十三年	九月二十八日，高朴以婪赃论斩。总办回疆事务大臣、尚书绰克托以失察高朴褫职。

公元	年号	大事记
1778	乾隆四十三年	十月初三日，因四十五年乾隆帝七旬万寿，巡幸江、浙，命举恩科乡会试，并普蠲漕粮。
1778	乾隆四十三年	十月初八日，惇妃汪氏殴毙使女，命将其降为惇嫔。
1778	乾隆四十三年	十月十九日，江苏布政使陶易以徇纵徐述夔褫职论斩。
1778	乾隆四十三年	十一月初二日，禁贡献整玉如意及大玉。
1778	乾隆四十三年	十一月初六日，定驿务归巡道分管。
1779	乾隆四十三年	十一月二十一日，刘峨刷卖《圣讳实录》案。
1779	乾隆四十三年	十二月初四日，河南仪封堤工塌坏，高晋等下部严议。
1779	乾隆四十三年	十二月初九日，谕国泰严治山东冠县义和拳。
1779	乾隆四十四年	正月初六日，大学士、两江总督高晋卒。
1779	乾隆四十四年	正月初十日，命三宝为东阁大学士，仍留湖广总督任。
1779	乾隆四十四年	正月二十日，命阿桂赴河南查勘河工。
1779	乾隆四十四年	正月二十八日，李驎《虬峰集》案发。
1779	乾隆四十四年	二月二十一日，福建巡抚黄检私刻祖父黄廷桂奏疏。
1779	乾隆四十四年	二月二十五日，命辑明季诸臣奏疏。
1779	乾隆四十四年	二月二十七日，建江南龙泉庄等处行宫。
1779	乾隆四十四年	三月初五日，木果木溃兵改发伊犁给厄鲁特为奴。
1779	乾隆四十四年	三月初七日，彻查井陉知县周尚亲派累。
1779	乾隆四十四年	三月十六日，冯王孙《五经简咏》案。
1779	乾隆四十四年	四月二十三日，改甘肃驿传道为分巡兰州道。
1779	乾隆四十四年	四月二十九日，智天豹编造《本朝万年历》被斩。
1779	乾隆四十四年	五月十二日，秋狝木兰。
1779	乾隆四十四年	五月十六日，恢复中俄贸易。
1779	乾隆四十四年	五月二十四日，热河文庙落成，帝行释奠礼。
1779	乾隆四十四年	五月二十九日，命严办程树榴《爱竹轩诗序》案。
1779	乾隆四十四年	六月十六日，河南武陟、河内沁河决。
1779	乾隆四十四年	六月二十七日，改辟展办事大臣为吐鲁番领队大臣，建吐鲁番满城。
1779	乾隆四十四年	七月，陕西巡抚毕沅奏称，河南兴安州已开垦成为膏腴之地。
1779	乾隆四十四年	八月初一日，命编《蒙古王公表传》。
1779	乾隆四十四年	八月二十日，命和珅在御前大臣上学习行走。

公元	年号	大事记
1779	乾隆四十四年	八月二十三日，以宗室永玮为黑龙江将军。
1779	乾隆四十四年	八月二十四日，宁寿宫成。
1779	乾隆四十四年	九月初一日，衮布私放越境俄罗斯人正法。
1779	乾隆四十四年	九月十九日，帝还京师，结束木兰秋狝。
1779	乾隆四十四年	十月初四日，以金川设镇安营糜费太多，将额设兵四千余名裁去千余名。并裁川省营兵一千五百名。
1779	乾隆四十四年	十一月十八日，杭州将军富椿坐耽于逸乐褫职，仍通谕申儆。
1780	乾隆四十四年	十一月二十六日，以伍弥泰护送班禅至热河，给钦差大臣关防。
1780	乾隆四十四年	十二月初三日，命侍郎德成至河南会办河工。
1780	乾隆四十四年	十二月初四日，命户部侍郎董诰在军机处行走。
1780	乾隆四十四年	十二月初五日，两广总督桂林卒。
1780	乾隆四十四年	十二月初八日，大学士于敏中卒。湖广总督图思德卒。
1780	乾隆四十四年	十二月十九日，命程景伊为文渊阁大学士，调嵇璜为吏部尚书、协办大学士。
1780	乾隆四十四年	十二月二十一日，直隶总督杨景素卒。
1779	乾隆四十四年	是年，令家谱改正僭妄夸耀字句。
1780	乾隆四十五年	正月初一日，以八月七旬万寿，颁诏普免天下漕粮。
1780	乾隆四十五年	正月十五日，乾隆帝第五次巡幸江浙。
1780	乾隆四十五年	正月三十日，朝鲜国王李算表贺万寿。修浙江仁和、海宁塘工。
1780	乾隆四十五年	二月初一日，驻藏大臣索琳病故。
1780	乾隆四十五年	二月初四日，李侍尧褫职逮问，命舒常同和珅、喀宁阿查办海宁劾李侍尧各款。
1780	乾隆四十五年	二月初八日，免台湾府属本年额谷。
1780	乾隆四十五年	二月二十三日，仪封决口合龙。
1780	乾隆四十五年	三月二十二日，命英廉为东阁大学士，和珅为户部尚书。
1780	乾隆四十五年	四月十三日，山东寿光人魏塾以著书悖妄处斩。
1780	乾隆四十五年	五月初六日，谕各督抚就李侍尧婪赃一案各抒所见，定拟题奏。
1780	乾隆四十五年	五月十六日，戴移孝父子诗文悖逆案。
1780	乾隆四十五年	五月二十一日，秋狝木兰。
1780	乾隆四十五年	五月二十五日，石卓槐《芥圃诗钞》案。

公元	年号	大事记
1780	乾隆四十五年	五月二十九日，帝驻跸避暑山庄。
1780	乾隆四十五年	六月初八日，召大学士三宝入阁办事。调富勒浑为闽浙总督，舒常为湖广总督。
1780	乾隆四十五年	六月十七日，江苏睢宁郭家渡黄河决口。
1780	乾隆四十五年	六月二十日，以和珅为正白旗领侍卫内大臣。
1780	乾隆四十五年	七月二十一日，班禅额尔德尼入觐抵达避暑山庄，上御清旷殿，赐座，赐茶。
1780	乾隆四十五年	七月二十二日，顺天良乡永定河决口。
1780	乾隆四十五年	七月二十四日，帝御万树园，赐班禅额尔德尼及王、公、大臣，蒙古王、贝勒、贝子、公、额驸、台吉等宴，并赐冠服金币有差。
1780	乾隆四十五年	七月二十八日，大学士阿桂因令家人干预讼事被罚俸。
1780	乾隆四十五年	八月初二日，申禁督抚委派属员办差。
1780	乾隆四十五年	八月初九日，大学士程景伊卒。
1780	乾隆四十五年	八日十一日，永定河决口合龙。湖北巡抚郑大进贡金器，不纳，切责之。
1780	乾隆四十五年	八月十三日，帝七旬万寿节，御澹泊敬诚殿，王、公、大臣及蒙古王、贝勒、贝子、额驸、台吉等行庆贺礼，御制《古稀说》。
1780	乾隆四十五年	八月十六日，广东搜捕洋盗多人。
1780	乾隆四十五年	九月初三日，以嵇璜为文渊阁大学士，蔡新为吏部尚书、协办大学士。
1780	乾隆四十五年	九月十四日，处理刘遴宗谱僭妄案。
1780	乾隆四十五年	九月十七日，命编撰《历代职官表》。
1780	乾隆四十五年	十月初三日，定李侍尧斩监候。
1780	乾隆四十五年	十月初十日，敕封八世达赖喇嘛。
1780	乾隆四十五年	十月二十五日，杨景素之子呈交家产。
1780	乾隆四十五年	十一月初二日，六世班禅在北京黄寺圆寂。
1780	乾隆四十五年	十一月初九日，命博清额护送班禅额尔德尼灵骨金塔至札什伦布寺。
1780	乾隆四十五年	十一月初十日，划定乌里雅苏台将军、参赞与喀尔喀四部盟长权限。
1780	乾隆四十五年	十一月十一日，命扬州、苏州盐政等检查戏曲剧本。
1780	乾隆四十五年	十二月初六日，谕现袭鳌拜公爵出缺时降袭男爵。
1781	乾隆四十五年	十二月十六日，以会同四译馆屋坏，压毙朝 鲜人，礼部尚书等下部严议。
1781	乾隆四十五年	十二月二十三日，命阿桂会同陈辉祖、富勒浑、李质颖勘视海塘。

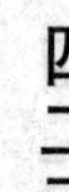

公元	年号	大事记
1781	乾隆四十六年	正月初六日，定蒙古喀尔喀，青海杜尔伯特、土尔扈特、和硕特，回部王、公、扎萨克、台吉等世袭爵秩。
1781	乾隆四十六年	正月十二日，甘肃循化厅撒拉尔回人苏四十 三聚众起义。
1781	乾隆四十六年	正月二十三日，朝鲜国王李算表谢赐缎匹，仍贡方物。
1781	乾隆四十六年	二月初四日，命查缴“天文占验，妄言祸福”之书。
1781	乾隆四十六年	二月二十日，命阿桂勘视江南、河南河工。
1781	乾隆四十六年	二月二十二日，帝西巡五台山。
1781	乾隆四十六年	二月二十七日，王燧论绞。
1781	乾隆四十六年	三月初八日，帝驻跸五台山。
1781	乾隆四十六年	三月十八日，尹嘉铨为父请谥并从祀孔庙案。
1781	乾隆四十六年	三月二十一日，撒拉尔回人陷河州。
1781	乾隆四十六年	三月二十七日，帝还京师。
1781	乾隆四十六年	三月三十日，回众进攻兰州，命阿桂往甘肃调度剿办机宜。
1781	乾隆四十六年	四月初一日，以兰州危在旦夕，命尚书和珅、额驸拉旺多尔济、领侍卫内大臣海兰察，并巴图鲁侍卫等，赴甘肃剿办。
1781	乾隆四十六年	四月初二日，命安徽巡抚农起往甘肃办理军需，宥李侍尧罪，赏三品顶戴赴甘肃。
1781	乾隆四十六年	四月初六日，甘肃官军收复河州，仁和进援省城。
1781	乾隆四十六年	四月二十五日，定殿试不给烛例，交卷以日没为限。
1781	乾隆四十六年	四月二十七日，以回民起事逮陕甘总督勒尔谨，代之以李侍尧。
1781	乾隆四十六年	五月初三日，禁各省督抚设管门家人收受门包。
1781	乾隆四十六年	五月初七日，革回教掌教名目。
1781	乾隆四十六年	五月二十日，谕阿桂等除回民新教。
1781	乾隆四十六年	五月二十四日，密查甘肃捐监情弊。
1781	乾隆四十六年	闰五月初一日，勒尔谨论斩。
1781	乾隆四十六年	闰五月初四日，嗣后邪教案内从军罪犯照例发往云贵两广烟瘴地方。
1781	乾隆四十六年	闰五月初八日，帝秋狝木兰。
1781	乾隆四十六年	闰五月初九日，僧明学等经卷悖逆案。
1781	乾隆四十六年	六月初一日，江苏睢宁魏家庄黄河决口。

公元	年号	大事记
1781	乾隆四十六年	六月十八日，以甘肃累年冒赈，命刑部严鞫勒尔谨，逮王宜望至都。四川太平县啯噜百余人持械拒捕。
1781	乾隆四十六年	六月二十二日，新教苏四十三等被杀。
1781	乾隆四十六年	七月初一日，甘肃布政使王廷赞，以冒赈浮销，褫职逮治。
1781	乾隆四十六年	七月初五日，甘肃监粮各官多冒赈分肥。
1781	乾隆四十六年	七月初六日，新教回人起事被镇压。
1781	乾隆四十六年	七月初九日，河南万锦滩及仪封曲家楼河决。
1781	乾隆四十六年	七月二十日，暹罗国长郑昭遣使赍表贡方物。
1781	乾隆四十六年	七月二十一日，命阿桂阅视河南、山东河工。
1781	乾隆四十六年	七月二十五日，南掌国王弟召翁贡方物。
1781	乾隆四十六年	七月三十日，王亶望处斩，赐勒尔谨自尽，王廷赞论绞。
1781	乾隆四十六年	八月十二日，因四川啯噜事态严重，革去文绶总督，调福康安为四川总督。
1781	乾隆四十六年	八月二十四日，拿获割去发辫的啯噜。
1781	乾隆四十六年	九月十五日，宣谕甘肃冒赈案。
1781	乾隆四十六年	九月二十二日，帝还京师。
1781	乾隆四十六年	九月二十九日，阿桂等奏准撒拉尔回民起事善后事宜。
1781	乾隆四十六年	十月十五日，命将元人杨维桢《三史正统辨》录存《四库全书》。
1781	乾隆四十六年	十月二十一日，命支给武职官员养廉银。
1781	乾隆四十六年	十月二十七日，命皇子等编辑《明臣奏议》。
1781	乾隆四十六年	十月二十八日，御史刘天成奏请严浮费之禁。
1781	乾隆四十六年	十一月初二日，命查办《孝经对问》《体孝录》。
1781	乾隆四十六年	十一月十一日，重申鸟枪之禁。
1782	乾隆四十六年	十二月二十日，大学士等议驳嵇璜请复黄河故道。
1782	乾隆四十六年	十二月二十二日，毕沅以御史钱沣劾，降三品顶戴留任。
1782	乾隆四十七年	正月初三日，陈辉祖、闵鹗元降三品顶戴留任。
1782	乾隆四十七年	正月十八日，建盛京文溯阁贮藏《四库全书》。
1782	乾隆四十七年	二月初二日，以《四库全书》成，帝御文渊阁赐《四库全书》总裁等官宴。
1782	乾隆四十七年	二月十三日，卓长龄《忆鸣集》案。
1782	乾隆四十七年	二月二十日，命乾清门侍卫阿弥达致祭河神。
1782	乾隆四十七年	三月十四日，命停止查办《沧浪乡志》。

公元	年号	大事记
1782	乾隆四十七年	四月初二日，命和珅、刘墉同御史钱沣查办山东亏空。
1782	乾隆四十七年	四月十三日，山东巡抚国泰褫职逮问，以明兴代之。
1782	乾隆四十七年	四月十五日，改译辽金元三史成。
1782	乾隆四十七年	五月初一日，召阿桂来京，命韩鑅、富勒浑筹办河工。
1782	乾隆四十七年	五月十二日，巡幸木兰。
1782	乾隆四十七年	六月十八日，通谕不得查办回教经典。
1782	乾隆四十七年	七月初八日，命续缮《四库全书》三份，分 藏扬州文汇阁、镇江文宗阁、杭州文澜阁。国泰、于易简赐自尽。
1782	乾隆四十七年	七月初九日，谕各督抚毋专以进献为能。
1782	乾隆四十七年	八月初三日，以福康安为御前大臣。
1782	乾隆四十七年	八月，台湾彰化县漳、泉民人发生大械斗。
1782	乾隆四十七年	九月初二日，建浙江文澜阁。
1782	乾隆四十七年	九月初九日，刑部尚书德福卒。
1782	乾隆四十七年	九月十五日，分别宗室顶戴。
1782	乾隆四十七年	九月十七日，闽浙总督陈辉祖褫职逮问。
1782	乾隆四十七年	十月初五日，台湾彰化漳、泉民人聚众械斗。
1782	乾隆四十七年	十月二十一日，直隶总督郑大进卒。
1782	乾隆四十七年	十月二十九日，命查办毛奇龄所著《词话》。
1783	乾隆四十七年	十一月二十八日，第二份《四库全书》告成。命闽浙总督富勒浑盘查浙省仓库亏空。
1783	乾隆四十七年	十二月初一日，陈辉祖论斩。
1783	乾隆四十七年	十二月初二日，谕禁贡献金器。
1783	乾隆四十七年	十二月十二日，谕嗣后旗人承袭他旗同姓世职已历三世者悉世袭罔替。
1783	乾隆四十八年	正月二十六日，申饬御史秦清奏请严禁外省馈送以清亏空。
1783	乾隆四十八年	二月初三日，赐陈辉祖自尽，王燧处斩。
1783	乾隆四十八年	二月初七日，命建辟雍于太学。
1783	乾隆四十八年	二月二十七日，赐明辽东经略熊廷弼五世孙泗先为儒学训导。
1783	乾隆四十八年	三月十三日，曲家楼黄河漫口合龙。
1783	乾隆四十八年	三月二十五日，新定放出家奴入仕章程。
1783	乾隆四十八年	四月初三日，御前大臣喀喇沁郡王扎拉丰阿卒，以拉旺多尔济为御前大臣。

公元	年号	大事记
1783	乾隆四十八年	五月初二日，以福康安为正黄旗领侍卫内大臣。
1783	乾隆四十八年	五月十六日，协办大学士、吏部尚书永贵卒。直隶总督袁守侗卒。
1783	乾隆四十八年	五月十九日，帝有疾，命永瑢代祀方泽。
1783	乾隆四十八年	五月二十三日，帝巡幸木兰。
1783	乾隆四十八年	六月初五日，体仁阁发生火灾。
1783	乾隆四十八年	六月初六日，赏和珅戴双眼花翎。
1783	乾隆四十八年	六月十六日，命查办黄运两河岁抢修工程银溢额案。
1783	乾隆四十八年	七月初九日，乌鲁木齐都统明亮以徇情枉法被解任审办。
1783	乾隆四十八年	七月十三日，命加重处分喀尔喀土谢图汗车登多尔济。
1783	乾隆四十八年	七月二十六日，命蔡新为文华殿大学士，梁国治协办大学士。
1783	乾隆四十八年	八月十六日，帝自避暑山庄诣盛京谒陵。
1783	乾隆四十八年	八月二十一日，太子太保、大学士英廉卒。
1783	乾隆四十八年	八月二十九日，予明辽东经略袁崇焕五世孙炳以八、九品官选补。
1783	乾隆四十八年	九月三十日，申谕建储之必不可行。
1783	乾隆四十八年	十月初九日，传谕各督抚区别邪教与愚民吃斋诵经。
1783	乾隆四十八年	十月十七日，帝还京师，结束第三次东巡谒祖。
1783	乾隆四十八年	十月十九日，令采辑《古今储贰金鉴》。
1783	乾隆四十八年	十一月十五日，命查办南宫县义和拳。
1783	乾隆四十八年	十二月初三日，改台湾总兵、道、府三年更换为五年更换。
1783	乾隆四十八年	十二月初八日，命福康安会同永德谳广东盐商狱。
1784	乾隆四十九年	正月初十日，定未分家兄弟抄没家产例。
1784	乾隆四十九年	正月十四日，晋封皇长子绵德为固山贝子。
1784	乾隆四十九年	正月二十一日，乾隆帝起銮南巡。
1784	乾隆四十九年	正月三十日，命福康安深入查办广东盐商派捐公费案。
1784	乾隆四十九年	二月二十一日，谕准予读书者借阅南三阁《四库全书》。
1784	乾隆四十九年	三月初三日，通谕广东盐商派捐公费案。
1784	乾隆四十九年	三月二十四日，颁发御制《南巡记》。尚书、军机大臣福隆安卒。
1784	乾隆四十九年	闰三月初一日，兵部尚书福隆安卒，以福康安为兵部尚书，复兴署工部尚书。
1784	乾隆四十九年	四月初十日，命乌鲁木齐行保甲法。

公元	年号	大事记
1784	乾隆四十九年	四月二十二日，甘肃新教回人田五等起事，命李侍尧、刚塔剿之。
1784	乾隆四十九年	四月二十三日，帝还京师，第六次南巡结束。
1784	乾隆四十九年	五月初八日，秋狝木兰。
1784	乾隆四十九年	五月十五日，命福康安、海兰察赴甘肃剿捕起事回教。
1784	乾隆四十九年	五月二十日，命阿桂领火器、健锐两营兵往甘肃剿叛回。以阿桂为将军，福康安、海兰 察、伍岱并为参赞大臣。
1784	乾隆四十九年	五月二十六日，李侍尧坐玩误褫职，以福康安为陕甘总督。刚塔以失机褫职逮问。
1784	乾隆四十九年	五月二十九日，江南巡抚郝硕坐贪婪逮问。
1784	乾隆四十九年	六月初一日，谕回教不论新旧。
1784	乾隆四十九年	六月十九日，东阁大学士三宝卒。
1784	乾隆四十九年	七月初五日，甘肃石峰堡被攻破回民起事平。
1784	乾隆四十九年	七月初十日，美国商船“中国皇后号”来华。
1784	乾隆四十九年	七月十一日，御制《迟速论》。
1784	乾隆四十九年	七月二十日，以伍弥泰为东阁大学士。调和珅为吏部尚书、协办大学士，兼管户部。
1784	乾隆四十九年	七月二十八日，议两晋南北朝后五代创守各主亦宜一并庙食。
1784	乾隆四十九年	八月初十日，河南睢州黄河决口，命阿桂督治之。
1784	乾隆四十九年	八月十二日，以河南偃师县任天笃九世同居，赐御制诗御书匾额。
1784	乾隆四十九年	九月初三日，以回民起事平，封和珅一等男。
1784	乾隆四十九年	九月十八日，户部库存银数及历年蠲免银两数。
1784	乾隆四十九年	九月二十二日，帝还京师，巡幸木兰结束。
1784	乾隆四十九年	九月二十八日，命内大臣西明、翰林院侍读学士阿肃使朝鲜，册封世子。
1784	乾隆四十九年	十月初四日，定宗室字辈载字下为奉字辈。
1784	乾隆四十九年	十月初九日，命重举千叟宴。
1784	乾隆四十九年	十月十七日，命查处鄂尔多斯蒙古与沿河一带人争地。
1784	乾隆四十九年	十一月初二日，命各省委属人员距原籍五百里者回避。
1784	乾隆四十九年	十一月十一日，陕西省破获西洋人传教案。
1785	乾隆四十九年	十一月三十日，谕停止选派西洋人送京。
1785	乾隆四十九年	十二月十七日，命防范西洋人传教。

公元	年号	大事记
1785	乾隆四十九年	十二月二十三日，许出席千叟宴的老者有子孙扶掖。
1785	乾隆五十年	正月初一日，以五十年国庆，颁诏覃恩有差。
1785	乾隆五十年	正月初六日，举千叟宴礼，宴亲王以下三千九百人于乾清宫。
1785	乾隆五十年	正月初七日，以纪昀为左都御史。
1785	乾隆五十年	正月十六日，旌表五世同堂年逾百岁者。
1785	乾隆五十年	二月初七日，帝释奠先师，临辟雍讲学。
1785	乾隆五十年	二月初十日，降旨切责满洲翰林。
1785	乾隆五十年	二月十一日，命嗣后外任旗员子弟一律挑取拜唐阿侍卫。
1785	乾隆五十年	三月初五日，临幸盘山，顺路诣明长陵奠酒。
1785	乾隆五十年	三月初十日，山东巡抚明兴奏孔继汾著《孔氏家仪》案。
1785	乾隆五十年	三月二十二日，谕查办襄阳邪教案。
1785	乾隆五十年	四月十三日，嘉奖云南遵旨扑毁“去恩德政碑”。
1785	乾隆五十年	四月十八日，刑部错审海昇殴妻致死一案受到惩处。
1785	乾隆五十年	四月十九日，大学士蔡新致仕。
1785	乾隆五十年	五月十八日，秋弥木兰。
1785	乾隆五十年	五月二十八日，命梁国治为东阁大学士，兼户部尚书，刘墉协办大学士。
1785	乾隆五十年	五月二十九日，柘城聚众抗官事平。
1785	乾隆五十年	六月初四日，准私自净身投内务府派拔当差。
1785	乾隆五十年	六月初八日，理藩院尚书博清阿卒。
1785	乾隆五十年	六月十三日，命将福建番薯移植河南。
1785	乾隆五十年	六月二十三日，湖南巡抚陆耀卒。
1785	乾隆五十年	七月十四日，命河南、山东推广本省所出薯蓣、番薯。
1785	乾隆五十年	七月二十日，严饬更定漕船随带土宜旧例。
1785	乾隆五十年	七月二十三日，申饬赣抚办理《慎余堂集》一案失当。
1785	乾隆五十年	八月初三日，命刊刻陆耀《甘薯录》。
1785	乾隆五十年	八月初五日，命各省耗羡随同正项钱粮报解。
1785	乾隆五十年	八月初八日，命阿桂赴河南勘灾兼赴江南、山东查办河运。
1785	乾隆五十年	九月初三日，命福康安赴阿克苏安辑回众。
1785	乾隆五十年	九月十一日，命严查僧人妄造榜文、路引。
1785	乾隆五十年	九月二十二日，帝还京师。

公元	年号	大事记
1785	乾隆五十年	九月二十九日，命将《河防述言》录入《四库全书》。
1785	乾隆五十年	十月二十七日，大学士嵇璜等查奏乾隆元年以来五十年蠲免钱粮数目。
1785	乾隆五十年	十一月二十九日，以乾隆六十年乙卯正旦推算日食，宣谕定六十一年归政。
1786	乾隆五十年	十二月初二日，斥责御史富森阿条奏不切实际。
1786	乾隆五十年	十二月二十日，命续修《大清一统志》《辽金元三史国语解》。
1786	乾隆五十年	十二月二十七日，禁广东洋商及粤海关监督贡献。
1786	乾隆五十一年	正月初一日，日食，免朝贺。
1786	乾隆五十一年	正月二十三日，帝以意存遏粜切责江西巡抚何裕城。
1786	乾隆五十一年	二月初六日，御经筵赐宴，命工歌新谱抑戒诗，岁为例。
1786	乾隆五十一年	二月初八日，谕将原任大学士于敏中撤出贤良祠。
1786	乾隆五十一年	二月十七日，命尚书曹文埴，侍郎姜晟、伊龄阿往盘查浙省仓库亏空。
1786	乾隆五十一年	二月十八日，帝诣西陵，巡幸五台山，三月二十六日还京师。
1786	乾隆五十一年	三月十二日，两江总督萨载卒，调李世傑代之。
1786	乾隆五十一年	四月初七日，命大学士阿桂往江南筹办河工。
1786	乾隆五十一年	四月十二日，浙江学政窦光鼐奏浙省亏空并未彻底查办。
1786	乾隆五十一年	四月十六日，命窦光鼐会同曹文埴等查办浙江亏空。
1786	乾隆五十一年	五月十四日，富勒浑褫职，交阿桂等审讯。
1786	乾隆五十一年	五月十七日，以李侍尧署湖广总督。
1786	乾隆五十一年	五月二十九日，帝秋狝木兰。申邻省富民准折牟利之禁。
1786	乾隆五十一年	六月十五日，曹锡宝劾和珅家人刘全，帝命查办。
1786	乾隆五十一年	七月初九日，增定武职官阶。
1786	乾隆五十一年	七月十八日，因劾和珅家人刘全不能指实，将曹锡宝革职留任。
1786	乾隆五十一年	闰七月初九日，大学士、伯伍弥泰卒。
1786	乾隆五十一年	闰七月十八日，浙江学政、吏部右侍郎窦光鼐褫职。
1786	乾隆五十一年	闰七月十九日，富勒浑论斩。
1786	乾隆五十一年	闰七月二十四日，命和珅为文华殿大学士，管理户部事。
1786	乾隆五十一年	八月二十五日，立惩办越狱专条。
1786	乾隆五十一年	九月十七日，浙省查办亏空案审结。
1786	乾隆五十一年	九月二十二日，帝还京师。
1786	乾隆五十一年	九月二十九日，皇长孙贝勒绵德卒。

公元	年号	大事记
1786	乾隆五十一年	十月初一日，革生梅调元活埋多命案。
1786	乾隆五十一年	十一月初二日，谕皇子等帝重视祀天礼。
1787	乾隆五十一年	十一月十四日，谕各总督酌情办理种植甘薯以济民食。
1787	乾隆五十一年	十一月二十七日，台湾爆发林爽文反清起义。
1787	乾隆五十一年	十二月十三日，大学士梁国治卒。
1787	乾隆五十一年	十二月十九日，封郑华为暹罗国王。
1787	乾隆五十一年	十二月二十七日，帝获悉台湾林爽文起事。
1787	乾隆五十二年	正月初四日，福建水师提督黄仕简、陆路提督任承恩分别率兵渡台，抵达鹿耳门、鹿仔港。
1787	乾隆五十二年	正月十八日，晋封十公主为固伦公主。命王傑为东阁大学士，管礼部事。
1787	乾隆五十二年	二月初十日，遣犯杨天植杀死家主被凌迟处死。
1787	乾隆五十二年	三月初八日，以重修明陵成，帝临阅，申禁樵采。
1787	乾隆五十二年	三月二十三日，黄仕简、任承恩以贻误军机褫职。
1787	乾隆五十二年	四月初四日，以常青为将军，恒瑞、蓝元枚为参赞。调蓝元枚为福建水师提督，柴大纪署陆路提督。
1787	乾隆五十二年	五月初八日，秋猕木兰。
1787	乾隆五十二年	五月十四日，湖南凤凰苗民聚众抗官。
1787	乾隆五十二年	五月十八日，驳复京师八旗米局之议。
1787	乾隆五十二年	五月三十日，命将军常青等参阅蓝鼎元《东征集》办理台湾事宜。
1787	乾隆五十二年	六月十七日，重申总兵具折办事。
1787	乾隆五十二年	六月二十日，召福康安赴行在。
1787	乾隆五十二年	七月二十七日，以海兰察为参赞大臣，舒亮、普尔普为领队大臣，率侍卫、章京等赴台湾进剿。
1787	乾隆五十二年	八月初二日，命福康安为将军赴台湾督办军务。
1787	乾隆五十二年	八月十二日，准举行八旬万寿庆典。
1787	乾隆五十二年	九月二十二日，帝回京师。
1787	乾隆五十二年	九月二十七日，以诸罗仍未解围，催福康安径剿大里杙，并分兵进大甲溪。
1787	乾隆五十二年	十月初三日，续行撤毁、抽毁、删削《四库全书》所收违碍各书。
1787	乾隆五十二年	十月二十二日，批评孟生蕙折奏行文夸张。命阿桂赴江南勘高家堰等处堤工。

公元	年号	大事记
1787	乾隆五十二年	十月二十七日，以福州将军恒瑞进剿怯懦，召来京。
1787	乾隆五十二年	十一月初一日，福康安率兵抵台。赐台湾广东庄、泉州庄义民御书匾额。
1787	乾隆五十二年	十一月牵刀三日，改诸罗县为嘉义县。
1787	乾隆五十二年	十一月初八日，嘉义围解。
1787	乾隆五十二年	十一月二十二日，奎林以婪赃褫职逮问，以保宁为伊犁将军。
1788	乾隆五十二年	十一月二十五日，福康安攻陷大里杙。
1788	乾隆五十二年	十二月十五日，浙江鱼鳞石塘工程竣工。
1788	乾隆五十二年	十二月十六日，福康安劾柴大纪、蔡攀龙战守之功多不确实。
1788	乾隆五十二年	十二月二十五日，德成奏称柴大纪贪纵废弛。
1788	乾隆五十三年	正月初五日，林爽文被俘。
1788	乾隆五十三年	正月初八日. 明兴奏山西永宁等处河清献瑞。
1788	乾隆五十三年	正月二十三日，柴大纪褫职逮问。
1788	乾隆五十三年	二月初一日，获林爽文奏报至京，封赏有功人员。
1788	乾隆五十三年	二月初五日，庄大田被俘。
1788	乾隆五十三年	二月十二日，立先贤有子后裔五经博士。
1788	乾隆五十三年	三月初六日，福康安等奏追查天地会根源。
1788	乾隆五十三年	三月二十一日，再赏福康安、海兰察紫缰、金黄辫珊瑚朝珠及福康安金黄腰带。
1788	乾隆五十三年	三月二十二日，谕嗣后乡会试发榜后复试。
1788	乾隆五十三年	四月初九日，以旱命刑部减徒以下罪。
1788	乾隆五十三年	四月二十七日，命严办福建械斗之案。
1788	乾隆五十三年	五月十七日，乾隆帝以咽噜的“咽字音声与国字相近”，要求臣下改“咽”为“咽”。
1788	乾隆五十三年	五月十九日，秋狝木兰。
1788	乾隆五十三年	六月初五日，缅甸孟陨遣使来华。
1788	乾隆五十三年	六月十七日，命两广总督孙士毅赴广西办理安南事宜。
1788	乾隆五十三年	七月初一日，以安南牧马官阮辉宿奉黎维祁之母及子来奔，谕孙士毅等抚恤之。
1788	乾隆五十三年	七月初二日，大学士不兼部务加恩给予双俸。
1788	乾隆五十三年	七月二十一日，柴大纪处斩。

公元	年号	大事记
1788	乾隆五十三年	七月二十四日，贺世盛著《笃国策》被斩。
1788	乾隆五十三年	七月二十八日，廓尔喀入据后藏。
1788	乾隆五十三年	八月二十一日，以木兰大水，停行围。
1788	乾隆五十三年	八月二十四日，廓尔喀复陷宗喀，以鄂辉为将军、成德为参赞大臣剿之。
1788	乾隆五十三年	八月二十七日，安南阮岳等遁，命孙士毅督许世亨进剿，命富纲统兵进驻蒙自。
1788	乾隆五十三年	九月初四日，缅甸使臣细哈觉控等入觐，谕暹罗、缅甸现均内附，二国应修好，不得仍前构兵。
1788	乾隆五十三年	九月初九日，谕禁各省私立班馆，私置刑具。
1788	乾隆五十三年	九月十九日，帝回到京师。
1788	乾隆五十三年	十月十一目，以黎维祁暗弱，谕孙士毅选择黎裔入京朝贡。
1788	乾隆五十三年	十月十二日，命云南提督乌大经统兵出关，檄谕阮惠等归顺。
1788	乾隆五十三年	十月十四日，以庆麟懦弱无能，调舒濂为驻藏大臣。
1788	乾隆五十三年	十一月初五日，李侍尧卒，以福康安补授闽浙总督。
1788	乾隆五十三年	十一月二十日，清军入居安南黎京。
1788	乾隆五十三年	十二月初二日，命福康安调查提喜下落。
1789	乾隆五十三年	十二月初九日，收复黎城、复封黎维祁奏报至京，封孙士毅为一等谋勇公，许世亨为一等子。
1789	乾隆五十四年	正月初二日，以元旦受贺，朝班不肃，褫纠仪御史等职，尚书德保摘翎顶，都察院、鸿胪寺堂官均下部严议。
1789	乾隆五十四年	正月初三日，谕留意西藏红教。
1789	乾隆五十四年	正月初四日，禁向俄罗斯走私大黄。
1789	乾隆五十四年	正月初五日，阮惠攻陷黎城，广西提督许世亨阵亡。
1789	乾隆五十四年	正月十七日，以缅甸孟陨悔罪投诚，谕令睦邻修好，并赐暹罗国王郑华彩币，令其解仇消衅。
1789	乾隆五十四年	正月二十六日，召孙士毅来京，调福康安为两广总督。
1789	乾隆五十四年	正月二十七日，谕福康安安南瘴疠炎荒不值用兵。安南国王黎维祁复来奔，命安插广西。
1789	乾隆五十四年	正月二十九日，褫孙士毅职，命仍以总督顶戴在镇南关办事。
1789	乾隆五十四年	二月初三日，谕福康安檄阮惠缚献戕害提镇之人。

公元	年号	大事记
1789	乾隆五十四年	三月初七日，处分上书房阿哥师傅。翌日，刘墉以上书房师傅旷职，降侍郎衔。
1789	乾隆五十四年	三月十九日，阮光显入觐。
1789	乾隆五十四年	四月初十日，晋赠许世亨伯爵，令其子承谟袭。
1789	乾隆五十四年	四月十四日，谕福康安安插安南黎氏宗族旧臣。
1789	乾隆五十四年	四月十六日，清获悉乾隆二十六年已创立天地会。
1789	乾隆五十四年	四月二十一日，宣谕不再用兵安南。
1789	乾隆五十四年	五月初三日，福康安等奏安南阮惠遣其侄阮光显赍表贡乞降，并吁恳入觐，许降却贡。
1789	乾隆五十四年	五月十七日，谕江浙查办禁书不定期限。
1789	乾隆五十四年	闰五月初五日，秋狝木兰。
1789	乾隆五十四年	六月初二日，第一次廓尔喀之役结束。
1789	乾隆五十四年	六月初五日，福建处决海盗五十五名。
1789	乾隆五十四年	六月初六日，命将冯铨、金之俊等撤出《贰臣传》。
1789	乾隆五十四年	六月十六日，命兵部尚书孙士毅军机处行走。
1789	乾隆五十四年	六月二十一日，议准防范福建等省洋盗措施。
1789	乾隆五十四年	六月二十二日，册封阮光平为安南国王。
1789	乾隆五十四年	七月二十三日，安南贡使阮光显等入觐。
1789	乾隆五十四年	七月二十六日，驳徐嗣曾责成族正治理地方奏请。
1789	乾隆五十四年	八月十六日，木兰行围。
1789	乾隆五十四年	九月初六日，廓尔喀贡使入觐，封拉特纳巴都尔王爵，巴都尔萨野公爵。
1789	乾隆五十四年	九月二十日，帝还京师，结束本年木兰秋狝。
1789	乾隆五十四年	九月二十三日，安南黎维祁自保乐袭牧马，为阮光平所败。谕福康安，如黎维祁来奔，收纳之。
1789	乾隆五十四年	十月二十二日，谕示化导旧教回人吸收新教。
1789	乾隆五十四年	十一月初三日，允安南国王阮光平以受封进谢恩贡物。
1789	乾隆五十四年	十一月初八日，命福康安将黎维祁及其属人送京师，隶汉军旗籍，以黎维祁为世管佐领。
1790	乾隆五十四年	十二月初四日，应安南国王阮光平之请，颁给《时宪书》，准予觐见，边界开市贸易。

公元	年号	大事记
1790	乾隆五十四年	十二月初九日，命立《逆臣传》。追夺故大学士冯铨等谥。
1790	乾隆五十四年	十二月二十日，帝以来年八旬万寿，命镌八征耄念之宝。
1790	乾隆五十五年	正月初一日，以八旬万寿，普免各直省钱粮。
1790	乾隆五十五年	正月初八日，颁诏于海外。
1790	乾隆五十五年	正月十一日，赏大学士和珅黄带、四开禊袍。赐安南国王阮光平金黄鞓带。
1790	乾隆五十五年	二月初一日，以河南考城城工错缪，降江兰道员，毕沅等褫职，仍留任。
1790	乾隆五十五年	二月初八日，帝诣东陵、西陵，巡幸山东。四月十五日，结束巡幸还京师。
1790	乾隆五十五年	二月二十六日，降直隶总督刘峨侍郎，以梁肯堂为直隶总督。
1790	乾隆五十五年	三月初八日，因瞻徇明珠后嗣承安，步军统领绵恩等受申斥。
1790	乾隆五十五年	三月二十一日，命严行查禁小钱。
1790	乾隆五十五年	四月初七日，谕伍拉纳查浙江浮收漕粮情弊。
1790	乾隆五十五年	四月初九日，大学士嵇璜重与恩荣宴，御制诗章赐之。
1790	乾隆五十五年	四月十一日，命吉庆会同嵩椿勘明英额边至叆阳边。
1790	乾隆五十五年	四月十六日，罢免江苏巡抚闵鹗元。
1790	乾隆五十五年	五月初十日，帝自圆明园起銮，巡幸避暑山庄。
1790	乾隆五十五年	五月二十日，赏黎维祁三品职衔。
1790	乾隆五十五年	五月二十三日，许士子查阅《四库全书》。
1790	乾隆五十五年	五月二十九日，两江总督书麟褫职逮问。
1790	乾隆五十五年	六月十二日，停科道内升外转三年请旨之例。斥责湖广总督毕沅办理邪教案荒谬。
1790	乾隆五十五年	六月二十日，究出闵鹗元在任所置产并与部民结姻。
1790	乾隆五十五年	七月初一日，因奏留同知嵇璜，直隶总督梁肯堂交部严议。
1790	乾隆五十五年	七月十一日，安南国王阮光平入觐。
1790	乾隆五十五年	七月三十日，帝还京师。
1790	乾隆五十五年	八月十三日，帝八旬万寿节。
1790	乾隆五十五年	八月十八日，命毋庸改造沿海各省战船。
1790	乾隆五十五年	八月二十一日，刑部尚书喀宁阿卒。
1790	乾隆五十五年	九月初六日，命安南国王阮光平归黎维祁亲属及旧臣之在其国者。
1790	乾隆五十五年	九月二十三日，长麟以谳狱不实褫职。
1790	乾隆五十五年	九月二十七日，谕毋庸驱逐海岛居民。

公元	年号	大事记
1790	乾隆五十五年	九月二十八日，命科道分日进署上堂。
1790	乾隆五十五年	十月初三日，以八旬万寿加恩废员。
1790	乾隆五十五年	十一月初一日，福建巡抚徐嗣曾卒。
1790	乾隆五十五年	十一月十九日，内阁学士尹壮图奏请停罚议罪银。
1790	乾隆五十五年	十一月二十一日，命庆成同尹壮图往山西盘查仓库。
1791	乾隆五十五年	十一月二十八日，办理仲绳所著《奈何吟》一案。
1791	乾隆五十五年	十二月二十二日，命吏部尚书彭元瑞协办大学士。
1790	乾隆五十五年	是年，各省人口总计三亿零一百四十八万七千一百十五人，中国人口数首次突破三亿。
1791	乾隆五十六年	正月初十日，以覆奏欺罔，将尹壮图褫职治罪。
1791	乾隆五十六年	正月二十三日，朝鲜、暹罗、缅甸均遣使谢恩，贡方物。赏赉筵宴如例。
1791	乾隆五十六年	正月二十九日，调刘墉为礼部尚书，纪昀为左都御史。
1791	乾隆五十六年	二月初四日，尹壮图降调。
1791	乾隆五十六年	二月十三日，御试翰林詹事等官，擢阮元为一等。
1791	乾隆五十六年	三月二十日，命身事本朝明朝仅登科第者概不列入《贰臣传》。
1791	乾隆五十六年	四月二十三日，准内地出海商船携带炮位。
1791	乾隆五十六年	四月二十七日，彭元瑞以瞻徇降侍郎。
1791	乾隆五十六年	四月二十九日，处理洋商吴昭平商欠案。
1791	乾隆五十六年	五月十六日，命各省以大钱换小钱。
1791	乾隆五十六年	五月二十一日，秋狝木兰。
1791	乾隆五十六年	六月三十日，廓尔喀再次入侵西藏。
1791	乾隆五十六年	七月十一日，以缅甸国王孟陨资送羁留内地人民，嘉赉之。
1791	乾隆五十六年	七月十三日，命查办新疆遣犯八卦教、天地 会活动。
1791	乾隆五十六年	八月二十一日，廓尔喀兵抢掠札什伦布寺。
1791	乾隆五十六年	八月二十二日，乾隆帝获悉廓尔喀以逋欠入侵西藏，命四川总督鄂辉、将军成德剿之。
1791	乾隆五十六年	八月二十七日，命福康安来京祝其母生辰。郭世勋署两广总督。廓尔喀陷西藏定日各寨，据济咙。
1791	乾隆五十六年	九月二十日，以保泰懦怯褫职。
1791	乾隆五十六年	十月初六日，以廓尔喀抢占札什伦布，谕鄂辉等惩办占卜惑众的喇嘛。

公元	年号	大事记
1791	乾隆五十六年	十月十二日，户部尚书巴延三以浮估城工褫 职，调福长安代之。
1791	乾隆五十六年	十月十五日，以安南开关通市，改广西龙州通判同知。
1791	乾隆五十六年	十月十六日，允俄罗斯之请，恢复恰克图互市贸易。
1791	乾隆五十六年	十月二十四日，谕王大臣不必兼议政虚衔。
1791	乾隆五十六年	十一月初二日，授福康安为将军，海兰察、奎林为参赞，征廓尔喀。
1791	乾隆五十六年	十一月初十日，鄂辉、成德褫职，以惠龄为四川总督，奎林为成都将军，吉庆为山东巡抚。
1791	乾隆五十六年	十一月二十一日，命和珅等校勘《十三经》刻石。
1792	乾隆五十六年	十二月十一日，命海兰察等及索伦、达呼尔兵由西宁进藏。
1792	乾隆五十七年	正月初二日，赏七代一堂致仕上驷院卿李质颖御书匾额。
1792	乾隆五十七年	正月初五日，以达赖喇嘛复遣丹津班珠尔等私与廓尔喀议和，谕止之。
1792	乾隆五十七年	正月初六日，追论巴忠与廓尔喀议和擅许岁银罪。
1792	乾隆五十七年	二月初二日，命从重惩办洋盗胁从犯。
1792	乾隆五十七年	二月初八日，命皇十五子嘉亲王祭先师孔子。
1792	乾隆五十七年	二月二十七日，将军福康安抵达后藏。
1792	乾隆五十七年	二月三十日，命侍郎和琳管理藏务。鄂辉等奏收复聂拉木。
1792	乾隆五十七年	三月初八日，巡幸五台山。四月十六日，还京师。
1792	乾隆五十七年	三月初九日，允济咙呼图克图“慧通禅师”法号。以帕克哩营宫番众收复哲孟雄、宗木，赉之。
1792	乾隆五十七年	三月十五日，加福康安大将军。
1792	乾隆五十七年	三月二十二日，帝驻跸五台山。
1792	乾隆五十七年	四月十六日，帝还京师。
1792	乾隆五十七年	四月十七日，帝诣黑龙潭祈雨。命刑部清理庶狱，减徒以下罪。
1792	乾隆五十七年	闰四月十六日，以久旱，谕台湾及沿海各省详鞫命盗各案，毋有意从严。
1792	乾隆五十七年	闰四月二十八日，以久旱下诏求言。
1792	乾隆五十七年	闰四月二十九日，以失陷札什伦布，治仲巴呼图克图及孜仲喇嘛等罪。
1792	乾隆五十七年	五月初三日，巡辛避暑山庄。
1792	乾隆五十七年	五月初四日，定安南国两年一贡，六年遣使一朝。
1792	乾隆五十七年	六月初七日，福康安奏克擦木要隘。
1792	乾隆五十七年	六月十二日，福康安等奏克济咙。

公元	年号	大事记
1792	乾隆五十七年	六月十五日，廓尔喀乞降遭拒绝。
1792	乾隆五十七年	六月十九日，福康安等奏攻克热索桥。
1792	乾隆五十七年	六月二十九日，准富纲奏请敕赐厂神封号，各厂听其自行立祠。
1792	乾隆五十七年	六月三十日，福康安等奏攻克协布鲁寨。
1792	乾隆五十七年	七月初三日，清军与廓尔喀在帕朗古横河激战。
1792	乾隆五十七年	八月初七日，命福康安为武英殿大学士，孙士毅为文渊阁大学士。
1792	乾隆五十七年	八月初十日，福康安接受廓尔喀乞降。
1792	乾隆五十七年	八月二十二日，福康安奏廓尔瞎首领拉特纳巴都尔等乞降获准，命班师。
1792	乾隆五十七年	九月初一日，帝还京师。
1792	乾隆五十七年	九月初三日，论征廓尔喀功，赏福康安一等轻车都尉，晋海兰察二等公为一等，议叙孙士毅等各有差。
1792	乾隆五十七年	九月初十日，命福康安、孙士毅等会商西藏善后事宜。
1792	乾隆五十七年	九月初十日，命御前侍卫惠伦等赍金奔巴瓶赴藏。
1792	乾隆五十七年	九月十三日，谕示江西巡抚陈准禁锢婢不嫁与溺女之风。
1792	乾隆五十七年	九月十六日，复廓尔喀王公封爵，定五年一贡。
1792	乾隆五十七年	十月初三日，自认为有十全武功，御制《十全记》。廓尔喀贡使人觐。
1792	乾隆五十七年	十月十四日，免嵇璜、阿桂翰林院掌院学士，以和珅、彭元瑞代之。
1792	乾隆五十七年	十月二十日，郭世焘奏英吉利遣使，准由天津进贡。
1792	乾隆五十七年	十月二十二日，以鄂辉隐匿廓尔喀谢恩表贡褫职，交福康安等严鞫之。
1792	乾隆五十七年	十月二十八日，定旗人犯窃子孙削籍为民。
1792	乾隆五十七年	十月，乾隆帝撰《喇嘛说》。
1792	乾隆五十七年	十一月初九日，定《国史列传》“卒”的书例。
1792	乾隆五十七年	十一月十七日，谕改变封福康安王爵的初衷。
1792	乾隆五十七年	十一月十八日，弛贫民出关禁。
1793	乾隆五十七年	十二月初六日，定唐古忒番兵训练事直。铸银为钱，文曰“乾隆宝藏”。
1793	乾隆五十七年	十二月二十七日，命永远枷号鄂辉等于西藏。
1793	乾隆五十八年	正月初六日，改杭州织造为盐政兼管织造事，改盐道为运司，南北两关税务归巡抚管理。以全德为两浙盐政。
1793	乾隆五十八年	正月二十二日，安南国王阮光平卒，以世子阮光缵嗣。
1793	乾隆五十八年	正月二十八日，以福康安等奏酌筹《藏内善后章程》交部议叙。

公元	年号	大事记
1793	乾隆五十八年	二月初六日，原任浙江巡抚福崧以贪墨立斩。
1793	乾隆五十八年	二月十九日，谕不禁进香游玩演剧。
1793	乾隆五十八年	三月十一日，礼部尚书常青卒，以德明代之。
1793	乾隆五十八年	三月十五日，谕于雍和宫设金奔巴瓶，饬理藩院堂官、掌印扎萨克喇嘛等，公同掣蒙古所出之呼毕勒罕。
1793	乾隆五十八年	三月二十五日，领侍卫内大臣海兰察卒。
1793	乾隆五十八年	四月初十日，命松筠为内务府总管大臣，在御前侍卫上行走。
1793	乾隆五十八年	四月十九日，通谕设金奔巴瓶于前藏大昭及雍和宫，公同掣报出呼毕勒罕，以除王公子弟私作呼毕勒罕陋习。
1793	乾隆五十八年	四月二十三日，删除大学士兼尚书衔、翰林院掌院学士兼礼部侍郎衔、顺天府府丞兼提督学政衔。
1793	乾隆五十八年	四月二十六日，命于乾隆五十九年秋特开乡试恩科，六十年春为会试恩科。
1793	乾隆五十八年	四月二十八日，廓尔喀归西藏底玛尔宗地方。以西藏卡外之拉结、撒党两处归廓尔喀。
1793	乾隆五十八年	五月初四日，命广西按察使成林赴安南升隆城，赐奠册封。
1793	乾隆五十八年	五月初七日，谕令英吉利贡船一事专交长芦盐政征瑞办理。
1793	乾隆五十八年	五月十六日，自圆明园启銮，巡幸避暑山庄。
1793	乾隆五十八年	六月十七日，谕示接待英吉利贡使的方针。
1793	乾隆五十八年	六月二十四日，英吉利贡船至天津。
1793	乾隆五十八年	六月三十日，就英使贡单谕示直隶总督梁肯堂。
1793	乾隆五十八年	七月初二日，命和琳稽核藏商出入。
1793	乾隆五十八年	七月初九日，征瑞与英使就觐见乾隆皇帝礼仪争执。
1793	乾隆五十八年	七月十一日，命英吉利贡使等住宏雅园，金简、伊龄阿于圆明园分别安设贡件。
1793	乾隆五十八年	七月二十七日，英使自京起程前往热河，八月初四日抵达。
1793	乾隆五十八年	七月初六日，觐见乾隆皇帝礼仪达成妥协。
1793	乾隆五十八年	八月初十日，英使入觐乾隆帝。
1793	乾隆五十八年	八月十七日，英使从热河启程返京，二十二日抵达。
1793	乾隆五十八年	八月十九日，赐英吉利国王敕书。
1793	乾隆五十八年	八月二十六日，乾隆帝回到京师。

公元	年号	大事记
1793	乾隆五十八年	八月二十九日，英使接受乾隆帝致英王敕书，提出有关英国贸易问题。
1793	乾隆五十八年	八月三十日，谕英吉利贡使由内河水路赴广东澳门附船回国。
1793	乾隆五十八年	九月初一日，传谕防范英吉利。
1793	乾隆五十八年	九月初三日，英使离京。
1793	乾隆五十八年	九月十六日，禁止将钢铁铜锡出关运往新疆弛禁，但不可使哈萨克、布鲁特等转相贸易。
1793	乾隆五十八年	十月初三日，安南国王阮光缵表进谢恩，贡物二分收纳其一。
1793	乾隆五十八年	十月二十八日，长麟转奏英吉利使称再进表章贡物。
1793	乾隆五十八年	十一月初一日，准吉林就食民众留当地生活。
1793	乾隆五十八年	十一月二十日，谕后世不再举行捐纳。
1793	乾隆五十八年	十一月二十九日，以人口数量激增通谕天下。
1794	乾隆五十八年	十一月三十日，以安南等国进象已多，谕云贵、两广督抚檄却象贡。
1794	乾隆五十八年	十二月初十日，朱珪进呈《御制说经古文·跋》。
1794	乾隆五十八年	十二月二十日，山东巡抚福宁奏称海岛有二万三千多人。
1794	乾隆五十九年	正月初九日，命福康安等办理吉林参务案。
1794	乾隆五十九年	正月三十日，安置安南内附人黎维治于江南。
1794	乾隆五十九年	二月初二日，以明年元旦上元值日月食，谕修省毋举行庆典。
1794	乾隆五十九年	二月初五日，廓尔喀遣使进表贡。
1794	乾隆五十九年	二月二十九日，增造广东水师战船。
1794	乾隆五十九年	三月十二日，谕督抚慎重专折保奏州县官。
1794	乾隆五十九年	三月十三日，自圆明园起銮，十五日巡幸天津，四月初七日还京。
1794	乾隆五十九年	四月初六日，常雩，命皇八子仪郡王永璇代行礼。
1794	乾隆五十九年	四月初八日，定妻救夫情急杀人减等例。
1794	乾隆五十九年	五月二十日，以直隶保定等八十三州县旱，命赏给一月口粮。减奉天商贩豆麦等项经过直隶、山东关津税。
1794	乾隆五十九年	五月二十五日，巡幸避暑山庄。
1794	乾隆五十九年	五月二十五日，破获浙江义乌何世来等密谋反清案。
1794	乾隆五十九年	六月初三日，原任两淮盐政巴宁阿贪渎败检。
1794	乾隆五十九年	六月十五日，设鄂博于唐古忒西南与外番布鲁克巴、哲孟雄、作木朗、洛敏汤、廓尔喀各交界。

公元	年号	大事记
1794	乾隆五十九年	七月十七日，大学士嵇璜卒，召孙士毅入阁办事。
1794	乾隆五十九年	七月十九日，两江总督书麟以徇隐盐政巴宁阿交结商人褫职。
1794	乾隆五十九年	七月二十八日，停本年及明年木兰行围。
1794	乾隆五十九年	八月初三日，裁革两淮商人供应盐政杂费陋规。
1794	乾隆五十九年	八月十五日，以明岁御宇届六十年，普免各省漕粮一次。
1794	乾隆五十九年	八月二十日，乾隆帝自避暑山庄回跸，二十六日还京。福康安奏四川邪教蔓延数省。
1794	乾隆五十九年	八月二十八，湖北拿获教首宋之清等。
1794	乾隆五十九年	八月三十日，毕沅降山东巡抚，罚缴湖广总督养廉五年。
1794	乾隆五十九年	九月初五日，命蠲漕不必议定减租规定。
1794	乾隆五十九年	九月十二日，以秀林为吉林将军。
1794	乾隆五十九年	九月十五日，命福宁驻襄阳，督缉邪教案犯。
1794	乾隆五十九年	九月十七日，以校正石经，加彭元瑞太子少保衔。
1794	乾隆五十九年	九月十九日，以湖北来凤县教民段汉荣等纠众拒捕，谕责毕沅废弛。
1794	乾隆五十九年	十月初八日，勒保奏获邪教首犯刘松。命安徽严缉其徒刘之协。
1794	乾隆五十九年	十月初九日，荷兰遣使赍表入贡。
1794	乾隆五十九年	十一月初二日，以河南扶沟县知县刘清鼐疏防刘之协潜逃革逮，穆和蔺下部严议。
1794	乾隆五十九年	十一月二十日，穆和蔺褫职，发乌鲁木齐效力。
1794	乾隆五十九年	十二月初二日，普免各省积年逋赋。
1795	乾隆五十九年	十二月二十三日，吏部尚书金简卒，以保宁代之。
1795	乾隆六十年	正月初一日，日食，免朝贺。
1795	乾隆六十年	正月十二日，以固伦额驸丰绅殷德为内务府大臣。
1795	乾隆六十年	二月初一日，陈用敷以查拿要犯刘之协办理错谬，褫职逮问。
1795	乾隆六十年	二月初四日，贵州松桃、湖南永绥苗人起事。
1795	乾隆六十年	二月初六日，命福康安往剿起事苗民，毕沅驻常德筹办粮饷。
1795	乾隆六十年	二月十七日，苗民攻陷永绥鸦西寨，镇筸镇总兵明安图等被杀。
1795	乾隆六十年	二月十九日，湖南永顺苗民张廷仲等起事，进扰保靖、泸溪。
1795	乾隆六十年	闰二月二十六日，福康安奏解松桃之围。
1795	乾隆六十年	三月十五日，福康安奏解湖南永绥围。

公元	年号	大事记
1795	乾隆六十年	四月十一日，台湾彰化陈周全天地会起事。
1795	乾隆六十年	四月十三日，窦光鼐会试衡文失当。
1795	乾隆六十年	四月十九日，以魁伦劾洋盗肆行，命福建巡抚浦霖来京候旨。
1795	乾隆六十年	四月二十七日，福康安等奏克苗民黄瓜寨。
1795	乾隆六十年	五月初六日，临幸避暑山庄。伍拉纳、浦霖以办理灾赈不善，褫职鞫治。
1795	乾隆六十年	五月十四日，以福建仓库亏缺查实，申饬科道无人奏及，并命嗣后陈奏地方重大事件，毋忝言责。
1795	乾隆六十年	六月二十四日，各省题奏事件划一办理。谕对苗民不可歼戮过多。
1795	乾隆六十年	七月十一日，以罣累滋阳知县陈照自缢，德明论绞。
1795	乾隆六十年	七月十七日，福康安等奏连克苗寨渡大乌草河。
1795	乾隆六十年	九月初三日，宣示立皇十五子嘉亲王为皇太子。
1795	乾隆六十年	九月初四日，皇太子及王、公、内外文武大臣，蒙古王、公等各奏吁请俟寿跻期颐，再举行归政典礼，不允。
1795	乾隆六十年	九月初八日，富勒浑、雅德以前总督婪赃，均褫职，分别发热河、伊犁效力。
1795	乾隆六十年	九月十一日，谕后世子孙世守秘密立储之法。
1795	乾隆六十年	九月十八日，明亮以任黑龙江将军时侵渔貂皮褫职。
1795	乾隆六十年	九月二十一日，黑龙江将军舒亮以婪索论绞。
1795	乾隆六十年	九月二十五日，以奉天、山西、四川、湖南、贵州、广西赋无逋欠，免明年正赋十分之二。
1795	乾隆六十年	十月初一日，颁嘉庆元年时宪书。
1795	乾隆六十年	十月初三日，福康安等奏擒苗民首领吴半生。
1795	乾隆六十年	十月初六日，永禁南疆回女嫁安集延为妻。
1795	乾隆六十年	十月初七日，以伍拉纳等贪渎败检，戍其子于伊犁。
1795	乾隆六十年	十月初七日，命查抄长麟家产。
1795	乾隆六十年	十月初八日，普免天下嘉庆元年地丁钱粮。
1795	乾隆六十年	十月初九日，伍拉纳、浦霖处斩。
1795	乾隆六十年	十月二十二日，谕后世子孙不得更改守孝服色旧制。
1795	乾隆六十年	十月二十六日，命明年正月初吉，重举千叟宴。
1795	乾隆六十年	十一月十七日，命闽粤浙合力会拿海盗。

公元	年号	大事记
1796	乾隆六十年	十二月初一日，谕：明年归政后，凡有缮奏事件俱书太上皇帝，其奏对称太上皇。
1796	乾隆六十年	十二月初四日，谕不禁云南民间蒸酒。
1796	乾隆六十年	十二月二十五日，署两广总督朱珪收英吉利国王表贡。
1796	乾隆六十年	十二月三十日，以来岁元旦，传位皇太子为嗣皇帝，前期遣官告祭天地宗社。